闻一多传

增订本

闻黎明/著

人民出版社

目 录
CONTENTS

第一章
故乡与童年

面对一幅淡山明水的画屏，
在一块棋盘似的稻田边上，
蹲着一座看棋的瓦屋——
紧紧地被捏在小山的拳心里。

——闻一多《二月庐》

| 第一节 |

故乡与家世

滚滚长江奔流不息，越过九省通衢武汉，穿过苏东坡挥毫"大江东去"的黄州赤壁，便进入了闻一多的故乡湖北省浠水县。

浠水县，位于湖北省东部，长江中游北岸，今属黄冈市。浠水是个古城的地名，其设县始于南北朝之刘宋，又名蕲水。明弘治庚申年刻《黄州府志》云："蕲水县，在府城东南一百一十里，本汉江夏郡蕲春县地，刘宋于此立浠水县及未安郡，梁又析置蕲水县，隋郡废，以二县为蕲州，唐初改浠水曰兰溪，省蕲水县，后又改兰溪为蕲水县，宋元仍旧。"① 据清光绪十年刻《黄州府志》，浠水县建于南北朝刘宋文帝元嘉二十五年（公元448年），此后或改隶，或废之，或易名，至唐天宝元年（公元742年）蕲水作为县名才稳定了一段时间。② 1933年，在浠水

① 明弘治庚申年刻《黄州府志》卷一《地理》，上海古籍书店1965年影印本，第四页。

② 光绪十年二月刻《黄州府志》卷一《疆域志》云："蕲水本汉轪县地，以豫部蛮民置蕲水、浠水等十八县，始有蕲水之名。孝武帝改轪县为孝宁，梁于浠水置永安郡，立湘州，后魏因之，梁改蕲水为蕲春，后仍为蕲水陈因之。周省孝宁入浠水。隋开皇初，州郡并废，以浠水、蕲水属蕲州总管府。大业初，称蕲春郡。唐武德元年，省蕲水入蕲春。四年，改浠水为兰溪，省罗田入焉。天宝元年，又更兰溪为蕲水，今县名虽仍前，治已非旧矣。宋元祐八年，析县之石桥镇复置县，俱属蕲州。元属蕲州路，明初改蕲州路为府，旋降为州，以县属黄州府。"成文出版社有限公司1976年影印本，第76页。

辛亥老人孔良提议下，"以免与蕲春县名称相混"，湖北省政府拟将蕲水县改为浠水县。5月，国民政府内政部以"该部核明有相当理由，所拟县名与他省县名亦无重复，自应准予照办"。① 于是，闻一多出生后35年，蕲水县正式改名浠水县，沿用至今。

浠水县历史上曾经有过许多值得自豪之处。东晋书法家王羲之、唐代诗人杜牧、北宋文豪苏东坡、黄庭坚等，曾多次到此游览，留下诸多脍炙人口的诗篇墨迹。浠水在历史上还曾经是农民起义的首都。1351年8月，元末农民起义领袖徐寿辉在蕲州（今湖北蕲春）发动白莲教起义，10月攻占浠水，在此建都称帝，国号天完，势力发展到江西、安徽、福建、浙江、江苏、湖南等地。

浠水还有不少名胜古迹。兰溪镇的"天下第三泉"，系茶圣陆羽亲自鉴定。县城东25公里斗方山上的斗方禅寺，始建于后唐同光元年（公元923年），北宋时佛印禅师驻锡传经，元遭兵毁，明洪武重建，清初多次修葺，历经千年香火不断，享有"佛教圣地"之誉。

号称浠水县西大门的巴河镇，也有着悠久的历史。早在春秋战国时期，伍子胥遭楚平王追杀，投奔吴国，经伍贞城时得一渔夫相助方得过江脱险，其地即今之伍洲。巴河之名也很古老，东汉建武23年（公元47年），移巴蛮人于此，故以河名为巴水，镇亦因之名巴河镇。

巴河曾称西流水，源于河南、安徽交界的大别山南麓之毕家山（亦名笔架山），自北向南流经麻城、罗田等县，由浠水县境内的团陂、上巴河，从下巴河口注入长江，把浠水与黄冈隔为两县。巴河镇是沟通鄂东与黄州、武汉的货物转运地，百余里的巴河航程，途经35个集镇，茯苓、蚕丝、皮油、栗炭、粮、棉等土特产和农产品经这条航道输出到长江沿线，食盐、海产品、纺织品、煤油、火纸等经这条河道转运至山区诸县。从山区转运的唯一工具是竹筏，当地叫竹簰。货物要用竹簰运到巴河码头，才能改用船载运往长江各地。这一特殊地理位置，给巴河

---

① 《准内政部咨为奉令核准湖北蕲水县改名为浠水县一案仰知照由》，《司法行政公报》第34期，1933年5月31日。

镇创造了得天独厚的发展条件，并一度赢得"小汉口"之美誉，全镇的港区三街、九口、十三巷布局①，以及百余所之多的篓行、船行、贸易、仓储，还有"安徽会馆""江西会馆"等，证明了这一带曾经的繁荣。②

闻一多出生在离巴河镇十多里的望天湖畔闻家铺子村。1899 年 11 月 24 日（清光绪二十五年十月二十二日）未时，望天湖边一幢瓦屋里传出一声啼哭，一个婴儿来到这个世界。这个婴儿，就是闻一多。闻一多生在一个处于上升阶段的封建地主家庭里，社会学与心理学认为家世与家庭对一个人的影响具有不可忽视的作用，值得庆幸的是，这个古老家族经过数百年沧桑，竟保存下他的宗谱，这为我们了解闻一多的生活环境提供了不少线索。

闻一多故居（闻立法 绘）

浠水闻氏宗谱前后共修过四次，今天能够看到的《闻氏宗谱》是

---

① 三街为上街、磨盘街、瓷器街；九口为河口、桥口、司门口、新街口、牌楼口、灌水口、箭楼口、老窑口、二路口；十三巷为绪家巷、肖敌巷、余家巷、罗家巷、槐家巷、死角巷、张庙巷、董家巷、杨家巷、段家巷、善堂巷、梁家巷、会馆巷。

② 参见张明：《黄冈地区水运志》，上海社会科学院出版社 1991 年版，第 94—95 页。

1917 年刻本。据此刻本记载，初修宗谱成于乾隆四十六年（1782 年），它与以后的宗谱均说浠水闻氏的先祖是南宋民族英雄文天祥。南宋景炎二年（1277 年），文天祥抗元失败，兵溃空，家族中有人逃脱，来到蕲水县兰清邑永福乡二十七都十三图。为了延绵宗祀，遂改"文"为"闻"以遮耳目。①

《闻氏宗谱》中关于浠水闻氏与文天祥的关系流传了五百余年，但始终语焉不详。闻一多在清华读书时，曾试图做过考证。他自 1916 年 4 月起陆续发表的《二月庐漫记》，第一篇便有一则考证这层关系。文中说："余祖信国公天祥，军陨于空阬［坑］，被执；家属潜逃于楚北蕲水之永福乡，改文为闻，史亦失传，而家乘相沿久矣；其与取韩之半为韦事将毋同？或疑景炎二年，元人送公家属于燕，二子死；其明年，长子复亡，家属皆尽。是犹云汉之诠所云，黎民靡有孑遗耳！"可见，他为了弄清浠水闻姓源流，查找了不少材料，但终因证据不足，只能感叹道"古称尽信书不如无书，有以也"。②闻一多还曾写过《闻氏先德考》，也因同样原因未能寻到根源。

浠水闻氏与文天祥的关系，直到 1999 年 8 月浠水县闻一多纪念馆工作人员赴湖北武穴市龙坪镇五里村考察时，才得到初步解决。当时，文天祥的堂兄文天祯的 22 世裔孙文明杰、24 世裔孙文尚雄、文尚志，25 世裔孙文善之等人给他们提供了一套清乾隆丁亥年（1767 年）所刻的《文氏宗谱》，该书记载了涵盖了赣、鄂、湘、蜀、粤、桂、闽七省文氏族人的延绵概貌，内称：西周文叔以文为姓，十八传至周敬王时任越国大夫文种；又十六传至西汉循史文翁，再十二传至汉景帝时蜀郡太守文球。按景定旧谱，以文球为江右始祖的一脉，传至天祯、天祥为第二十五世，而正是这一世系中，第二十世孙中出现了良彦、良辅两兄弟之名，且均注明"世系未详"。调查者根据乾隆丁亥《文氏宗谱》的

---

① 闻盛桂、闻盛榛、闻盛楷、闻大勋撰：《总理族谱序》，《闻氏宗谱》第 1 卷，敦本堂 1916 年刻本，第 42 页。

② 闻一多：《二月庐漫记》，《清华周刊》第 73 期，1916 年 4 月 19 日。

《江右统宗世系》，认为"文氏江右统宗世系一世祖文球，传至第十世为文仲良。仲良有三子，长子文玉英，传至二十五世为文天祥；三子文玉简，传至二十世为文良辅。根据名字相同、籍贯吻合、世系衔接、背景同一等因素"，"浠水闻氏一世祖'闻良辅'，很可能就是'文良辅'，并且'良辅、天祥完全有同时共世的可能性'"。据此，调查者得出的结论是：一、浠水闻氏"改'文'为'闻'是真实可信的"；二、"闻一多与文天祥同根同祖，但闻一多不是文天祥的直系后裔，是文天祥家族的旁系后裔"。从世系来看，"以文氏受姓起，文天祥为七十一世，闻一多为八十五世"；"以文球为始祖，文天祥为二十五世，闻一多为三十九世"；"如果他们共同的第一个先祖仲良为始祖，则文天祥为十六世，闻一多为三十世"。[1] 由此看来，无论这一分析是否确实，总算比过去的笼统说法进了一步。并且，在现实生活里，文天祥的爱国精神与民族气节，始终在闻一多家族中受到极高的崇敬与膜拜。

据《闻氏家谱》记载，浠水闻氏一世祖为良辅公，是元代初年来到浠水的。良辅公在这里生有四子，唯次子谷瑞公有后。谷瑞公威猛善谋，红巾军起义时曾率众保障乡邑，因功被明王朝录用，镇守西蜀之衢州卫。任满后，长子留蜀，次子迁江南英山，三子、四子随父归蕲。闻一多就是谷瑞公三子真三公的后裔。

和封建时代所有的大家族一样，浠水闻氏也非常重视通过科举获取功名。浠水闻氏的功名起于第六世大玉公，虽不显赫，但此后贡生、太学生屡出不衰，许多人的名字后面都拖有一长串足以光宗耀祖的虚衔。

随着浠水闻氏的人口繁衍，不可避免要各立门户。十世祖显高公就是在这种情况下举家迁至巴河镇，在这里购置田产山林，发家致富后还修建了一座宗祠。显高公儿孙满堂，雄心勃勃，曾手订"佳启昌盛世，贤良佐邦家，立心期中正，厚德焕光华"二十字之世谱，闻一多

---

[1]　龚成俊、朱兴中、王润：《关于改"文"为"闻"的考证》，陆耀东、赵慧、陈国恩主编：《闻一多国际学术研讨会论文选》，武汉大学出版社 2002 年版，第 292—295 页。

即"家"字辈。到了第十五世祖大猷公时，在造化策缺塘左角买下一片土地，接着把家搬来。缺塘左角紧依望天湖，是鱼米之乡，闻一多这一支脉就是在这里繁衍起来的。有了居所就要有地名，巴河靠近长江，是名副其实的水乡泽国，当地许多地名都冠以"洲""港""塆""矶"等，而闻一多出生的地方却叫"闻家铺"，显得很特殊，估计是家族中有人做生意，开了货铺的缘故。"闻家铺"这一地名一直沿用下来，"闻家铺村"现在仍是镇所属的 12 个行政村之一。

闻一多生在一个四世同堂的大家族里。祖父佐湴公为浠水闻氏第十八世祖，名子淦，字禧凝，号香泉、丽生，生于 1833 年，是这个大家庭的家长。佐湴公生四子三女。长子邦柱（廷炬）、二子邦本（廷政）、三子邦材（廷基）、四子邦梯（廷治）。次子邦本公即闻一多的父亲，名廷政，庠名彬，字固臣、固城，号道甫，生于 1866 年 1 月 20 日，以取论史学补邑优增生，获得秀才身份。闻一多的母亲是太学生刘廷熙之女，黄冈县人，比闻廷政长两岁，生于 1864 年 5 月 29 日。

闻廷政生有五子，闻一多为第四子，在四世同堂大家庭中排行第十一，按习惯，弟、妹叫他一哥，子侄叫他一伯、一叔。闻一多的大哥名治，族名家骥，字德其，号展民，毕业于北洋法政专门学校，年长闻一多 11 岁。二哥名新，族名家骢，字慕桓，号履信，毕业于湖北方言学校法文预科，年长 9 岁。三哥名奇，族名家骤，字希穆，号巡周，毕业于北京国立工业专门学校，年长 7 岁。比闻一多小 6 岁的弟弟名常，族名家驷，字职侯，号尊五，震旦大学肄业，留学法国，回国后先执教于北京艺术专科学校、辅仁大学，抗战爆发后任北京大学、西南联合大学教授。

1840 年爆发的鸦片战争是中国近代史的开端，闻一多的祖父佐湴公是在这场战争爆发后第七年出生的，父亲闻廷政则生于英法联军攻入北京、焚烧圆明园后的第六年，成年后又逢中日甲午战争、签订《马关条约》。国家的多难与屈辱，对当时的知识分子产生了异常强烈的震动，后来闻一多翻译《台湾一月记》，记述的就是台湾人民反抗日本霸占宝岛的斗争过程。

　　1898 年，闻一多出生的前一年，康有为、梁启超等人发动戊戌维新运动，受世风影响，闻廷政常与兄弟、好友们聚在一起议论形势，使这个古老的家庭吹进了时代的气息。传统的诗云子曰教育本来就蕴藏着爱国爱民的意识，随着中国半殖民地化的不断加深，反抗异族侵略的思想也成为广大知识分子的迫切要求。就是在这个动荡的时刻，闻一多来到了人世。

|第二节|
启蒙于家庭

　　求取功名，是封建时代大多数人的进取之路。闻一多的曾祖父良锜公，为浠水闻氏第十七世祖，其贡名兆兰，从其名前的"敕封文林郎"散官名称看，家里应该有人获取过功名。这本是个殷实之家，但 1853 年太平军攻克武昌期间，室屋尽毁。年底，良锜公之父贤筠公病逝，自己亦患血疾，只得弃成均持家道。书香不继，是这种家庭的饮天大恨，良锜公"每于试后见族有报捷者"，不由得"终夜涕泣"。①

　　闻一多出生时，家里为他起名亦多，族名家骅，字益善，号友山、友三。和许多旧式读书人家一样，他的名与字号也出自治世经典的《论语》，《季氏篇》云："益者三友"，"友直、友谅、友多闻"。父母对这

① 闻子淦撰：《敕封文林郎贡生先考佩香大人行述》，《闻氏宗谱》第 21 卷，第 15 页。

个新生儿寄托了光宗耀祖的希望，所以送孩子入学读书时，就径直用了"闻多"两字。"一多"之名是闻一多后来自己改的。

和那个时期的许多学子一样，闻一多的启蒙教育也是从家庭教育开始的，丰衣足食的家庭，为闻一多提供了良好的教育环境。说起这一点，要感谢祖父佐湼公的远见。佐湼公少时羸弱，未冠而母丧，父亲未续娶，家中全靠独子支撑。他好读纪事，嗜辞章典雅，却不喜制艺，所以科考中颇不走运。某年赴黄州应试，科场作《孙权钓台赋》，得正在视学的张之洞赏识，曾暗编堂号。但由于文场不佳，最后名落孙山，故家谱仅云其为太学生。佐湼公有中书科中书衔，还例授文林郎，是因长子廷炬中恩贡后赠与的。

佐湼公科场失利之时，其嫡堂兄弟却接连高中。大哥佐渭中举人，授县教谕；二哥佐澍考取誊录官国史馆汉誊录，为修职郎；四弟佐溥更是登榜元，中进士，三任乡试同考官。这些，对佐湼公都是无形刺激，于是当家境稍裕时，便办起"诱善斋学舍"，延师督子。不过，那时世风已变，佐湼公顺应潮流，除让子弟专读"各专门学诸书"外，还注意"从其性之所近者习焉"。[①] 闻一多后来一心涉猎喜爱科目，宁可放弃唾手可得的学位，不能说没有祖父的影响。

闻一多出生于家业兴旺之时，佐湼公有力量在望天湖边筑起一幢三进三出的宽大院落。为了与旧居区别，人称它为"新屋"。新屋气派非凡，一色青砖，门首高悬"春生梅阁"四字匾额，两旁镌刻"七十从心所欲，百年之计树人"对联，显示了佐湼公的治家之志。为了"树人"，佐湼公专辟"绵葛轩"书房，广购经史子集万卷之多，并收有多种字画拓片，为闻一多一辈的早期教育提供了优越的条件。

闻一多5岁入私塾，读《三字经》《幼学琼林》，也读《尔雅》与四书。稍后，佐湼公在新屋办起家塾，仿照流行的学堂，起名"绵葛轩小学"，闻一多与自家子弟便在这儿读书。教书的先生叫王梅甫，虽然

---

① 闻廷炬、闻廷政、闻廷治：《先考丽生大人行状》，《闻氏宗谱》第22卷，第49页。

也是读四书五经过来之人，但他毕业于师范学堂，故例课之外，也教国文、历史、博物、修身等新编课本。

闻一多少年老成，读书很用功。门外来了花轿或龙灯，别的孩子都跑去看，他却能安心看书，不受干扰，所以常得到祖父夸奖。其实孩子没有不好玩的，但家中管教甚严，书念不好要打手板。闻一多的母亲以严厉出名，这位太学生刘廷熙的掌上明珠，从小也受过映雪囊萤、悬梁刺股的家教，所以孩子在她面前都十分规矩。

白天，闻一多在家塾念书，晚上还随父读《汉书》。他父亲以科场史论入庠，获得秀才功名。他对孩子爱读史著颇为满意，一次，闻一多"数旁引日课中古事之相类者以为比，父大悦，自尔每夜必举书中名人言行以告之"。① 这些基础教育对人的一生都有意义，闻一多从习美术而顺利地转攻学术，可以说这种童子功也起到了部分作用。

兴趣广泛是孩子的特点，闻一多对绘画的兴趣这时已有显露。琴棋书画本来就是文人的擅长，父辈中能作画的有好几位，闻一多受到感染，也摹仿着学起画画。舞台上的人物、古书中的绣像，都曾出现在他的笔下，有时家里要剪枕花鞋样，也找他绘样。这种发于自然的涂鸦，日后对他的人生成长产生了很大影响。

① 《闻多》，清华学校辛酉级编：《辛酉镜·级友》（清华学校1921级中等科毕业级刊），1917年6月印行。

|第三节|
武昌求学

　　20 世纪初年，湖北在洋务派大员张之洞的主持下，开办了一批新式学堂，其规模在全国首屈一指，仅 1904 年便有 200 多所大中小学学堂，武汉一地的学生达 5000 余人。鉴于乡村比较闭塞，改良家塾也非正规学校，为了子弟发展，闻廷政和兄弟们相商，决定把闻一多和六个嫡堂兄弟送到武昌读书。

　　1910 年，11 岁的闻一多和几个嫡堂兄弟，跟随叔父闻廷治先期来到武昌，开始做投考学校的准备。他们在芝麻岭的荆楚名刹三佛阁内租下一幢小楼的半边，自己起火做饭。① 秋天，闻一多被两湖师范学堂附属高等小学校录取。这是所颇有名气的学校，曾受到张之洞、梁鼎芬（武昌知府）的特别关照，无论教材、方法，还是师资配备，都与旧式学校有很大不同。

　　闻一多在这所学校只读了一年，便发生了武昌起义。说来也是机遇，能够目睹到这一划时代事件的人并不多，闻一多却碰上了，而且恰恰发生在他求知之时，留下的印象自然十分深刻。

　　1911 年 10 月 10 日，中秋节后第四天的傍晚，闻一多和在武昌读

---

　　① 　三佛阁是武昌城内的著名佛教丛林和净土道场，始建于宋代，元代重修，明代扩建。当年，三佛阁不仅有常住僧众百余人，而且还是过往高僧及云水衲子的必经之处。

书的几位堂兄，同登黄鹤楼赏月。可惜天气不作美，不久阴云从东南袭来，不得见月，令他们索然而返。回到三佛阁，喝过茶后"各就榻，相与笑语"。到了夜里，突然传来霹雳般的轰轰声，"腾响不绝"，似"风雨飒然至，屋瓦皆鸣"，以至"耳听皆满"。大家挤到窗前，却见"四檐无溜，月在高树"，并无风雨。诸人疑虑未释，轰响声则越来越大，兄弟们"甚恐，率拥衾屏息，相昵不敢反侧"。过了会儿，叔叔进屋，连声呼道："起！闻战声乎？不速去，性命且不保。"大家相互凝视，不知如何是好。有人推测说："有变乎？是革命党也。"叔叔打断他的话，说："毋妄言，诛矣"。

这时，窗外已露微光，天快亮了，大家连忙把图书、衣物等装入箧箱，关好锁上，此刻"声益厉而光益大，映墙壁皆赤"。少顷，仆人进屋，说是总督府起了大火，大家出来看了看，只见右臂缠着白毛巾的士兵持枪而过，问其怎样才能出城，士兵向西边方面指了指。

诸人回屋，匆匆吃了几口饭，便赶紧前往文昌门，打算从这里渡江到对岸的汉口，因为那里才有轮船码头。但是，文昌门根本找不到渡船，只好沿江步行，至汉阳门时才上了一条小船渡到江对岸。抵汉口时，天色已黑。大家不敢耽搁，马上乘轮顺江而下，直赴黄州，到黄州后换乘小船驶向巴河。船上，紧张疲劳了一天的闻一多和堂兄弟们，靠着船舷美美地睡了一觉，到巴河时，已是 10 月 12 日早晨了。[①]

武昌起义时，闻一多年仅 12 岁，不可能理解这次革命的深远意义。不过，对于起义的成功，他和闻家人都抱着欢迎的态度，这显然是受新思潮的影响。1905 年，清政府宣布实行"预备立宪"，次年各省开始筹设模仿西方立宪制国家国会的咨议局，1909 年湖北省咨议局成立，初任副议长后任议长的立宪派人士汤化龙，便出生于浠水县。其时，湖北省与全国各地一样，也掀起了请愿速开国会运动，而 1910 年担任各省咨议局联合会第一次会议主席者，亦是汤化龙。闻一多的大伯闻廷炬，

---

① 闻一多：《辛亥纪事》，《古瓦集》卷上，陕西人民教育出版社 1999 年版，第 22—23 页。

当时经常与朋友们议论国事，赞成立宪，家里就有不少《新民丛报》《东方杂志》之类书刊。所以，闻一多和堂兄们在武昌起义时非但没有惊慌，反而有种兴奋的感觉。不知在什么人怂恿下，闻一多还把脑后的辫子也剪掉了。这件事曾让家里为他捏了一把汗，因为那时局势还不明朗，清政府势力还很强大，革命军多次起义均告失败，谁能保证这回不是失败的重演呢。而此刻剪去辫子，就意味着与清王朝决裂，万一起义失败，那面临的便是一场灾难。

回到乡里，人们惊异地看着剪去辫子的闻一多。大家很关心武昌发生的事，总有人围上来打听。他像凯旋的战士，一遍又一遍诉说目睹的见闻。后来，他还把看到的情形画成"成套的革命故事，贴得满墙的"①，仿佛连环画一样。其中一幅画上有个手执小旗振臂高呼的小人，意思当然是表示拥护共和。

1912 年春，经历了一场阵痛的北京，表面上又恢复了往日的平静。这年 2 月 12 日，清王朝最后一个皇帝爱新觉罗·溥仪颁诏退位。袁世凯在讨价还价中，于 3 月 10 日登上中华民国临时大总统宝座，革命党人把斗争取得的权力拱手让给这位貌似赞成共和的新独裁者。一场新旧体制的革命似乎在这里画上了一个句号。在这种形势下，武昌局势逐渐恢复平静，闻一多也再次来到武昌。②

---

① 季镇淮：《闻一多先生年谱》，《闻朱年谱》，第 5 页。

② 《闻多》，清华学校辛酉级编：《辛酉镜·级友》。

第二章
活跃在清华园

哦　文献的宫殿啊！

哦　理智的寺观啊！

矗峙在蔚蓝的天宇中，

你是东方华胄的学府！

你是世界文化的盟坛！

……

飘啊！紫白叁半的旗哟！

飘啊！化作云气飘摇着！

白云扶着的紫气哟！

盫氲在这"水木清华"的景物上，

好让这里万人的眼望着你，

好让这里万人的心向着你！

——闻一多《园内》

| 第一节 |
入京读书

考入清华学校

1912 年北京的冬天是寒冷的，但位于西北郊的清华园里，却是一番热闹的气氛。42 个新入清华学校的学生，年龄都在十三四岁上下，这使平静的校园活跃了许多。

这些新生中，有个身着新棉衣，罩件黑色长袍，外面又套件皮背心的少年，他就是刚满 13 岁的闻一多。

从外表看，他与旁人没有两样，可老师和同学们却对他另眼相看。几天前，新生举行分级考试，就是这个少年的中文成绩独占鳌头。清华学校是一所用美国退还的部分庚款办起来的留美预备学校，学制分中等科和高等科，这年中等科有五个年级，高等科有三个年级（次年才改为各四个年级）。中等科新生入学后英文统授一年级课程，只有中文依各生程度分别列入各级。结果，被列入五年级的仅有一人，他便是这个貌不惊人、看似老成的少年。当时列入四年级的也不过三人，其余都分别编入一至三年级。①

————————

① 清华学校庚申级（1920 级）编：《级史·纪·一年纪》，清华学校 1916 年 4 月印行。

　　闻一多一生中有好几次重要机遇，考入清华学校就是其中的一次。这年春天，武昌局势平静后，他又回到省城，在民国公校读书，不久转入实修学校。从这所学校的性质看，闻廷政大概打算把他培养成实业人才，走几个哥哥的路。这种不把孩子拴在土地上的做法，与同族人相比已经较开明了。夏天，闻廷政在湖北省教育司门前看到清华学校招生启事，说招收四名15岁以下的高小学生入中等科一年级，入学后学费膳费全免，八年后公费送美国留学。闻廷政分家时得了五六百担租子，可是四个儿子都要上学，经济上并不宽裕，因此看了启事很动心。

　　清华学校创办于1911年3月，是用美国退还庚款办起来的。此前，1909年6月清政府在北京设立游美学务处，由外交部与学部共管。同年8月招收直接送美学生，并筹建游美肄业馆，选定清华园为校址。1911年3月肄业馆改称清华学堂。1912年10月改称清华学校。这是一所留美预备学校，招生名额按各省分担赔款数额分配，学生入校学习八年，毕业后全部资送美国留学。

　　民国初年，虽说社会风气有了改变，却未大开，一般家长对"蛮夷之国"还存有戒心，对子弟出洋不免畏惧，连送入洋学堂的也不很多。至于官僚买办大家子弟，进的则是教会学校，有的是出洋机会，用不着在清华园苦熬八年，所以当时报考的人远不如后来那么踊跃。不过，闻廷政思想开明，一则认为清华教授的是近代科学文化知识，二则学膳费全部免除，可省家庭不少开销，因此决定为闻一多报名。①

　　清华学校在湖北省的招生初试是在武昌举行的，科目有作文、历史、地理、算学、英文。湖北省的考试情况，因缺乏材料不得而知，但同年参加江西省考试的刘师舜，对当年的情况记忆犹深。他回忆说：当时他是到教育司报考应试的，招考的学校用的名称是"游美预备科"，应试者不过寥寥数十人。头场考过以后，成绩稍优的，都召到楼上试场受试。其中英文一科，只考了默写，而默写也仅是由主试人报几个单

————————

　　①　清华学校开办时，学生的学、膳、宿费全部免费，1916年始实行半膳费，后来再改为全膳费。

字，应试人照样录于考卷上面。① 江西情况如此，湖北也应大致相仿。

闻一多的初试成绩平平，但一篇《多闻阙疑》的作文得到考官的赞赏，并"以此获选"。② 这篇作文的题目与闻一多的姓名有些关联，好像曾经有过练习，赢得考官赞赏的据说是闻一多模仿了梁启超的文笔——那是当时最为时髦的笔法。结果，凭着这篇作文，闻一多获得备取第一名，取得了复试资格。③

复试是在北京举行的，带闻一多赴京复试的是闻一多的三哥闻家騄。闻家騄当时在北京国立工业专门学校读书，有些英文基础，去北京的路上教闻一多背了些英文单词。这个临时抱佛脚的办法倒起到了立竿见影的效果，使闻一多在应考的鄂籍学生中脱颖而出，名列第一。④ 清华学校录取学生的名额是按各省分担的庚子赔款数目分配的，湖北省这年规定招收四名⑤，但开学后一年级学生中的湖北籍学生有六名，除闻一多外，还有罗发组⑥、时昭涵⑦、何钧、王度、宗植心，估计有两名可能是从上一年级留级下来的。

闻一多考取清华学校，让他的堂兄弟们看到除上学读书外，还有一条出洋的路，因此非常羡慕。于是，有几个就暗暗下决心走这条路，后来堂兄闻亦传、堂弟闻亦齐先后考入清华，人称清华闻氏三兄弟，在家乡引起不小的轰动。⑧

---

① 刘师舜：《悼念同级好友邱大年》，台湾《传记文学》第 11 卷第 2 期。

② 闻展民：《哭四弟一多》，李闻二烈士纪念委员会编：《人民英烈》，1946 年印行，第 376 页。

③ 季镇淮：《闻一多先生年谱》，《闻朱年谱》，清华大学出版社 1986 年版，第 4 页。

④ 季镇淮：《闻一多先生年谱》，《闻朱年谱》，第 4 页。

⑤ 《斋务处·中等科历年各省咨送学生人数表》，《清华周刊第六次增刊》，1920 年 6 月。

⑥ 罗发组，字印绶，湖北宜昌人，1920 年毕业。喜好戏剧，在清华学校时与闻一多过从甚密。

⑦ 时昭涵，字熙庵，河北枝江人。1913 年同闻一多一起留级。1921 年因参加"同情罢考"被迫留级一年，1922 年与闻一多同船赴美留学。

⑧ 据访问闻钧天记录，1986 年 9 月 15 日。

　　1912 年考入清华学校的学生被编入中等科一年级，年龄多为十四五岁。按学制，他们要到 1920 年方能高等科毕业，1920 年为庚申年，按甲子系年的习惯，称为庚申级。庚申级分为两个班，除有班长外，还设有级长。入学初，闻一多被编入乙班，同班有邱椿[①]、贾观林[②]、何钧、时昭涵、罗发组等；甲班有刘师舜、王朝梅、萨本铁[③]、周兹绪等。1913 年春，庚申级重新编班，闻一多被编入甲班，同班中有徐笃恭、王朝梅、师淑庠、何钧、时昭涵、周兹绪、罗发组、吴世晋、高长庚等。[④]

　　中等科一年级的课程，分中、英两科，其中英文有读本、会话（默书）、文法、图画、算术、音乐、博物七类。采用的课本，读本是鲍尔文的《英文读本》第二、三集，会话是爱德夏的《异邦之人》，文法是邓尼《英文法程》，算术是斯密司的《中等英文算术》，博物是吴秀三的《中学生理卫生教科书》和钱承驹的《中学动物学教科书》《普通植物学教科书》。图画和音乐两课，由两位美国女教师教授，一为司达尔，一为沙菩。[⑤] 这两位女教师中，毕业于美国俄亥俄州立威斯林大学，担任过洛第高等学校和迪科他威斯林大学绘画教授的司达尔，对闻一多影响最大，这点后面还要介绍。至于中文课程，则是三年级以上每日讲文一小时，一、二年级加授中国历史、中国地理。作文课不是每天都有，

----

　　① 邱椿，字大年，1897 年生，江西宁都人。1920 年清华毕业。赴美留学时与清华同学发起国家主义团体"大神州社"，与闻一多等人成立的"大江会"遥相呼应。回国后，历任北京女子高等师范学校、清华大学、厦门大学、北京大学、西南联合大学等校教授。1927 年前后与姜琦等发起成立了"中国教育学会"，1939 年春任国防最高委员会秘书厅参事，新中国成立后任北京师范大学教育系教授。

　　② 贾观林，字觐君，上海人。喜戏剧，闻一多常与他一起写剧本，登台演出。1915 年 12 月 24 日，不幸因病在校医院逝世。1916 年冬，闻一多因病住进校医院，触景生情，特作《招亡友赋》（刊于《清华周刊》第 95 期，1917 年 2 月 8 日），抒发怀念。

　　③ 萨本铁，字日杰，1900 年生，福建闽侯人。1920 年清华毕业。

　　④ 清华学校庚申级编：《级史·纪·分班表》。

　　⑤ 清华学校庚申级编：《级史》。

而是每周或间周一次不等。①

　　清华学校的教育体制，对闻一多的成长具有重要作用。作为留美预备学校，一切课程设置都服从于留学，所以特别突出西方的教育方法，这使闻一多比同龄人更早地接触到西方文明。他的许多科学知识和思维方式，与这所学校都有不解之缘。另外，清华学校又是个半殖民地社会出现的畸形儿，它设在中国的政治文化中心，处于中西文化碰撞与交融的漩涡之地，又时刻面临着帝国主义的侵略与封建主义的压迫，这种特殊的环境促使闻一多的思想早熟起来。清华学校培养出相当一批在科技和学术文化界取得过卓越成就的人才，闻一多不过是其中的一个。

发起课余补习会

　　闻一多的中文成绩名列前茅，但英文成绩却不尽如人意。他本来没有学过英文，为了复试才在赴京途中加紧背了些常用语。入校后距大考只有一个月，也来不及补习。英文在清华学校是门主课，后来的主要课程都用英语讲授，而且全部安排在上午。为了打好基础，他不得不留了一级。庚申级中等科一年级留级或离校者共有十人，几乎占了全年级四分之一。与闻一多同时留级者，有贾观林、师淑庠、何钧、周兹绪、时昭涵等。②

　　1913 年 9 月，闻一多重新从中等科一年级读起。这年 6 月 3 日，清华学校改变学制，将高等科三年、中等科五年的旧制改为高等科、中等科各四年。③闻一多所在的年级到高等科毕业时为辛酉年（1921 年），故称"辛酉级"。开学时，辛酉级共 73 人，编为三个班，闻一多所在的乙班共 24 人，有师淑庠、贾观林、何钧、周兹绪、顾德铭、王际

---

① 　清华学校庚申级编：《级史·纪·一年纪》。
② 　清华学校辛酉级编：《辛酉镜·班次》，1917 年 6 月印行。
③ 　吴景超：《清华的历史》，清华周刊社编：《清华生活》，1923 年 4 月 28 日。

真、彭开煦、瞿世英①、薛祖康、吴泽霖②、钱宗堡③、沈有乾④、萨本栋⑤、任宗济、徐宽年等，由陆锦文先生负责管理。编在甲班的有时昭涵、潘光亶⑥、王世圻、罗隆基⑦等，丙班有何浩若⑧、程绍迥等。⑨

---

① 瞿世英，字菊农，1900年生，江苏常州人。其在清华学校时期不长，1915年转至北京汇文学校，1918年入燕京大学哲学系学习。1919年作为北京学生联合会代表赴上海参加全国学生联合会。1920年年底与郑振铎、茅盾、叶圣陶等发起成立"文学研究会"。

② 吴泽霖，1898年生，江苏常熟人。闻一多的挚友。1921年参加"同情罢考"，被迫留级一年，1922年与闻一多同船赴美留学。回国后曾任大夏大学文学院院长、西南联合大学教务长等。新中国成立后任中央民族学院（今中央民族大学）教授。

③ 钱宗堡，字冷亝，江苏常熟人。闻一多的挚友。"五四"运动时期，与闻一多一起代表清华学校出席在上海召开的全国学联大会。1921年参加"同情罢考"，被迫留级一年，1922年与闻一多同船赴美留学。

④ 沈有乾，字公健，江苏吴县人，1899年生。

⑤ 萨本栋，字仁杰，1902年生，福建闽侯人。萨本铁的胞弟，1921年参加"同情罢考"，被迫留级一年，1922年与闻一多同船赴美留学。1927年获博士学位。1937年任国立厦门大学校长。

⑥ 潘光亶，字仲昂，后改名"光旦"，1899年生，江苏宝山人。闻一多交往最久的密友之一。在清华学校因踢足球一腿受伤，留级至1922年。1922年赴美留学，习生物学、优生学。回国后在多所大学担任教授，曾任清华大学、西南联合大学教务长。抗战时期加入中国民主同盟，为中央执行委员会常务委员。

⑦ 罗隆基，字鲁参、努生，1896年生，江西安福人。1921年参加"同情罢考"，被迫留级一年，1922年与闻一多同船赴美留学，攻读政治学。回国后从事政治活动，曾任《新月》主编，倡导人权运动。抗战爆发后，任国民参政会参政员，参与发起中国民主同盟，任民盟中央常务委员会委员、宣传委员会主任委员。1944年在昆明组织中国民主同盟第一个地方支部——昆明支部（后改为云南省支部），1946年1月为民盟政协代表。闻一多投身民主运动，受其影响很大。

⑧ 何浩若，字镜瀛，1899年生，湖南湘潭人。1921年参加"同情罢考"，被迫留级一年，1922年与闻一多同船赴美留学。在美时先习经济，后入洛威治军校习骑兵。1926年回国，任黄埔军校第四期教官。北伐战争时，任第四十六军参谋长。1935年后，任湖南省、河南省政府委员兼财政厅长。抗日战争爆发后，历任国民政府军事委员会政治部第三厅厅长、中央日报社社长、国家总动员委员会副秘书长、军委会政治部副部长、三民主义青年团中央常务干事、军事委员会外事局局长等。1945年5月当选为国民党第六届中央执行委员。

⑨ 清华学校辛酉级编：《辛酉镜·班次》。

由于闻一多已在清华学校生活了一年，算是学长了，所以在新入学的辛酉级同学中显得很是活跃。开学才两个月，他便与同样留级的湖北籍同学何钧共同倡议成立了"课余补习会"。这种学生团体在高年级中有不少，在新生中却是第一个。课余补习会的宗旨没有特别新鲜之处，大体与当时流行的诸类社团一样，也是"磨砺道德、交换智识而联络感情"。① 计划中的课余补习会下设三个部门：一为图书部，收藏中西文书报图籍，供会友阅读；二为演讲部，每周组织演说或辩论，期末负责比赛；三为练习部，设中文、西文、科学三科，由科长负责析疑难拟论辩，并选择优异作品保存起来以飨同学。

这个建议得到同学们的支持。11 月 8 日，辛酉级甲、乙、丙三个班召开全级大会，多数人赞成成立课余补习会，赞成者便成为会员。会上，何钧被选为会长，闻一多被选为副会长。一周后，课余补习会在博物教室举行隆重的成立大会，何钧致开会辞，闻一多致祝词，代理校长赵国材演说，后来成为文学研究会会员的瞿世英讲英语故事，贾观林表演了独唱，名誉会长桂质廷先生也做了演说，美籍教员亦兴高采烈地参加了这个热热闹闹的庆祝会。

集体生活中，一个人给别人最初的印象总是深刻的。课余补习会的成立，使闻一多成为同学们认为可以信赖的人。此后，他担任过许多班级与年级的职务。不过，他很重视传统的道德，经常默默做些组织工作，却让别人抛头露面，这更增加了人们对他的尊敬。

课余补习会诞生三个星期后，有人提出将入学以来的成绩编辑成杂志，经过民主推选，闻一多担任了主编。这是他第一次编辑刊物，时年 14 岁。

这个刊物定名为《课余一览》，它至少出过两期，内容有言论、科学、文艺、小说、杂俎、纪事六类。第一期在寒假中油印出版，但迄今未能找到。第二期可能得到校方资助，于 1914 年 6 月 15 日铅印发行。这期上刊登了闻一多的五篇习作：《名誉谈》（论说），《泪蕊》（小

_____

① 清华学校辛酉级编：《辛酉镜·大事记》。

说，与时昭涵合著）、《曹大镐先生绝命词》（杂俎），《髯仙》《人名妙对》（杂俎）。可惜的是，迄今发现的这一期是残本，仅保存有《名誉谈》一篇。

说起来也是不幸中的万幸，因为《名誉谈》也许是五篇中最重要的一篇。这篇目录中署名"闻多"，正文署笔名"漱仙"的文章，不仅是目前发现的闻一多的第一篇论说文，而且反映了他对人生观的一些思考。

《名誉谈》的主旨，是反对知识分子独善其身，提倡读书人不断进取，为社会做贡献。文章开头写道："处百龄之内，居一世之中，倏忽比之白驹，寄寓谓之逆旅。所谓结驷连辔之游，侈袂执圭之贵，乐既乐矣，特黄粱一梦耳。其能存纪念于世界，使体魄逝而精神永存者，惟名而已。"

这里的"名"，不是今天所讲的个人名利，而是由于进取而获得名垂千古的荣誉，是精神的不是物质的。闻一多说："古今丰功伟烈，当其发端之始，莫不有至艰至险之象横于其中，稍一迟回立归失败。惟有此千古不朽之希望，以策其后，故常冒万难而不辞，务达其鹄，以为归宿。古来豪杰之士，恒牺牲其身现存之幸福，数濒于危而不悔者，职此故耳。"可见，闻一多认为这种"名"是献身精神的动力，这时的"名"也就成为"理想"的同义语。这种认识虽是初步的，却贯穿了闻一多的整个生涯。当然，他对"名"的理解与认识后来有了根本变化，不再是抽象的了。

《名誉谈》还体现了批判精神，认为"自秦汉以及唐，好名之念，犹未绝于士大夫之心，跅弛不羁之士，史不绝书，而国威赖以不替"。可是到了宋代，"宋学家言风靡一世，神州俗尚为之一变，尚知足而绝希望，重保身而戒冒险，主退让而斥进取"。其结果是"谬种传流，天下事乃尽攘于冥冥之中。千年以来，了无进步，而退化之征，不一而足"。这是对宋代程朱理学的否定，因为从此以后"凡慷慨尚气，磊落光明者，皆中以好名之咎而摈斥之"，而"乡里谥为善人，庙堂进为耆德者，曾无雄奇进取之气，惟余靡靡颓惰之音"。

这篇论说文可能是教师布置的作文练习，虽然只是习作，论点也未超出传统观念，但它表现出的基本价值观，对了解闻一多的人生道路，却具有耐人思考的意义。

1914年9月暑假后，闻一多升入中等科二年级，编入甲班。同班同学有时昭涵、顾德铭、薛祖康、吴泽霖、钱宗堡、郭殿邦、萨本栋、廖芸皋、熊祖同、聂鸿逵等。[①] 值得注意的是，罗隆基这时也编入了甲班，这是闻一多与罗隆基同窗结交的开始，在后来的政治生活中，无论是留学美国时成立的大江会，还是抗战时期诞生的中国民主同盟，罗隆基可以说是对闻一多影响最大者之一。

9月18日，课余补习会改选，闻一多被推举为会长。[②] 11月上旬，鉴于辛酉级多数同学都加入了课余补习会，为了避免冲突，课余补习会进行了改组，更名为"中二级会"，凡级友均为会员。12月31日，新年前的最后一天，中二级会召开年终会议，选举下学期职员，一致推举闻一多为级长兼会长，顾德铭为副会长。[③] 这样，刚刚卸去课余补习会事务的闻一多，担子非但没有减轻，反而加重了。直到1915年6月13日，中二级会改选，闻一多才改任副会长，会长由陈念宗出任。改选会上，"先由闻君多叙述该会经过之情形，闻者莫不感发"。[④] 正是由于同学们对闻一多热心服务的精神给予充分肯定，1916年年末辛酉级再次改选职员时，他又一次被选为会长兼级长，担任副会长的是他的好友沈有乾。[⑤]

① 　清华学校辛酉级编：《辛酉镜·班次》。

② 　《清华周刊》第13期，1914年9月22日。

③ 　清华学校辛酉级编：《辛酉镜·大事记》。

④ 　《清华周刊第一次临时增刊》，1915年6月26日。

⑤ 　《校闻》，《清华周刊》第62期，1916年1月5日。

| 第二节 |
兴趣养成

辩论演说

清华学校非常重视社会参与能力的培养，辩论演说是一个重要部分。1913 年 12 月 17 日，就任清华学校校长不到两个月的周诒春，为了提倡演说，专门发布了一个布告。布告云："言为心之声，即所以代表意者也，故这言语一端，孔门列为专科。演说一道，又为今文明各国所必注重，况共和政体，演说之用途益广，启导国民，演说之收效较速。吾邦于此端，近鲜研究，未始非一缺点。诸生等值此学年之际，正宜从事练习，将来施诸实用，必能大有裨益。兹拟订国语演说竞赛章程六条，以为鼓励之资，诸生等各自奋励，共夺锦标，本校长不禁有厚望焉。"①

周诒春，字寄梅，出任清华学校校长时，年仅 29 岁。他不到 12 岁时，便进入上海圣约翰书院（后升格为圣约翰大学）读书，因英文造诣颇深，未毕业就被聘为书院的英文教员，协助他的恩师、圣约翰书院英文教授颜惠庆编著中国第一部英汉大辞典《标准英汉双解大辞

——————————
①   转引自吴景超：《清华的历史》，清华周刊社编：《清华生活》，1923 年 4 月 28 日。

典》。1907年，周诒春自费赴美留学，就读于耶鲁大学和威斯康星大学，1910年回国参加清廷留学生考试，成为时人称之的"洋翰林"。受到西方教育的周诒春，对演说在人生中的作用有着深刻认识，而无论是辩论还是演说，一般都围绕人们关心的社会问题，具有明显的时代色彩。闻一多参加的这些活动，便体现了强烈的忧患意识。

长期以来，忧患意识几乎是士大夫的专利。进入民国后，中国的社会性质没有变化，帝国主义列强的侵略与掠夺更为加紧，人们的忧时忧民情绪也与日俱增。辛酉级的演说辩论，最初是由课余补习会组织的。《辛酉镜·演说辩论》云："吾级初有课余补习会设演讲部，每星期开会，以资练习。然其时规模甫具，于演说一门，未臻完备，不过为改革进行之根据耳。至民国三年春，与二年级博约会举行联合辩论会，始稍著成绩也。"这里所说的联合辩论会，即1914年3月14日在宽大的博物教室举行的一场辩论。

一年前的6月22日，袁世凯发布尊孔祀孔令，孔教会会长康有为亦电袁，要求将读经一科加入学校课程。一时全国舆论褒贬不一，议论纷纭。围绕这个问题，辩论会选择了"今日中国小学校能否有读经"为题。在这场辩论中，闻一多担任辛酉级的主辩，陈念宗、钱宗堡为助辩，对方主辩是罗发组，助辩为邱椿、吴泽湘。校长周寄梅（诒春）十分关心这次辩论，亲自担任主席，裁判则为陈筱田、李仲华、张恺三先生。辩论结果，辛酉级获胜。① 这次获胜使全级为之振奋，想来闻一多是在大家的欢呼和簇拥下，带着胜利的喜悦凯旋而归。"今日中国小学校能否有读经"是个争论不休的问题，我们也无从了解闻一多等人是如何申论的，加之这种旨在练习口才的辩论，胜负并不根据观点。不过，令人赞叹的是他们敢于对这个当时至关重要的问题展开讨论。

———————————

① 清华学校辛酉级编：《辛酉镜·演说辩论》。钱宗堡，字冷盟，江苏常熟人。罗发组，字少卿，湖北宜昌人。邱椿，字大年，江西宁都人。此三人与闻一多来往较多，钱、罗是闻的挚友。

　　课余补习会改组为中二级会后的 1915 年 11 月 13 日，辛酉级再次与庚申级举行联合辩论会。这次辩论的题目是"国家富强在政欤抑在人欤"，闻一多与周兹绪担任助辩，主辩为钱宗堡，抽签选定的是"在人"。庚申级抽中主"在政"，主辩邱椿，助辩萨本铁、陈复光。陈筱田、戴梦松、王庆孙三先生担任裁判员。结果，又是辛酉级获胜。① 1916 年 4 月 27 日，辛酉级级会也组织了一次辩论会，"辩论题为'今日中国修炼甲兵较普及教育为尤要'。正面主辩康德馨，助辩陈华庚、浦薛凤② ；反面主辩闻一多，助辩罗隆基、王际真。结果由会友公决，反面获胜"。③

　　清华学生的辩论会，形式上多种多样，不拘一格。1915 年是袁世凯牢牢控制了北京政权的时候。他登上临时大总统宝座后，派人暗杀了热衷议会政治的国民党领袖宋教仁，又镇压了国民党人发动的二次革命，强迫国会选举自己为正式大总统，随后又解散国会，做起黄袍加身的美梦。1 月 18 日，日本乘机提出灭亡中国的"二十一条"。5 月 9 日，袁世凯为了换取日本支持他称帝，不顾全国一片反对之声，公然承认日本蛮横的要求。

　　北京是中国的政治中心，反对"二十一条"的活动也最为高涨。清华学校学生更是年轻气盛，义愤填膺，《清华周刊》封面上赫然印上"五九国耻"，以表明永志不忘这个耻辱。11 月初，已进入中等科三年级的辛酉级举行了一次"演装国会"，摹仿议会进行辩论，议题为"日本下哀的美敦书要求中国将南满归并日本，中国宜取如何行动"。会上分为主战与主和的假想两派，双方围绕"二十一条"的核心问题唇枪舌剑，俨如一小国会。④ 24 日，辛酉级再次举行"演装国会"，充任国会

---

　　① 清华学校辛酉级编：《辛酉镜·演说辩论》。

　　② 浦薛凤，字瑞堂，号逖生，1900 年生，江苏常熟人。1914 年考入清华，插班进入辛酉级。赴美习政治学，历任云南东陆大学、清华大学教授。抗战中任国防最高委员会参事室参事。在清华学校时，闻一多与他过从甚密。

　　③ 《校闻》，《清华周刊》第 75 期，1916 年 5 月 3 日。

　　④ 《校闻》，《清华周刊》第 58 期，1915 年 12 月 8 日。

主席的即是闻一多。① 这时，辩论已不仅是锻炼口才，而是反映出这群青少年的历史责任感。

类似此种围绕国家富强、民族振兴为中心的辩论会，在中等科时举办过多次，其中闻一多参加的英文辩论就有"解决体育馆与图书馆孰为重要"（1916 年 11 月 4 日）、"普通教育较人才教育为要"（1917 年 3 月 17 日）、"今日中国科学家较文学家为要"（1917 年 4 月 21 日）等。而 1917 年 5 月，辛酉级即将升入高等科的前夕，还举行了以"学期考试应否废止"为题的英文辩论会②，和以"欧战能否促进文明"为题的国语辩论会③，可见他们的辩论范围涉及之广，而且把辩论与中国社会的命运紧紧地联系了起来。

与辩论锻炼同时进行的还有演说。袁世凯复辟帝制活动公开后，云南首先发动护国起义，南方各省纷纷响应，形势的变化启发人们深思许多问题。1916 年 5 月 26 日，中等科联合演说辩论团举行英文演说决赛，钱宗堡演讲"悲观世界"，沈有乾演讲"时机与果决"，熊祖同演讲"学生应尽之责"，胡辉鄂演讲"牺牲"，萨本栋演讲"友谊"，而闻一多则选择了"公众动力"为题参加决赛。④ 闻一多的题目较大，不易组织材料，未能获得名次，但它说明闻一多此时思考着哪些问题。

1917 年 10 月底，闻一多被辛酉级推为代表，参加全校性的国语演说辩论团。胡适曾在这个团里讲过"用白话作文为改良我国文学之利器"，也许这是闻一多第一次见到胡适。

演说辩论的频繁举行，有力增强了闻一多这些青少年们的社会责任感。成功的教育，不完全在于课堂上传授了多少知识，也在于学校为培养学生全面发展提供的条件。闻一多在清华学校生活了十年，他的许多兴趣在丰富多彩的课外活动中得到鼓励和训练，并为他后来施展各种才华奠定了良好基础。

① 《校闻》，《清华周刊》第 61 期，1915 年 12 月 29 日。
② 《校闻》，《清华周刊》第 108 期，1917 年 5 月 10 日。
③ 《校闻》，《清华周刊》第 111 期，1917 年 5 月 31 日。
④ 《校闻》，《清华周刊》第 79 期，1916 年 5 月 31 日。

戏剧编演

在课外活动中，闻一多最早表现出兴趣的是戏剧编演。戏剧，有广义和狭义之别，广义的戏剧是对中国戏曲、话剧、歌剧和舞剧等的总称，而狭义的戏剧专指话剧。清华学校是所美国化的学校，故提倡的戏剧是从西洋舶来的话剧艺术。

1913 年 11 月 15 日，辛酉级在全校首届戏剧竞赛中荣获第二名的《革命军》（又名《武昌起义》），便是闻一多与贾观林等人合编而成。闻一多是同学中少数目睹到武昌起义者之一，当年的经历与见闻，为他创作这出剧奠定了基础。《革命军》的剧情并不复杂，大意是："瑞澂闻武昌革命党蛰伏，朝夕惴恐，一日召张彪至，与议守御之法，又以妻孥委之，属先遁去，以防不虞。彪行，吏拘二党人至，澂亦不加详鞫，坐以死罪。俄而报事变，澂惊而仆，兽行往复室中，不知所措。从者将之起，亟为芟须易服，戴之于舆以逃。既出，署中火举，枪举四起。舆夫惧，步趋相问，旋起旋踬，伏至颠顿。"[①]这个剧讽刺湖北巡抚瑞澂在起

1913 年闻一多在清华学校演出《革命军》，饰革命党人（右一）

————————

① 清华学校辛酉级编：《辛酉镜·戏剧》。

义爆发前后的狼狈不堪，歌颂了革命党人大无畏的精神，受到大家好评。闻一多在剧中饰宁死不屈的革命党人，演出后还拍了一张剧照作为纪念。

12月30日已属年终，清华学校各年级纷纷召开俱乐会，辛酉级这天也举行了俱乐会，会上除有演说、谐语、唱歌外，还演出了《打城隍》，闻一多在剧中扮演差役。《打城隍》是出趣剧，剧情为："秦筑长城，强民为役，民患之，皆相引去，乃遣吏巡于乡野以捕民。有农夫耕于亩，见二吏，遥知有变，亟逃匿于城隍庙中。遇士人，亦言避乱至。旋一樵夫又至。僧惧获罪，迫令三人出，三人哀求，僧乃设计取神像之衣冠，使三人著之，坐龛中，佯为偶像，以避吏之索。于是士人为城隍，农为判官，樵为小鬼。坐定，二吏果至，称不得人，将祷于神以求佑，乃列俎豆于案，再拜而去。三人方饥甚，因分取其馔而食之。次日吏仍不得人，又至，责神素餐，鞭之乃出。士愤甚，恐明日再来，求与判官易服使代受鞭。次日吏又至，言城隍必听判官之谗言，乃鞭判官。既去，士又求为小鬼。明日吏至，言城隍、判官均受责，今日必小鬼为之祟也，遂鞭小鬼而出。于是士大号，余人亦不觉失笑，吏闻声返，则见人，遂拘之以去。"①这个剧描写受欺压的农夫、樵夫在胆小怕事的士人协助下，机智地与小吏、僧人周旋，情节令人发笑，十分热闹，使剧场很是活跃。次年1月7日，美国驻华公使芮恩施与夫人来校参观，清华学校特以该剧作为欢迎节目之一。

1915年11月6日，辛酉级为了招待本级教员与协和学校足球队演出《两仆计》。②这个剧也是闻一多参与编写的，并在剧中饰演律师。该剧带有说教意味，剧情也较《革命军》和《打城隍》复杂。其故事梗概为："有劳普同者，雄于资，子维新留学欧洲有年，尝以书归，请于父，将娶西妇，普同不许。后维新归，携一西妇，普同见而大怒，将逐之。维新哀求于母，母怜之，颇有留意，而普同终牢不可破。维新不

---

① 清华学校辛酉级编：《辛酉镜·戏剧》。
② 《校闻》，《清华周刊》第54期，1915年11月10日。

得已，挈妇去。普同又惧无嗣，谋诸仆高三。高三称普同之甥吴氏子颇警敏，可引为嗣。普同之妻独不以为然，谓吴氏子素不谨礼法。普同不听，召之至，与之语，大悦，遂以为嗣子。初吴氏子本贪婪，垂涎于劳氏资财者有年矣，至是则益大喜过望，与其仆陶晏谋，乞力为之说项，事成，当分资以为酬。陶晏既见普同，言吴氏子警敏而好学，试尝冠其曹，故最为父母所钟爱。普同信以为真，事遂成。吴与仆既至普同家，每喜外出，数日不归。后普同微病，吴未尝入寝门，普同怒，明日以高三计，佯称病重，命速召律师至析产。吴大喜，俟律师至，导之别入一室，使陶晏卧病以为普同，告律师，尽以家资为吴氏。后为高三所觉，以闻诸普同，普同召吴至，重责其不义。吴与仆愧而私逸去，普同乃复遣人觅维新妇。"①

12 月 31 日，清华学校继续于岁末这天举行戏剧比赛。这次已是全校的第三次戏剧比赛了，辛酉级演出的是赞浪子回头的《兰言》②，闻一多第一次男扮女装，饰主角伍澹阶的母亲。该剧剧情为："伍澹阶者，尝毕业于某陆军学校。父早世，母老弟幼。澹阶恃有厚资，不勤学，尝至市井，与人博，至数日不归。友劝之，不听。事闻于母，母遣仆召之，亦不归。明日仆来，报母病，澹阶以为诳，博如故，翌日始归，见母，母大怒，杖之。适其舅至，言乌将军方有事于西藏，拟命澹阶偕行。乌将军者，澹阶之父执也，父死时尝以澹阶托焉。母初尚犹豫莫决，卒从舅言，修书命澹阶持往见将军。既至，将军与之语，大悦，乃以为参谋，军兴后，屡建奇功、擢为少将。后军事竣，归家，母见之，为之大喜。"

在清华园，闻一多参加编写及演出的戏剧还有《蓬莱会》《紫荆魂》《都在我》《可以风》等。这些剧有些是娱乐性质，有些含有破除旧习俗、提倡新世风的内容，效果都很不错。浦薛凤曾说："伊又喜欢编写

① 清华学校辛酉级编：《辛酉镜·戏剧》。

② 这出戏剧的名称，《辛酉镜·戏剧》作《兰言》，《清华周刊》第 62 期《校闻》作《异血同心》，兹从《辛酉级》。

剧本。最初几年，高中两科八年，每年辄写演短剧比赛；吾级多次之短幕戏剧均由他一手创作，演出之后，总能名列前茅。"①

自《革命军》演出后，闻一多对戏剧的兴趣可以说与日俱增。不过，他们这个年级的同学还属青少年时期，对西洋传来的戏剧艺术也只是刚刚开始接触，所以，从《革命军》《打城隍》《两仆计》等只有梗概没有剧本这一点看，他们的这些演出还不正规，只是构思了一个故事，设计了一个框架，允许演员演出时自由发挥。当然，规范化是戏剧发展的必然趋势，闻一多在编剧时已注意到这个问题。在《革命军》中饰仆人的吴泽霖说，闻一多那时的兴趣"主要在编写剧本，特别是推敲台词，常与罗发组等搞到深更半夜，好像还有顾德铭和贾观林等人"。②

闻一多参与的戏剧编演，本是为了丰富学校生活，但有些演出也带有社会公益的积极动机，为清华学生创办贫民小学就是其中一例。

清华是所留美预备学校，学生的年龄跨度较大，既有十三四岁的少年，又有二十一二岁的青年。他们的英文程度比大多数同龄人都高，可以直接读到西方的许多著述，这使他们向现代方向迈进的途中，能够比别人早先一步。在教育领域，学生中不乏教育救国的思想。当时教育救国已成为一种思潮，蔡元培提倡专门教育，黄炎培提倡职业教育，这些对青年们都有一定影响。清华学生创办贫民小学，就是在这种形势下开展的。

清华地处郊外，学校附近是农村，西侧是一片名叫成府的村落。1915 年，校长周诒春与赵月潭等先生因那一带的贫寒子弟失学者为数不少，发起成立"成府贫民小学"，经费由发起人及赞助人捐助，功课除普通科目外，还特设木工一科，以便为贫寒子弟日后生活提供一技能。1915 年开办时，该校名为"成府贫民小学"，有学生 40 余人，逐渐扩大到 70 余人。两年后，因"贫民"二字让人心理上不易接受，遂

---

① 浦薛凤：《忆清华级友闻一多》，台湾《传记文学》第 39 卷第 1 期，1981 年 7 月。

② 吴泽霖给笔者的信，1986 年 6 月 27 日。

改名为"成府职业学校"。清华学生受此启发，也打算在海甸（后更名海淀）镇办一相同小学。①

创办贫民小学的提议，是高等科多数同学提出来的。1915 年 12 月 24 日，高等科各级级长、班长讨论开展办法，当即议决三项，其第一项为"此事既属清华学生创办，高中两科应合力进行"。25 日，召开高、中两科各级长、班长联合大会，闻一多以中等科三年乙班班长身份出席了会议，并与中等科各级长、班长表示积极参与。会议开得很成功，讨论筹款办法时，决定"校内则同学临时捐及常年捐，校外则以音乐体操各种美术之余兴开会募捐"。有关详细章程及施行手续，会议推举闻一多与朱成厚、关颂韬、白敦庸、陈烈勋、吴世晋、傅葆琛、吴曾愈、林振彬、孟继懋、陆梅僧②等人分别担任。③经过商量，确定排演 1917 级洪深④同学编写的《贫民惨剧》，到校外进行演出募捐。

这是清华学生的一次大规模慈善活动，参加者颇多，后来成为学术大师的陈达、刘崇鋐、汤用彤、李济等，都参加了这次活动。1916 年 2 月 26 日，春节过去不到两个星期，《贫民惨剧》在市内米市大街基督教青年会公演。《贫民惨剧》是出六幕剧，《说明书》介绍剧情云："贫贱小民，幼时无适当之教育，长成无一定之职业，不能自活，强横者或竟为社会蟊贼，愚懦者亦冻馁而死，哀惨莫甚。王一声者，故家子也，父在以珍爱废学业，父没不能治生产，家遂日落。其后贫甚，至不能谋饔飧，告诸亲友，亲友莫应。或劝之卖妻，不得已从其计，获得数十金，博负又尽亡金。妻至豪家，不屈自刎死，噫惨矣。"⑤洪深后来成为中国著名戏剧家，在他众多的创作中，这部剧作并不突出，但演员很认真，剧场效果甚佳，当演到家破人散时，观者

---

① 《学生方面·德育·社会服务》，《清华周刊本校十周年纪念号》，1921 年 4 月 28 日。

② 陆梅僧，字冶伦，江苏宜兴人，清华学校 1920 级学生。闻一多的好友。

③ 《校闻》，《清华周刊》第 61 期，1915 年 12 月 29 日。

④ 洪深，字伯骏，江苏武进人。

⑤ 《〈贫民惨剧〉说明书》，《清华周刊》第 66 期，1916 年 2 月 29 日。

咸为动容。

这次演出，先由高等科四年级级长张光圻致开会辞，报告组织义演的用意，再由洪深介绍《贫民惨剧》梗概。然后演出去年岁末高等科四年级在全校戏剧比赛中获得第一名的趣剧《卖梨人》。休息 10 分钟后，才拉开《贫民惨剧》的帷幕。这次演出，入场券每张一元①，募捐效果可谓理想。外交部次长、教育部总长及次长，及海军驻沪总司令萨镇冰上将均莅临剧场，外交部次长曹汝霖当场就捐出了 100 元。②3 月 4 日，两剧又在青年会演出了一回。闻一多这次没有登台扮演角色，他和高年级的王祖廉、孙克基共同负责总务部，是这次义演活动的大总管。同时，他还参加了招待部的工作。

《贫民惨剧》和《卖梨人》的演出十分成功，由此催生了全校性的文艺团体"游艺社"。游艺社是 1916 年 9 月 26 日正式成立的，社长由高等科同学林志煌出任，由于闻一多在戏剧方面的突出表现，被提名为副社长，并获得通过。③不久，社长改为罗发组，闻一多继续任副社长。游艺社下设戏剧、音乐两部，闻一多分工负责的是戏剧部。④鉴于演出已经筹集到"千余元之谱"⑤，加上同学们捐助的 200 余元，创办贫民小学一事，也提上日程。10 月里，大家开会讨论进行方法，选定闻一多与程其保、陈烈勋、黄勤、刘庄五人为开办手续起草员。⑥不过，贫民小学没有成立起来，原因是海甸镇"离校较远，办事诸多不便，而成府贫民小学需费甚亟"，于是"遂将此款充作该校基金"。⑦

---

① 《校闻》，《清华周刊》第 65 期，1916 年 2 月 22 日。

② 《校闻》，《清华周刊》第 66 期，1916 年 2 月 29 日。

③ 《校闻》，《清华周刊》第 85 期，1916 年 11 月 1 日。

④ 据《学生方面·智育·会社·新剧社》，《清华周刊本校十周年纪念号》，1921 年 4 月 28 日。

⑤ 《学生方面·德育·社会服务》，《清华周刊本校十周年纪念号》，1921 年 4 月 28 日。

⑥ 《校闻》，《清华周刊》第 85 期，1916 年 11 月 1 日。

⑦ 《学生方面·德育·社会服务》，《清华周刊本校十周年纪念号》，1921 年 4 月 28 日。

游艺社成立后，便积极开展编剧演剧，规模颇大的《都在我》，即游艺社推出的第一出剧目。该剧编演，是为出席第三届远东运动会的运动员募集旅费①，全剧由"挥霍得信""债累远游""途穷遇救""寿辰逢子""罹疾团聚"五幕组成。1917年3月24日晚7时半，《都在我》首先在校内食堂上演，历时3小时。该剧布景、扮演均为最新式，观剧者评论说"化装精工，表情细致，极淋漓之妙"，以致"观者踊跃关塞，而中美教员之眷属亲友，远来与观者亦甚众"。② 这次演出，除优待券赠送外，票价分特别券5角、普通券2角。4月7日，《都在我》移至清华礼堂再次演出，并增加了一幕，"将剧情略加修改，较前更有精彩"。③

4月13日是星期六，应远东运动会中国董事会邀请，《都在我》在市内米市大街基督教青年会演出，票价每张一元。演出仍于晚7时半开始，各界观众多达600余人，开演前，外交部参事刁作谦特以主席身份说明这次演剧募捐的宗旨。由于演员们精神振作，十分投入，"每幕终，掌声雷动"。14日是星期天，晚上，《都在我》继续在基督教青年会演出，外交部次长王正廷特来观看，并担任主席。这晚观众800余人，全场座无虚席。"演至第三幕时，电灯遽坏，全堂黑暗，而剧员在台上者，并不停演，急燃烛以代电灯"。约三分钟后，电灯复亮，"而其间烛之去取，均由剧中之店仆为之，故观者尤以为妙，盖合于剧中情节也"。④

第三届远东运动会在日本举行，清华学校被选拔者为孟继懋、程树仁、姚醒黄、邝寿堃、关颂韬五人。他们没有辜负同学们的期待，其中程树仁获掷标枪第三名，孟继懋获掷铁饼第三名。⑤

《都在我》的演出，已经体现了戏剧的革新，而这一点在1918年

---

① 《校闻》，《清华周刊》第107期，1917年5月3日。
② 《校闻》，《清华周刊》第102期，1917年3月29日。
③ 《校闻》，《清华周刊》第103期，1917年4月5日。
④ 《校闻》，《清华周刊》第105期，1917年4月19日。
⑤ 《校闻》，《清华周刊》第110期，1917年5月24日。

的岁末演出中，又得到出色表现。12月31日晚8时，游艺社在学校体育馆演出《鸳鸯仇》《黑狗洞》。《黑狗洞》是出趣剧，观众评论"诙谐百出，令人捧腹不置"。

《鸳鸯仇》是闻一多参与编写的一出新剧，全剧分"鹏飞""鹤逝""鹣比""鸠逐""鹑奔""鹃啼"六幕，旨于"描写新旧习俗之弊，以为知今不知古，泥新拘旧，拘中泥西者戒也"。该剧剧情为："郭伯渠商人也，子女各一。女，前妻出，许婚莫良新。莫幼志学，未娶即游学美洲。郭没，妻虐其女，家日落，其女孑然一身，独于贫困中见一番贞节性，所期望者，莫良新学成归国，光耀门庭，遂人伦之乐耳。谁知人心难测，莫良新而没良心，出家忘家，因新忘旧，眷新知之情，忘未婚之妻，别娶贾爱琴而弃郭女。女于此时无望于世，去发为尼，盖节女之末路也。莫良新寅缘得官，奔走于王大老之门。莫良新忘其良心而别娶人，亦忘其良心而私其妻，求荣得辱，求乐得苦，天演之报应也。其捷如响，贾爱琴竟成假爱情，没良心适以自害也。莫盗矿山而贾嬲王，禁之不可而反见挟，争执之间，误毙假爱情之贾爱琴，天理难逃，而没良心之莫良新，亦因以自毙，产没入官，家败人亡，此又没良心之报也。母流为丐，祸及其母，适以大其罪，女竟自裁，轻其生更足以贞其贞。"[1]

《鸳鸯仇》在布景、灯光、配乐等方面，均体现了改良追求。演出时，"每幕之一开一闭，而电光随之；每幕之事情不同，而景致因之，千态万状，变化无穷"。此外，该剧还首次与音乐结合了起来，"戏台之前为军乐队，队员着制服，执乐器，排坐成列，肃然有秩"。有人评论道："每演幕毕时，由军乐队奏乐，乐之抑扬顿挫，高下曲折，咸中声律，不异于戏戏之。喜有因，怒有由，哀乐忧戚，曲尽事情，不异于乐戏。戏毕而乐，乐毕而戏，戏之中有乐，乐之中有戏，观戏而思戏中之乐，闻乐而思乐中之戏，目有观观戏，耳有听听乐，心有思思乐，口

---

[1] 廖永忠：《记七年除夕新剧〈鸳鸯仇〉》，《清华周刊》第157期，1919年1月9日。

有道道戏。"①

　　时，清华学校早期四大建筑刚刚落成，其在体育馆"屋宇高畅，远过于旧礼堂，戏台虽占全馆三分之一，尚可容六七百人"。座位置于乐队之后，为新式坐椅，前数排设特别座，招待教职员男女来宾；其后为头等座，票价5角；再后为二等座，票价2角。楼上也设有特别座，楼槛周围悬挂着学校优胜奖旗和各级各会旗帜。②可见，这是一次从演出到剧场均仿西式的有益尝试，也是清华戏剧艺术的一次重大改良。

　　由于游艺社主要活动为戏剧编演，音乐活动不多，于是1918年12月中旬有人提议改组，设立编剧、演剧、总务、化妆、布景五部，以专司编演新剧。③1919年1月9日，吴泽霖提议改名为新剧社④，经数次交换意见，改组后的新剧社新职员与顾问会议于1月23日下午召开，会议决定设庶务、编演两部，以利进行。新剧社"直隶本校"⑤，与一般学生社团有所不同，主要职员由学校派定，故正式名称为"清华新剧社"。最初，校中派定罗发组、陆梅僧分任庶务、编演部长。不过，罗发组是清华新剧社社长，要总揽全局，陆梅僧亦似未允接手，因此不久后公布的清华新剧社职员名单，是闻一多以副社长身份兼任编演部总经理。编演部下设编剧、演剧两股，由段茂澜、张祖荫分任主任。担任庶务部总经理的是吴泽霖，下设总务、化妆、布景三股，分由吴泽霖、王世圻、程绍迥为主任。⑥

　　1919年年初，是闻一多最为繁忙的时候，他除了与潘光旦、杨荫溥、吴泽霖等同学修改《鸳鸯仇》外，还参与了《巾帼剑》《得其所

---

① 廖永忠：《记七年除夕新剧〈鸳鸯仇〉》，《清华周刊》第157期，1919年1月9日。

② 以上据廖永忠：《记七年除夕新剧〈鸳鸯仇〉》，《清华周刊》第157期，1919年1月9日；《校闻》，《清华周刊》第157期，1919年1月9日。

③ 《校闻》，《清华周刊》第154期，1918年12月19日。

④ 闻一多：《仪老日记》，1919年1月23日。

⑤ 《记载·清华新剧社纪要》，《清华周刊第五次临时增刊》，1919年6月。

⑥ 《记载·清华新剧社纪要》，《清华周刊第五次临时增刊》，1919年6月。

哉》的编写和排练。4 月 5 日，改组后的清华新剧社在北京最大的剧院前门外第一舞台演出《我先死》《巾帼剑》。[①]6 日，又演出了《是可忍》《得其所哉》，前者据《鸳鸯仇》改编，并由六幕延长至八幕，"情节更为拗折"。[②] 闻一多则在 3 日下午便提前到了剧院，4 日上午排练《巾帼剑》，下午排练《是可忍》，晚上还听陈大悲先生讲述《我先死》事实。[③]

上述四剧，都表现了时代精神，演出效果颇佳。除《得其所哉》外，闻一多均参加了演出。浦薛凤说："某年春季，清华为爱国运动募集款项，曾由一多与高班罗发组同学共编一部五幕新话剧，假座北京一大戏院演出，由庚申级陆梅僧担任女主角，扮演剧中之一位'姑姑'。演到悲伤最高潮处，声泪俱下，博得台下观众不少同情之泪。于是梅僧与一多之名遍传遐迩。"[④] 令人意外的是，京剧大师梅兰芳也观看了4月6 日的演出。潘光旦回忆说："记得演出的那晚上，梅兰芳先生是包厢中的一员观众，后来时隔多年，我还听到当年参加编写的一个同学说，他从来没有看过梅老板演的戏，而梅老板却看过他编的戏。"[⑤]

这次演出，也是为募捐组织的，至于究竟为哪项募捐，《清华周刊》说是为清华各社会服务机关[⑥]，但参与其事的潘光旦则说是为救济河北旱灾。[⑦] 这次义演效果比 1916 年在演出《贫民惨剧》募集的

---

① 《我先死》据 1917 年 12 月 31 日清华各年级联合排演的八幕剧《可以风》改编，闻一多与陆梅僧、杨光泩、卢默生、何浩若、罗发组、全增嘏、时昭瀛、董修甲等25 人登场演出，人评"剧中情节新奇，而演者又素以艺术者，摹情写景，大有可观"。见《清华周刊》第 121 期，1917 年 11 月 29 日。

② 《校闻》，《清华周刊》第 165 期，1919 年 4 月 3 日。

③ 闻一多：《仪老日记》，1919 年 4 月 3 日、4 日。

④ 浦薛凤：《忆清华级友闻一多》，台湾《传记文学》第 39 卷第 1 期，1981 年 7 月。

⑤ 潘光旦：《清华初期的学生生活》，《文史资料选辑》第 31 辑，第 91 页。

⑥ 参见《清华新剧社纪要》，《清华周刊第五次临时增刊》，1919 年 6 月。其文云："本年四月五、六、七三日赴京演剧，为本校各社会服务机关募捐，得四千余金。《巾帼剑》《是可忍》《我先死》《得其所哉》，凡四剧。"

⑦ 潘光旦：《清华初期的学生生活》，《文史资料选辑》第 31 辑，第 91 页。

数目大得多，共得 4 千余元。1919 年 11 月，清华新剧社从演出收益中抽出 810 元，赞助教师们主办的"成府职业学校"。这是清华同学对该校的第二次经济资助①，数额应该相当多了，因成府贫民小学开办一年半时，也不过只募集到基本金 250 元。② 由此看来，清华学生虽然没能办成贫民小学，但对成府职业学校的支持，力度还是很大的。

清华学校的戏剧演出，是学生课外生活的丰富一页，闻一多总是怀着兴奋的心情投入到这些活动中去。由于数次演出的成功，还引起闻一多设想创办"北京学生新剧联合会"，在 1919 年 2 月 5 日的日记中，就有他与潘光旦商议此事的记录。③ 当然，这些活动也占用了闻一多的大量时间和精力，他在 4 月 9 日的日记中写道："数月来奔走剧务，昼夜不分，餐寝无暇，卒底于成。不贻讥于人，亦滋幸矣。今事毕，甚喜，从此可以读书也。"④

不过，闻一多的才华在这些演出中也得到展现，同时为他日后形成戏剧观，奠定了良好基础。在这些活动中，闻一多进一步赢得了学校和同学们的信任。1920 年 11 月，清华学校筹备十周年校庆，筹备活动中拟有排演中英文戏，校长指派专人会同闻一多、蔡公椿、翟桓商议国剧编演。⑤ 与此同时，学生会也推举闻一多、罗隆基、吴泽霖、刘聪强、蔡公椿五人组成专门委员会，深受同学们信任的闻一多，分工时被推举为国剧编辑的负责人。

---

① 《学生方面·德育·社会服务》，《清华周刊本校十周年纪念号》，1921 年 4 月 28 日。

② 《校闻》，《清华周刊》第 85 期，1916 年 11 月 1 日。

③ 闻一多：《仪老日记》，1919 年 2 月 5 日。

④ 闻一多：《仪老日记》，1919 年 4 月 9 日。

⑤ 《十周年纪念筹备演戏底近闻》，《清华周刊》第 201 期，1920 年 12 月 3 日。

美术训练

说起美术，闻一多从小就有浓厚的兴趣。涂鸦是许多孩子的天性，清华学校重视培养学生们的各种特长，绘画也是其中之一，并在中等科一至三年级设有图画课。担任图画的教师前后有两位，都是美籍女士。一个叫司达尔（Miss Starr），擅长白描和石膏像；一个叫里格卡特（Miss Lyggate），擅长写生。

兴趣是发自内在的动力，闻一多得到她们的鼓励，绘画兴趣也越来越浓。清华学校有两间图画教室，四面墙壁贴满了学生们的习作，其中署名 T.Wen 的作品显得十分突出。比闻一多低一年级的张闻骏曾见过一幅画，说那是闻一多先生用各种碎片拼起来的，很特别。在级会的布告栏里，常见有花鸟之类的画，不少也出自他的手笔。[1] 闻一多自己也说："习书画，不拘于陈法，意之所至，笔辄随之不稍停。"[2]

在清华的美籍教师中，司达尔是对闻一多影响最大的一位。司达尔是清华学校成立后最早到校的美籍教师之一。1910 年年底，清政府外务部委托美国基督教青年会推荐教员，美国青年会推荐了 8 名男教师，9 名女教师[3]，司达尔就是其中之一。司达尔毕业于美国俄亥俄州立威斯林大学，曾任该州洛第高等学校、迪科他威斯林大学绘画教授。[4] 司达尔和清华其他美籍教师一样，并非美国第一流学者，但并不缺少相当的学养训练与教学经验，加上他们都是具有博爱精神的基督教青年会成员，因此对于教学和辅导都很认真。

1914 年夏天，闻一多参加司达尔组织的校外写生团，荷花池畔、

---

[1] 据访问张闻骏记录，1986 年 8 月 28 日。

[2] 《闻多》，清华学校辛酉级编：《辛酉镜·级友》。

[3] 参见苏云峰：《从清华学堂到清华大学（1911—1929）》，生活·读书·新知三联书店 2001 年版，第 125 页。

[4] 清华学校庚申级编：《级史·图画志》。

圆明园废墟旁，都留下他的足迹。今天保留的闻一多绘画作品，水彩画寥寥可数，其实他的水彩画很是突出，人称"闻一多之水彩景画，善露阳光，有灿烂晴日之景象"①，这应该是受到司达尔的点拨。闻一多的同级同学浦薛凤说："吾级吴泽霖、方来、杨廷宝与本人，对绘画亦有兴趣，兼受美术教师司达尔女士之鼓励。唯一多铅笔与水彩画成绩特好，最受赏识，是为其留美学习绘画之根源。"②

1915 年 6 月，清华组织三育成绩评比，辛酉级的图画在全校中成绩最优，而闻一多更突出，"以图画冠全级，奖景画一幅"③，"多选到巴拿马展览会"。④ 这年，美国为庆祝巴拿马运河开凿通航，举办"1915年巴拿马—太平洋国际博览会"，简称"巴拿马万国博览会"，会址在美国旧金山。这次博览会是当时世界历史上历时最长、参加人数最多的博览会，为了劝说中国参加，美国政府一年前就派人到中国游说。中国政府接受邀请，把它当作发展与美国关系、使中国走向国际舞台的一件大事来办，遂送去一批参展物品，其中包括清华三育成绩评比的优胜作品。《辛酉镜》虽未记载闻一多的图画是否在内，但既然"冠全级"，就应该在其列。

闻一多的美术才能，受到学校的重视。清华学校每年出版一本《清华年报》，它是中国高等学校最早的周年出版物，全书为英文，配有大量图画、照片，附以简单说明，"使人一看，即如见清华一样"。⑤ 由于《清华年报》反映的是整个清华的全貌，故职员均为校长与教师商议后指定，所有编辑都由高等科学生任正职，中等科学生为副职。1915 年

---

　　① 清华学校辛酉级编：《辛酉镜·美术》。

　　② 浦薛凤：《忆清华级友闻一多》，台湾《传记文学》第 39 卷第 1 期，1981年 7 月。

　　③ 《本校三育最优成绩得奖表》，《清华周刊第一次临时增刊》，1915 年 6 月26 日。

　　④ 清华学校辛酉级编：《辛酉镜·美术》。

　　⑤ 《清华周刊双四节特刊》，1922 年 4 月 4 日。编印《清华年报》的目的，本是"送到巴拿马赛会展览"，但巴拿马万国博览会于 12 月 4 日闭幕，从时间来看，可能来不及送去参展。

11 月 3 日，清华学校决定编辑本学年《清华年报》，被指定为图画编辑的是朱彬[1]，刚刚升入中等科三年级的闻一多和另外四个同学（曹栋、欧阳勋、徐笃恭、陶世杰），被指定为图画副编辑。[2] 此后，他多次出任《清华年报》编辑，一直负责美术部分。

1916 年暑假后，辛酉级升入中等科四年级，课程中不再有图画。为了继续发展学生美术爱好，美术教师把十余位爱好绘画的级友组成图画特别班[3]，带领大家入城看画展，观摩著名佳作，介绍西方美术理论。闻一多是图画特别班的积极分子，受到教师的鼓励最多。

12 月，学校又要筹备新的《清华年报》了，闻一多继续出任图画副编辑。这年图画副编辑被指定的只有两人，另一位是同样颇有美术造诣的同级同学杨廷宝。[4] 杨廷宝，字仁辉，1901 年 3 月 20 日生于河南南阳，父亲杨鹤汀曾是南阳地区同盟会主要负责人之一，革命军光复南阳后，首任南阳知府。杨廷宝 1912 年考入河南留美预备学校（即河南大学前身），1915 年考取清华学校，插班进入中等科二年级，因英文成绩优秀，又跳了一级，成为辛酉级的一员。杨廷宝也非常喜欢绘画，很快成了闻一多的朋友，而闻一多编辑《清华周刊》《清华学报》时，也热情地邀请杨廷宝担任这些刊物的美术秘书。[5] 在清华，闻一多与杨廷宝除了共同为校刊设计版面、画插图外，还常常在星期天相约外出写生。后来，杨廷宝多次深情地回忆起这段美好的日子，说："那时，校外比较荒凉，于是稀疏的村庄、圆明园的遗址、城府边的清泉、几座古庙的庙门、粉墙、琉璃瓦、白皮松，都成了我们写生

---

① 朱彬，1914 年考入清华学校，1918 年毕业，入美国宾夕法尼亚大学建筑系。回国后加入关颂声（1913 年清华学校毕业，1917 年获美国麻省理工学院建筑学学士学位，同年入哈佛大学研究院攻读市政管理）创办的近代中国最大的建筑事务所"基泰工程司"，并成为该公司合伙人之一。

② 据《校闻》，《清华周刊》第 55 期，1915 年 11 月 17 日。

③ 参见清华学校辛酉级：《辛酉镜·美术》。

④ 《校闻》，《清华周刊》第 90 期，1916 年 12 月 7 日。

⑤ 杨永生、明连生：《建筑四杰：刘敦桢、童寯、梁思成、杨廷宝》，中国建筑工业出版社 1998 年版，第 82 页。

的题材。"①

1919 年 9 月，暑假结束后，已经活跃着许多学生社团的清华园又出现了一个新社团——美术社，它的发起人为闻一多、杨廷宝、方来，导师为美术教师司达尔女士。美术社的成立，部分原因与当时学校课程设置改变有关。闻一多进校时，中等科一、二、三年级都有图画课，但自 1917 年起，只保留一、二年级的图画课，三年级不再有了。此外，其他年级喜欢美术的同学也想继续学习，于是才出现了图画特别班。随着参加图画特别班的人越来越多，就需要有一个组织。正是在这种情况下，"教师司达尔女士示意于闻一多、杨廷宝、吴泽霖、方来等发起一个美术社"。②

美术社起初有会员 20 余人，职员有会长、书记、会计、会所管理。1920 年 9 月 18 日，当会员发展到 50 多人时，美术社召开会员大会。会上决定取消社长，选举闻一多为书记，吴泽霖为会计兼干事，杨廷宝为会所管理。③

主要活动有两类，这里只介绍第一类，即绘画练习。美术社是为了学习绘画而组织的，绘画练习自然是主要活动。练习的时间，仍为每星期六上午，每次二至四个小时。所用的画具有铅笔、钢笔、水彩、油彩、木炭等，绘画的对象有静物、花草、人物、插画、图案等。此外，美术社还组织户外写生、入城参观各种展览会。④1919 年寒假期间，美术社还设立了一个"特别清寒画室，无论何时会员均可随意练习"。寒假过后，特别清寒画室取消，"会员鉴于平时练习时间太少，于是设一个永远的画室"。由杨廷宝管理，里面陈列会员们的水彩、铅笔画、钢

---

① 杨永生、明连生：《建筑四杰：刘敦桢、童寯、梁思成、杨廷宝》，中国建筑工业出版社 1998 年版，第 82 页。

② 《学生方面·智育·会社·美术社》，《清华周刊本校十周年纪念号》，1921 年 4 月 28 日。

③ 《校闻》，《清华周刊》第 191 期，1920 年 9 月 24 日。

④ 《学生方面·智育·会社·美术社》，《清华周刊本校十周年纪念号》，1921 年 4 月 28 日；《本校一年来大事记·美术社》，《清华周刊第六次临时增刊》，1920 年 6 月。

闻一多为《清华年刊》绘制的插图

笔画等作品。①

　　1920 年 10 月，美术社会员已增加到 60 多人，其中有梁思成、闻亦传、高仕鎮（后改名高士其）、唐亮等。②由于人数过多，为了活动方便，已经分为两个班活动的美术社，此时又不得不分成三个班，"星期五下午一班，星期六上午两班"。③美术社的活动，对清华学生提高绘画水平发挥了不小作用，"有几位国内名家看见他们这几年的作品曾讲过，不独是国内各普通学校所望尘莫及的，便是有的美术专门学校也很难同他们比肩"。④而闻一多后来赴美留学选择西洋美术，与此有着很大关系。

----

　　①　《本校一年来大事记·美术社》，《清华周刊第六次临时增刊》，1920 年 6 月。

　　②　1921 年出版的《清华年刊》所载美术社会员合影照片中，有：张治中、张光、张咏、张永镇、冀朝鼎、周传玮、黄人杰、黄懋礼、黄仕俊、何鸿烈、高仕鎮、过元熙、梁思成、罗家选、马杰、沈宗濂、史国刚、孙成玙、戴照然、汤家宝、谭广德、唐亮、邓健飞、曾骏全、闻亦传、闻一多、吴干。这只是合影的参加者，应该还有些人未合影。

　　③　《校闻》，《清华周刊》第 195 期，1920 年 10 月 22 日。

　　④　《学生方面·智育·会社·美术社》，《清华周刊本校十周年纪念号》，1921 年 4 月 28 日。

| 第三节 |

"五四"洪流中

挥笔《满江红》

作为新民主主义革命开端的五四运动，不仅是中国人民奋起反抗帝国主义与封建主义的伟大运动，也是一场深刻的思想革命运动。五四运动由北京学生界发动，对青年的影响尤其巨大，闻一多在这场斗争中经受了前所未有的锻炼。

1919 年 1 月 18 日巴黎和会开幕，这是在第一次世界大战中取得胜利的协约国集团，为解决战争所造成的问题及奠定战后和平秩序召开的会议。作为战胜国之一的中国政府，派出代表团出席了会议，并在会上提出收回中国在不平等条约中丧失的主权等合理要求，而取消"二十一条"、收回被德国攫取的山东之一切权益，便是中国代表团提出七个问题中的第一个问题。

但是，以参战为借口占据青岛的日本，拒绝放弃已获得的权益。英、美、法三国首脑为了讨价还价，竟然同意满足日本的侵略要求，将德国原在山东享有的各种特权完全让给日本。早在 1917 年年初，英、法、意便与日本达成秘密谅解协议，答应支持日本继承德国在山东一切权益；日本亦坚持认为 1918 年与段祺瑞政府关于山东问题换文时中国曾表示"欣然同意"；而担心日本不参加国际联盟的美国，也不惜为此牺牲中国的利益。于是，巴黎和会竟于 4 月 30 日拒绝了中国代表的正当要求。5 月 1 日晨，英国外相白尔福正式口头通知中国代表，声称英法美三国首脑会议业已决定承认参战国日本对青岛的占领，同意将德国在山东的各种权益全部转让与日本。

消息传回国内，犹如晴空霹雳。社会沸腾了，人民愤怒了。5 月 3 日，北京大学学生在北大三院自发举行集会，激昂、悲壮的青年们决定次日到天安门前举行大规模示威游行。4 日，具有划时代意义的五四运动爆发了，北京大学、北京高师、中国大学等 13 所大专学校三千余学生走上街头，高呼"外争主权，内除国贼"，第一次将反对帝国主义与反对封建主义的斗争明确联系起来。游行队伍在东交民巷受阻，愤怒的人流遂转赴东城赵家楼，火烧了主张在和约上签字的北洋政府交通总长曹汝霖的宅第，痛殴了驻日公使章宗祥。

人们的怨恨不难理解。曾几何时，谁不称赞美国总统威尔逊提出的十四条和平条件①，谁不对"公理战胜强权"充满憧憬。热血冲动的青年学生，更是带着战胜国的自豪感，期待着维护国家主权的愿望在巴黎和会上得以实现。可是，这一切都落空了，强烈的反差撞击了青年人的心灵，激发了他们的爱国激情，促使他们思想早熟。闻一多就是其中之一，他和当时许多青年一样，爱国精神是通过反抗帝国主义的压迫表现出来的。1917 年 8 月，段祺瑞政府向德意志帝国和奥匈帝国宣战，加入第一次世界大战。不久，胶州湾收复，青岛德国守军被缴械，其中部分军官关押在后来成为燕京大学的清华园正西一带。这件事曾使清华学生兴奋异常，不少人去关押德军的地方窥视，有人甚至认为中国历史上所蒙受的欺凌可以从此逐步摆脱，因而产生了参战报国的念头。

中国宣布参加第一次世界大战后，由于日本与美国各怀企图，对于中国的参战形式各执己见，使中国未能派出一兵一卒，仅是向欧洲协约

---

① 1918 年 1 月 8 日，威尔逊提出十四条和平条件，其中在处置殖民地问题上提出的"以绝对的公道为判断"、应重视"殖民地人民之公意"等原则，受到中国社会的普遍称赞。

国提供原料物资、向欧洲战场派遣过数批华工。当时，英国在北京等地招收华工译员，这为清华学生提供了参战报国的机会。吴泽霖回忆说，他们曾秘密参加了译员招考，其中第一批刘沛漳、张邦永两人顺利出国，第二批吴泽霖、钱宗堡、方来①、葛鼎祥四人也抵达威海卫候船赴欧，闻一多是第三批译员的组织者。但是，事情不知怎么泄露了，学校马上派人赶到威海卫，把吴泽霖等强行带回，闻一多的组织工作未及开始也就此中止了。事后，学校斋务处开除了刘沛漳、张邦永两人学籍，还要给吴泽霖等记大过处分。闻一多知道后非常气愤，理直气壮地去斋务处抗争，为吴泽霖等人辩护，还说要向清华董事会申诉，终于争取到从轻发落。这件事给吴泽霖留下深刻印象，他说："我们对一多的'爱国的权利，不容剥夺'这句话都认为义正词严、铿锵有力、极为精辟，在班上也就传开了。后来五四运动中，很多清华同学在游行、宣传和同军警对抗时，手持的小旗上所写的，呼口号时所喊的，还经常是这句话。"②

由于材料所限，无法了解当年闻一多赴欧的决心究竟有多大，也很难仅从报考译员一事来判断闻一多对待中国参战的态度。不过，当1918 年 11 月 11 日，第一次世界大战以协约国胜利而结束，整个北京城都在庆祝协约国胜利的时候，闻一多的心态却与众不同。

14 日，畿辅学界一万五千余人在天安门前集会庆祝胜利。晚 7 时，清华学生亦至海甸镇提灯游行，"同学三百余，人人手纱灯一，由高等科门首出发，鱼贯而行，出大门，由小路经成府，至海甸，乃由大路返校，并有军乐队助兴"。③28 日，北洋政府大总统在太和殿举行阅兵，清华学校赴京观礼者 200 余人。30 日晚，北京城举行提灯会，清

---

① 方来，字小羲，江苏常州人。1914 年考入清华学校，插班进入辛酉级，为闻一多的好友。1921 年毕业后赴美留学，不幸因病在美逝世。

② 以上据吴泽霖：《老友一多二三事——纪念闻一多逝世三十三周年》，王子光、王康编：《闻一多纪念文集》，生活·读书·新知三联书店 1980 年版，第 164 页。

③ 《校闻》，《清华周刊》第 152 期，1918 年 12 月 5 日。

华同学认为这是中国扬眉吐气的时候，唯因学校距城太远，便在附近进行。依理而言，闻一多应该与大家一样兴高采烈，可是他不仅没有参加游行，反而出于冷静的思考于14日夜里写下具有反省意识的《提灯会》一诗。诗中用"奋格累四载，虚糜巨万赀""狂虏倍猖獗，血肉为儿嬉"描写了战争的残忍；用"欢声震欧陆，普天毕颔颐，共言销兵甲，升平始今兹"表现对和平的向往；用"豺狼本同类，猜意肇残螫，失性沸相噬，绝胜决肝脾"对战争进行谴责；用"田禾灼涂炭，中藏老农尸，饿鸥唤不醒，饱餐还哺儿"控诉战争对中国社会的摧残。为此，自己才"吉金铿尘圜，我听思斗钅至，华灯耿黑树，我睹疑磷燨"，才"思此肝腑袭，仰天泪淋漓"，恨不能"何当效春雷，高鸣振聋痴"。①

闻一多在五四运动前的这些思想与活动，虽然属于个体行为，但在当时的青年人中却不乏典型性。换句话说，人们正是因为企图通过参战来改变国家虚弱地位的幻想过于浓厚，方对巴黎和会产生了过高的期望；也正是因为这种期望值过高，所以当它崩溃时而导致的社会震荡才尤为强烈。

5月4日是星期天，清华于一天前刚刚举行大规模的校庆纪念活动，同学们大都在休息，加上学校地处郊外，不能与城中及时联系，故大家直到晚上才从进城返校同学那儿得知白天的消息。血气方刚的闻一多闻讯后心情不能平静，但又不知如何抒发感情，便挥笔抄录了岳飞气壮山河的《满江红》，以表示驱逐外寇、收复河山、谴责北洋政府卖国屈辱罪行的心情。这件事，闻一多在清华求学时期从未提出，直到1944年西南联大五四运动纪念会上，才第一次向人们披露。

5日，清华园沸腾了。高、中两科科长与各级级长、各社团负责人开会讨论开展爱国运动的办法。闻一多是《清华学报》中文编辑，又是新剧社副社长，因而得以出席这次57人会议，并与罗隆基担任会议临时书记。会上通过了几项决议：对外派代表入城联络，一切行动与他校完全一致；要求国会弹劾章宗祥、陆宗舆；通电巴黎专使缓在和约上

① 闻一多：《提灯会》，《清华学报》第4卷第6期，1919年5月。

签字，要求总统对山东青岛问题采取坚决措施；对内筹备学生大会，抵制日货，在出版物上加印"勿忘国耻"，举行演讲和印发传单。①

晚上，全校学生在体育馆前召开大会，除报告形势外，还提议成立学生代表团以领导学校爱国运动。闻一多被选为这个组织的成员，当选人中还有罗隆基、何浩若、刘聪强、吴泽霖、黄钰生、潘光旦、罗发组、陆梅僧等。

清华学生代表团于 7 日正式宣布成立，这是该校有史以来第一个自发组成的学生领导机构。文笔犀利、思路敏捷的闻一多分工担任中文书记，和他一起的还有潘光旦、段茂澜、周兹绪。书记的责任是起草各种文件和宣传品，学校在这次运动中最早的重要文献《清华学生代表团开会记录》，就是闻一多参与起草的。

根据《清华学生代表团开会记录》，得知这次会议由高等科科长乔万选、中等科科长王国华、高三级级长徐笃恭、高二级级长薛祖康、高一级级长李钟美、孔教会会长孔令烜、青年会会长陆梅僧共同召集。会上，组织了临时性的领导机构"清华学生代表团"，并决定把工作分为"对外"与"对内"两个部分。其中对外工作有六项："（一）派代表赴京调查北京情形；（二）一切进行与他校取一致行动；（三）要求国会弹劾章陆诸贼；（四）通电巴黎专使请缓签字；（五）通电巴黎和平会议请维持公道；（六）要求总统对于山东青岛问题取坚决手段"。对内工作为五项："（七）本晚开全体学生大会；（八）《周刊》加发号外，并有滑稽画；（九）本校各种出版物加'勿忘国耻'等字样；（十）不用日货；（十一）通俗演讲及传单"。

这份文献，还记述了清华学生的一些具体行动：罗发组、陈长桐、罗隆基、孔令烜、陆梅僧五人被推为代表，入城与各校取得联系；接着相继派陈复光、何浩若、黄钰生、潘钟文、姚永励五人入城增援，派刘驭万、沈克非与海甸镇的商界联系，以争取其为后盾。同时，留校代表团得知下午二时城内有校长会议，即往谒校长，促其与会。此外，还决

_____

① 《校闻》，《清华周刊》第 169 期，1919 年 5 月 8 日。

定举行通俗演讲，分散传单，鼓吹爱国情绪。

由于这份文献，我们还得以知道当晚七时半，全校学生在体育馆前召开大会，主席陈长桐报告了5月4日北京城内的情形，并与孔令烜、罗发组分别报告当日调查情形，徐笃恭也报告了学生代表团这天的工作情况。会后，学生代表团继续开会，决定了简章三条，选举了团长、副团长、书记、会计、干事等，商量了募款办法。闻一多这天十分忙碌，晚间，清华学生代表团选举职员，闻一多与潘光旦、段茂澜、周兹绪当选为中文书记；讨论募捐时，闻一多代表新剧社"认捐50元，并允暂时垫出现需款项"。①

5月5日，北京中等以上学校学生联合会成立，清华为其一员。7日，北洋政府被迫释放被捕学生，但禁止各校原定在天安门举行的"国耻纪念会"。这天，无法入城的清华学生召开全体大会，成立起学校运动的正式领导机构——清华学生代表团。代表团的工作仍分"对外"与"对内"两个部分，前者"属于爱国运动"，后者则为"罢课期间的学校秩序的维持"。这天，清华学生代表团还通过了组织大纲，决定代表团下设秘书、外务两部，闻一多在负责校内工作的秘书部任职。其后，根据活动需要，又增设了纠察、会计、干事、推行、编辑五部。②

5月9日是"国耻纪念日"，四年前的这一天，袁世凯接受日本提出的"二十一条"，成为中国近代史上丧权辱国的耻辱柱。这天，"激于五四之事，尤觉创巨痛深"的清华同学齐集体育馆前，举行"国耻纪念会"。会上，陈长桐致开会辞，乔万选、康德馨演说，姚永励讲青岛痛史，潘钟文读二十一条。遂之，大会决议通电巴黎，要求中国代表拒绝在和约上签字。继之，大家向国旗行鞠躬礼，并庄严宣誓："口血未干，丹诚难泯，言犹在耳，忠岂忘心。中华民国八年五月九日，清华学生从今以后，愿牺牲生命，保护中华民国人民土地主权。此誓。"

---

① 以上据《清华学生代表团开会记录》，《清华周刊》第170期，1919年5月15日。

② 《学生方面·德育·爱国运动》，《清华周刊本校十周年纪念号》，1921年4月28日。

宣誓后，闻一多以学生代表团秘书部中文书记身份登上主席台，向全校同学报告清华学生代表团的组织情况。这次报告属于通报性质，本身并不怎么重要，但值得注意的是：第一，这是闻一多在五四运动中首次在全校大会上亮相；第二，说明他在秘书部的地位比较重要。闻一多报告后，秘书部英文书记沈克非宣读了出席巴黎和会的中国专使从巴黎发出之专电。① 大会结束后，同学们在会场前焚毁日货，"不特同学中日常需用之旧物，即本校售品所以前批购之日货，亦同付一炬"。②

大规模的政治运动历来就是新生政治家的摇篮，许多五四运动中的学生领袖，后来亦成为中国政坛上的活跃人物。不过，闻一多虽然在这潮流里也"大露头角"，"却不是公开的领袖"。梁实秋说，清华最初的学生领袖是当年即将毕业留美的陈长桐，继之者是与闻一多同级的罗隆基，至于闻一多，"则埋头苦干，撰通电，写宣言，制标语，做的是文书的工作"。③ 梁实秋所言甚确，闻一多的爱国激情往往不是表现在外形上，而是更深刻地埋藏在内心中和凝结在行动上。这在 5 月 17 日他给父母亲的一封长信中表现得格外鲜明。信中，闻一多先介绍了些一般情况，说："殴国贼时，清华不在内，三十二人被捕后，始加入北京学界联合会，要求释放被捕学生。此事目的达到后，各校仍逐日讨论进行，各省团体来电响应者纷纷不绝，目下声势甚盛。但傅总长、蔡校长之去亦颇受影响④。现每日有游行演讲，有救国日刊，各举动积极进行，但取不越轨范以外，以稳健二字为宗旨。此次北京二十七校中，大学虽为首领，而一切进行之完密敏捷，终推清华。"

接着，他便带着一股火气写道：

---

① 《校闻》，《清华周刊》第 170 期，1919 年 5 月 15 日。

② 《学生方面·德育·爱国运动》，《清华周刊本校十周年纪念号》，1921 年 4 月 28 日。

③ 梁实秋：《谈闻一多》，第六页，台湾传记文学出版社 1967 年版。梁实秋，清华学校 1923 级学生，五四运动后与闻一多关系甚密切。

④ 指教育部部长傅增湘、北京大学校长蔡元培因不满北洋政府对学生的镇压而辞职事。

> 国家至此地步，神人交怨，有强权，无公理，全国懵然如梦，或则敢怒而不敢言。卖国贼罪大恶极，横行无忌，国人明知其恶，而视若无睹，独一般学生敢冒不韪，起而抗之。虽于事无大济，然而其心可悲，其志可嘉，其勇可佩。①

这股火气，似有所指。多日来，闻一多一直处在悲愤之中，对社会上有些人仍那么麻木很不满。1946 年作为中国民主同盟代表去昆明调查李公朴、闻一多惨案的梁漱溟，这时则主张通过法律解决一切问题，认为学生怒打章宗祥也是违法的。他说："曹、章罪大恶极，在罪名未成立时，他仍有他的自由，我们纵然是爱国急公的行为，也不能侵犯他，加暴行于他。"至于安福系机关报《公言报》，更是公开为卖国行径辩护，说这是布尔什维克在骚扰。这些，都使闻一多感到气愤。

朴素的爱国主义思想，在五四运动中得到极大的激发。5 月 15 日，北京学生举行总罢课，实际上自 5 月 4 日以来，学生们就没有走进课堂。罢课期间，闻一多翻译了莫尔斯的《台湾一月记》。这篇文章记述了台湾被割让后，当地人民起来反抗日本霸占的经过。在译文中，闻一多表示出对签订《马关条约》的清政府与李鸿章之鄙视，也表达了对台湾人民抗争精神的钦佩。当年的事情与眼下的情景极为相似，闻一多要敲起以史喻今的警世钟。

闻一多虽是学生代表团的成员，但由于分工，他主要在校内活动。例外的事好像只有一次，就是 6 月初的入城宣传。

五四运动发动后，北洋政府接连下令镇压群众爱国活动。5 月下旬，有"屠夫"之称的王怀庆继任步军统领，武装的马队也到处巡逻，使全国的政治气氛更加紧张。但是恫吓与压制反而把学生的愤怒推向顶点。6 月 3 日，北京学生上街游行演讲，进行扩大宣传，被军警拘捕 170 多人。第二天，学生继续上街演说，又被捕 700 余人，不仅北大法科收容

---

① 《致父母亲》(1919 年 5 月 17 日)，闻铭、王克私编：《闻一多书信选集》，人民文学出版社 1986 年版，第 14 页。

不下，就是马神庙理科校舍也成了临时监狱。然而，学生越受压迫越有反抗精神。5 日，北京学生毫不畏惧，继续出动分路宣传。北京大批学生被捕的消息传到上海，上海部分工厂商店学校掀起史无前例的罢工、罢市、罢课"三罢"斗争。此前，反对在巴黎和约上签字的主要是学生和下层人士，而这时参加者已扩大到广大市民群众，因此 6 月 3 日这一天成为五四运动的重要转折点，史称"六三运动"。

6 月 3 日这天，清华派出 100 多名学生进城宣传，当天被拘者四五十人。晚上，北京学生联合会议决增派学生上街演讲，清华学生代表团决定派出一百六七十人。4 日清晨出发时，大家都带了水壶、干粮和洗漱用具，做着坐牢的准备。这是明知山有虎，偏向虎山行的无畏精神，反映了爱国青年倔强不屈的性格。北洋政府果然又出动大批军警弹压，这天入城的清华学生几乎全部被拘押，其中拘押在北京大学法科者 138 人，拘押在理科者 20 人，包括闻一多的堂弟闻齐。[①] 北洋政府的这一行径，更加激起学生们的反抗，清华同学一面派人去关押地慰问，一面与北京学生继续到各个街头进行宣传，闻一多可能就是这时加入进城演说的队伍。

在全国各地爱国人士的强烈抗议下，北洋政府不得不于 6 月 8 日释放拘押的学生。这天，清华派出 200 余人乘车到前门，欢迎出狱学生。在正阳门，他们与出狱学生会合，"一同前往总统府，遂大呼中华万岁，声动天地，观者如堵"。全队人马整队经过西长安街，至西单牌楼掉头，西行至西直门火车站，乘专车于下午 6 时半回到学校。在校门口，"校中教职员及同学百余人排立大门两旁迎接，掌声雷鸣"。随后，全体学生齐聚于高等科前的草地，晚 8 时半就在草地上一起用餐，"藉以畅话离衷，而极聚首之乐"。[②] 那天，被拘学生还商量发表《出狱宣言书》，详述他们在狱中的情形。

① 《校闻》，《清华周刊第五次临时增刊》，1919 年 6 月；王造时：《一次被捕始末记》，《清华周刊》第 175 期，1919 年 10 月 26 日。

② 《校闻》，《清华周刊第五次临时增刊》，1919 年 6 月。

闻一多在这场斗争中表现出崇高的爱国情操，他在给父母亲的信中写道："男在此为国作事，非谓有男国即不亡，乃国家育养学生，岁糜巨万，一旦有事，学生尚不出力，更待谁人？"又说："男昧于世故人情，不善与俗人交接，独知读书，每至古人忠义之事，辄为神往，尝自诩吕端大事不糊涂。""今日无人作爱国之事，亦无人出爱国之言，相习成风，至不知爱国为何物，有人稍言爱国，必私相惊异，以为不落实与狂妄，岂不可悲"，"当知二十世纪少年当有二十世纪人之思想，即爱国思想也。"① 这些话，无论什么时候讲，都不失其意义。

五四运动中，高等科一年级同学徐曰哲，在参加清华通俗演讲团入城演讲时，道感风寒，患急性肺炎，不幸于 5 月 22 日逝世。《清华周刊》在一篇文章中记述道："本年 5 月 4 日，北京学界因外交失败，大难将临，举行示威运动，奋臂争先，共鞭国贼。清华僻处西郊，未克参与，消息传来，君投笔欢呼，击掌称快。5 月 11 日，本校通俗讲演团赴京演讲，君闻信加入，慷慨激昂，观者动容，听者变色。迨 14 日，演讲团二次赴京，是时也，君已微有不适矣，然犹力疾从公，带病而往，虽赤日当空，精神不渝，言辞飚发，痛快淋漓。及晚返校，尚无大异。次日至体育馆游泳，凉燠不调，而君疾重矣。遂于 16 日迁入本校医院。君虽卧病床褥，犹以国事为念，日必按时阅报，详询校中情形，尤期其于义勇队之组织。君之友人，以君体质素健，当无别患，不意君之疾日益深，逮月之 22 日，容消唇黑，辗转呻吟，呼吸急促，势极危殆。诸友人至，君犹曰'坐'，询以病势，则曰'没进步'。诸友人大骇，乃为延医京中，冀得挽救。讵知君已病入膏肓，竟于是日午后三钟有半，与世长辞。"②

与徐曰哲一起入城演讲的王造时回忆到当时的情形说："有的身体差的同学，经不起连日的困顿便生病了，甚至于牺牲了，徐曰哲同学便是其中的一个。徐曰哲比我大两岁，高三个年级，江西吉水县人。他

① 《致父母亲》（1919 年 5 月 17 日），《闻一多书信选集》，第 15—16 页。

② 陈钦仁：《徐君曰哲传略》，《清华周刊第五次临时增刊》，1919 年 6 月。

成绩很好，但身体衰弱。5 月 16 日早上，我看他脸色不好，疲倦不堪，而太阳又是炎炎逼人，劝他休息几天。他说：'不，我不能掉队。我身体虽然疲劳些，但精神很好。'那天活动范围是前门外大街朝南一带。大概从上午 10 时开始，一场接着一场的演讲，到下午 1 时左右，大家都汗流湿潮全身，又饥又渴，走进一个茶铺里休息喝茶时，曰哲实在疲乏极了，打了刻把钟瞌睡。之后我们又在街上活动了差不多两个钟头，才走上归程。一到学校，他已经发烧，次日就住进校医院。我第三日演讲回来去看他，他还问这我两天报上消息如何，本校代表团的工作怎样。谁知第四日就病情转剧，第五日去看他，呼吸很短促，医生说患了肺炎症，不让进去。到 5 月 22 日下午 3 时半，这位爱国青年竟与世长辞了。消息传出，全体同学为之悲愤不已。5 月 23 日徐曰哲灵柩出校，全体身着军服列队至校门，后来本校及北京学生联合会都开了追悼会纪念这位为爱国运动而死的烈士。"①

　　徐曰哲是清华学校在五四运动期间病逝的第一位同学②，闻一多为清华代表团起草了祭文，其文云：

　　　　萃群袄于九区兮，莫赤匪狐；启层关以揖盗兮，瓯我版图；目负乘于道路兮，孰敢诣而张弧，徐君哀彼啜醨兮，距六衢以疾呼。君之居兮病在身，君之行兮不戚以瘠，君朝出兮莫来归。寒两旗兮风幡，宛言笑兮在耳，胡一夕兮已陈？念鲁难之未艾兮，何以慰兹忠魂？指九天以为正兮，誓三户以亡秦。谨陈辞而荐醴兮，魂来享其无懂。③

────────────

①　王造时：《在五四运动中》，叶永烈编：《王造时：我的当场答复》，中国青年出版社 1999 年版，第 109—110 页。

②　另一位在五四运动中病逝的同学是孙福文，他亦于 5 月 22 日晚 8 时半因病逝世。临终时还喃喃语"吾克青岛矣！"（然：《孙君福文传略》，《清华周刊第五次临时增刊》，1919 年 6 月）

③　闻一多：《清华学生代表团祭徐君曰哲文》，《清华学报》第 4 卷第 8 期，1919 年 7 月。

这篇祭文，既是悼念在五四运动中捐躯的徐日哲同学，同时也表达了闻一多的忧国爱国思想情感。

参加全国学联大会

五四运动恰与暑假衔接，暑假中，多数同学陆续返乡，而每年暑中都回乡探亲的闻一多，则留在校内坚持开展爱国运动。

当时，闻一多接连接到闻家骥、闻家騄两位哥哥来信，说父亲希望他回乡度假。闻一多的家乡在湖北省长江下游的浠水县巴河镇，巴河虽说是湖北东部的一个重要水陆码头，但离武汉也约有半日水路。封闭在乡下的父亲无法了解北京的真相，出于对爱子的担心，要求他暑假返乡。闻一多自考入清华后，每年暑假都回乡省亲，因在家要度过两个多月，故将自己的书房名之为"二月庐"，在书房写成的文章也冠以《二月庐漫记》之名。然而，这年他则说：虽然一年没有回乡省亲了，远客思家，人之情也，可"今年不幸有国家大事，责任所在，势有难逃，不得已也"。为此，闻一多给父母亲写了长信进行解释。信中说：

> 男在此为国作事，非谓有男国即不亡，乃国家育养学生，岁糜巨万，一旦有事，学生尚不出力，更待谁人？忠孝二途，本非相悖，尽忠即所以尽孝也。且男在校中，颇称明大义，今遇此事，犹不能牺牲，岂足以谈爱国？男昧于世故人情，不善与俗人交接，独知读书，每至古人忠义之事，辄为神往，尝自诩吕端大事不糊涂，不在此乎？或者人以为男在此议论为大言空谈，如俗语曰"不落实"，或则曰"狂妄"，此诚不然。今日无人作爱国之事，亦无人出爱国之言，相习成风，至不知爱国为何物，有人稍言爱国，必私相惊异，以为不落实与狂妄，岂不可悲！此番议论，原为骃弟发。感于日寇欺侮中国，愤懑填膺，不觉累牍。骃弟年少，当知二十世纪少年当有二十世纪人之思想，即爱国

思想也。①

　　家信最容易流露真挚的感情，闻一多在信中围绕回乡还是留校、尽孝还是尽忠所流露出的情怀，可以说是五四青年最突出的时代特征。二十五年后闻一多依然说："五四时代我受到的思想影响是爱国的，民主的，觉得我们中国人应该如何团结起来救国。"②这句话，真是言简意赅地概括了五四青年的感情世界。

　　闻一多留在学校，是为了坚持爱国运动，为了便于工作，留校同学成立了"清华暑期学生代表团"，闻一多是成员之一。闻一多留校的任务本是筹备编演新剧，前述 5 月 17 日他给父母亲的信中，就说"新剧社拟于假中编辑新剧，亦男之职务"。编演新剧，是为了筹集经费，这一点《清华周刊第五次临时增刊》在报道新剧社消息时便称："明年国耻纪念日，新剧社拟排演戏剧，募集本校实业团经费"，且已请闻一多、时昭瀛、段茂澜、张祖荫、裴庆彪"留校编辑，以免临时匆促"。③ 不过，他还没有来得及编写剧本，便匆匆赶到上海参加全国学生联合会的工作去了。

　　六三运动后，全国爱国运动的中心转移到上海。暑假中，清华学生暑期代表团曾向北京学生联合会提议"从速在上海组织全国学生联合会，以谋将来办事上之统一"。④当时全国各地的许多学校都提出了这一建议，全国学生联合会就是在这一背景下于 6 月 16 日在上海正式成立的。清华学生代表团十分重视这个组织，特派罗发组为代表赴上海出

---

① 《致父母亲》(1919 年 5 月 17 日)，《闻一多书信选集》，第 15—16 页。

② 闻一多：《五四历史座谈》(1944 年 5 月 3 日)，原载《大路周报》第 5 期，转引自孙党伯、袁謇正主编：《闻一多全集》第 2 卷，湖北人民出版社 1993 年版，第 537 页。案：《闻一多全集》有两个版本，其中 1948 年 8 月开明书店最早出版的《闻一多全集》为四卷本，本书征引的《闻一多全集》，均为湖北人民出版社出版。

③ 《校闻》，《清华周刊第五次临时增刊·新剧社》，1919 年 6 月。

④ 《学生方面·德育·爱国运动》，《清华周刊本校十周年纪念号》，1921 年 4 月 28 日。

席成立大会。学联成立大会后，随即转入常会，讨论坚持运动的各项办法。闻一多与罗隆基、钱宗堡、陆梅僧就是这时作为清华学校学生代表来到上海的，据 6 月 27 日上海《申报》刊载的《京华短简》，闻一多一行至少 6 月 26 日就到达了上海，他们参加常会的工作，是讨论推动爱国运动的具体措施。

在全国学联大会上，能言善论的罗隆基、陆梅僧当选为评议员，闻一多则仍然从事文字工作，承担编辑学联日刊。当时，他患有严重牙病，嚼咽维艰，有四五天吃不下饭，只能把面包泡在牛奶中强咽。7 月 24 日学联设宴饯别会长段锡朋，桌上肴核罗列，但闻一多"仅能茹其浆而已"。在上海读书的哥哥约他一起回湖北老家，他起初也因健康关系产生过回乡休养念头，但想到"日刊仍继续出版，以资鼓吹"，"责任所在，义不容辞"，便忍着牙痛，继续坚持工作，没有返乡。

在上海，闻一多写过一首古体诗，描写的就是他当时牙痛不已的情形：

> 兼旬信饕餮，九鼎疲郇厨。
> 讵知病入口，积毒潜辅车！
> 养患更来复，一溃无肌肤。
> 初尚碍咀嚼，继乃难吞茹。
> 卢医衡在望，走访无仗扶；
> 刀圭所不到，厄药徐涤祛。
> 日日望疗治，臃肿迄不纾。
> 垂涎对盘餐，忍饥印歆歔。
> 斯世久啜醨，蒉蒉匪吾徒。
> 夷齐倘可接，俄乡亦足娱！①

---

① 《齿痛》，《古瓦集》卷下，第 71 页。

全国学联的执行机构是评议会，闻一多不是评议员，所以尽管参与了许多日常性工作，新闻消息中却很少见到他的名字。不过，欢送段锡朋的那天，学联代表在永安公司楼顶合影，使闻一多在五四运动中留下了迄今为止的唯一写真。这次合影共三幅，一幅为康白情、瞿世英、周炳琳、屈武、盛世才等；一幅为闻一多、罗隆基、陆梅僧、黄日葵、潘公展等；一幅为徐屏南、水楠、吴震寰等。①

这次学联大会因缺乏长期的目标，会期虽长却成效不大。让闻一多有所不快，认为："自会务开幕以来，所称成绩者数纸文电而已，从未有伟大之建议，根本之维持。"为了便于全国学界保持联络，需要一个永久的办公场所，清华学生代表认为这件事很重要，关系到各地学生运动的长远发展，决定提出一个正式提案。于是，闻一多与清华诸代表穷日夜、废寝馈，草拟出《统一建筑会所办法案》。7月29日，清华代表团向学联评议会郑重提出此案，并获得通过，决定当年先由北京、上海两地开始，次年天津、四川、福建、湖南，再次年安徽、浙江、山西、江西，复次年云南、南京、吉林、西安、开封，最后为广西、兰州、黑龙江、贵阳、汉口、迪化（今乌鲁木齐）。②

建立永久性的学联会所，是为了避免过去类似组织常常虎头蛇尾，最后沦入涣散的结局，闻一多积极推动这一主张，反映了他的良好愿望。但是，能否坚持学生运动，关键在于是否有一个明确的斗争目标和坚强的领导核心，这一点当时还远远谈不上。不过，闻一多对这个建议仍然抱着极大热忱。提出该案前，他已考虑到集资问题，认为"履行此议，首重酿款，此非易事，必得一般学生辍业一载，游行国内，演讲劝募，乃可望奏功"。③ 不过，清华代表对实现该案颇有信心，当年毕业即将赴美留学的陈长桐、黄钰生、桂中枢等，均有意暂缓赴美，以共襄盛举。而留校参加暑期代表团的吴泽霖，也决定专程南来，共同促进资

---

① 这三幅写真均刊登在 1919 年 7 月 29 日的《申报》上。
② 《全国学生评议会纪事》，《申报》1919 年 7 月 30 日。
③ 《致闻家騄》（1919 年 7 月 24 日），《闻一多书信选集》，第 18 页。

金募集。闻一多高兴地说，这"足见清华之真精神非他校之比矣"，自己"亦拟辍业一年"，参加募捐工作。①

闻一多一生中只见过一次孙中山，这就是在 8 月 5 日学联闭幕式上。对这位中国近代民主革命的伟大先驱，闻一多怀有崇高的敬仰。"二次革命"后，孙中山逃亡到日本，组织中华革命党，武装反对袁世凯。袁死后，孙中山又领导了护法运动。由于滇桂军阀只顾扩大地盘，向北洋军阀靠拢，孙中山愤然辞去护法军政府陆海军大元帅之职，到上海闭门著书一年多，《行易知难》（即《孙文学说》）与《实业计划》便是这时写成的。闭幕式上，孙中山根据个人十几年来的斗争体会，说"现在中国最大弊病在不能统一"，"以革命经验而言，其弊亦复在乎不统一。故望学生能力图统一，以促进人民之团结，知有国家而牺牲个人"。②闻一多对孙中山的演讲内容还缺乏深刻理解，在反帝与统一这两个问题上，他认为前者更重要。不过，对于这次见面，闻一多终生难忘。

学联大会闭幕后，与会代表曾赴杭州游览数日。杭州号称人间天堂，闻一多没有去过，但是募捐之事刻不容缓，所以他与钱宗堡、罗隆基等都没去杭州，而是启程赴常熟。"半日疲车驾，风尘顿仆仆。停午发昆山，登船如入屋。"③就是他去常熟路上写下的诗句。

选择常熟为募集资金的对象，是由于吴泽霖是常熟人，而且已经回乡，另外常熟还有数位清华同学，其中浦薛凤还担任着常熟旅外学生联合会的会长，到常熟募捐可以借助他们的社会关系，比去其他地方顺利些。

闻一多一行到常熟后，受到吴泽霖、浦薛凤等同学的热情接待。可惜的是，他们在常熟募捐的情况没有留下任何材料，只有闻一多的六首咏颂言子墓、辛峰亭、桃源与石屋涧、维摩寺等古迹名胜的文言古诗，

---

① 《致闻家骢》（1919 年 7 月 24 日），《闻一多书信选集》，第 18 页。
② 《全国学生联合会之闭会式》，《申报》1919 年 8 月 6 日。
③ 闻一多：《昆山午发》，《清华学报》第 5 卷第 1 期，1919 年 11 月。

让人们了解到他们的足迹。这些诗，于 11 月刊载在《清华学报》第 5 卷第 1 期上，内容除了记述行程外，大多是游览的观感，与募捐没有什么联系，这说明他们的常熟之行并未达到预想的目的。

五四时期的闻一多是以青年人的方式进行思考与融入的，关于这场运动的意义当时还没来得及总结，随着中国政府拒绝在巴黎和约上签字，运动似乎便告一段落，给人以"虎头蛇尾"的感觉。然而，这并不会掩盖五四运动对一代青年的深刻影响。民主与科学已经成为人们的共识，人们再也不能忍受封建统治和帝国主义的任意摆布了。这种变化，从闻一多出席全国学联大会时期所写的《夜坐风雨雷电交至，憪然赋此》中可以清楚看出。诗中写道：

> 暗淡虞渊玉虎追，
>
> 飞廉暂勒冯来迟；
>
> 文书小阁邀孤檠，
>
> 车马长衢听折箠。
>
> 天地不仁悲李耳，
>
> 风雷有意动宣尼——
>
> 而今十手隆无畏，
>
> 憪憪能忘天怒时？①

该诗的重心在后半阕，大意是说：现在天地间存在的不仁不义使人产生了失去老子的悲哀，时代的风雷似乎有意呼唤着善于在逆境中反抗的孔子，目前天下人众口一词无所畏惧地怒斥卖国贼，告诫他们永远别忘记民众是会像苍天一样发怒的。这种意境，是当时青年人对五四运动最普遍的认识。正因为如此，25 年后的 1944 年春，国民政府宣布"改三月二十九日为青年节"，竟引起了西南联合大学"教授和同学们一致

---

① 《古瓦集》（手稿本），中国社会科学院文学研究所图书馆存。

的愤慨"，闻一多甚至认为"联大风气开始改变"也应该从这一年算起。[①] 可见，闻一多所说"五四给我的影响太深"[②]，这句话对五四时代的青年人来说都是适用的。

| 第四节 |

用艺术改造社会

美育代替宗教的影响

前文说过，美术社的活动有两类，对于绘画练习已做了叙述，这里介绍的美术社的第二类活动，即理论探讨、心得交流。

美术社诞生于五四运动之后，它必然被打上思想解放的烙印。蓬勃的新文化运动，也启发闻一多做进一步的思考。以美术为出发点的思考，是他这时最重要的思想活动。最初的成果，是刊于 1919 年 11 月《清华学报》第 5 卷第 1 期上的《建设的美术》。这篇文章是他发表的第一篇白话论说文，仅刊出了《前言》和第一部分《振兴工艺的美术》。它实际是闻一多在美术社里所作的一次研究报告。

---

① 　闻一多谈，际戡笔录：《八年的回忆与感想》，联大除夕社编：《联大八年》，第 7 页，1946 年 7 月版。

② 　同上。

值得重视的是，闻一多把美术理解为广义的美术，说"世界本是一间天然的美术馆"，"凡属人类所有东西，例如文字、音乐、戏剧、雕刻、图画、建筑、工艺都是美感的结晶"，"就是政治、实业、教育、宗教也都含着几层美术的意味。所以世界文明的进步同美术的进步，成一个正比例"。这种认识不是闻一多的独创，西方的康德，国内的蔡元培，都曾有过精辟的论述。两年前，蔡元培在北京神州学会上讲演《以美育代宗教说》，《新青年》随即刊登出来，从而在全国产生了广泛的影响。闻一多接受了这种观点，把美术放在更高一层，即从社会发展与社会改造的位置上去理解。这样，他的出发点就绝不仅仅是个人的爱好与兴味了，因为这里面蕴藏着时代的责任感。

闻一多还接受了这样的观点：美术分两种，即具体的美术与抽象的美术；具体的美术影响物质的文明，抽象的美术则影响思想的文明。从这里出发，他认为中国从前重视的只是抽象的美术，具体的美术反倒受到摧残，这反映出一些人"甘心享受那种陋劣的、没有美术观念的生活"。这个问题实在太重要了，谁能允许自己生活在一个丑陋的环境中呢？而仅从工艺美术来说，"清朝咸同以后，美术凋零了，工艺也凋零了。社会的生活呈一种萎靡不振的病气。建房屋的、制家具的、造器皿的都是潦草塞责，完全失去了他们从前做手艺的趣味"。闻一多把工艺美术作为社会现实的典型来剖析，很自然成为"以美育代宗教"的信徒。

"美"，作为一种生活观念，可说是贯穿了闻一多的一生。吃饭，再简单也要讲究色香味；写稿，一笔不苟，连修改处也认认真真。他后来建议把罗家山改名珞珈山，把十四行诗起名"商籁体"，这些都被人们所接受。他爱花园、小草，爱翠竹，牺牲前几个月，陈达、吴晗复员回北平，他托他们去看看自己旧居前的竹子是否还在、还好。而他为之追求并且献身的理想和事业，不也是那么"美"吗？

"以美育代宗教"对启发人们摆脱迷信孔教、打破封建传统意识，发生过积极作用。但是北京大学画法研究会成立才四个月就休业了。暑期中清华学生赴西山图画部报名者仅六个人，直到第二年即 1919 年 10

月下旬第二次始业，人数才有所增加。这说明当时从事具体美术工作的人毕竟不多。闻一多在这种时候发起"美术社"，并给它注入新的灵魂，其实践精神是可贵的。

1920 年秋，美术社对其宗旨做了修改，即除了实习研究外，增加了宣传美术一条。①10 月 1 日，作为闻一多宣传美术的成果之一《征求艺术专门的同业者的呼声》，在《清华周刊》发表。这篇文章在闻一多的清华生涯中，应当占有重要的位置。如果说《振兴工艺的美术》是为了提醒人们对美育的认识，那么这篇文章则表明了自己投身"艺术"的决心。

不过，艺术的作用在这里仍然被放大了。文中说：人类从前依赖物质的文明，所得的结果，不过是一场空前的怵目惊心的血战，他们于是大失所望了，知道单有科学是靠不住的，所以现在都倾向于艺术，要庇托于它的保护之下。中国虽没有遭战事的惨劫，但我们的生活的枯涩、精神的堕落，比欧洲只有过之而无不及，所以我们所需要的当然也是艺术。他引用了克鲁泡特金、居友、格鲁斯、康德、费希特等人的论述，归结到一条结论："艺术就是改造社会的急务。"

怎么改造呢？它的模式是什么呢？闻一多没有说明，但他指出了一个方向："我们谈到艺术的时候，应该把脑筋里原有的一个旧艺术的印象扫去，换上一个新的、理想的艺术的想象。这个艺术不是西方现有的艺术，更不是中国的偏枯腐朽的艺术的僵尸，乃是融合两派的精华的结晶体。"这个认识已经经受了时间的检验，今天被大多数人所公认。但是当时由于第一次世界大战，许多人都认为西方的物质文明已不值再谈，他们也在进行"文化反思"，其结果形成了新文化运动中的保守主义，梁启超的《欧游心影录》、梁漱溟的《东西文化及其哲学》以及稍后张君劢挑起的科玄论战，便是这股浪潮的代表。在这方面，闻一多是站在陈独秀、李大钊、胡适等人一边，赞成他们主张向西方学习伦理道

---

① 《学生方面·智育·会社》，《清华周刊本校十周年纪念号》1921 年 4 月 28 日。

德、文学艺术和思想观念的观点。

闻一多强调艺术的功能与作用，实际上是提倡一种精神文明，所以他"以为就理论上讲来，应从科学界里至少分出三分之一的人才到艺术界来，才是公平，才能操社会改革的左券"。他还大声呼喊："有艺术天能的朋友们，快起来呀！"①当然，由于他对中国社会缺乏科学的阶级的分析，局限性在所难免。属于思想启蒙阶段的各种探求，原本都有这样或那样的美妙幻想。但是毫无疑问，闻一多重视人类的精神改造，在当时仍有进步的意义。《征求艺术专门的同业者的呼声》，可以看作是他立志以艺术改造社会的一篇宣言书。

研究具形艺术的"美司斯"

诚然，美术无论怎样夸大，究竟还是具体的。闻一多也意识到这点，因此把它划入"艺术"的范围。对于艺术的追求不能仅仅停留在呼吁上，闻一多希望有一个社团来专门进行这方面的研究。这个想法，很快得到了浦薛凤、梁思成②的赞成。他们三人趣味相同，几度磋商，决定建立一个研究文学、音乐以及各种具形艺术的组织。

1920 年 12 月 1 日，名为"美司斯"的社团在清华园内诞生了。"美司斯"是希腊神话中九位文艺和科学女神 Muses 的音译，以它为团体名称，对他们准备开展的研究内容来说是再恰当不过了。

第一批会员有 14 人，经过选举，闻一多与浦薛凤、梁思成、杨廷宝、方来五人担任了章程起草员。10 日，《美司斯宣言》刊登在《清华周刊》上。这是个很重要的文件，对闻一多这一时期的思想研究有相当的价值，特录如下：

---

① 闻一多：《征求艺术专门的同业者的呼声》，《清华周刊》第 192 期，1920年 10 月 1 日。

② 梁思成，梁启超长子，时在 1923 级读书。

我们深信人类的进化是由物质至于精神，即由量进于质的。生命的量至多不过百年，他的质却可以无限度地往高深醇美的境域发展。生命的艺化便是生命达到高深醇美的鹄的的唯一方法。

我们深信社会的生命这样僵枯，他的精神这样困倦，不是科学不发达，实在是艺术不发达的结果，所以断定我们若要求绝对的生活的满足，非乞援于艺术不可。

我们又深信艺术的研究包括高超的精神的修养，精深的学理的考究，同苦励的技能的练习。前两样是艺术的灵魂，后一样是他的形体。有形体，无灵魂，当然不能成艺术。

我们因此觉悟了我们——向往各种练习艺术的组织里，学习一点音乐、图画或文学的技能，那决不能算研究艺术。那样研究的艺术只可以作投时髦、供消遣、饰风流用；那样研究艺术的确乎是社会的赘疣，生活的蠹贼。

我们既觉悟了以前的谬误，决定从今以后要于艺术的原理加以精细的剖析，于他的精神加以深邃的体会，使一面我们的技能得着正确的南针，一面我们的生命被着醇美的陶化。

质言之，我们既相信艺术能够抬高、加深、养醇、变美我们的生命的质料，我们就要实行探搜"此中三昧"，并用我们自己的生命作试验品。

我们更希望同学们都觉得他们的生命的僵枯、精神的困倦，也各各试向艺术讨点慰藉同快乐，我们敢保他们不致失望。我们并且极愿尽我们的绵力帮助他们。

我们还要申明，"美司斯"同现在校中各练习艺术的组织（如美术社、铜乐队、唱歌团、同声社等）没有冲突。我们研究，他们练习，实在彼此有"唇亡齿寒"的关系。①

从这篇宣言中，可以看出他们认为"生命的艺化便是生命达到高深

---

① 《美司斯宣言》，《清华周刊》第 202 期，1920 年 12 月 10 日。

醇美的鹄的的唯一方法"，他们"相信艺术能够抬高、加深、养醇、变美我们的生命的质料"。这些都反映了闻一多对艺术作用认识上的又一个台阶——人的自我完善与道德境界的升华。这样，闻一多从对美术以及艺术价值的理解出发，初步规划出了改造社会的三部曲，这就是：美术的进步代表了世界文明的进步，美育是社会改革的必要组成部分，首先用艺术改造个人的灵魂。反过来说，它也是企图从个人道德的完善进而达到改良社会、推动社会进步的一个初步理想。

人们尽可以说这种认识是种善良的愿望，也可以说它是虚幻的憧憬。但是，这毕竟是历史环境的产物，是闻一多进取精神的体现。在中国处在新旧嬗递的时期，他与那些颓唐、堕落的思想，显然有本质的区别。

美司斯的成立大会相当隆重，他们请来了梁启超、陈师曾、吴新吾、江少鹣、刘雅农等一批名流，这为清华园增添了庄重的气氛，也抬高了美司斯的地位。会上，陈师曾讲《中国画是进步的》，吴新吾讲《法国绘画小史》，江少鹣讲《画学之评论与作品》，刘雅农讲《艺术与个性之关系》。最后，梁启超也讲了《中国古代真善美之理论》。诸先生历陈名说，推阐致尽，宾主互相畅谈，还有铜管乐队助兴，历时一个多小时。①

美司斯选出五人组成委员会，闻一多担任书记。成立大会的第二天，12月11日，他们就开了第一次会议，决定分成音乐、绘画（包括雕塑、建筑）、文学、美学四门，每两个星期开一次会，由一门中择出三人报告研究心得，作为全体讨论的导线，而整个研究的中心，则围绕"艺术及其与人生的关系"。次年1月8日，他们又请钱稻孙作过一次关于美学的演讲。

闻一多要研究的是个比较庞大的问题，一时还难以深入。寒假后，美司斯的骨干成员面临着毕业前的准备，再加上缺乏经费，美司斯也就昙花一现了。

---

① 《美司斯成立会》，《清华周刊》第203期，1920年12月17日。

| 第五节 |
⊥社与改良活动

发起⊥社

闻一多在清华学校早期的课外活动，主要集中在戏剧、美术、文学等方面。

五四运动后，在各种社会思潮影响下，闻一多的注意力逐渐转移到与国家前途和命运相关的问题，其中"⊥社"是一个很值得重视的团体，因为它讨论的问题多与社会改革相关，故是闻一多思想发展的一个重要阶段。⊥社曾掀起了一场关于电影问题的讨论，并引起了全校性的论辩，这也是清华学校历史上的一个不大不小的事件。

⊥社成立于1920年3月，与其他社团相比，⊥社成员并不多，起初只有闻一多、潘光旦、吴泽霖、闻亦传四人。这四个人的关系非同一般，吴泽霖从1913年考入清华学校中等科一年级起，就始终与闻一多同级。潘光旦原先也与闻一多同在辛酉级，后因腿伤留了一级，却丝毫没有影响他们的交往。而1922级的闻亦传是闻一多的嫡堂兄，大排行第八，故闻一多叫他"八哥"。1920年寒假后，这四个朝夕相处的朋友"感于智识饥荒，想用互助的方法研究一点课外的学问"，于是成立了一个团体。这个团体开始没有名称，4月间，大家已经开了一两次会，觉得人数太少，便又加了两人，即刘聪强和孔繁祁。① 这时，为了与别的社团联系，方决定取名"丄社"。以"丄"字为社名，有些古怪，也很特别，是闻一多想出来的。它有两层意思，一是它是古代的"上"字，借此以时时上进自勉，二是当时会友有六人，"丄"恰是古代数目中的"六"。

丄社成立初期，主要活动是组织读书和问题讨论，由于人少，没有推举负责人，每次会议大家轮流当主席及书记。具体活动是每星期六下午 4 时半至 6 时半集中开会，每次两个小时，内容为三个人宣读读书报告，三个人预备讨论。无论是读书报告还是问题讨论，都写在同样的纸上，然后合订成册。暑假前，报告已有 150 多页，其中读书报告 16 篇，问题讨论 6 篇。前者涉及历史、美学、文学、农业、娼妓、经济、哲学七类；后者则涉及称谓姓氏、校内公益、服饰、中国目录法索引制等问题。② 闻一多入校时用的名字是闻多，改名"一多"就是这时的事。那时候，连名带姓一起被人称呼总有些不大舒服，潘光旦、吴泽霖就建议在"多"前加个"一"字，闻一多立即采纳了。潘光旦此前名"光亶"，"亶"字笔画多，便省头留尾，从此成为"光旦"。

总的来说，丄社成立初期讨论的问题多属于知识方面，虽然成绩历历可数，却也不得要领，以致精神上不免涣散，有两人还产生了离社念头，只是很快就打消了。由于大家醒悟到纯粹的知识互助难以满足精神上的需求，于是暑假返乡后加强了书信联络，把注意力转移到了伦理主义、基督教等方面，其中一人还做了篇山西陆军的调查。③

① 《学生方面·智育·会社》，《清华周刊本校十周年纪念号》，1921 年 4 月 28 日。刘聪强，江苏常熟人，清华学校 1922 级学生。毕业后赴美留学，先入芝加哥大学，后入哈佛大学，回国后任上海宝丰保险公司经理。孔繁祁，字丽京，生于 1900 年，祖籍浙江省萧山县，时居四川华阳县，以川籍考入清华。清华学校 1923 级学生。赴美留学后，因车祸去世。

② 《丄社》，《清华周刊第六次临时增刊》，1920 年 6 月。

③ 《学生方面·智育·会社·丄社》，《清华周刊本校十周年纪念号》，1921 年 4 月 28 日。

加入基督教

1920 年暑假结束后，上社的活动首先是围绕宗教问题展开讨论。当时上社成员六人中，有四人是基督教徒，因此大家乐意研究它的教义。清华不是教会学校，但美籍教员人数不少，学生中受基督教影响也较大。闻一多本来主张以美育代宗教，但在讨论中又觉得美育可以辅进宗教，却难以代替它，于是也做了洗礼。

关于闻一多加入基督教并接受洗礼一事，吴泽霖是这样回忆的："至于信基督教事，我们几个知己朋友态度几乎是一致的，我们都读过《圣经》，对上帝如何创造宇宙，创造人的故事，我们都不信，认为是迷信。但对宇宙万物能构成一个有条不紊的巨大体系都感到万分惊异，带有不可知论的态度。至于基督教的善恶、道德观、与人为善、服务社会、平等待人等等思想，我们都认为人人都应信奉而且加以扩散。我们都在海淀的一个中国教堂里正式受过洗礼，在我们看来，洗礼等于宣誓，表示对这些教义深信不疑而且愿意身体力行。但我们并不相信教堂里那些迷信性质的仪式，同时我们认为基督教义应该由中国人自己结合中国情况而进行宣传，无须由外国传教士来包办一切。"基督教是从西方输入的，但闻一多却坚持由中国牧师做洗礼。吴泽霖说："'入教应在中国教堂，由中国牧师施洗礼'是原话，我们都是这样说的，也是这样做的。我们在海淀的教堂里受了洗，后来几乎都没有到那里去做礼拜。"[1] 闻一多本是无神论者，这时突然信奉起基督教，反映了社会急剧变动中青年人出现的思想饥饿。

五四运动的功绩主要在于推动了人们的思想解放。中国早期的共产主义者，借助五四运动传播马克思主义。但是各种思潮的大量涌入，使人一时难以划分它们之间的界限，以致有人把国际共产主义运动中出现的无政府主义，也当成了共产主义。作为视野和经历都较狭小的闻一

---

[1] 吴泽霖给笔者的信，1986 年 7 月 13 日。

多，对清华园中某些人只一味攻击学生自治会而不关心公共事业的言行很反感，认为这种只破坏不建设的做法就是无政府主义，是"俄罗斯的赤色在中国的影响"。他写过一篇《恢复和平》，就是基于这种认识。

五四运动是划时代的，但中国的社会结构和人与人的关系并没有在这场运动中得到改变，改造社会的任务仍然十分艰巨。闻一多提倡"以美育代宗教"，但内心深处对美育的真正作用则发生过疑问，因为这座"庙"中实难容下真神。矛盾的心理使他渴望摆脱惶惑，急于寻找精神上的依托，而基督教教义中人人爱我，我爱人人，人人平等的说教，很容易对饥渴的人产生影响。

其实，基督教也没有解脱闻一多，他对基督教教义也是抱着半信半疑的态度。当他来到基督教盛行的美国，便公开宣称"我失了基督教的信仰"。① 可见，他很快抛弃了当年饥不择食的选择。

讨论电影问题

与讨论宗教问题相比，对于校内的改良更能引起乚社的重视。

乚社成立一个月时，讨论过一次"如何补救清华学生的细行"。五天后，这次讨论的第一批成果便刊登在《清华周刊》上，其中的一篇《旅客式的学生》便是闻一多写的。从这篇文章中，可以看出闻一多对清华有些学生把学校当成旅馆等候出洋的倾向十分不满。他用画像般的文字把这类人分成少爷、孩子、书虫三种学生，并提出了整顿的四种方法，他的基本态度是："学校是社会里一种组织，我们应该改良社会，就应从最切近的地方——我们的学校做起点。"②

改良从哪儿入手呢，闻一多选择了对学校不良风气的批评。1920年暑期中，他写了篇《清华的出版物与言论家》，认为学校的出版物不

① 《致吴景超》，《闻一多书信选集》，第110页。
② 闻一多：《旅客式的学生》，《清华周刊》第185期，1920年4月24日。

发达，其中一个重要原因就是"一般言论家都巧避著作，争趋口论"，"到了实行改良的时候，一个个却都'噤若寒蝉'"。[①] 文章刊出后，引起不少人的同感，1923 级的吴景超写了篇《我对于清华出版物的意见》，说闻一多的这些责备，若"脑子里没有多少可以提高文化的材料的明白表示，那是责备不出来的"。[②] 当时，乚社还讨论过"信仰与信仰的应该"与"俄国的研究"，都是为了改良校风与改革社会所做的初步思想准备。

暑假后不久，乚社增加了梅贻宝、方重两人。这期间，他们暂停了常识报告，用了一个月工夫，针对学校放映的电影进行了讨论。对于校园放映的影片，他们已经怀疑了一段时间，10 月 23 日，乚社开会讨论电影问题，准备分成 13 个专题分别进行研究，它们包括中国与世界电影之鸟瞰、电影与教育、艺术、卫生、科学、实业、宣传等领域的关系，而最主要的则是"电影在清华的势力"与"改良清华电影的计划"两个与校中生活贴近的问题。

清华距城较远，学生进城娱乐的机会不太多，周末放映电影几乎是课余消遣的唯一形式。有两个河南籍的同学，不知通过何种渠道弄来《黑手盗》《毒手盗》之类的凶杀情杀影片，征得学校同意后在礼堂里每周一次连续放映。这些诲淫诲盗的内容，对人们的精神健康有损无益，有个美籍教师的儿子，竟仿照影片中的方法偷窃了别人的财物，引起许多人的愤慨。乚社讨论电影问题，就是在这种背景下开展的。

11 月 12 日，闻一多的《黄纸条告》作为向电影宣战的第一炮在《清华周刊》上发表出来。它依然是以素描的写法，描述出这种电影的不良作用，讽刺与反问的文字，使人一目了然它的矛头所向。接着，他又以艺术的眼光对电影进行了批评，写下《电影是不是艺术》。文中开宗明义地说他并不反对娱乐，并且"深信生活的唯一目的只是快乐"，

---

① 闻一多：《清华的出版物与言论家》，《清华周刊》第 192 期，1920 年 10 月 1 日。

② 吴景超：《我对于清华出版物的意见》，《清华周刊》第 193 期，1920 年 10 月 8 日。

但是"禽兽的快乐同人的快乐不一样，野蛮人或原始人的快乐同开化人的快乐不一样。在一个人身上，口鼻的快乐不如耳目的快乐，耳目的快乐又不如心灵的快乐"。而"电影是不是艺术的本旨，就是要知道他所供给的是哪一种的快乐，真实的或虚伪的，永久的或暂时的"。闻一多从电影的"机械的基础""营业的目的""非艺术的组织"三个方面论证它绝不是艺术。这些话都是针对现实而发，难免有些偏激文字，如果不结合当时的背景，很难理解它的合理内核。其实闻一多也没有全盘否定电影。他说："看电影时往往能得一种半真半假的艺术的趣味"，"电影的本质不是艺术，但有'艺术化'的权利"。只是"他刚受了一点艺术化，就要越俎代庖，擅离教育的职守，而执行娱乐的司务，那是我们万万不准的"。①

与此同时，⊥社成员关于电影研究的成果也相继发表，其中有刘聪强的《清华电影之过去与现在》、潘光旦的《电影与道德》和《清华电影和今后的娱乐》、吴泽霖的《电影与教育》、孔繁祁的《电影与宣传》、闻亦传的《世界各国电影的情形》等。⊥社的所有成员，都参加了对电影的批判，从而在清华园中掀起了一股抵制放映电影的浪潮，也引起了校园里的一场轩然大波。

这番规模不算小的轮番批判，引起校中不同反响。1921年1月21日，《清华周刊》第208期刊登了李迪俊的《电影与⊥社》、涤镜的《电影存废问题》、丁济祥的《对于电影问题之不平鸣》、钱宗堡的《清华园电影问题的我见》、介父的《⊥字解诂》等文章，它们既有支持和同情，也有持反对的意见。正如有人所说："第198期周刊上一多君做了《黄纸条告》'振纸一呼'之后，大家在清华园电影问题上发表的意见，文章式的也有，条告式的也有，多得不胜枚举……酣呼厮杀，异常热闹。"② 有人说，⊥社虽然达到自己的目的，"然所受的反对，实为前此

---

① 闻一多：《电影是不是艺术》，《清华周刊》第203期，1920年12月17日。
② 钱宗堡：《清华园电影问题的我见》，《清华周刊》第208期，1921年1月21日。

所未有"。①1921 年 1 月中旬，校长金邦正为放映电影事亲自出面找闻一多等人征询意见，随后传出取消电影的消息，这消息更加引起人们的关注，甚至有人担心失去周末娱乐的机会。为此，金邦正不得不公开表态，称"余认电影有好处，亦有坏处。而此好处坏处各人不同。此次停演之意，一为大考将近，各生当预备功课；二常看于目力上有害。此后并非不演，与其他娱乐会可间行之。……以后定组织大规模委员会专管娱乐事宜，遇有电影好的片仍可开演"云云。② 这场引起许多同学参加的讨论，后以上社的胜利暂告停息，学校决定改变固守成例的做法，采取"一减少、二替代、三改良"的方针。

闻一多对电影的抨击，实际上是对当时社会风气堕落的一种不满。其实这种不满并非上社才有，吴景超③ 曾于一次看电影后写了首感想般的新诗《出俱乐会场的悲哀》，闻一多对这首仅八行的短诗特做了《附识》。《附识》写道：

> 景超以为我们的俱乐场中的种种游戏，总不外性欲杀欲两个半被文化征服的原始冲动的发泄。这种冲动是破坏文化的，所以我们不应给他们发泄机会。可是现在校中使用这种游戏的风气很盛，少数能置身于物质世界之上的人还不致受他的影响，但多数的"弄潮儿"恐怕难免惨遭不测、葬身鱼腹之险。我读这首诗，想叫那充满性欲杀欲的表现的电影片，全校的人把他当饭吃，我便"不寒而栗"呢！不知景超曾否为他们祈祷过：
>
> "天可怜那弄潮儿的，
>
> 少叫他们遭几场危险！"④

---

① 《清华周刊本校十周年纪念号·智育·会社·上社》1921 年 4 月 28 日。

② 《校长对于星期六演电影之意见》，《清华周刊》第 208 期，1921 年 1 月 21 日。

③ 吴景超，字北海，江苏江宁人，后任清华大学教务长，著名社会学家。时在 1923 级。

④ 闻一多：《〈出俱乐会场的悲哀〉附识》，《清华周刊》第 222 期，1921 年 9 月 18 日。

社会服务

⊥社还参与了一些社会服务,《清华周刊》报道说"在校中各种会社服务里","他们多为之首领,提倡不遗余力"。[①] 这些服务,不只是⊥社,当时清华学生各个社团从事过不少这方面的工作,除了校内各种服务外,在校外也办有村人友、平民图书室、成府职业学校、校工夜校、补习学校、三旗营露天学校、西柳村露天学校等。

在这些服务中,闻一多也很踊跃。清华学校规定每天下午4至5时学生必须在户外活动,所有教室、宿舍、图书馆一律关闭。这个时间,闻一多常常和吴泽霖等去附近农村散步,目睹到村民们生活的贫苦和文化的缺乏,尤其是文盲现象让他们感触极大。这些,促使他们产生了朴素的社会服务念头,觉得应该从事一些具体工作。经过酝酿,他们在校外办了一所儿童露天学校,后来又为成年文盲开设一个识字班,大家轮流担任教员。[②]

五四运动期间,闻一多主要留在学校活动,长期罢课使他有比较充足的时间在学校附近进行宣传活动,同时加强了业已产生了的社会服务精神。那时,他和吴泽霖、程绍迥、吴宗儒等同学特别热心于组织校工。吴泽霖说,当时他们"几乎把全校工友都编入了校工夜校,在那里,一方面宣传'五四'爱国运动的意义,一方面帮助他们识字读报、提高文化"。1946年西南联大复员,清华大学回到清华园,一位老校工见到吴泽霖时,还谈到当时夜校的情况,还记得闻一多曾怎样耐心教他们识字。[③]

此外,闻一多还和一些同学捐募了一些通俗读物,在校外小村里设

---

① 《智育・会社・⊥社》,《清华周刊本校十周年纪念号》1921年4月28日。

② 吴泽霖:《老友一多二三事——纪念闻一多逝世三十三周年》,王康、王子光编:《闻一多纪念文集》,生活・读书・新知三联书店1980年版,第164—165页。

③ 同上书,第165页。

立了一间小小的图书室，供村民们阅览。当他们看到村里一些货郎小贩经常苦于无处借贷来周转进货时，还设法筹集了五六十元，作为小本经营者借贷之用，每人每次可以无息借贷五元。这些，都受到了村民群众的欢迎。①

闻一多这些自愿为社会下层人民做的有益的服务性工作，建立在朴素的认识和感情上，多少带有温情色彩。虽然这些努力收到的效果有限，但它表现的社会平等观念、助人为乐精神，无疑是他世界观的基本元素。

| 第六节 |
人生考验

毅然罢考

1921 年春节过后，辛酉级进入毕业前的最后一个学期。为了准备放洋，辛酉级敦请斯密斯、王力山、马伦、狄玛、梅贻琦、麦克洛斯、庄达卿、罗伯森、戴志骞、马约翰诸先生为择校顾问，学校也把新到的美国各种学校一览，移至辛酉级会所，供大家阅读参考。与此同时，学

① 吴泽霖：《老友一多二三事——纪念闻一多逝世三十三周年》，《闻一多纪念文集》，第 165 页。

校也为他们预订了106张"中国号"轮船船票，出航日期为8月12日。①

清华学校每年学生毕业离校前，都要制作一种纪念品，学校亦拨给300元费用。鉴于当时直、鲁等省灾情严重，辛酉级决定将这笔费用的十分之九捐给灾区，仅留下十分之一用于纪念品制作，为此，辛酉级推举闻一多与方来、杨廷宝、董大酉、浦薛凤五人，负责级针、级旗、纪念品的样式。②

在最后一学期里，辛酉级同学的大部分功课都已经结束，大家除了准备大考外，注意力都集中于出洋后所选学的专业。选择学习专业，便是选择生活职业，关系自然重大，因此人人谨慎，迟迟难下决心。当时，多数人选择了科学或实业。

闻一多也不是没有反复思忖，但是，一次谈话促使他下定了决心。那是填报出国所习学科的前夕，司达尔女士找闻一多和杨廷宝交换想法。她望着这两个十分喜爱的学生，表示根据他们的才能，希望他们能报名到美术学院去攻读。杨廷宝家境不大宽裕，家里还指望着他接济，所以决定选择与美术有密切关系的建筑学。杨后来成为著名的建筑学家，与梁思成并称为"南杨北梁"。闻一多没有犹豫，接受了司达尔的建议，当即决定学习西洋美术。③6月，学校公布诸生赴美所习之学科与拟入之学校，闻一多名下写着"美术""芝加哥美术学院"。闻一多是清华学校毕业生中第一个攻读美术的学生。此前有位叫刘华采的女生，曾考取清华津贴的专科生赴美习美术，但她没有在清华学校读过书，不是清华毕业生。

在清华学校的早期学生运动史上，可歌可泣之事不一而足。但牵动过许多人、轰动北京城的"同情罢考"事件，却还鲜有论述。而这次事件，不仅使当年毕业的辛酉级中29人被留级一年，并且全校其余七个年级的学生也被给予集体留级一年的处分。此事虽隔九十余载，但今日

---

① 《校闻》，《清华周刊》第210期，1921年3月4日。
② 《校闻》，《清华周刊》第210期，1921年3月4日。
③ 据杨廷宝给黄延复的信，1980年7月17日，未刊。

重提，仍令人感到不胜敬佩。

"同情罢考"事件，发生在闻一多即将出国的前夕，导致这次事件的起因，要从"六三惨案"说起。

自从满脑子做皇帝梦的袁世凯在全国的抗议声中走进坟墓后，北洋军阀内部分裂成若干派系，各派军阀纷纷割据称雄，争夺地盘权势，彼此矛盾重重，水火不能相容，终于在 1920 年 7 月爆发大规模的第一次直皖战争。军阀互斗，离不开军费，北京政府将大批财力投入战争，以致教育费也被大量挪用，公立院校经费被长期拖欠，教职员生活无法保障。为此，北大、高师、女高师、法专、农专、医专、工专、美术八所国立高等学校教职员，于 1921 年 3 月 14 日宣布停止职务，4 月 8 日又举行同盟罢课。随之，其他学校教职员亦加入此行列，并得到全国各界联合会等团体的通电支持。4 月 12 日，八校学生两千余人手执"读书运动"旗帜，赴国务院、总统府请愿，要求发放教育经费，声援八校教职员罢课。迫于压力，总统徐世昌不得不下令，让财政、交通、教育三部制订出一个筹拨经费的办法。4 月 30 日，国务会议通过三项办法。5 月 3 日，各校教职员向校长提出政府履行此三条保障之方法，并声明此项保障方法办妥后，即可立即恢复职务，开始上课。但是，时越两旬，内阁总理靳云鹏对筹款办法置若罔闻，不予理睬，甚至于 5 月 19 日操纵国务院宣布前订办法一概无效。这一行径激起教职员们的极大愤怒，于是 5 月 22 日宣布第二次辞职。

6 月 2 日上午，北京 29 校学生代表赴国务院请愿，靳云鹏拒绝接见，双方僵持至午，代表们不仅茶水无着，且遭不堪入耳之讥讪。第二天，即 6 月 3 日拂晓 4 时许，坚守在国务院前的学生代表经四次交涉方得入内，却遭到一连卫兵荷枪实弹的看守。消息传出后，各校紧急协商，决定举行大规模请愿。上午 10 时，北京中小学以上男女 22 校学生 600 余人，手执"教育破产""请政府履行国务会议议决三条"等标语，齐集新华门东门外，要求总理接见。

当时，霪雨霏霏，众人冒雨坚持了两个多小时。下午，22 所公立学校的校长，与八校教职员代表，以及学生共千余人，再至新华门请愿。教育部次长马邻翼出面，对代表要见靳云鹏的要求，只允代转，不能负责。代表们不满意马的应付态度，遂欲拥入。这时，早有准备的军警们，荷枪持刀，见人就打。法专校长王家驹腰背腹部受枪柄重击；医专代理校长张焕文头部遭创，血流满身；北京国立专门以上八校教职员联席会议主席、北大教授马叙伦头部及左腰亦重伤，全身是血；北大教职员代表沈士远教授额部受刺刀刺破，一脸鲜血。军警不认识马邻翼，结果连这位教育部次长也遭痛殴。^① 据次日报载，受重伤者除王家驹、张焕文、马叙伦、沈士远外，还有高师教授黄人望、张贻惠、女高师教授汤璪真、医专教授毛咸、工专教授许绳祖，及职员和学生刘兴炎、何玉书、封挺楷、王本仪、陈激、梁惠珍、刘因民、赵林书等多人。^② 至于受轻伤者，更是不计其数。这便是震动全国的"六三惨案"。

六三惨案的发生，在社会上引起强烈反响，同时也在教育界引起许多问题，其中"最足以引起社会注意的，莫过于此次清华学校的罢课风潮"。^③ 起初，当北京城内各校进行索薪斗争时，清华学校由于有美国退还的庚款为经济后盾，无论是教职员还是学生均未介入。尽管3月14日八校教职员宣布停止职务后，清华学生会亦曾集会多次，筹商援助办法，但多数以为通电上书不过纸上谈兵，代表请愿亦与虎谋皮，俱非根本解决妙策，故始终未有具体行动，以致北京市学生联合会曾批评清华学生不该置身事外。

六三惨案发生后，北京市学联宣布罢课抗议，部立、私立学校相继起而声援，且对清华学校寂然不动多加责难。作为五四运动时期加入北京市学联的清华学生会，此时亦承认时机已迫，万难坐视，遂于6月8日在评议部上通过《清华学校明日罢课》案，决定执行市学联的决议。当晚，清华学生会评议部将此案提交全体学生大会讨论。大会经三小时

① 以上据《国务院军威下之教职员学生》，《晨报》1921年6月4日。

② 据《八校教职员通电》，引自《挨打后教职员学生之文告》，《晨报》1921年6月5日。

③ 《清华学校罢课风潮之始末——全体学生自请退学，补考者留班一年》，《晨报》1921年7月3日。

争辩，多数人认为：一，罢课是自杀政策，以杀止杀，万难有济；二，现今政府非罢课所能警醒，万不得已，罢课一事也只能作同情表示。为此，大会将评议部议案修改为"清华学生应该罢课，唯须与北京部立私立各校取一致行动"。6月9日，俄文专修馆等学校罢课消息传来，是否与全市学联采取一致行动举行罢课，已迫不及待。6月10日，清华全体学生再开大会，以292票对119票通过"同情罢课案"。

同情罢课案通过后，清华学生为了策应提出了一些积极建议，如：组织部立私立各校联合会，以作国立八校联合会之后援；为求得教育之根本解决，应组织募集教育基金委员会；为求中国政治根本之刷新，应组织宣传政治革新会等。然而，就在清华学生以全副精力筹谋一致对外之际，校内却出现了一种暗潮，并导致了学校当局和教职员们，与学生罢课的对立。而这种对立的表面原因，与即将举行的期末大考相连。

按照中国学制，每年6月为期末考试阶段。按照清华的课程安排，原定6月13日举行期末大考。但是，既然大学生通过同情罢课案，自然拒绝参加这次大考。同时，学生们还认为：大考不过是一种形式，因为根据清华的记分方法，平日的分数占总成绩的70%，大考仅占30%；而这30%中，上学期的大考又占一半。因此，从成绩上说，85%的优劣等级，早在本次期末大考前便已决定，所缺者不过形式上的考试而已。此外，既然清华学生已于11日起宣布罢课，如果13日又参加大考，无异于自欺欺人。学生们还认为，只要教潮稍有转机，还可以举行补考。因此，大多数学生对罢课期内不参加大考一事，均采取坚持态度。

6月13日大考这天，清华学生无人进入考场。面对这种情况，清华教职员自上午至下午，召开了整整一天的紧急会议。当晚，校长金邦正将会议结果报告董事会后，董事会遂做出决议："本期大考改于18日举行，不赴大考学生即认为自请退学"。众所周知，清华学校是用美国退还的庚款办起来的留美预备学校，而且该校一直以仿照西方民主为荣。那么，为什么清华当局和教职员们明知学生的罢课是经过表决后才决定的，此时却又不惜抛弃民主原则呢？究其原因有三：首先，6月10日全体学生通过同情罢课案前，未征求教职员同意，事后接洽时，教职员已有啧言。其次，六三惨案前，清华学生正从事校内改革，其中涉及更换教员问题，一些不能使学生满意的教员，对此耿耿于怀。第三，由于原定 13 日大考，而同情罢课案恰于两日前通过，亦不免给人学生逃考之口实。

清华学生会评议部、干事部主席接到金邦正校长关于董事会的决议后，立即召开全体学生大会。会上，学生们愤愤不平，认为这是校方有意为难，于是针锋相对地提出了两案。第一案为"无论学校用何种胁迫，清华学生对于罢课案坚持到底"，此案以 424 票对 2 票通过。第二案为"罢课终止时，全体要求学校实行补考"，此案以 440 票对 1 票通过。上述两案通过后，学生会遂向董事会报告，并附上了表决情况。同时，他们还说明："第一案表明清华学生牺牲的决心，第二案足供清华罢课并非逃考的证明。"

当时，清华董事会中，亦有人认为同情罢课，良心上不能认为学生完全错误，但是在职言职，亦只能维持校章。于是，董事会重申原议，仍坚持"不赴大考学生即认为自请退学"。6 月 14 日后，清华教职员数次开会，学校亦与董事会往返商榷。17 日，即改期举行大考的前一天，学校当局又议决两道校令。第一道为"本校大考事，经本校教职员议决定于 20 号举行，如不赴考，即以自行告退论"；第二道为"本学期不赴考者，准其于本年 9 月 12 日起，来与复校考试，考试及格者，准其复校依次升级，惟各班须一律留级一年"。这两道校令正式公布前，报端披露政府将提出五条办法以收束教潮，这一消息对坚持罢课的清华学生带来一线希望。他们中有人主张，既然教潮将有所转机，且校方又如此压迫，何不就此收束参加大考。如此，即可洗刷逃考嫌疑，又可再图考后之运动。基于这一理由，他们提出"终止罢课案"，清华学生会亦连续召开大会，讨论如何收束问题。

不过，另一些人则反对停止罢课，其理由亦堂堂正正。他们认为：一，"课既谨慎发之于前，当郑重将之于后，以争教育始者，当以争教育终，五条办法是否确实，教职员对于此五条是否满意，此在收束罢课以前当确应有把握者也。"二，"学生罢课，应自发自收，决不能因学校的压力,借题下台。"三,"罢课时既与部立私立各校一致行动,收束时自不能单独径行。"

对于第一种意见,清华学生会特于 6 月 19 日派代表两人前往教育部,探询报传解决教潮之五条办法是否确实。结果次长马邻翼仅承认前两项业已实行,"其余均系报纸谣传,政府否认有此办法"。同时,八校教职员也认为政府只是虚与委蛇,毫无收束学潮之诚意。对于第三种意见,部立私立各校并未停止罢课,即使收束亦非旦夕能够办到。这样一来,清华学生的态度,又由终止罢课复转回到坚持罢课了。

面对清华教职员步步迫人,董事会又着着不让,而大考日期转瞬即到,所谓"自请退学"关系甚大,非"坚持到底"四字可以了结。故清华学生会评议部于 6 月 19 日议决举行全校无记名投票,表决事项为:一,罢课期内参加大考还是不参加大考;二,服从多数还是不服从多数。投票结果:"不考,服从多数,298 票。考,服从多数,71 票。不考,不服从多数,3 票。考,不服从多数,40 票。废票,25 票。"

为了确切体现清华学生的真实态度,这次投票前没有举行演说讨论,事后开票也非常慎重。开票时,由评议部、干事部各派代表两人监督,开票结果由监票人签名作证。投票后,清华学生会派人到董事会报告,同时说明:"明日大考学生中最少有 40 余人应考,但这不是学生团体破裂的现象,良莠不齐,在哪一个组织里也是如此。"学生会还提出,要求学校暂不公布迫令学生大考的告示,如于预定大考终止期内清华不能停止罢课,清华学生甘愿自请多留一年。这个要求,为的是表明两层意思,其一是"牺牲是学生自动的,不希望学校拿留级当作一种刑罚,当作一种恐吓学生的手段";其二是"少数破坏团体的学生,学校应置之不理,不给他们以大考或毕业的机会,因为这种学生毕业出洋以后,亦不过为虎添翼而已"。①

面对清华学生的这种慎重做法,董事会主席、外交部参事刁作谦一度表示理解,甚至还对少数不服从多数一层极不满意,并说中国现今

① 《清华学校罢课风潮之始末》续,《晨报》1921 年 7 月 6 日。

最宜提倡的精神，就是同情心和少数服从多数。①但是，他又对无记名投票的结果表示怀疑，认为这是学生中个别领袖鼓吹的结果，并且投票也不免带有感情色彩，因此提出举行第二次投票以资对证。刁作谦还提出，第二次投票应该是"负责任的具名投票"，并"由校长执行"，投票的"内容只有校长、董事、外交总长可阅看"，"总数可以报告学生"。这样，清华学生决定6月19日晚举行第二次投票。第二次投票的结果，由校长金邦正宣布，其情况如下："不考，服从，329票。考，服从，88票。不考，不服从，2票。考，不服从，33票。废票，4票。"第二次投票的情况，是主张单独参加大考者33票，而拒绝参加大考者为419票。

当晚，金邦正将第二次投票结果电话通知董事会。董事会不得不对强迫大考的校令做了修改。6月21日，清华学校发布两道校令：一，"关于本学期大考事宜，经本校全体教职员议决，定于本月22日开始大考，至28日考完，届时诸生务须赴考，如不赴考，即以自行告退论。"二，"查学期考试日期，并声明如届时不赴考者，即自行告退论，各在案，惟念诸生秉父兄之命，远道求学，数年成绩弃于一旦，殊为可惜。兹格外予诸生以特别时机会，如本学期届时不赴考者，准其于本年9月12日起，来与复校考试，考试及格者，准其复校，依次升级肄业。惟各班须一律留校多学一年，俟大学一年级学完考试毕业后，方能遣派赴美。"

这两道校令，除了字句上与18日的校令稍有不同外，重要的办法毫无改变，故无法令人满意。因此，21日晚清华学生会评议部会议做出两项决议，首项即"对于22日大考的校令置之不理"，次项为"组织强有力纠察股，维持同学间的秩序"。这两项决议，反映他们对学校当局已完全失望，决心罢考到底。清华学生曾在五四运动中表现出高涨的爱国主义激情，特别是1919年6月3日后的那些天（这真是一个巧

---

①　清华学校是用美国退还的庚款办起来的留美预备学校，由于庚款事宜由外交部办理，故清华学校一直由外交部管辖。

合，也是 6 月 3 日），他们接连派出"救国十人团"和宣传队，入城开展反帝爱国演讲，成为继北大之后的又一支重要学生力量。经受过五四锻炼的清华学生，这时又一次站在了斗争的前沿。

清华学生在同情罢考的斗争中，经受考验最大的，莫过于闻一多所在的辛酉级（1921 级），因为他们只要经过最后一次大考，便可放洋留学。这年 3 月 4 日出版的《清华周刊》第 201 期，已刊登学校为辛酉级放洋预订了"中国号"船票 106 张，驶行日期为 8 月 12 日。随后不久出版的《清华周刊第七次临时增刊》上，也刊布了《本届高四各班同学赴美所习之学科、拟入之学校一览》。另外，赴美留学者的置装费 360 元亦已下发，同学们挑选的服装样式亦已交上海一家成衣店制作。

出洋留学，是清华学生寒窗苦读的唯一目的，莘莘学子在校八年，为了就是等待这一天。清华学校一向对学生要求很严，1923 年，吴景超为纪念清华学校成立 12 周年写了篇《清华的历史》，文中对学生毕业数字做过一个统计，结果是"落伍者与成功者的数目，相差无几"。所谓"落伍者"即未能毕业者，"成功者"即毕业者，这句话的意思是清华学校的淘汰率差不多是全体学生的一半。吴景超在文中统计道："自民国元年至十一年，各省咨送及插班生总数，共 1449 人，除在校学生总数 428 人不计算外，各省毕业总数，共 555 人。各省退学总数，共 456 人。成功者较之落伍者只多 99 人。落伍者的中间，当然包括三部分：一部分是功课不及格而被开除的，一部分是因品行不端而被开除的，一部分是因病退学，或因病死亡的。"吴景超将各省退学总数及各省毕业总数列了一张表，其中湖北省退学 30 人，毕业 34 人；陕西省退学 8 人，毕业 1 人；新疆退学 5 人，毕业无人，由此说明除了"直隶、湖北、江苏、浙江、福建、广东、贵州、吉林、奉天九省，毕业总数多于退学总数，其余的省份，都是得不偿失"。[①] 由此可见，能够从清华

———————————

① 吴景超：《清华的历史》，《清华十二周年纪念号·清华生活》1923 年 4 月 28 日版，第 21 页。

学校毕业，对一个人来说是多么不容易。但是，学校在同情罢考事件上的决定，无疑把清华学生置于风浪的顶端，因为如果执行"同情罢考案"，就会陷入失去学籍不能出洋的境地。当时报载："在这种压力紧迫的时代，高四居领袖地位，留美机会，近在日前，利害关系，自更密切，其态度当然为全校所注目"。[1] 亦正因此，辛酉级对学校的决定极为慎重，他们需要在这人生重大关口面前，做出不违背事理的严肃选择。

其实，尚在 6 月 13 日清华全体学生大会后，辛酉级便连夜召开了两次级会。第一次级会决议"高四服从多数"，第二次级会决议"在未正式宣布罢课终止以前，高四级不单独大考；未大考以前，不毕业出洋"。这两项决议，可谓义正词严，态度坚强，全校学生为之一振。孰料，事隔数日后，到了最后关头，辛酉级却发生了分裂。

这次分裂出现在 6 月 20 日至 22 日两天里。辛酉级固然曾数次宣言，表明坚持牺牲的态度，但希望息事宁人，不做牺牲者亦大有其人。6 月 19 日，清华学生举行第二次投票时，级长熊祖同与浦薛凤、薛祖康"认为意气用事，反抗校方而继续罢课，留级一年，实不值得，何况吾级参加考试，其余各级继续罢课，听其自然"。他们三人"对于罢课情事，平素沉默寡言，不加可否"，这次则"分头私自接洽"，得到"级友多数赞成参与大考"。[2]

6 月 20 日，熊祖同以级长身份召集级会，讨论浦薛凤等提出之"高四级单独大考案"。清华学生久有西方民主议会作风训练，此次讨论亦"遵守民主精神，运用议会辩论程序，一切依照发言手续"。经过激烈争辩，最后进行表决，结果是"单独大考案"以 36 票对 27 票的多数获得通过（辛酉级共 70 余人，有些人显然投了弃权票）。主张参加单独大考的同学认为，辛酉级多数人通过的这个决议，所有成员理应遵守。反对单独大考的同学则认为，全校学生有 600 余人，赞成单独大考的仅

①　《清华学校罢课风潮之始末》续，《晨报》1921 年 7 月 5 日。

②　浦薛凤：《万里家山一梦中》，台湾商务印书馆 1983 年版，第 73 页。

36人，属极少数，因此理应服从全校多数学生通过的决议。双方各不相让，各树一帜。[1] 在这个问题上，闻一多与罗隆基、何浩若、吴泽霖等表示："案虽通过，但行动仍属个人自由，不愿大考者，自可拒绝参加"。[2] 对于这一过程，亲历其事的吴泽霖说："我级多数级友，都认为这一运动与五四运动性质不同。但我们清华学生现属北京学生联合会的成员，理应参加这一运动。我们赞成进城参加游行、进行街头宣传、散发传单等等行动，实际上我们的确也参加了。但起初我们并不赞成举行总罢课。不过时间一拖再拖，城内多数学校的教师都坚持罢课，学生联合会也通过了总罢课的决议，从而我们级友们的态度也变了，觉得我们理应与北京学生们行动一致。辛酉级是毕业班，部分教师给我们做了不少劝导工作，但我们仍决定同其他班级一致行动，参加了总罢课。"[3]

6月22日为举行期末大考之日。辛酉级主张单独大考的学生出于避免八年同窗分裂的愿望，上午没有参加考试，而是积极向学校进行疏通调停。他们根据21日部立私立学校学生联合会所通过之《各校于暑假起首日宣布罢课终止案》中"各校于暑假起首日，宣布罢课终止"之条文，认为暑假定于26日开始，因此希望校方将大考改于26日暑假后再做补行，这样辛酉级全级都可以名正言顺地参加考试。他们觉得，22日改至26日，相差不过四天，学校完全可以通融。然而，这个建议竟被教职员会议所拒绝，在此形势下，辛酉级多数同学单独参加了大考。吴泽霖回忆这段往事时说："到考试的第一天，我们全级分化了。三分之二的级友没有顶住压力，屈服了，走进了考场。他们的理由是，首先，最初学联前来征询清华态度时，我们学生会就表示不赞成并明确表示了保留意见。其次，考试涉及毕业问题，毕业考试并不是上课，并不等于破坏罢课。而我们属于少数的二十几人则认为，既然参加了罢课，就不应该为了本身的利益而半途退出集体行动。参加毕业考试意味

---

[1] 《清华学生罢课风潮之始末》续，《晨报》1921年7月7日。
[2] 浦薛凤：《万里家山一梦中》，台湾商务印书馆1983年版，第73页。
[3] 吴泽霖给笔者的信，1986年5月15日。

破坏罢课、分化学运、出卖清华学生会的荣誉，也是对学生联合会的背叛，抛弃了正义。"①

单独参加大考，无疑破坏了全校学生的团结，其境遇不能不十分尴尬。6月22日下午1时，当占辛酉级三分之二的50余人走入科学馆考场时，众多拒绝大考的学生集聚在门前"欢呼致贺"，报载"照相机排列成阵，学生会新闻科的访员，奔走道途。到了三时半，第一次功课考完，赴考人深藏不敢出，考生求校长担任保险，校长电董事设法弹压，闹得风声鹤唳。"②参加考试者中，有位日后在政坛十分活跃的吴国桢③，他1917年以湖北籍名额从天津南开中学考入清华学校，插入高等科一年级，与闻一多同级四年。在同情罢考初期，他是口号喊的最响的一个，但这时却成为单独大考的拥护者。

对单独大考者的围观，是年轻人的一种恶作剧，实际上接受西方民主风气影响的清华学生，并没有对他们产生多大的歧视。清华学校为了使毕业生到美国后能够尽快适应那里的环境，对高四的学生起居均有特殊安排，不仅两人一室，而且室内带有卫生间。当时，闻一多与浦薛凤两人同一寝室，共同生活了一年，浦薛凤参加了单独大考，闻一多却能对其谅解。浦薛凤曾说："（闻）一多与（罗）隆基、（何）浩若辈，素喜反抗权威，自然甘愿留级。予则认为随便罢课而留级，殊无意义，因而主张考试。因此之故，同一寝室之一多与予，连日相对苦笑，默默无语。但既然各行其是，彼此自然能谅解，临别握手，互道珍重。"④

辛酉级拒绝大考的学生共29人，他们宁肯牺牲宝贵的留学机会，也不肯违背自己的信念。他们虽然背着"自请退学"的处分离开了清华

① 吴泽霖：《老友一多二三事——纪念闻一多逝世三十三周年》，《闻一多纪念文集》，第166—167页。

② 《清华学生罢课风潮之始末》续，《晨报》1921年7月7日。

③ 吴国桢，字峙之，1903年生，湖北建始人。1914年考入天津南开中学，1917年考入清华学校，插班进入辛酉级。

④ 浦薛凤：《忆清华级友闻一多》，台湾《传记文学》第39卷第1期，1981年7月。

园，却用自己的行动捍卫了"威武不屈"的高尚道德。这些人的名字是不应该被遗忘的，他们是：赵连芳、钱宗堡、费培杰、何浩若、霍启芳、许复七、高镜莹、顾德铭、萨本栋、邹维渭、黄卓繁、董大酉、闻一多、时昭涵、时昭泽[①]、罗隆基、王朝梅、廖云皋、孟宪民、孙超烜、孙增庆、陈之长、陈崇武、陈念宗、沈仁培、沈宗濂、沈有乾、吴泽霖、王昌林。[②]

当然，放弃出洋毕竟十分可惜。有人"在收拾行李挥泪告别时，思想上也不免产生过矛盾，觉得在清华白耽了七八年，留学在望，机会就这样白白送掉了！回家后何以对父母亲友"。但是，当他们"看到那些参加考试的人望到我们就远避的窘态"，"又深感自豪，认为真理是在我们一边，出洋机会可丢失，为正义不低头"。[③]

拒绝悔过

学校的处分降临了，闻一多与多年同窗挥泪而别，回到家免不了受到家长的斥责。但是，闻一多是坦然的，他认为出洋的机会可以失去，为正义却绝不能低头。

清华学校对拒绝大考同学的所谓"自请退学"处分毫无道理，对辛酉级来说更是有背公允。清华实行的是记分法，平日成绩作百分之七十，大考仅算百分之三十，而上学期大考又占其一半。因此，在成绩上闻一多已经取得了毕业的资格，即使不参加大考，也不影响出洋，但是学校当局却无视这一规定。6月21日，北京学联通过"各校于暑假

---

① 时昭泽，字澄则，与时昭涵为兄弟。二人另一兄弟时昭瀛，时在清华1922级读书，与闻亦传同级。该级还有潘光旦、黄方刚（黄炎培之子）、蔡公椿、梅贻宝（梅贻琦之弟）、高崇熙、陈石孚、谢文炳、雷海宗等。

② 《一九二一毕业大二级赴美留学学科学校一览表》，《清华周刊》第248期，1922年5月19日。

③ 吴泽霖给笔者的信，1986年5月15日。

起首日（即 26 日）宣布罢课终止案"，闻一多等曾要求学校将大考改在 26 日进行，而学校当局为了维持其表面上的尊严，加以拒绝，并继续施加威胁。

7 月里，闻一多回到浠水老家，心情久久不能平静。他在《回顾》一诗中写道：

> 九年的清华的生活
> 回头一看——
> 是秋夜里一片沙漠，
> 却露着一颗萤火，
> 越望越光明，
> 四周是迷茫莫测的凄凉黑暗。

这就是他的感受。虽然失去了放洋的机会，但他的自豪感却没失去：

> 看！太阳的笑焰——一道金光，
> 滤过树缝，洒在我额上；
> 如今羲和替我加冕了，
> 我是全宇宙的王！

清华学校当局对闻一多等 29 人"自请退学"处分一事，在社会上引起了轩然大波，某种程度上可以说它比学联罢课的影响还要持久，乃至教潮初步解决，八校教职员宣告复职后，舆论的焦点立即转移到清华罢考事件上来。

闻一多等人挥泪离开清华园后，各界的抗议与质问仍在报纸上连篇刊载。八校教职员及公立各校学生，亦对此事极为关心，曾数次派人调停，但校长金邦正始终推诿于清华董事会。7 月 6 日，清华董事会在外交部开会，八校教职员闻讯特再次派代表梁希教授与燕树棠教授前往陈述调停意见，强调"该校学生全体留级一事，牺牲太大，希望将来该校学生补考后，仍准升级"。金邦正则称"董事会之处理此事，系根据该校教职员之决议，现在各校教职员多数已暑假回家，无从再次决议，故董事会所执之态度，决然不能变更"。①

清华董事会，是清华学校的最高权力机关，但实权操纵在美国公使馆的美国董事之手。据知情者云，清华董事会之所以对罢考学生如此扼杀，原因在于"先是有不满人望之美国教员某，自恐不为学生所容，早有防堵之意"，及至这次罢课风潮，"该教员等益虑学生权利伸张，不利于己"，故"言于洋董事，谓非抑制学生气焰，不足以保持学校之尊严"。美国董事"大以为然，向我外交部表示意旨"。这样，清华董事会方"以用专制国防堵民权之手段，断然加以诸表同情于六三事件之学生，以留级必为一种束缚学生之刑罚"。②

清华董事会的顽固态度，引起八校校长的不满。为了挽救事态，八校校长联名致函清华董事会和清华学校校长，要求他们收回处分罢课同学的决定。该信写道："此次北京教潮迁延数月，幸经调人疏解，得各方面之赞助，可告结束。惟贵校学生，因援助八校而罢课，因罢课而受处分，在北京国立八校，及公私立中小学校学生颇抱不安。对于调人，曾郑重声明'此次清华罢课，实为援助八校而起，暑假后若清华风潮不幸扩大，至万不得已时，同人亦必采罢课手段，以援助之'云云。近年国内多事，教育界重影响，已属不幸，若艰难辛苦，调停解决之教潮，秋后再生波折，恐亦必非贵董事校长之所乐闻。同人等历尽艰辛，杞忧心切，用特函请董事、校长，切实维持，免生枝节，匪为贵校之幸，抑亦北京教育界之幸也。事关大局，惟贵校谅之。"③

清华学校对罢考学生的处分影响极坏，外省学生家长和教育会各团体，也纷纷表示反对。同时，这件事也牵动了美国的利益。美国一直把

---

① 《清华学校当局拒绝调停》，《晨报》1921 年 7 月 8 日。

② 《清华学校当局拒绝调停》，《晨报》1921 年 7 月 8 日。

③ 《国立八校校长致清华学校董事会校长函》，原载 1921 年 7 月 28 日《晨报》，转引自《清华周刊》第 223 期，1921 年 9 月 15 日。

办清华当作一种政治投资，对它来说，花这么多钱培养出来的人不能赴美留学，在经济上很不合算。8月13日，驻美公使施肇基致电北京政府，谓美政府派员来使馆询问清华学生最近之情况，请示如何答复。清华风潮引起美国政府的过问，可见非同小可。于是清华董事会改变策略，决定允许辛酉级罢考学生签具悔过书后，可留级一年，于次年放洋。对于其他七个年级的罢考学生，则仍坚持原处分。

这一办法仍然遭到学生家长的强烈反对。8月12日，清华学生监护人萨君陆等30余人向外交部上呈，认为清华学校对此事处置失当，要求撤销议决原案，以维教育，而慰众望。呈文中称：清华学生的罢考原因，是既出于"国立八校濒于破产"，复由于"发生六三惨剧"，学生们"迫于义愤，起而援助，以罢课之名义，促当局之觉悟"。并且，家长们亦曾推举代表面谒外交总长颜惠庆，恳请将大考改于6月26日本学期终了之日举行。当时颜惠庆亦表示"同情乃人类之本能，惟望于最短期内从事收束"，可见外交部还是希望维持教育。不料，"金校长不明事理，滥用职权，对于董事会饰词耸听，妄加学生等以罢课罢考之名。遂有议决将请示展期之全体补考学生一律认为自请退学，又为成全各该生学业起见，允于秋季复学试验及格后，须留级一年"。清华学生监护人认为，"学生罢课，为期不过数日，今即认为留级退学，万一不幸时日稍长，又将何以处之。该校长以为学生事先声明愿意牺牲一切，其实所谓愿意牺牲一切者，不过一时义愤之词，充极其量，亦止于受学校正当之处分而已"。①

清华学生监护人还认为，清华学生以罢课手段援助八校，固属幼稚之举，但清华学校处理办法尤为不当。且此事虽小，却对于学生、对于家庭、对于学校、对于国家教育而言均影响实大。"就学生方面言，受退学之恶名，终身蒙不洁之誉，入设备不完之大学，荒废青年宝贵之光阴。就家庭方面言，子弟延长学业，今既增加一年之担负，将来迟延回国，复减少一年之收入。就学校方面而言，处分失当，校章既等于弁

———————————

① 《望外交部能善处清华事件》，《晨报》1921年8月16日。

髦，预算临时变更，经济更多损失。就国家教育而言，北京教潮今已解决，不幸以清华事件牵动全局，更为可惜。况清华学校，有中美关系，不明事理之徒，造作种种谣言，若不早日平息，一般国民有所误会，未必不引起国际间之恶感。"正因如此，清华学生监护人要求外交部"撤销已议决处理失当之原案，俾清华事件，早日平息，北京教育不生风波"。①

其后，在京清华学生监护人又推举沈承烈、罗忠懋、萨君陆三人面谒颜惠庆，由清华董事会董事、外交部参事刁作谦代为接见。刁的儿子亦肄业于清华，却对罢考事件毫无同情之心，指责学生"不守校章，自应惩罚"。监护人反问："1919 年及 1920 年，曾经罢课两次，当时固予优容，事后亦未闻有若何之警告，同为爱国运动，何以前后办法两歧至此。"刁则声称"1919 年及 1920 年即应如此办理"，又谓"多读一年，在学生实属有益无损"等语。说到辛酉级罢考 29 位学生的处分事，监护人认为他们早已选定赴美留学的 16 项专业，但清华根本没有对应的学科，这岂不是让他们荒废一年的宝贵光阴。刁无语以答。这样的争执不会有什么结果，刁甚至说："你说有理，我说无理。我说有理，你说无理，不必讲理，老实说无理可讲"，实令监护人愕然。②

鉴于这种情况，8 月 17 日清华学生家长根据第五次会议议决，函请外交部当局主持公道。21 日上午，刁作谦代表外交部与清华家长代表萨君陆再次协商。也许是社会舆论的压力，刁这次的态度尚可，解释说上次未能商妥补救办法，是由于忙于太平洋会议，但自己还是很愿意及早了结此事的。萨君陆亦对报端报道做了解释，并申明"此次家长反对，非仅高四之 29 人，江苏、河南、江西等省，均有函电来京"。同时，他还强调，如果此事"不幸惹起中美民间之恶感，国际交涉，或多所棘手"。萨当时提出四点要求，核心是表示"多留校一年，家庭方面

① 《望外交部能善处清华事件》续，《晨报》1921 年 8 月 17 日。
② 《清华学生监护人大失望——刁作谦代表外交部公认不讲理》，《晨报》1921 年 8 月 18 日。

经济不免有例外之支出"。看来，这次商谈前，外交部对解决清华事件已有初步方案，故刁作谦一面坚持高四级"留校一年，乃事实上所万不能更改者"，一面又说若"家庭经济不能支持"，则可由"学校酌量补助"。关于其他七个年级的学生，刁则称"高三以下只可在校多肄业一年，惟将来已应出洋而未得出洋之一年内，于补助学费一节，照现在高四办法办理，亦非办不到"。①

这次商谈之后，清华学生监护人与外交部又数度交涉，直到 8 月26 日双方才对辛酉级罢考学生达成三项解决办法：一，"高四补考及格者，作为毕业生，由校发给毕业证书。"二，"在校研究一年者，作为研究生，一切费用，由校津贴。其数目以学校所定各生之预算额为准。"三，"如有因特别事故，由家长声明经学校承认，不能在校研究者，于1922 年即民国十一年夏季以高等科毕业生资格出洋。"对于其他七个年级的学生的处理，在京监护人提出："高三以下，应否多留校一年，视大学二年级设备能否完全，由学校及家长双方协议决定。但多留校一年时，其一切费用仍照 1921 年即民国十年高四之例，由校津贴。"②外交部对这一点未有明确表示，而事实上后来这些学生均如期出洋，故所谓处分也不了了之了，不过这是后话。

这年暑假结束前夕，清华学校教务处给辛酉级罢考 29 人发出通知，声称只要缴上一份悔过书，9 月即可回校补习一年，第二年再毕业出国。这显然是挽回学校面子的一个措施，但闻一多与朋友书信往还，都认定悔过谈不到，一切返校再说。后来学校当局又作了让步，说既然不愿个人悔过，那么写一张集体悔过书也可以。但是，闻一多等人一致坚持无过可悔，认为集体悔过书也不能写。③1921 年 9 月 12 日，清华学校暑期后开学，闻一多等 29 人被迫开始一年的留级生活。按照惯例，清华毕业生可以直接插入美国各大学二年级，这 29 人因无课可上，学校

---

① 《刁作谦对清华学生家长之谈话》，《晨报》1921 年 9 月 3 日。

② 《清华学生家长议定之四办法》，《晨报》1921 年 9 月 3 日。

③ 吴泽霖：《老友一多二三事——纪念闻一多逝世三十三周年》，《闻一多纪念文集》，第 167 页。

亦无法另外编级，便称他们为"大二级"。清华学校有大二级者，仅此一届。

开学后的清华园，仍然充满着火气。学生们对在同情罢考中态度恶劣的校长金邦正极端不满，多数人拒绝出席由他主持的开学典礼，让其尝到了学生们的厉害。在同学们的抵制下，金邦正于 10 月 13 日以出席太平洋会议中国代表团的随员身份为借口，悄然离校。金邦正赴美后，清华学生会自治会并不甘心，于 12 月上书请他"一去不返"[1]。后来，更是去函"请其不必作卷土重来之梦想"，迫使金于 1922 年 4 月不得不提出辞职。[2] 五四运动后，清华学生开始自治，推动校内改革，呼吁改革董事会制度。经过同情罢考，大家进一步感到教育管理权的重要性，于是发动改组董事会运动，要求吸收清华校友和国内教育家充任董事。

白驹过隙，一年过去的很快。1922 年春夏之交，清华学生在又一次面临出洋之际，发动了"取消留级运动"。这次，经受考验的是比辛酉级低一届的壬戌级（1922 级）。4 月，清华学校当局为着处理壬戌

1921 年清华学校毕业像

① 吴景超：《清华的历史》，《清华十二周年纪念号·清华生活》1923 年 4 月 28 日版，第 5 页。

② 吴大钧：《学生大事记》，《清华周刊第八次增刊》1922 年 6 月。

级留级事，向外交部请示处理意见。担心再次受到校内外社会舆论谴责的外交部，为此下达了一个《取消留级部令》，内称："据呈留级办法，应否取消，亟待解决，以便进行等情到部，当经发交董事会核议具复，兹据复称'该校学生会一再呈请取消留级办法，并声明悔过，情词恳切，似可予以自新，拟请将留级办法暂缓执行，等语前来。查上年诸生等罢课避考，显违校章，于管理原则上，本难稍事通融，第念诸生当时尚非主动，事后深知改悔，酌理衡情，不忍可恕，应准将留级办法暂缓执行，以观后效，合行令仰该主任，转饬诸生一体遵照。此令。'"[1]清华学校当局顺水推舟，声称根据部令"将留级办法，暂缓执行"，要求"嗣后诸生务须束身自爱，以励前修，毋负外交部培植之至意为要"。[2]

外交部的这个部令和清华学校通告，以居高临下的口吻，将学生们坚持正义的罢考行为，歪曲成是"罢课避考"。又将一些学生的请求，说成是全体学生都"深知改悔"，已经接受了"具结""悔罪""道歉"的条件。这种不顾事实的污蔑，引起辛酉级留级者的极大愤慨，他们召开级会，一致通过"不早放洋，不承受三条件"的决议，并称"即便给我们（早出洋的机会），我们也不要"。[3]闻一多在一封家信中说到他们的态度，信中写道：

> 部令说我们"罢课避考"，说我们"事后深知改悔"，叫我们"务希自爱，以励前修"。试问如去年罢课一事，全校都未受影响，只我29人作真正的牺牲；我们"求仁得仁"，何"悔"之有？我们这样的人，是不知自爱吗？他又说"予以自新"，"以观后效"。试问我们自始至终光明正大，有何"自新"之必要？有何"后效"之必观？所以我们都以为这种部令"是可忍，孰不可忍"？但我

---

① 转引自《清华学校通告第三十四号》1922年4月。

② 《清华学校通告第三十四号》1922年4月。

③ 闻一多、罗隆基、吴泽霖、高镜莹：《取消留级部令之研究》，《清华周刊》第244期，1922年4月14日。

们若受他的好处，那便无形承认部令。此种行为，良心之不许也，且从去年不肯赴考，已经光明磊落到现在，何必贪此小利，而贻"功亏一篑"之讥哉？且早出洋实无利益，尤为我个人之不愿；津贴亦甚有限。贪此小惠自愿受罚而多留一年之学生，并不因为别人卖人格的机会，占一丝毫便宜，得一丝毫好处。[①]

1922 年 4 月 14 日，闻一多与罗隆基、吴泽霖、高镜莹联名在《清华周刊》发表《取消留级部令之研究》。该文从"污辱人格""捏造罪名""滑头手段""威压政策"四个方面，批驳了外交部令和清华学校通告。文中说："去年我们罢课以后，坚持不考，实为良心上的主张"，"三度表决，几次宣言"，均我之主动，部令称我"当时尚非主动""事后深知政悔"，此岂非污辱人格？"罢课一事，师出有名，全国皆知"，"事前三次投票"，"事后追求补考"，"手续何等郑重"，"心迹显属光明"，部令说我"罢课避考"，此岂非捏造罪名？"取消留级之要求，同学方面是请其将原案完全推翻"，部令则称"暂缓执行"，此岂非滑头手段？取消留级运动发生后，许多人"抱定多留一年之坚心"，而部令却强令"一体遵照"，"留校一事，完全绝望"，此岂非威压政策？[②]

1922 年毕业的壬戌级有 60 多人，他们也和 1921 年辛酉级多数人一样，为了出洋而未能顶住高压，全级除潘光旦、闻亦传（闻一多的堂哥）等八人外，都接受了学校的条件。为此，潘光旦、闻亦传等申明，他们坚决拒绝"悔过"，无论如何决不为了早出洋而出卖人格，表现出不屈不挠的高贵品格。潘光旦在这场与淫威的斗争中表现了出非凡的勇气，当外交部表示无留级一说，若不服从部令只有退学一途时，潘光旦毫不屈服，再次声明力争到底，并不惜完全牺牲出洋。朋友的不屈使闻一多大为感动，他欢呼："圣哉光旦，令我五体投地，私心狂喜，不可

---

①　《致父母亲信》（1922 年 4 月 13 日），《闻一多书信选集》，第 25—26 页。

②　闻一多、罗隆基、吴泽霖、高镜莹：《取消留级部令之研究》，《清华周刊》第 244 期，1922 年 4 月 14 日。

名状！圣哉！圣哉！我的朋友光旦！我虽为局外人，但若不尽我最高度之力量以为公理战，我有负我所信奉之上帝及基督，我有负教我'当仁不让'之孔子，我尤负以身作则的我的朋友光旦！"

不过，潘光旦、闻亦传等八人后来也如期出洋了。潘光旦在一篇回忆中说：1922 年毕业的壬戌级"根本没有履行缓期出洋的处分"，原因是该级"除了八个人以外，集体签具了悔过书"，而不具悔过的人，"被革除了级籍"。但是，"这八个人事实上也没有履行处分，学校为了避免为他们寻找工作或留校进修的麻烦，也就把他们一起送走了事"。①于是，辛酉级受留级处分的 29 人，和壬戌级全体学生，同于 1922 年赴美留学。

闻一多等辛酉级的罢考同学，为坚持正义、反对邪恶而不惜做出个人的巨大牺牲之精神，无论何时都有着深刻的意义。他们有理由为自己的行为而自豪，而这种自豪也通过一种方式得到特殊表现。首先，为了区别他们这 29 人的特殊身份，也为了表明反对处分的态度，他们没有与壬戌级毕业生同船赴美，而是比他们早些时候单独启程。其次，他们还编辑了一本与清华各毕业班年刊不同的大二级级刊。这个级刊为 32 开本，横排版，扉页照片是 1922 年 8 月初辛酉级罢考同学在美国西雅图市青年公寓前的合影。西雅图是当时中国人赴美国的入境之处，清华学生都是在这里作短暂停留后，再分赴各个大学。此前的清华赴美学生，一般是在途中的船上留下合影，而抵达西雅图后的集体合影，恐怕这是唯一的。②

---

① 潘光旦：《清华初期的学生生活》，《文史资料选辑》第 31 辑，中华书局 1962 年版，第 104 页。

② 辛酉级罢考同学编印的这部小册子，是 20 世纪 80 年代笔者在清华大学校史编写组资料室偶然发现的，当看到扉页上的这帧合影时，真是大喜过望，马上拍摄下来。令人遗憾的是，后来清华大学校史编写组扩编为校史研究室，搬迁办公室时，这部小册子不知转移到何处了，以致再也没能看到它的影子。

留级生活

有了一个家庭

早在1912年闻一多考取清华学校的时候，家乡就对这个少年刮目相看了。那时，人们还习惯用老眼光看待新事物，以为入京读书与考中秀才、举人没什么两样，所以前来道贺的人都称闻一多前途无量。

这些人中，有位出身官宦之家的高承烈（字敬伯）先生，他的父亲在清朝做过道台，任过绥远盐务局局长，他本人在民国初年署理过广东饶平县知事。高承烈膝下有一爱女，名孝贞（1948年去解放区时改名高真），愿许配给闻一多。闻、高两家本有亲戚关系，闻一多有个姑姑嫁到高家，闻一多小时曾到过黄冈潞口的高家玩，两个孩子也见过一面。

关于高家情况，闻一多长女闻铭（原名闻名）说："外祖母是父亲的十姨妈，闻一多是高真的表哥。高家也是个大族，据说原籍合肥，后迁至湖北黄冈的潞口镇。其先祖在明朝时立有战功，曾受皇帝召见和奖赏。高家后代一直保存着一面秦朝铜镜，据说就是当年皇帝赐予的宝物之一，所以高家每逢过年都要张灯结彩，挂上祖先的业绩以激励子孙。""外祖父高承烈早年就学于京师法政学堂，曾任广东饶平县知县、绥远垦务局坐办、安徽蚌埠船舶事务局局长、安徽高等法院推事等。高承烈为官清正廉明，办案时别人送的金首饰和衣料等都退了回去，只留下万民伞，故在官场多年，却一点积蓄都没留下来。高承烈40多岁患了肺结核，不得不告退，家境随之败落。由于常年在外，高承烈见识较广，思想也比较开明，他主张女孩子进学堂，不缠足，还资送胞弟去日本留学。"

闻、高两家，说起来也是门当户对，但闻铭说："外祖母最初是不愿意将爱女给过去的，她说堂姐严厉，怕女儿将来受不了。可是外祖父早就看上了闻一多的聪明才智，总夸奖他，特别夸他文章和字写得好。他对外祖母说：'我就是喜爱他！婆婆嘛，管他呢，跟婆婆才多少年？将来还是跟丈夫的时间长！'就这样，由外祖母的一位表弟——父亲、母亲的五舅做媒人，两家定下了这门姨表亲。那时父亲才八九岁，母亲比父亲小四岁，他们还是天真的幼童。"

在父母之命、媒妁之言的年代，这是经常发生的事情，何况闻廷政对这门婚事也十分满意，认为是亲上加亲的好事。这门娃娃亲，还被正式写入1916年刻印的《闻氏宗谱》。

按照封建习俗，定了亲的男女在结婚以前是不能见面的，可闻一多和高真却有过一面之缘。高真对这次见面印象很深，她曾对闻铭说："那天，我正在九舅家的堂屋里，同几个姐妹围着桌子玩。忽然进来了一个男孩，舅妈一见，赶快过来拉着我就跑。那孩子就是你爸爸！在旧社会，女孩子过门以前是不让和未婚夫见面的。我那时只有六七岁大，哪里懂得这些？"闻铭问母亲，还记不记得父亲那时穿的什么，高真说："棉袍马褂，戴一顶瓜皮帽。"过了一会儿，她笑道："后来结婚时，你爸还和我开玩笑：'你那时为什么事要跑走啊？'"[①]

随着年龄一天天长大，婚姻的问题也逐渐迫近起来。闻一多对高真没有多少了解，但婚姻自由的思想使他对这件事很伤脑筋。清华园是男人的世界，闻一多从未与妇女接触过。五四运动之后，妇女解放成为一

---

① 闻铭：《玉箫牙板听红豆——父亲闻一多的婚姻生活片断》，《北京晚报》2006年9月14日。

种时尚。1921年10月底，清华学生成立男女同校期成委员会，他是积极拥护者，还被推举担任了该委员会的文书委员。11月中旬该委员会致函北京高师自治会及北京女界联合会，信中说："男女同校风行全国，其为当今要图毋庸赘言。乃敝校当局，于此问题目下绝少计议。要之原则昭昭，终难莫视，特实现之期，迟速有差耳。同人等迫瞻大局，自惭落伍，爰鸠同志，组织团体，以谋清华男女同校之迅速实现。"这封信，即使不是负责文书工作的闻一多及另一文书委员潘光旦所起草，至少也反映了他在妇女解放问题上的观念。

对于要求思想解放的闻一多来说，婚姻大事应由自己做主，这是不难理解的。因此，对于早年订下的娃娃亲，闻一多一直不愿意去想，但对高真的成长还是关切的。新文化运动刚刚兴起时，他曾给未来的岳父去信，要求不要给高真缠足，要送她去上学。①

出于对儿子出国后变心的担忧，也唯恐一出国便是五年，抱孙子遥遥无期，固守陈习的父母执意要闻一多在出国前回乡完婚。1921年年底，一封封催婚的急信从浠水寄到清华园，它们使闻一多陷入焦头烂额的苦恼中。

对于包办婚姻，闻一多起初是抵制的。他有首诗《十一年一月二日作》，好像就是吐露胸中的烦闷。但是，父母的忧虑也不能不使他掂量，这个出名的孝子每年暑假都要从北京赶回火炉之地的浠水，为的正是略尽孝子之心。家里人为了说服他，也绞尽了脑汁，还让闻亦传从旁劝说。在各种压力面前，闻一多不得不作出重大牺牲，同时又提出了几个条件，即不祭祖、不对长辈行跪拜礼、不闹洞房。后来又加了条让高真入学读书。

1922年年初的寒假中，闻一多匆匆赶回老家。春节前夕，闻家新屋热闹非凡，堂屋门前张灯结彩，前来恭贺的人来来往往。成婚那天的清晨，闻一多却抱着本书不放，几次催促才穿戴起来。傍晚，花轿到

---

① 闻铭：《玉箫牙板听红豆——父亲闻一多的婚姻生活片断》，《北京晚报》2006年9月14日。

了，喜炮齐鸣，喇叭吹奏，闻一多与高真在堂前行鞠躬礼。这件事在家乡还很新鲜，但时代不同了，陋习自此被破除，以后堂弟结婚也照此办理，成为一种婚仪改革的定制。

夜深人静，客都走了。母亲担心新郎新娘不讲话，让大儿媳到窗前偷听。其实屋内并不像家里人担心的那样，侄儿闻立勋听到屋里有说有笑，赶紧向大人报信，父母的一块心病总算落了地。他们不晓得，闻一多自看到妻子是大脚，锁着的眉头已舒展开了。

蜜月中，闻一多很少出户，而是埋头著作，赶写《律诗的研究》。家里的书很够他用的，整整 57 页的长文终于在 3 月 8 日写完了。高兴之余，他做了首古诗，题目为《蜜月著〈律诗的研究〉稿脱赋感》。

关于婚礼和蜜月的生活，高真对闻铭讲过不止一次，闻铭也做了如下的生动描述：

> 公历 1922 年 1 月 8 日，阴历腊月十一日，"可怕的日子"终于到了。这天从清晨起，闻家大院里张灯结彩，贺客盈门。父亲却一早就抱着书本跑到外面去了。
>
> 下午五点多，在一片欢快的锣鼓声和悠扬的细乐声中，新娘的花轿到了。可谁也没想到，此时的新郎，还坐在房里和他的书本亲热呢，家人急切的拍门声才把他从书本中催唤出来！
>
> 坐在花轿里的新娘，这时自然不知道外面发生的一切。这个刚满十八岁的姑娘，面对未知的生活，不但紧张，更有些悲伤和惶恐。外祖父在外地，由于公务抽不开身，没能赶回来；外祖母心疼女儿还小，本来是不愿意这么早就办婚事的。她依依不舍地为女儿准备了六大箱嫁妆，知道孩子爱闹嗓子，连清热利咽的二冬膏都准备了十几瓶。女儿是多么留恋在妈妈身边的日子啊，婆家的人和生活会是什么样子的呢？……她怀着一颗忐忑不安的心等待着命运的安排。
>
> 在静候命运之神的那一刻，新娘无论如何也想不到，她的到来会像一颗小小的石子投入一池平静的水，在闻家大院引起层层涟漪。

当新郎掀起轿帘，新娘迈出轿门时，池水开始漾动了——人们看到的不是一双"纤美"的三寸金莲，而是一双天然足！在闻姓家族中，这还是第一个不缠足的女人！这在传统势力根深蒂固的农村，简直成了一大新闻！看客中不少人在暗自鄙夷，一些叔房里的女人更蔑笑不已，回去后还议论纷纷。母亲后来曾对我不止一次地谈起这件事，她笑道："嬷嬷（父亲的大嫂，即我们的大伯母，家乡称之为嬷嬷）她们后来告诉我，叔房里的人回去还笑我。有人问：'几大的脚？'她们撇撇嘴：'小——脚！'随着伸开食指和拇指，比作一只小脚模样，指指食指，又指指胳膊肘，说：'从这儿到这儿！'"母亲说着，也比划给我看，惹得我哈哈大笑。但笑毕，又不禁感到十分酸楚。

讥讽是刻薄的，但受讥讽的人却给这个家族带来了新的气息，开了新风俗的先河。

"我来到闻家后，你大姐（指堂姐闻立珠）也不包脚了，闻家的女孩子从此都不包脚了。"母亲说。她从城里来，又上过学堂，在乡间的女辈中，不免显得有些与众不同。"家里人都学我，我算是新式的，大脚，有文化。细叔（父亲的胞弟闻家驹，排行最小，家里称之为细叔，他的发妻，我们称为细娘）后来去外面读书，我还帮细娘给他写信。细娘连梳头都学我的如意头。婆婆也叫我给她梳头哩！"

婚庆这一天，引起冲击波的还有父亲提出的那三个条件，尤其是不跪拜那一条。这在乡间也是从未有过的。

母亲是第一个受惠者，她从心里感到高兴："我脚冻了，痛得要命，就怕磕头，一听说不磕了，可把我解放了。"

受惠的自然不止一个人，母亲兴奋地告诉我："这下可打破了传统，以后十四叔、十五叔，还有细叔，结婚时都不跪拜、不磕头，只行鞠躬礼了。"

显然，这一天给家族习俗带来的深远影响，是新郎和新娘以及抱守着传统礼教的祖父都没有料到的。

不同寻常的婚礼结束了。新人被送进了洞房。双亲不由从心底感到宽慰，终于在儿子出国前给他把婚事办了。但欣喜之余，又有些担心，生怕强扭的瓜不甜。

夜里，祖母把大儿媳叫来，让她悄悄去新房窗下听听，里面有没有说话声。嬷嬷轻轻来到窗前，只听见房里面有说有笑，她心里也笑了。回来禀告给婆婆，婆婆心中的一块石头这才算落了地。

洞房里确实是有说有笑。看来，新郎新娘彼此间的感觉是良好的。他们还忆起了幼时的那一次见面。父亲在母亲耳边问了那句："你那时为什么事要跑走啊？"那一刻，他心中的愁云似乎已渐渐消散了。而这句轻柔的问语，一瞬间就像股细润的蜜流，深深渗入了新娘不安的心田，给她留下了回味终生的甜美。

花烛之夜是温暖亲切的。那份幸福永远是母亲心底的秘密，但她还是对我吐露过几丝：

"结婚是在冬天，还穿着皮袄，用铜炉。晚上睡觉，铜炉放在桌子上，忘了拿下来，外面闹房的叫：'铜炉！铜炉还在桌上！'爸起来拿下来，外面又叫：'拿走了，拿走了！'"

她脸上漾着甜蜜的笑容："头两天是在屋里吃饭，小孩子们在外面偷看，看见爸给我夹菜，给我找手绢，他们都咯咯笑起来。"①

按照家乡的风俗，新婚妻子要回娘家。高真的娘家在武昌，开门就见滚滚的长江。3月中旬，闻一多送妻子到省城，再从这里返北京。行前，他的心情似乎还没解脱出来，于是带着压抑的感情给父母写了封信，强调无论怎样定要让妻子读书："如今我所敢求于两大人者只此让我妇早归求学一事耳，大人爱子心切，当不致藐视此请也。如非然者，则两大人但爱俗套而不知爱子也。我妇自己亦情愿早归求学，如此志向，为大人者似亦不当不加以鼓励也。如两大人诚必固执俗见，我敢冒

---

① 闻铭：《玉箫牙板听红豆——父亲闻一多的婚姻生活片断》，《北京晚报》2006年9月14、15日。

不孝之名谓两大人为麻木不仁也。"①信中口气如此强硬，实属罕见，大概也是久郁不乐的一种发泄吧。

回到清华园，朋友们想来祝贺，但看到闻一多那默默不语的样子，也不便多说。两个月过去了，他的闷气仍不能消去，在给胞弟的一封信中，他毫不隐瞒地说：

> 驷弟！家庭是怎样地妨碍个人的发展啊！……大家庭之外，我现在又将有了一个小家庭。我一想起，我便为之切齿指发！我不肯结婚，逼迫我结婚，不肯养子，逼迫我养子——谁管得了这些？驷弟！我将什么也不要了！宋诗人林和靖以梅为妻，以鹤为子。我将以诗为妻，以萤为子，以上帝为父母，以人类为弟兄罢！家庭是一把铁链，捆着我的手，捆着我的脚，捆着我的喉咙，还捆着我的脑筋；我不把他摆脱了，撞碎了，我将永远没有自由，永远没有生命！②

千万不要以为这是闻一多对妻子的不满，他们日后的感情是极其深厚的；也不要以为这只是对父母的不满，老人爱子之切他完全理解。这是对封建习俗的控诉，对封建主义的批判，是一个被社会扭曲了心灵的人的呐喊！

中途夭折的灾区服务

1922年5月26日，《清华周刊》刊登了闻一多的一首《初夏一夜的印象》，标题下写道："一九二二年五月直奉战争时。"这首诗的写作，有着重要的背景，但知之者甚鲜，故而对该诗也有各自的揣测与理解。

---

① 《致父母亲》（1922年3月14日），未刊。
② 《致闻家驷》（1922年5月7日），未刊。

事实上，闻一多曾目睹到大战前的景象，并从奉军阵地经过过。

20 世纪 20 年代初，华北地区屡屡大旱，饿殍遍野，死者相枕。国际红十字会组织救援，由华洋义赈会出面具体实施。为了给援华外国人员提供翻译，清华学校受华洋义赈会请求，多次派出同学担任译员。闻一多的好友吴泽霖、罗隆基、潘光旦等都曾去过山东平原、河北唐县一带灾区，进行服务。1921 年 1 月 6 日，吴泽霖在德州写信给闻一多等社友，说那里灾情相当严重，红十字会的外国人原都有职业，现在牺牲自己的正业来灾区救灾，做很苦的事，相比之下，本国人对待灾民的态度却反而那么冷淡，这实在让人惭愧。闻一多很为这种献身勇气所感动，很想亲自去灾区服务。

1922 年 4 月，赴灾区服务的机会终于来了，学校派出这年第三批服务团去安徽。这批共十人，除闻一多外，还有吴景超、潘光旦、潘光迥（潘光旦的弟弟）、吴士栋、胡毅、刘绍禹、黄翼、赵锡龄、胡竟铭。

21 日清早，他就准备好行李，但出门却找不到大车。清华园离北京城较远，往日校门口常有揽活的各种车辆，现在一下子都不见了。这时正是直奉两系军阀发动大战的前夕，附近的大车都被奉军拉去运送弹药。到下午三点半，才好不容易从一个村子里找来一挂车，吱吱呀呀到六点钟才来到金台路一家旅馆。刚刚安顿好，就得到京奉车站通知，说津浦一线暂停通行，原因是唐官屯底下一段铁道被毁。

闻一多几个人紧急商量，决定无论如何也要设法去灾区，能走一段就走一段。22 日下午，他们搭车去天津，沿途火车时走时停，都是为来往的军车让路。

到了天津，一行人住在华洋义赈会的章元善家里。晚上，他们去车站探问消息，好心的站长告诉说火车不通的地点是马厂与沧州之间，那里是两军的防线，前两天火车在那轧死一个伙夫，路局要去拉尸首尚且不行。听到这，大家心情不免有些沮丧，却还不甘心，又去找车站的军事站长。这位军事站长听了他们的陈述，倒有些同情，表示可以派人护送他们到奉军防线的边界，但再往前是直军地界，他就管不了了。

听罢这番话，闻一多几个人讨论了好久，有人主张返回，有人则主张再试一下。最终，23 日早餐时，他们决定有一步希望就走一程，到马厂若能找到大车或船只，也可冒险去安徽。饭后，大家去车站，搭十点多的火车往马厂奔去。

这一路，都是在奉军防线内，各站都有军队驻守，都有一军事站长指挥调度。士兵个个荷枪实弹，整装待发，与平时大不一样。火车中途来到一个小站，只见东三省保安副司令孙烈臣的专车轰轰北上，大概刚刚视察归来。在杨柳青火车站，见到停放着几架飞机。路上很少看见百姓，到下午一点还买不到充饥的食品，只是到了陈官屯，才勉强看到一个卖冷烧饼的。尽管烧饼带有一股煤油味，大家也顾不上许多，狼吞虎咽地吃起来。

走走停停，终于来到马厂车站。这时车上除了闻一多他们几个学生外，乘客早就下光了。他们举着蓝底白十字的华洋义赈会旗子，不知如何是好。潘光迥、胡竟铭两人下车打听，只见满站堆着草料，惟有武装的军人走动着。他俩探问水路和旱路是否还可通行，结果令人失望，说直奉两军已在各处设立关卡，无论什么人都一律禁止来往。站长除了"不必去""危险"外，没有别的话说。磨了半天牙，看看火车要往回开了，不得已只好随原车返回天津。归途各站倒是上了不少旅客，大包小包，都是为了逃难。①

4 月 29 日，闻一多回到清华园不几天，第一次直奉大战爆发了。他们刚刚离开的马厂一带，成为东线的主战场。闻一多好像看到那里笼罩在一片炮火中，硝烟在他的心上弥漫着。这些，催动了他的那只笔，他悲哀地写道：

　　上帝啊，
　　眼看着宇宙糟蹋到这样，

---

①　胡竟铭：《第三批前往灾区服务中途折回的纪略》，《清华周刊》第 246 期，1922 年 5 月 5 日。

可也有些寒心吗？

仁慈的上帝哟！

灾区服务中途夭折了。他本是到安徽去参加灾区赈济，却看到了一场比自然天灾还要深重的人间厮杀。军阀间的混战，给人民造成的苦难，比天灾更大。这就是中国社会的残酷现实，闻一多所信仰的上帝，能拯救得了吗?!

| 第八节 |

初涉诗坛

认准新诗的方向

白话文在中国，早在五四之前便有人提倡，用它写成的小说与诗，已登上了文学舞台。但是作为新生事物，它所受到的来自各方面的阻力仍相当大。闻一多并不守旧，但 1919 年 2 月底《清华学报》开编辑会议时，一位顾问先生提出学报采用白话文时，他尚抱"无可如何"的态度。不过变得快变得猛的闻一多，在五天后便重新认识了这个问题，他说："学报用白话文颇望成功，余不愿随流俗以来讥毁"。① 五四运动之

---

① 闻一多：《仪老日记》（手稿）。

后，他从 11 月发表《建设的美术》起，便全部用白话文写作了。

在白话文运动中，最能引起闻一多关注的是新诗。关于他最早创作新诗的时间，目前尚有几种不同看法。根据考证，有人认为作于 1919 年 11 月 14 日的《雨夜》《月亮和人》当是最初的诗作。此后，一发而不可止。至次年暑假，他已写下《读沈尹默〈小妹〉！想起我的妹来了也作一首》《雪》《朝日》《雪片》《率真》《忠告》《一个小囚犯》《志愿》《伤心》《黄昏》《晚霁见月》《所见》《西岸》《剑匣》《时间的教训》《二月庐》等。同时，他还将韩愈的《南山行》也试译成新诗。

这时，新诗这种体裁出现在中国文坛上也不过是两三年的事，作为中国的第一部白话诗集的胡适《尝试集》上年 3 月才问世，新诗创作还处在探索阶段，形式上没有固定，百花齐放，各走各的路。闻一多的新诗自然还谈不上风格，同样在摸索中。值得赞扬的是，他已认准了这条路，并从此走上了发展新文化的道路。

当然，这条路上也有阻力。1920 年春天，北京落了一场大雪，作文课上便出了题目《雪》。闻一多那时对新诗兴趣正浓，就写了首习作。不曾料到，这首《雪》引起教师赵瑞侯的异议，他在诗末批道："生本风骚中后起之秀，似不必趋赴潮流"。[1] 闻一多看了觉得真是好笑。第二次月课，为了应付作了首古诗《点兵行》，是译英国人坎贝尔的《点兵之歌》。作此诗的目的，是为了证明文言文译诗难以成功，他在序中特别写道："译事之难，尽人所知，而译韵文尤难。译以白话或可得其仿佛，文言直不足以言译事矣。今之译此，乃知文言译诗，果能存意之仿佛者几何？亦所以昭文言之罪也"。[2] 他就是这样在对比中否定了老师的批语。

这里不妨插述一段后日的事。1916 年担任清华学校国文教员的赵瑞侯先生常对人说："我一生教过的学生不下万人，但真正让我得意的

---

① 闻一多：《仪老日记》（手稿）。

② 闻一多：《点兵行·序》（手稿）。

门生，只有四人。"①这四人，即闻一多和罗隆基、浦薛凤、何浩若。赵瑞侯曾写过一首《梦与清华高等弟子·共论文》的古诗，内中有四句为："清华甲等首推罗，其次雍雍闻浦何。风雨鸡鸣交谊切，朝阳凤翙颂声和"。②可见，赵瑞侯对闻一多的评价很高，而这四位学生确实在各自舞台上都有一番作为。

诗是写了不少，但发表则相当慎重。闻一多的第一首印成铅字的诗是《西岸》，它写于 1920 年 7 月 13 日，刊登在《清华周刊》第 191 期，内容是诉说赴美前的困惑。到第二年暑假前，《清华周刊》共刊登过 17 首新诗，其中闻一多的有 6 首，占三分之一强。这些诗在体裁上，闻一多做了不同的试验，其精神可嘉。比如《美与爱》中，他运用了"幻象"，诗中写道：

> 屋角的凄风悠悠叹了几声，
> 惊醒了懒蛇滚了几滚；
> 月色白得可怕，许是恼了？
> 张着大嘴的窗子又像笑了！

他很得意这一节，把它比作一幅画，说："我觉得我的幻象比较地深炽，所以我这幅画比较地逼真一点"③。还有首《爱的风波》，是试验的十四行诗，闻一多后来给这一诗体起了个美妙的音译名称"商籁体"（Sonnet 的音译），此名称被诗坛承认并沿用至今。不过，他自认为《爱的风波》的试验是失败了："恐怕一半因为我的力量不够，一半因为

---

① 赵同：《醉人为瑞——记我的祖父》，转引自浦薛凤：《读赵醉侯老师"醉人为瑞"遗诗集稿书后》，《清华校友通讯》复 17 册，清华大学出版社 1988 年版，第 142 页。

② 赵瑞侯：《梦与清华高等弟子共论文》，转引自赵同：《醉人为瑞——记我的祖父》，《清华校友通讯》复 17 册，第 140 页。

③ 闻一多：《评本学年〈周刊〉里的新诗》，《清华周刊第七次增刊》1921 年 6 月。

我的诗里的意思较为复杂。"由于这个原因，该诗在收入《红烛》诗集时，做了较大改动。

在封建势力十分顽固的年代，新文化的发展步履艰难。闻一多一边写新诗，一边不得不为新诗的成长清扫障碍。

1920年秋，就是《西岸》发表的那个时候，清华学校心血来潮地增添了一门"美术文"，讲的不外乎是古典诗歌，不独美术文的讲义全是古诗，就是外交史、伦理学课上，也要说几句古诗，一时校园中又响起"平平仄仄……"来。《兵车行》《将进酒》等当然是诵之不绝的佳作，但在提倡新文化的时候把它们搬出来卖弄，则显得是那么的不协调，甚至有拉着社会倒退的架势。闻一多看不惯这些，说"诗体的解放早已成了历史的事实"，可是清华园似乎"把人家闹了几年的偌大的一个诗体解放的问题，整个忘掉了"。他把哼着"平平仄仄"的人称为"落伍的诗家"，用胡适的"告人此路不通行，可使脚力莫枉费"来告诫说："若要真做诗，只有新诗这条道走，赶快醒来，急起直追，还不算晚呢。"①这里讲的是诗，核心则是如何对待新文化的态度问题，闻一多大胆地向旧文化告别，表现出一代青年人决意求新的精神。

闻一多写新诗绝不是为了赶时髦，他的态度极为严肃认真，并始终把诗当作表达思想感情的工具，反对那种无病呻吟。他的第一篇诗评《评本学年〈周刊〉里的新诗》，除了评论诗的幻象、情感、声色元素等艺术作用外，尤为强调诗的社会价值和思想价值。他评王造时的《月食》，说："这是以月食比目前的中国，受人凌辱、耻笑，将来劫运退了，还能重见光明。"同时，他又认为诗不是随便就可以下笔写的，不到非写不可的时候，就不该动笔。他说：诗人胸中的感触，虽到发酵的时候，也不可轻易放出，必使他热度膨胀，自己爆裂了，流火喷石，兴云致雨，如同火山一样——必须这样，才有惊心动魄的作品。诗人总要抱着这句话做金科玉律："可以不作就不作。"现在一般作诗文的一个通病便是动笔太容易了。这真是精辟的论述。

---

① 闻一多：《敬告落伍的诗家》，《清华周刊》第211期，1921年3月11日。

成立清华文学社

1921 年 9 月，闻一多开始被迫留级的生活，他们 29 人被单独编为一个班。这学期起，因清华学校因高等科毕业生相当于美国各大学的一年级，故改称高等科四年级为"大一"。闻一多等被迫留级的同学，比大一又高一级，于是学校特为他们办了一个有名无实的"大二"。

"大二"没有安排新课程，时间完全自由。开学后，大家抓阄重新分配住房，闻一多十分幸运地分到 248 号一个单人房间。这样，在留级的一年里，无论是时间上还是环境上，都为闻一多从事文学活动提供了便利条件。尤为重要的是，这学年他结交了一批爱好文艺的青年，大家组成了"清华文学社"。闻一多说这件事对于留级损失来说，可谓是塞翁失马。

闻一多两年前就认识了 1923 级的梁实秋。梁实秋，名治华，喜爱文学，曾于 1920 年 12 月与同级的顾毓琇、翟桓、张忠绂、李迪俊、吴文藻、齐学启共同成立过一个"小说研究社"，还编写出版了一本《短篇小说作法》。闻一多很钦佩他们的努力，提议把小说研究社改为"清华文学社"，以扩大文学研究的范围。闻一多是清华园内的活跃人物，又是校中颇有名气的诗人兼评论家，他比梁实秋等人大几岁，所以被视作老大哥。他的建议自然受到重视，不久便成为现实。

11 月 20 日是文学史上值得纪念的日子，一批后来在中国文坛上颇显头角的青年人，正式成立起"清华文学社"。第一批会员 14 人：1921 级闻一多，1922 级时昭涵、陈华寅、谢文炳，1923 级李迪俊、翟桓、吴景超、梁实秋、顾毓琇、王绳祖、张忠绂，1925 级杨世恩、董凤鸣，1926 级史国刚。成立会隆重而热烈，大家兴趣极高，遂根据各自志向分成诗、小说、戏剧三组，并推定闻一多、翟桓、李迪俊为各组的领袖。会上，闻一多还被选举为书记，梁实秋与张忠绂分任干事和会计。

清华文学社有时开小组会，有时开常会。常会主要报告研究心得，

1921 年闻一多（二排左二）与梁实秋、吴景超、顾毓琇、吴文藻等清华文学社成员合影

题目为众所关心的问题，如：11 月 25 日谢文炳报告"诗是什么"；12月 2 日闻一多报告"诗的音节问题"；9 日闻一多、吴景超、谢文炳报告"为艺术而艺术呢，还是为人生？"；16 日翟桓、王绳祖、张忠绂、顾毓琇报告"文学与人生"；23 日陈华寅、梁实秋、董凤鸣、史国刚、杨世恩报告"文学可以职业化？"

这些显然是比较重大的问题，报告后的讨论也是仁者见仁，智者见智，观点很难统一。如"为艺术而艺术呢，还是为人生？"涉及人与社会、艺术与社会的关系，辩难两小时亦无结果。又如"文学可以职业化？"的讨论，多数人不赞成职业化，认为当时社会中纯粹的诗人与作家难以维持生计。对于是否可以选择另一职业敷衍生活，以保证创作问题，大家的争论也相当热烈。

其实，问题的关键并不在于讨论中能得出什么结论，实际上也无法做出结论。重要的是这群二十岁上下的青年学生，都不约而同关心着祖国的社会发展，思考着如何用自己的爱好与兴趣为国为民服务。他们并不是空发议论，社友们后来各自的路也不尽相同，但是对文学的努力都没有松懈。

闻一多在文学社作的"诗的音节问题"研究报告，是他首次系统地对新诗创作与理论进行阐述。这次报告有份英文提纲保留至今，题为"A Study of Rhythm in Poetry"，下附汉译题名《诗的音节的研究》。Rhythm 今译作"节奏"，故题目似改为《诗的节奏研究》更贴切。提纲从节奏的定义讲起，讲到生理基础、证据、特性、作用、自然界的节奏、各种艺术中的节奏，再讲到诗歌的节奏。在"诗歌的节奏"一节中，他分析了节奏内部的韵律和外部的韵脚、诗节，认为它的作用可以作为美的一种手段，作为表达情感的手段，和作为凭借想象加以理想化的手段，节奏的特性是具有音量、重音和字或音节的。至于诗节，应当以修辞或旋律为基础。

在作这个报告时，闻一多"对一般无音韵之新诗及美国新兴之自由诗加以严重之抨击"。[1] 在提纲中可以看出来，他认为自由诗企图打破应有之规律、抛弃节奏，但由于目的性不明确，而造成平庸、粗糙、柔弱无力等令人遗憾的效果。

闻一多对于诗歌节奏的看法，当然还有可以改进的地方。可贵的是，他具有一种力欲求新而又不盲从的精神。新诗之所以"新"，不能只是在思想上，形式上也应该"新"。但是，这种"新"不能抛弃民族文化的精髓，不能脱离为人民喜闻乐见的传统。他的这种认识，与他对待国学的态度是一致的。为了进一步研究新诗的理论，他与此同时还开始撰写《律诗的研究》，全文 7 章 21 节，仅参考书目就达 20 种，除《古诗源》《文选》《文心雕龙》《十八家诗钞》《瓯北诗话》以外，还参考了梁启超的《国学小史》、胡适的《中国哲学史大纲》、梁漱溟的《东西文化及其哲学》等。可见，他的眼界并不拘于一格，所以有人说《律诗的研究》可能是五四运动之后较早用新方法系统研究中国诗歌的民族传统的长篇著作。[2] 可惜闻一多始终觉得它还未尽善，没有发表。

社友们热烈的讨论，特别是不同的意见，促使闻一多踏踏实实地深入思考了许多问题。这学期基本无课可上，他有充足的时间做自己有兴趣的研究。寝室里堆满了中西文学书籍，社友有了新作，也愿意请他

---

① 《校闻·会社方面·志文学社》，《清华周刊》第 229 期，1921 年 12 月 9 日。

② 刘烜：《闻一多评传》，北京大学出版社 1983 年版，第 107 页。

看。梁实秋受到他的鼓励最多，两人因趣味相投，关系日益密切，友谊不断加深，成为形影不离的挚友。

1922 年 5 月初，闻一多开始写诗评，设想的书名为《新诗丛论》。7 日给闻家驷的信中曾介绍过这个计划，说"上半本讲我对于艺术同新诗的意见，下半本批评《尝试集》《女神》《冬夜》《草儿》及其他诗人的作品。"《尝试集》等四本诗集是最早出版的新诗集。第五本诗集《湖畔》已于是年 4 月发行，可能闻一多还未见到，否则也会列入评论计划。

写这信时，他已作完对俞平伯诗集《冬夜》的评论——《冬夜评论》，这仅是计划里十章中的一章。闻一多颇有些自信，认为自己的诗在胡适、俞平伯、康白情三人之上，郭沫若则被他视为劲敌。他本可把创作的新诗编成集子出版，梁实秋尤是极力怂恿。但他对闻家驷说："我还是觉得能先有一本著作出去，把我的主张给人家知道了，然后拿诗出来更要好多了。况且我相信我在美学同诗的理论上，懂得并不比别人少，若要作点文章，也不致全无价值。"①

为了完成这个计划，闻一多想放弃出洋，利用清华图书馆把书写出来。但是在清华园谋一职业很不容易，朋友们劝说既然有机会，到美国走一遭也好，来日方长嘛！

《新诗丛论》未能写完，但《冬夜评论》的稿子倒由吴景超抄了一份寄给《晨报》。《晨报》是全国有影响的大报，大约没看中小人物的文章，稿子寄去后一直杳无音信。在这种情况下，梁实秋索性作了一篇《草儿评论》，与《冬夜评论》合为一书，名为《冬夜草儿评论》，作为清华文学社丛书第一种自行印售。印刷的经费约百元，全是梁实秋从家里要来的，寄售后连成本也没捞回来。这是闻一多出国以后的事，他听说后，对朋友的感激之情，真是难以言表。

5 月中旬，十年的清华求学生活终于结束了。清华学制是八年，中

① 《致闻家驷》（1922 年 5 月 7 日），孙党伯、袁謇正主编：《闻一多全集》第 12 卷，湖北人民出版社 1993 年版，第 33 页。

途转学与插班者不在少数，不仅淘汰率极高，而且还可以跳级，因此能读满八年者可谓寥寥可数，而能读十年者，据笔者考证仅有三人，即闻一多、时昭涵、王朝梅。整整十年啊！闻一多望着母校的一草一木，一山一石，情意缠绵。更使人难舍的，是清华文学社。他在给顾毓琇信中曾说："我于偶然留校的一年中，得观三四年来日夜祷祝之文学社之成立，更于此社中得与诗人梁实秋缔交，真已喜出望外。唉！十年之清华生活无此乐也。我之留级，得非塞翁失马之比哉？"①

文学社对闻一多的离去亦恋恋不舍。梁实秋特作了一首《送一多游美》，把闻一多称作"东方的魂"。诗前还写了情谊深切的序，说："一多是文学社的社友，清华现在唯一之诗人，有集曰《红烛》。今日游美，全社有失依之感。习俗之序赠的滥调，文学社社友本不优为；而别离情绪盘萦脑际不去者累日，遂进而成此。既成篇，诗之工拙弗计也！"②

5 月 21 日晚，即将赴美的闻一多等文学社老社友，与新入社的饶孟侃③、万卓恒、郭殿邦、马杰、程瀛元、高瀚、梁思永④，聚在一间陈设得很精致的屋子里，举行送旧迎新大会。大家的勉励之词很多，但闻一多好像并无欢快心情。他说，"我个人对于母校的依依不舍，尤其是对于本会的依依不舍，那是不用说"，"我们肉体虽然分离，精神还是在一起"。在场的社友听了，"都觉得末了这几句话，很情真，很悲壮"。⑤那晚，由于畅叙甚欢，大家忘了时间，不知不觉到了熄灯时候。⑥

会后，虽然已经很晚了，闻一多还在校园里留连。顾毓琇看到他那疲倦中带有伤感的样子，说不出是一种什么滋味，遂写下纪实小说《离别》，述与闻一多的惜别之情。闻一多虽与顾毓琇同在清华文学社，但

---

①　《致顾毓琇》（1922 年），《闻一多书信选集》，第 35 页。

②　梁实秋：《送一多游美》，《清华周刊第八次增刊》1922 年 6 月。

③　饶孟侃，字子离，1902 年生，江西南昌人。闻一多离开清华学校后始与其建交，并成为挚友。

④　梁思永，1904 年生，广东新会人。梁启超的次子，梁思成之弟，时在清华学校 1924 级。

⑤　顾一樵：《怀故友闻一多先生》，《文艺复兴》第 3 卷第 5 期，1947 年 7 月 1 日。

⑥　《校闻》，《清华周刊第八次增刊》1922 年 6 月。

因分组不同，来往不多。他是回到故乡后才看到寄来的《清华周刊·文艺增刊》刊登的《离别》，立刻去信询问作者是哪个人，所以顾毓琇说："我比一多晚两年入学，同学相处，有七年之久，但彼此真正缔交，却在一多离校之后"，"一多将出洋前，回到湖北，看见了这篇短文，便写了一封长信，托实秋转给我。从此我们便订了交，做了二十多年的好朋友。"①梁实秋、顾毓琇都是闻一多的挚友，他们的友好关系，持续了整个人生。

闻一多离开了清华园，但他对清华文学社的影响依然存在。1922年年底，文学社请徐志摩作《艺术与人生》讲演，梁实秋说徐"否定中国，高举西洋，而那班听者是颇受闻一多这位老大哥影响的清华文学社同人，他们对讲者的话，是不会无条件接受的"②据《清华周刊》记载，梁启超还为文学社连续讲了《中国韵文所表现的情感》，记录稿业已校改了几遍，拟编为"清华文学社丛书"，由商务印书馆印行。③只是这件事未见下文，也不曾有人提起。

---

① 顾毓琇：《离别·序》，《文艺复兴》第 3 卷第 5 期，1947 年 7 月 1 日。《清华周刊》记载送旧迎新会为 5 月 21 日，顾毓琇记为 5 月 25 日，则是这次会后的一天夜里。

② 梁实秋：《谈徐志摩》，转引自梁锡华：《徐志摩新传》，台湾联经出版事业公司 1982 年 10 月修订再版，第 52—54 页。

③ 《校闻》，《清华周刊第八次增刊》1922 年 6 月。

第三章

留学美国

不幸的失群的孤客！

谁教你抛弃了旧侣，

拆散了阵宇，

流落到这水国的边塞，

拼着寸磔的愁肠，

泣诉那无边的酸楚？

——闻一多《孤雁》

"TSING-HUA STUDENTS AT STROUD HOTEL."

| 第一节 |
赴美途中

感受日本

1922 年 7 月 16 日，闻一多与辛酉级被迫留学的同学同乘提督公司麦金雷总统号（Key Stone State）海轮，离开上海，缓缓驶向太平洋。这是条豪华的轮船，闻一多把它称为"海上漂浮的六国饭店"。①轮船公司为了招揽每年一批的赴美清华学生，对他们的招待也格外殷勤。

上船前，闻一多还带有些浪漫想法，脑子里浮现着一幅"八仙渡海"的图画，甚至想起郭沫若咏海的一首诗。可是船上所见的除了麻将就是扑克，很难找到一个谈话的人。穿过日本海峡，驶进日本国境，7 月 18 日，麦金雷总统号在神户短暂停留。不过，由于对船上生活"大失所望"，闻一多的诗兴也受到严重戕害，以致经过日本海峡和神户布引瀑布等胜地时，也没激起半点赞叹的心情。

20 日，麦金雷总统号在横滨停泊，因轮船在此加煤需停留 50 个小

---

①　六国饭店是 1905 年英、法、美、德、日、俄六国合资，在北京东交民巷使馆核心区建造的一座豪华饭店，是当时各国公使、官员、上层人士等达官贵人住宿、餐饮、娱乐的主要聚会场所。

时，闻一多有机会登岸观光。横滨是日本屈指可数的大城市，它最初只是东京湾畔的一个小渔村，1859 年方成为自由贸易港。1873 年，横滨已发展成日本最大的港口，也是亚洲最大的港口之一。横滨的中华街，过去称"南京街"，是日本最大的唐人街，辛亥革命前，孙中山流亡到横滨，积蓄力量，以图再次发动革命，中华街的华侨给了他许多有力支持。不过，闻一多没有参观唐人街，而是趁着这个难得的机会，两次乘电车至东京观光，看看明治维新后这个小小岛国究竟是怎样强盛起来的。

横滨距东京 20 多公里，据数年前一位清华同学记载，从横滨港口到东京，先要花八毫日元乘人力车至电车站，再乘电车去东京，一个小时即可到达。电车车费有二等、三等之分，二等车票日元一元三钱，三等只要四十二钱。①

第一天去东京，恰逢正在举办和平博览会，闻一多对其中的美术展览很感兴趣，可惜时间不够，仅走马观花转了一下。在东京用餐时，遇见帝国大学英文系二年级学生井上思外雄，偶尔谈起来了，感觉很不错。第二天，为了观看展览，闻一多再次到东京，但东京基督教青年会派来陪同他的松本，却偏要带着去参观位于日本桥的三越吴服店。三越吴服店即今天的日本大型百货企业三越百货公司，1673 年创立时叫越后屋，专营服装，1904 年成立三越吴服店株式会社，开始从传统吴服店向零售百货业发展，很快就以高档消费、优质服务闻名于世，成为莅临日本的各国要人、富翁的购物之处。闻一多到日本时，三越吴服店在日本桥附近建起的西洋式大楼已是东京知名建筑，是东京人引以为傲的现代化标志之一。但是，闻一多看过三越大楼后，时间又不够了，弄得心情很沮丧，甚至还引起对日本人崇拜欧美的反感。他心里暗想："日本的地方本好，但日本的人完蛋了。"

回到横滨，闻一多意外地又见到了井上思外雄。井上学的是英国文学，为了能与闻一多交谈，专程从东京赶到横滨拜访，一直等到闻一多

---

① 《〈海上〉录》，《清华周刊》第 49 期，1915 年 10 月 5 日。

从东京返回。井上一见到闻一多，就急着要他的诗，但井上不懂中文，于是提出要闻一多寄几首诗给他，由他请中国朋友翻译后登在杂志上。井上见到闻一多时很是兴奋，还滔滔不绝背起西洋诗歌，直到船要起锚了，才依依不舍地勉强说"再见"。①

闻一多在日本逗留不过两天，但对那里的景色留下很好印象。他对梁实秋等朋友说："就自然美而论，日本的山同树真好极了。像我们清华园里小山上那种伞形的松树，日本遍处都是。有这样一株树，随便凑上一点什么东西——人也可以，车子也可以，房子也可以——就是一幅幽绝的图画。日本真是一个 Picuresque 的小国。虽然伊的规模很小——一切的东西都像小孩的玩具一般，——但正要这样，才更像一幅图画呢。"②

日本的美术也给闻一多留下深刻印象。他说："讲人为美，日本的装束（要在日本地方的背景里看），日本的建筑，日本的美术还要好些。"③ 闻一多曾数次提到这一点，10 月中旬，在给父母亲的信中说，将来回国后要"再设法往日本一游，因为此次出国，道经此邦，对于其美术，深表敬仰也"。④ 在美国，他因目睹到西方人对弱小民族的歧视，甚至痛哭流涕地说："彼之贱视吾国人者一言难尽，我归回后，吾宁提倡中日之亲善以抗彼美人，不言中美亲善以御日也。"⑤ 不过，此后他很少讲到日本。1925 年，他回国途中再次经过日本，就未见留下记录。

---

① 《致吴景超、顾毓琇、翟毅夫、梁实秋》（1922 年 7 月 29 日），《闻一多书信选集》，第 38—39 页。
② 同上书，第 38 页。
③ 同上。
④ 《致父母亲》（1922 年 10 月 18 日），《闻一多书信选集》，第 91 页。
⑤ 同上书，第 118 页。

初到美国

海轮在太平洋上行驶了 17 天，8 月 1 日，闻一多在美国西北端华盛顿州港口城市西雅图登岸。西雅图是进入美国的门户，一切例行检查都在这里进行，大家先到移民局办事处查验护照，再至海关领取行李，同时接受医生检查身体。这些办理完了，才乘车入住青年会公寓，并领取当月津贴 80 美金。

西雅图是中转之处，在这里只停留了两天，大家将在这里分手，分别前往各自学校。这批赴美同学，都受到留级一年的处分，大家感情很是融洽，临行前，特在青年公寓门前拍了一张合影，作为参加同情罢考的永久纪念。照片中，人人西装革履，大家都穿着深色衣服，唯有闻一多是一身白色西装，显得很特别。

1922 年 8 月闻一多（前排左三）与辛酉级被迫留级同学在美国西雅图登岸时合影

离开西雅图，闻一多乘火车南下去旧金山，再转车东行。车过落基山前，两旁都是松林，因山起伏，间有清溪掩映林中，境极幽雅。到落基山换成电车头，盘旋而上，穿山洞渡凌空铁桥。日暮时恰达山巅，只见松树如戟，落日天红。过落基山后景物一变，多平原绿草，黄花灼灼。这一路上，闻一多初次体会到美国的广阔与活力。8 月 7 日，闻一多结束了旅行，抵达密歇根湖南端的著名都市芝加哥，在车站，受到清华校友十多人的迎接。初到芝加哥，闻一多住在德莱克塞尔街 5747 号，这是一座小楼，他住在四层一间小屋，和他住在一起的是同窗九年的钱宗堡。

芝加哥是中国留学生人数较多的地方，时有 200 余人，其中清华毕业生有二三十人。素有集体意识的清华同学，无论走到哪里，都总是保持着自治组织。9 月 10 日下午，留美西部清华同学会在西北大学哈利士厅召开会议，到会者 30 余人。会议的程序有主席报告、会计报告账目、选举审查账员、会长报告。继之讨论清华改为大学之计划、毕业生捐助母校事项、国内成立中国支部、清华同学会与清华学校之关系、改组《清华周刊》后应称《清华周刊及毕业生消息》、毕业生在学校董事会中之代表权等议案，并决议以 4 月 30 日为同学会周年纪念日。在选举 1922 至 1923 学年西部清华同学会新职员时，闻一多当选为记录书记。当晚，西部清华同学会还在伊温司敦的北岸饭店举行了亲睦会，一些同学也从外地赶来，与会人数达到 53 人。①

芝加哥位于伊利诺伊州的北部，是美国的第二大城市。19 世纪中叶，随着铁路不断向西伸延，它逐渐成为美国的交通中心，并带来了工业的迅速发展。今天，芝加哥仍是美国经济和社会生活的一个缩影。

但是，芝加哥最初给闻一多留下的印象并不好。闻一多房间的窗外，是林立的烟囱和过往的火车、电车、汽车，十分嘈杂，让人感到一种压抑的气氛。芝加哥美术学院所在的密歇根大街上，房屋也都被熏成黑色，闻一多去学校注册，回来时领子也变黑了。偏在这时，继级友方来患病逝世后，王朝梅也丧生于车轮之下。接踵的噩耗加重了他对芝加哥乃至整个美国的厌恶，心事重重中，他感到自己是"一个孤苦伶仃的东方老憨"。②

---

① 据《留美通信·西部清华同学会事务讨论会记录》，《清华周刊》第 257 期，1922 年 11 月 3 日。

② 《致吴景超、顾毓琇、翟毅夫、梁实秋》（1922 年 8 月 14 日），《闻一多书信选集》，第 46 页。

离开学还有一个多月，闻一多无心周游，整日在寓所看书作笔记。他来美是学美术的，可将来以美术为职业的想法好像并未成形，脑子里想的还是文学。他还在船上写信给清华朋友，就说打算通过清华文学社制造一个"文学的清华"，又说"养成一个专门或乐于研究文学的人真乃胜造九级浮屠"，因此回国后准备教中文。这种话他后来多次讲过，似乎学习美术只是为以后研究中国文学做铺垫。出国时，他随身带了许多古典文学作品，闲来无事便读杜甫、陆游、韩愈的诗文，不几天密密麻麻的蝇头小字札记就累纸盈寸了。

去国愁思

在赴美的途中，海浪拍打着船舷，似也翻腾在闻一多胸中，千头万绪一起涌来。船上印制有日报，编辑知道闻一多是学绘画的，便请他画一张。本来，他曾计划旅途中写篇《海槎笔谈》，记录自己的感想，但最终也没写成。

单调的旅行使人感到枯燥、寂寞，更加深了游子初次去国的失落感，一首《孤雁》在脑海中构思起来。诗中，闻一多把自己比作"不幸的失群的孤客"，"流落到这水国的绝塞，拼着寸磔的愁肠，泣诉那无边的酸楚"，而将要抵达的则是"苍鹰的领土"，"那里只有钢筋铁骨的机械，喝醉了弱者的鲜血，吐出些罪恶的黑烟，涂污我太空，闭熄了日月，教你飞来不知方向，息去又没地藏身"。这是他此刻心境的真实记录，在旁人为出洋而欢天喜地的时候，他却被悲哀和惶惑缠绕着。闻一多很重视这首诗，后来编《红烛》诗集，把它排在海外作品之首，这些诗的篇名也命名为《孤雁篇》。

闻一多对中国的悠久文化钟情已久，来美后他置身于东方文明与西方文明的碰撞中，不免激起浪花。这浪花首先是爱国激情："我堂堂华胄，有五千年之政教、礼俗、文学、美术，除不娴制造机械以为杀人掠财之用，我有何者多后于彼哉，而竟为彼所藐视、蹂躏，是可忍孰不可忍!"这些话表现了一个海外游子的民族自尊和自强心,它可以说贯穿了闻一多的整个人生。正因为如此,他对留学生的颓唐、醉心西方生活方式很看不惯,说:"士大夫久居此邦而犹不知发奋为雄者,真木石也。然吾见在此之留学生,皆蒈蒈者啜醨之徒。"① 他告诫同学要认识到自己的责任,为国家和民族造点光明。

闻一多的爱国思想是那么凝重,出国后,它首先表现在对祖国的无限思念上。去国才一个月,他就写下一首《太阳吟》,让自己的感情奔流起来。诗中有这样几段:

> 太阳啊,刺得我,心痛的太阳!
> 又逼走了游子的一出还乡梦,
> 又加他十二个时辰的九曲回肠!
>
> 太阳啊,火一样烧着的太阳!
> 烘干了小草尖头的露水,
> 可也烘得干游子的冷泪盈眶?
>
> 太阳啊,六龙骖驾的太阳!
> 省得我受这一天天的缓刑,
> 就把五年当一天跑完,又与你何妨?
>
> 太阳啊,——神速的金乌——太阳!
> 让我骑着你每日绕行地球一周,
> 也便能天天望见一次家乡!

这诗句多么热烈,他恨不得骑上每天东升西落的太阳,以便能天天望见家乡。这丰富的想象,正是炽热感情的结晶。诗中所说的

———————

① 《致父母》(1922 年 8 月),《闻一多书信选集》,第 43 页。

"家"是广义的，是"祖国"的代名词，他给吴景超的信中寄上《太阳吟》和另一首《晴朝》，特别说明道："我想你读完这两首诗，当不致误会以为我想的是狭义的'家'。不是！我所想的是中国的山川，中国的草木，中国的鸟兽，中国的屋宇——中国的人。"[①] 其言何等深沉，何等浓烈啊！

| 第二节 |

在芝加哥

芝加哥美术学院的优等生

9 月 25 日是芝加哥美术学院开学的日子，从这天起，闻一多开始接受系统的西洋美术教育。

芝加哥美术学院是美国最著名的美术学校之一，为建于 1866 年的芝加哥美术馆的一个组成部分。芝加哥美术馆的藏品多达 30 万件以上，包括欧美和东方的雕刻、绘画、版画、素描、装饰艺术品，以及前哥伦布时期的美洲艺术品。美术馆正门在密歇根南大街，门首两侧的青铜狮子塑像是芝加哥城的标志，现存闻一多在美国芝加哥的唯一照片，就是以青铜狮子像为背景拍下的。美国各个大学都招收了不

---

① 《致吴景超》（1922 年 9 月 24 日），《闻一多书信选集》，第 61 页。

少留学生，芝加哥美术学院也一样，新生中的外国人就有十几个，但中国人却只有三人，除了闻一多外，另外两个是华侨，一从加拿大来，一从檀香山来，他俩虽是中国人，却不会讲中国话。①

清华学生到美国学习美术，从时间上说多少有些损失。因为美国承认清华学历，清华毕业生可以直接插入美国各大学二年级或三年级，这样五年公费期满，多数人都可获得硕士、博士学位。然而学习美术是个例外，芝加哥

在美国芝加哥美术馆前

美术学院学制三年，闻一多只能从一年级读起。好在他并不计较学位，只想多学些自己感兴趣的知识。

第一学期的课程表上列有七门功课，闻一多得心应手，开学两星期便位列前茅，屡蒙教员夸奖。他认为这些功课虽较粗浅，却是根柢之学，而且教授的方法也与国内不同，因此学习很认真，到寒假前夕，七门课除人体写生为上等外，其余六门均为超等。第二学期，功课开始繁难，然亦激发起兴趣，闻一多越发刻苦，1923 年 2 月 10 日在家信中，他高兴地说："现在的分数是清一色的超了"②，此前还曾说进入美术

① 《致闻家骒、闻家驷》（1922 年 10 月 15 日），《闻一多书信选集》，第 82—83 页。

② 《致父母亲》（1923 年 2 月 10 日），《闻一多书信选集》，第 123 页。

学院益发对自己的美术天才有了把握，只要有相当时间，就定能做出成就。①

芝加哥美术学院的比邻是著名的芝加哥美术馆。这个建于 1866 年的古老建筑，十分堂皇，馆内收藏有大批世界艺术佳作，除了哥伦布时期的非洲艺术及欧美雕刻、绘画、装饰外，还藏有不少东方的艺术作品。闻一多非常喜欢到这里来，一观摩就是半天，不过奇怪的是他守着西方艺术，却对中国的艺术兴味愈浓。一次，几位旧日朋友黄荫普、何运暄、宋俊祥、雷海宗、姚崧龄（此五人均为清华学校 1922 级毕业生，其中雷海宗（字伯伦，河北永清人）后任清华大学历史系教授，与闻一多来往较多）等来看望他，他陪大家去美术馆，不是引着看西洋画与雕刻，而是在中国美术品前滔滔不绝地讲解起来，弄得人家莫名其妙。

求学的生活并不轻松。首先是跑路，为了不至于寂寞，他宁愿住到离美术学院有 40 多里的芝加哥大学附近，与钱宗堡、刘聪强挤在一所两间屋子的寓所内。每天早上八时出门，乘火车到学校，下午四时返回，路上来往约一个半小时。其次是吃饭，入乡随俗，饮食极随便，中午花三角钱在饭馆里就餐，晚上用两角多买块面包加盒干鱼，就着杯凉水塞进肚子完事。结果，常常吃完饭一两个小时就又饿了。这样的生活当然有损于健康，重阳节前闻一多病了一场，他后来患有胃病，多半也是这时落下的根。同屋的钱宗堡，功课极佳，英文尤胜，清华园中他人译不出的词句都要向他请教，然而这样一个优秀的人才却在美国患上肺病，逝于他乡。

1923 年 6 月 15 日，读完一年级的闻一多，因各门成绩均佳，获得最优等名誉奖。②芝加哥美术学院注册干事在 6 月 9 日致华盛顿特区中国教育代表团的信中说："我很高兴地寄上闻多先生的成绩副本，他自

---

① 《致闻家骒、闻家驷》（1922 年 10 月 15 日），《闻一多书信选集》，第 82 页。

② 据芝加哥美术学院注册干事致科罗拉多大学艺术系副主任苏珊·F. 利明斯的信，1923 年 9 月 18 日，闻铭译。

1922 年 9 月 27 日至 1923 年 6 月 1 日就读于芝加哥美术学院的艺术学院"，"闻多先生是一年级学生，如他攻读完毕三年的绘画课程，将可于 1925 年 6 月毕业。他是班上的优秀成员之一，在这一年中他成绩一向优良。"信中开列成绩单，有生物速写、静物素描、雕刻字、艺术概况、透视画法、设计、构图、研究等，得二十二个优，五个良＋。[①] 最优等名誉奖是美国教育界给学生的最高褒奖，得此荣誉者可载入一种专门的年鉴，所以大家都投来羡慕的目光。闻一多对此虽也自豪，却不以为然，甚至家信中都没有及时提起，后来是为了另一件事才讲到它的。

按照美国的惯例，获得最优等名誉奖的学生都可以资送到欧洲留学，美术学院此前亦有派往巴黎、罗马深造者。闻一多本来也有去欧洲的愿望，现在能去何乐而不为。然而他向学校询问时，学校回答说此例仅限于美国人。听到这话，闻一多气愤地说："此等名誉奖乃不值钱的臭东西，送给我我还不要呢！然于此更见美人排外观念之深，寄居是邦者，其何以堪此？"[②] 愤懑的情绪难以平静，尽管这学年举办的成绩展览中颇有他的作品，却无法抹去他心上的阴影。

结交芝城美国诗人

芝加哥的最初日子，是既新鲜又浪漫的。闻一多特别喜欢这里的结克生公园，说它的秋天很可爱，熊掌大的橡叶铺了满地，松鼠在上面翻来翻去找橡子，有天它爬到闻一多的身上，从左肩爬到右肩，张皇了足有半晌才跳下去。清华园的秋色也很怡人，可这种风致却不曾见过。10 月 26 日下午，中国重阳节的前两天，闻一多和钱宗堡再次结伴来到结克生公园，两人步行在溪港之间，坐在草地上，看着这些景色，不禁发

① 据英文原件，闻铭译。
② 《致家人》（1923 年 7 月 20 日），《闻一多书信选集》，第 159 页。

出"对此茫茫，百感交集"的感慨。不过，闻一多的文化生活在芝加哥也揭开了新的一页。

芝加哥是座工业城市，工业化的迅速发展使传统的乡村美德日渐减少，而人们处在物质的漩涡中，难免对失去的还有些留恋之情。芝加哥文学活动中的民众性的特点就是在这种情况下产生的。

美国建国历史不长，它的新诗运动刚从英国移植不久，作为美国新诗运动的巅峰——芝加哥文艺复兴运动，在闻一多来到时已进入尾期，不过仍保持着一种生气勃勃的气象，而且德莱塞、安德森、马斯特斯、桑德堡等一批著名诗人，都活跃在这座城市。这个客观环境，对攻读美术却念念不忘文学的闻一多来说，真是意想不到，又是得天独厚，因为芝加哥文艺复兴运动对他的诗风产生了深刻影响。

与芝加哥诗坛的来往，要算是闻一多的最大愉快了。抵美两个月，闻一多结识了一位浦西夫人（Mrs. Bush）。浦西夫人的兴趣不在诗，而在东方的文物，她有一些中国画幅和古瓷器，因为要识别它们的年代，就请闻一多来做鉴定。这位热情好客的美国妇人与许多文学界的名流都有交往，交谈中了解到闻一多对新诗的爱好，当即写下两封介绍信，一封给卡尔·桑德堡（Carl Sandburg），一封给门罗（Harriet Monroe，旧译孟禄）。

真要感谢这位浦西夫人，要不是她的热情引见，闻一多不可能那么快就见到芝加哥的顶级文化名人，那么他的这一段历史就得改写了。桑德堡、门罗都是美国新诗运动中享有盛名的诗人。桑德堡生于1878年，曾写过惠特曼式的自由体诗《烟与钢》，热情歌颂工人，深受下层劳动人民敬爱。门罗生于1860年，当时主编在美国诗坛声望和权威都相当高的《诗》杂志。这个杂志代表了诗歌写作中新形式主义的倾向，也讨论印象主义、意象主义和自由主义诸问题。闻一多有幸认识他们，实在是难得的机遇，他此时期的一些诗作，不难发现来自这方面影响的痕迹。

由于浦西夫人搭桥，闻一多开始出入美国诗坛的社交界。1922年12月初，一次聚会中他见到了著名女诗人海德夫人（Eunice Tietjens）。

当时，闻一多取出 8 月间写下的《火柴》《玄思》等几首诗，向海德夫人请教，这些诗与以往的风格相比已有了变化，显得更为深沉，是闻一多比较得意的作品，所以译成了英文。

海德夫人曾是《诗》的编辑，去过中国，出过两本诗集。她仔细阅读了闻一多的诗，对《玄思》最为赏识，并认为《火柴》也不错。末了，她鼓励闻一多再多译几首，由她斟酌字句后送门罗，请其在《诗》上发表。这对闻一多自然是莫大的荣幸，钱宗堡笑着说：你没有上中国诗坛，倒先上了外国诗坛了。①

闻一多还会见过美国意象派诗人的领袖爱米·罗厄尔（Amy Lowell）。② 罗厄尔写过两卷本颇有影响的《济慈传》，她的作品有种活力、热忱和有意识的技巧感。同时，罗厄尔还酷爱中国古典文学，与人合译过一本中国诗集，题作《松花笺》。对这样一位热爱东方文学的美国"首屈一指的女诗人"，闻一多从心底肃然起敬。1923年 2 月 15 日，他应浦西夫人之约，去芝加哥美术馆与罗厄尔共进晚餐，宴席上罗厄尔朗诵了她的诗，气氛很是融洽。不过，刚刚 24 岁的闻一多是个小人物，不可能与罗厄尔谈得很多，但这晚的会面使他对罗厄尔产生了进一步了解的愿望。罗厄尔逝世于 1925 年 5 月 12 日，闻一多听到消息后想起当年受到她的鼓励，立刻写下《美国著名女诗人罗厄尔逝世》一文，介绍她的经历与成就。文中说：罗厄尔女士是映象派③的首领，是诗人、批评家、著作家、翻译家，她与人"合作翻译了一本中国诗，名曰《松花笺》（*Fir Flower Tablets*），其中以李太白的作品为最多。罗厄尔女士对于中国诗有极大的敬仰，她的创作往往模仿中国诗，具有特异的风味"，"她的死是美国文学界的大损失。她死了，中国的文学与文化失了一个最有力的

---

① 《致吴景超》（1922 年 12 月 4 日），《闻一多书信选集》，第 111 页。

② "爱米·罗厄尔"是闻一多当时的译名，后来还译作"罗艾尔"，今译"艾米·洛威尔"，本书均从闻一多翻译的名称。

③ "映象派"，即印象派。一般认为，意象派在发展中受到印象派的影响，所以闻一多在这里用了"映象派"一词。

同情者"。①

  与美国诗人的结交，引起闻一多广泛阅读其他诗人作品的兴趣，希望从中汲取有益的营养。他读了古尔德·弗莱彻（Gould Fletcher）的《在蛮夷的中国诗人》后，说："快乐烧焦了我的心脏，我的血烧沸了，要涨破了我周身的血管。"②他称弗莱彻是设色的神手，他的诗充满浓丽的东方色彩。为了寻觅弗莱彻的全集，闻一多在芝加哥跑了几个月，好不容易在一家书铺的旧架上找到一本《生命之树》。他如饥似渴地阅读着，像饥饿者扑在面包上一样。受弗莱彻关于色彩的启发，闻一多也仿着写了一首《秋林》（编入《红烛》时改名《色彩》），把绿比作发展，把红比作热情，把黄比作忠义，把蓝比作高洁，又以粉红喻希望，以灰白喻悲哀，以金作荣华之冕，以银为美幻之梦。这好像不是在写诗，倒像是用鲜丽的颜色作成的画。

  显而易见，芝加哥的这段生活扩大了闻一多的视野，加深了对西方文化的了解与感情。闻一多不是虚无主义者，他对外来的文化有着相当的识别能力，并且勇于接受其中的精华。他的诗歌创作在不同时期体现了不同的风格，实际上就是世界文化与中国文化在他笔下的不断交融，不断发扬。

  在闻一多结交的美国诗人中，有一位和他保持交往的时间长达 24 年，这就是温特先生（Mr. Winter）。温特是芝加哥大学的法文副教授，两人初次见面是 1922 年 11 月中旬，穿针引线的是在清华学校比闻一多高一级、正在芝加哥大学攻读法文的张景钺。当时，温特要鉴定中国文物，张景钺认为清华留学生中闻一多对中国的学问掌握最多，就介绍他去了。见面后，话题就广了。温特少年时代也爱写诗，而且有些浪漫，可是有一天他一气之下把诗作付之一炬，从此不再作诗。不过，他对诗还是难以忘情，所以也译了些诗，闻一多和他讨论过中国诗的特点以及

---

  ① 闻一多：《美国著名女诗人罗厄尔逝世》，《京报副刊》第 195 号，1925 年 7 月 1 日。

  ② 《致梁实秋》（1922 年 12 月 1 日），《闻一多书信选集》，第 105 页。

如何译成外文，温特晚年回忆那段往事时说："这方面谈的话非常多"。[①]
就这样，一来二往两人关系越来越密切，只要在一起，就谈个不够。他
们常常谈到深夜一两点钟，闻一多起身告辞，到隔壁房间拿外套，两人
又在那屋内接着谈起来，出了门，还分不了手，开着大门站在门槛上还
有话说。走到楼梯边上，依然如此，直到闻一多说："我实在要回去睡
觉了"，才互相说声"Goodnight"。

温特十分喜爱东方文化，闻一多称他是有着"中国热"的美国人。
他有一个中国大铁磬，喜爱得不得了，晚上睡不着觉，就抱它在床边，
敲着它听，像是听音乐。温特没有学过画，却画了一幅老子像，闻一多
第一次拜访温特时，温特就引他看这幅油画，让他猜画的是谁。闻一多
毫不犹疑："是老子！"温特的房间里还挂有几幅丈长的印度佛像画，而
焚着的香也是中国的、印度的，或日本的。在美国几年，闻一多再也没
见过像温特这样的美国人。

温特虽有欧洲血统，却没有民族偏见，他同情黑人的遭遇，为此与
学校发生过冲突，因而他一直想去中国，说在美国待不住。闻一多和张
景钺曾联名给清华校长曹云祥写信推荐，但是没有成功。不过，闻一
多离开芝加哥不久，温特就到了南京，开始在东南大学任教，1925 年
终于接到清华学校的聘书。1932 年闻一多回清华园后，两人相见甚欢，
此后一直在一起，再未分开。闻一多殉难时，温特已提前离开昆明返回
北平，听到噩耗时极为震惊。闻一多的骨灰带回北平，家眷赴解放区时
不便携带，就把它存放在温特家里，因为他是美国人，特务不敢进来搜
查。温特把闻一多的骨灰坛摆在书屋书架上，伴着朋友，他度过了黎明
前那段最黑暗的日子。新中国成立后，温特从清华大学转到北京大学。
他活到 100 岁，无疾而终。

---

① 刘烜访问温特记录（1979 年 4 月），转引自刘烜：《闻一多评传》，北京大
学出版社 1983 年版，第 63—64 页。

| 第三节 |

耕耘文学园地

评论《女神》

《女神》是郭沫若的第一部诗集，也是中国新诗史上的奠基之作。这部出版于 1921 年 8 月的新诗集中，充满了浪漫主义激情和反帝反封建的爱国主义、民主主义精神。它一问世，便受到文学界的重视。闻一多计划写诗评时，《女神》是重要的对象。

芝加哥美术学院的功课压力不大，这使他有时间进行这准备已久的工作。从 1922 年 10 月起，他开始评论《女神》。不久，由于《冬夜草儿评论》的印行，他与郭沫若也建立了神交，不过这并未影响闻一多在评论中的观点与立场。12 月 4 日，《女神之时代精神与地方色彩》付邮，次年 6 月它以《女神之时代精神》与《女神之地方色彩》两文的形式相继发表于《创造周报》第四、五号。

《女神之时代精神》开头第一句话就对郭沫若作了很高的评价，说："若讲新诗，郭沫若君的诗才配称新呢，不独艺术上他的作品与旧诗词相去最远，最要紧的是他的精神完全是时代的精神——二十世纪的时代的精神。有人讲文艺作品是时代的产儿，《女神》真不愧为时代的一个肖子。"这不啻是对《女神》的评价，也是闻一多本人对待新诗艺术的思想要求。

　　闻一多用《笔立山头展望》来分析郭沫若笔下表现的"动的世纪"，又用《匪徒颂》说明郭沫若对"反抗的世纪""了如指掌"。从《序诗》《金字塔》《天狗》等诗中，闻一多看出其中的"近代精神"，说"这种伎俩恐怕非一个以科学家兼诗人者不办"，因为轮船、火车、摩托车等现代化的机械，都是科学的造物，"解透了科学，亲近了科学，跟他有了同情，然后才能驯服他于艺术的指挥之下"。这些话，对迂腐的保守的旧势力来说，无疑是种批判。从《晨安》中，闻一多感受出郭沫若对"全世界人类的相互关系"，诗中"运用的地名散满于亚美欧非四大洲"，这"同我们的旧文学比起来更不用讲是破天荒了"。于是，闻一多称郭沫若"不肯限于国界，却要做世界的一员"。这种精神，是现代的、进步的，闻一多从社会矛盾中来认识《女神》，本身也具备着时代的精神。

　　《凤凰涅槃》是《女神》中一首叙述性抒情长诗，它以自我牺牲和自我再造来表现英雄主义的豪迈气概。闻一多对这一点深有感触，他说："现在的中国青年——'五四'后之中国青年，他们的烦恼悲哀真像火一样烧着，潮一样涌着：他们觉得这'冷酷如铁''黑暗如漆''腥秽如血'的宇宙真一秒钟也羁留不得了"，"他们的心里只塞满了叫不出的苦，喊不尽的哀。他们的心快塞破了，忽地一个人用海涛的音调，雷霆的声响替他们全盘唱出来了。这个人便是郭沫若"。对于这样一首"一切青年的涅槃"的诗，闻一多很奇怪北新社编《新诗年选》时没有选入，"他们非但不懂读诗，并且不会观人"，闻一多不由叹息道。

　　在《冬夜评论》中，闻一多曾说："越求创作发达，越要扼重批评"，他虽然称《冬夜》至少"是一个时代的镜子，历史上的价值是不可磨灭的"，但对其作者俞平伯的批评则是严肃而且近于苛刻的。这种批评在《女神之地方色彩》中也表现了出来。他的批评既有艺术方面的，也有思想方面的。

　　"《女神》不独形式十分欧化，而且精神也十分欧化，"闻一多坦率地说，"我总以为新诗径直是'新'的，不但新于中国固有的诗，而且新于西方固有的诗；换言之，它不要作纯粹的本地诗，但还要保存本地的色彩，它不要做纯粹的外洋诗，但又尽量的吸收外洋诗的长处；它要做中西艺术结婚后产生的宁馨儿。"

在《女神》中，有许多西方名词，闻一多并不一概反对，可是他主张要节制："那便是我要时时刻刻想着我是个中国人，我要做新诗。但是中国的新诗，我并不要做个西洋人说中国话，也不要人们误会我的作品是翻译的西文诗。"郭沫若是在准西洋化的日本写下《女神》的，这种环境本身充满着盲从欧化的气氛，而且郭氏读的也是西洋的书，"但环境从来没有对于艺术产品之性质负过完全责任，因为单是环境不能产生艺术"。由此，闻一多怀疑"作者对于中国文化之隔膜"。

此外，对《女神》中写上海"满目都是骷髅""满街都是灵柩"，闻一多认为这是"西方文化遗下的罪孽"，并不是中国文化的结果。他说郭沫若"富于西方的激动的精神"，但"对于东方的恬静的美当然不大能领略"。《巨炮之教训》借托尔斯泰的口气便是一例。因而，闻一多说自己与郭沫若"态度不同之处是在：我爱中国固因他是我的祖国，而尤因他是有他那种可敬爱的文化的国家；《女神》之作者爱中国，只因他是他的祖国，因为是他的祖国，便有那种不能引他敬爱的文化，他还是爱他"。这个评论是理智的，虽然未尽其然，却道出闻一多对中国文化的折服与崇拜。

《女神》评论作于美国，若从环境来说，它比日本的西化更过之，但闻一多很冷静，尽管这时他与美国诗人交往较多，并受到深刻影响，但他没有放弃发展中国文化的立场，他以为若"将世界各民族的文学都归成一样的，恐怕文学要失去好多的美"。这好比是作画，"各种色料虽互相差异，却又互相调和"，"真要建设一个好的世界文学，只有各国文学充分发展其地方色彩，同时又贯以一种共同的时代精神，然后并而观之"，才能形成多姿多彩的画卷。

这些评述在今天看来似乎不成问题，但在一切向西方看齐的 20 世纪 20 年代初期，它不免显得有些谨慎。其实，这正是闻一多不同流俗的特点，正如后来人们强调新诗的功能时，他仍提醒不要忘了艺术性，尽管那时他已成为民主战士了。

闻一多对诗评写作很有些雄心。当时清华文学社的朋友来信说打算办一种文艺月刊和一套丛书，为的是给社友一些刺激，同时与国内文坛交流意见。他们都同意"为艺术而艺术"的观点，与文学研究会、创造社的意见都不尽一致。闻一多很愿意把这种观点亮出来，他说："我的宗旨不仅与国内文坛交换意见，径直要领袖一种文学潮流或派别"，"我们皆知我们对于文学批评的意见颇有独立价值"，"实则我的志愿远大的很"。① 这说明他很想在新诗领域中有番作为。

《红烛》与爱国诗

《红烛》诗集的出版初步奠定了闻一多在中国新诗发展史上的地位。它的编订在清华园时便已开始，梁实秋曾有意将它作为清华文学社丛书的一种出版。1922 年 10 月动笔评论《女神》时，《红烛》已经形成了"雨夜之什""宇宙之什""孤雁之什""李白之死"四集，共 55 首。当时，他删去了 10 首，如《同文炳② 话别》《沉沉的夜》《不知足的叫花子》《别离的海》等，这些目前已不可得了。

12 月 20 日，美术学院放寒假，闻一多情思大变，五昼夜作诗 50 首，经删削将其中 42 首编成"红豆之什"。再经斟酌，终于选定 103 首，分作《序诗》《李白篇》《雨夜篇》《青春篇》《孤雁篇》《红豆篇》。26 日，美国民众沉醉于圣诞节的快乐时，《红烛》被寄回国内，由梁实秋办理出版。梁实秋不愧是闻一多的知己，若没有他无私地鼎力相助，《红烛》也许不能在那时问世。但梁的门路还不广，于是他找到了郭沫若。之前，郭沫若读到《冬夜草儿评论》后，即致函梁实秋，称"如在沉黑的夜里得见两颗明星，如在蒸热的炎天得饮两杯清水"，"如逃荒者得闻人足音之跫然"。③ 正是出于这种关系，郭沫若向上海泰东图书局推荐

---

① 《致梁实秋、吴景超》（1922 年 9 月 29 日），《闻一多书信选集》，第 64 页。
② 谢文炳，清华 1923 级学生。
③ 《致父母亲》（1922 年 12 月 27 日），《闻一多书信选集》，第 113 页。

了《红烛》。

1923 年 9 月，诗集问世了，白底蓝边封面上方，横写着笔划粗重的"红烛"两字。署名本欲用"屠龙居士"，这是闻一多在清华时自己起的别号，但出版时仍用了本名。至于封面，他曾想亲绘一幅，但"改得不计其次了，到如今还没有一张满意的"，而且"画出的图案定免不了是西洋式的"[1]，他不愿诗集"带了太厚的洋味"，便干脆用了素面。

《红烛》中最让人注目的，是国外创作的思乡部分。《孤雁篇》篇首引了杜甫的一句诗："天涯涕泪一身遥"，这就是最好的注脚。该篇第一首便是《孤雁》，称自己是"不幸的失群的孤客"，它与《太阳吟》在前面都介绍过了。与此几乎同时作的，还有《太平洋舟中见一明星》，其中有这样的句子：

> 哦！我这被单调的浪声
> 摇睡了的灵魂，
> 昏昏睡了这么久，
> 毕竟被你唤醒了哦，
> 灿烂的宝灯啊！
> 我在昏沉的梦中，
> 你将我唤醒了，
> 我才知道我已离了故乡，
> 贬斥到情爱的边徼之外——
> 飘簸在海涛上的一枚钓饵。

如果说这是种失落，那么《寄怀实秋》则表现出一种去国后的悲哀，流露出对前途的迷惘。与此相一致的，《忆菊》则充满了爱国的深情。这首诗从菊花的摆设、姿态一直写到环境、颜色，借菊花细致入微地寄托了对祖国的赞美。请看诗人的心声：

---

[1] 《致父母亲》（1922 年 12 月 27 日），《闻一多书信选集》，第 100 页。

啊！自然美的总收成啊！
我们祖国之秋的杰作啊！
东方的花，骚人逸士的花呀！
那东方的诗魂陶元亮
不是你的灵魂的化身罢？
那祖国的登高饮酒的重九
不又是你诞生的吉辰吗？

你不像这里的热欲的蔷薇，
那微贱的紫萝兰更比不上你。
你是有历史，有风俗的花，
四千年华胄的名花呀！
你有高超的历史，你有逸雅的风俗！

啊！诗人的花呀！我想起你，
我的心也开成顷刻之花，
灿烂的如同你的一样；
我想起你同我的家乡
我们的庄严灿烂的祖国，
我的希望之花又开得同你一样！

习习的秋风啊！吹着，吹着！
我要赞美我祖国的花！
我要赞美我如花的祖国！
请将我的字吹成一簇鲜花，
金的黄，玉的白，春酿的绿，秋山的紫……
然后又统统吹散，吹得落英缤纷，
弥漫了高天，铺遍了大地！

秋风啊！习习的秋风啊！

我要赞美我祖国的花！

我要赞美我如花的祖国！

　　这首诗写于重阳节前一天，恰又在病中，便更加深了对祖国的思念。当时，他常与钱宗堡到结克生公园，面对铺地的橡树叶子，看着在上面寻觅橡子的松鼠，真有"对此茫茫，百感交集"之慨，他说："'万里悲秋常作客'，这里的悲不堪言状了！"①《忆菊》就是在这种心境下写成的。

　　《红豆篇》前引王维"此物最相思"诗句，这是传统的思乡名句。《红豆》中把爱人写得那么可爱，以致"叫我又怎样泅过这时间之海"，然而"梦时看见的你，是背面的"。这里寄诉的与暗喻的，实际上不是祖国么。

　　《红烛》的艺术及思想是多方面的，它是闻一多成长过程的一部诗史，深入分析后可以看到他的许多生活侧面。当然，这些内容不是这里容纳得下的。

　　《红烛》交稿后，闻一多仍旧诗笔不辍。1923 年 2 月，他两天半未上课，作了首《长城下之哀歌》，写的是一位诗人碰死在长城之前的歌词，反映的则是他"悲恸已逝的东方文化的热泪之结晶"。诗中既有爱国激情，又表现了对中国社会现实的不满。他是借诗人之死来发出抗议，可见闻一多的爱国思想并非抽象。

　　闻一多写过一首长达 312 行的《园内》。那是清华十二周年校庆前夕，吴景超来信约稿，勾起他对母校的怀恋。两年前十周年校庆时，他就想写首歌颂校园的诗，却未写成，不料出国后反而写成了。他说："两个多月没有作诗，两个多月的力气都卖出来了，恐怕还预支了两个月的力气。"②《园内》可以说是律诗的放大。全诗八章合律诗的八句，

---

①　《致梁实秋》（1922 年 10 月 2 日、7 日），《闻一多书信选集》，第 86 页。

②　《致梁实秋》（1923 年 3 月 6 日），《闻一多书信选集》，第 133 页。

布局很严整。这时，他正对色彩很有感受，因此对清华园的每一景都用了一种主要颜色。如晨曦的背景是荷花池，用了黄色；夕阳的体育馆，用了赤色；凉夜写大礼堂，用蓝色；深夜的高等科大楼，则用黑色。他认为"诗中之布局正为求此和睦之关系而设"。3 月 7 日，大功告成后，他写信给吴景超、梁实秋，说："两年前要写写不出的情绪如今全都吐尽了，痛快极了！痛快极了！"①这不是简单的怀日，实际上隐藏着一种尺纸难诉的思恋。

《长城下之哀歌》与《园内》前后写成，他自己感到比较满意，认为渐趋雄浑、沉劲，有些像郭沫若。他对闻家驷说："现在春又来了，我的诗料又来了。我将乘此多作些爱国思乡的诗。这些作品若出于至性至情，价值甚高，恐怕比那些无病呻吟的情诗又高些。"②在文学创作中，这也就是他的诗魂吧。

| 第四节 |

在科罗拉多

芝加哥是闻一多留学的第一站，1923 年暑假将开始时，他曾想转学到纽约。那儿是中国留学生比较集中的地方，或许可以摆脱些留学生活的孤寂和苦闷。

---

① 《致吴景超、梁实秋》(1922 年 3 月 17 日)，《闻一多书信选集》，第 137 页。
② 《致闻家驷》(1922 年 3 月 25 日)，《闻一多书信选集》，第 145 页。

就在闻一多举棋不定的时候，梁实秋从清华学校毕业后抵达科罗拉多大学。科罗拉多大学设在珂泉，规模不大，只有500多名学生，却是全美承认的几个小大学之一。那儿地处落基山脉的派克斯峰之麓，土壤呈红色，"科罗拉多"即西班牙语中"红色"的意思。梁实秋到珂泉后，寄给闻一多12张风景照片，想炫耀一下那里的迷人风光。不想闻一多收到信后，事先也没打招呼，就提着小皮箱径直来了。他并非为这里的景色所吸引，实在是想与爱好文学的朋友在一起。科罗拉多大学有艺术系，闻一多转入该系继续求学。

在美国，各学校之间是允许转学的，只是需要学校出面介绍。闻一多的转学介绍信，是芝加哥美术学院注册干事写给科罗拉多大学艺术系副主任苏珊·F.利明斯小姐的。信中写道："闻多先生让我写信给您，介绍他去年在艺术学院就读的情况。闻先生自1922年9月25日入校至1923年6月15日这一学年中每日参加学习，以下是他学习的课程表及成绩的记录的副本：生物速写，良＋；静物素描，优，表扬；设计，优；雕刻字，良＋；研究，优；透视画法，优；艺术史，优，表扬。您不难看出闻多先生在一切课程均获优秀成绩。6月15日，他还获得特殊的校方表扬，以奖励他的全面优秀成绩。他令人信服地完成了三年基础艺术课程的头一年课程。我很高兴地向您推荐他，他是一名具有才干的勤奋学生。"①

科罗拉多是个小城，加上学校离城市颇远，故无尘嚣之乱，也不像芝加哥那么喧闹。这里民风质朴，梁实秋说人们"对待中国学生备极欢迎"，态度"皆和蔼可亲"，走在街上，虽然并不相识，也"常举手为礼"，从东部来这里的同学都"谓此乃鲜有之事"。②

初到珂泉，闻一多与梁实秋住在斯普林斯瓦萨奇街北720号，闻一多住一小间，梁实秋住一大间，每月房费、饭费50美金，无论居住

_____

① 据英文原件，闻铭译。
② 梁治华（梁实秋）：《珂乐拉度大学情形》，《清华周刊》第299期，1923年12月21日。

环境还是饭菜花样，都优于芝加哥。房东米契尔是报馆的夜班排字工人，夫妇很厚道，有三个女儿。同住的还有两位女房客，每天大家一起用餐。安顿好后，闻一多和梁实秋去学校注册，梁实秋插入英语系四年级，闻一多因是临时请求入学，只能作艺术系的特别生。两人白天一道读书，只在进餐时才与主人及其他房客见面。这是个极普通的家庭，很难找到共同的话题，加之女房客夜半还不停止地传来欢舞声，不几月他们就搬到海格门的学校宿舍去了。

珂泉的一年是绘画的丰收季节。芝加哥的学习已使闻一多对西方各画派及风格有了较多的了解，因此也逐渐形成了个人的偏爱。这时他不再作素描，而是用油彩绘画。

闻一多在美国的绘画作品，今天保存下来的数量极少，但从梁实秋的回忆中，则可略知一二。据说他的画曾极力运用西方的许多技法，比如画人，把面孔画成狰狞可怖、面如削瓜，气氛厚重而深沉。一次为梁实秋绘半身像，结果头发涂成绿色，背景抹成红色，看上去"春风满鬓绿髯松"，好吓人。嘴角呢，则撇得像瓢似的，一番愤世嫉俗的意味。静坐两个小时的梁实秋看后实在不敢领教。这些画，有的带有西班牙画家委拉斯开兹的特点，有的则有印象派的明显痕迹。对于荷兰人凡·高的画，他也非常喜欢，凡·高的经历已使人感到苦涩，可其夸张的笔法与强烈的色彩对比，却充分表现出对大自然独特的认识和理解，这些情感令闻一多十分钦佩。闻一多曾试图用各种风格作画，在清华园时就用各种颜色的碎纸片贴成一幅风景画，看过的人都留下了深刻印象。[①] 到珂泉后，他又运用了这种技法。一次雪后初霁，光线特别鲜亮，一股冲动催促他走出宿舍，以学校附近的礼拜堂作背景画了起来。画中的阴影都是紫颜色，方法则采用印象派的点彩法，画面完全由碎点拼成。

主持科罗拉多大学艺术系的利明斯姊妹对闻一多十分欣赏，这两位女士一个教绘画，一个教美术史，都认为闻一多是她们的学生中"未

---

① 访问张闻骏记录，1986 年 8 月 28 日。

曾有的最有希望者之一"。① 她们不但欣赏闻一多的画，也欣赏他的嘴，说那是她们从未见过的"Sensuous mouth"（引起美感的嘴）。说起相貌，闻一多说自己虽然热爱祖国，但不能不承认白种人的脸像是原版初刻，五官清清楚楚，条理分明，而黄种人的脸像是翻版的次数太多，失之于漫漶。这当然是从绘画的角度来观察的。

利明斯姊妹对艺术系这位唯一的东方人很友善，她们六十多岁了还未成家，却张罗着要请闻一多与梁实秋到家里吃饭。这两位不善烹调，弄得满屋子油烟弥漫，也没做出丰盛的菜肴。还有一回，她们开着一辆女人专用的汽车（不用方向盘而用两根柄杆操纵）带闻、梁去游仙园。仙园是这里有名的风景胜地，平地兀起一个个红岩石的奇峰，诡怪不可名状，像中国的桂林山石，规模却大得多。

纽约每年都要举办一次画展，选择的标准很严，利明斯姊妹极力怂恿闻一多不妨试试。说画就画，他动起笔来，全神贯注，不眠不食。两个月中如中了疯魔，锁起门埋头不辍，吃饭时要人去催。一次，梁实秋从钥匙孔中窥见他在画布上戳戳点点，便没再去惊动，结果他饿了一顿也不在乎。他终于赶出一二十幅，配了框子装成满满一大木箱寄往纽约，可是得到的消息仅有一幅美国侦探的人物画获得一颗金星，算是荣誉提名。梁实秋认为这对他是个沉重的打击，坚定了他放弃学美术的决心。

参加画展没能收到预期效果，但学习成绩却让人羡慕。1924年5月，学校举办成绩展览，以闻一多的作品为最佳，当地报纸评述说："中国青年的美术家占展览会中重要部分。"②

与学画相比，闻一多在西方诗歌的收获上更大。梁实秋来美学习英国文学，闻一多也选修了"丁尼生与伯朗宁""现代英美诗"两门课，教课的迪勒副教授，虽然藉藉无名，口才亦不见佳，但在诗歌方面很有学识，这使闻一多受到很多启示。例如丁尼生的细腻写法、伯朗宁偏重

---

① 梁实秋：《谈闻一多》，台湾传记文学出版社1967年版，第30页。
② 《致家人》（1924年6月14日），《闻一多书信选集》，第179页。

丑陋的写法、霍斯曼简练整洁的形式、吉伯林雄壮铿锵的节奏，都对他的诗起到了不小的影响。梁实秋说闻一多的《死水》一诗便是吸取了这些诗人的特点。

珂泉的生活也颇有些趣味。留学生最大的难处是饮食，清华赴美者有 80 美元的公费，按理说够用。但是学画要自己买颜料、买帆布、买木条钉画框，此外还要买许多诗集，所以闻一多在经济上并不宽裕。为了节省开销，也是为了添点乐趣，他与梁实秋常在宿舍用酒精炉煮鸡蛋，有回竟煮起水饺，不慎打翻炉子，慌张中还烧焦一绺头发。管理人大为不满，但送上一碗水饺后，也就眉开眼笑不再说什么了。

闻一多生活向来不大规律，房间总是乱糟糟的，床铺很少清理过，一件作画时穿的披衣除了油彩斑斓之外还有各种各样的油渍。最让人惊讶的是书桌，那么凌乱不堪，引起梁实秋的讥笑。闻一多听了什么也没说，第二天给他看了一首诗——《闻一多先生的书桌》，诗中幽默地描写了桌上用具的怨词，主人却笑着道："秩序不在我的能力之内。"

珂泉是避暑的风景名胜区，气候堪称全美之冠，曼图山、派克斯峰、仙园总吸引着众多游客。一次为了写生，梁实秋租了辆小汽车，带了西瓜、食品，打算玩一整天。谁知此公刚学会开车三天，驾驶技术不精，上山后又走错路进入绝道，倒车时竟滑下山坡。只觉耳边风声呼呼，几个人恐惧地以为这回可要命送黄泉了。幸好滑了一段后，车子被两棵巨松夹住。探首下视，下临深渊，令人不寒而栗。大家挣扎着爬出汽车，在道旁一家人那借来条绳子，才一寸一寸地把汽车拉了上来。看着受损的车子，扫兴之余怏怏而归。盛夏到了，闻一多与梁实秋去游派克斯峰，这回不敢开车，只能雇车上山。沿途皆是积雪，到达海拔 14110 英尺的山顶，已冻得半僵，在一小木室内的观光簿上匆匆签下名，喝杯热咖啡赶紧下了山。当然，青年人不会因此裹足，他们还乘缆车到曼图山远眺，至七折瀑观飞练。在风洞中，钟乳石旁看见一大堆妇女扔下的发夹，据说投一只发夹在婚事上便能有良缘。

清华同学向有组织团体的习惯，当时科罗拉多大学共有九位清华毕业生，除闻一多、梁实秋外，还有攻读经济的陈肇彰、王国华、谢奋程、麦健曾、曹与平，攻读哲学的盛斯民，攻读英文的赵敏恒。1923年双十节那天，他们举行聚餐会畅叙乡情，食物很简单，只是一块面包、一杯咖啡。但大家商定今后每月举行一次，为此于 11 月 3 日成立了清华同学会珂泉支部，选举陈肇彰为干事，梁实秋为书记。[①]

1924 年夏，闻一多从科罗拉多大学毕业，他虽拿到了毕业证书，却没取得学士学位，原因是不肯补习三角和立体几何。闻一多在清华时就对数学不感兴趣，可这在美国是必修课，不及格就不给学位。梁实秋亦不喜爱此道，却硬着头皮啃了下来，于是拿到了学位。闻一多不愿在自己厌倦的课上花费时间，不肯听梁的劝告，结果只拿到了毕业文凭而没有得到学位。

毕业后，梁实秋决定去哈佛大学研究院攻读硕士学位，闻一多是因梁实秋而来科罗拉多的，既然梁实秋离开了，他也决定转到纽约艺术学院。两人离开珂泉时，闻一多把自己最心爱的霍斯曼诗集和叶芝诗集送给梁实秋。梁实秋回赠了一具珐琅香炉，是北平老杨天利号精制的，上面的狮子黄铜纽特别精致。

东去的路上，两人先同到芝加哥。停留的两个星期里，他们与清华一些同学共同发起了一个国家主义的团体——大江会。

---

① 梁治华（梁实秋）：《珂乐拉度大学情形》，《清华周刊》第 299 期，1923年 12 月 21 日。

| 第五节 |

发起"大江会"

闻一多参与发起国家主义团体"大江会",是他人生道路中的一件大事,也代表了他思想发展的一个重要阶段。由于人们对这段历史的了解极少,因此有必要追述一下其始末。

大江会的前身,可以追溯到 1923 年年初的几个通信团体。那时,清华学校 1921 级、1922 级留学生中,有几个自发的通信小组。最初它并没有明确的政治目的,为的不过是在颓唐涣散的留学生中,体现一番清华的合作精神,同时在干枯的学习生活中加进一点新的兴趣和新的精神。①

这些小组的成员有个共同的特点,即都接受过五四运动的洗礼,在校时就关心国家大事,而且多数人参加了六三惨案后清华学生的"同情罢考"。共同的经历使他们的思想感情尤为融洽,关系尤为密切。1923年春,为了建立《清华周刊》驻美编辑部,为了讨论改组清华董事会,彼此间互相往来进一步加强了。随后,大家都认为有必要组成一个团体,研究人们所关心的一些问题。

闻一多来美后,目睹到留学生中的一些不良现象,十分反感。他在 1922 年 8 月中旬的一封信中,说:"我观察这里的中国学生,真颓唐极了。大概多数人是嬉嬉笑笑,带着女伴逛逛而已,其余捉不到女

---

① 《致闻家騄》(1923 年 3 月 25 日),《闻一多书信选集》,第 146 页。

伴，就谈论品评，聊以解嘲而已。高一点的若谈到正当的 Serious（即严肃、庄重、认真）的事，也都愁眉叹气，一筹莫展。总而言之，他们没有一点振作的精神。"①1923 年 5 月 6 日，芝加哥的中国留学生召开国耻纪念会，到的人却不多，闻一多说："我处处看到些留学生们总看不进眼，他们的思想实浅陋得可笑"。② 这时，他正在反复思考人生观问题，因而感到要改变留学生不关心国事的倾向，必须尽快建立一个组织。

1923 年 6 月，吴泽霖、罗隆基从威斯康星来到芝加哥，与闻一多、钱宗堡、刘聪强等会面，决定成立一个以清华学生为核心的"大江学会"。

9 月 3 日，闻一多与浦薛凤一起到美国中西部的麦迪逊市。麦迪逊市是威斯康星州的首府，简称"麦城"，威斯康星大学系统的旗帜性学校威斯康星大学麦迪逊分校就设在这里，清华学校 1921 级的罗隆基、何浩若、吴泽霖、蔡承新、王际真，1922 级的高崇熙、周振声、沈铭书、张锡禄、刘行骥，1923 级的萨本铁、黄子卿③、谢奋程、安绍沄、谭广德、孙成屿、王世富、李迪俊等，都在这所学校留学。④ 因此，美国中部中国留学生每年一度的夏令会，就选择在麦迪逊城举行。

美国中部中国留美同学会年会是 9 月 4 日至 11 日举行的，这已经是第 14 次年会了，参加的 170 余人中，清华同学占了大半，上自 1915 级，下至 1923 级，无不有人参加，其中有闻一多堂兄闻亦传，以及好友罗隆基、吴泽霖、时昭瀛、梅贻宝、孔繁祁等。而年会的筹备和主持者，"十之九属清华学生"。⑤ 刚刚抵美的吴景超，是在西雅图下船后直

---

① 《致吴景超、顾毓琇、翟毅夫、梁实秋》（1922 年 8 月 14 日），《闻一多书信选集》，第 45 页。

② 《致家人》（1923 年 5 月 7 日），《闻一多书信选集》，第 150 页。

③ 黄子卿，家名荫荣，字碧帆，1900 年生，广东梅县。1915 年入长沙雅礼中学，1919 年考入清华学校高等科三年级（辛酉级），1921 年毕业赴美留学。

④ 据李迪俊：《威斯康辛大学消息》，《清华周刊》第 296 期，1923 年 11 月 30 日。威斯康辛，今译威斯康星。

⑤ 李迪俊：《威斯康辛大学消息》，《清华周刊》第 296 期，1923 年 11 月 30 日。

接到这里的，到达时年会已开了三天。年会的会序很丰富，有名人演讲、讨论、报告、演说辩论比赛、运动泅水比赛、俱乐跳舞、宴会等等，吴景超说："此会的最大好处，便是能聚多数中国学生于一堂"，而"讨论的主要题目，是学生对于改造中国所负的责任"。①

9月9日，乘着美国中部中国留美同学会年会之机，美国中部清华同学会亦召开了会议。会议于下午1时开始，参加者70余人，主席为孟继懋，闻一多担任书记。会上用了5个多小时讨论了多件议案，"有关于董事会的，有关于基金的，有关于同学会的，有关于母校学生的，有关于留美清华生的，有关于自费生的，有关于监督处的"②，而讨论议案多系芝加哥清华同学提出③。会后，罗隆基归纳了各种意见，写下《清华大改革案》。晚上，大家又热闹了一番，在麦迪逊著名的帕克旅馆举行宴会，参加者将近百人，既有男同学，也有女同学。"会前，依各级级色所制之纸帽，至是一律戴上。有作椎形者，有做棱形者，有作古冠式者，有作喽啰式者……红红绿绿，形形色色，令人目眩"。④

在麦迪逊期间，一些志同道合的清华同学成立了提倡国家主义的大江学会。大江学会似乎有个初步纲领，但迄今未能见到。不过，罗隆基在一封信中曾讲过它的宗旨，即："本自强不息的精神，持诚恳忠实的态度，取积极协作的方法，以谋国家的改造。"⑤显而易见，他们的目的已超出改良清华的范围，着眼点放在改造中国方面，这确是一个重大的进步。

大江学会成立后，国内北方的曹锟贿选总统，又一次暴露了北洋军阀封建统治的专制与腐败。南方的国民党召开一大，确立了"联俄、联

① 吴景超：《西雅图—麦城—明城》，《清华周刊》第290期，1923年10月19日。
② 吴景超：《西雅图—麦城—明城》，《清华周刊》第290期，1923年10月19日。
③ 李迪俊：《威斯康辛大学消息》，《清华周刊》第296期，1923年11月30日。
④ 李迪俊：《威斯康辛大学消息》，《清华周刊》第296期，1923年11月30日。
⑤ 《关于新清华学会及改组董事会二事的答复》，《清华周刊》第309期，1924年4月11日。

共、扶助农工"的三大政策。而"临城劫车案"则成为帝国主义列强掀起共管中国铁路交通的借口。这些，都引起大江学会成员的关注，增添了对封建统治的憎恨和对帝国主义的仇视。

同时，异国生活也使闻一多感受到民族的压迫，体验到失去自由的国家人民的痛苦。如清华的五四健将陈长桐去理发，理发师公然声称不伺候中国人，为此还打了场官司。闻一多从科罗拉多大学毕业时，竟没有一个美国女生愿与他们同台领取毕业证书。一次梁实秋开车外出，被人违章撞坏汽车，警察不问是非，强迫罚中国人的款。科罗拉多大学的一个学生报纸上，还曾刊登过一首嘲弄中国学生的诗，闻一多与梁实秋都回赠了一首。这些直截了当的侮辱，以及冷漠地保持距离，甚至高傲地施予怜悯，都深深刺痛了闻一多的心，使他的民族自尊感难以容忍。个人的荣誉在此时此地竟与祖国的地位那么密不可分，它怎能不让人从愤怒中站起来呢。于是，大江学会的改组问题被提出来了，闻一多和会员们都认为应当使新的组织具有政治的色彩。

1924 年年初，大江学会会员之间便开始研究世界各国复兴和衰败的历史经验及教训，他们对比过大量涌入中国的各种西方思潮，以及实验结果，最后又把目光投向新的选择。就在这时，土耳其共和国诞生了，它摆脱了第一次世界大战后英、法、意等列强的奴役，推翻了穆罕默德六世的封建统治政权，成为西亚民族解放斗争中的一面成功的旗帜。大江学会成员认为这是"少年土耳其鼓吹国家主义的结果"。[①] 因此，到了 6 月便有人提议正式改组，并认为"进行之第一步骤则鼓吹国家主义以为革命之基础"[②]。

暑假中，大江学会部分会员，还有清华学校 1923 年赴美的若干人，相约在芝加哥聚会，闻一多就是应约从百年州（科罗拉多建州于美国独立一百周年之时，号称百年州）穿过内布拉斯加、艾奥瓦（衣阿华）两州赶到这里的。芝加哥大学附近有条街叫 Drexel Street，街的尽头有家

---

①　浦薛凤：《理性的国家主义》，《大江季刊》第 1 卷第 1 期，1925 年 7 月 15 日。
②　《致家人》（1924 年 6 月 14 日），《闻一多书信选集》，第 180 页。

小旅馆 Drexel Hotel，房子很陈旧，设备也简陋，规模亦狭小，不过租金当然便宜，相约而来的罗隆基、何浩若、时昭瀛、吴景超、浦薛凤、潘光旦、吴文藻等十余人都下榻在这里。

紧锣密鼓的两个星期，大家展开热烈的讨论。闻一多不像研究政治、经济、社会学的朋友那样能从理论上讲出多少道理，但他是个重感情的人，国内的腐败使他痛苦，而国外的受人轻视也难以忍受。一个人或一个国家，在失掉自由的时候才最能知道自由之可贵，在得不到平等待遇的时候才最能体会到平等之重要。他曾对家人说："我辈定一身计划，能为个人利益设想之机会不多，家庭问题也，国家问题也，皆可不脱卸之责任。"又说："当今中国有急需焉，则政治之改良也。故吾近来亦颇注意于世界政治经济之组织及变迁。……我辈得良好机会受高深教育者当益有责任心，我辈对于家庭、社会、国家当多担一分责任。"① 由此可见，他的政治热情是多么饱满。

芝加哥会上，人们的意见并非完全相同，但有几项看法是一致的，这便是："第一，鉴于当时国家的危急处境，不愿侈谈世界大同或国际主义的崇高理想，而宜积极提倡国家主义（Nationalism）。第二，鉴于国内军阀之专横恣肆，应厉行自由民主之体制，拥护人权。第三，鉴于国内经济落后，人民贫困，主张由国家倡导从农业社会进而为工业社会，反对以阶级斗争为出发点的共产主义。"② 不难看出，他们首先反对帝国主义对中国的侵略，其次反对封建军阀。但是，他们不主张采用阶级斗争的方法进行国内革命，而主张以和平的手段改造政权，再由被改造的政权组织进行社会向现代化过渡，这正是资产阶级革命的典型特点。

这里特别应当强调的是他们的国家主义主张，在提出"国家主义"一词时，他们还慎重地注出英文。这样做的原因，是为了避免把它译成"民族主义"，使人误以为大江会倾向于狭隘的民族立场。

---

① 《致家人》（1924 年 6 月 14 日），《闻一多书信选集》，第 179—180 页。
② 梁实秋：《谈闻一多》，第 49 页。

　　国家主义原是欧洲近代史上很有影响的一种思潮。19 世纪，马志尼创建的"少年意大利"曾在这个旗帜下集合了反抗异族压迫的大军。罗马尼亚、比利时、塞尔维亚、德意志等国的民族独立运动，也都纷纷吸取这种思想作为发动民众的精神武器。它的原旨，是强调国家民族的存在，以团结国内人民反对外族侵略。但是，正如达尔文的进化论一样，国家主义后来也被德意志的某些学者改造演变成"鲸古主义""嚣奋主义"，以致使之成为弱肉强食的理论依据。大江会提倡的国家主义，是马志尼时代的国家主义，为了与形形色色改头换面的国家主义相区别，他们还在"国家主义"四字之前，加上"大江的"三个字。

　　什么是"大江的国家主义"呢？大江会解释其定义为："中华人民谋中华政治的自由发展，中华经济的自由抉择，及中华文化的自由演进。"大江会的宗旨即："本大江的国家主义，对内实行改造运动，对外反对列强侵略。"而当前最主要的任务，则定为"偏重反对列强侵略与鼓励民气"。[①] 从这些理论和目标看，大江会的主流符合当时东方民族解放斗争的时代潮流，因此可以说它是中国革命的组成部分之一。

　　值得研究的是，大江会也明确提出反对阶级斗争，这实际上是对苏联不满的折射。究其原因，主要是对苏联继续控制沙俄攫夺的中东铁路，还有支持外蒙古脱离中国版图等做法，无法在感情上接受。因而，大江会把苏联当成赤色帝国主义。闻一多基本上也是这种看法，不过又常常表现出某种困惑：一方面为苏联劳动人民翻身做主人而由衷钦佩，一方面又认为苏联仍有霸权色彩。他曾在诗中赞美列宁，但又参加过反苏活动，这种两重性在当时许多知识分子身上都出现过，可见它并不是偶然与孤立的，有一定的环境因素，也有思想与立场上的原因。

　　大江会是闻一多参加的第一个政治性社团，它表现出闻一多在寻找中国出路上迈出的一步。大江会的宣言及纲领是罗隆基、何浩若起草的，由时昭瀛、王化成译成英文在留学生中散发，闻一多看到它已是在

---

　　① 《大江会章程》，《大江季刊》第 1 卷第 2 期，1925 年 11 月 15 日。

国内了。不过，他显然赞成其中的观点与主张，所以对宣传"大江的国家主义"不遗余力。

芝加哥会议的同时，在美国东部的一些清华留学生也在波士顿举行了同样性质的聚会，其中某些人加入了大江会。《大江会》初期成员仅29人，分别是：王化成、孔繁祁、何浩若、吴文藻、吴景超、吴泽霖、沈有乾、沈宗濂、沈镇南、胡毅、胡竞铭、徐宗涑、时昭瀛、陈钦仁、陈华寅、浦薛凤、顾毓琇、梁实秋、张继忠、黄荫普、闻一多、熊祖同、潘光旦、刘聪强、蔡公椿、翟桓、罗隆基、薛祖康、魏毓贤。他们后来各自的道路有所不同。

| 第六节 |

在纽约

演出英文古装剧

1924年9月，闻一多来到美国最大的城市纽约，转入纽约艺术学院。

在纽约，他住在江滨大道的远近驰名的国际学舍（International House）。这是石油大王洛克菲勒基金会捐助修建的十几层大楼，刚刚落成，内设饭馆、洗衣店、理发店、裁缝店、杂货店等，俨如一小社会。唐德刚为胡适《四十自述》做注释时，称它"是一座世界各留美学生所杂居的观光大酒店"。① 住在这儿的大部分是各国留学生，故人称"万国公寓"。这儿房租每星期六元，在豪华的纽约不算贵。

到纽约来本是为了继续学画，不料兴趣的重心却转到戏剧方面来了。这一兴趣的改变是因为结识了几位学戏剧的朋友，同时也反映出年近 25 岁的闻一多这时还没有确定自己的方向。

在国际学舍，闻一多认识了张嘉铸、熊佛西、余上沅、赵太侔，这是很重要的几位朋友。张嘉铸，字禹九，是张嘉森（君劢）、张嘉璈（公权）的胞弟，出身望族。他也在清华学校读了两年书，未毕业便自费来美，选学美术批评。闻一多对张印象颇佳，称其"文学美术鉴赏力甚高，孜孜好学，思想亦超凡俗"，"得如张君其人而友之，宁非幸哉"。② 熊佛西，原名福禧，是燕京大学学生，喜爱戏剧，曾与沈雁冰、欧阳予倩组织过民众剧社，还编辑过一本《戏剧》杂志，这时刚到哥伦比亚大学研究戏剧与文学。这两个青年都非等闲之辈，他们对戏剧的热情勾起了闻一多往日的兴趣。闻一多与熊佛西合编的一个独幕剧，就是这时创作的。熊佛西对闻一多的印象也十分深刻，他记得闻一多说过这样一句话："诗人主要的天赋是'爱'，爱他的祖国，爱他的人民。"这句至理名言后来成为广为流传的警句。闻一多牺牲后，最早收集资料打算为闻立传者，也是他。

余上沅是湖北沙市人，说起来还是同乡，他比闻一多长两岁，五四时期作为武汉学联代表出席过全国学联大会，此后经胡适推荐到清华任职员，一年前由清华资助半费赴美留学，与梁实秋、顾毓琇同船。他始入匹兹堡卡内基大学戏剧系，这时在哥伦比亚大学研究戏剧。赵太侔本名赵畸，山东人，在北京大学读书时参与过《新潮》的编辑，曾是无政府主义者。他来美有年，正在攻读戏剧专业。

这几个青年凑在一起，打算排演几出戏剧。闻一多学习的是美术，正好负责舞台设计与服装制作。在清华园时，闻一多就曾多次参与戏剧

---

① 欧阳哲生编：《胡适文集》第 1 册，北京大学出版社 1998 年版，第 214 页。
② 《致家人》（1924 年 9 月 23 日），《闻一多书信选集》，第 181—182 页。

编演，现在接触正规的西方戏剧艺术，自然又触发了他当年的兴趣。一连数周，大家忙得不可开交，排演过一次洪深编的《牛郎织女》后，又演出了一次引起轰动的英文剧。

那是 1924 年 12 月，大概是为了欢庆新年吧，住在国际学舍的各国留学生决定组织一次大型演出会，大家都编排自己国家有代表性的节目。闻一多和几个朋友决心要在这次演出中胜出，于是由余上沅编写了英文剧《此恨绵绵》（又名《长恨歌》《杨贵妃》，亦有人称《此恨丝绵绵》）。闻一多的绘画才能在这次演出中得到充分发挥，布景、服装多出自他手。他给梁实秋的一封信中说："我们自从来此，两次演戏，忙得我头昏脑乱，没有好好的画过一次画。"又说："近来忙的不可开交"，"但戏仍旧还无头绪。眼看排演日期马上就到了，五幕戏只练了一幕。化装布景的图案虽是画得了，但还没有动手制造。三十余件的古装都是要小姐们的玉手亲缝，其奈小姐们的架子大何"。当时也准备请位中国英美烟公司画广告的杨某人帮忙画些，杨某神气地说他的画一笔不能改。闻一多十分生气，立刻"要求当局人把他开除了"，结果所有的事只好"一人包揽"。[①]

紧张的工作把修饰边幅的时间也挤掉了，个个都长发披头，一副艺术家的模样。生活方式像是波西米亚式的。他们有时挤在台上，有时挤在地窖里，常常为着一个问题争执不休，直到高呼"开窗子""天气不错"，方才罢休。[②]

《此恨绵绵》有两个主角是杨贵妃和唐明皇，分别由黄倩仪、黄仁霖扮演，他们都很卖力。黄仁霖当时在哥伦比亚大学读书，他在回忆中特别提到这出剧，说它的梗概是：唐明皇"宠爱的王妃，杨贵妃已经死了，他到各处访求方法，以期重温旧梦。即使只能见一面，亦属甘心。有一天，有一位方士求见，他具有神秘的魔术似的力量。方士告诉他，已经找到他的贵妃，她是月球里的嫦娥。明皇告诉他，他愿意不惜

---

① 《致梁实秋》（1924 年），《闻一多书信选集》，第 183 页。

② 余上沅：《致张嘉铸》，《晨报副镌·剧刊》第 15 期，1926 年 9 月 23 日。

任何代价，都要与贵妃晤面。方士答应帮助他，但每一年内，只有一个晚上，那月宫才能开放，那是八月十五日夜晚。最后，所有准备工作都已完成，并已到了那一个夜晚，明皇靠着方士的超自然力量的帮助，庄严地升到银河，然后进入月宫。在大门口，由贵妃的侍从迎接到月宫里去，就在那里他和他已失去的爱妃，重获团圆。他们有一次简短的聚会，并唱了一会儿歌。突然间，明皇应该回去的时刻到了，方士必须强行把明皇拉回地球，这是悲剧的终局。"①

五幕英文古装剧《此恨绵绵》在纽约国际学舍礼堂公演时，动人的故事加上亮丽的服装道具，立刻吸引了观众。那天晚上，国际学舍赞助人约翰·洛克菲勒（即老约翰）和他的家属都到场了，演出后大家还受邀与洛氏家属会见。老约翰还特别称赞了黄仁霖的表演，说："你真是一位了不起的演员，他们应当请你登上舞台去的。"②在表演行业中，人们只看得到登台的演出者，只有真正的艺术家才清楚舞台后面的编剧、导演、美工付出的极大心力。老约翰对黄仁霖的称赞，实际上包含着对所有参加《此恨绵绵》演出者的褒奖。

这次演出取得了出乎意料的成功，黄仁霖说它"是少有的几次（演出）中的一次，中国社会和中国同学们能够携手合作，为国家争取光荣"。③许多华侨和美国人士也交口称赞，报刊上的溢美之词同样使人振奋。闻一多用油彩在服装上绘制出的大海、红日等，在灯光下十分耀眼，也给人一种富丽堂皇的迷色。由于这次演出，黄仁霖结识了闻一多。抗战中期，蒋介石指派黄仁霖负责军事委员会战地服务团干部训练班（即战地服务团译员班），黄仁霖曾欲邀请闻一多担任副班主任，这是后话，不在这里细说。

《此恨绵绵》的大获成功，大大鼓舞了几个青年。三更时分，又喝了半醉，第二天收拾舞台，个个又成为辛格、叶芝，彼此告语决定回国

① 黄仁霖：《我做蒋介石特勤总管 40 年：黄仁霖回忆录》，团结出版社 2006年版，第 33 页。

② 同上书，第 33 页。

③ 同上书，第 33 页。

从事"国剧运动"。

纽约演出的消息传到了波士顿,波士顿的中国留学生也跃跃欲试。顾毓琇赶编《琵琶记》,梁实秋译成英文,很快剧本便搞出来了。于是,梁实秋、谢文秋、谢冰心、顾毓琇、王国秀、徐宗涑、沈宗濂、曾昭抡、高长庚等分饰各角色。至于服装、布景,则向闻一多求援。闻一多开始走不开,只好由余上沅、赵太侔出马。但3月28日在美术剧院公演前,他还是专程赶到了,并亲手给谢冰心化妆。

纽约和波士顿的两次演出,第一次把中国戏剧介绍到美国,加上使用英文演出,也消除了语言上的障碍。这次小小高潮,是闻一多与余上沅、赵太侔、张嘉铸、熊佛西等最初掀动的,他们在传播民族文化方面,做出了自己的努力,而闻一多也从中受到启发,以至决定提前回国发动国剧运动。

提倡"文化的国家主义"

戏剧在当时的中国还未受到艺术的礼遇,但它那形象生动的形式作为民众教育的重要手段,已被有志之士开始认识。无论是平民教育、职业教育还是专门教育,都可运用戏剧这门艺术。闻一多决心从事国剧运动,既有个人的兴趣成分,同时也有繁荣与发展中华文化的思想。他的这种思想,正与"大江的国家主义"相一致,而闻一多在大江会中,最热心提倡的也是"文化的国家主义"。

经过多年的思考,闻一多对文化的认识越来越深入。9年前,1916年5月,他就写过一篇《论振兴国学》。这是《清华周刊》发表的他的第一篇论说文,文中说:"国于天地,必有与立,文字是也。文字者,文明之所寄,而国粹之所凭也。希腊之兴以文,及文之衰也,而国亦随之。罗马之强在奥开斯吞时代,及文气荼蔽,礼沦乐弛,而铁骑遂得肆其蹂躏焉!吾国汉唐之际,文章彪炳,而郅治跻于咸五登三之盛。晋宋以还,文风不振,国势披靡。泊乎晚近,日趋而伪,亦日趋而微。"①

这段把文字、文明与国运综合起来分析的论述，在向西方学习的潮流中似乎有些保守，但它恰反映了闻一多可贵的爱国意识。现在，戏剧作为文化的一个部分，同样受到他的重视。

从《此恨绵绵》演毕后，闻一多便与朋友们构想起国剧运动的计划来。他们想办《傀儡》杂志，想办"北京艺术剧院"，想办演员训练学校，想办戏剧图书博物馆，还想选送留学生学习西方戏剧艺术，甚至还要请戈登克雷、米因哈特、盖迪斯等人来华游讲。他们越谈越兴奋，疲惫的面颊上浮出了红光。

此后两个月，几个人分头调查。从纽约东边到西边，从犹太人区到意大利人区，托人了解剧院的组织及开办办法，去书店购买参考书，到颜料店、电器店、五金店打探行情。箱子里的资料堆得越来越高了。

国剧运动要在国内开展，到哪儿寻找立足之地？他们不约而同想起北京大学。当时，这个新文化运动的策源地开设过音乐传习所、画法研究会，为什么不能给戏剧艺术一席之地？余上沅与胡适有过交往，于是代表三人写了封信，说："我们原来各有计划，想将来回国为戏剧艺术尽力。近来才互相约定，决于今年夏天一同回国，开始筹办'北京艺术剧院'的运动"，"我们也在纸上拟了很完备的计划，但苦于无钱开办，也就变作空文了。我们想去想来，觉得有一件事北大可办、能办而且该办"，这就是"开设'戏剧传习所'或'研究会'"。② 这封写于1925年1月18日的信发出去后，始终不见回音，许是胡适忙于参加段祺瑞政府召开的全国善后会议，没把这件事放在心上。

这封信发出之前，闻一多与余上沅、赵太侔、林徽因、梁思成、梁实秋、顾毓琇、瞿世英、张嘉铸、熊正瑾、熊佛西等人，已发起了一个"中华戏剧改进社"，社中最热情的要数闻一多了。同人曾拟出版个

---

① 闻一多：《论振兴国学》，《清华周刊》第77期，1916年5月17日。

② 《余上沅致胡适》（1925年1月18日），杜春和编：《胡适来往书信选》上册，中华书局1979年版，第296页。

刊物，原欲专注于戏剧，因材料有限便改为包括各种艺术。刊名是"雕虫"还是"河图"还未确定，前四期的目录倒出来了，除了剧本与戏剧评论，还涉及绘画、雕刻、建筑、音乐、诗歌、文物、舞蹈等，内容和体裁都不拘一格。

这个刊物目录，闻一多曾抄寄给梁实秋一份，请他邀约哈佛的朋友磋商。信中他有段很重要的话，不仅说明他们发动国剧运动的动机，也可以说是闻一多后来致力文化事业的基本出发点。他说："我国前途之危险不独政治、经济有被人征服之虑，且有文化被人征服之祸患。文化之征服甚于他方面之征服百千倍之。杜渐防微之责，舍我辈谁堪任之！"①

闻一多在信中，还特别强调"纽约同人皆同意于中华文化的国家主义（Cultural Nationalism）"，其愿望自然是要振兴中华。不过，它并非带有狭隘的民族性。目录中拟有介绍世界各国文艺的文章，闻一多打算写的就有《塞藏赞》《奈陀夫人的艺术》《毕痴来》，他想表彰的是各国的爱国主义者。同时，第五期则准备讨论爱尔兰文艺复兴运动，这反映出他们具有世界性的眼光。

这时，闻一多翻译了一首拜伦的《希腊之群岛》。这首诗没有收入他的各种文集，却不应因此被人忽视。说它重要，不是由于它是多年后才被发现的一首佚诗，而是在于闻一多是利用这首诗诠释自己对国家主义的理解。拜伦是英国诗人，在希腊遭受英国侵略的时候，他不是维护本国利益，而是站在弱小民族一边。爱国者不仅仅爱自己的祖国，也要爱别人的祖国，在这点上闻一多与拜伦是相通的。他把这首译诗寄给郭沫若，建议《创造》出一期拜伦专号，他当时不知道《创造季刊》《创造周报》都已被迫停刊。后来，这首诗发表在1927年11月19日的《时事新报·文艺周刊》。

值得重视的还有一首《南海之神——中山先生颂》。大江会对国民党联俄联共政策是有看法的，但这并不证明闻一多对国民党有成见。他

_____

① 《致梁实秋》（1925年），《闻一多书信选集》，第191页。

对孙中山的革命精神一直十分佩服。还在珂泉时，外间误传孙中山病逝，闻一多听了大为激动，红头涨脸反复道："这个人如何可以死！这个人如何可以死！"[①] 他与梁实秋立即给纽约发电报询问，方知没有这回事。

《南海之神》便是那时动笔的。这是首诗由《神之降生》《纪元之创造》《祈祷》三部分组成的长诗，诗行多达 150 多段。在诗中，闻一多用几近崇拜的诗句颂扬孙中山，它写道：当"炎风煽惑了龃龉的波浪；海水熬成了一锅热油，大波噬著小澜，惊涛扑着骇浪。妖云在摇旗，迅雷在呐喊"的时候，"忽地他长啸一声——天昏地黑，南海岸山一个婴儿坠地了！"这"婴儿醒了，呱呱的哭声，载满了一个民族的悲哀"，"于是蔚蓝的高天是它的庄严，葱绿的大地是母亲的慈爱"，"一切的都敛息屏声，护持着这新生命的睡眠，倾听着这新脉搏的节奏"。接着，"巍峨的五岳献给他庄严；瞿塘预滟的石壁献给他坚忍；从深山峭谷里探出路径，捣石成沙，撞断巫山十二峰，奔流万里，百折不回的扬子江，献给他寰球三大毅力之一。"再接着：

> 造物者又把创造的全能交付给他了。
> 于是全宇宙长在一个人的躯壳里了；
> 啊！一个宇宙在人间歌哭言笑！
> 一个宇宙在人间奔走呼号！——
> 于是赤县神州有一个圣人，
> 同北邻建树赤帜的圣人比肩，
> 同西邻的 Mahatma 争衡，
> 同太平洋彼岸上为一个奴隶民族，
> 解脱了枷锁的圣人并驾齐驱！

闻一多用浪漫的诗句表达对孙中山的敬仰，说：

---

① 梁实秋：《谈闻一多》，第 60 页。

他是一座洪炉——他是洪炉中的一条火龙，

每一颗鳞甲是一颗火星，

每一条须鬣是一条火焰。

时期到了！时期到了！他不能再思了！

于是他挥起巨斧，巨斧在他手中抖颤——

摩天的巨斧像山岳一般倒下来了，

豁的一声——阊阖洞开了！

豁的一声——飞昂折倒了！

豁的一声——黄阙丹墀变成齑粉了！

于是在第二个盘古的神斧之下，

五千年的金龙宝殿一扫而空——

前五千年的盘踞地禅让给后五千年了。

于是中华的圣人创造了一个新纪元，

这圣人是我们中华历史上的赤道，

他的前面是一个半球。

他的后面又是一个半球。

他是中华文化的总枢纽，

他转了四万万生灵的命运。

《南海之神》的结尾一段写道：

神秘伟大的神灵啊！

让我们赞美你！让我们膜拜你！

让我们从你身上支取力量，

因为你是四万万华胄的力量之结晶。

让我们从你身上看到中华昨日的伟大，

从你身上望到中华明日的光荣——

让我们的希望从你身上发生。

伟大的神！仁爱的神！勇武的神啊！

　　让我们赞美你！让我们礼拜你！

　　但是先让我们忏悔！先让我们忏悔！

　　这里，闻一多赞颂的是孙中山，实际上是把孙中山作为中华民族觉醒和奋起的符号。1925 年 3 月 12 日，孙中山在北京逝世，22 日纽约华侨召开追悼会，会场在国际学舍正厅。大江会成员在追悼会筹备处中起了骨干作用，处长即罗隆基，潘光旦译了总理遗嘱和国民党一大宣言。而会场中央的孙中山遗像，是闻一多绘制的。[①] 他很喜爱这幅炭笔画，曾拍成照片分赠给朋友。《南海之神》一诗也于这时定稿，并决定交给《大江季刊》发表。

　　这些，都可以说是闻一多对"文化的国家主义"的认识和理解。

---

　　① 《校闻》，《清华周刊》第 345 期，1925 年 5 月 1 日。

第四章

一个破灭的梦

这神秘的静夜，这浑圆的和平，
我喉咙里颤动着感谢的歌声。
但是歌声马上又变成了诅咒，
静夜！我不能，不能受你的贿赂。
谁稀罕你这墙内尺方的和平！
我的世界还有更辽阔的边境。

——闻一多《心跳》

| 第一节 |

"我是中国人"

提前回国

清华毕业生赴美留学，按规定至少可以在美国学习五年，如果攻读博士学位，则还可以延长。但是，闻一多抱着从事国剧运动的志向，只在美国待了三年就提前结束了留学生活。

闻一多在美国仅逗留了三年，也许有偶然因素，但他在出国后不到三个月，就说三年后决将回国。1922 年 10 月 28 日，他在给父母亲的信中写道："此校确系美国之首屈一指，我毕业于此后，纵欲继续研究，在此邦亦无处可去也。故三年之后，我决即归国。当然学问无穷境，美术亦然。我若欲求更进，只有往欧洲而已。但此在目下，诚属望外。"接着，他又说："我急欲归国更有一理由，则研究文学是也。恐怕我对于文学的兴味比美术还深。我在文学中已得的成就比美术亦大。此一层别人恐不深悉，但我确有把握。"① 两个月后，他在给父母亲的信里再次说到提前回国事，并将留学时间由三年缩短为两年半。信中说："美院本三年毕业，我想连读两暑假，则两年之间已读完两年又两学期之功课。再读一学期，即两年又三个月，而三年之功课均毕矣。由此计算，

① 《致父母亲》（1922 年 10 月 28 日），《闻一多书信选集》，第 91 页。

后年年底（民国十三年）我当能归国。日前闻一教员云，在此校肄业两年，根底工夫已足欠矣，此后自己作功夫，可也。故我若欲早归，后年秋天亦可归来。"写到这里，闻一多兴奋地说："想家中得知我留美期限又由三年减至二年半，亦足惊喜矣。"同时，他也又一次表示"我未曾专门攻文学，而吾之文学成绩殊不多后人也"。① 可见，闻一多想三年甚至两年半就回国的原因，一是芝加哥美术学院已是全国最高美术学府，即使毕业后欲继续研究，那也只有去欧洲，在美国则无处可去；二是他立志研究中国文学，而研究中国文学怎么可能在文化截然不同的异域呢。

说到做到，这次闻一多真的决定提前回国了。自从《此恨绵绵》演出成功后，闻一多便决定回国发起国剧运动，计划创办《傀儡》杂志，设计"北京艺术剧院"，开办演员训练学校，戏剧图书博物馆，邀请西方戏剧界名流到中国讲演，都是这些工作的组成部分。1925 年 1 月，闻一多把提前回国的决定和回国后的计划写信告诉国内的朱湘，朱湘听了十分兴奋，浮想联翩。他在回信中表示非常赞成创办一所艺术大学，说这是一件"刻不容缓之事业"，"吾兄与一班游美之青年艺术家联袂返来之时，能在景物清幽之地，或宁或吴，创立一广义的艺术大学，则我国当今就木之艺术尚有一 Rebai 之希望焉。此大学开办后，戏剧自亦在内，届时之盛况可想而知"。信中，他还用浪漫的文笔写到，如果艺术大学能够创办，必定会"一鸣惊人"，他从现在起就开始募集基金。接着，又悬想到这所大学"有梁思成君建筑校舍，有骆启荣君担任雕刻，有吾兄及杨廷宝君濡写壁画，有余上沅君赵畸君开办戏院，双有园亭池沼药卉草木以培养实秋兄沫若兄之诗意，以逗林徽因女士之清歌，而达夫兄，年来之悲苦亦得藉此发稍释，不亦人生之大快乎？"要尾，朱湘还说："弟馨香默祷，能身逢其盛，永在书城中为一蠹鱼，愿亦足矣。"②

① 《致父母亲》（1923 年 1 月 14 日），《闻一多书信选集》，第 117—118 页。
② 《朱湘遗书》，《清华周刊》第 41 卷第 3、4 期合刊，1934 年 4 月 16 日。

经过半年的筹划，1925 年 5 月 4 日，闻一多终于启程了。这天，他与余上沅、赵太侔乘火车离开纽约向西岸奔去；张嘉铸则做了"赴欧考察专使"，熊佛西做纽约留守。14 日，他们登上海轮，为了省下钱作回国后的生活费，只买了三等舱，每人少花了 100 美元。行前闻一多对梁实秋说："此行可谓 Heroic 矣"，[①] 意思是真够英雄气概的了。

"我是中国人"

6 月 1 日，他们终于踏上朝思暮想的祖国土地。万万想不到迎接他们的是上海马路上那斑斑血迹——两天前，这里刚刚发生了五卅惨案。一盆冰水当头浇下来，几个人哭丧着脸，怏怏地失去了生气，倒在床上，没有说一句话。

洪深这时正在上海从事戏剧和电影工作，他和欧阳予倩都极力劝闻一多等留下来共事，说北京去不得。可是中国的文化中心在北京，那儿的吸引力更大些。

6 月，在故乡小住后的闻一多匆匆离别亲人，来到北京，与余上沅、陈石孚合赁了西单二龙路梯子胡同 1 号的小院。

在北京，闻一多见到了杨振声。杨振声，字今甫、金甫，山东蓬莱人，比闻一多长九岁。他是北京大学新潮社发起者之一，五四时参加过火烧赵家楼，后赴美学习教育学，去年春天回国，现在正担任《现代评论》文艺编辑。他四个月前刚刚出版了一部《玉君》，这是中国现代文学史上的第一部中篇小说。由于共同的文艺爱好，闻一多回国后最初的几首诗，就发表在《现代评论》上。

闻一多发表的诗，有《醒呀！》《七子之歌》《爱国的心》《我是中国人》等。这些诗本已交给《大江季刊》，可由于五卅惨案的发生，对帝国主义的仇恨促使他把它们提前发表了。《醒呀！》刊登时，特写了

---

① 《致梁实秋》（1925 年 4 月 24 日），《闻一多书信选集》，第 200 页。

跋，说"这些是历年旅外因受尽帝国主义的闲气而喊出的不平的呼声"，"目下正值帝国主义在沪汉（6月11日，汉口码头工人示威游行抗议英商太古公司殴伤、逮捕工人，遭英海军陆战队镇压，死30余人，伤20余人，是为汉口惨案）演成这种惨剧"，所以"把这些诗找一条捷径发表了，是希望他们可以在同胞中激起一些敌忾，把激昂的民气变得更加激昂"。①

《醒呀！》是用汉满蒙回藏五大民族与"众"的口吻，发出的反抗帝国主义之呼声。这首写于纽约的诗，控诉虎豹豺狼糟蹋神州，呼吁"熟睡的神狮"赶快醒来。这种感情与全国民众掀起的反帝高潮融为一体，以诗笔作为武器，这就是闻一多回国后的初次亮相。

紧接着，《七子之歌》以令人注目的姿态出现了。它把被列强霸占去的澳门、香港、台湾、威海卫、广州湾、九龙、旅顺大连七地，比作被迫离开母亲的七个儿子，哭诉所受帝国主义强盗蹂躏的百般痛苦，要求回到母亲的怀抱。诗前有序，云：邶有七子之母不安其室，七子自怨自艾，冀以回其母心。诗人作《凯风》以愍之。吾国自《尼布楚条约》迄旅大之租让，先后丧失之土地，失养于祖国，受虐于异类，臆其悲哀之情，盖有甚于《凯风》之七子，因择其中与中华关系最亲切者七地，为作歌各一章，以抒其孤苦亡告，眷怀祖国之哀忱，亦以励国人之奋兴云尔。国疆崩丧。积日既久，国人视之漠然，不见夫法兰西之 **ALSACE-LORRAINE**（阿尔萨斯、洛林，位于法国东部，1871年普法战争后割让给德国，1919年后方归还）耶？"精诚所至，金石能开"。诚如斯，中华"七子"之归来其在且夕乎？这首诗曾引起许多人的共鸣，后来成为上海沪江大学首任中国籍校长的刘湛恩，看到此诗马上将其收入了《公民诗歌》。一位笔名为"吴嚷"者又将它转载于《清华周刊》，并加附识云："读《出师表》不感动者，不忠；读《陈情表》不下泪者，不孝；古人言之屡矣。余读《七子之歌》，信口悲鸣一阕复一阕，不知清泪之盈眶，读《出师》《陈情》时，固未有如是之感动也。今录

---

①　闻一多：《〈醒呀！〉跋》，《现代评论》第2卷第29期，1925年6月27日。

出之聊使读者一沥同情之泪，毋忘七子之哀呼而已。"

爱与恨是一对双胞胎，如果说上述两首诗是控诉和怒吼，那么《爱国的心》《我是中国人》便是有意讴歌爱国。前者虽仅两段八行，却已惊心动魄。请看：

> 我心头有一幅旌旆，
> 没有风时自然摇摆；
> 我这幅抖颤的心旌，
> 上面有五样的色彩；
> 这心腹里海棠叶形，
> 是中华版图的缩本；
> 谁能偷去伊的版图？
> 谁能偷得去我的心？

《我是中国人》多年来被人引吭不断，它以"我是中国人，我是支那人"作为开头，又作为结尾，加重了诗的主题。诗中自豪地述说中华民族广阔的地域、悠久的历史与灿烂的文化，然后笔锋一转，说"我的心里有尧舜的心，我的血是荆轲聂政的血"。又写道：

> 我没有睡着！我没有睡着！
> 我心中的灵火还在燃烧；
> 我的火焰他越烧越燃，
> 我为我的祖国烧得发颤。

这是发烫的字句，是热血写成的，艺术在这里显示出它的魅力。一入国门，闻一多便出手不凡。

除了在《现代评论》上发表诗作外，7月15日创刊的《大江季刊》上也刊出几首诗。其中至今仍朗朗上口的《洗衣歌》写于当年1月，当时他对梁实秋说要作一首中国人在美国受气的故事，随后便写下《洗衣歌》。它通过一个以洗衣为职业的华侨之口，表示出对民族歧视、民族压迫的愤懑。诗序中写道："美国华侨十之八九以洗衣为生，外人至有疑支那乃举国洗衣匠者。国人旅外之受人轻视，言之心痛，爰假洗衣匠口吻作曲以鸣不平。"后来编入《死水》诗集时，把序改为："洗衣是美国华侨最普遍的职业，因此留学生常常被人问道：'你的爸爸是洗衣裳的吗？'许多人忍受不了这侮辱。然而洗衣的职业确乎含着一点神秘的意义，至少我曾经这样的想过。作洗衣歌。"这么一改，便把"受轻视"改为"被侮辱"，更突出了主题。

　　闻一多写这几首诗，都是当作"国家主义的呼声"，1925 年 3 月他在给梁实秋的信中特别强调"昨晚又草成《七子之歌》，也是国家主义的呼声"。[①] 今天看来，这些诗无疑都属于爱国主义范畴，因为那个时期，凡是反帝反封建的志士，都属这个行列。

|第二节|
受挫的国剧运动

　　提前回国是为了开展国剧运动和建立艺术剧院，一到北京，闻一多和余上沅就积极奔走，设法打开通路。他们把早已拟好的《北京艺术剧院大纲》送到《晨报》馆，副刊编辑孙伏园看后加了点意见，以闻、余、赵、孙四人之名发表于《晨报副刊》。

---

　　① 《致梁实秋》（1925 年 3 月），《闻一多书信选集》，第 196 页。

这个大纲似乎鲜为人知，闻一多和余上沅的文集中也均未收录，但这并不妨碍大纲的价值。从全文看，我们得以窥知他们是想仿照西方模式，筹建一个学习、研究、演出兼行，学校剧院结合的新型正规艺术团体，它设有董事会、评议会、院长，还对经费来源、营业方法、场内坐席、练习生功课等做了初步规划。

大纲毕竟只是计划，解决资金靠求助政府是困难的，于是闻一多把目光投向"新月社"。

新月社是个高级文化人士的聚餐会，早期成员有徐志摩、胡适、张君劢、丁文江、林长民等。他们对编剧演剧也曾有过一番热情，一年前为庆祝泰戈尔诞辰，演出过《契玦腊》。正是这缘故，闻一多很希望得到新月社的支持。

新月社中对这几个青年人最热情的要数徐志摩。徐志摩比闻一多年长三岁，早年留学美国、英国，写过新诗和剧本，去年泰戈尔来华时他充当翻译，并随同游访欧洲，这时刚从苏联回来。徐的妻子张幼仪是张嘉铸的胞姊，由于这层关系，两人一见如故。徐的寓所松树胡同 7 号是新月社聚会的主要地点，因徐的介绍，闻一多 8 月间也正式加入了新月社。

11 日，徐志摩约闻一多聚会午餐，在座者有胡适、陈通伯、张欣海、丁西林、蒲殿俊、萧友梅等。这些人都是社会名流，尤其胡适因是清华史前期直接留美生，又是《尝试集》的作者，所以很受闻一多尊敬。两人后来有过一段很密切的交往。

不过新月社只是清议，仍难以解决资金问题。闻一多参加新月社的唯一收获，是得到徐志摩的推荐觅得了回国后的第一个职业。

9 月初，因学潮停办了半年的北京美术专门学校决定恢复，并改名为艺术专门学校，主持筹备工作的是教育部专门司司长刘百昭。闻一多与余上沅都被聘为筹备委员，后来赵太侔也被聘为教授兼戏剧系主任。

闻一多是抱着振兴戏剧艺术的理想回国的，上任艺专后便积极游说增添戏剧专业，经过努力居然得到教育部认可。艺专建立戏剧系在中国文艺界是件有相当意义的大事，此前虽有人办过戏剧学校，但均是私立，所以洪深称艺专戏剧系的诞生，"是我国视为卑鄙不堪之戏剧，与国家教育机关发生关系之第一朝"①。

从 14 日起，闻一多投入紧张的艺专筹备工作。北京当时的主要报纸上，几乎每天都登载关于他的活动。闻一多又是起草组织大纲，又是讨论预算，又是接洽开办经费，还要负责主持油画系的招生考试，真是忙得不可开交。

10 月 5 日，闻一多被正式聘任为艺专教务长，在油画系主任徐悲鸿未到任前，他还兼任该系主任。艺专是 11 月 16 日开课的，开课后他更加忙碌。这时赵太侔已经到了北京，戏剧系因有他和余上沅两个热心者，办得生气勃勃，田汉的妻子安娥就是这时考入戏剧系中有数的几个女生之一。据报载，戏剧系招考说明书及概略颇属详明，它也是闻一多拟的。② 多年后，闻一多随清华大学迁往昆明，国立戏剧专科学校在昆明招生，闻一多还应聘担任了考试委员。③ 这是后话。

对于民族形式的戏剧，闻一多也没有忘却。1926 年，他曾向邓以蛰约稿，拟题为《杨小楼》。④ 可惜邓没有完成。

闻一多一心培植戏剧人才，准备为将来办剧院打个基础。然而那是个政局动荡的年代，有为的志士很难实现宏大的理想。当时，段祺瑞在冯玉祥国民军与张作霖奉军的拥戴下，成为北京临时政府执政。张作霖进兵天津后，向江苏安徽发展，与孙传芳五省联军发生冲突。冯玉祥遂暗中与奉军郭松龄合谋倒张，11 月 22 日，郭通电倒戈，国民军控制了北京政权。12 月 31 日，段祺瑞改组国务院，以易培基代替章士钊出任教育总长。这一人事更迭使与章士钊休戚相关的刘百昭也发生连带关系，刘不得不提出辞呈。

1926 年 1 月，教育部拟派尚未回国的林风眠为艺专校长，未到任

①　《中国新文学大系·戏剧集·导言》。

②　《艺专收容女生》，《晨报》1925 年 10 月 8 日。

③　《戏剧学校在昆招生》，昆明《朝报》1940 年 7 月 29 日，第 3 版。

④　邓以蛰致赵太侔、闻一多、余上沅的信，《晨报副镌·剧刊》第 5 号，1926 年 7 月 15 日。

前欲以部员代为维持校务。这个消息在艺专引起一阵波澜。北洋军阀统治时期，政府人员的更迭常常给学校带来不必要的混乱，教育界力主教育独立，为的也是避免政界对学校的干扰。闻一多和艺专同人正是站在这个立场上反对部里派人控制学校。下旬，他与程振基、萧友梅、赵太侔代表艺专教职员到教育部询问，回来后竟听到有人散布说他想当校长。

听了这话，他失望地一笑，旋即提出辞去教务长，以表明绝不恋栈的心迹。他给还在美国的梁实秋写信，说："我近来懊丧极了，当教务长不是我的事业，现在骑虎难下真叫我为难。现在为校长问题学校不免有风潮。刘百昭的一派私人主张挽留他，我与太侔及萧友梅等主张欢迎蔡孑民先生，学校教职员已分为两派。如果蔡来可成事实，我认为他是可以合作的，此外无论何人来，我定要引退的。今天报载我要当校长，这更是笑话。'富贵于我如浮云！'我只好这样叹一声。"①

闻一多希望蔡元培来艺专，但蔡没来，与蔡一同回国的林风眠3月初到了北京。6日，艺专举行茶会，林风眠表示挽留闻一多，但闻一多辞意甚坚。这样，林只好自兼教务长。教务长不当了，教授还得干下去，但他仅仅勉强支撑到这学年结束。国剧运动的幻想，就此彻底破灭了。

在反动政权统治下，多少有志者无处施展抱负，这不只是个人的悲惨遭遇，更是社会黑暗的必然结果。新文化运动在这时受到的打击，更是格外沉重。

---

① 《致梁实秋》（1926年1月23日），《闻一多书信选集》，第205页。

| 第三节 |

短暂的国家主义活动

加入国家主义团体联合会

参加国家主义团体联合会，是闻一多政治道路上重要的一页。这段经历多年来不大有人提及，亦鲜有详细记述，然而这却是他回国后为了改造社会而做的第一次政治努力。

还在闻一多为国剧运动奔走的秋天里，报上刊出北京国家主义各团体联合会的发起启事。闻一多从《醒狮周报》上看到这则消息，认为其中"内除国贼，外抗强权"的宗旨与"大江的国家主义"颇相吻合，便到亮果厂找到发起人李璜的寓所，并代表大江会要求加入。

李璜，字幼椿，曾是"少年中国学会"的成员，留欧时反对共产主义运动，与勤工俭学的周恩来、李富春、邓小平等人针锋相对。中共旅欧支部建立后，他与曾琦等在法国建立起"中国青年党"，成立的时间比"大江学会"晚，比"大江会"早些。青年党的目标是反苏反共，也扯起"国家主义"作旗帜，并极力反对国共合作。1924 年 7 月，周恩来回国后，青年党为了与中共争夺青年，派李璜回国，创办《醒狮周报》，组织"中国国家主义青年团"。1925 年 9 月，李璜从武昌大学转到北京大学任教授，即以国家主义为号召进行活动。

对青年党的背景，闻一多不大清楚。不过大江会反对阶级斗争，反对外国侵略，这与青年党有某些共同之处。闻一多回国后的第二个月，《大江季刊》创刊了，《发刊辞》中阐述了他们的这一主张，文中写道：

> 大江会同人谨于发行本刊之始，正告国人：
>
> 我们是一个绝对信仰国家主义的一个结合，发行本刊的宗旨即在图谋国家主义在我中国之宣传与实施。
>
> 我们所认定要宣传与实施的国家主义乃："中华人民谋中华政治的自由发展，中华人民谋中华经济的自由抉择，中华人民谋中华文化的自由演进。"
>
> 根据这个定义，我们将一面尽力反对一切的国家主义的障碍，例如侵略的帝国主义以及时髦的和平主义等；一面研究国家主义之实施的计划，例如恢复主权问题，巩固经济独立问题，发挥文化上的国民性问题等。
>
> 但我们所最要提倡的一件事，便是气节。我们所谓的气节即是为主义而死，为国家而死，为正义而死的那种精神。我们认定，中国近来各方面之腐败，皆由于人民气节之不振，凡是热心爱国的人都该在言行上竭力提倡气节。本刊即是特别的注意此点。
>
> 我们发刊这本杂志不是为少数人的言论机关，不是为营业的性质，我们本着我们的信仰将我们的一得之见贡献于国人之前。我们的信仰一日不移，我们的努力一日不断。我们的这本杂志的寿命便一日不断。
>
> 这是我们的宣传的第一声，这也是我们与读者相见的第一日，邦人君子，幸督教之。

正是本着这个宗旨，11月5日，闻一多参加了由北京各大学教授为主的"关税自主促成会"。此刻，他与余上沅找到李璜，表示要"真正的干一番"，还说"现在北京的共产党就闹得不成话，非与他们先干一下，唱唱花脸不可"。[①] 这时正是第一次国共合作时期，苏联对中国革命的影响很大。然而闻一多从维护民族的利益出发，认为苏联不肯放弃在华权利，是赤色帝国主义。这种思想很容易使他与青年党携起手来。此时，《大江季刊》已出版了两期，李璜让其党人代为销售，闻一多甚觉满意。

12月13日，正是郭松龄军与奉军、国民军与直鲁联军激战的时候；闻一多、余上沅和临时回国的罗隆基代表大江会，与李璜、邱椿、李光忠、张杰民、钟相青等醒狮社、大神州社成员成立起"国家主义各团体联合会筹备会"。20日，联合会正式成立，国魂社、少年自强学会、国家主义青年团亦名列其中。

反对日俄出兵东北

北京国家主义团体联合会成立后，首先开展的活动是反对日俄出兵东三省。

1925年11月23日，奉军将领郭松龄在滦州倒戈，与冯玉祥的国民军联合反对张作霖。起初战事顺利，直取咽喉锦州，张作霖面临军事失败，被迫宣布下野意见。然而，日本声称"满蒙"与己有利害关系，决定出兵干涉。12月19日，日军阻止郭军进占营口。23日，郭军与奉军激战于巨流河时，日军切断郭军后路，断绝郭军指挥部与前线联系，导致郭军惨败，郭松龄夫妇被杀。

其间，战事紧张之时，张作霖曾调黑龙江部队南下增援，暗中支持冯玉祥、郭松龄。苏联以奉军未缴车费为由，切断中东路交通，以阻黑军往援。一时，剑拔弩张，外间传说苏联亦有出兵的可能。若战事扩大，东北人民必将生灵涂炭，而两个国家在中国境内动武，也是对中国主权的侵犯，因而全国为之震动。

---

① 李璜：《学钝室回忆录》，台湾传记文学出版社1978年版，第134页。

闻一多被一个月来雪片似的警报弄得坐立不安。激愤的情绪促使他去找李璜商量，建议由北京国家主义各团体联合会发起"反对日俄进兵东三省大会"。作为国家主义派的李璜，想的比闻一多复杂些，他认为反对日本出兵自然人无异词，而若反对苏联，势必会招致共产党的捣乱，因此，他主张先进行不露声色的秘密筹备。性情坦直的闻一多觉得这是书生之气，战争都要打在家门口了，哪个中国人能熟视无睹？他不耐妥慎缓进，自己跑到北大第三院和艺专的广告牌前，贴出了"国家主义各团体联合会发起反日俄进兵东三省大会筹备会"启事。①

几天后，1926 年 1 月 24 日，《晨报》刊出《国家主义团体联合会之反对日俄出兵宣言》。这个《宣言》从行文看不是出自闻一多之手，但它反映了闻一多当时的认识与态度，也说不准曾参与过它的酝酿。《宣言》称："卖国的军阀官僚为争私利，不惜假借外力，引狼入室，自从列强勾结上了这一般国贼，十年来我国的内乱便愈来愈不可收拾了！列强与军阀在背后愈结愈深，则军阀便与军阀愈争愈烈。"这次国奉战争中，"一个明白的派兵几旅"，"一个秘密的调兵"，"看看暗斗，成为明争，内争加上外争，转瞬间便要见东三省及其西边的地方，随着外蒙南满，显然的非中国所有了"。《宣言》还说："几年来帝国主义的列强，虽说随时在收买军阀，煽动内争，但总是秘密着帮助些金钱与炮火罢了，不像这回日俄两国如此明张旗鼓，目无我国，目无我国人。""日本既以重兵干涉内争，俄人既以强力侵我路权"，"我们国家的体面何存？我们的国权扫地以尽了"！

《宣言》中提出三项提议：一、要求日使芳泽与俄使加拉罕电告本国政府不得干涉中国内乱，不得恣意威吓。二、呼吁国民向亲日俄的军阀及袒护苏联的中国共产党人加以警告。三、将干涉中国内争、侵犯中国主权之事通告世界各国。文末强调说："这回日俄举动的意义，不比五卅英人举动的意义轻，这是侵略我者第一次明张旗鼓加入我国

---

① 李璜：《学钝室回忆录》，第 126 页。

的内争。这个旗鼓鲜明：更将引起境内的国际战争，我们同胞将要到这样的情景之下：不愿作走狗，便是成池鱼，不愿作卖国奴，也是当亡国民！"

国家主义各团体成员很复杂，各自背后的动机也不一致。就闻一多来说，他的激愤来自对帝国主义侵略祖国的仇恨。他认为中国的内乱实由于背后有帝国主义列强的支持，而日俄出兵必加深中国内乱，真正遭殃的还是中国老百姓。他对中国共产党听命于苏联也很是不满，这就不可避免地引起与中国共产党人的直接冲突。

29日晚，北大二院宴会厅会聚了40多个社会团体，除大江会外，还有中国国民党同志俱乐部、国家主义青年团、国魂社、铁血救国团、醒狮社、夏声社、蜀光社、大神州社、国民党各团体联合会等。8时许，主席王施真宣布开会，由国民党同志俱乐部江伟藩和国家主义团体联合会姜华相继发言，提出筹备召开反对日俄出兵东三省的三项方案，即：通电全国以宣布日俄侵略行为，警告日使俄使与张作霖，散发反对日俄出兵宣言。江、姜还主张各团体组织起来，以便作永久之奋斗。①

当提案付诸表决前，会场中有人表示反对，接着发生骚乱，争吵中彼此动起手，有四人受伤。这次小打，闻一多亦在场，他对阻挠通过决议十分不满，并因此加深了对中国共产党的成见。在一封给梁实秋、熊佛西的信中，他说："开会时有多数赤魔溷入，大肆其捣乱之伎俩，提议案件竟一无成立者。结果国家主义者与伪共产主义者隔案相骂，如两军之对垒然。骂至夜深，遂椅凳交加，短兵相接。有女同志者排众高呼，痛口大骂，有如项王之叱咤一声而万众皆喑。于是兵荒马乱之际，一椅飞来，运斤成风，仅斲鼻端而已。"② 可见闻一多非但不惧怕这种武斗，反而怀着一种兴奋的情绪。他认为自己是正义的，是为了保卫民族利益而战。

---

① 《昨日各团体之反赤白帝国主义出兵大会》，《晨报》1926年1月30日。

② 《致梁实秋、熊佛西》(1926年3、4月间)，《闻一多书信选集》，第206页。

发起反俄援侨大会

国家主义各团体与中国共产党人的再次冲突，发生于不久后的反俄援侨大会上。

2月中旬，报载旅俄华侨总会会长金石声回国途中，在伊尔库茨克国防局被抓，一夜即无踪影，显系被害。又有消息报道说被驱赶回国的华侨常常被拘，并有因刑而残者。一华侨杨寿镛致信国内彭昭贤，述说此经过愤愤不平。彭昭贤向北京几家报馆陈诉，诸报不敢刊登，他看到报上披载国家主义团体联合会事，便来找李璜哭诉。言中还说苏联有人硬说中国留学生与华侨组织暗杀团，要谋刺日本驻俄的田中公使，于是逮捕50余人，并施以毒打。

几天后，闻一多受李璜约请，来到亮果厂李的寓所，前来的人还有余上沅、罗隆基和袁同礼、张颐、邱椿、常燕生等。会上，李璜绘声绘色地述说了华侨在苏联的境遇，激起人们的气愤，大家当即决定在北大三院大礼堂召开反俄援侨大会筹备会，并推定李璜、闻一多、常燕生、邱椿、罗隆基组成主席团，以李璜为主席。[1]

闻一多在座谈会上发言亦十分愤慨，会后还绘制一些讽刺画，交给王施真等去翻印。其中一幅最大的，画着一个恶魔在阴霾四布的天气中，拿着粗长的鞭子殴打裸体跪在地上求饶的人众，象征侨胞的悲惨。[2] 这些画的作用，似乎比用文字发布的标语传单所起的影响还大，《晨报》在一则消息中还特别提到它。

毋庸讳言，这个大会的矛头是指向苏联的，这从会前公布的《宣言》中可以很清楚地看出来。《宣言》中说：苏联曾对中国表示好感，并称愿意援助，因此前年北京政府承认苏联时，我们一致赞成，并再三催迫政府。然而这只是口头亲善，苏联"不但不援助水深火热的中国，

---

[1] 李璜：《学钝室回忆录》，第127页。

[2] 施真：《纪念闻一多先生》，《青年生活》第3期，1946年8月1日。

反而在我国内实行侵略我领土、在彼国内极力蹂躏我侨胞。这一年来，苏俄给我们国家及国民的苦痛，如外蒙之侵占、侨胞之被拘、以纸卢布遗害我商民、以枪械助长我内乱"，"最近东省事件，苏俄竟明目张胆将屡次宣称交还的中东路权完全强占了去"。而我侨胞"或在俄久居黑狱已成残废，或历受俄人酷刑已成疯迷"，"侨胞在俄境内尚有三百万之多，而苦苛税受拘禁，财产既被没收，出境不发护照"，我们"安能不极尽能力加以援助"。①

平心而论，苏联的这些做法是为了巩固无产阶级专政的第一个国家，但它毕竟伤害了一些中国人民的感情。当然，那是一个非常时期，各种矛盾与斗争互相交织，作为中国共产党人自然无条件服从于苏联的利益。结果反俄援侨大会上，又出现了一次混战。

3月10日下午2时，北大三院集合了三四百人。首先由大会主席李璜报告开会理由，继之旅俄华侨代表王会卿报告苏联虐待侨胞情况，彭昭贤讲演苏联国内情况。当彭说到苏联对中国有阴谋野心时，台下出现嘈杂声，会场顿时紧张起来。当李璜宣布散会的话音刚落，场中便混战开了。60多人的共产派与80多人的国家主义派形成两个营垒，桌椅、木棍都成了对打的武器，玻璃窗也碎了，双方都有负伤者。共产派有两人重伤，其中一个有生命危险；国家主义派事前曾雇佣了五名拳师，但也有血流不止者。旅俄华侨后援会会长杨若金伤势较重，被送入协和医院。这场混战直到警吏赶到，才被制止。②

"三一八"惨案中

这次混战后的隔日，天津出现了日本军舰驶入大沽口，掩护奉军进攻国民军事件。14日，国民军公布大沽口事件真相，天津70余团体联

---

① 《今日反俄援侨大会》，《晨报》1926年3月10日。

② 《国家主义者与共产派昨日空前之大血战》，《晨报》1926年3月11日。

合通电谴责日本。北京各界民众 30 万人在故宫太和殿前，举行"国民反日侵略直隶大会"。继之天津市民 4 万余人要求段祺瑞执政府对日提出严重抗议，广东国民政府亦发表《对时局宣言》。然而，日本帝国主义野心不死，于 16 日联合英、美等国向执政府发出最后通牒，提出撤除大沽口国防工事等无理要求。这一罪恶行径激起全国人民极大愤怒，也引起闻一多的无比仇恨。

当时，北京各界纷纷集会游行抗议日本侵犯中国主权，闻一多认为国家主义各团体也应该与民众一起反抗日本罪行。因此，他准备参加 18 日将在天安门举行的民众集会。

李璜得知这个消息，立刻派学生去找闻一多，劝他别去参加。闻一多很不理解，到亮果厂质问李璜。颇有城府的李璜说道："一多，你知道共党已调动京外工人数百来京，要发动首都革命么？他们有组织的革命运动，又曾来约我们去参加共同领导否？你要去，这不是唱花脸，而是为共产党跑龙套，如果在乱军之中受了伤，送了命，报不出账，我对朋友，是应有道义的责任。"这番话说动了闻一多，他想了一下，说："遵命遵命！但我们也应该发动一次大示威，以张国家主义派的声势。"①

由于闻一多等人的力促，国家主义团体的大江会、国魂社、大神州社、国家主义青年团等 30 多个组织，于 17 日晚召开了一次紧急会议，讨论反对八国通牒问题，决定通电全国，并于 18 日单独举行示威游行。18 日上午九时，集合于北大三院的国家主义各团体 200 余人赴外交部、执政府，陈述不得接受损权辱国之通牒的意见。当他们离开执政府两个小时后，从天安门开完国民大会的民众团体来到执政府门前。执政府卫队开枪镇压，制造了惨绝人寰的"三一八惨案"。

在反动派的血腥屠杀面前，国家主义各团体与共产党及国民党左派暂时联合起来，一致抗议执政府的残暴罪行。他们共同发起联席会议，要求废除《辛丑条约》，驱逐军阀，为牺牲烈士雪耻。21 日，诸团体在北

---

① 李璜：《学钝室回忆录》，第 135 页。

大三院开会讨论进行办法，在研究执行委员人数与分股问题时，国家主义派与共产派又产生分裂，并有冲突。[①] 于是，22日国家主义团体联合会与孙文主义学会、国民党南花园市党部（当时国民党左派与右派均在北京设有市党部，分别设于翠花胡同与南花园胡同）另行开会，单独行动。

根据现有材料，闻一多没有再参加国家主义团体联合会的活动，但是他并没有赋闲。"三一八"烈士中有艺专的学生，也有思想激进的青年，闻一多没有拘于派别的不同而沉默，他在一腔悲愤中握笔写下了《唁词——纪念三月十八日的惨剧》一诗，给烈士以崇高的礼赞，给生者以深深的激励。诗中写道：

> 没有什么！父母们都不要号！
> 兄弟们，姊妹们也都用不着悲恸！
> 这青春的赤血再宝贵没有了，
> 盛着他固然是好，泼掉了更有用。
> 要血是要他红，要血是要他热；
> 那脏完了，冷透了的东西谁要他？
> 不要愤嫉，父母、兄弟和姊妹们！
> 等着看这红热的血开成绚烂的花。
> 感谢你们，这么样丰厚的仪程！
> 这多年的宠爱、矜怜、辛苦和希望。
> 如今请将这一切的交给我们，
> 我们要永远悬他在日月的边旁。
> 这最末的哀痛请也不要吝惜，
> （这一阵哀痛可磔碎了你们的心！）
> 但是这哀痛的波动却没有完，
> 他要在四万万颗心上永远翻腾。
> 哀痛要永远咬住四万万颗心，

---

① 《为惨案各团体组织大同盟》，《晨报》1926年3月22日。

那么这哀痛便是忏悔，便是惕警。

还要把馨香缭绕，俎豆来供奉！

哀痛是我们的启示，我们的光明！

继《唁词》之后，闻一多又写下《天安门》一诗，借人力车夫的口吻抨击北洋政府。接着，《文艺与爱国——纪念三月十八日》也刊登于《晨报·诗镌》创刊号，他强调文艺与爱国运动的密切关系，说："诸志士们三月十八日的死难不仅是爱国，而且是伟大的诗。我们若得着死难者的热情的一部分，便可以在文艺上大成功；若得着死难者的热情的全部，便可以追他们的踪迹，杀身成仁了。"又说："我希望爱自由，爱正义，爱理想的热血要流在天安门，流在铁狮子胡同，但是也要流在笔尖上，流在纸上。"于是，闻一多在中止了与国家主义团体联合会的联系之后，又翻身跃上了文艺的战马，用文艺来表现自己的理想与追求。

| 第四节 |

创办《晨报·诗镌》

国剧运动的幻想受到打击，国家主义的活动也不顺利，对新诗建设总不能忘情的闻一多，仍然有一块活动的阵地，那便是《晨报·诗镌》。

《晨报·诗镌》是北京《晨报》的一个副刊，它在中国新诗发展史上代表着一种流派，也代表着一个阶段，因而占有重要的一席地位。在它的同人中，闻一多被视为中坚，视为领袖。

　　说起这个不大的副刊，原是在闻一多的"黑屋"里酝酿而成的。1926 年年初，他迁居西京畿道 34 号，把妻子和女儿立瑛——一个刚刚三岁的活泼可爱的小姑娘，都接来了。闻一多第一次单立门户，过起小家庭生活。他住的是所旗人的老宅，门首的砖刻对联书有"忠厚传家久，诗书继世长"，看来也是个重诗书的人家。

　　为了布置这个家，闻一多花费了许多心血。令人吃惊的是书斋和客厅的四壁，都敷贴上无光的黑纸，真是别出心裁。为了寻找这种纸，朱湘陪着他走了好几家店铺。独具匠心的闻一多还在壁楣上画了一道金圈，金圈里是他亲手绘制的汉代石刻浮雕一类的车马。走进屋子，仿佛让人看到一位脚踝上套有细金环的裸体非洲女郎。

　　室内陈设也别具一格。屋子朝外的壁上有个方形神龛，原本是供奉释迦牟尼或菩萨的地方，闻一多却在那放上一尊西方女神的雕像，还屈着条腿挽住下沉的褒衣，这倒真是"中西合璧"了。徐志摩一见先就愣住，说："一多手造的'阿房'确是一个别有气象的所在，不比我们单知道花洋纸糊墙，买花席子铺地，买洋式木器填屋子的乡蠢。有意识的安排，不论是一间屋、一身衣服、一瓶花，就有一种激发想象的暗示，就有一种特具的引力。"[①] 闻一多对黑色有种特殊的偏爱，《死水》的封面和封底也选用的是通黑无光泽的重磅黑纸。

　　这间不寻常的"黑屋"成了一群豪迈洒脱的青年诗人的聚集处，朱湘、饶孟侃、杨世恩、刘梦苇、孙大雨、朱大、蹇先艾、于赓虞等都是这儿的常客。朱湘，宇子沅，安徽太湖人，比闻一多小五岁，原为清华学校 1924 级学生。朱湘是闻一多赴美后才加入清华文学社的，两人的神交从通信开始。朱湘天分很高，诗写得也好，但因不拘小节常不上课，以致在毕业前半年的 1923 年冬被学校除名。朱湘曾将此事写信告诉闻一多，可惜这封信没有保存下来，仅在他致顾毓琇信中说："我离校的详情曾有一信告诉了一多，望你向他函索，恕我不另函了"，同时声称："我离校的原故简单说一句，是向失望宣战。这种失望是各方面

———————————

　　① 徐志摩：《诗刊弁言》，《晨报·诗镌》第 1 期，1926 年 4 月 1 日。

的。失望时所作的事在回忆炉中更成了以后失望的燃料。这种精神上的失望越陷越深。回头幸有离校这事降临，使我生活上起了一种变化。不然，我一定要疯了。"① 朱湘离开清华学校后，去上海大学代课，写过《为闻一多〈泪雨〉附识》，对闻一多的《渔阳曲》也极为佩服。上年秋天朱湘回到北京，在适存中学任教，是来西京畿道最勤的人。饶孟侃，字子离，南昌人，小闻一多三岁，在清华学校与朱湘同级（周培源、黄自、潘大逵、施晃、梁思永也都是这一级的），也是清华文学社社友，这时不知什么缘故也离开清华园。杨世恩，字子惠，浙江鄞县人，是清华学校 1925 级毕业生，与闻一多的堂弟闻齐同级。他没有留美，后来考取清华研究院。孙大雨，号子潜，浙江诸暨人，小闻一多六岁，闻一多赴美那年他才插入清华学校高等科二年级，也是清华文学社社员。这些人都是清华校友，自然感情上多一条锁链。与清华圈外青年的结识，好像是通过刘梦苇的关系。

这些人同气相求，因为有了"黑屋"而聚集在一起，经常朗诵自己或别人的诗作，渐渐从朗诵中体会到一些妙处，并悟出些门道，形成一种格律风格。那时，中国的新文学创作已进入第二个时期，早先写诗的人多转到其他路径上去了，新诗的发展似乎遇到一个关口而显得有些步履艰难。而这些大都受到西方文学影响的新起诗人，有志开辟一种新的诗风，特别在修辞上讲求起来，对字句的推敲很下了一番雕琢的功夫，尤其是用韵的严格是前期诗人所不及的。后来，文坛上把闻一多这批人称为"格律派"，视作早期新诗发展中的三大派之一（其他两派为此前的自由派与此后的象征派）。

格律派诗风能够在文坛上占据一席之地，并对中国新诗发展产生某些影响，是与《晨报·诗镌》密切相关的。最初提出办诗刊的是刘梦苇，但办新的刊物要呈报备案，而当道者一向把新文学运动看成洪水猛兽，登记的希望很渺茫。再说经费也有问题。闻一多在这些人中可说是"富翁"，但因教育经费长期被克扣，他只能每月拿到二三成薪水，不

---

① 《朱湘遗书》，《清华周刊》第 41 卷第 3、4 期合刊，1934 年 4 月 16 日。

过四五十元，难以支撑新刊物。于是有人出了个主意，借用一家报纸的
副刊可以省去许多周折。这样，大家想到了《晨报》。《晨报》的副刊
是当时国内三大副刊之一，与《京报》《时事新报》副刊齐名，其编辑
自上年秋天由徐志摩担任。闻一多、蹇先艾与徐都熟识，加上徐也是热
心人，结果一拍即合。

　　1926 年 4 月 1 日，《晨报·诗镌》创刊了，这是继四年前朱自清、
刘延陵、叶绍钧等编辑《诗刊》以来，近代中国诗坛诞生的第二个专门
园地。刊头画着一只双翼飞马，前蹄腾起，后蹄蹬在初升的圆月上，象
征着一种奋起的向上精神，它是闻一多亲笔绘制的。

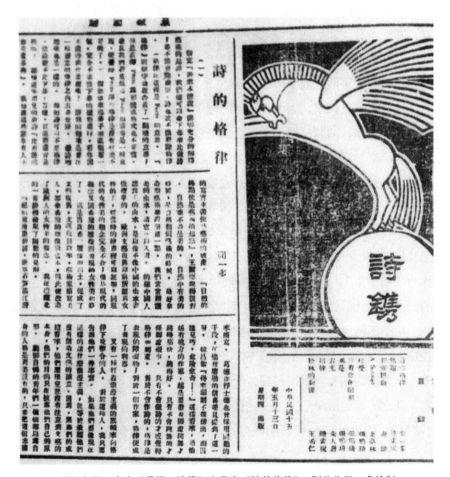

1926 年闻一多在《晨报·诗镌》上发表《诗的格律》，刊头为闻一多绘制

闻一多是《晨报·诗镌》的中坚，也是这群诗人中影响最大的一人。他的努力在于探讨新诗的理论和艺术，代表作《诗的格律》刊登在该刊第七号上。这篇文章开宗明义地指出诗人应当"戴着镣铐跳舞"，"越有魄力的作家，越是要戴着镣铐跳舞才跳得痛快，跳得好。只有不会跳舞的才怪脚铐碍事"。这"脚铐"就是格律，因为格律是艺术必需的条件，精缜的格律便是精缜的艺术，"只有不会作诗的才感觉得格律的缚束，对于不会作诗的，格律是表现的障碍物，对于一个作家，格律便成了表现的利器"。

从表面看，自由体新诗反映了诗人对条条框框的突破，此时提倡"格律"会被人指责为倒退、复古。但是，自由体新诗走过了六七年的路，当狂风暴雨间歇之时，人们用冷静的眼光审视它，却发觉它存在某些不足。闻一多熟悉古体诗的精华，希望用中国文化中的优秀部分来改造新诗、建设新诗，他所说的格律不是旧的格律，而是新的格律，它"层出不穷"，"是根据内容的精神制造的"，是"可以由我们自己的意匠来随时构造"的。这就划清了新旧格律的界限，表明了闻一多把握住民族传统并吸取外来文化的基本态度。

提倡新诗的音乐美、绘画美、建筑美，是闻一多对新诗发展的重大理论贡献。这些戴在音节、词藻、章句上的"镣铐"，使视觉和听觉都达到了高度的统一，至今仍被人们作为评论新诗的审美标准之一。

《死水》一诗，可以说是闻一多探讨格律诗的试验。他的寓所附近有个地名叫二龙坑，那里确有一条水沟，积满了流不动的死水。诗人看到这扔着"破铜烂铁"，泼着"剩菜残羹"的"绝望的死水"，触发了心中压抑的感情。这首诗九字一行，四行一段，全诗五段，首尾呼应，无论从平仄、韵脚、格式、音尺看，都是标准地格律化了的。请看：

　　　　这是一沟绝望的死水，
　　　　清风吹不起半点漪沦。
　　　　不如多扔些破铜烂铁，
　　　　爽性泼你的剩菜残羹。

也许铜的要绿成翡翠，

铁罐上锈出几瓣桃花；

再让油腻织一层罗绮，

霉菌给他蒸出些云霞。

让死水酵成一沟绿酒，

漂满了珍珠似的白沫；

小珠笑一声变成大珠，

又被偷酒的花蚊咬破。

那么一沟绝望的死水，

也就夸得上几分鲜明。

如果青蛙耐不住寂寞，

又算死水叫出了歌声。

这是一沟绝望的死水，

这里断不是美的所在，

不如让给丑恶来开垦，

看它造出个什么世界。

闻一多在《晨报·诗镌》上发表的几首诗在格律上没有一首是重复的，或九字一行，或十字一行，有两行一段，有四行一段。《春光》是四行、两行间隔成诗，《比较》则每段分由九、十、十一、九、八字一行组成。这些不同的形式，反映出闻一多量体裁衣、不拘一格的创新意识，并非像有人所说的"豆腐干式"。

土话入诗也是闻一多的初次尝试。《欺负着了》一诗，通过一位失去两个儿子的母亲之口，控诉"三一八"的元凶，使用了"哪儿有的事""哥儿仨""杀人绑票"等北京土语，这在以往的新诗中还不多见。

《晨报·诗镌》基本上是个同人刊物，大家轮流任编辑，刊登各自的诗作，多带有尝试的目的。它只出了 11 期，前后不过 70 天，但对新诗的繁荣起了重要的推动作用。闻一多本人的试验与努力，在当时就受到人们的重视，徐志摩说："我的第一集诗——《志摩的诗》——是我（民国）十一年回国后两年内写的；在这集子里初期的汹涌性虽已消减，但大部分还是情感的无关阑的泛滥，什么诗的艺术或技巧都谈不到。这问题一直要到民国十五年我和一多、今甫一群朋友在《晨报·副镌》刊行《诗刊》时方才开始讨论到。一多不仅是诗人，他也是最有兴味探讨诗的理论和艺术的一个人。我想这五六年来我们几个写诗的朋友多少都受到《死水》的作者的影响。我的笔本来是最不受羁勒的一匹野马，看到了一多的谨严的作品我方才憬悟到我自己的野性。"①朱自清亦说，《诗镌》"虽然只出了十一号，留下的影响却很大——那时大家都做格律诗，有些从前极不顾形式的，也上起规矩来了。'方块诗''豆腐干块'等等名字，可看出这时期的风气"。闻一多本人也颇自负，说："北京之为诗者多矣，而余独有取于此数子者，皆以其注意形式，渐纳诗于艺术之轨。余之所谓形式者，form 也，而形式之最要部分为音节。《诗刊》同人之音节已渐上轨道，实独异于凡子，此不可讳言者也。"他甚至"预料《诗刊》之刊行已为新诗辟一第二纪元，其重要当与《新青年》《新潮》并视"。②

关于闻一多在中国新诗发展史上的地位，已有相当多的评价。这里，仅以陆耀东在《二十年代中国各流派诗人论》中的一段话作为结尾。陆耀东在论及闻一多时写道："闻一多在中国新诗发展史上，居于独特的重要地位。他是最优秀的爱国主义诗人之一，又开新格律诗之先河，是这个流派的领袖人物。他的诗作，达到了当时很少有人能企及的高度；同时，在新诗理论上，提出了很多值得重视的问题，其中关于新诗形式方面的某些看法，经过几十年历史的检验，证明它基本上是

---

① 徐志摩：《猛虎集·自序》，《徐志摩选集》，人民文学出版社 1983 年版，第 301—302 页。

② 《致梁实秋、熊佛西》（1926 年 4 月 15 日），《闻一多书信选集》，第 208 页。

正确的。由于闻一多的道德文章，受到不少人的敬重，所以早在《晨报·诗镌》时期，徐志摩、朱湘、饶孟侃、刘梦苇、于赓虞等均尊他为诗宗。"①

| 第五节 |

"我要回海上去"

闻一多一门心思地构筑着新诗的大厦，北京城内的形势却起了重大变化。4月9日，冯玉祥的国民军发动北京政变，推翻了临时执政府，欲缓和与直、奉间的矛盾。但是，对国民军恨之入骨的吴佩孚、张作霖并不因此而稍有宽容。15日，国民军在直奉联军步步紧逼下撤出北京。奉军一入北京，立刻以赤化为名逮捕了《京报》主笔邵飘萍，随即将其枪杀于天桥。27日，北京国立九校遭到搜查，师生与文化人士逃难似的纷纷南下。闻一多好不容易挨到学年终了，匆匆把《诗镌》位置借给《剧刊》(余上沅、张嘉铸主编)，便在忍受不了的令人窒息的空气中携眷返回故里。赵太侔、丁西林、胡适、饶孟侃等人也相继南行。

家乡的日子也不平静。7月上旬，国民革命军开始北伐，8月底便攻下贺胜桥。9月初，北伐军包围武昌，亲临前线指挥的吴佩孚匆忙逃

---

① 陆耀东：《二十年代中国各流派诗人论》，中国社会科学出版社1985年版，第201页。

出汉口。10 月 10 日，北伐军攻入武昌，生擒守将刘玉春、陈嘉谟。随后，吴佩孚又调集残军企图反扑，浠水乡间也人心浮动。闻一多离开北京后，心情一直抑郁不快，《夜歌》一诗写坟地的鬼影，揭露的是农村落后的文化，也道出了他此时的心境。

为了谋求职业，他只身到了上海。潘光旦刚自美国归来，这位哥伦比亚大学的硕士学位获得者，热情地接待朋友住在自己家里。

上海吴淞有一所国立政治大学，于 1925 年 11 月由自治学院改办而成。校长张君劢是张嘉铸的二哥，张嘉铸和潘光旦、陈石孚、瞿世英都在该校任教，通过这层关系，闻一多受聘为教授并担任了训导长。这个职务对他来说并不合适，也难有作为，不过栖木难寻，他还是走马上任了。

工作刚刚有了着落，女儿立瑛病重的信就接踵而来。当初离开北京时，她就发着烧，一路颠簸，病情加重。闻一多不能等孩子病愈，就外出谋职，后来才知道她在梦中常呼唤着爸爸。才接手工作的闻一多不能请假，便寄了张照片回去，立瑛看着爸爸的照片，哭得更厉害。不料，只在这个世界上生活了四年的立瑛，竟逝世了。

还在立瑛病重的时候，牵肠挂肚的闻一多写了首惦念她的诗《往常》，刊登在 1926 年 11 月 16 日印行的国立政治大学学生刊物《政治家》半月刊第 1 卷第 13 号上。由于这首诗很晚才被发现，各种版本的闻一多文集都没收录，故有必要在这里公布：

> 往常听见咳嗽的声音，
> 听见那里打了一个喷嚏，
> 我知道谁是你的仇人，
> 我知道风霜又欺负了你。
>
> 往常我日夜受着虚惊！
> 我灵魂边上设满了烽燧；
> 只要你远远的哭一声，

　　　　我可以马上加鞭来营救。

　　　　往常你偶尔也笑一声，
　　　　像残灯里吐出一丝红焰。
　　　　你笑一回我便吃一回惊！
　　　　知道这笑还支持得几天？

　　　　往常你突然叹息一声。……
　　　　四岁的孩子为什么叹息？
　　　　我当时抽了一个寒噤，
　　　　再不敢问那一叹的意义。[①]

　　听到立瑛病亡的消息，已快过年了。闻一多连忙请假，赶回浠水，在船上他心事沉重，眉头紧锁，与一年半前从国外回来时的情绪判若两人。到了故乡，没进家门先问立瑛的墓地在哪儿。妻子因闻一多久不归来，气得病卧在床，闻一多守着妻子，望着立瑛用过的识字课本，泪珠不住淌下来。他把孩子的用具小心地包起来，恭笔写上"这是立瑛的"几个字，一阵苦楚涌上心头。悲痛中，他写下《忘掉她》，诗中倾诉了对女儿的无限钟爱，"忘掉"，怎么能"忘得掉"呢！

　　　　忘掉她，像一朵忘掉的花——
　　　　　那朝霞在花瓣上，
　　　　　那花心的一缕香——
　　　　忘掉她，像一朵忘掉的花！

────────────

　　① 闻一多：《往常》，原载《政治家》第1卷第13号，1926年11月16日，转引自陈建军：《〈往常〉——一首散佚的闻一多悼女诗》，《中华读书报》2013年1月2日，第14版。

忘掉她，像一朵忘掉的花！
　像春风里一出梦，
　像梦里的一声钟，
忘掉她，像一朵忘掉的花！

忘掉她，像一朵忘掉的花！
　听蟋蟀唱得多好，
　看墓草长得多高；
忘掉她，像一朵忘掉的花！

忘掉她，像一朵忘掉的花！
　她已经忘记了你，
　她什么都记不起；
忘掉她，像一朵忘掉的花！

忘掉她，像一朵忘掉的花！
　年华那朋友真好，
　他明天就教你老；
忘掉她，像一朵忘掉的花！

忘掉她，像一朵忘掉的花！
　如果是有人要问，
　就说没有那个人；
忘掉她，像一朵忘掉的花！

忘掉她，像一朵忘掉的花！
　像春风里一出梦，
　像梦里的一声钟，
忘掉她，像一朵忘掉的花！

闻一多急急忙忙赶回武汉的时候，正逢武汉革命形势鼓舞人心之际。自 1927 年元旦国民政府明令定都武汉后，中国人民依靠自己的力量首次收回了汉口、九江的英国租界，显示了国共合作时期武汉国民政府的巨大威力。这种形势与孙传芳五省联军控制的上海相比，真是天壤之别。在这种令人兴奋的环境中，闻一多不打算返回政治大学。当时，武汉中山大学正在筹备建立，邓演达任筹备委员。闻一多去接洽虽未成功，却被邓聘请到国民革命军总司令部政治部来了。春节后他担任起政治部艺术股股长兼英文秘书。在"打倒军阀和列强"的口号响彻武汉三镇的时候，闻一多在黄鹤楼上亲手绘制反对北洋军阀的大幅壁画。他的艺术才能，第一次为国民革命发挥了出来。当时在总政治部任宣传科长的章伯钧对此印象尤为深刻。

但是，国民政府内部的矛盾这时也露出端倪，国民党新右派分裂了国民革命的队伍。在郭沫若撰写《请看今日之蒋介石》前不久，也是武汉国民政府决定奔赴河南进行第二次北伐之际，闻一多离开武昌，回到上海吴淞国立政治大学。4 月里，进入上海的北伐军东路军封闭了作为国家主义者立足点的政治大学。紧接着蒋介石发动了"四一二"大屠杀，蜕变为国民党新军阀。

这时期，闻一多的心情极为压抑，他又一次用诗来表达自己的心境。上海《时事新报》是家著名的报纸，原是进步党、研究系的喉舌，这时刚刚脱离党派关系，潘光旦、饶孟侃以及去年 7 月回国的梁实秋都参加过副刊的编辑。5 月 9 日，闻一多开始在该报上首次露面，他发表的第一首诗是与饶孟侃合译的英国诗人曼斯菲尔德的《我要回海上去》，诗中有这样的句子：

我要回海上去，
  再过那漂泊的生涯。

这难道不是他本人的写照吗？

《心跳》是他在《时事新报》上发表的第二首诗，诗中的愤懑那么

直截了当。它首先写"漂白了的四壁""贤良的书桌""古书的纸香""受哺的小儿",好像是一片惬意景象。接着笔锋一转写道:

> 这神秘的静夜,这浑圆的和平,
> 我喉咙里颤动着感谢的歌声。
> 但是歌声马上又变成了诅咒,
> 静夜!我不能,不能受你的贿赂
> 谁稀罕你这墙内尺方的和平!
> 我的世界还有更辽阔的边境。
> 这四墙既隔不断战争的喧嚣,
> 你有什么方法禁止我的心跳?

诗中还写道:

> 如果只是为了一杯酒,一本诗,
> 静夜里钟摆摇来的一片闲适,
> 就听不见了你们四邻的呻吟,
> 看不见寡妇孤儿抖颤的身影,
> 战壕里的痉挛,疯人咬着病榻,
> 和各种惨剧在生活的磨子下。
> 幸福!我如今不能受你的私贿,
> 我的世界不在这尺方的墙内。
> 听!又是一阵炮声,死神在咆哮,
> 静夜!你如何能禁止我的心跳?

这首诗的气氛格外严肃,对旧世界的痛恨和对军阀混战的憎恶都表现得十分鲜明。从格律上以及诗中写到两个孩子看,它显然不是作于只身住在潘光旦家时,许是在北京或是在浠水。但是,它发表在"四一二"大屠杀之后,是耐人寻味的。闻一多很重视这首诗,抗战时编选新诗，还把它收入并改名为《静夜》。

5月30日，他又发表了《荒村》，这是有感于19日《新闻报》上一则消息而写的。那消息中报道："临淮关梁园镇间一百八十里之距离，已完全断绝人烟。汽车道两旁之村庄，所有居民逃避一空。农民之家具木器，均以绳相连，沉于附近水塘稻田中，以避火焚。门窗俱无，中以棺材或石堵塞。一至夜间，则灯火全无。鸡犬豕等觅食野间，亦无人看守。而间有玫瑰芍药犹墙隅自开。新出稻秧，翠蔼宜人。草木无知，其斯之谓欤？"这是指5月中旬直鲁联军张宗昌部集中于蚌埠、临淮，准备与北伐军李宗仁部大战之前夕，《荒村》描写了战前乡村的荒颓，从农民的仓皇离散中，谴责着新旧军阀混战给人民造成的惨况。这种现实主义的态度，与杜甫的《北征》《春望》有异曲同工之处。

《发现》是闻一多血和泪的哭泣，他面对军阀混战、人民痛苦，呼出"这不是我的中华"，又说：

> 我追问青天，逼迫八面的风，
> 我问，拳头擂着大地的赤胸，
> 总问不出消息；我哭着叫你，
> 呕出一颗心来，——在我心里！

根据闻一多一般按写作时间编排诗的次序的习惯，《一句话》也应是此时的作品。这首诗可以说是他怒火的奔泻，是感情火山的爆发，字字句句都那样有悲愤中显示的力量：

> 有一句话说出就是祸，
> 有一句话能点得着火。
> 别看五千年没有说破，
> 你猜得透火山的缄默？
> 说不定是突然着了魔，

突然青天里一个霹雳

爆一声：

"咱们的中国！"

这话教我今天怎样说？

你不信铁树开花也可，

那么有一句话你听着：

等火山忍不住了缄默，

不要发抖，伸舌头，顿脚

等到青天里一个霹雳

爆一声：

"咱们的中国！"

　　这一时期，闻一多一口气发表的诗还有《贡献》《罪过》《收回》《口供》《你莫怨我》《你指着太阳起誓》《什么梦》（修正稿）等。它们组成了闻一多爱国诗的一个新阶段。与在美国写下的诗不同，那时，前期多以思乡寄托爱国，后期则以反对帝国主义侵略、反抗民族压迫为主要特点。现在，闻一多更多的是对现实的怨恨，从苦闷中表现的追求，朱自清曾颇为感叹地说在抗战以前的诗坛上，闻一多"差不多是唯一有意大声歌咏爱国的诗人"。他并特别指出《一个观念》中所表现的"国家的观念或意念是近代的"，又说"他爱的是一个理想的完整的中国，也是一个理想的完美的中国"，它"超越了社稷和民族，也统括了社稷和民族，是一个完整的意念，完整的理想"。但是，"理想上虽然完美，事实上不免破烂，所以作者彷徨自问，怎样爱它呢？"[1]

　　是的，闻一多一腔爱国热血，面对这政治腐败、军阀混战的时局与现实，他怎么爱呢？沉重的压力摧残着他的健康，痰中出现了血迹，

---

　　[1]　朱自清：《爱国诗》，《朱自清全集》第2卷，江苏教育出版社1988年版，第357—358页。

咳嗽越来越厉害，朋友们关切地前来问候，有人提议吃些鱼肝油，有人主张试着用些"自来血"。潘光旦力劝赴杭州一游，说着还声泪俱下。闻一多被真挚的友情感动了，终于在潘光旦的陪伴下登上了火车。

在杭州，他们住在湖滨旅馆，开窗即见秀美的西湖，心情似乎暂时好了些，痰中的血丝也少了。清和的天气里，他到湖边散步，想买把扇子，但见大腹便便的商贾叫嚣不已，不免大为扫兴。"此俗人也，不可与同群"，说完转身而去。后来来到一家扇庄，肆主乃一妙龄女郎，闻一多才转怒而笑，连声道："得其所哉！得其所哉！"虽然扇价绝昂，他却购了一把。第二天，又游龙井，购一杖，还云："此物甚雅，可入诗。"见有售顽石者，亦云："此物甚雅，可入诗。"于是，一杖一石一诗人，日暮而返。①

在杭州，闻一多与潘光旦有过一番交谈。那是说到"四一二"大屠杀，潘光旦忧心地说：按照生物学物竞天择、适者生存的原则，当是优胜劣败，可社会学反映出来的往往不是这样，那些在优生学中应得到鼓励与繁殖的优秀、先进、勇敢分子，却常在社会变革中惨遭不幸，这似乎是种"反淘汰"。闻一多对优生学无多研究，但认为"反淘汰"认识是错误危险的。他反问：难道说人人都谨小慎微、明哲保身，才合乎"适者生存"的原则吗？②

从杭州回到上海，闻一多为了排遣开始治印。他给梁实秋刻过一枚闲章，上云"谈言微中"四字。那时梁实秋编《时事新报》的"青光"副刊，常发表小品文，图章上的话许是对那小品文的评价，也似是对朋友的解嘲。潘光旦、刘英士、余上沅等也得到过他的惠赠。8月里，闻一多到南京，写信给饶孟侃，说："绘画本是我的元配夫人，海外归来，逡巡两载，发妻背世，诗升正室。最近又置了一个妙龄的姬人——篆刻是也。似玉精神，如花面貌，亮能宠擅专房，遂使诗夫人顿兴弃扇之悲。"信中还寄去数印模，其一为"壮不如人"，还旁书："转瞬而立之

---

① 《纪诗人西湖养病》，《时事新报》1927年6月10日。

② 王康：《闻一多传》，湖北人民出版社1979年版，第118页。

年，画则一败涂地，诗亦不成家数，静言思之，此生休矣！因作此印以志恨。"① 这些话中，都含着苦涩和饮恨。

从北京南下到上海的朋友越来越多了，这些不甘寂寞的人凑在一起打算办个书店，起名叫"新月书店"。闻一多本来就是圈中人物，尽管他并不热心，却还是被朋友们半推半请地拉了进来。

7月1日，新月书店在上海华龙路正式开张，董事长为胡适，经理兼编辑主任为余上沅，闻一多与徐志摩、梁实秋、张嘉铸、潘光旦、饶孟侃、丁西林、叶公超、刘英士、胡适、余上沅11人为董事（罗隆基于1928年夏加入，邵洵美于1931年5月加入）。书店股本2000元，出于节制资本，每人一股，大股100元，小股50元。闻一多为书店开幕纪念册绘制了一封面，"画着一个女人骑在新月上看书，虽然只是弯弯曲曲的几笔线条，而诗趣横生"。②

新月书店是个同人合办的团体，他们都受过西方文化的教育，思想上属于民主个人主义者。这种人主张自由，反对专制，因此出书不易。书店的建立，实际上是为同调者提供一个言论的阵地。闻一多的第二本诗集《死水》，就是由该书店出版。闻一多为书店的工作费心较少，他主要为出版物设计一些封面与装帧。

1927年8月，徐志摩的散文集《巴黎的鳞爪》出版。在这本书封面上，闻一多以浓重的夜色为底，零乱地画上凝目、侧耳、鼻子，以及纤细的手指、长腿、懒足，以启示本书的内容是从各个角度反映巴黎光怪陆离的都市生活。

潘光旦的《小青之分析》（再版时改名为《冯小青——一件影恋之研究》），旨在探讨女性心理变态，闻一多特为其绘制了一幅插图，题作《对镜》。画面上有一只关在笼中的小鸟，冯小青背对画面，从镜子中反射出疲倦和惊恐的表情，耐人深思，耐人寻味。梁实秋的《浪漫的与古典的》，收入他在哈佛大学研究院时所写的九篇论文，反映了古典

① 《致饶孟侃》（1927年8月25日），《闻一多书信选集》，第211—212页。

② 严家迈：《新月书店参观记》，《时事新报》1927年7月2日。

主义的文学观。闻一多在封面上整齐地排列了"浪漫"与"古典"二字刻成的白、朱文印章，占满全页，以粗犷的和纤细的刻画，突出了本书的主题。他还为《玛丽·玛丽》（徐志摩、沈性仁合译）、《骂人的艺术》（梁实秋小品文集）、《苏俄评论》（世界室主人，即张君劢著）、《文学的纪律》（梁实秋著）等书绘制了封面。

新月书店的同人曾编辑发行过一本《新月月刊》，它是 20 世纪 20 年代末 30 年代初很有影响的杂志，1928 年 3 月 10 日正式创刊。创刊号上编辑署名三人：徐志摩、闻一多、饶孟侃。实际上闻一多那时在南京，不可能过多过问编辑事务，但此名义仍维持到第 2 卷第 1 期。

闻一多最初的想法，是把《新月月刊》办成一种文艺刊物，他除了为该刊拉过一些稿子外，还发表了一些诗作，如《答辩》《回来》等，译诗《幽会的麋鹿》《情愿》《从十二方的风穴里》《山花》《白朗宁夫人的情诗》（21 首）也登载在《新月月刊》上。此外，他还写了《先拉飞主义》《杜甫》《庄子》等论文和传记。

罗隆基接编《新月月刊》后，陆续登载了不少关于人权问题的文章。这些言论触犯了当局，当局曾拘捕罗隆基，并禁止发行该刊。闻一多这时对政治似不大感兴趣，投稿也渐少，引起过罗的一阵牢骚。

1926 年冬至 1927 年夏，是闻一多四处飘零的一年，复杂尖锐的社会矛盾使他一时看不清方向。北洋军阀的残暴统治是无法容忍的，但国民革命刚刚有了眉目，内部便出现分化，宁汉的对立不说，"四一二"大屠杀又使高喊打倒帝国主义、打倒军阀的国民党蜕变成新军阀。在这急剧的动荡变化中，闻一多困惑、迷惘，难以适应。这不是他一个人在彷徨，而是一批知识分子在彷徨。是与非，他还不能辨别得很清楚，更不可能站在工农大众的立场上来对待这场社会的变革。但是，总的来说，他认为国民党毕竟胜过北洋军阀，因此他逐渐接受了现实。

第五章

教授生活

忽然一切的静物都讲话了，
忽然间书桌上怨声腾沸：
墨盒呻吟道"我渴得要死！"
字典喊雨水渍湿了他的背；

信笺忙叫道弯痛了他的腰；
钢笔说烟灰闭塞了他的嘴，
毛笔讲火柴烧秃了他的须，
铅笔抱怨牙刷压了他的腿；

香炉咕喽着"这些野蛮的书
早晚定规要把你挤倒了！"
大钢表叹息快睡锈了骨头；
"风来了！风来了！"稿纸都叫了；

笔洗说他分明是盛水的，
怎么吃得惯臭辣的雪茄灰；

桌子怨一年洗不上两回澡，
墨水壶说"我两天给你洗一回"。

"什么主人！谁是我们的主人"
一切的静物都同声骂道，
"生活若果是这般的狼狈，
倒还不如没有生活的好！"

主人咬着烟斗迷迷的笑，
"一切的众生应该各安其位。
我何曾有意的糟蹋你们，
秩序不在我的能力之内。"

——闻一多《闻一多先生的书桌》

| 第一节 |

在南京中央大学

1927 年七八月间，朋友们起劲儿办新月书店的时候，闻一多却离开上海到了南京。他到南京，是来参加土地局的工作。那时国民党正在计划经济建设，在南京成立土地局掌管其事，担任局长的是在美国有一面之交的桂崇基。闻一多从未想过做经济工作，但走投无路，只能暂时找个饭碗。岂料土地局人事复杂，桂崇基旋去职，闻一多也得另觅栖枝。他曾想到在广州中山大学任教授的杨振声，打算到那里去。

南京有所著名的高等学校——东南大学，文学院院长是清华学校校友、第三届庚子赔款留美生梅光迪。不过，当时梅光迪还在美国哈佛大学任教未归，闻一多见到的是该校哲学系教授宗白华。宗白华早年参加过少年中国学会，负责编辑《少年中国》月刊，1919 年在上海主编《时事新报》文艺副刊《学灯》，郭沫若的《天狗》《凤凰》等诗，就是经他之手发表的。宗白华留学欧洲时攻读哲学、美学、历史哲学，是中国现代美学研究的先行者和开拓者之一，闻一多虽然并不认识他，但两人谈起来还颇有共同话题，以致闻一多自负地对他说，自己应当做东南大学的西洋文学系主任。① 果然，东南大学真的聘请闻一多任西洋文学系主任。不过，那时正是宁汉合流后的国民政府决定设立大学院之际，江浙一带被划为第四大学区，南京诸校以东南大学为基础，合组成立第四

---

① 访问冯友兰记录，1988 年 6 月 16 日。

中山大学，所以闻一多马上又接到了第四中山大学的聘书。

南京第四中山大学设有十个学院，筹备伊始，为了严格教师资历，规定只聘任副教授，正教授则有待在世界学术界取得声望后才能聘任。闻一多是第一批被聘的副教授，并被任命为文学院外国文学系主任，该系副教授还有张欣海、张士一、陈源、蒯叔平、陈寅恪、汤用彤等，皆是欧美归来留学生。但不知为何，原在东南大学任教的梁实秋则未被聘，去年南下来东南大学的余上沅亦不在续聘之列，这使闻一多失去了与朋友相处的一个机会。

该校外文系是个较大的学系，它的雄心很大，设有拉丁、英、法、德、意诸门，意在对西方文化做整体研究，打破偏重英美之旧例，以融汇中西文化为先导。此外，还设梵、藏、蒙、回、日各门，以研究东亚诸国与中国历史文化的关系，为东亚各民族结合做准备。① 这样繁重的任务，对闻一多来说是十分艰巨的。

9月1日，南京第四中山大学开学。12月初，为了体现教授治校精神，学校举行教授会议，选举出席最高立法机关校务会议的教授代表。闻一多和汤用彤、蔡无忌、竺可桢、吴有训、沈履、张景钺、宗白华等36人当选，成为讨论与决策学校重大事项的成员之一。②

闻一多在第四中山大学的情况，现有材料不多。在东南大学档案中，保存有1927年10月23日第四中山大学校务会议上报教育部聘请闻一多为专任教员、31日闻一多出席第四中山大学筹备会议第四十次会议记录、闻一多被推举为校徽校色校章委员会委员、11月16日第四中山大学公布文学院选举闻一多为校务委员会出席代表布告等。③

在南京，闻一多住在离四牌楼街口不远的单牌楼三号。④ 单牌楼

---

① 《第四中山大学之教务人员》，《申报》1927年8月22日。

② 据《四中大校务会议委员选举结果》，《时事新报》1927年12月5日。

③ 据东南大学档案馆档案。东南大学档案馆李宇清副馆长、纪晓群主任、杨东先生，南京大学档案馆王瑞宇先生等，在笔者实地考查期间提供了上述材料，在此深表感谢。

④ 据东南大学档案馆存《教师名册》中闻一多名下所书住址。

三号是过家花园的一角，闻一多租用这里时，北侧还有条可并行两条船的河，因从河上可乘船经鼓楼直达鸡鸣寺上香，故名"进香河"。20世纪60年代，进香河埋入地下，上敷马路变成街道，故命名为"进香河路"，沿用至今。那一带现在变化很大，单牌楼原是个与东南大学仅隔一条胡同的小巷，早已不存在了，据考查，其位置应该在今天的南京师范大学附属小学院内。单牌楼遗址邻近以东南大学校址办学的第四中山大学，步行去学校不过几百步。11月，闻一多把父母和家眷都接到南京，当时，立瑛虽病逝，可又多了立燕和立鹤一女一子，家庭里又有了笑声。1928年8月4日，次子闻立雕也在这里出生了。

闻一多这时的任课情况未留下记录，零散材料基本上属于生活方面，其中之一是接待浦薛凤。浦薛凤是闻一多在清华学校的老同学，老朋友，在美国时又一同发起大江会，他从美国学成归国后到南京游览，无意中在第四中山大学附近遇见闻一多。老友相见自然欣欢，闻一多坚邀其到家中用午餐并长谈，途中走过来一人，闻一多当即介绍，原来是罗家伦。那天中午，高真亲自下厨烹饪，菜肴甚丰。①

闻一多在南京还接待过他曾经的学生刘开渠。刘开渠在北京艺专西洋画系时，跟随闻一多学习油画，曾参加过抗议"三一八"惨案等活动。刘开渠还是个进步青年，1927年3月李大钊被奉系军阀逮捕后，4月被害，同时被害的还有北京艺专学生谭祖尧，谭的尸体就是刘开渠和他的同学李琬玉、丁月秋等人掩埋的。这年夏，刘开渠毕业后先到上海，未找到工作才转到南京。在南京，刘开渠见到闻一多，闻一多听了他的叙述很是同情，不仅留他住在家里，还介绍他去第四中山大学文哲学院当助教，可惜没有成功。刘开渠觉得不能总在闻一多家里吃住，便去找张奚若先生，后经张介绍到大学院油印组做些刻蜡版之类的工作。②

---

① 浦薛凤：《忆清华级友闻一多》，台湾《传记文学》第39卷第1期，1981年7月。

② 刘开渠：《雕塑艺术生活漫忆》，《刘开渠美术论文集》，山东美术出版社1984年版，第265页。

　　闻一多在南京第四中山大学的时间只有一年，最大收获是发现和培养了几位青年诗人，陈梦家就是其中之一。

　　陈梦家原名漫哉，浙江上虞人，生于辛亥革命爆发的那一年。他是南京第四中山大学的新生，对新诗和戏剧都有浓厚的兴趣，所以听了闻一多的"英美诗"课后，就到单牌楼附近闻一多的寓所来求教。他看见闻一多穿着深色长袍，扎着裤脚，一双北京式的黑缎"老头乐"棉鞋，一副玳瑁边的近视眼镜，这副模样给人以平易和蔼的印象。闻一多看过陈梦家的习作，觉得此人有些才华，很乐意提携这位登门求教的学生，次年便向《新月月刊》推荐了他的剧本《金丝笼》和《药》，使一个尚未走入社会的青年能够在名流所办的刊物上露面。陈梦家后来以《梦家诗集》《新月诗选》而获得诗人桂冠，他是闻一多及门弟子中的第一个佼佼者。

　　被视为新月派诗人后起之秀的方玮德，也是闻一多这时的学生。这个性格内向的安徽桐城人，不像陈梦家那样登门拜访，而是暗暗向闻一多学习写诗和评诗，以致数年后闻一多才偶然知道他还是自己的学生呢。方玮德后患肺病死去，闻一多特地写了《悼玮德》，说他有"中国本位文化"的风度，这在"大家正为着摹仿某国或某派的作风而忙得不可开交"的时候，尤为可贵。闻一多曾期待新诗展开一个新局面，也期待方玮德是这局面的开拓者。

　　闻一多所器重的另一个学生是费鉴照，他是随东南大学并入第四中山大学的二年级学生。费鉴照不仅跟闻一多学作诗，更随着学新诗评论。他评论过不少英美诗人，几乎没有一篇不请闻一多指教过。

　　第四中山大学于 1928 年春改为中央大学，这个初具规模的学校很有发展前途，加上国民党借北伐锐气挥师北上，北洋军阀彻底覆灭指日可待，南京已成为中国新的政治中心，所以闻一多很想在这里长期干下去。可是，南京的生活刚安定下来，家乡却来人了，请他去武汉大学。

| 第二节 |
在武汉大学

武汉大学设在武昌，本来也是要办成和南京第四中山大学一样的大学区式中心学校，故原名第二中山大学，随着大学区的撤销方改为武汉大学。此时，武汉大学还在筹备中，校长由湖北省教育厅厅长刘树杞兼任。刘树杞想罗致一些教员，特地到南京来，极力怂恿闻一多为桑梓办学，并请他出任首任文学院院长。闻一多初时有些犹豫，但禁不住动之以情，终于在 1928 年 8 月只身来到武昌。

繁忙的建校工作

武汉大学虽是所新成立的学校，但历史渊源却可上溯到 1893 年湖广总督张之洞奏请清政府创办，并揭开了近代湖北高等教育序幕的自强学堂。1902 年 10 月，自强学堂改名方言学堂。1913 年，北京国民政府教育部成立后，以方言学堂为基础，改建为国立武昌高等师范学校，1923 年 9 月改名为国立武昌师范大学，1924 年 9 月改名为国立武昌大学。1927 年 7 月 4 日国民政府公布《大学院组织法》后，国立武昌大学、国立武昌商科大学、湖北省立医科大学、湖北省立法科大学、湖北省立文科大学、私立武昌中华大学等校，合并为国立第二中山大学（即国立武昌中山大学），成为当时中国五大中央级国立中山大学之一。① 国立第二中山大学设有文、法、理、工四个学院，校址在原方言学堂的武昌东厂口。

1928 年 10 月 23 日，国民政府改大学院为教育部，大学区制先后被取消，1929 年 7 月教育部明令停止试验。闻一多到武昌时，大学区制即将取消已传开，人们已称其为国立武汉大学。初到武昌，闻一多先住在闻家在磨石街买的房子，后搬到一处名叫"锦园"的花园，这里曾是外国传教士的住所，地址在黄土上坡 31 号。

新校创建伊始，百废待兴，闻一多一到学校就投入紧张的筹备工作之中。下面，仅以 1928 年 9 月至 12 月的工作为例，以此证明其当时是多么繁忙：

9 月 10 日，与梁明致、胡其炳、方博泉等 11 人组成武汉大学学生入学审查委员会，开始评阅上海考生的试卷。②

13 日，出席第一次临时校务会议，与刘树杞、皮宗石、王星拱、梁明致等共商增设本科、举行编级试验、聘请教授、编制预算、筹备开学诸事项。③

20 日，被正式聘任为文学院院长，并与杨树达、燕树棠、谢文炳、邓以蛰、陈登恪等 28 人被正式聘任为教授。④

26 日，出席第三次临时校务会议，讨论合并各校的毕业生诸问题。⑤

30 日，举行预科生甄别考试，负责拟定国文、英文两科试题。⑥

①　时，教育部拟在全国建五所中央级国立中山大学，其中国立第一中山大学即今中山大学，国立第二中山大学即今武汉大学，国立第三中山大学即今浙江大学，国立第四中山大学即今南京大学，国立第五中山大学即今河南大学。

②　《武汉大学在沪招考之新生揭晓》，《汉口中山日报》1928 年 9 月 12 日。

③　《武汉大学昨开校务会议》，《汉口中山日报》1928 年 9 月 14 日。

④　《武汉大学新聘各委员及教授》，《汉口中山日报》1928 年 9 月 21 日。

⑤　《武大对前中大生请求随班毕业案之议决》，《汉口中山日报》1928 年 9 月 27 日。

⑥　《武汉大学定期举行编级试验》，《汉口中山日报》1928 年 9 月 16 日；《武汉大学甄别试验展期》，《汉口中山日报》1928 年 9 月 19 日。

10 月 2 日，出席第一次正式校务会议，校务会议成员还有代理校长刘树杞、社会科学院院长皮宗石、理工学院院长王星拱，及梁明致、陈鼎铭、张镜澄、胡其炳、胡庆生。①

31 日，出席第六次校务会议，决议成立图书委员会，以皮宗石为委员长，闻一多与王星拱、梁明致、胡庆生、周铁山、陈源、燕树棠、曾昭安为委员。②

11 月 20 日，出席第九次校务会议，决定补行开学典礼仪式，推定闻一多与曾昭安等人主持筹备。③

此外，闻一多还担任了群育委员会主席、入学审查委员会主席，及图书、出版、训育等委员会委员。④学校决策机构评议委员会成立时，闻一多与代理校长刘树杞、教育部代表周览（鲠生）、武汉政治分会代表翁敬棠，及各学院院长和教授代表皮宗石、王星拱、陈登恪、燕树棠、曾昭安等，均聘任评议员一职。⑤

如此诸多的工作压在还不到 30 岁的闻一多身上，

1928 年闻一多任武汉大学文学院院长

①　《武汉大学启用印信》，《汉口中山日报》1928 年 10 月 4 日。
②　《武汉大学组织图书委员会》，《汉口中山日报》1928 年 11 月 1 日。
③　《武汉大学补行开学典礼日期已定》，《汉口中山日报》1928 年 11 月 22 日。
④　据《武汉大学周刊》第 4 期，1928 年 12 月 24 日。
⑤　《本大学评议会评议员题名录》，《武汉大学周刊》第 5 期，1928 年 12 月 31 日。

以致 9 月 17 日次子立雕在南京出生，闻一多也无法脱身，未能回南京探望。

武汉大学是 10 月 31 日正式开学的，闻一多承担的课程是为外国文学系讲授"现代英美诗"。这门课在南京时讲过，并不觉费力。同时，他还为文学院的共同选修课讲"西洋美术史"①，这也是在北京艺专讲过的。

1928 年 11 月 20 日，国民党中央政治会议武汉分会常委会讨论武汉大学勘定新校址问题，批准划武昌城东门外洪山至落驾山一带为武大新校址。落驾山又称罗家山，位于东湖，讨论新址时，闻一多建议改名为谐音的"珞珈山"。这个名字起得好，仿佛添上了一层诗意，得到同人赞成。"珞珈山"之名，一直沿用到今天，这也是闻一多为故乡留下的一个纪念。方重回忆这件事时说："讲到'珞珈山'这个名称，……若要追溯此名之由来，在我的回忆之中则首先要提到诗人闻一多。原来就是他，……忽而灵机一动把原有的不登大雅的旧时代祖传地名代之以富有风味的'珞珈'二字。当初他题这个名称曾和我以及其他几位旧友谈论过。我们都一致赞同，认为这也是诗人的灵感之一。因而珞珈山之名就此沿用至今。"②此外，闻一多还为武汉大学设计了校徽，为学校木制用具设计了印章徽记。珞珈山前建有石坊，上面横写的"国立武汉大学"几字，有人说也是他的手笔，不过这一点值得怀疑，有待考证。

1929 年 5 月 26 日，孙中山灵榇由北平香山碧云寺南移南京，各地纷纷举行奉安典礼。这时，张学良已宣布东北易帜服从中央，中国在形式上完成了统一。虽然蒋桂战争爆发，但武汉很快被南京国民政府控制住。闻一多对政局的变化不大关心，但对孙中山充满了崇敬，他代表武大撰写了奉安典礼祭文。祭文写道：

---

① 《本科一年级课程表》，《武汉大学周刊》创刊号，1928 年 12 月 3 日。

② 方重：《回忆武大》，《武汉大学校友通讯》创刊号，1983 年 10 月。

呜呼！神州陆沉，受制异族，民权不伸，民生弥蹙，厝火积薪，危机潜伏，众人熙熙，酣梦方熟。繄维总理，先觉先知，四十年前，独抱忧危，结纳同志，密展宏规，光复故物，金瓯不亏。国体共和，首崇让德，成功不居，退然拱默，咄哉叛夫，大盗移国，爰构厉阶，祸延南北。公谋建设，主义昭宣，建国方略，宪法五权，亿兆服膺，全体动员，催公北上，奠定坤乾。胡天不仁，沉疴遽染，扁鹊华佗，莫救斯险，壮志甫伸，荣光俄俏，戴德垓埏，铭勋琬琰。煌煌遗教，奉作宝书，和平统一，实践非虚，迁都金陵，力行其余，国民会议，苛约废除。遏焉八音，倏焉三载，奉安钟山，兆域爽垲，坟对孝陵，徽扬寰海，举哀陈词，上诉真宰。滔滔江汉，载缵武功，辛亥首义，遐迩夷同，学府既建，槭朴芃芃，敢献乐章，被之丝桐。尚飨。①

师资延请

作为文学院院长，他很想对课程设置做一番改造，以尽可能地体现些时代发展的需要。根据现有资料，闻一多到武汉大学后第一个邀请的很可能是顾颉刚。

顾颉刚生于 1893 年，1920 年毕业于北京大学本科哲学门，遂留校在图书馆做助教。在新文化运动中，顾颉刚受胡适倡导的"整理国故"影响，着力从事中国历史和古代文献典籍的研究和辨伪，提出研究中国古代的历史和典籍，要用历史演进的观念和大胆疑古的精神，吸收近代西方社会学、考古学等方法。为此，顾颉刚与钱玄同等展开了古史辨伪的大讨论。1926 年 4 月，顾颉刚编辑的《古史辨》第一册由朴社出版，其后又出版七册，由此形成"古史辨派"。

闻一多与顾颉刚相识的时间，很可能就在《古史辨》第一册出版的

---

① 《国立武汉大学周刊》第 25 期，1929 年 6 月 1 日。

那个月。《顾颉刚日记》1926 年 4 月 9 日条下，记载着他与闻一多、林风眠、陈源、俞平伯、余上沅、张歆海、陶孟和、冯友兰、凌叔华、陆小曼、张奚若、丁巽甫、王代之等应徐志摩、杨振声、赵太侔、邓叔存邀宴，赴宴者中还有日本学者小畑薰良。[1] 同年秋，顾颉刚赴厦门大学任国学院研究教授，1927 年 4 月，赴广州中山大学，相继担任历史系教授、图书馆中文部主任。傅斯年离开中山大学时，其语言历史研究所主任一职，亦请顾颉刚代理。1928 年 8 月，闻一多到武汉大学，赴任未久，就电邀顾颉刚来校教授，职务是国文系教授，月薪至少 300 元。顾颉刚是 8 月 18 日接到闻一多邀请电的，当时他还受傅斯年之托，不便离开，而且还要主编《中山大学语言历史研究所周刊》，故认为"势不可允"，没有接受。[2]

1929 年 5 月，顾颉刚回到北京不久，接受了燕京大学国学研究所研究员兼历史系教授的聘书。闻一多闻此消息，再次托友人向顾颉刚转达半年前的愿望，希望他能来武汉大学任教。顾颉刚得消息后，仍然未肯接受，并起草一函说明缘由。可惜此信未写完，仅存残稿，虽未注日期，但《顾颉刚日记》7 月 5 日条下有"写闻一多信，未毕"，可知写于 1929 年 7 月 5 日。这封写了一半的信云：

> 一多先生：
>
> 　　回苏后晤吴维清兄，悉先生们极盼我到武昌，盛意胜感刻。兹敬将我不能来的苦衷及对于武大的希望具述于下：
>
> 　　我是一个只能研究史学的人，在这个范围以内我有无穷的前程，我当仁不让；在这个范围以外，我一无才干，又无一野心，这也不是故意谦虚。
>
> 　　不幸为了"饥驱"到了厦门，又到了广州，三年中给令人一天一天的抬高，终日为教书办事忙碌，使得三年前预定的计划一点也

---

① 《顾颉刚日记》第 1 卷，台北联经出版事业公司 2007 年版，第 734 页。
② 《顾颉刚日记》第 2 卷，台北联经出版事业公司 2007 年版，第 196 页。

不能照做。牛岁一天比一天长大，学业一天比一天退步，这是何等的悲愤呵！所以立下决心，春间逃出广州，到了北平。因为燕京大学的生活较为安定，既可不办事，教书也只有三小时，所以便受了他们的聘。从下半年起，我在燕大服务了。

　　但是，有一件事长顿在我的心头，使得我甚踌躇的。便是中山大学中的语言历史研究所将因我的不去而倒闭了。本来这个研究所是傅孟真兄办的，后来他办了中央研究院的历史语言研究所，这个机关就递嬗到我的身上。我本无办事的才干，但以责任心太强，既当了主任就得用了全力干去，所以一年以来居然有些成绩。《研究所周刊》已出至八十册，《民俗周刊》已出至七十期，丛书已出至三十种，档案已搜①

这封信没有写完，自然也没寄出去，但闻一多对顾颉刚的敬重和力图增加武汉大学的实力，则可见一斑。

武汉大学是以武昌大学为基础改办的，文学院内传统国学的势力很大。作为院长，闻一多想改变一下教师成分，引进一些欧美留学生，方重就是由他推荐来校任外文系教授的。1929 年 9 月 20 日，校务会议决定聘请朱湘为文学院教授，也是由于闻一多的力促。当然，这里也包含着对朋友的一种责任。

朱湘原先与闻一多感情甚笃，但他比较任性，情绪外露，《晨报·诗镌》才办了几期，就因为看不惯徐志摩的某些作风公然与之决裂。闻一多以老大哥的身份希望双方转圜，不料竟与朱湘闹翻了。随后，朱湘在《小说月报》上发表《评闻君一多的诗》，虽是评诗，不免带有些个人意气，有的话也太尖刻。闻一多一向不满背后攻击，也写了篇《诗人的横蛮》。两人的友谊出现了裂痕。朱湘于 1926 年秋赴美留学，在国外受到民族歧视的刺激，想提前回国，却担心回来找不到工作。这些被彭基相知道了，彭与朱湘曾同任教于北京适存中

---

　　①　《顾颉刚全集》第 40 册，中华书局 2011 年版，第 363—364 页。

学，现在也在武大，他把朱湘的境遇告诉了闻一多。对于朋友的才华与能力，闻一多十分了解，表示可以聘他回来任教授。朱湘在美国得了信，高兴的劲是不用说了，他给妻子、朋友的信中多次流露过兴奋和感激。朱湘终于提前回国了，说这是照着闻一多四年前的样子。然而，他没能来武大，一入国门便被他家乡的安徽大学邀去任外国文学系主任。

方重也是这时因闻一多的邀请来到武汉大学的。方重是清华学校1923年毕业生，在校时与梁实秋同级，比闻一多低两级，1920年暑假后曾加入闻一多等人发起的上社。方重赴美后，先入斯坦福大学，随著名学者塔特洛克（Tatlock）教授攻读英国中世纪文学，后入加州大学继续深造，并进行中国文化对英国影响的研究。1927年冬，方重归国，那时闻一多还在南京第四中山大学任外文系主任，便请其到校执教英国文学。这时，又盛情邀请他来到武汉大学任教。

闻一多邀请方重，可能还有一个原因，即关照朋友的弟弟。方重的哥哥是1914年起就与闻一多同在清华辛酉级的方来，方来是闻一多美术上的同路人，不但喜欢绘画，同时也积极参加社团活动。1919年9月成立的清华美术社，就是闻一多与方来、杨廷宝等共同发起的。1920年12月1日"美司斯"成立时，方来是最初14位会友之一，并与闻一多、杨廷宝、梁思成、浦薛凤同为章程起草委员。方来是闻一多在同年级中往来最多的朋友之一，可惜到美国不久就患病去世，这让闻一多非常震惊，也使他有责任给予方重特别关照。

对朱湘、方重是这样，对另一个清华同窗吴国桢就不一样了。吴国桢是辛酉级中晋升最快的一个，仕途可谓一帆风顺。1921年，他在"同情罢考"运动的最后关头走进考场，得以当年赴美留学。1926年，吴国桢在普林斯顿大学获政治学博士学位。1926年秋，吴国桢学成回国，历任江苏特派交涉员公署秘书兼交际科长、外文部第一司副司长兼条约委员会委员。1928年向武汉政治分会主席李宗仁呈上《整理财务税收方案》，李随设湖北烟酒税务局，任吴为局长。吴在9个月内使全省年税收由20万元增至90万元。1929年6月起，吴任汉口特别市政府参事、土地局局长、财政局局长，1931 年 5 月更是升任湖北省政府委员兼财政厅厅长。[①] 当时，在人们眼中大学教授的地位似乎比官僚要高些，因此在仕途上扬扬得意的吴国桢，曾向闻一多表示想在武汉大学兼职教授。但是，闻一多因吴在"同情罢考"中翻手云覆手雨，第一个进考场，故有些鄙视，不肯通融，使吴国桢脸红了一阵。不过，吴国桢毕竟心中有愧，不能张扬，倒是对闻一多增加了敬意。闻一多牺牲后，国民党、共产党、民盟在上海联合举行追悼会，当时身为上海市市长的吴国桢，也是大会发起者及参加人之一。

除了聘请教授外，闻一多还鼓励青年教师发挥专长。后来成为著名文学批评家的朱东润，是 1929 年 4 月来到武汉大学文学院担任讲师的，闻一多看到他对文学批评史有兴趣，就让他开这门课，并给了他一年时间做准备。朱东润颇有影响的《中国文学批评史大纲》就是在这种情况下撰写的。朱东润回忆说：闻一多"看到中文系的教师实在复杂，总想来一些变动。……'东润先生，'闻一多说，'是不是可以到中文系开中国文学批评史这一课？'……我是读过森斯伯里的英国文学批评史的，但是那时中国只出过陈中凡教授的中国文学批评史，虽然筚路蓝缕，陈先生已经做出了最大的贡献，但是究竟只尽了启蒙的责任，无法应用到大学的讲坛。因此我和一多说：'能不能给我一年的时间作一些准备工作？''可以可以，'一多说，'好在今年下半年还不开课，可以推到明年的秋天。'这就是我的那本《中国文学批评史大纲》的由来"。[②]

和在中央大学时一样，闻一多一心想在武大扎扎实实干一番，甚至还和兄弟合资买了栋房子，把家安顿下来。但是，复杂的人际关系，使他不得不离开即将迁入珞珈山的武汉大学。

---

① 据颜平：《吴国桢》，李新、孙思白主编：《民国人物传》第 11 卷，中华书局 2002 年版，第 116—117 页。

② 朱东润：《自传》，《中国当代社会科学家》第 1 辑，书目文献出版社 1985 年版，第 49—50 页。

辞职离校

闻一多离开武汉大学的原因始终未见文献资料，其中一种说法是这样的。

1930年春，学校筹办校刊《文哲季刊》，收到一篇刘华瑞写的《江汉文化》，这位新聘来的教授，据说会飞檐走壁，因此文中讲的均是太极之道，并未谈到古今文化。性格直来直去的闻一多不赞成发表此文，引起刘的不满。恰在同时，学生中有人反对中文系讲师谭戒甫讲授"庄子"，谭是研究墨子的，不知为何得罪了学生。闻一多以师长身份劝说学生不该这样对待教师，刘华瑞则怂恿挑拨，让一些跟着他学拳术的人起来攻击闻一多。武大内部的桐城派与现代评论派都觊觎文学院院长的位置，他们不是在旁一言不发，便是心中暗喜。一腔怒火冲了上来，闻一多提笔写了辞职书，说自己对院长职务毫不留恋，文中还用了"鹓雏之视腐鼠"之句。①

闻一多的辞职在校内引起不小反响，校长王世杰一面派外文系教授陈源调查处理，一面表示挽留。另外一些教授则在位于昙华林的袁昌英家中开会，商讨办法，表示要处分学生。但是，这些未能挽回闻一多的辞职决心，1930年暑假前，他带着愤懑心情离开了武汉大学。

闻一多离开武汉大学，是他人生道路上的第一次挫折，也是这所学校成立后的第一次风波。1930年6月初，王世杰在全校大会的报告里专门讲到此事对于学校工作和声誉的不良影响。王世杰说：

> 关于文学院风潮的事，前几天文学院同学组织了一个文学院课程改进会，那个会成立之后，即向学校提出书面，要求学校辞退闻院长；同时，并对闻院长本人提出书面要他辞职。不但如此，课程

---

① 据谭戒甫的书面材料，武汉大学档案馆存。此段只是大意，笔者当年查阅这份材料时，未做完整记录。

改进会并在本校揭示处出了一二次揭帖，主张闻先生离职。本来，按照中央的规定，学生的任何团体是要避免干涉学校行政的。就令文学院同学觉得这种规定不能遵守，也应认清这种直接的行动，是不利于文学院前途或全校前途的行动。尤其是在这个学年将告终结的时候，因为许多在校的教员，下学期愿意留校与否，正在这个时候决定，许多本校拟聘而未聘就的教员，下学年究竟愿来与否，也正在这个时候决定。这种直接行动，可使在校的全体教员感觉着教员的身份没有保障，不免愤慨或灰心；可使本校拟聘而未聘定的教员，感觉本校学风的恶劣，不愿接受本校聘约，至于对闻先生，在道理上讲，你们当然不应有此侮辱。所以这几天，教务长，各院院长及我个人均感到一种前此未有的困难。今天特在此处报告，希望文学院同学及其他同学了解这回事影响的严重，并都觉悟到爱护学校不是教职员一方面的努力所能生效的，而是教职员和学生共同的责任。①

武汉大学是所新成立的学校，在王世杰的办学思想中，良好的教授和严肃的纪律，是他特别注重的两个问题，否则就谈不上环境稳定，更谈不上发展。②正是基于此点，6月16日武汉大学校务会议，在讨论"文学院学生通函揭帖排斥文学院院长案"时，决议开除为首的两名学生学籍。决议全文云："查此事关涉本校纪律至巨，曾经议决查明真相再行

① 《上周纪念周王校长报告》，原载《国立武汉大学周刊》第62期，1930年6月8日。转引自唐达晖：《闻一多在武汉大学事迹的几点考辨》，中国闻一多研究会、闻一多基金会编：《闻一多研究丛刊》第2集，武汉出版社1998年版，第360—361页。

② 参见唐达晖：《闻一多在武汉大学事迹的几点考辨》，第361—362页。唐达晖在文中考察了闻一多离开武汉大学的原因，认为闻一多的辞职不应"算在王世杰和现代评论派的账上"，而是新旧学派矛盾的一个表现，因此后来任命现代评论派的陈源接任文学院院长，任命音韵、训诂学家刘赜随后担任中文系主任，以此作为派系关系的调整和平衡。唐文还认为，王世杰挽留闻一多是明智的，而非虚应。

处置。兹根据本会议查察结果，应将鼓动滋事学生冯名元、汪守宗两生按照本校学则第十七条开除学籍，并令其即日离校。"①

　　闻一多决定离开武汉大学时，武昌艺术专科学校马上向他发出盛情邀请。武昌艺术专科学校是所私立学校，主要创办者蒋兰圃曾参加过辛亥革命，参与创办的唐义精时任校长。这所创建于 1920 年，坐落在长江之滨、武昌蛇山北麓昙华林的学校，是中国现代第一所私立艺术教育学堂，被认为是中国现代高等美术教育的发源地之一，与北平艺专、杭州艺专并称为中国最早的三所艺术专科学校，康有为曾为该校题写过校名。该校初名"武昌美术学校"，1923 年易名为"武昌美术专门学校"，1930 年正式定名为"私立武昌艺术专科学校"。

　　1928 年 10 月 19 日，闻一多到武汉刚刚两个月，湖北省教育厅艺术教育委员会召开第九次会议，会议决定举办全省第一届美术展览会，"决议聘请闻一多为审查及评判委员长，许太谷、唐粹庵、曾一橹、张肇铭、管雪忱、胡荫之、马振鹏、蒋兰圃为委员"。②11 月 3 日，闻一多出席湖北省第一届美术展览会审查兼评判会议，讨论审查评判标准及办法等。③15 日，湖北省第一届美术展览会在武昌水陆街私立武昌艺术专科学校开幕，出席者有省政府主席张知本、武汉政治分会秘书长翁敬棠及各方面负责人但焘、胡宗铎、陶钧、田桐、程汝怀、李石樵、石幼平、聂光等。武汉政治分会主席李宗仁亦写来贺信，并赠款购买奖品。这次展览会是湖北历史上规模空前的美术作品检阅，展出作品以中小学校及美专学生作品为主，也有名家绘画参展。举办这次美展的目的，"在提倡艺术教育和纯粹艺术，

---

　　① 《第八十一次校务会议常会记录》，1939 年 6 月 16 日，原载《国立武汉大学周刊》第 63 期，1930 年 6 月 17 日，转引自唐达晖：《闻一多在武汉大学事迹的几点考辨》，《闻一多研究丛刊》第 2 集，武汉出版社 1998 年版，第 361 页。
　　② 《湖北第一届美术展览会推定主任》，《汉口中山日报》1928 年 10 月 20 日。
　　③ 据《美术展览会明日开审查兼评判会议》，《汉口中山日报》1928 年 11 月 1 日。

以期社会艺术化"。①

1929 年秋，武昌艺术专科学校改为校董制，闻一多与蒋兰圃、唐义精、徐子珩、张梦生、陈仲壁、张肇铭、王霞宙等组成董事会。② 故校长唐义精（字粹庵）闻讯闻一多决心离开武汉大学，便邀其加入学校。可是，闻一多无意在美术上发展下去，婉言谢绝了朋友的好意。

| 第三节 |

在青岛大学

人地两宜的教学与研究

青岛，美丽的海滨城市，1930 年夏天，闻一多与梁实秋结伴来到这里。

不久前，闻一多赴上海谋寻职业，碰见了老友杨振声。杨振声于 1928 年夏随罗家伦进入清华大学，随后担任了文学院院长。这时，他奉命参与筹备青岛大学，并被教育部内定为校长。杨振声来上海延揽教授，不期见到了闻一多、梁实秋，于是力劝两人同去青岛大学，并应允分任文学院院长兼中国文学系主任、图书馆馆长兼外国文学系主任。

---

① 《全省美展第一届评判会之批评》，《汉口中山日报》1928 年 12 月 2 日。

② 据《私立武昌艺术专科学校一览》，1934 年度。

　　国立青岛大学是在省立山东大学、私立青岛大学基础上建立起来的。1928 年 8 月，南京国民政府教育部根据山东省教育厅报告，决定在省立山东大学基础上筹建国立山东大学。8 月，成立由何思源、魏宗晋、陈雪南、赵畸（太侔）、王近信、彭百川、杨亮功、杨振声、杜光埙、傅斯年、孙学悟 11 人组成的国立山东大学筹备委员会。1929 年 4 月，日军开始撤出山东，南京政府接收济南、青岛、胶济铁路，此时私立青岛大学因经费困难、师生散失，学校陷入停顿。于是，蔡元培建议将国立山东大学筹备委员会改为国立青岛大学筹备委员会，将原拟建于济南的山东大学迁至青岛，利用私立青岛大学校舍筹建国立青岛大学。1929 年 6 月 4 日，南京政府行政院会议讨论通过了教育部部长蒋梦麟提出的筹办国立青岛大学议案。20 日，国立青岛大学筹备委员会召开第一次会议，推举山东省教育厅厅长何思源为筹备委员会主任，并增聘中央研究院院长蔡元培为筹备委员。1930 年 5 月，国民政府任命杨振声为校长，杨振声到校视事前后，曾到上海延揽教员，闻一多就是这时见到杨振声的。

　　当时，闻一多并没有马上接受杨振声的邀请，而是接受杨振声建议，先到青岛看看。考察结果，青岛给闻一多的印象很是不错。山东是孔子的故乡，青岛也称得上是礼仪之邦。初来时，闻一多乘车观光，路过坡头，凡遇山上居民接水的橡皮管，车夫都停下来，把水管高高举起，把马车赶过去，再把水管放下来。一路上折腾数次，也不以为烦。说到风景，也很宜人，海滨公园、汇泉浴场、炮台湾，点缀在葱茏的绿树之中。后来，他在散文《青岛》中，还写到常在堤岸的梧桐下，凭栏眺望海湾里千万只帆船的桅杆，一盏盏忽明忽灭的红绿灯浮标，像是海上的星辰。黄昏时，潮水卷来，溅起白色浪花，天空中海鸥追逐着渔舟。夕阳快下山时，西方浮起几道鲜丽耀眼的光，这在别处是难以见到的。

　　1930 年，一些大学开始筹备设置研究教授，北京大学这年聘任的第一批研究教授有 15 人。清华大学也启动了这项措施，7 月 14 日，清华大学校务委员会议决提请聘任委员会聘请闻一多为中国文学系专任教授，月薪拟定为 320 元。[①] 但是，由于北平局势在阎锡山控制下，属南京系统的清华大学校长罗家伦难有作为，已于 5 月辞职。大约考虑到清华校局不够稳定，同时梁实秋也决定就任青岛大学教职，为了和朋友在一起，闻一多决定放弃返回母校的机会，在一次宴会上答应留下来。

在闻一多的一生中，这已是第四次参加创建新校了。青岛大学坐落在万年山麓，原址是德国的万年兵营，有五六座楼房，一切刚刚开始。青岛大学名为国立，实际上南京政府并未全部控制山东，学校的经费仍由省里负担一部分，这为日后校内动荡伏下了不安的引线。好在学校的人事不像武汉大学那么复杂，主要负责人都有事业心，这给学校带来不少生机，给人以人地两宜的感觉。

青岛大学于 9 月 21 日正式开学，这所新成立的学校，引起教育界的极大关注。《山东教育行政周报》在一篇特讯中说："国立青岛大学校长杨振声，自到任以来，积极筹备开学事宜，修理房舍、招考新生、聘请教授、购置图书仪器。刻各寄宿舍大礼堂、教室饭厅、沐浴室已修理完竣，今年补习班升入正科者，及新招学生共 150 人，多已到校，二次在青、济两处续招新生，投考者约百余人，尚未榜示，新聘各科教授，多系国内名流，闻教务长为中委张道藩氏，总务长陈启超，中国文学系主任闻一多，外国语文系主任梁实秋，教育系主任沈履，数学系主任黄任初，化学系主任汤汉鼎，物理系主任胡敦复，生物系主任潘光旦，暨讲师、助教 20 余位，多已到校。新购西文书籍，价值 4 万余元，中文书籍 1 万余元，中外杂志报章，多至百余种，理化仪器，新自沪购到者，价值 1 万元。刻校内布告，定于本月 20 日行开学典礼。闻杨校长已函请监察院长、本校筹备委员蔡元培氏来校致词，届时必有一番盛况云。"[②]

---

① 据《清华大学校务委员会会议记录》，清华大学档案馆存；《新聘教师初志》，《清华大学校刊》第 196 号，1930 年 8 月 18 日。

② 《国立青岛大学开学有期》，《山东教育行政周报》第 99 期，1930 年 9 月 20 日。

　　闻一多是 8 月带着家眷来到青岛大学的。[①] 初到青岛，住学校对门大学路一幢小楼的一层，因房间光线不好，又移到文登路一栋小房。这里紧靠汇泉浴场，出门即是沙滩，涨潮时海水离门口不到两丈。夜听潮水一进一退，常不能寐，心潮起伏，不禁想起英国诗人安诺德的《多汶海滩》一诗。梁实秋这时住在鱼山路，先生到学校必经其处，常约其同行。青岛多山路，出门时常携带一根手杖，家中又备了好几根，梁实秋说先生"很欣赏策杖而行的那种悠然的态度"[②]。

　　文登路的房子与大海只隔一条街，晚上涛声过大，影响睡眠，加上海风吹来，屋里潮气较大。于是，1931 年闻一多在暑假中将妻儿送回家乡后，就搬到学校第八校舍。第八校舍在学校东北角，为德国侵占青岛期间修建的俾斯麦兵营辅助用房。这座两层的独立小楼，红瓦黄墙，砖石混合结构，有木制挑檐，勒角和门窗的券顶镶嵌有花岗石。小楼面对着一座孤坟，夏夜草长，时有鬼火出没。[③] 闻一多住在小楼的二层，一端内外两间的套房做卧室，另一端面积相同的房间做书房。在这里，闻一多住了将近一年，直到 1932 年夏离开青岛大学。

　　到青岛后，学校开始在青岛、济南、北平三处招考一年级新生，闻一多立即参加阅卷工作。开学后，闻一多讲授的课程有"中国文学史""唐诗""名著选读"，还给外文系开设"英诗入门"。英诗一课以前讲过，轻驾熟路。讲雪莱的《云雀》时，他随云雀越飞越高，朗读的声音也越来越强，音节也越拉越长。一次讲英国六大浪漫诗人，讲到柯勒律治的诗，说："如果我们大家坐在一片草地上谈诗，而不是在这样一间大房子里，我讲你们听：坐在草地上，吃着烟，喝着茶，也无妨同样吸一口鸦片……"[④] 这种诗人的气质，使听课的学生

---

　　① 据《国立青岛大学一览·职教员录》。

　　② 梁实秋：《谈闻一多》，第 84 页。

　　③ 杨洪勋：《闻一多故居》，青岛市政协文史资料委员会编：《青岛文史资料》第 16 辑，青岛出版社 2006 年版，第 296—297 页。

　　④ 臧克家：《我的先生闻一多》，李闻二烈士纪念委员会编：《人民英烈》，1946 年印行，第 137 页。

陶醉了。

闻一多是个很重感情的人，学生作业中只要有"情"，总能得到好分数。一次作文题目出了《海》，翟鹤仙同学得了 80 分，引起大家注意，争着看他的作文。他写的是一个穷孩子，父亲为了谋生出海了，孩子思念父亲，时常到海边去看归来的船。这情显然是真挚的，闻一多的心被它打动了。①

在青岛，唐诗研究全面铺开。这虽然是课程的安排，却也是多年的夙愿。早在留美时，他就积累了不少材料，抵美方两月，已"细读昌黎，得笔记累楮盈寸，以为异日归国躬耕砚田之资本"。② 不过那时他忙于写诗学画，难以专心研究。青岛的安定环境，给他创造了优越的条件。然而，这时他已不是只研究某个人，而是扩大到整个唐诗。

1931 年，青岛大学聘了位研究《楚辞》的游国恩任讲师。游国恩建议闻一多也来研究《楚辞》，闻一多接受了，并产生了极大兴趣。后来他成为《楚辞》专家，便是以此为发因。

《诗经》研究在青岛也顺利展开。图书馆新购了一部 20 册的莎士比亚佛奈斯新集注本，闻一多看了浩然长叹，认为中国文学虽然内容丰富，但研究的方法实在落后了。他决心用现代的科学方法来解释这部最古老的文学作品，即于清儒音韵训诂之外，再运用西方近代社会科学的方法。他重视过弗洛伊德的学说，并运用过这种精神分析的方法，不过并没有用它解释所有的诗篇。

于是，他埋头苦干，废寝忘食。那时妻子回武昌分娩，闻一多也从汇泉浴场附近的房子搬到校内第八校舍楼上。虽然饮食起居多有不便，但没有家累，得以全副精力从事研究。梁实秋说："我有时到他宿舍去看他，他的书房中参考图书不能用'琳琅满目'四字来形容，也不

---

① 臧克家：《我的先生闻一多》，李闻二烈士纪念委员会编：《人民英烈》，第137 页。

② 《致梁实秋》（1922 年 9 月 19 日），《闻一多书信选集》，第 54 页。

能说是'獭祭鱼'，因为那凌乱的情形使人有如入废墟之感。他屋里最好的一把椅子，是一把老树根雕刻成的太师椅，我去了之后，他要把这椅上的书搬开，我才能有一个位子。"①闻一多的学生臧克家时常到这里来，他曾生动地描写道：此时的闻一多"从唐诗下手，目不窥园，足不下楼，兀兀穷年，沥尽心血。杜甫晚年，疏懒得'一月不梳头'。闻先生也总是头发零乱，他是无暇及此。闻一多先生的书桌，任它凌乱不堪，众物腾怨，闻先生心不在焉，抱歉地道一声：'秩序不在我的能力以内。'饭，几乎忘记了吃，他贪的是精神食粮；夜间睡得很少，为了研究，他惜寸阴、分阴。'红锡包'香烟，成为不离手的腻友，因它能为他思考问题助兴，深宵灯火是他的伴侣，因它大开光明之路，'澡白了四壁'"。②

自1928年1月第二本诗集《死水》出版后，闻一多不大写诗了，不过在青岛还公开朗诵过新诗。一次，在学校大礼堂，他捧着《死水》，说明《罪过》《天安门》等诗的写作经过，随后用那不十分纯熟的国语和沉着的低音诵读起来。他诵诗流畅自然，不像旁人那样声嘶力竭，因此能够使人领略得出音节的规律。这两首诗吸收了北京土话，读来抑扬顿挫，且出于穷苦人口吻，非常亲切。一些平素不大能欣赏白话诗的人，这天听了也一致表示极感兴味。

青岛大学有位也爱写新诗的女教师方令孺，她是方玮德的姑姑。闻一多很器重她，说她"有东西，只嫌手腕粗糙点，可我有办法，我可以指给她一个门径"。③青岛朋友不多，几个朋友常聚吃酒，原来有七人，杨振声、赵太侔、梁实秋、邓以蛰等，闻一多提议邀方令孺加入，凑成"酒中八仙"，他们猜拳行令，觥筹交错，乐此而不疲。④

---

① 梁实秋：《谈闻一多》，第85—86页。

② 臧克家：《说和做——记闻一多先生言行片段》，郑苏伊、臧乐安编：《臧克家散文》第1集，中国广播电视出版社1993年版，第318页。

③ 《致朱湘、饶孟侃》（1930年12月10日），《闻一多书信选集》，第225页。

④ 梁实秋：《方令孺其人》，《方令孺散文集》，台北洪范书店1980年版，第3页。

1930年年底，徐志摩在上海筹办《诗刊》，数次向闻一多催索诗稿，说"一多非帮忙不可，近年新诗，多公影响最著，且尽佳者"，"多诗不到，刊即不发"。朋友的几番督促，促成闻一多的一首《奇迹》。为了这首长诗，他旷了两堂课，花了四天工夫，但心情很是兴奋，他给朱湘、饶孟侃的信中说："毕竟我是高兴，得意，因为我已证明了这点灵机虽荒了许久没有运用，但还没有生锈。"① 徐志摩读了这首诗，也喜悦之至，说"非立即写信道谢不可"。

写《奇迹》时，闻一多的情感正吹起一点涟漪，但刚刚生出一个蓓蕾就把它掐死了，这在内心里自然有一番折腾，所以写出的诗也那样回肠荡气。② 有人揣测，这诗大概与方令孺有关。

对于诗坛的变化，闻一多也很关心。他在青岛写成《论〈悔与回〉》，对陈梦家、方玮德合著的《悔与回》诗集作以评论。他还为费鉴照的《现代英国诗人》论文集写了序，阐述诗评的标准与方法。在学生中，他发现了年轻诗人臧克家，并有意加以提携。臧克家是山东诸城人，比闻一多小六岁，1923年考入济南省立第一师范学校后比较广泛地接触了新思潮、新文艺。1927年年初，臧克家考入中央军事政治学校武汉分校，参加过讨伐反动军阀夏斗寅的战役。大革命失败后，他逃亡东北，1929年入国立青岛大学补习班，1930年考入国立青岛大学数学系，是闻一多批准他转到中文系的。臧克家最初发表在《新月》上的几首诗，也是闻一多推荐的，这对初涉诗坛的青年，是莫大的荣耀。

闻一多曾被聘为中华教育文化基金委员会编译委员会委员，这一很少为人知道的事也发生于他在青岛大学期间。

1930年，中华教育文化基金董事会开第六次年会，决定成立编译委员会，以胡适、张准为正副委员长。经胡适推荐，9月间第29次执行委员会通过聘请闻一多等13人为编译委员会委员，丁文江、赵元任、傅斯年、陈寅恪、梁实秋、陈源、姜立夫、丁西林、竺可桢为其成员。

① 《致朱湘、饶孟侃》(1930年12月10日)，《闻一多书信选集》，第224页。
② 梁实秋：《谈闻一多》，第87页。

编译委员会下分两组，一为自然科学组，一为文史组；工作则分为三部，其一为世界名著部，任务是"选择在世界文化史上曾发生重大影响之科学、哲学、文学等名著，聘请能手次第翻译出版"。[①]

编译委员会成立后，胡适拟定了一个计划，准备成立一个翻译莎士比亚全集的专门委员会，由闻一多任主任，成员有徐志摩、叶公超、陈源、梁实秋，共五人。其工作为担任翻译及审查，并先行试译，以期决定体裁问题。[②] 为此，胡适曾写信与闻一多、梁实秋仔细研究过，闻一多也做了初步的计划，他自己分工从《哈姆雷特》入手，预计五年内完成莎集。对于这项工作，闻一多是热心的，但因时局不靖，未能进行下去，倒是梁实秋自此开始，多年后独自译完莎集。

翻译莎集原有徐志摩参加，但 1931 年 11 月 19 日，徐乘机自南京飞北平，在济南白马山附近触山机毁人亡。这天，闻一多正在杨振声家中谈天，突然收到电报，却语焉不详。大家很焦急，当即与在场的梁实秋、赵太侔等商量，派中文系的沈从文连夜赶往济南打听究竟。当噩耗被证实时，闻一多痛心不已。

徐志摩死后，许多人都写文悼念，闻一多却没写一个字。有些人不理解，因为闻、徐关系之密切是人所尽知的，朋友之间总应有情有义。闻一多不是不想写，只是感到这位仁兄一生浪漫，这悼文从何处下笔呢？

身处三次学潮旋涡

青岛是个景色宜人的胜地，却绝非世外桃源，仅仅两年就发生过三次学潮。这些学潮的起因不一，性质也不完全一样，身为学校领导成员的闻一多站在维护学校的立场上，结果不可避免地与学生发生了冲突。

---

① 《中华教育文化基金董事会第五次报告书》，1930 年 12 月印行，第 51 页。
② 《中华教育文化基金董事会第六次报告书》，1931 年 12 月印行，第 24 页。

这对曾经参加过五四运动，"同情罢考"和三赶校长的闻一多来说，是件很痛苦却又无可奈何的事。

第一次学潮发生在1930年12月初。学校开学不久，发现有些学生报考时用的是假文凭，按照章程规定，校方宣布凡是用假文凭考取的一律褫夺学籍，勒令离校。学生方面也不服气，认为不论是真文凭或假文凭，既然考上了，就证明够入学的资格。青岛大学是新建的学校，全校120多新生几乎有一半人持假文凭，因此反对学校决定的人实在不少，罢课的事随着学生自治会的产生也发生了。

12月4日，青岛大学学生自治会发动同学反对甄别，举行全校性的罢课。当天，杨振声召开校务会议，闻一多与张道藩、黄际遇、梁实秋、赵太侔、谭葆慎、谭天凯、汤腾汉、杜光埙，以及新出任的总务长兼庶务主任陈命凡等，出席了这次会议。为了严肃校纪，会议作出两项决议：全体学生即行上课，在未恢复上课之前，任何要求不予置议；学生自治会不合法，其议案无效。

闻一多对持假文凭的学生并非一概而论，但对罢课很反感，认为有事可以复课后再商议解决。当时学生已分成两派，另一派组成护校团，力劝未持假文凭的同学上楼复课。5日，护校团同学与罢课学生组织的纠察队发生争执。双方在楼梯前对峙起来，教务长张道藩站在二楼楼梯口上俯视问："怎么回事？"护校团的人答："我们要上楼上课，纠察队用棍子侵犯我们的自由！"自恃是国民党中央委员的张道藩把脸一变，叫道："哈，共产党要暴动！这还了得，打电话叫警察保安队来！"[①]

电话真的打出去了，警察保安队跑步赶到，包围了各校舍。这天，学校再次召开校务会议，决定对用假文凭报考的学生除8名自请退学者外，其余13名开除学籍，并决定对罢课中的主要成员开除学籍。结果有38名学生被除名。布告很快就在西宿舍大楼门前贴了出来，开除的学生中，有的是持假文凭的，有的虽有真文凭但为罢课积极分子，有的

---

① 李林、王弢：《青岛大学两年三次罢课斗争简述》，《山东大学校史资料》第6期，1983年11月。

本并不赞成罢课，却受到牵连。

在这次学潮中，闻一多站在校方立场上，不过导致学潮失败的直接原因是警察保安队的镇压，而此事起主要作用的是张道藩。这一点，已为两年后的《驱闻宣言》所证实，而且梁实秋也说警察不敢捉人时，是张道藩给警察壮的胆[①]，可两年后张道藩却对学生说这完全是闻一多的主张。张本是留欧学习美术的学生，留学期间认识了陈立夫，遂于1922 年冬在伦敦加入国民党，次年出任国民党驻伦敦总支部评议部部长。回国后，他先后担任国民党广州省党部党务指导委员、贵州省党部党务指导员、国民党中央组织部秘书、南京市政府秘书长等，因内部斗争失利才来到青岛大学，但 1930 年年底就离开青岛大学，当了浙江省政府委员兼浙江省政府教育厅厅长，由赵太侔接任教务长。[②] 张道藩对闻一多落井下石，是在担任国民党组织部副部长的任上，他的话显然是为自己推卸责任。

第二次学潮发生在"九一八"事变之后。1931 年 9 月 18 日，日本关东军借口柳条湖铁路被炸，向驻守北大营的中国军队发起攻击，次日占领沈阳城。这是一次预谋已久的军事侵略，在蒋介石严令不得抵抗的投降主义路线指导下，东北军虽自发地抵抗，终因无后方支援，致使长春、营口、吉林及南满铁路沿线全部沦陷。

"九一八"事变在全国引起极大震动，青岛大学学生也于 10 月 1 日成立反日救国会。7 日学校校务会议上，闻一多完全赞成酌量增加军训钟点、组织青岛大学青年义勇军等。[③] 以后又批准了 13 位东北籍学生离校投军的请求，并保留他们的学籍。[④]

但是，在全国一片呼吁抗日的要求声中，蒋介石除了采取不抵抗

---

① 梁实秋：《悼张道藩先生》，台湾《传记文学》第 13 卷第 1 期。该文把张道藩调警察保安队的事记在 1931 年"九一八"之后，实误。

② 据山东大学档案馆编：《山东大学大事记（1901—1990）》，山东大学出版社 1991 年版，第 29 页。

③ 据《青岛大学周刊》第 24 期，1931 年 10 月 12 日。

④ 据《青岛大学周刊》第 31 期，1931 年 11 月 30 日。

政策，还将处理事变的幻想寄托于国联身上。然而，英、美、法在华利益各自不同，对日本取妥协观望态度；苏联除在道义上表示同情外，为了防止引起苏日冲突，也采取了不干涉的中立立场。结果国联会议虽数次开会，要求日本尽快撤兵，避免事态扩大，也不过是毫无约束力的一纸空文。到了11月22日，日军为了切断关里关外的联系，取得继续侵占热河并进入关内作战的基地，向辽西重镇、东北边防军司令官公署所在地锦州发起进攻。国民党政府手足无措，一面向英美法三国大使磋商和缓锦州局势，一面表示如果日本保证不再进攻，中国军队可撤至山海关。26日，国民党政府向国联提议划锦州为"中立区"。

将锦州划为中立区的做法，实际上等于承认日本对东北的占领，因此遭到全国人民的强烈反对，各地学生纷纷赴南京请愿，要求抵抗日本侵略，南京教育部急令各校劝阻学生南下。青岛大学忠实地执行了这个电令。11月30日，青岛大学反日救国会召开大会，会上杨振声说青岛环境特殊，学生爱国不应超出学校范围。梁实秋亦说今非昔比，国联的调查仲裁定使公理战胜强权。

闻一多对日本侵略同样义愤不已。前些时候，一个中国学生在海滩上玩，与日本孩子争执起来，傲慢的日本大汉竟把中国学生打了个半死，到了警察局，局长不但对日本人赔笑道歉，还把中国孩子扣押起来，警告学生的校长放纵不管。闻一多在课堂上听到此事，脸色变得怕人，他愤愤地说："中国，中国，难道你已亡国了吗？"他主张立即去交涉，学校也为之沸腾起来。[1]

在中国近代史上，青岛是个地位十分特殊的地方。1897年11月1日，德国以山东发生的"巨野教案"为借口，派遣舰队进入胶州湾。1898年3月6日，清政府被迫与德国签订《胶澳租借条约》（又名《胶澳租界条约》），并允许德国在山东修筑铁路和开采沿线矿产。1914年第一次世界大战爆发，日本对德宣战，于11月攻占青岛，并在1919

---

[1]　梅亭：《我所见的闻教授》，《解放日报》1946年7月25日。

年的巴黎和会上，企图永久霸占青岛，从而引起中国近代史上具有划时代意义的五四运动。1922 年，北洋政府收回青岛主权，开为商埠，1929 年南京国民政府接管胶澳商埠，设立青岛特别市，1930 年改称青岛市。

但是，日本的"大陆政策"使它绝不会轻易放弃青岛，一有机会就制造事端。"九一八"事变前的 8 月 18 日，青岛辽宁路一家日本鱼店经理志磨证彰，与一中国人发生口角，便脱下木屐殴打中国人，引起街上行人的围观和不平。志磨马上叫来日本浪人组织的国粹会打手数十名，各携凶器，赶来殴击华人。20 日，日本大阪《每日新闻》刊登《三千中国群众袭击青岛邦人》，说"大日本国粹会青岛本部被三千中国人袭击，大冲突后，竟呈流血惨状。日本人家屋被破坏者六七十户，受伤者 60 人，其中重伤者 25 名，生命危笃者 2 名"。又说"是夜中国人数次包围辽宁路之国粹会本部，群众高喊，惊震天地，致惹起青岛窗空之大惨事"。同日大阪《朝日新闻》亦刊登《中国暴民袭击青岛国粹会本部》，更为凭空捏造，说"此次事件发生经过，以数名中国人与日本人口角为暗号，立有数百名携帮凶器之暴徒，包围攻击国粹会本部"，并歪曲说"此次暴动可认为与官厅有充分联络之计划的动作"。

然而，青岛市政府当时就请德国医生卫士英对双方伤者进行了检验，其结果是"华人受伤共 10 人，重者 7 人，轻者 3 人，伤状均为利刃所砍，且在背部，可知华人受伤，皆因躲避不及所致"。而"诊验日人伤痕，则皆为皮肤受伤，极为轻微，可见日人为携带凶器之故，猛力砍人，致擦伤皮肤"。为此，青岛市政府向日本总领事提出抗议，而日本竟使用惯用伎俩，捏造莫须有事实，提出反抗议。①

日本的这些所作所为，使青岛成为异常敏感的地区，特别是青岛《民报周刊》刊登"九一八"事变消息后，被日本浪人纵火烧毁，

---

① 《青岛日人暴行事件》，原载《北平晨报》1931 年 8 月 25 日，转引自《新闻周报》第 8 卷第 34 期，1931 年 8 月 31 日。

连国民党市党部也付之一炬，这些也让闻一多相信青岛环境特殊。再说，"九一八"以后，国联既开特别理事会，又开公开会，16 日以来专门研究东北问题的理事会还在进行之中，这也使闻一多觉得学生南下请愿于事无助。正是鉴于这些考虑，闻一多不赞成学生涌向南京。

血气方刚的青年人当然不理会这些，12 月 2 日，青岛大学学生 179 人在北大学生南下后的第二天，也登上火车向济南开去。4 日，他们到达南京，和各地学生汇成一股洪流，国民党政府被迫电告国联，取消划锦州为中立区的提议。

青岛大学学生南下后，校园里暂时安静下来，但教师中却出现分歧。校长杨振声自认没能执行上峰指示，于 7 日提出辞职。闻一多很同情朋友的处境，在校务会议上赞成开除为首的几位学生，他还慷慨陈词，"认为这是'挥泪斩马谡'，不得不尔"。[①] 不过这个决议并未执行，后来改为记过处分。[②]

第三次学潮虽然发生在 1932 年五六月间，起因表面上是学生反对修改学则，而实际上是南下请愿运动的继续。

1932 年 4 月 4 日，青岛大学根据教育部指示，公布了修改后的《青岛大学学则》，其中"学生全学程有三种不及格或必修学程二种不及格者令其退学"一条，受到学生的激烈反对。学生的反对不是没有道理，自"九一八"以后中国的时局就一直在动荡。是年 1 月 28 日，日本为了给国民党政府施加压力，迫其承认东北被占领的既成事实，悍然派海军陆战队进攻淞沪，发动"一·二八"事变。两天后，国民党政府仓皇迁都洛阳，独有十九路军孤军抗敌。2 月 14 日张治中率第五军赴沪，抗战人数亦不过四万，面对的则是不断增兵至七八万的日军。蒋介石的嫡系部队 60 余万人并未往援。3 月，由国联出面通过有关上海停战决议案，规定苏州、昆山至上海的地区内中国无驻兵权。这样一个丧权辱

---

① 梁实秋：《谈闻一多》，第 99 页。

② 《驱闻宣言》，"胡适档案"，中国社会科学院近代史研究所存。

国的协定，国民党政府竟欣然接受。5 月 5 日，《上海停战协定》正式
签订，中国最大的工商业城市竟成了一个不设防的城市。其间，3 月 9
日，为日本帝国主义作傀儡的"满洲国"在长春成立，溥仪出任执政。
于是，在军事之外，政治上统治殖民地的问题也基本完成了。在这日益
危急的严重形势面前，学生能安心读书吗？

6 月是期末考试的紧张阶段，青岛大学学生成立"非常学生自治
会"，它的成立主要是为了抵制"学分淘汰制"。16 日，非常学生自治
会向学校提出五项正式要求，其中还包括图书馆购书问题，说学校只买
"新月派"的书籍。

学潮起来时，杨振声因赴南京催索教育经费未获解决提出辞职，到
北平去了。闻一多则受教师委托赴北平劝驾。当他回到青岛，校中反对
他的空气也紧张起来，罪名是"新月派包办青大"。闻一多很是头疼，
对饶孟侃说："现在办学校的事，提起来真令人寒心。我现在只求能在
这里混碗饭吃，院长无论如何不干了。……实秋的系主任与图书馆长也
非辞不可，没想到新月派之害人一至于此！"[①]

22 日，青岛大学学生举行罢课，抵制第二天将要举行的大考。闻
一多等也在开校务会议，先是决定期末考试明天照常举行，旋又定次日
起放暑假，秋季开学后再补考。与此同时，九名非常学生自治会的常委
被张榜开除。

消息传出，学生愤怒了，他们首先把所有怨恨都泄在闻一多的身
上。24 日，他们到杨振声寓所，要求取消学分淘汰制，要求辞退闻一
多。其实闻一多 16 日已提出辞职，并已得杨振声同意。尽管如此，学
生仍不罢休，25 日印发了《驱闻宣言》，称他"援引了好多私人及其徒
子徒孙，并连某某左右其手包围杨振声校长"；说他"首先从事变更学
则"，"理由是提高学生程度，其实完全是藉该项学则作为克制异己学
生之工具"；还说他"提议开除非常会工作人员九人"，"强迫校长于未
经校务会通过就宣布施行"。总之，他"不学无术"，是"准法西斯蒂

_____

① 《致饶孟侃》（1932 年 6 月 16 日），《闻一多书信选集》，第 227—228 页。

主义者"。①

学潮继续扩大着，学生曾威胁说若不改变学则，全体学生就要求休学一年。27日，校务会议居然同意210位学生休学一年，于是反而激化了矛盾。因此，否认杨振声为校长、驱逐教务长赵太侔、驱逐图书馆长梁实秋的传单接连散发，青岛大学一下子成为全国教育界人人瞩目的学校。

闻一多的心情真是很难平静。初来校时，他便感到这里学生的基础不大尽如人意，想认真抓抓教学。不料时局不靖，举手投足都受政治牵扯。青岛大学人事单纯，几位朋友齐心协力，给人气象一新的感觉。潘光旦只来过一次，便认为远胜其他老牌学校。但这又有什么用？一次他和梁实秋路过一教室，见黑板上画了个乌龟和一只兔子，旁边写道："闻一多与梁实秋"。他问："哪一个是我？"梁答："任你选择。"②

6月底，杨振声去南京教育部辞职。闻一多与赵太侔、梁实秋都离开学校。心神不宁中，他和陈梦家同游泰山，聊以解烦。两人闭口不谈学校事；陈梦家是参加过淞沪抗战后才被聘来当助教，这也是闻一多罗织新月派的罪责之一。

7月3日，教育部下令解散青岛大学，并成立青岛大学甄别委员会，聘闻一多为委员。但是，他的辞意已决，断不在青岛待下去。闻一多此刻的心境，如果说是愤懑倒毋宁说是沮丧。从主观上说他是想把学校办好，但他对国家危急的形势缺乏根本的解决办法，立场上站在国民党政府一边，因此成为爱国学生的对立面。直到十多年后，他才用自己的行动否定了自己这一段历史。

---

① 《驱闻宣言》，中国社会科学院近代史研究所存。

② 梁实秋：《谈闻一多》，第100页。

| 第四节 |
重返清华园

象牙塔的生活

　　1932 年 8 月，闻一多带着压抑的心情离开生活了两年的青岛，回到离别已整整十年的清华园，应聘为中国文学系教授。

　　这正是清华大学经过几年波动刚刚摆脱困境的时候。1928 年年中，奉系军阀被赶出北京，随着北洋政府的覆灭，清华大学转入南京国民政府控制之下，校名前加"国立"两字，罗家伦出任校长。罗上任后，推行国民党党化教育，成立董事会，削减学校经费。这些措施直接威胁到清华的生存，导致了全校师生的共同反对。1929 年 5 月，清华由外交、教育两部共管改为归教育部专辖，董事会随之被取消，清华基金移交中华教育文化基金董事会管理。1930 年中原大战展开，汪精卫、阎锡山在北平另组"国民政府"，罗家伦失去靠山被驱出学校。阎锡山欲借实力插入清华，派晋籍清华学校毕业生乔万选为校长，遭到全体学生拒绝。1931 年，南京政府重新控制北方，但校长问题上一直受到师生抵制，风潮在校园内此起彼伏。直到 10 月中旬，教育部被迫撤回反对业已形成的教授治校制度的吴南轩，任命梅贻琦为校长，这场动荡才平息下来。

　　梅贻琦，字月涵，是 1909 年清华第一批直接留美学生。1915 年来清华任教，教过闻一多的物理课，所以闻一多对他一直执师生之礼，言必称涵师。梅的弟弟梅贻宝也是闻一多的朋友，他们曾同为上社成员。梅贻琦在清华还担任过教务长、代理校长、清华留美学生监督。他是个性格平和，主张学术自由的教育家。他上任后便着手校政建设，"大学者，非谓有大楼之谓也，有大师之谓也"就是他的名言。在梅贻琦的主持下，清华大学开始大规模地延揽学有所长的人才，以强化教学力量。闻一多就是梅接校篆后聘请的第一批教授中的一个。

美丽的清华园，一草一木、一石一水，对闻一多都那么熟悉，那么眷恋。那小径中还留着他学生时代的足印。那教室，过去是听课的地方，现在则成为自己的讲堂。同方部的热烈会议、体育馆的戏剧演出、宿舍楼的诗歌讨论，都仿佛勾起闻一多无边的回忆。十年啦，动荡的十年，现在能重新回到这安静的环境，真像找到了潜心治学的天国仙乡。从此，闻一多再也没有离开这所学校，他的经历和光荣，也成为清华历史的一个组成部分。

回到母校之初，学校请他担任中文系系主任，可是经历过武汉大学、青岛大学风潮的闻一多，好不容易才摆脱了世尘，往日的阴影还未能抹尽。他拒绝了学校的好意，打算认认真真地做些学术研究工作。

和闻一多一起应聘的教授中，还有故友顾毓琇。顾于1928年获麻省理工大学博士学位后归国，这时自浙江来清华，担任电机工程系系主任。两个朋友重聚，不亦乐乎。学校方在扩建，不能带家眷，他们同住在学校西门外二里处的达园———一所景色秀美的私家花园，不久前才划归清华。两人相邻而居，同对一池碧水，一池荷花，有说不尽的怅惘旧事。

9月7日，学校开学。这年度中文系有教授六人，除闻一多外，还有朱自清（兼系主任）、俞平伯、陈寅恪（与历史系合聘）、杨树达、刘文典。这些都是学富五车的名学者。讲师则有黄节，专任讲师为王力、浦江清、刘盼遂，教员有许维遹，助教仅两位，是安文倬与余冠英。清华教师分四级：教授、专任讲师（相当副教授）、教员（相当讲师）、助教。黄节是外校教授，来清华兼课，按例只能聘为讲师。这13

人便是中文系教师的全部阵容，师资力量不算薄弱。

同人中，来往最密切的当首推朱自清。他们初次见面是开学后第二天，从此开始了长达 14 年的同事论学。两人的情谊，成为中国文学史上的传世佳话。朱自清，字佩弦，号实秋，比闻一多整长一岁，早年就读北京大学时加入新潮社，后来参加文学研究会，与人合办过新诗运动中第一个诗刊《诗》，还和周作人等合出过诗集《雪朝》。1925 年清华学校加办大学部，朱自清经俞平伯、胡适推荐出任国文系教授，散文名篇《荷塘月色》《背影》就是来清华后的作品。

回到清华，闻一多排除一切琐事，全身心投入教学与研究。他这样做有多重因素，首先是由于多年的碰壁，不免让人灰心，只有钻入故纸堆才能暂时在精神上找到宽慰。其次，清华中文系这时旧学功底甚厚，六教授中唯有他出身清华，却又非中文本科毕业，在强手如林中他犹如自学成才者，不拼命便没有根基。再之，学生中有的已二十五六岁，发表文章出过书的不在少数，闻一多以诗人成名反来教古典文学，心理上总感到被人轻视。这些，让他憋了一口气，非要做出点成绩不可。

1933 年春，清华西院添盖了一批教授住宅，闻一多从达园搬到西院第六排的 46 号，把家眷也接来了。这是所中式建筑，大大小小共 14 间，条件是清华当时很不错的，闻一多给它取了个雅名"匡斋"。西院环境幽静，隔壁 36 号住着陈寅恪，26 号为陶葆楷，16 号为顾毓琇。这个小区聚集了一批大师，学术气氛颇浓郁，如住在第一排的有杨武之（11 号）、赵忠尧（31 号），住在第四排的有吴有训（14 号）、郑之蕃（34 号），住在第七排的有雷海宗（37 号），住在第八排的有周培源（18 号）。闻一多每周上八小时课，其余时间都用来做学问。他的研究内容，基本上随着课程安排逐步展开，到卢沟桥事变前，他所教的课程有：

1932 年度:《诗经》、《九歌》、王维及其派诗人、杜甫、大一国文。

1933 年度:《诗经》、《楚辞》、杜诗、大一国文。

1934 年度: 乐府研究、唐诗、国学要籍。

1935 年度:《诗经》、《楚辞》、唐诗、国学要籍、中国古代神话研究。

1936 年度:《诗经》、《楚辞》、唐诗、国学要籍。

(以上有些是为研究生开设的)

在以上工作中,唐诗研究最为醒目,成果也最多。1933 年夏天,朱湘自安徽来访,住在达园,常来西院探望,见到闻一多的许多手稿,大为赞叹,遂写下《闻一多与〈死水〉》。这里仅列出朱文中提及的完成或未完成的著述题目:《少陵先生年谱会笺》《少陵先生交游考略》《杜甫学考》《王右丞年谱》《岑嘉州系年考证》《岑嘉州集笺疏》《唐代文学年表》《唐语》《全唐诗人补传》《唐诗人生卒年考》《全唐诗校勘记》《全唐诗拾遗》《唐诗统笺》《全唐诗选》《见存唐人著述目录》《唐代遗书撰人考》《唐两京城坊考续补》《长安风俗志》《唐器物著录考》《唐代研究用书举要》《全唐文选》《唐人小说疏证》《初唐大事表》(分政治、四裔、宗教、学术、文学、艺术六栏)等。① 从这些目录中,便可窥知闻一多在唐代文学研究中的视野与雄心,直是为写唐代文学史做准备。当然,以上诸项大多从青岛时便开始了,但清华丰富的典籍给他创造了更有利的环境。

开始于武汉大学的《楚辞》研究,这时也加速进行。1933 年 7 月 2 日,他在给游国恩的信中说"近来颇致力于此书,间有弋获,而疑难处尤多","今得悉大驾即将北来,曷胜欣忭!惟盼将大著中有关《楚辞》之手稿尽量携带,借便拜诵"。②26 日信中又说:"比来日读骚经数行,咀嚼揣摩,务使字字得解而后止,忽有所悟,自憙发千古以来未发之覆,恨不得行家如吾兄者,相与拍案叫绝也。"③

人们总拿"同气相求"来比喻志同道合者的关系,闻一多的许多学者朋友中,游国恩是《楚辞》研究的知己。两人有了心得,都彼此函告

① 朱湘:《闻一多与〈死水〉》,《文艺复兴》第 3 卷第 5 期,1946 年 7 月 1 日。
② 《致游国恩》(1933 年 7 月 2 日),《闻一多书信选集》,第 229 页。
③ 《致游国恩》(1933 年 7 月 26 日),《闻一多书信选集》,第 230 页。

引以快事。9 月 7 日，闻一多在信中详谈对《天问》中"南北顺椭"一句的训诂见解，末了说："近读诗骚，好标新义，然自惟学识肤浅，时时惧其说之邻于妄，不敢自信，质之高明，倘有以教我乎。"①

以文交友，以字为师，闻一多很关心《楚辞》研究的动向。历史系的钱穆教授在《清华学报》第 9 卷第 3 期上发表了篇《楚辞地名考》，闻一多极其认真地阅读了这篇论文。现存于北大图书馆的本期学报上，还保留着闻一多的不少眉批。

清华中文系的学生不多，选修"楚辞"课的最初只有孙作云、王文婉两人。宽大的旧楼 105 教室，仅师生三人相对。闻一多颇有点负气，全心全意为两人讲解，半年时间只讲完一篇《天问》，几乎每句每字都仔细讲到了。后来，选修的同学渐渐多起来，为了创造教学气氛，闻一多坚请学校把课安排在晚上七时开始。当黄昏来临，电灯亮了，他抱着大叠大叠的稿本走进教室，坐下后慢条斯理地掏出烟匣，对满堂学生道："哪位吸？"大家都笑了。于是，他才自己点燃一支，用极其迂缓的声腔念道："痛——饮——酒——，熟读——离骚——，方得为真——名——士！"②

后来成为民俗学家和历史学家的孙作云，是闻一多在清华大学任教时很得意的学生。孙作云是辽宁复县人，生于 1912 年，1925 年考入复县初级中学，两年后因对学校处分学生不满参加罢课，被学校除名。1928 年考入沈阳东北大学附属高级中学，1931 年毕业后本已免试保送东北大学，但他受新文化熏陶，只身到上海，考入复旦大学中文系。这时，"九一八"事变爆发，次年发生"一·二八"事件，孙作云参加复旦大学学生组织的义勇军，旋投笔从戎，加入十九路军，在翁照垣将军率领的一三八旅担任组织民众、运送弹药给养任务。其后，学生军被解散，孙作云回到老家，于 1932 年秋考入清华大学中文系。读书期间，孙作云追随闻一多攻读古典文学，1936 年他完成的

---

① 《致游国恩》（1933 年 9 月 7 日），《闻一多书信选集》，第 233 页。
② 冯夷：《混着血丝的记忆》，《文艺复兴》第 2 卷第 4 期，1946 年 11 月 1 日。

第一篇学术论文《九歌山鬼考》，就是闻一多推荐给《清华学报》的，发表于第 11 卷第 4 期。1937 年春夏之交，清华大学中文系创办《语言与文学》，这是闻一多回到清华后倡议出版的一个学术刊物，7 月出版的创刊号上刊登了孙作云的《九歌非民歌说》。孙作云之文，对东汉王逸在《九歌序》中称《九歌》出于民歌和有思君忧国之意的解释提出质疑，认为胡适、陆侃如、游国恩、容肇祖强调《九歌》是民歌的见解值得商榷，"以为《九歌》是楚国国家祭祀的乐章，与平民无关"。《九歌》共 11 篇，排序上，孙作云"首列《东皇太一》，次为《东君》，《河伯》置于第六"，与过去的排序有所不同，他特别加注说："今本《九歌》次第《东君》在《河伯》前，从闻师一多改订，移置于此。"这说明，孙作云提出这些学术观点前，曾与闻一多交换过意见，并受到了鼓励。1936 年，孙作云毕业，秋天考入清华大学研究院文科研究所，导师即是闻一多。

过去，人们都以为《少陵先生年谱会笺》是闻一多专攻中国文学最初的成绩。其实，早在此文发表前三年即 1927 年 7 月，他就在上海《时事新报》上连载过长篇论文《诗经的性欲观》，力图用人类学观点研究《诗经》。此后，《诗经》研究断断续续，在青岛大学时，他就决心把这部最古的文学作品彻底整理一下，《匡斋尺牍》虽发表于 1934 年，但其中不乏这时的心得。他的《诗新台鸿字说》《卷耳》发表后，当时似乎尚未引起人们注意，后来经郭沫若阐发介绍，才为学术界广为重视。闻一多研究《诗经》有个侧重，他的注意力集中在《国风》上，对《颂》《雅》则用力较少。

闻一多不仅自己研究《诗经》，还鼓励他人共同研究。刚刚考入清华中文系做研究生的张清常打算研究古代汉语，闻一多说："有个问题可供你们搞语言的人考虑。今日所见《诗经》的本子，汉熹平石经、唐开成石经是刻在石头上的，齐鲁韩毛四家各本是后代抄本转木刻本，文字都已去古甚远，不是《诗经》时代的面貌。如果你利用古文字学的知识，把《诗经》用两周金文写下来，换句话说，也就是使《诗经》恢复西周东周当时的文字面貌，这对于你研究《诗经》，研究上古汉语，会有很大帮助的。"①

　　不知道张清常是否采纳了闻一多的建议，不过闻一多自己后来曾用金文写过《诗经》的十多篇。在昆明，他为西南联大学生陈家煜贺婚，书赠了《关雎》的首章，看去如同绘画般生动。那"鸠"字像扇动翅膀，求偶心切的小鸟。"窈窕淑女"出现两次，结构无一重复。"窈"字下的"力"一在左，一在右；"窕"字下的"兆"，一正一反，变化中暗示出女子春情的躁动。②

　　1934年11月，闻一多搬到刚刚落成的新南院。新南院是由30幢独栋单层花园式洋房组成的教授住宅区，总建筑面积6677平方米，建筑经费20万元，设计者为建筑师沈理源开办的天津华信工程司，施工者为沈理源监理工程的天津协顺木厂。这片住宅10月29日竣工接收，11月初开始陆续迁入。闻一多因家庭人口较多，分配到一所面积最大的住房——位于南端的72号。这里除卧室、书房、会客室外，还有餐

1935年闻一多（右三）与梁实秋（右一）、顾毓琇（右五）、吴景超（左五）、余上沅（左三）等游大同

---

① 张清常给笔者的信，1988年8月10日。
② 参见拙文《闻一多的书画与篆刻》，《中国文物报》1990年3月22日。

室、浴室、储藏室、厨役卧室等，屋内电话、冷热水俱全。潘光旦这年刚回清华，住在隔几排的 11 号，吴有训、俞平伯、周培源、陈岱孙、陈达都住在这里。

这是闻一多一生中居住的最现代化的房子，四周围着常青树，爬墙虎爬在红砖墙壁上，书房窗前种着一丛翠竹，微风中不时给玻璃窗投下几片绿荫。房前的左右两块绿草坪，是孩子们嬉闹的地方，草坪中各有一大鱼缸，里面游动着良种金鱼。落雪时节，孩子们在院里堆雪人，闻一多也放下笔和孩子滚雪球，开心的欢笑，撒在这片未染风尘的小园中。

在这幢房子里，闻一多准备开始进行一项构思已久的学术工程——《毛诗字典》。这项工作最迟设想于 1933 年 9 月，那时他给饶孟侃的信中曾说计划进行八项编著，第一项就是《毛诗字典》。他想"将《诗经》拆散，编成一部字典，注明每字的古音古义古形体，说明其造字的来由，在某句中作何解，及其 parts of speech"。

这确实是件浩大的工程，却是《诗经》研究的基本建设。当时，北平一些大学和研究所，正掀起一阵"引得热"，尤以燕京大学最有成效。不过，作为字典，比起索引用处更广泛，编起来难度也更大。为了准备，他曾要求学生各从《诗经》中挑选一个字，把书中所有的这个字都摘下来，逐一剖析诠释。

1937 年 6 月，闻一多在清华任教满五年，按例可以休假一年进行研究。他给学校写了申请，请求允许自己利用休假进行《诗经字典》编写，并配一助手。19 日，学校批准申请，派毕铎为他的研究助理。

然而，正当工作开始之时，卢沟桥传来了炮声，抗日战争的爆发打断了他的这一宏愿。

并非不问国事

清华园的五年，从生活上讲是安定的。丰厚、稳定的收入，宽敞的住宅和温暖的家庭，为学术事业的进行提供了令人羡慕的条件。但是，社会的动荡，尤其是日本帝国主义加紧侵华，给中国带来了不断加深的危机。处在这个时代的闻一多，并不像有人想象的那样扎进故纸堆后就不再问政治了。相反，他的爱国心，如同烈火一般，更为炽热，更为激烈。

1933 年 1 月 1 日，日军进攻山海关。中国军队进行顽强抵抗，终因后援无继于 3 日撤出。山海关的失陷，是个严重的事件，它表示日本悍然把热河省划入伪满洲国的统治范围。5 日，清华教授会讨论应付时局、策划安全诸问题。闻一多出席了这次会议，但总有些不得要领的感觉。

2 月 20 日，伪满洲国公然宣称中国军队必须在 24 小时之内撤出热河，随即日伪联军大举进犯沿长城的各关隘。形势顿时紧张万分。

日本侵华的步骤，早已不是秘密了。山海关失陷的第二天，东北民众抗日救国会就要求张学良率东北军出长城反攻，并撤换掉与日寇勾勾搭搭多时的热河省主席汤玉麟。迫于全国人民的抗日要求，代理行政院院长宋子文 2 月中旬到达北平，旋与张学良至承德视察军事，摆出抗战的姿态。但是，蒋介石始终把共产党视为心腹之患，企图对日妥协以换得暂时的安宁，因此仍然坚持攘外必先安内政策。热河土皇帝汤玉麟为着自己的地盘亦拒绝其他军队开入。结果战事一开，接连失败。到 3 月 3 日，汤玉麟不战而逃，日军 128 人兵不血刃开入承德。

承德失守震动华北，震动全国。热河省地处东三省与河北、察哈尔之间，是中国军队阻止日军西侵察、绥，南进河北的屏障，具有十分重要的战略地位，因此清华教授无不为其担心。在冯治安、王以哲率军分别激战于喜峰口、古北口的时候，燕树棠、萧遽、萨本栋、叶企孙、冯友兰五教授提议召开临时教授会，讨论时局问题。

3 月 9 日，清华园工字厅坐满了人，一向不大参加教授会的闻一多，这次却早早来到，第二个在签到簿上签了名。这天的会热空气非常浓，为从未有过，大家发言十分踊跃，又分成激烈与平和两种态度。燕树棠属于激烈者，认为蒋介石身为军事委员会委员长，应负不可推卸的责任。闻一多立即和之，主张蒋应自责。是的，"九一八"沈阳失守尚可推诿猝不及备，锦州之退亦可借口大计未决，但死守热河的方针已确定，统兵长官竟弃城而逃，使敌军如入无人之境。虽然国民政府已下令将汤玉麟褫职究办，但教授们仍义愤填膺，一致通过《致国民政府电》。这个电文中有这样的话："查军事委员会蒋委员长负全国军事之责，如此大事，疏忽至此；行政院宋代院长亲往视察，不及早补救，似应予以严重警戒，以整纲纪，而明责任。钧府诸公总揽全局，亦应深自引咎，亟图挽回，否则人心一去，前途有更不堪设想者。"[1]这也代表了闻一多的立场。

电报是 10 日发出去的，可闻一多的思潮仍澎湃起伏，像胸口被什么堵住了。不久前，应届毕业班为编纪念刊来约稿，尽管应了下来，却还没找着题目。眼前发生的一切，不正是作文章的好材料吗。他提起笔，一口气伏案写成《败》。这是一篇对战斗充满了渴望的文章，同时流露出对妥协的不满。文章写道：

> 入伍以后，营盘里住下一年半载，晓得步法阵势射击等等，但是还算不得一个兵。要离开营盘，守壕冲锋，把死人踩在脚下，自己容许也挂了彩，这人才渐渐像一个兵了。什么时候才真正完成当兵的意义？打了败仗，带着遍体的鳞伤回来，剩下了一丝气息，甚至连最后的这一点也没有，那也许更好。一个兵最大的出息，最光明的前途，是败，败得精光。朋友们，现在我欢送你们这支生力军去应战。三年五年，十年八年后，再遇到你们，要看见你们为着争一个理想而赢来的那遍体的鳞伤。去了！我祝福你们——败！[2]

这里说的"败"，是不怕失败的斗争精神与勇气。这种态度赢得了同人对他的信任。5 月，教授会选举下学年书记，这是教授会里很重要

---

[1]　该电原件，清华大学档案室存。

[2]　闻一多：《败》，《清华大学年刊》，1933 年出版。

的职务，一般由有威望的资深者担任。提名的四个人中，闻一多是其一，并通过首轮与刘崇铉同获候补当选者。不过，再次投票时，年长两岁的刘崇铉当选。

在全国上下一片谴责声浪中，北平军分会委员长张学良引咎辞职，何应钦代理其职。这时热河战役已结束，但中国军队继续沿长城各关口进行抵抗。这是继"一·二八"淞沪战役之后的又一次真正抵抗，尽管国民党政府制定的是消极抵抗、积极交涉路线，但前方将士的作战则是勇敢无畏、不怕牺牲的。5月，密云失守，北平危急，傅作义将军率部在怀柔城东牛栏山附近，与日寇展开殊死搏斗，坚守阵地直到停战令下。这是长城抗战中可歌可泣的一页，次年胡适应傅作义之请，用新式标点符号写成《中华民国华北军第七军团第五十九军抗日战死将士公墓碑》，由钱玄同书丹勒石。那时，闻一多正在办《学文月刊》，率先刊登了碑文，并附了照片，这也是对抗战的一种决心吧。

5月31日签订的《塘沽协定》事实上把热河在内的整个东北四省出卖给日本帝国主义，冀东、平北地区被划为缓冲区，也表示了中国主权丧失了大半。在这种局势下，闻一多的心情极为压抑。面对山河破碎，自己除了为东北难民和受伤将士捐款支援外，别无所能。精神上的苦闷也是他"不能不向内走"的原因之一。9月29日，他给饶孟侃的信中吐诉道：近来最怕写信，尤其怕给老朋友写信，一个人在苦痛中最好让他独自闷着。一看见亲人，他不免就伤痛起来流着泪。我之不愿给你写信，一面是怕勾引起数年来痛苦的记忆，一面又觉得不应将可厌的感伤的话在朋友面前唠叨，致引起朋友的不快。总括地讲，我近来最痛苦的是发现了自己的缺陷，一种最根本的缺憾——不能适应环境。因为这样，向外发展的路既走不通，我就不能不向内走。① 过去，人们常常用上面的话来说明闻一多是怎样转入学术研究之路的，但对他的"苦痛"理解得不那么深，以为与个人遭遇有关。其实，对国事的忧虑也是他苦痛的原因。

---

① 《致饶孟侃》(1933年9月29日)，《闻一多书信选集》，第234页。

闻一多这时是问政而不参政，并且认为参政者不外为了求官。因此，他的态度言辞有时那样激烈，却始终站在超脱政治的立场上。1934年夏，梁实秋从青岛大学转到北京大学任外文系主任，曾与罗隆基到清华园来。罗隆基那时正在主编《北平晨报》，批评当局言辞甚厉。闻一多对他的文字没有表态，但对其动机有所质疑，正颜道："历来干禄之阶不外二途，一曰正取，一曰逆取。胁肩谄笑，阿世取容，卖身投靠，扶摇直上者谓之正取；危耸耸听，哗众取宠，比周谩骂，希图进者谓之逆取。足下盖逆取者也。"[①] 这当然是学者自命清流的表现。

闻一多仍在潜心治学，日本政府却制定了对华新政策，其目的是将国民党政府在华北的势力减到最低限度，以便逐步使华北脱离南京统治。1935 年 6 月的《何梅协定》与《秦土协定》，事实上使日本变华北为第二个满洲国的计划向前迈进了一步。11 月 24 日，"冀东防共自治委员会"——日本在关内扶植的第一个傀儡政权，在通县成立。国民党政府借助英美压力，与日本互有妥协，决定成立"冀察政务委员会"，国民党答应撤除在河北省的一切党部、军队，并禁止排外排日。

这种在外寇野心膨胀下的继续屈辱，受到全国人民强烈反对。"九一八"以来积聚在人们胸中的仇恨像决堤洪水爆发出来。11 月 1 日，清华大学等十校学生自治会联名发表《抗日救国争自由宣言》。12 月 3 日，清华召开学生大会，通电反对建立一切伪政权、伪组织。9 日，伟大的爱国学生运动——"一二·九"运动在北平爆发了，这是在中国共产党领导下的大规模学生抗日救亡运动，清华学生站在斗争的最前列。

这个时候，也是国共矛盾尖锐对立的时候。8 月 1 日，中共中央发表《为抗日救国告全国同胞书》，号召停止内战，一致对外。蒋介石则仍然视共产党为心腹之患，坚持反共。这两种斗争在清华园内都展开过面对面的争论。闻一多的学生中，就有不少共产党员，他没有想到，自己次年指导的七个学生中，有一个叫蒋南翔的学生就是地下党的负责人之一，"华北之大，已经安放不得一张平静的书桌"，便是出自蒋的

----

① 　梁实秋：《谈闻一多》，第 104 页。

笔下。

和大多数教授一样，闻一多对国共矛盾虽有所耳闻，但都持超然态度。同时，还认为蒋介石与亲日派的汪精卫、何应钦毕竟有所不同。另外，他们觉得示威游行必将遭到镇压，学生的活动只会成为无谓的牺牲。至于全市罢课，对学生害多益少。闻一多有两个侄子闻立恕、陈文鉴①在清华读书，侄子闻立勋在辅仁大学，他几次打电话劝阻他们别上街，说要对他们的人身安全负责。所以，"一二·九"时期，他一面对抗日表示同情支持，一面又反对激烈措施。

清华教授的这种态度，显然不利于学生抗日救亡运动的发展。以致1936年春，由于学期考试而导致师生发生冲突。当时，学生们参加爱国运动，并组织南下扩大宣传，功课自然受到影响，而教授会却决定如期举行期末考试。2月19日，教授会以学生干扰教授开会为由，提出总辞职，闻一多也在总辞职书上签了名。看似"公允"的超然，实际上站在政府一边。为了避免师生分裂，警惕国民党的离间，学生们决定参加期考。

2月29日补行期考的这一天清晨，400多名军警包围清华园，逮捕了蒋南翔、姚克广（姚依林）、方左英。同学们闻讯冲上去抢回三人，毁坏了军警开来的几辆汽车。傍晚，军警再度闯入学校，拿着名单捕人。其时，黑名单上的同学都已被疏散，姚克广等匿于冯友兰家，闻一多的家中也隐蔽了民先队的队员。在反动派迫害青年的时候，大多数教授都站在掩护学生一边。

这一年是中国民族危机进一步加深的一年，5月，日本与冀察政务委员会秘密订立《华北防共协定》，根据这个《协定》，日军可以在华北铁路沿线驻扎，并协助国民党"剿共"。10月26日，华北驻屯军以北平为模拟进攻目标，开始军事大演习。演习之第九天即11月3日，按计划有七个以上的军及坦克通过北平市区，往八宝山集中检阅。这是庚子年以来从未有过的，古都人民这天都怀着沉重的心情注视着形势。

―――――――――

①　陈文鉴是闻一多的外甥，过继到闻家，故亦是闻一多的侄子。

中午 12 时，闻一多与清华全体师生，齐集大礼堂前，在满腔悲愤中举行降半旗礼。他们庄严地宣誓："中华民国二十五年十一月三日，大批日军演习之余入北平市游行示威，此等非法军事行动，辱国丧权，忍无可忍。我清华全体师生，愿以至诚，促成全民族大团结，保卫国土，维护主权。此誓。"①

两天后，日本军队与伪蒙古军政府（1936 年 5 月 12 日由日本关东军策划下成立）派兵进犯绥远，欲将绥远划入其策划的"蒙古国"之疆域。蒋介石即电伪蒙古军政府总裁德王（德穆楚克栋鲁普），责其"停止军事冲突，听候中央处理"，绥远省主席傅作义则率部坚决抵抗。18 日，晋绥军击溃王英之"大汉义军"，在红格尔图战斗中取得胜利。24 日，又一举收复百灵庙。这是中国军队自 1933 年长城抗战以来的第一次胜利，全国军民无不欢欣鼓舞。在战斗刚开始时，闻一多与清华全体师生于 9 日绝食一天，集资捐助同学们组织的战地服务队。② 一些教授夫人，包括校长梅贻琦夫人韩咏华，也为前线将士赶制棉衣，由朱自清与清华学生自治会主席王达仁携带到百灵庙劳军。

晋绥事件发生后，国民党政府外交部于 12 月 7 日发表声明，称这一事件的出现结束了中日间关于调整日华关系的外交谈判。次日，汉奸王英部发生兵变，杀死日本顾问小浜大佐等 27 人，反正投向晋绥军队。10 日，晋绥军收复大庙。这些胜利的消息无疑振奋着一度失望的前线士兵。

也是在这个时候，震惊中外的西安事变发生了，张学良、杨虎城两将军因不满蒋介石不顾民族大义坚持"剿共"政策，受到中国共产党抗日民族统一战线号召的影响，毅然在西安举行兵谏，扣留蒋介石，逼其抗日。

西安事变消息传出后，全国立即出现了一种非常复杂和紧张的局

---

① 《全校师生宣誓保国》，《清华周刊·副刊》第 45 卷第 2 期，1936 年 11 月 9 日。

② 王康：《闻一多传》，第 172 页。

面。国民党内部一片混乱，亲日派企图轰炸西安，置蒋介石于死地。日
本内阁召开紧急会议，关东军枕戈达旦。毛泽东高瞻远瞩，提出和平解
决方针。就在中共中央发出《关于西安事变致国民党、国民政府电》的
同一天——12 月 15 日，清华大学教授会也在开着紧张的会议，工字厅
里充满了激昂慷慨的话语。人们无法了解更多的消息，只能从中外报纸
上获得一些信息，复杂的形势使教授们几乎一致反对西安事变，闻一多
的这种态度更是明显。也许是他的观点代表了大家的倾向，因而被教授
会推举为起草电报与宣言的七人委员会成员（其他成员为朱自清、冯友
兰、张奚若、吴有训、陈岱孙、萧公权，朱自清被指定为召集人）。从
这件事上，反映了闻一多从未放弃过对国家对民族的责任，虽然他的态
度并未超出一般知识分子的立场与眼界。

《清华大学教授会为张学良叛变事宣言》当晚便草定了，文云：

> 此次西安变乱，事出意外，薄海震惊。同人等服务学校，对
> 于政治素无党派之见，日夕所期望者，厥为国家之兴盛、民族之康
> 乐，以为苟有能使中国民族达于自由平等之域者，凡我国人皆应拥
> 护。又以为现在对外交斗争经全国一致在政府整个计划之下，同心
> 协力，方所奏功。若分崩离析而侈言抗战，徒为敌人所窃笑。正数
> 月来统一甫成，而国际观感已有改变，外侮防御已著功效，方期国
> 家命运渐可挽回，民族危机渐可避免。乃变乱突起，举国复有陷于
> 混乱之虞，长敌国外患之势，寒前线将士之心，事之可痛，无腧于
> 此。统一之局成之甚难，而毁之甚易，辛亥迄今二十余年，始能有
> 今日之局，此局一坏，恐世界大势断不容我再有统一之机会。同人
> 等认为张学良此次之叛变，假抗日之美名，召亡国之实祸，破坏统
> 一，罪恶昭著，凡我国人应共弃之，除电请国民政府迅予讨伐外，
> 尚望全国人士一致主张，国家幸甚。①

---

① 《清华大学教授会为张学良叛变事宣言》，《清华大学校刊》第 799 号，
1936 年 12 月 16 日。

那些天，闻一多的火气似乎也较大。在一院二号教室的"毛诗"课上，他抛开讲义，说起西安事变，像是与人辩论似的反问："国家是谁的？是你们自己的么？""真是胡闹，国家的元首也可以武力劫持！一个带兵的军人，也可以称兵叛乱！这还成何国家？我要严厉责备那些叛徒，你们这样做是害了中国，假使对首领有个好歹，那么就不必再想复兴，中国也要再退到民国二十年前大混乱的局面，你们知道么？"平时课上他从不谈课外的事，这次却一发而不能止。"今天我可说话了，国家绝不容许你们破坏，领袖绝不许你们妄加伤害！今天我可说话了！"①

我们未看见闻一多以前对蒋介石有什么评论，不过从这些话中可以看出他视蒋为中国统一的象征。中国当时面临着被日本帝国主义吞并的危险，中日的矛盾已上升为主要的矛盾。以英美为靠山的蒋介石与亲日的汪精卫等是有所区别的。长城抗战时，蒋曾不同意与日本签订文字协定，这次绥远事件，汤恩伯所部两个师与骑兵第七师也曾北上援绥。这些都给蒋介石头上罩上一层扑朔迷离的光环。闻一多是把蒋当作国家的偶像来维护，其出发点是为了国家与民族的安危。正因为有这一点，他对西安事变的和平解决颇感意外，对中国共产党以全民族利益为重的宽阔胸怀赞不绝口。他多年后还说："像这样大敌当前，能捐前嫌，顾大体，这只有共产党才做得到呵！"②

---

① 张春风：《闻一多先生二三事》，《宇宙风》第 147、148 期合刊，1947 年3 月 1 日。

② 王康：《闻一多传》，第 174 页。

第六章

抗战岁月

　　那时教授们和一般人一样只有着战争刚爆发时的紧张和愤慨，没有人想到战争是否可以胜利。既然我们被迫得不能不打，只好打了再说。人们对于保卫某据点的时间的久暂，意见有些出入，然而即使是最悲观的也没有考虑到战事如何结局的问题。……学校虽然天天在筹备开学，我们自己多数人心里却怀着另外一个幻想。我们脑子里装满了欧美现代国家的观念，以为这样的战争，一发生，全国都应该动员起来，自然我们自己也不是例外。

　　　　　　　　　　　　——闻一多《八年的回忆与感想》

| 第一节 |
战时流离

离别故都

1937 年 7 月 7 日，是中华民族历史上一个具有划时代意义的日子。这天，卢沟桥事变爆发，中国人民艰苦卓绝的抗日战争从此揭开了雄壮的帷幕。

可是事变发生的最初日子里，大多数人并没有感觉出它在中国历史天平上的沉重分量，以为这和近年来中日间经常发生的冲突一样，用不了多久就会通过谈判签约得到解决。事实上日方于 9 日也发出通知，称失踪士兵已经找到，双方可以和平协商停战办法。此时日本内阁成员主张"不扩大"原则，以避免引起与苏英美间的矛盾，所以认为仍然以实现"华北特殊化"为近期目标。国民党政府虽已决定调 13 万大军北上应援，但也未放弃与日本的外交谈判。

然而，狂妄的日本关东军与驻屯军，以为只需给中国军事上一个打击，中国政府就会马上屈服。在这种思想影响下，日本政府 10 日做出向中国增兵的决定。16 日，国民党政府请英国驻华大使出面调停，竟遭日方拒绝，战事无法避免了。

连日来，闻一多真有些焦头烂额了。各种渠道传来的消息彼此矛盾，使人难以了解准确的事态发展趋势。图书馆常聚集着打探消息的教授，而谁也得不着可靠的情报。上个月，暑假开始时，妻子带着立鹤、立雕两个大点的儿子回武昌省亲，家中留下三个不懂事的小孩，孩子们吵吵闹闹，使一向不理家务的闻一多在为内政外交焦虑时，又增添了家事。看看战火一时难停，他本来已获批准休假，现在最好的方法就是离开北平南下了。

19 日，平汉线还没通车，闻一多带着立鹏、铭、翾三个孩子和保姆赵妈①，经津浦路去南京。这时，清华园离去的人还不多，似乎都期望停战协定早日产生。校中负些责任的人多数应蒋介石之邀赴庐山参加谈话会，朋友中罗隆基、梁实秋、浦薛凤、陈岱孙、张忠绂等，也去庐山了。他们返回北平后又匆匆"出逃"，比起来，闻一多还是走得早、走得顺利些。

虽是这么说，却也和逃难没多大区别。所不同的是，逃难者将家私细软都带上，而闻一多却仅仅带了《三代吉金文存》和《殷墟书契前编》两部书。其余贵重钱财，以及妻子陪嫁的首饰，统统留在清华园委托司厨赵秀亭（赵妈的丈夫）照应。他想，战事一个月总能见分晓，根本没料到这竟是与古城的永诀。

在前门火车站，他碰到要回乡的臧克家。臧问："那些书籍呢？""国家的土地一大片一大片地丢掉，几本破书算得了什么？"②闻一多感慨地说。

过天津时要换车，人拥挤得不得了，多亏戴红帽的搬运工帮忙，几个孩子才从车窗爬进车里。闻一多喘了口气，一下子给了搬运工五块钱，使臧克家吃了一惊。

闻一多买了张报纸，上面登着蒋介石在庐山发表的谈话，大意说临到最后关头，唯有坚决牺牲，吾人只准备应战，而并非求战。这话与现实虽有距离，却也使人相信政府会有些办法，这多少给仓皇的人带来点

---

① 赵妈姓李，满族人，直到逝世一直在闻一多家当保姆，被闻一多全家视为家庭一员。

② 臧克家：《我的先生闻一多》，李闻二烈士纪念委员会编：《人民英烈》，1946 年印行，第 141 页。

安慰。

到浦口，渡江到南京，在三哥家住了几天，便乘船逆流而上，回到暂时还平静的武昌，住在磨石街新 25 号。这是闻家兄弟们合资买下的一幢两层小楼。

8 月 13 日，淞沪战争爆发。日本军队给国民党政府施以强大军事压力，使蒋介石集团的统治地位受到严重威胁。在这种情形下，国民党政府发表《自卫抗战声明书》，蒋介石也下达总动员令。全国抗战正式开始了。

此时，在北方的各大学纷纷搬迁，清华奉命南下长沙，与北京大学、南开大学合并为长沙临时大学。师生途经武昌，常来探望闻一多，卞之琳、赵俪生都到过磨石街。一次，曾在"一二·九"时期担任清华学生自治会主席的王达仁也来看他。一见面，闻一多忙问：民先（中华民族解放先锋队）的同学都出来没有？[①]

10 月 2 日朱自清也来拜访，老友相见于国难之时，自是有说不完的话。朱自清这次来，是想征求闻一多的意见，希望他暂缓一年休假，因为战乱时期一些教授因家累难以南下。闻一多爽快地答应了。20 日，一封快信从长沙寄往武昌，上云："一多先生大鉴：敬启者。本校现在长沙加入临时大学合组授课，已定于 11 月 1 日正式上课，查先生原定本年度国内休假从事研究，唯现以此间中国文学系教授南来者不多，拟请台从展延休假一年，前来临大任课，以利教务，敬希詧允。尊驾何日莅湘，并乞赐示。至为跂盼，专此敬颂教祺，梅贻琦。"[②]

时，淞沪战场姚子青五百壮士英勇抗战，全部牺牲，八路军平型关首传捷报，全国出现空前高潮的团结抗战局面。这些鼓舞着闻一多，他为能培养抗战建国人才而振奋，接到临大的信后便立即动身赴湘。

---

① 王达津：《闻一多先生与〈楚辞〉》，《社会科学战线》1980 年第 1 期。

② 《教师申请休假出国或在国内研究的来往函件》，清华大学档案馆存。

南岳一学期

10 月 23 日，闻一多离开已成为全国抗战领导中心的武汉，来到湘江边上的古城长沙。10 天后，他又赶往南岳。当时，清华、北大、南开和搬迁的机关学校一下子挤入长沙，房屋不敷分配，临大文学院暂设在南岳。

衡山脚下有所圣经学院，门前有条从山上流淌下来的小河，大雨后它会变成小瀑布，地方很幽静，临大文学院就设在这里。

山坡上有座小楼，虽然是蒋介石避暑时住过的，可房子并不好，刮起风来木板窗户噼噼啪啪响声很大，天花板上的泥土也随着震动往下掉。教授们就住在这里，开始两人一间，后来南下的人渐渐多起来，改为四人一间。闻一多与钱穆、吴宓、沈有鼎合住一起。那是个兵荒马乱的年月，有这么一处可以读书的地方也很不容易，大家都很珍惜光阴：钱穆为《国史大纲》收集资料，吴宓研究《红楼梦》，沈有鼎研究占卦方法，汤用彤写《中国佛教史》，冯友兰论述新理学。闻一多则"摆开一案子的书，考订《周易》"①，常于入夜时"自燃一灯置其座位前"，"勤读《诗经》《楚辞》，遇新见解，分撰成篇，一人在灯下默坐撰写"。②

临大文学院开学已是 11 月 18 日了，三校同学重新编班，闻一多开设《诗经》《楚辞》，选修的人大概是文学院中最多的了。不过第一堂他没有讲课，而是做了番安定人心的谈话。

抗战开始后，国民党政府于 8 月 30 日颁布明令征兵。9 月 23 日，蒋介石发表为公布国共两党合作宣言的谈话，全国抗日民族统一战线正式形成。这时，许多青年离校投军，临大也不断有人去山西新军，去八路军，或去国民党部队。对大学生入伍事，教育界看法不一，9 月 4 日

---

① 冯友兰：《三松堂自序》，生活·读书·新知三联书店 1984 年版，第 99 页。

② 钱穆：《八十忆双亲、师友杂忆》，岳麓书社 1986 年版，第 182 页。

国防参议会开会讨论时，蒋方震主张应尽力使大学生完成学业，勿致失学，教育部部长王世杰亦力陈大学生入伍并非良策。闻一多显然站在教育的立场上，他认为一个大学生的价值远高于一个普通士兵，所以学生报国应当是从事更艰深的工作才对。这种思想并不是此时才有，还在北平时他便是这么想的。

此外，教授们心目中装的还多是欧美现代国家的观念，以为只要战争发生，全国都应动员起来，或在前方参加工作，或在后方从事战时生产，至少也可以在士兵或民众教育上尽些力，总之是等待政府的指示。不过既然政府没有明确指示，那么学生还是应当专心读书，因为除了抗战外，还有建国重任。闻一多安定人心的谈话大概就是为了这个目的。当国民党机械化学校（即第五军的前身）来临大招生，不少工学院的学生应征入伍，对学校颇有影响，以致闻一多明显地感觉到学生不能真正安心听讲。

南岳是个偏僻的地方，报纸要两三天后才看得到，这给人一种"恍如隔世"之感。物价那时只是微微波动。"大前门"涨到两毛钱一包时，闻一多曾考虑戒烟，因为薪水已开始打折扣，能发七成就不错，还要扣救国公债，这样 400 元的月薪发到手只剩 240 元。

对于抗战的形势，教授们认识得还不深刻。闻一多后来回忆这段时期时说：抗战对中国社会的影响还不甚显著，人们对蒋介石的崇拜与信任几乎是没有限度的，在没有读到斯诺的《西行漫记》一类书时，大家并不知道抗战是怎样起来的，只觉得那真是由于一个英勇刚毅的领导。闻一多似乎也这么想，不过多少还有些怀疑，主要是为抗战后的前途担心。有一次，他和一位教授谈到国共合作问题，都认为西安事变虽然已经过去了，但是抗战并不可能把国共双方根本的矛盾彻底解决，只是把它暂时压下去了，这个矛盾将来可能再次出现。但是如何永久彻底解决这问题呢？两人的看法不大相同。那位先生认为蒋介石代表着中国人民的最高智慧，时机来了，他定会向左靠拢一点，整个国家民族也就会跟着他这样做，左右问题自然就不存在了。闻一多心里想：如果蒋介石不向平安的方向靠，而是向黑暗的深渊里冲，整个国家民族是否也就跟着他那样做呢？①

这时期，大家还争执过应否实施战时教育问题。同学中有人主张应该有一种有别于平时的战时教育，教授则多数认为应该努力研究学问，以待将来建国之用，何况学生受了训，不见得比士兵打得更好，再说这时中国军队确实打得不坏。教授们曾等待过政府的征调，闻一多的朋友顾毓琇就被征调到教育部任政务次长，但这是极个别的。有的教授耐不住性子，自己跑到武昌向政府投效，却败兴而归，只得安心教书。

闻一多也曾等待过征调，但到了真的请他出山时，他却拒绝了。那是 1938 年 1 月上旬，闻一多利用长沙临大迁昆明前的一段时间回浠水省亲，途经武昌见到老友顾毓琇。顾毓琇是 1938 年 1 月 1 日国民政府在汉口改组后，蒋介石指定他担任教育部政务次长的②，他走马上任后就奉令组建战时教育问题研究委员会。战时教育问题研究委员会是教育部"为研究因战事而发生之教育问题"而成立的一个教育咨询机构，任务是"集各方之意见，拟定具体办法"，"研究结果及所拟计划，呈由部长采择施行"。其成员包括教育部次长、参事及各司长，还设聘任委员若干人。除长期驻会办公的专任委员 5 人外，其余委员均为无给职，每月开会时由教育部酌送公费及旅费。③2 月 11 日，战时教育问题研究委员会召开第一次大会时，顾毓琇担任主任委员，聘任的 23 位委员中有长沙临时大学的邱椿、陈之迈、黄钰生等。④闻一多到武昌的时候，正值战时教育问题研究委员会筹备时期，顾毓琇请他出来帮忙，还在扬子江饭店请了不少清华老同学吃饭洗澡，大家极力怂恿他到教

---

① 闻一多讲、际裁笔记：《八年的回忆与感想》，《联大八年》，西南联大学生出版社 1946 年版，第 4 页。

② 顾毓琇：《百龄自述》，江苏文艺出版社 2000 年版，第 43 页。

③ 《教育部战时教育问题研究委员会章程》，教育部编：《教育法令特辑》，正中书局 1938 年版，第 1—2 页。

④ 《组织战时教育问题研究委员会》，《教育通讯周刊》创刊号，1938 年 3 月 26 日。

育部来。

但是，闻一多到底没有答应，为了这事还与妻子闹了场不痛快。妻子觉得在武汉做事离家近，有事好解决，可闻一多说："我一生不愿做官，也实在不是做官的人。"[1]闻一多说这话，是因为战时教育研究委员会委员中有朱家骅、陈布雷、周佛海、张厉生、谷正纲、刘健群等政府高官，故他认为应聘无疑就是"做官"。当然，闻一多对顾毓琇说的则很婉转："弟之所知，仅国学中某一部分，兹事体大，万难胜任"，"我辈作事，亦不必聚在一处，苟各自努力，认清方向迈进不已，要当殊途同归"。[2]这件事细想起来，可能还有一个原因：国民政府改组后，教育部与军事委员会第六部合并，出任合并后的教育部部长的是 CC 系的陈立夫，原教育部部长王世杰已离职，常务次长周炳琳闻知后亦因不愿与陈立夫合作而辞职。一向不愿与党派发生关系的闻一多，看到这种情况，自然不愿出山。

湘黔滇跋涉三千里

还在南京失守、武汉吃紧的时候，长沙临时大学便起议迁滇。入滇办法有两种，一由河内转昆明，可以乘车；一为徒步经湘黔抵昆明。闻一多慎重考虑后，决定参加步行团。行前，有同学担心先生身体是否经得住长途跋涉，但闻一多态度很坚决。刘兆吉回忆说："有人问他：'闻先生，你大可照学校的规定坐车、乘船经广州、香港、越南，舒舒服服地到昆明，何必受这个罪呢？再者，你这么大年纪，吃得消么？'闻先生面孔很清瘦，额上又刻着几条深长的皱纹，再配上乱蓬蓬的头发，显得很苍老。大家都以为他是五十岁以上的老年人，后来我才知道那年他

---

① 《致高孝贞》（1938 年 2 月 15 日），《闻一多书信选集》，第 276 页。

② 《闻一多致顾毓琇信》（1938 年 1 月 26 日），转引自顾毓琇：《怀念故友闻一多先生》，《文艺复兴》第 3 卷第 5 期。

刚满四十岁。闻先生很严肃地说：'国难期间，走几千里路算不了受罪，再者我在十五岁以前，受着古老家庭的束缚，以后在清华读书，出国留学，回国后一直在各大城市教书，过的是假洋鬼子的生活，和广大的农村隔绝了。虽然是一个中国人，而对于中国社会及人民生活，知道得很少，真是醉生梦死呀！现在应该认识认识祖国了！'话似乎还没说完，摇摇头算了。由他说话的语气和表情，我们知道他内心里是感慨万端的。"①

湘黔滇全程 3300 余里，如此长距离的迁徙在中国教育史上堪称壮举。为了顺利到达，临大做了周密安排，采取军事管理方法。步行团设团部，湖南省主席张治中特派原东北军师长黄师岳中将任团长②，临大军事教官毛鸿任参谋长。参加步行的教授除闻一多外，还有黄钰生、袁复礼、李继侗、曾昭抡、毛应斗、许维遹、李嘉言、郭海峰、吴征镒、王钟山等教师也加入了这一行列。湖南省政府主席张治中，虽然不赞成长沙临时大学南迁，但仍给予了很大帮助，特以湖南省政府名义给云南省政府发去公函，称"兹派本府参议黄师岳率领临时联合大学学生 300人，于 18 日由长沙沿湘黔滇公路徒步前赴昆明开学，特请转饬贵省境内沿途军团于该生等经过时，派员护送，俾策安全，并饬沿途各县政府

---

① 刘兆吉：《由几件小事认识闻一多先生》，《大公报》1951 年 7 月 16 日。

② 黄师岳，字蠢霄，安徽桐城人。毕业于东北讲武堂和陆军大学第十二期。曾在东北军任排、连、营、团、旅长。东北易帜后，任第十七旅旅长。旋，第十七旅改为第一一七师，其任师长。后调任军事委员会北平分会处长。1936 年 1月授衔中将。西安事变后，东北军解体，其调湖南，职务为高级参议。护送西南联大湘黔滇旅行团安抵昆明后，其任第五战区第十三游击纵队司令，在桐（城）怀（宁）以东、长江以南地区打游击，与新四军张云逸部防区相邻。曾以各种方式供给张云逸军需补给，皖南事变后，又派人护送张云逸家属转移至淮南新四军根据地。1948 年任东北"剿总"参议、国防部派驻东北"剿总"部员，10 月派为第九兵团司令部联络官，11 月在沈阳被中国人民解放军俘虏。1950 年至华北人民革命大学学习，时任广西省人民委员会主席的张云逸知道后，将调其至广西工作，任省人民委员会参事室参事。1955 年 10 月 1 日，因脑溢血和高血压并发症逝世于广西南宁。（据刘国铭主编：《中国国民党九千将领》，中华工商联合出版社 1993 年版，第 677—678 页；黄师岳之孙黄超的信，2010 年 6 月 13 日。）

预□给券，仍由该率队官长给资归垫为荷！"①

2月19日，长沙临时大学湘黔滇旅行团出发。这天，闻一多与入滇师生从韭菜园经中山路至湘江边。道路两旁高悬着国旗，全城充满了抗战气氛。步行团采取军事组织，学生身着军服，背雨伞，打绑腿。报载其组织情况云："该团以军事管理为原则，上设团本部，团长由湖南省张主席指派黄师长师岳充任，参谋长由该校主任军事教官毛洪〔鸿〕充任，并设辅导委员会，委员5人：即黄氏（钰生），地质系教授袁复礼，生物系教授李继侗，文学院教授闻一多，及化学系教授曾昭抡。大队长2人，由该校军事教官邹镇华、卓超分任。此外由学生12人长期在团本部服务，其中负责日记者3人，摄影者3人，无线电者3人，图案管理者3人。每大队下分3中队，每中队分3小队，共18小队。自中队长以下，皆由学生自任。计每大队有140人，两队共约280人，连教授等在内，全团共320余人。学生中除长川在团本部服务者外，每周又由每大队轮流派遣9人，襄同管理全团伙食，9人负责本队杂务。"②

为了节省体力，开始的一段是乘船行进的，但因拖船没有准备妥当，故2月20日下午6时才乘着5条民船驶离长沙，直下湘江入洞庭湖。24日，队伍抵达常德。常德为湖南第二大城市，因驻军及难民的关系，人口陡增。在县立中学住宿时，校长杨筠如是昔日青岛大学同事，自然颇受款待。28日，船只在空袭警报中离开常德，下午1时抵童黄州，当晚来到桃源县，宿县立女子中学。在船上，闻一多的胡子已经长出来了。一位同学回忆说："在常德又雇民船溯沅江而上至辰溪。我和另外几个同学，同曾昭抡、闻一多、许维遹及医生等坐在一只船里。大家把行李铺在船板上，上盖芦篷，我们就吃在船上，睡在船上。因为是逆水行舟，水急滩险，只靠风帆无济于事，船老大雇用纤夫拉纤，纤夫腰缠竹索，背缚背板，在崖岸上伏地而行，口唱棹歌。……闻一多先生挨在

———————

① 《云南省政府训令·秘二教总字第八七三号》（1938年2月21日），《云南省政府公报》第10卷第23期，1938年3月23日。

② 《三千里长征竣事，联大旅行团今午抵省》，《云南日报》1938年4月28日。

曾先生的旁边，黑须连腮。我们问他，胡子也该剃剃了，他幽默地笑了笑，原来他从这时起，开始留了长胡须。"①

3月1日，大队在小雨中开始步行。这一路，先通过的是湘西地区。湘西是土匪活动频繁之地，过官庄时便听说有几百条枪渡过辰河向这边追赶，恰巧中央军校也从这里经过，个个荷枪实弹，气氛紧张。原来，土匪闻知步行团身穿军装，以为是来剿匪，这才起了误会。后来据说得知是大学生到后方去，才收下买路钱放行。

3月6日，步行团于雨中到沅陵。第二天竟下起大雪，还夹有冰雹，看来只有等放晴才能上路。利用这间隙，闻一多到沅陵对岸老鸦溪，去看望迁到那的北平艺专。赵太侔时任艺专校长，老友相逢于落难途中，真是喜出望外。沈从文当时也在沅陵，住在哥哥新盖好还未油漆的新房里，他特设宴为闻一多等人洗尘，一盘狗肉一坛酒，大家喜笑颜开，乐不

闻一多（左）与李继侗在湘黔滇跋涉途中

① 马伯煌：《徒步三千流亡万里》，《笳吹弦诵在春城——回忆西南联大》，云南人民出版社、北京大学出版社1986年版，第33—34页。

思蜀。①

到达玉屏已是 3 月 17 日了。这个贵州境内的第一个县城以盛产石竹闻名。闻一多买了一捆竹箫、竹笛、竹杖，还买了把拂尘。接着，登盘山，过镇远，见镇雄关与鹅翅工程，于 23 日抵黄平。路上，大家都记日记，美丽的河山也激荡在闻一多的心中，他拿起铅笔，开始作速写，今天保存下来的第一幅途中速写就是黄平县城东 20 里的飞云崖，它是黔东名胜，桥东石坊上镌有清雍正年间云贵总督鄂尔泰的题额"黔南第一胜景"。此后，重安江链子桥、大风洞、炉山市肆都出现在闻一多的笔下。

3 月 30 日，步行团到达贵阳，闻一多一行受到贵州省政府建设厅厅长、前清华学校校长周诒春的款待。师生见面，格外兴奋。老友吴泽霖这时也随大夏大学迁至贵阳，自然又是一番热闹。步行团到贵阳，无形中起了一种宣传作用，它激励了当地民众的爱国心，人们感到大学生放弃坐车徒步入滇，其精神令人钦佩，似乎抗日的气息也随着步行团的到达与过去不大一样了。

过了贵阳，闻一多开始接触到中国工农红军长征时留下的痕迹，路旁村舍墙壁上还隐约可见红军的标语，其中有的号召人民起来抗日。这使他对中国共产党的抗日主张有了进一步了解。步行团进行中，大家唱着《游击队队员之歌》《大刀进行曲》等救亡歌曲。4 月 12 日在安南得到台儿庄大捷的消息，步行团立即举行游行庆祝，小小县城顿时沉浸在胜利的喜悦中。

19 日过胜境关，这是黔滇交界的关口，过了这里，便进入云南省境内。云南省政府对步行团也给予了特别关照，云南省政府主席龙云接到湖南省政府公函后，于 1938 年 2 月 21 日就发出训令，要求"沿途经过各该县县长妥为护送"②，因此，步行团在云南境内也是一帆风顺。

---

① 访问沈从文记录，1986 年 4 月 23 日。

② 《云南省政府训令·秘二教总字第八七三号》(1938 年 2 月 21 日)，《云南省政府公报》第 10 卷第 23 期，1938 年 3 月 23 日。

　　过了胜境关，只见各色杜鹃盛开，气象与贵州迥然不同，只是道边的罂粟仍与贵州一样多。以后的路程是一路下坡，行军速度加快了。22 日在沾益境内见到破庙壁上一首歌颂红军的歌谣："田里大麦青又青，庄主提枪敲穷人。庄主仰仗蒋司令，穷人只盼老红军。"闻一多慨然地说：这才是人民的心声，红军受人民爱戴，由此可知。[①] 过了曲靖这一滇东重镇，只见地势开朗，阡陌纵横，麦子也黄了，油菜、蚕豆都将熟，这一切仿佛是欢迎步行团的来临，平添了人们心头的喜悦。

　　27 日下午，大队人马抵达昆明东郊大板桥。这时，闻一多和李继侗的胡子已有寸长，两人共摄一影，相约抗战胜利时再剃掉。果然，闻一多的胡子一直留到日本投降的那一天。23 日晨，步行团离大板桥，向着胜利在望的昆明奔去。午后，队伍由东门入城，先期到达的师生们纷纷前来欢迎，北大校长蒋梦麟亲往接应，清华校长梅贻琦在圆通山致欢迎词。

　　湘黔滇步行团经过 68 天的跋涉，经三省会 27 县数百村庄，除乘船车外，步行 2600 余里。途中教授有人退出，有人搭车，自始至终走到底的只有闻一多与李继侗、曾昭抡。杨振声在长沙曾对人说："一多加入旅行团，应该带一具棺材走。"当他们在昆明相逢时，闻一多笑着道："假使这次我真带了棺材，现在就可以送给你了。"他怀着自豪的心情，对妻子说自己得到了一次锻炼，打地铺睡觉，不怕臭虫蚤虱，一天走 60 里不算什么事，沿途还画了 50 余张写生，打算将来印出来作纪念。还说："有一件东西，不久你就会见到，那就是我旅行时的相片。你将来不要笑，因为我已经长了一副极漂亮的胡须。"[②]

　　这艰苦的 68 天，是抗战教育史上可歌可泣的一页。胡适曾说："临大决迁昆明，当时有最悲壮的一件事引得我很感动和注意：师生徒步，历 68 天之久，经整整三千余里之旅程。后来我把这些照片放大，散布全美。这段光荣的历史，不但联大值得纪念，在世界教育史上也值得

---

　　①　刘兆吉：《闻一多先生二三事》，《新文学史料》1979 年第 4 期。

　　②　《致高孝贞》（1938 年 4 月 30 日），《闻一多书信选集》，第 285 页。

纪念。"①

湘黔滇的旅行虽只有两个多月，但对闻一多的印象是那样深刻。他首先体会到的是全国人民上下一心的抗战热情，无论走到哪里，不管那里对抗战形势了解的还多么初浅，都众口一词地表现出反对日寇的决心。其次，其实也是最重要的，是他沿途的所见加深了对旧中国的认识。人民的贫困、文化的落后、道旁的罂粟，还有不断出现在眼前如《石壕吏》中所描写的抓壮丁，都让他感到心痛。多年来，他对中国社会的下层生活有所隔膜，现在好像贴近了些。另外，祖国的壮丽河山，也激起他无限的眷恋，为了保卫它，自己应当怎么做呢？这也是他常常思考的问题。

蒙自百日

4 月的昆明，是春城最美好的季节。但是闻一多只蜻蜓点水般地住了一个星期，就乘米轨火车沿滇越铁路继续南下。前不久，长沙临时大学改名为"西南联合大学"，又是由于校舍不够，文、法两学院暂设于离昆明四百里的边城蒙自县。

蒙自是云南六大坝子之一，居住着汉、彝、苗、壮、回等民族。蒙自县始设于元至元十三年（1276 年），县名一直沿用未改。"蒙自"一词由彝语"母滋"演化而来，县境西南有莲花山，高耸入云，山顶海拔2739.7 米，彝语称其为"母滋白膜"。"母滋"意为"与天一样高"，"白膜"意为"大山"，"母滋"在汉语翻译中常写为"目则"，"蒙自"就是由"目则"演化来的。

蒙自北距省城昆明 320 公里，南至中越边境河口镇 168 公里，自古

① 《梅贻琦、黄子坚、胡适在联大校庆九周年纪念会上的讲话摘要》，原载1946 年 11 月 2 日北平《益世报》，转引自《笳吹弦诵在春城——回忆西南联大》，第 514 页。

以来便是滇东南物资的重要集散地，明清以后成为军事重镇。中法战争后，根据《中法续议商务专条》，蒙自于清光绪十三年（1887年）辟为商埠。光绪十五年（1889年），清政府在蒙自设立了云南的第一个海关，法国遂在此设立领事署，英、意、日、德、美、希腊六国亦在此设领事。一时，国内外富商巨贾纷至沓来，蒙自海关、法国领事馆、法国东方汇理银行、法国医院、歌胪士洋行等建筑一个个拔地而起。这里，外国商人开设的洋行、银行、公司、酒店达40多家，中国商人开设的货仓、马店、饭店、粮店等，亦超过百家，故蒙自有"滇中第一对外贸易商埠"的声誉。

1903年，中法签订《中法会订滇越铁路章程》，法国攫取了滇越铁路的修筑权与管理权。法国殖民主义者原计划滇越铁路从蒙自经过，但遭到当地民众的强烈反对，不得不将铁路移至草坝镇碧色寨。1910年4月，近代中国第一条国际铁路滇越铁路全线通车，由于铁路改道，法国领事馆与银行、洋行相继关闭，蒙自经济地位受到极大影响。当时，从昆明到蒙自，先要乘快车5个小时到开远，然后换车经50多分钟至碧色寨，再转乘碧个（旧）铁路，半小时后才能至蒙自。因此，自昆明到蒙自一般需要一天，若是慢车或动身较晚，还得在开远住宿一夜。[①] 不过，正是由于这个原因，蒙自方空闲出一片房屋，西南联大才有可能在这里建起分校。5月5日，闻一多来到这座边城时，城中的列强洋行、邮局、公司都已迁走，留下一片空荡荡的房子。

蒙自城南，有个南湖，枯水时湖底是干的，但雨季一来，它就变成一池小湖，一座四周环柳的漂亮花园。湖畔有幢希腊人建的歌胪士洋行，人去楼空，西南联大的男生与部分教授就被安顿在洋行内，闻一多住在临湖小楼二层的2号，郑天挺、陈寅恪、刘文典、朱自清、陈岱孙、陈序经、浦薛凤等教授，都住在这层楼上。蒙自城一下子涌入300多学生和几十位教师，顿时增添了许多热闹，也对风气的开化起到了很

---

① 郑天挺：《滇行记》，蒙自师范高等专科学校、蒙自县文化局、蒙自南湖诗社编：《西南联大在蒙自》，第23页。

好的作用。而且，由于第一次世界大战限制了战败国的势力，失去地理优势的蒙自，反倒恢复了旧日的平静。

这里有必要介绍一下西南联大的特殊体制。西南联大是所因抗战而设立的临时性大学，三校并没有长久合并的意思，都想着将来抗战胜利恢复原校。因此，在统一的西南联大建制之外，清华、北大、南开都保存着各自的系统。除了新招的学生，教师仍分属三校，首先由三校各自发聘书（后来一些没有三校聘书的教员，复员时还得另觅教职）。这样，三校的文学院虽合并为西南联大文学院，但各自的文学院仍然保留，各学系也是同样。

西南联大中文系教授由清华、北大两校组成（南开没有中文系），系主任为朱自清。属清华的教授除闻一多外，还有朱自清、陈寅恪、刘文典、王力、浦江清，系主任朱自清。属北大的教授有罗常培、罗庸、杨振声、魏建功等，系主任罗常培。这种特殊的体制是战时的产物，不免会产生某些矛盾，如院长、主任任职属哪校等等。可是，团结的精神在西南联大最为突出，人们用"山海云"来比喻各校的特点，又以"通家之好"来形容三校的关系，因为三校的教员是你中有我，我中有你。如清华校长梅贻琦是南开毕业生，清华毕业生黄钰生又任南开教务长。而北大毕业的冯友兰任清华文学院院长，清华毕业生在北大任教的也不是少数。西南联大领导由三校校长组成，三位校长均任西南联大常委，西南联大不设校长。当时南开校长张伯苓任国民参政会副会长，很少住在昆明。北大校长蒋梦麟后来也出任政府职务，所以西南联大校务实际上由梅贻琦全面负责。

在蒙自的这个时期，闻一多讲的仍是《诗经》《楚辞》，压力不重，每门四学分。这是个动荡中的桃源，在贵阳时便感到抗战火药味大不如长沙，而昆明则好像离抗战更远。这次到了蒙自，离前线越来越远，仿佛要脱离这个社会。蒙自与北平、武汉、长沙比起来，安静的环境真是太优越了。于是，闻一多利用这难得的时机加紧整理旧稿，埋头在故纸中。

闻一多的用功在蒙自出了名。郑天挺曾回忆说："我和闻先生是邻屋，闻先生十分用功，除上课外轻易不出门。饭后大家去散步，闻先生总不去，我劝他说何妨一下楼呢，大家笑了起来，于是成了闻先生一个典故，一个雅号——'何妨一下楼主人'，犹之古人不窥园一样，是形容他的读书专精。"①后来文学院迁回到昆明，罗庸在一次学术讲演会上讲起这件事，结果"何妨一下楼主人"的雅号传遍整个校园。

其实，闻一多不下楼并不等于不关心时局。前不久，国民党在武汉召开临时全国代表大会，它一方面制定出《抗战建国纲领》，表示了抗战的决心，另一方面却并没有完全改变片面抗战主张。这次大会决定国民党实行总裁制，选举蒋介石为总裁，反映出集权的倾向。另外，4月召开的国民党五届四中全会制定出《国民参政会组织条例》，规定参政员遴选者需由国民党中央圈定，连社会贤达者亦由其指定。闻一多对此虽然没有文字的评述，但从浦薛凤的回忆中则可反映出他的不满情绪。浦薛凤说：那时闻一多常与人争论，认为一党专政不利于全民抗战。有人说民主自由不可一蹴而成，还举英美在内忧外患时亦集权以相适应为例。闻一多不以为然，往往批评时政激昂慷慨，一若深恶痛绝。②

对于教授中的失败主义情绪，闻一多也很看不惯。五六月间，厦门、合肥、徐州、归德、开封相继失守，日本大本营发出准备进攻武汉的命令，气焰十分嚣张。有的人吃饭时便指着报纸上的消息说：我说了要败，你看罢，现在怎么样？他们的口气得意洋洋，似乎把自己的预测准确当成骄傲的资本。闻一多听了无法忍受，说："他们人多势众，和他们辩论是无用的。这样，每次吃饭对于我简直是活受罪。"③

蒙自的生活很平淡，但是学生中仍然蕴藏着一股朝气。向长清、刘兆吉等20多人组织了个"南湖诗社"，邀请闻一多和朱自清两位老诗人做导师。这件事，是在湘黔滇路上开始酝酿的。刘兆吉说："由

①　引自王云：《访蒙自随笔二则》，《云南师范大学学报》1984年第3期。

②　浦薛凤：《忆清华级友闻一多》，台湾《传记文学》第39卷第1期，1981年7月。

③　闻一多：《八年的回忆与感想》，《联大八年》，第6页。

于我承担了在闻一多先生指导下采集民间歌谣的任务，常常与向长清一起写、一起讨论作诗、评论古今诗人的诗。有一天，向长清提出到达昆明后，约些爱写诗的同学组织诗社，出版诗刊，我完全同意。他知道指导我采风的闻一多先生是知名诗人，并早已读过他的诗集《红烛》和《死水》。我俩商量成立诗社要请闻先生当导师。当晚，大概是 1938 年 3 月 10 日，沅陵落了雪，天气很冷，我俩在晚饭之后，拜访了闻一多先生。我们坐在铺着稻草的地铺上，闻先生用被子盖着膝盖。当我们说明了来意，向长清提出到达昆明后请他指导我们组织诗社，接着就畅谈起有关诗的问题。闻先生坦率地发表了他的意见，我还能回忆当时谈话的情况。闻先生很谦虚，首先说这些年他'改行'了，教古书（指《诗经》《楚辞》），不作新诗了。又说明他对新诗并未'绝缘'，有时还读读青年人写的诗，比他的旧作《红烛》《死水》还好。我想闻先生是说的真心话。"到蒙自后，刘兆吉、向长清很快就发起了诗社，并以蒙自的风景名胜"南湖"为诗社的名称，后来在诗坛享有盛名的查良铮（穆旦）、赵瑞蕻、刘绶松、周定一等，都是南湖诗社的社员。他们经常开座谈会，内容多涉及新诗的前途、方向以及新旧诗的对比。闻一多作过长篇发言，强调诗社应以研究新诗、写新诗为主要方向。诗社出过四期诗刊，有些闻一多看了称赞是好诗。[①] 西南联大文、法学院在蒙自的时间不长，但这段生活给大家留下难忘的印象。

在蒙自，著名金石学家容庚先生的女儿、战前考入清华大学外语系的容琬同学，以女性特有的细腻准备了一个小册子，请老师和同学题字留念。陈寅恪、钱穆、朱自清、吴宓、蒋梦麟、罗常培、汤用彤、郑天挺、叶公超、邱椿、陈雪屏、严文郁、魏建功、燕卜荪等教授或书勉励之言，或录古人诗词相赠，陈寅恪题写的诗句中有"此生遗恨塞乾坤，照眼西园更断魂"，反映了战乱流离的沉重心情。学生们的题字多叙述同学友情和抒发同仇敌忾的爱国情怀。闻一多则录了一首湘黔滇途经安

---

① 刘兆吉给笔者的信，1988 年 7 月 21 日。

顺时采集的民歌："一条大路通云南，去时容易转时难。去时阳鹊未下蛋，转时阳鹊叫满山。"①

蒙自因为距远近闻名的个旧锡矿很近，市上出售锡制品很多，闻一多买了把锡制的咖啡壶，样式很精致，仿佛是艺术品。一次逛集市，还购了根白藤手杖，也是当地特产。这根手杖后来伴随他终生，无论到哪儿都带着，有时虽然用不着，也挎在小臂上，颇有"名士"派头。1993年，故乡浠水县建立闻一多纪念馆时向家属征集文物，家属就把这根手杖捐赠了出来，后来经国家文物鉴定委员会鉴定，被列为一级文物，成为镇馆之宝。

教授家眷相继来滇的时候，闻一多也筹划起接妻子和孩子同住的事，他已看出抗战胜利不会马上来到，不得不做起长期打算。高真带着五个孩子与保姆赵妈，和闻家驷一家人，正在往云南赶的时候，传来了柳州航空学校要迁到蒙自的消息。西南联大文、法两学院为了腾出地方，决定迁回昆明。7 月 23 日文学院课程一结束，闻一多不等学生期末大考，就提前赶往昆明。

---

① 《西南联大师生致容琬诗文册》，西泠印社拍卖有限公司编印：《近现代名人手迹暨纪念对日抗战七十五周年专场》，2012 年秋季拍卖会第 2876 号。

| 第二节 |
驻足春城

暑期讲习

　　闻一多提前赶到昆明，是为了寻找落脚之处，因为这时妻子将要带着全家来昆明。昆明，对闻一多来说是陌生的，好在热心的陈梦家人际关系广泛，到昆明不久就结识了云南文艺界很活跃的云南大学讲师徐嘉瑞，在徐嘉瑞和陈梦家的穿针引线下，闻一多租到了小西门内福寿巷3号的几间房子。

　　房子租下时，家眷已快到贵阳，闻一多本应立即前往贵阳，但因担任云南省中学教师暑假讲习讨论会讲师，得讲几次课，所以晚了些天才赴贵阳。

　　举办中学教师暑期讲习讨论会（以下简称"暑讲会"），是教育部为提倡学术研究、促进中学教师进修对各省教育厅提出的要求，云南省在1937年暑假就已举办过一次。这时，西南联大迁昆，各学科专家汇聚昆明，从而为暑讲会的规模扩充提供了有利条件，并且1938年度的暑讲会，亦在7月下旬就已决定了。西南联大非常重视这一工作，在暑讲会聘定的语文、社会科学、自然科学三组9科共50位讲师中，西南联大派出者有陈福田、叶公超、吴宓、赵绍熊、刘崇鋐、雷海宗、钱穆、王信忠、张印堂、邱椿、戴修瓒、秦瓒、张佛泉、江泽涵、杨武之、华罗庚、赵访熊、刘晋年、陈省身、郑华炽、吴大猷、赵忠尧、周培源、霍秉权、曾昭抡、杨石先、黄子卿、张景钺等 35 人，其中语文组国文科讲师是闻一多和罗常培、朱自清、魏建功。[1] 云南省政府也非常重视这次暑讲会，教育厅指令各中等学校必须参加，后有 69 所省立、县立中学、师范学校、主要私立中学及各职业学校派出的 155 位学员，均是各校的教学骨干中坚。

这次暑讲会于 8 月 7 日举行开学典礼，8 日开讲。闻一多在暑讲会上讲授了哪些，尚缺乏记载。但可以肯定，他是完成了暑讲会任务后才赶往贵阳的，否则，不会让高真和孩子们在贵阳等候他。

高真这一路，是闻家驷陪同的。闻家驷是闻一多唯一的胞弟，他在决定学习语言方向时，接受闻一多的建议，选择了法文。1921 年，闻家驷入汉口法文学校，1923 年考入上海震旦大学预科，继续学习法语。五卅运动中，他因参加罢课并抵制补考，被学校除名。1926 年，自费赴法国留学，入巴黎大学文科。1931 年考取湖北省官费留法学生资格，入格林卢布大学研究院学习法国文学。1934 年闻家驷学成回国，经梁实秋的介绍，在北京大学担任法语讲师，同时由国立艺术专门学校校长赵太侔推荐，在该校兼任讲师。1937 年上半年，闻家驷被辅仁大学聘请为副教授，便在暑假里回武昌接家眷，高真就是因为他要回乡，才趁着机会带着立鹤、立雕一起回武昌探亲的。不料，七七事变就在这个当口爆发了，闻家驷不愿留在沦陷的北平，闻一多便向西南联大外国文学系主任叶公超推荐了闻家驷。叶公超是闻一多的老朋友，而且西南联大外文系也缺少法国文学教授，于是北京大学校长蒋梦麟接受了这一推荐，先由西南联大聘请，待三校复员时，再由北京大学续聘。[2] 这时，闻家驷要到昆明赴任，两家人正好同路赴昆。

---

　　①　据《全省中学师范教员暑讲会行开会式，龚主委以次各委员均出席，报到会员达一百五十人》，《云南日报》1938 年 8 月 8 日，第 4 版。

　　②　《致闻家骥、闻家騄》(1938 年 5 月 7 日)，《闻一多书信选集》，第 293 页。

高真和闻家驷两家是 7 月中旬乘火车离开武汉的，他们先到长沙，再乘长途汽车沿着湘黔公路赴贵阳。这条线，正是闻一多徒步入滇所走的路线，沿途多高山峻岭，加上车辆是烧木炭的汽车，不仅常常抛锚，爬坡也很困难，必须边爬边用三角木在车轮下支垫，往往只听见发动机怒吼声如雷贯耳，却不见车行几步。途中，经过匪患严重地区，遇到警察与匪群枪战，受惊不小。他们到贵阳前，闻一多已写信给时在贵阳的清华学校同级聂鸿逵，请求帮助。聂鸿逵是贵州人，在清华辛酉级同学中，他属年龄偏大者，几次担任班长，很得同学们信赖。此时，聂鸿逵热情接待了高真一行，先把他们接到自己的龙泉街 168 号寓所居住，后找到一家合适的旅馆，才搬了过去。

闻一多到贵阳前，贵州省也要举办暑期中等学校教员讲习会，主任委员按例由教育厅厅长张志韩担任，从上海迁到贵阳的大夏大学，自然也是主要参加者。大夏大学文学院院长吴泽霖，为贵州省暑讲会委员，他得知闻一多要到贵阳来，便写信请他担任暑讲会国文讲师。吴泽霖是闻一多在清华学校时的同级好友，1921 年他们一起参加"同情罢考"，同时受到留级一年的处分，1922 年同船赴美，又一同发起"大江会"，是闻一多少数志同道合的挚友之一。在美国，吴泽霖攻读社会学，先后在威斯康星大学、密苏里大学、俄亥俄州大学获学士、硕士、博士学位。1927 年学成回国途中，赴英国、法国、德国、意大利进行社会考察。1928 年回国后，在上海任大夏大学社会学教授、系主任、文学院院长、教务长等职，还兼任过上海暨南大学海外文化事业部主任和教务长。抗日战争爆发后，他随校内迁贵阳。闻一多接到吴泽霖的信，很爽快地答应了下来。这样，刚刚在云南省暑讲会讲过课的闻一多，又站在贵州省暑讲会的讲台上了。当时作为学员参加暑讲会的林辰回忆说："那年夏天，在贵州省中学教师暑期讲习会里，闻先生担任我们国文教学组的讲师。乍看到他时，我不免暗暗惊异：这飘着美髯，穿着古铜色长袍和平底布鞋，神态安详潇洒的中年人，就是当年风行一时的《死水》的作者么？我分明地记得，他第一次是给我们讲《诗经》里的《蒹葭》，很有许多新意，可惜现在不记得了。"①

分别多年的老友，见面自然有说不完的话。在贵阳白沙井 20 号的吴泽霖寓所，他们之间的话题之一是学术。闻一多认为，做社会学研究和做古典文学研究一样，都离不开图腾研究。说到这儿，闻一多力劝吴泽霖回清华大学。吴泽霖回忆说："在贵阳时，他告诉我，他对图腾很想研究，并愿意同我继续讨论。同时，他告诉我昆明有许多老校友，清华社会学系教师不多，光旦兼西南联大教务长，陈达兼国情普查研究所所长，工作都很忙。他劝我回清华，在西南联大教书，他说他回去后同光旦谈，再由光旦同我联系。后来果然光旦来信邀我回清华，并告诉我云南也有少数民族，可以从事调查研究。当时我在大夏要指导研究生，不便离开，所以没有立即答应光旦的邀请。"② 不过，1941 年 2 月，吴泽霖还是回到清华大学了，只是没有立即讲课，因为军事委员会为了协助美军开办译员训练班，吴泽霖被调去负责培训工作。1946 年，清华大学请他担任人类学系主任，并兼任学校的教务长。

闻一多在贵阳逗留到 8 月底，其间还去探望过 1926 年一起创办《晨报·诗镌》的蹇先艾。只是很不巧，蹇先艾回遵义探亲，两人未能相见。蹇先艾是诗人，他的房东也是位老诗人，结果朋友没见面，倒是和房东谈得很融洽，房东还陪闻一多游了黔灵山。③ 在闻一多一生中，共去过两次黔灵山，第一次是湘黔滇步行团经过贵阳时的 1938 年 4 月 1 日，当时画了《黔灵山脚》《黔灵山东峰》两幅速写。事隔半年，他又一次游历了这所被誉为"黔南第一山"的风景名胜。

除了学校安排的暑期中学教员讲习外，在昆明的八年里，闻一多还数次应中等学校邀请做过演讲。

---

① 林辰：《诗人学者战士——敬悼闻一多先生》，《闻一多纪念文集》，生活·读书·新知三联书店 1980 年版，第 90 页。

② 吴泽霖给编者的信，1987 年 2 月 6 日。

③ 蹇先艾：《忆闻一多同志》，《闻一多纪念文集》，第 230 页。

警报声中

8 月底，闻一多带着高真和孩子们，与闻家驷一家来到了昆明福寿巷 3 号。

福寿巷位于小西门内，从大街进入福寿巷，走不多远就有两扇黑漆大门，门首正上方嵌有一块镶边黑石，上刻"静庐"二字，一眼望去显得颇有格调，这就是福寿巷 3 号。① 静庐是所很大的院落，建造者为姚静轩，"静庐"之名即由此而来。姚家自清朝乾隆末年以来，世代为医，医德医术在昆明有口皆碑，清朝云贵总督锡良、李经羲曾请姚静轩治愈顽疾。姚家兄弟还开有两个药铺，其中姚静轩开的"福元堂"在武庙下街（即今武成路），二弟开的"姚济药号"在正义路的马市口。姚静轩逝于 1919 年，据说出殡时，前方队伍已过大南城近日楼，后面还没出福寿巷家宅。姚静轩去世后，静庐由其长子、继承祖业的姚志沣居住，姚志沣与徐嘉瑞是亲戚，他听说闻一多正在找房子，便腾出一些房间，以极低的价格租给闻一多。② 在家信中，闻一多也说到姚家借了些家具供他使用。

静庐是所相当不错的院落，闻立雕说：此处仅院子就约 30 平方米，正南为三间正室，东西各有两间厢房，均为两层木构楼房，宽敞豁亮。院中有一石凿大鱼缸，西侧有很大的一所跨院，跨院北墙是用砖砌成的镂花，很是别致。他还记得，静庐墙边开有后门，通着一条小巷，门外有一口水井。③

闻一多家人口较多，除了妻子高真，孩子就有五个：长子闻立鹤、

---

① 1986 年，民盟云南省委员会举办纪念李公朴、闻一多殉难 40 周年纪念活动，笔者应邀参加，并至保存完好的福寿巷 3 号参观考察，拍有"静庐"石匾照片。其后，该处被拆除。

② 姚仲华：《姚府轶事》，山东画报出版社编：《老照片》第 51 辑，山东画报出版社 2007 年版。

③ 韦英（闻立雕）：《不朽精神育后人》，《人民政协报》1996 年 7 月 25 日。

次子闻立雕、三子闻立鹏、长女闻铭、幼女闻䎗。闻䎗是七七事变前刚出生的，为了她，把保姆赵妈也从北平带来了。闻一多、高真和孩子们待赵妈如同亲人，故闻一多总是对人说自己是八口之家。因人口多，全家住楼上三间正房及一间厢房，闻家驷人口稍少，住在楼上另一间厢房。房东姚志沣很好客，敬重闻一多的学问人品，时常来攀谈，两家相处十分和睦。姚志沣的孩子叫姚余庆，比闻立鹤小一岁，他们很快也成了好朋友。立鹤本来不会下象棋，是姚余庆教会他的。他们常在八仙桌上玩棋，高兴起来就乱跑乱跳。一次，他们模仿跳降落伞，每人撑开一把油纸伞，爬到高处往下跳，不仅摔得皮破肉青，连伞面都鼓得朝上了，用云南话讲叫"倒鸡棕"。后来，西南联大成立附属小学，闻立鹤和姚余庆都在附小成立当年考进去了，后来又都考入西南联大附中，两人的友谊延续了终生。①

　　暑假结束后，闻一多开始授课。当时，西南联大刚刚迁昆，没有自己的校舍，文学院的教室借用的是大西门外昆华农校的主楼。这座楼顶四角飞檐翘起的三层大楼刚刚建好，1938 年度的大一国文就在这里开设，闻一多在这里讲授过《诗经·采薇》。②

　　昆明是抗战的大后方，但这个大后方也并不安全。自从 1938 年 1 月 8 日日本飞机首次轰炸广西，接着又于 2 月 18 日轰炸重庆广阳坝以后，武汉、广州、桂邕等地就频频遭到日军飞机的轰炸，云南也已开始感到空袭的威胁。9 月 17 日，中国驻河内总领事来电，称日军已占领海南岛及北海间的围州岛，有轰炸云南省之企图。9 月 21 日，昆明上空第一次响起空袭警报，只不过那天敌机并未飞到昆明，但是舆论已认为从敌机广西的邕宁向西飞来的路线看，"其目的不外贵阳和昆明两地"，而且"恐怕还是以昆明的成分为多"。③

------

①　姚曼华：《怀念余庆》，《西南联大北京校友会简讯》第 51 期，2012 年 4 月印行，第 92 页。

②　据许渊冲：《闻一多与陈梦家》，《诗书人生》，百花文艺出版社 2001 年版，第 34 页。

③　《昨晨警报的教训》，《云南日报》社论，1938 年 9 月 22 日，第 2 版。

果不其然，1938 年 9 月 28 日，日本空军首次对昆明发动空袭，一直宁静的春城切切实实感受到战争的来临与残酷。这天，日军 9 架九六式轰炸机排成三个"品"字形，由横琴岛起飞经广西飞抵云南，从黑林铺方向侵入昆明。9 时许，日机飞抵昆明上空，在小西门外一带投弹扫射后，又转向巫家坝机场。巫家坝机场是昆明唯一的军用机场，当时停有 20 余架教练机，因为没有战斗飞机掩护，只能起飞到别处暂避。但是，正在上空练习射击的航校学员黎宗彦，则奋勇反击，当即击落敌机一架。与此同时，昆明市中心五华山与各城楼上的高射炮，也猛烈向空中开火，迫使其余敌机在潘家湾一带投下数十枚重磅炸弹后仓惶离去。报载："9 时 14 分敌机窜入市空时，我高射炮手发炮如弹珠，不准其低飞作恶，而我忠勇无敌之飞将军，亦于此时，向其进剿。兽机窘急，乃于西门外昆华师范及潘家湾苗圃一带，大肆轰炸。一时黄灰冲天，血肉横飞，文化机关，竟成瓦砾场所，运动场中到处尸骸狼藉，死伤达 80 余人。"①

日本这次突袭，由于此前没有遭遇过空中打击，所以没有战斗机掩护。结果，执行任务的 9 架飞机被中国空军击落了 3 架，编号 9627 号并有"泰文"二字的一架，坠落在距宜良之狗街三十里处，机号"台湾 204"和"国报台湾 9 号"的两架，分别坠落在路南县境内的叫红米珠、密枝柯的地方。击落这些敌机的飞行员除了黎宗彦外，还有姚杰、周庭芳、杨绍廉、苑金函。② 其中坠落在宜良狗街的敌机，机内 5 人焚毙，仅存的 1 个投弹手池岛希索跳伞后也被捕获。③ 不久，日本轰炸机残骸运到昆明，陈列在文庙的民众教育馆，供市民参观。

---

① 《敌机冒险犯滇，被我铁鹰击落三架，余六架负伤狼狈逃去》，《云南日报》1938 年 9 月 29 日，第 4 版。

② 《创造"九二八"伟绩的五位空军勇士》，《云南日报》1938 年 10 月 7 日，第 4 版。

③ 《"九二八"惨杀案刽子手池岛被俘》，《云南日报》1938 年 10 月 1 日，第 4 版。

在这次轰炸中，闻一多成为西南联大的第一个负伤教授。昆明的警报分三种类型，先是预行警报，接着是空袭警报，最后是紧急警报。这天的预行警报是 8 时 40 分拉响的，闻一多听到后，立刻让立鹏、闻铭、闻翩三个孩子躲到一张结实厚重的桌子下面，桌上铺满棉被。此刻，闻一多最担心的是在西门外实验小学上学的立鹤、立雕，马上让赵妈出城去接他们。但是，直到紧急警报响起，还不见人影。闻一多放心不下，于是匆匆出城寻找。走到半路，遇见赵妈，知道孩子已随老师疏散，遂返回城内。可是，为时城门已关，只准出不准进，不得已只好再往郊外疏散。当行至一木材场墙下时，敌机迎面飞来，连续投弹。炸弹轰倒了墙上的砖，砖头掉下来砸在闻一多的头上，顿时血流满面。幸好救护队及时赶到，进行了简单包扎。警报解除，再乘人力车送往医院。这时，在家里的高真和闻家驷早已坐卧不宁，跑到巷口张望，只见头缠绷带，仰卧在一辆人力车上的闻一多从巷口急速而过，赵妈紧紧跟在人力车后。闻家驷见状，立即随车去医院，经检查，伤情不重，缝了几针就回家休养。学校闻知后，马上派人慰问，陈梦家等好友也纷纷来家探望，外地的学生也来信问候。

"九二八"轰炸是日本飞机对昆明的第一次轰炸，西南联大在轰炸中损失惨重。租用的昆华师范学校中弹 14 枚，校舍变成废墟，弹坑直径两公尺以上，深度半公尺左右，集训总队长刘琨身亡，四位参加湘黔滇步行团的同学受伤。[①]

如果说这次受伤是闻一多第一次遇险，那么更加让人后怕的则发生在 1940 年的秋天。那年暑假后，闻一多和闻家驷两家搬到昆明小东门节孝巷 13 号，节孝巷在市区制高点五华山下，闻家后面就是山坡，坡下建有一座防空洞。那时，正是日本飞机狂轰滥炸，如入无人之境一般的时候。9 月 30 日，警报又响了起来，闻氏兄弟两家匆忙躲入后院五华山坡下的一个防空洞，住在附近怡园巷的西南联大外文系冯至一家三口也躲进这个洞。紧接着，27 架敌机就来了。冯至回忆说，当时

---

① 醉秋：《一笔屠杀的血账》，《云南日报》1938 年 9 月 29 日，第 4 版。

"大人小孩都屏息无声，只听着飞机的声音在上边盘旋，最后抛下几枚炸弹，都好像落在防空洞附近。飞机的声音去远了，又经过较长时间，才解除警报。大家走出洞口，只见一颗炸弹正落在洞门前，没有爆炸"。① 事后想想，真是危险，如果这枚炸弹真的爆炸，那后果便不堪设想了。

这次遇险给孩子们留下极深印象。闻立鹏说，那时全家"搬到五华山下节孝巷一个有后花园、有防空洞的院子居住。大家以为这样安全会更加有保障，没有想到，竟然就在这里发生了又一幕愈加后怕的事件。一天，警报又响了，一家人照例躲到防空洞里，住在对面的西南联大教授冯至一家人也来这里，大家情绪已经不那么紧张惊慌。却没有想到真有一颗炸弹丢在花园里的芭蕉树丛中，一声巨响，防空洞的泥土散落下来，火光一闪，炸弹却没有爆炸，大家目瞪口呆，跑出来看，只见一个弹坑，泥土被掀翻到四周，芭蕉叶子都焦了。有人惊叫'定时炸弹'，人群又轰然散开，议论纷纷。找来警察，说可能是定时炸弹，不知道何时炸开，也可能是 24 小时之内。这一夜提心吊胆，比听到紧急警报还要紧张难熬。事后知道这次敌机来了 27 架，对昆明进行了疯狂的轰炸。"②

经过这次死里逃生，再也不能在昆明城里住下去了，于是，闻一多兄弟两家搬到昆明北郊的大普吉镇，先是住在一家骡马店的二楼，后又相继搬到陈家营、司家营，直到 1944 年才搬回城里。

《祖国》和《原野》的演出

血，没有吓倒闻一多，反更激发起抗战的热情。这种热情，在话剧《祖国》《原野》演出中得以表现。

---

① 冯至:《昆明往事》,《新文学史料》1986 年第 1 期。

② 闻立鹏、张同霞:《闻一多》,人民美术出版社 1999 年版，第 139—140 页。

《祖国》是西南联大外文系陈铨教授根据外国剧本改编的多幕话剧，它描写在日寇占领下某城的一位教授，不顾个人安危与旧日恩怨，和学生工人一起抗击敌人，最后为祖国壮烈牺牲。这是个鼓舞民气的话剧，排练时武汉、广州已经失守，汪精卫经昆明逃往河内发出臭名昭著的艳电，成为可耻的大汉奸，闻一多等人带着抗战必胜的热忱和对汉奸极大的蔑视投入紧张的工作。1939 年 2 月 18 日，《祖国》在昆明最大的剧场新滇大舞台公演，如潮的观众齐呼"打倒日本帝国主义"！闻一多设计的布景也取得很好效果，特别是配以灯光，用黄色体现第一幕中的忠勇，用蓝色表现第四幕的悲惨，虽然地点没有变，却把感情突出了。①

《祖国》连演八天，盛况空前，给春城注入战斗的活力，渝沪等地纷纷登出了演出消息和剧照。25 日，剧组聚餐庆祝演出胜利结束，闻一多举杯共祝抗战早日胜利，说抗战胜利的那一天，他就要剃去自己的飘然长髯。

曹禺的名剧《原野》发表于"七七"事变前的三个月。那年 8 月，上海业余实验剧团在卡尔登大戏院首次公演《原野》，当时没有引起什么反响，像是被淹没在抗日热潮之中。接着，南京失守，局势不稳，曹禺辗转到重庆，任国立戏剧学校教务主任，无暇排演这部剧。但是，《原野》是他继《雷雨》《日出》之后的又一力作，他很希望能再次演出并亲自导演。1939 年 7 月，孙毓棠、凤子向昆明国防剧社推荐此剧，主持剧社的李济五听了很高兴，只是没有把握请曹禺来亲导。在这种情况下，闻一多以老师和朋友的身份，与凤子、吴铁翼（国立艺专校长）三人联名写信，请曹禺来昆自导《原野》。

7 月 13 日，曹禺自重庆飞抵昆明。第二天，滇黔绥靖公署政训处副处长、龙云的姑表弟龙秉灵设宴洗尘，闻一多被邀出席。随后，他们商定演出两个剧目，一是《原野》，一是老舍、宋之的等集体创作的《黑字二十八》（又名《全民总动员》）。

---

① 心丁：《观〈祖国〉演出后》，《云南日报》1939 年 2 月 10 日。

曹禺住在华山南路南京旅社，距凤子、孙毓棠青云街洋槐巷 4 号的家很近。大家常在凤子家中研究演出问题，遂决定闻一多与雷圭元（工艺美术学院教授）分任舞台设计和服装设计，孙毓棠任舞台监督。演员的阵容也很强大：凤子饰金子，汪雨饰仇虎，李文伟饰焦大星，樊筠饰焦大妈，孙毓棠饰常五爷，黄实饰白傻子。

为了演好《原野》，闻一多倾注了大量心血。他听取曹禺说明创作意图和剧中人物的性格后，对每件道具、布景都反复做了推敲。他认为焦大妈堂屋里的桌子必须给人 massiveness（即"沉甸甸"的意思）的感觉，以暗示封建压力的沉重。曹禺很重视这个建议，以后该剧多次演出均照此处理。闻一多起草过许多平面图，有的还制成模型，他的美术才能得到了一次发挥的机会。在三转弯岑公祠内，他撩起长袍生炉子熬胶水，把大张布平铺起来绘布景，大森林的阴森恐怖与神秘，在笔下跃然而出。布景较大，有的一幅就要画一两天，这种耐劳的精神使人们吃惊。大家想不到堂堂的文学教授，还有这种才干，还能吃这般辛苦。

闻一多对服装设计也很关心，常和雷圭元琢磨，为的是能表现出人物的性格。他要求仇虎的衣服是黑缎红里的短袍，金子的则应是大袖口镶黑边的粉红色姊妹装。为了寻找合适的面料，他亲自跑了不少估衣店。

8 月 16 日，《原野》在新滇大戏院公演，闻一多亲自撰写《说明书》，说《原野》"蕴蓄着莽苍浑厚的诗情，原始人爱欲仇恨与生命中有一种单纯真挚的如泰山如洪流所撼不动的力量，这种力量对于当今萎靡的中国人恐怕是最需要的吧！"[①]

---

① 引自李乔：《看了〈原野〉以后》，《云南日报》1939 年 8 月 23 日。李文未注明《说明书》的笔者，但吴征镒存有这份《说明书》，云为闻一多作。又，当年生活在昆明的中国人民大学王汝丰教授，在 1989 年 7 月 29 日致中国社会科学院近代史研究所庄建平的信中写道："当时有《原野》演出的宣传画，据传亦为闻一多先生所作，确否待考。"

《原野》演出后闻一多（前排左四）、曹禺（前排左五）与剧组人员联欢

　　《原野》演出轰动全城，虽是连日大雨，仍天天满座。人们为剧情感叹，也为布景、灯光叫好。仇虎在大森林的那幕，许多黑色长条木板，大小错综地排列在舞台的后半，一盏小红灯笼在其间穿来穿去，台下看起来显得这片森林多么幽黑深远，这也是闻一多的别出心裁。

　　九天后换演《黑字二十八》，可是过了五天各界纷纷要求再演《原野》。于是，《原野》又重新演出七天，仍然场场爆满。无奈，演员们只得不顾疲劳，再续演两天，直到 9 月 17 日才结束。这次演出的轰动是云南话剧运动史上破天荒的第一次，朱自清说："两个戏先后在新滇大戏院演出，每晚满座，看这两个戏差不多成了昆明社会的时尚，不去看好像短着什么似的。……这两个戏的演出确是昆明一件大事，怕也是中国话剧界的一件大事。"①

　　演出完毕了，闻一多才喘了口气，陪着曹禺到西山、华亭寺玩了一次，又去温泉洗了一回澡，带回来一堆照片。

①　朱自清：《〈原野〉和〈黑字二十八〉的演出》，昆明《今日评论》第 2 卷第 12 期，1939 年 9 月 10 日。

抗战必胜的信念

抗战初期，中国人民对胜利怀有充分的信心，闻一多尤其是这样。1938 年 10 月上旬，西南联大成立编制校歌校训委员会，聘冯友兰、朱自清、罗常培、罗庸、闻一多五人为委员（冯为主席）。他们制定的校歌歌词中有这样的句子："千秋耻，终当雪，中兴业，须人杰。便一成三户，壮怀难折。多难殷忧新国运，动心忍性希前哲。待驱除仇寇复神京，还燕碣。"这是首《满江红》，前半阕为："万里长征，辞却了五朝宫阙。暂驻足衡山湘水，又成离别。绝徼移栽桢干质，九州遍洒黎元血。尽笳吹弦诵在春城，情弥切。"该词究竟为罗庸所作，还是由冯友兰所作，有两种不同说法，但谱曲者为张清常则确定无疑。

1938 年的最末一天，闻一多意外地见到了茅盾。当时，茅盾去新疆途经昆明，听说西南联大教授与当地文化人士联系不够，认为不利于抗战发展，于是约见了闻一多、朱自清、吴晗。当时顾颉刚也在座，冰心因为住得远没有通知到。

一见面，闻一多急着打听广州、武汉的朋友，担心他们困在那里。谈到抗战文艺运动时，茅盾感到他们并非不了解情况，而是很注意这些问题，只是自己没有参加进去。这当然情有可原，他们是客籍，新来乍到人地两生，再说学者们一向不习惯热闹。于是，茅盾把话题转到双方联络感情加强团结方面来。心直口快的吴晗马上做起检讨，他说自己是"七七"事变爆发前应聘到云南大学当教授的，因此有责任做好联络工作。朱自清也表示愿意为本地刊物写文章。茅盾笑了，说大家应有个组织，把步调统一起来。这指的是中华文艺界抗敌协会昆明分会，朱自清后来果然加入进去，并被选为理事。

那天，大家还谈到汪精卫投敌叛变之事，认为这从反面讲也是件好事，好比挖掉抗战躯体上的毒瘤，也许能促使蒋介石坚定抗战的决心。① 其时，汪精卫极力与日本议和，而日本议和的条件之一是蒋下野，蒋则坚持以恢复"七七"事变前状态为先决条件。汪是从昆明逃往河内的，其叛变受到全国一致谴责，昆明尤为愤恨。这次愉快而又有启发的谈话，更坚定了闻一多抗战必胜的信心。

闻一多的这种信心还表现在《西南采风录》的序中。《西南采风录》是刘兆吉同学在湘黔滇路上搜集到的民谣集，因闻一多是采风小组的导师，所以请他写序。望着手稿，闻一多仿佛又回到三千里的跋涉之中，联想到刚刚演完的《原野》，联想到至今还弥漫着的对日妥协空气，他心情不能平静，似乎从这集子中体会到一种原始的生命力。他提起笔引了几首民谣，然后说：你说这是原始，是野蛮。对了，如今我们需要的正是它。我们文明得太久了，如今人家逼得我们没有路走，我们该拿出人性中最后、最神圣的一张牌来，让我们那在人性的幽暗角落里蛰伏了数千年的兽性跳出来反噬他一口。打仗本不是一种文明的姿态，当不起什么"正义感""自尊心""为国家争人格"一类的奉承，干脆的是人家要我们的命，我们是豁出去了，是困兽犹斗。如今是千载难逢的机会，给我们试验自己血中是否还有着那只狰狞的动物，如果没有，只好自认是个精神上的"天阉"的民族，休想在这地面上混下去了。感谢上苍，在前方姚子青，八百壮士，每个在大地上或天空中粉身碎骨了的男儿，在后方几万万以"睡到半夜钢刀响"为乐的"庄稼老粗汉"，已经保证了我们不是"天阉"！如果我们是一个乐观主义者，我的根据就只这一点。我们能战，我们渴望一战而以得到一战为至上的愉快。至于胜利，那是多么泄气的事，胜利到了手，不是搏斗的愉快也得终止，"快刀"又得"生黄锈"了吗？还好，还好！四千年的文化，没有把我们都变成"白脸斯文人"！② 这和五年前写的《败》如出一辙，都体现了渴望斗争、不畏牺牲的精神。

闻一多一直关心着奔赴抗战前线的青年。清华同学赵俪生时在夏县

---

① 茅盾：《我走过的道路》下册，人民文学出版社1988年版，第88—89页。
② 《西南采风录》，《闻一多全集》第2卷，第195—196页。

山西新军第二战区政治保卫队任指导员，闻一多得到他的地址后马上去信联系，还问一个叫施忠说的同学情况。施在前方给闻一多的最后一封信是 1938 年五六月间，此后便杳无音信，闻"颇深系念"，让赵俪生"若知施君消息，务望见告，否则亦请设法向熟人打听"。① 这些事，都在一定程度上反映了闻一多对抗战的态度。

主持清华中文系

出任系主任

1939 年暑假中，闻一多为云南省中学教员讲习班授完课后，把家搬到滇池南端的晋宁县，开始了一再推迟的休假。中文系已确定开设"中国上古文学史"，指定闻一多担任，所以一年的休假都为着备好这门课。

时间过得很快，转眼到了 1940 年。6 月间他接到清华中文系许维遹的信，说系主任朱自清已获准下学年休假，同人举闻一多代理其职。

自从武汉大学、青岛大学两次经历后，闻一多坚决不再担任行政职

---

① 《致赵俪生》（1940 年 5 月 26 日），《闻一多书信选集》，第 314 页。

务。回清华那年，学校就要请他做主任，他回绝了，现在又要提起，他怎能同意。他力荐即将从广西返校的王力出山，说自己"素性疏略，近数年来较前尤甚，已不堪任事"，加之"生性率直"，"平日对系事好随意发言"，却无"办事能力"，若王力出任，则"定当从旁竭诚襄助"。他哪知道，清华同人对他的期望还不止这些，6月上旬教授会上，曾提名他为教授会书记和评议会评议员呢。

辞荐信写于29日，可两天后梅贻琦却签发了聘书。闻一多收到后马上退回，并于7月6日写信给朱自清加以说明。有一段说道：

> 所以如此坚决者，理由实甚简单，平生顽直之性，见事往往失之偏宕，不能体谅对方立场。见事偏宕，虽千虑一得，不无独到之处，然不能体谅对方，结果必归失败。若此者，充其量不过清议之材，只堪备当事者之咨询，不堪自试也。曩者屡试屡败，此兄之所熟知者，此其一。又素性脱略，生活习惯漫无纪律，读书时心力所注，辄一切皆忘，以此任事，疏失尤多，此亦曩日之经验。然积习已深，恐此生无法移易也，此其二。学校平日待我不薄，今以此见托，以责任心言，本无可推诿，无奈力不从心，勉强应允，亦他日偾事，悔之无及者。弟素不好虚伪，今兹所陈，实系最后决定，千祈代达前途，并乞鉴其苦衷，宥其顽固，幸甚幸甚。①

闻一多的推辞是诚心的，而冯友兰、朱自清商议后，仍觉得他是合适的人选。在北平时，冯友兰曾与外文系主任叶公超交谈，均认为"由学西洋文学而转入中国文学者，一多是当时的唯一的成功者"。②这话许是有些偏颇，却反映出同人们对他学术地位的承认。冯速作一书敦

---

① 《文学院各学系教师异动的来往文书》，清华大学档案馆存。
② 冯友兰：《回念朱佩弦先生与闻一多先生》，上海《文学杂志》第3卷第5期，1948年10月。

劝,梅贻琦亦在信上写下"不得不请尊处主持"。

同人的竭诚相劝,终于打消了闻一多的辞意,朱自清送家眷去成都后,他便代理起清华中文系主任。次年,朱返回昆明,身体很不好,为着朋友的健康着想,闻一多这才同意去掉"代理"二字,正式担任系主任,但又同时向学校申明回到北平后就立即卸任。这样,清华大学在昆明八年,闻一多担任了六年中文系文任。

秉公履职

在给朱自清的辞荐信中,闻一多说自己"平生顽直之性,见事往往失之偏宕,不能体谅对方立场"。这话既是他辞荐的理由,也是他耿直性格的自白。闻一多走马上任后,有几件事就很说明这一点。

1941 年 4 月底,清华举行建校三十周年纪念,王力做了次学术报告,闻一多听了很钦佩,便派新聘任的助教何善周做他的研究助手。可是王力只让何抄书稿,一抄 40 万字,右手中指都肿了。许维遹看了有些不平,告诉闻一多。闻一多一听就有些生气,研究助手岂能当作抄书的廉价劳动力呢,于是马上写一纸条,请王力"另觅抄胥"。王力的资历与年纪虽然不如闻一多,可这么做也实在让他下不了台。王力后来说,事后他细想想,觉得闻一多"这样处理是对的",也就"毫无怨言"了。[①]

闻一多的坦率与直言不讳,在彬彬有礼的高等学府显得十分突出。1941 年 8 月末,老舍应西南联大之约来昆明讲学。闻一多此前就认识了老舍,当然力尽地主之谊。9 月 8 日,老舍在西南联大师范学院首次讲演"抗战以来文艺发展的情形",主持人即闻一多。这天到会的人很多,除中文系外,他系他校来的也不少。

讲演前,闻一多首先致辞,说中国语言文学系培养的对象,只限有

---

① 王力:《我所知道闻一多先生的几件事》,《闻一多纪念文集》,第 172 页。

"乾嘉遗老"式的和"西风东渐"式的学者，很难出作家，大有改进之必要，得走一条崭新的道路。① 接下来，他赞扬老舍是以活的语言创造了活的文学，并用旧诗做反衬，对重庆旧诗成风提出尖锐批评。他的言词顿然严厉起来："在今天抗战时期，谁还热心提倡写旧诗，他就是准备做汉奸！汪精卫、黄秋岳、郑孝胥，哪个不是写旧诗的赫赫名家！"②

这几句话也带有批评老舍的味道，老舍来昆后与罗常培多有唱和，他们本是总角之交嘛。会上的人都听了出来，不免有所震动，连老舍也有些愕然。隔了一天，不知是否与闻一多的批评有关，罗常培提出辞去西南联大中文系主任职。常委会决定由闻一多代理，闻自然坚辞，因为他的批评不是有意针对老舍和罗常培，不过借此发挥一下对复旧空气的不满罢了。

对待王力、老舍的这些事还算是客气，对刘文典可就大不一样了。1943 年 6 月，西南联大校园爆出一条新闻——中文系教授刘文典被解聘了。这在清华历史上还未曾有过，因此不仅在西南联大，就是在昆明教育界，也引起相当震惊。

这件事的经过是这样的：4 月初，磨黑大盐商张孟希请刘文典为其母写墓志铭，派人来昆明迎接护送。刘素有"二云居士"（即云土、云腿）之号，但物价高涨下已乏力购买，听说张孟希可充足供给烟土，便不顾深山老林、路途遥远去了磨黑。西南联大同事对此议论纷纷，认为不该扔下正教的几个班。但刘是老同盟会会员，大革命中任安徽大学校长时还当面顶撞过蒋介石，况且他又是清华改办大学后的早期教授，故而谁也奈何不得。西南联大是由三校组成，清华出了这事，北大、南开教师虽不便说话，却冷眼相看如何处理。

身为清华中文系主任的闻一多，觉得刘文典此举不足为人师表。故在新学年到来之前主张不给他续发聘书。那时系主任权力很大，在聘请教师问题上尤其有发言权，因而聘任委员会虽然同意续聘，却没把

---

① 吴晓铃：《老舍先生在西南联大》（未刊），西南联大北京校友会存。

② 郑临川：《闻一多反对写旧诗》，《新文学史料》1979 年第 1 期。

聘书寄出。当时有人替刘转圜，说刘于北平沦陷后能随校南迁，还是爱国的。闻一多发怒道："难道不当汉奸就可以擅离职守，不负教学责任吗？"①

刘文典看到事情僵住了，只得写信给西南联大中文系主任罗常培，希望得到理解。罗虽同情刘，但他是北大的人，按西南联大规定只有三校中的一校首先聘任后，西南联大才能聘任，清华若不聘刘，西南联大亦无办法。因此，刘还给清华大学校长梅贻琦写了封信，请罗代转，内容是申辩不得已的理由。不料处事稳重的梅贻琦一反平日的温和，却表示了支持闻一多的态度。9 月 10 日，梅贻琦亲笔复函刘文典，婉转拒绝了刘文典的要求。信中说："关于下年聘约一节，盖琦三月下旬赴渝，六月中方得返昆，始知尊驾亦于春间离校，则上学期联大课业不无困难。且闻磨黑往来亦殊匪易，故为调整下年计划，以便系中处理计，尊处暂未致聘。事非得已，想承鉴原。"②

解聘刘文典，是闻一多在清华中文系主任岗位上所做的最让一团和气的校园为之惊愕的事。但，这就是闻一多，最能表现他的铁面无私性格。当然，也有人对他的这种做法持有异议，事情过去一年后的 8 月 11 日，清华文学院院长冯友兰还对解聘刘文典表示不满，但同时又说："不得不依从闻之主张"。③

其实，刘文典的磨黑之行有当时未便明言的原因，而且客观上起到了掩护在那儿教书的西南联大进步学生的作用。皖南事变后，西南联大一些暴露了身份的进步学生按照地下党的指示分散隐蔽，一些人疏散到磨黑，并办起一所中学，请张孟希任董事长。张孟希想附庸风雅，提出请西南联大同学介绍一位有名望的教授来此。西南联大同学认为这更有利于他们隐蔽，便返回昆明在教授中动员，刘文典就是在这种情况下接受了邀请。刘文典到磨黑后，张孟希给了他优厚的报酬，每天除教张孟

①　王力：《我所知道闻一多先生的几件事》，《闻一多纪念文集》，第 172 页。
②　《文学院各学系教师异动的来往文书》，清华大学档案馆存。
③　《朱自清日记》，朱乔森编：《朱自清全集》第 10 卷，第 255 页。

希一两个字外，没有更多的事，但客观上掩护了疏散的同学。[①] 这一内情，当时不可能对外人诉说，以致长期无人知晓，非但闻一多不了解，就连刘本人也蒙在鼓里，直到笔者编纂闻一多资料时，当年在磨黑中学任教的西南联大同学萧荻讲了这一内幕，才揭开了这一谜底。

主持清华文科研究所中国文学部

迁昆后的清华大学，本科并入了西南联大，而研究所仍保持独立。最初，清华的研究所多与理工科有关，直到 1939 年 8 月才决定建立文科研究所，筹备工作则是 1941 年 7 月才开始。依例文科研究所中国文学部主任由中文系主任担任，所以筹备工作的担子落在了闻一多身上。

研究所的建立，首先要解决的是办公地点问题。开始，因未找到房子，就向当时在龙泉镇的北京大学文科研究所暂借了一间屋子，9 月初，陈梦家说龙泉镇附近的司家营有处刚盖好的房子正在寻租，条件还可以。闻一多听了便与助教何善周赶到那里。陈梦家说的房子是司家营17 号，房东叫司荣，做木材生意，买卖不大，但在村里也算是殷实之家。这个院落是当地典型的"一颗印"式木结构建筑，"三间四耳倒八尺"，上下两层楼。司家营环境很安静，离龙泉镇也不远，镇上有小学，有集市。令人满意的是镇上还有南迁来的北平研究院、北平图书馆，加上北大文科研究所，学术交流很便利。司家营虽说离城 20 里，但敌机不会到这里骚扰，亦是一得。中午，闻一多、何善周来到镇上的王力家，陈梦家也赶来，几个人一碰头，决定把文科研究所就设在司家营。做出这个决定时，司家的房子还未全部完工，楼板和墙板也没装栅，后由清华文科研究所出钱购买木板装栅为条件，以月租 300 元的价格租了下来。这样，文科研究所算是有了自己的"家"。

---

① 据访问萧荻记录，1986 年 7 月 10 日。

10 月初，闻一多举家从谷堆村搬进司家营 17 号。这幢小楼二层正房是打通的，还算宽敞，研究所的所有工作都在这里。屋里后墙一溜儿有十余架从大普吉清华图书馆运来的文史图籍，这些书都是先期运到昆明的，没像清华理工科图书在四川时就遭到日军轰炸而焚毁。房间设有八张书桌，闻一多的书桌是裁缝用的大案板，他觉得这比一般书桌宽大，能堆更多的书。二层正房两侧是住房，闻一多一家人住在右侧厢房，左侧最早住的是李嘉言、何善周，后来朱自清、浦江清、许维遹也住了进来。清华中文系的助教朱兆祥，文科研究所的助理刘功高，闻一多指导的研究生季镇淮、施子愉、范宁、傅懋勉，朱自清指导的研究生王瑶，也都在这里住过。为了照顾大家的生活，研究所请了一位本地人做杂役并负责做饭。至于吃饭，采取的是包饭制，1942 年 11 月浦江清到这里时，是每人每月 400 元，茶水费由学校另外补贴，否则 500 元也打不住。当时，浦江清每月薪金加上生活补贴、研究津贴共 895 元，吃饭就花去了将近一半。

司家营院子不大，可在兵荒马乱的年代，有这么一个可以静下心来治学的地方实属不易。北京大学文科研究所也在龙泉镇，离司家营不到半里，那里也有些图书典籍，两处合在一起，勉强够用。在这个环境里，大家个个潜心治学，努力把失去的时间夺回来，研究气氛十分浓厚。闻立鹏回忆说："那时，我还在上小学，记忆中最难忘的印象就是父亲和他的同事、学生们整天在楼上伏案读书写作，晚上每人桌上一盏煤油灯，有时我们夜里一觉醒来，还能从窗棂中看到那微弱的灯光。那时生活艰苦，但师生们关系十分和谐融洽。饭后常在楼下天井中听到何善周先生唱几段京戏，有时又能看到浦江清先生摇晃着身子慢声吟诗。春天，父亲和大家一起游黑龙潭，那里的唐梅宋柏和满树茶花给我留下深刻印象。"①

一切安顿停当，研究工作随即铺开。闻一多亲手制定了一份《文科

① 闻立鹏：《怀念季公》，夏晓虹编：《季镇淮先生纪念集》，北京大学出版社1999 年版，第 27 页。

研究所中国文学部研究计划》。内中写道：

本部研究工作拟暂从整理古籍入手，本年度拟整理之书如下：

子部二种：

《韩诗外传》

《管子》

（一）正文部分，加标点分段校印。

（二）注释部分，搜集历来关于校勘文字及训释文义之旧说，加以甄择或驳正，并补充新资料。

（三）附录部分，包括引得、参考书目、版本源流考或其他有用之参考资料。

集部二种：

《岑参集》

《贾岛集》

（一）关于本文部分：

a　校定篇什之真伪。

b　依年月重行编次。

c　校勘文字。

（二）关于附加部分：

a　带批评性质的叙录。

b　年谱。

c　交游考略。

d　书目。

e　……

计以上子部工作需加聘助理二人，集部加聘半时助教一人。除以上工作外，上年度所已着手之文学史选读校释工作，本年仍继续进行。[1]

———————

[1]　闻一多：《文科研究所中国文学部研究计划》，清华大学档案馆存。

梅贻琦很重视中国文学部的科研工作，他手订的文科研究所的研究计划，将上述诸项列为首位。其时，哲学部计划编辑《逻辑教科书》，历史学部计划整理《地方经济文化史料》，相比之下，中国文学部的项目最多、任务最重。

提携后学

1942 年秋，清华文科研究所成立将近一年的时候，李嘉言突然提出辞职。李嘉言早年在国立河南大学预科读书，1930 年考入清华大学国文系。在清华园，李嘉言跟着闻一多学会了考据之学，学会了查类书的研究方法，学会了运用音转这个法宝考证文字。他的毕业论文《韩愈复古运动的新探索》就是用的这些方法，并且在闻一多指导下完成的，闻一多还把它推荐给郑振铎先生主办的《文学》杂志，后发表在第 2 卷第 6 期上。1935 年，李嘉言毕业后在国文系任助教。这时，他已做了 7 年助教，但清华大学讲究资历，没有出过洋或读过研究生，提升总是缓慢。1941 年 6 月初，闻一多为李嘉言升为教员曾致函学校，称他服务多年，"黾勉在公，辛苦弥著，允宜优礼，用酬贤劳"；9 月上旬又为给李嘉言加薪再次致函梅贻琦，云"李君家累颇重，际兹物价高涨，势难维持，拟请将其薪额酌予提高，以励贤劳"。① 但是，李嘉言每月薪金只有 170 元，微薄的收入难以留住人才，而在兰州的西北师范学院则聘请他做副教授，这让他反复掂量，最终决定辞去清华的教职。

在论资排辈的高等学府，青年人的晋升有着严格的条件。教授们多已功成名就，但青年人则十分敏感，因为这关系到他们的社会地位，关系到个人的前途。李嘉言与西北师范学院的联系已有一段时间了，只是不敢告诉闻一多，实际上闻一多很体谅李嘉言的苦衷。学校由湘迁滇时，李嘉言参加湘黔滇步行团，和三百多同学一起步行三千里，好不容

---

① 《文学院各学系教师异动的来往文书》，清华大学档案馆存。

易才到了昆明。现在，刻苦用功的李嘉言，正是开始发挥作用的时候，却要离开清华，闻一多怎能不难过呢。欢送会上，闻一多沉重地说：李先生在《当代评论》上发表的关于李贺和唐诗分期的论文，是司家营的光荣，我真不愿放他走……①

闻一多不愿意李嘉言离开，是从清华需要发展文科研究着想的。其实，他本人也遇到过一次与李嘉言相似的事。那是 1939 年，闻一多接到金陵大学中国文化研究所主任李小缘从成都的来信，请他惠赐研究论文。闻一多把五年前的旧稿《释》略加补充寄去。9 月初，李小缘来昆明，在潘光旦陪伴下探望闻一多，不巧闻一多不在家。10 月 9 日，回到成都的李小缘再次来信，说金陵大学中国文化研究所仅有他和商承祚两人，故欲聘闻一多来校担任专任研究兼国文教授，讲授翻译文学和新文艺，每周 5 至 6 个小时，其余全部为研究时间，薪金每月 300 元，"实付无折"，是金陵大学"最高之额数"。② 闻一多接信，考虑了一个星期，遂回信说："弟家口过多，弱妻稚子，事事皆须弟亲身将护，若举家迁蜀，无论山川修阻、途中困难甚多，即川资一项，在此时期亦非咄嗟可办。"从这话口气看，闻一多没有立即拒绝，甚至还说："实则来蓉之举，于弟个人有百利无一弊，弟年来研究兴趣颇浓，所涉方面亦复广，联大图书馆之贫乏，吾兄谅已深知。蓉城为西南唯一之文化都会，加之风闻贵校迁出时图书全携出，复有固定经费添置新书，为工作方便计，弟未有不愿前来之理。至蜀中胜境，渴慕已久，藉此一偿夙愿又其余事也。"③

李小缘收到信后，以为闻一多因旅费而踌躇，遂于 12 月 2 日来函说月薪"可增至三百卅元，如此可多出三百六十元，再加早一月取薪，则可有七百元上下以为旅费"。至于"有其他困难祈告知，弟能尽力解

---

① 访问范宁记录，1988 年 6 月 16 日。

② 《李小缘致闻一多》（1939 年 10 月 9 日），转引自徐雁平：《闻一多先生的四封佚简》，《新文学史料》2000 年第 1 期。

③ 《闻一多致李小缘》（1939 年 10 月 16 日），转引自徐雁平：《闻一多先生的四封佚简》，《新文学史料》2000 年第 1 期。

决之处，无不尽力代为解决"。① 李小缘的真挚热情令人感动，但闻一多最终婉拒了朋友的盛情。12 月 28 日，他复函李小缘说明不能离开西南联大的原因。从信文看得出，这封信经过了字斟句酌，信中写道："弟不能离开此间之困难，实不只一端，前函偶尔述及旅费事，特举其最现实最具体之一例耳，乃承吾兄过爱，再度相邀，并商得贵校当局同意提高待遇种种办法，尤令弟惭悚莫遑。比奉手教，本拟即赴昆明向敝校当局商酌并探询旅行种种手续，适舍间女仆（自北平携来者）病重，乡间医药复不便，以故不敢离，诚恐内子事忙，万一看护不周或致不救也。迨至上周女仆病退，弟始克赴昆明一行，结果种种方面皆与愿违。第一，弟在校本年适在休假期中，敝校章程规定休假期后必须在校中服务一年，此次曾托故与当局商量请求变通办理，未蒙应允。弟已在此八九年之久，于感情上实不便过分坚执也。至旅行方面，则公路因军运关系，客车久已停止通行。近来川滇交通除飞机外，公务人员则间有乘专车者。此二者在事实上财力上几皆为不可能，如系弟个人只身来蓉城无困难，然弟不能只身前来，家庭方面牵挂极多，则前函已言之甚详。总之在学术方面弟实极愿前来，徒以人事上困难太多，虽屡承兄及贵校当局设法解决，亦枉费心力，高情厚谊，私衷感谢，匪言可喻。贵校方面仍祈吾兄转达此意，不胜大愿之至。"② 这件事在清华中文系引起一些反响，朱自清就曾听余冠英说闻一多准备接受四川某研究之职务，不过，朱自清说"据我所知一多已打消此念头"。③

　　闻一多在清华学校求学十年，1932 年回母校任教也已八九年了，他爱清华，也离不开刚刚恢复的清华文科研究所。李嘉言离开后，清华中文系的青年教师只剩下何善周一人。闻一多很着急，想聘孙作云回来，几次托人探询却不知其去处。他还想到刘绶松，但刘绶松因一时筹

---

　　① 《李小缘致闻一多》（1939 年 12 月 2 日），转引自徐雁平：《闻一多先生的四封佚简》，《新文学史料》2000 年第 1 期。

　　② 《闻一多致李小缘》（1939 年 12 月 28 日），转引自徐雁平：《闻一多先生的四封佚简》，《新文学史料》2000 年第 1 期。

　　③ 《朱自清日记》，朱乔森编：《朱自清全集》第 10 卷，第 72 页。

措不到路费也没能前来。这种情况下，闻一多决定动员已经毕业了的王瑶报考研究生。

王瑶是山西人，1914年生于平遥，1934年考入清华大学中文系，未毕业即赶上卢沟桥事变。全面抗战爆发后，王瑶回乡参加抗战，后至昆明复学并毕业。当时，王瑶已是五华中学教员，闻一多很器重这个才思敏捷的青年，约他到茶馆吃茶动员他报考研究生。起初，王瑶有些犹豫，解释说担任公职有米贴，可以买平价米，而研究生拿的是津贴，仅够糊口。闻一多好像已有准备，说：我可以聘你做半时助教，让你不失米贴还可继续读书。这话解除了王瑶的后顾之忧，于是报考了清华文科研究生。不过，他报的是朱自清的研究生，而不是闻一多。王瑶之所以这样做，是因为觉得闻一多太严厉了，有点怕他。① 这种感觉，曾在北平清华大学历史系读书的李希泌也有。1942年，李希泌与一些西南联大同学在昆明创办五华中学，学校开办时，请了不少西南联大校友担任教员，王瑶就是那时到五华中学的。当时，王瑶还介绍了季镇淮，季镇淮又向李希泌推荐闻一多和朱自清，但李希泌觉得闻一多有些怪脾气，就只请了朱自清。② 看来，闻一多的性格的确有让人受不了的地方。

闻一多不只为王瑶解决了经济问题，他还为文科研究所的朱兆祥、何善周、季镇淮等人力争助教或半时助教名义。这些看来不算大的事，对稳定研究队伍起了良好作用。

对青年教师至关重要的另一个问题是职称。1943年7月，文科研究所聘叶金根为助教，但是研究所一般只设助理不设助教，为此，闻一多写信给梅贻琦，说："在薪额上助理与助教本无不同，但依所中习惯，遇必要时，助教得兼任功课，助理则否，故助教地位略高于助理。此次叶君毕业成绩为历年所仅见，本所倘予聘请，似宜畀以助教名义，以示

---

① 访问王瑶记录，1986年10月7日。

② 李希泌口述、王枫记录整理：《我和季镇淮先生的交往》，夏晓虹编：《季镇淮先生纪念集》，北京大学出版社1999年版，第33页。

优异。"①

学术研究上的提携，比经济生活的帮助更具意义。大约是 1942 年年底，在重庆南开中学教书的西南联大教育系毕业生刘兆吉给闻一多写了一封信，就《乐府·孤儿行》中的"面目多尘"一句提出疑问，向老师请教。信中说从此句的语气、押韵、结构上分析，与整个诗似乎不大协调，经过推敲认为可能漏掉了一个"土"字。没有多久，刘兆吉收到《国文月刊》第 19 期，上面有篇《关于孤儿行》，署名刘兆吉。原来，闻一多读了他的信，觉得颇有说服力，就推荐给《国文月刊》，并对信做了加工修改，拟了这个题目。刘兆吉没有想到一封求教的信，竟成为论文发表在高等学府编辑的刊物上，一股感激之情油然而生。其实，闻一多提携后学是不遗余力的，早年对陈梦家、臧克家等就大力栽培扶植，这已人所皆知。1937 年清华聘陈梦家任教员，也是闻一多推荐的结果。

做学问的人大都有这样的体会：耗费了许多心血，突然在众多的材料中发现了一个前人未发的线索，那一定欣喜若狂，视为珍宝。对学者来说，它就是专利，所以一般人总将自己的稿子秘不示人。但闻一多不是这样，他的稿子可以任凭他人翻阅，从不当作私有。朱自清说起一次他亲眼目睹的事："别人总将自己的稿子当作宝贝，轻易不肯给人看，更不用说借给人。闻先生却满不在乎，谁认识他就可以看他的稿子。有一回西南联大他的班上有一个学生借他的《诗经长编》手稿四大本。他并不知道这学生的姓名，但是借给了他。接着放了寒假，稿子一直没有消息。后来开学了，那学生才还给他，说是带回外县去抄了。他后来谈起这件事，只说稿子没有消息的时候，他很担心，却没有一句话怪那学生。"②中文系同学张怀瑾也说有这样的经历，他说："一次在闻先生家里，从谈话中得知闻先生正完成了《庄子》内七篇校释。我便当

———————

① 《文学院各学系教师异动的来往文书》，清华大学档案馆存。
② 朱自清：《闻一多全集·编后记》，转引自《闻一多全集》第 12 卷，第 456 页。

场借了回来，稿本分篇成册，毛笔小楷一大摞，字体工丽，我差不多整整花了三个月业余时间，照样抄录了一份。"[1]闻一多在中法大学兼课时，邬联彩同学也借过他的手稿，也是带回家乡去抄的。何善周曾经做过先秦两汉文学史参考资料的选注工作，闻一多把几大本《诗经》《楚辞》研究手稿搬出来，任他随意查阅。李嘉言已经工作好几年了，正在研究唐诗，闻一多把多年的研究心得都提供出来，说：这些东西当前我没有工夫写出来，你们用得着就用吧！每逢青年人有了一些体会，他就喜形于色，两眼闪着慈祥的亮光，说：很好，很好！我再来给你补充补充。[2]

在中法大学兼课的那年，该校学生杨明曾谈到《天问》似乎释为"天上的问题"较妥当，一般人多释为"问天"，可是天很高，不可能直发问。闻一多听了高兴地说：我怎么没想到这上面。杨明试着用民俗学方法写了篇《屈原为巫考》，罗庸看后推荐给闻一多。闻一多读罢立即写了条子约杨明来谈谈。在他的鼓励下，杨明以几千字的文章为基础，撰写出十几万字的《屈赋新考》。闻一多看后对吴晗夸奖这部书有学术价值。新中国成立后，吴晗还记着这事，特把书稿要去打算出版，但因动乱开始，稿子不知下落了。

《闻一多全集》中收有一篇题为《"七十二"》的论文，这是一次师生集体考据的结晶，也反映了闻一多对青年人的态度。

1943年年初，他的研究生季镇淮谈起对古书中常出现"七十二"这数字的看法。恰这时，余冠英拿来一封成都华西大学徐德庵先生2月9日的来信，信上说他在《国文月刊》上读了彭仲铎的《释三五九》一文，想起还有"七十二"不知其来历。徐德庵是语言学者，早年专攻文字、声韵、训诂等学，闻一多说"徐先生是我久慕的，曾蒙垂询一些问题"[3]。看了徐的信，便对余冠英说季镇淮曾谈过这个问题，等碰见他时

---

① 张怀瑾：《一颗图章照丹心》，《穹庐文萃》，山西古籍出版社2000年版，第411页。

② 何善周：《千古英烈　万世师表》，《闻一多纪念文集》，第256页。

③ 闻一多：《〈"七十二"〉附识》，《国文月刊》第22期，1943年7月。

可以问问。谁知当晚季镇淮已写了一篇文章请闻一多指教。事情居然这样凑巧。于是闻一多回到司家营就对何善周讲起此事。何善周对两汉思想也极有兴趣，两人越谈越兴奋，决定分头再搜集材料做补充。结果，他们的收获证明这问题意义不小，也证明季镇淮的解释是正确的。闻一多索性将文章重写一遍，一面容纳了新材料，一面对几个问题做了进一步分析。

《"七十二"》开首指出："在十为足数的系统中，五是半数，五减二得三，是少数，五加二得七，是多数。古书中说到'三'或'七'，往往是在这种意义下，作为代表少数或多数的象征数字的。进一位，'三十''七十'也是如此。但说到'三十六''七十二'，便难理解了。"接着举《庄子》《大戴礼记》《史记》《新序》《续汉书注》《路史注》等书的15条材料，证明它们中的"七十二"都与"黄帝七十二战而后斩蚩尤"有关。那么"'七十二'究竟代表着一种什么意义，使它能如此风行呢？"文中引《春秋繁露》《孔子家语》《古微书》等典籍，认为"'七十二'是一年三百六十日的五等分数，而这个数字乃是由五行思想深化出来的一种术语"，而"五行思想与农事的关系最密，说不定即渊于农事"，故在历史记载中有"七十二候""七十二风"等用语。文末结论说："文字的偶然记载，总归是在实际生活中流行了之后。所以'七十二'的流行。大致说来，发轫于六国时，至西当而大盛。'七十二'这数字流行的年历，便是五行思想发展的年历。这个数字之值得注意，正因它是一种思想——一种文化运动态的表征。"

这篇不算很长的论文，忙了五个昼夜。文章写完了，何善周要抄，闻一多坚持自己誊清，最后署名了三个人的名字。何善周过意不去，说："文章的架子和主要意见是镇淮的，补充和修改都是先生亲手作的，应该由先生和镇淮共同署名，我只是顺便说了几条意见，算不得什么。"① 闻一多不肯，认为这是一次"集体考据"，到了还是用了"闻一多、季镇淮、何善周"三人名义发表。

---

① 何善周：《千古英烈 万世师表》，《闻一多纪念文集》，第257页。

文章定稿时，闻一多特别在"附识"说明《"七十二"》的成文经过："现在文章完了（牺牲了五日来食眠的乐趣），主要的材料和主要的意见，还是镇淮的，续加的材料中，重要的都是善周的贡献，许多补充的意见也都和他磋商过，我只多说了些闲话，并当了一次抄胥。"①如果想知道什么叫"师表"，那么这就是师表。

当然，有时闻一多也会戏剧性地教训一下学生，让他们知道做学问的甘苦。1942年年初，郑临川同学赶着做毕业论文，可资料还不很够，向闻一多告急。闻一多让他寒假中来司家营住段时间，在文科研究所查阅资料。郑临川以为定有秘籍相授，高高兴兴下了乡，和几位也是来写论文的同学挤在楼下右边屋角的临时铺上。一连好几天，闻一多没有像平时那样做具体指导，只让他自己在书库中随意翻检。看看半个月过去了，收获还是有限，郑临川不免焦虑，终于提出要返回城里去的想法。闻一多知道这个理由是编出来的，却不揭破，只是约他午休后谈一次。

午休后，郑临川走上楼，只见闻一多搬出大小厚薄不一的一些手抄本，说：这是我多年抄集下来的关于唐代诗人的资料，好些是经过整理的，里面有不少是你需要的东西，你就拿去抄些吧！将来你如果研究唐诗，我可以全部拿给你。郑临川听了十分激动，闻一多继续说：为什么不早拿给你，要等到半年后的今天呢？我是有意让你经过一番困苦探索的过程，使你懂得做学问的艰难。你嫌自己半年来搜集的太少，就该知道老师这些资料是付出多少年的心血吧。要知道，做学问当像你们三湘的"女儿红"（指湘绣），是成年累月用一针一线辛苦织成的，不是像跑江湖的耍戏法突然变出来的。你能懂得做学问的艰难，才会自己踏实用功，也不至信口批评，随意否定别人的成绩。②这番话，是针对郑临川去年打算写篇否定屈原存在的文章说的，郑临川听了，心里热乎乎，但脸上却火辣辣的。

---

①   闻一多：《〈"七十二"〉附识》，《国文月刊》第22期，1943年7月。

②   郑临川：《闻一多论古典文学·代序》，重庆出版社1984年版。

闻一多对学生要求虽然很严格，但也有变通的时候。汪曾祺在回忆闻一多的一篇文章中写道："我颇具歪才，善能胡诌，闻先生很欣赏我。我曾替一个比我低一班的同学代笔写了一篇关于李贺的读书报告，——西南联大一般课程都不考试，只于学期终了时交一篇读书报告即可给学分。闻先生看了这篇读书报告后，对那位同学说：'你的报告写得很好，比汪曾祺写得还好！'其实我写李贺，只写了一点：别人的诗都是画在白底子上的画，李贺的诗是画在黑底子上的画，故颜色特别浓烈。"

这也是西南联大许多教授对学生鉴别的标准："不怕新，不怕怪，而不尚平庸，不喜欢人云亦云，只抄书，无创见。"① 这件事，发生在 1944 年 6 月期末前夕。汪曾祺所说的"比我低一班的同学"是杨敏珉。当时，眼看就到期末了，杨敏珉因排演新剧，还要准备考试，忙得不可开交，完成不了唐诗课的读书报告。汪曾祺与杨毓珉同在一个剧社，他已毕业，没有压力，就替杨敏珉写了篇读书报告，题为《黑罂粟花——李贺歌诗编读后》，于是引出闻一多评价说"比汪曾祺写得还要好"的话。闻一多的话被朱德熙听到了，就告诉给杨毓珉，杨毓珉觉得过意不去，便向闻一多说明实情。闻一多知道后，并没有追究，依旧算杨毓珉唐诗成绩及格，还给了 80 多分。② 杨毓珉后来从事戏剧工作，20 世纪 60 年代妇孺皆知、脍炙人口的现代京剧《沙家浜》，就是汪曾祺、杨毓珉与其他编剧根据沪剧《芦荡火种》改编的。③

那个时候，学生毕业有如失业，为学生找工作成为教师的分内事，闻一多也常常为毕业生们寻找生活出路。1942 年暑假前，同学们都在

---

① 汪曾祺：《闻一多先生上课》，钟敬文、邓九平编：《汪曾祺全集》第 6 卷，北京师范大学出版社 1998 年版，第 300—301 页。

② 汪朗、汪明、汪朝：《"比汪曾祺写得还要好"》，《老头儿汪曾祺：我们眼中的父亲》，中国人民大学出版社 2000 年版，第 26、31 页。

③ 参见段燕勤：《汪曾祺、杨毓珉与〈沙家浜〉》，《当代北京研究》2012 年第 1 期。

为各自的工作奔忙，闻一多关切地问姚殿芳是否找到去处，姚殿芳说还没有。闻一多听了，说贵州花溪的清华中学办得很不错，表示愿意介绍她去担任教员。当时，姚因有些原因，没有去贵州，继续留在昆明，但她还是很感激闻一多的热心。这年，西南联大中文系没有留校名额，闻一多想方设法在清华文科研究所安排当年毕业的刘功高担任助理，解决了这位家在沦陷区同学的困难。① 刘功高留在文科研究所后，闻一多还为她张罗婚事，给她介绍对象，不过刘已经有了自己的心上人。在司家营文科研究所，刘功高一直和闻铭住在一个房间，以妹妹相待。她结婚时，娘家人就是闻一多和高真。

①　闻一多表示愿意介绍姚殿芳去贵州清华中学任教和安排刘功高担任清华文科研究所助理，是 20 世纪 70 年代初姚殿芳对笔者讲的。20 世纪 80 年代，刘功高在给笔者的信里也记述了当年闻一多把她留下来的经过，字里行间充满了感激之情。

第七章

学术研究

　　四个文化同时出发，三个文化都转了手，有的转给近亲，有的转给外人，主人自己却都没落了，那许是因为他们都只勇于"予"而怯于"受"。中国是勇于"予"而不太怯于"受"的，所以还是自己的文化的主人，然而也只仅免于没落的劫运而已。为文化的主人自己打算，"取"不比"予"还重要吗？所以仅仅不怯于"受"是不够的，要真正勇于"受"。……过去记录只有未来的风色。历史已给我们指示了方向——"受"的方向，如今要的只是勇气，更多的勇气啊！

——闻一多《文学的历史动向》

　　闻一多是个事业心极强的人。在他短暂的 47 年生涯中，除了求学和后期投身民主运动，绝大部分光阴和精力都倾注在学术研究与教书育人的岗位上。他整理和写下数百万字的资料与论著，这些财富不仅是个人辛勤耕耘的结晶，同时也为中华文化事业的繁荣增添了不朽一页。

| 第一节 |

研究领域略述

　　跟随闻一多多年、对闻一多治学思想与道路十分了解的季镇淮，曾对闻一多的学术研究做过一番扼要概括。他说："闻先生的研究领域和计划是广泛而深入的，由唐诗而《诗经》《楚辞》，而汉魏六朝诗，而《周易》《庄子》，由古代神话而史前的人类文化学。他的入手方法是正统乾嘉学派的小学考据和历史考据，由个别研究而趋向综合性和规律性的探讨。他的态度是批判的，寻求古老的中国文化的病根所在。他的目的是为了对症下药，拯救中国。"[①]

　　闻一多的学术研究是以中国古典文学为对象的，正如季镇淮所言，最早引起闻一多重视的是唐代文学，他出国留学本是攻读西洋美术，可随身携带的则是唐人文集。1928 年 8 月，闻一多的初试之作《杜甫》发表于《新月》，但这篇传记不能使他满意，随后转入基础工作，完成

────────────

　　① 季镇淮：《闻一多先生的学术途径及其基本精神——在全国首届闻一多研究学术讨论会上的发言》，《黄石师院学报》1983 年第 4 期。

《少陵先生年谱会笺》。闻一多首次登台讲授唐诗是在青岛大学，全面铺开唐代文学研究也在这时。为了检索，他建议学校图书馆的林斯德①编纂《全唐诗文引得今编》，这部书由青岛大学刊印，是中国较早的唐代文学索引之一。

　　回到清华园是"向内走"的开始，闻一多初拟了八个计划项目，有六项属于唐代文学范畴。1933 年 9 月 29 日给饶孟侃信中，他写道："所谓向内发展的工作是如此：……（三）《全唐诗校勘记》。校正原书的误字。（四）《全唐诗补编》。收罗《全唐诗》所未收的唐诗，现已得诗一百余首，残句不计其数。（五）《全唐诗人小传订补》。《全唐诗作家小传》最潦草，拟订其讹误，补其缺略。（六）《全唐诗人生卒年考》。附《考证》。（七）《杜诗新注》。（八）《杜甫》（传记）。"②从这个起步计划中，不难看出他扎扎实实的学风，甘于从最基本的工作入手。他编过一部《唐诗大系》，收入 263 位作者的 1393 首诗作，其规模对一个人来说不谓不宏大。由于此书体现了一种评判文化遗产的标准与尺度，1986 年张志浩、俞润泉特重新注释，以《闻一多选唐诗》为名由岳麓书社印行。

　　在唐代人物研究上，闻一多作有《岑嘉州系年考证》《岑嘉州交游事略》《四杰》《孟浩然》《贾岛》《陈子昂》等。其中《说杜丛钞》收录了前人在杜甫研究上的诸多成果，分量很重。

　　闻一多的视野是整个唐代文学的研究，因此他设计了一个相当高大的框架。这些成果大部分没有发表，除朱湘在《闻一多与〈死水〉》一文中已开列者外，手稿中还有《唐人遗书目录标注》《唐人九种名著叙论》《唐文别裁集》《唐诗要略》《唐诗校读举例》《全唐诗辨证》《唐风楼捃录》等等。

　　《全集》中有一篇《英译李太白诗》，是评日本学者小烟薰良所译

---

　　①　林斯德，闻一多的亲戚，毕业于武昌文华图书专门学校，其父是闻一多幼时的老师。

　　②　《致饶孟侃》（1933 年 9 月 29 日），《闻一多书信选集》，第 234—235 页。

的《李白诗集》，对译者用自由体译中国诗做了中肯的分析。该文发表于 1926 年 6 月初，比《杜甫》问世还早两年。

作为诗人，研究唐诗是很自然的，而从唐诗上溯到《诗经》也同样很自然。《诗经》研究稍晚于唐诗研究，但很早也开始了。1927 年 7 月，《时事新报·学灯》曾连载了闻一多的《诗经的性欲观》，它试图运用文化人类学的方法来窥探《诗经》时代人的心态变化，其观点与传统的注经截然不同。这篇文章对了解闻一多的学术思想与方法极有帮助，可惜被湮没了很长时间，直到 20 世纪 80 年代为重新编纂《闻一多全集》收集资料时，笔者才在旧报纸上发现这篇秩文，使其收入湖北人民出版社 1994 年出版的《闻一多全集》。

《诗经》研究在清华园结出了累累果实，《诗经新义》《诗经通义》《风诗类钞》《诗新台鸿字说》《姜嫄履大人迹考》《高唐神女传说之分析》《匡斋尺牍》等陆续问世。为了系统研究《诗经》，他计划编一部《毛诗字典》，在课堂上，他要求学生各在《诗经》中选一个字，然后把所有各篇中有这个字的句子全部集中起来，按照句法结构把它分成几类，再从声和形两个方面来求义，并注意古代廋辞的用法和含义。①卢沟桥的炮声使《毛诗字典》流产了，不过手稿中仍有《诗经词类》等，可以说是此项工作的准备。

与《诗经》时代相近的《楚辞》也是闻一多致力的对象。从 1930 年在武汉大学受游国恩启发开始，他以惊人的精力投入《楚辞》研究，几年后，《天问释天》《离骚解诂》《楚辞斠补》《读骚杂记》《敦煌旧钞本楚辞音残卷跋》《怎样读九歌》便源源见诸于世。敦煌残卷是王重民在巴黎看到的，被正在访问的叶公超获知告诉闻一多。闻一多得知喜出望外，如获至宝，随应王重民之请写下跋文及校勘记，跋云此"经文 188，注文 96"虽"毫末之于马体"，"然而于楚辞之学已不啻启一新纪元"。

手稿中的《楚辞》部分数量甚众，略计有《楚辞章句》《楚辞杂

① 王瑶：《念闻一多先生》，《闻一多研究四十年》，清华大学出版社 1988 年版，第 135 页。

记》《九歌杂记》《九歌释名》《楚辞考义补》《离骚廱义》等。《真的屈原》《廖季平论离骚》《九歌新论》《东皇太一考》《九歌的结构》《论九章》则是在闻一多殉难后发表。上海古籍出版社还出版了《天问疏证》《离骚解诂》《九歌解诂九章解诂》，这是 20 世纪 70 年代末由季镇淮、何善周、范宁诸先生据手稿整理而成。

《楚辞校补》是闻一多的一部力作，其耗时十余年，1942 年 3 月由重庆国民图书出版社付梓，同年 11 月再版，后获 1943 年度教育部学术审议会二等奖。该书采用《四部丛刊》本洪兴祖《楚辞补注》为底本，征引古今诸家旧校者 65 家，及历代诸家成说之涉及校正文字者 28 家，又取驳正者 3 家。有人在评介这本书时，说："这本书在去年 3 月初版，国民图书出版社印行，中国文化服务社总经售。校勘楚辞的著作，整部的和零星的，古今已有了不少，这是最新的一种。做这类工作，跟文学创作不一样，但凡作者材料丰富，方法精善，思致周密，总是后来居上。这本书正是如此。"作者在介绍了《楚辞校补》的长处之后，强调"这本书的好处在所据的材料丰富，所用的方法精善，推阐的思致又极周密"。[1] 该书在抗战艰苦时期的边疆地区完成，其难度之大可想而知，它证明了闻一多在治学上的顽强与彻底精神。

对于闻一多的《楚辞》研究，学术界看法不尽一致，但非常了解闻一多治学成就的王瑶，在他主编的一部著作中给予了很高评价。认为"以研究《楚辞》的影响最大，用力最多，成绩也最突出，研究方法更纯熟，可以说达到了当时的最高的学术水准。在五四以后的《楚辞》研究史上具有开拓性地位"。[2]

从持续的研究时间来说，《楚辞》研究可以说是闻一多古典文学研究中投入最久的领域，他生前做的最后一件学术工作，就是将《楚辞》中的《九歌》编成现代歌舞剧。1946 年 6 月 4 日是端午节，也是抗战时

---

[1] 朱逊：《介绍闻一多先生的〈楚辞校补〉》，《国文杂志》第 2 卷第 1 期。

[2] 王瑶主编：《中国文学研究现代化进程》，北京大学出版社 1998 年版，第 418 页。

期确定的诗人节。这天，昆明《诗与散文》杂志出版的"诗人节特刊"，刊登了闻一多《九歌——古剧翻新》中的"迎神（序曲)""东君""云中君"三个章节。[①] 刊登时，《诗与散文》在"编后记"中做了说明："屈原的九歌共有十一章，因为闻先生还没有全部把它改写完全，所以先给我们三章发表，以纪念这伟大的人民诗人屈原。其余各章以后当可能在本刊发表。据闻先生告知编者，这个剧本是留给音乐家和舞蹈家们去处理的，关于九歌的著作与考证，以后闻先生还有文章另为解释。"

闻一多编写《九歌》剧本，是想把《九歌》搬上舞台，他曾对赵沨讲过这个愿望，并约定一个星期把初稿给他。赵沨回忆说："这个星期中，他下乡住了三天。一个星期六的晚上，他拿出他一丝不苟的原稿给我看，并且跟我谈了两三个钟头。这歌舞剧台本，是很有价值的作品，不仅有艺术创作上的价值，还有考证校勘上的价值。他把《九歌》作为一个迎神的歌舞剧，《东皇太一》是迎神的序曲，《东君》是第一场，《云中君》是第二场，《湘君》及《湘夫人》是第三场，《大司命》是第四场，《少司命》是第五场，《河伯》是第六场，《山鬼》是第七场，《国殇》是第八场，最后，'成礼兮会散，传芭兮代舞'是送神曲。人物衣饰、花色、道具均有根据。他说：替这歌舞剧台本作些注解的话，将是二十万字的著作。我们谈得很高兴，决定短期内筹备公演，为民盟募集事业费用。正好，第二天搞音乐、舞蹈、戏剧的朋友有个聚会，便约定第二天把这台本带到会上商量。而我们都觉得第二天只有一本底稿是不方便的，他说由他负责。这时已夜深十点了。第二天早晨八点大家聚会时，他拿了四本底稿，书写都是规规矩矩的，一丝不苟的。我看看他红红的眼，我可以猜得到他昨夜请他全家人动员抄这些底稿时的兴奋和愉快。"[②] 在闻一多的学术手稿中，有一篇《九歌新编》，注明脱稿时间为1946 年 6 月 11 日，这时离他殉难仅有一个月时间，以致有人说"闻一

---

① 《九歌——古剧翻新》收入湖北人民出版社出版的《闻一多全集》时，作为《九歌古歌舞剧悬解》初稿的一部分。

② 赵沨:《闻一多先生的回忆》，香港《光明报》新 4 号,1946 年 10 月 18 日。

多的楚辞研究伴随至其生命终结"。①

《周易》研究也是自清华园着手的。到了南岳，逃难的教授住在一起，大家见面的机会多了，闻一多常与汤用彤讨论《易经》。1939年暑假后在晋宁休假，他继续披阅此书，发现了许多社会史料。《璞堂杂记》《易林琼枝》《璞堂杂识》《周易义证类纂》以及手稿中的《周易纂诂》《周易新证》《周易杂记》《周易字谱》《周易分韵引得》等，均是他的辛勤所得。

上古文学研究常碰到古文字这个障碍，闻一多在古文字上也下了一番相当的功夫。手稿中有《甲骨文拾证》《金文疏证》《金文举例》《金文类钞》《金文杂考》《三代吉金文释》《三代吉金文存目录》《三代吉金文存辨证》等，就是他的成果。至于《全集》所收的《释朱》《释为释》《释省》《释桑》《释繇》《释龋》《释余》等和《大丰考释》《禹邘王壶跋》，仅仅是发表的一小部分心得。

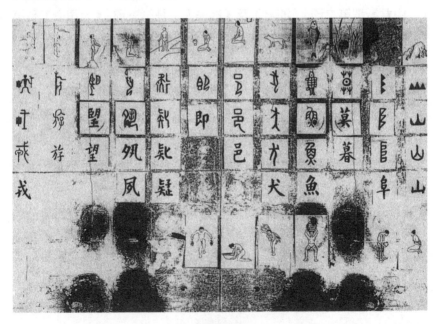

文字演变图

<hr />

① 叶罕云:《闻一多的楚辞研究》，苏州大学博士论文，2013年3月，"中文摘要"第1页。

除上述外，闻一多对《庄子》《尔雅》、乐府也倾注过相当的努力。《庄子义疏》《庄子校补》《庄子章句》《庄子校拾》《庄子札记》《庄子人名考》《庄子校释》等虽未发表，但其学术价值必有公论。他曾手批过马叙伦《庄子义证》，前后用红、蓝两色笔，除红色被水渍漫漶外，尚存的还有 513 条。《乐府诗笺》1940 年 10 月起陆续刊登在西南联大师范学院发行的《国文月刊》上。

闻一多在神话研究中也有丰硕的成果。神话是人类社会生活中与大自然斗争的艺术概括，闻一多紧紧把握住这一关键，写下《伏羲考》《从人首蛇身谈到龙与图腾》《神仙考》《端午考》《二女考源》《史前故事捃逸》等。这些研究的意义在闻一多笔下大大超出了考证本身，这在后面将有介绍。

上面仅仅是将闻一多的研究范围做一小小勾勒，他的多方向钻研有一个集中的目标，即写出一部新的《中国文学史》。研究所得只有归结到“史”的地位，才能显示出文学的运动，显示出中华悠久文化的魅力，闻一多是勇于担负起这个艰任的。

| 第二节 |
学术研究的几个特点

一个学者能否在事业上获得成功，除了具有渊博的知识外，研究的方法不能不说是极重要的一个因素。闻一多的学术工作就很富有特色，他不但继承了前人的宝贵传统，也吸取了现代的观点与方法，所以能够在学术的海洋中自由地游泳。

重视研究材料是任何一个学者的基本素养，闻一多在这条路上走过一段艰巨的历程，所花费的气力可以说是惊人的。比如写《杜甫》传记时，他感到材料的缺乏，于是收集了与杜甫交往过的 360 余人资料，写成《少陵先生年谱会笺》。进而，又将视野扩大到整个唐朝，从事《全唐诗人小传》的编纂。这部书虽冠以"小"字，却达 60 多万字，涉及 406 位诗人。又如《楚辞校补》共列 96 家，上自西汉司马迁，下至今人刘盼遂、刘永济、游国恩、陆侃如、郭沫若等，凡所能见到的成说尽在其中。除了文字材料，文物、绘画、石刻、口传资料，也在闻一多笔下变活了，无一不运用自如。

毋庸讳言，闻一多在处理材料上继承了清代朴学大师的考据精神。他认为《诗经》中的风诗是爱情诗，便从"风"字的古义讲起，说它从"虫"，"虫"即《书经·仲虺之诰》中的"虺"，就是蛇。《论衡》和《新序》中记载孙叔敖见两头蛇，实际看到的是两蛇在交尾，它就是这"虺"字的原意。《左传》云"风马牛不相及"，是说马牛不同类，故不能"风"，不能交配。后世之风流、风韵、风情、风月、风骚等词，均与异性相慕之情有关。类似的"饥""鱼"等字，他也做过这样的考据与分析，结论总是先让人大吃一惊，然后又心悦诚服。他讲《摽有梅》中的"梅"字，说"梅"从"每"，"每"与"母"古同字，古"妻"字也从"母"从友，故"梅"是象征可为妻为母的果子，是用来向男方求偶，《晋书》就有潘岳貌美，道中被妇女投之以果的记载。而"摽"是古"抛"字，"摽有梅"不正是掷果求偶吗？这些诠释新解建立在严格的考据训诂基础上，可谓言必有据。

很多人知道闻一多在《诗新台鸿字说》中释"鸿"为蟾蜍的新见。《诗经·邶风·新台》中云"鱼网之设，鸿则离之"，两千多年来人们都认为这"鸿"是鸿鹄，结果马虎过去。闻一多审视全文，认为捕鱼之网捕到一只鸿鹄是件好事，为什么诗意却为坏事呢？由此发问进而考据，结果发现"鸿"是"苦蠪"的切音，而"苦"原是蟾蜍即蛤蟆的别名，亦作屈龙，这在高诱的《淮南子注》中已说明过。郭沫若对此甚为赞叹："这确是很重要的发现。要把这'鸿'解成蛤蟆，然后全诗的意义才能畅通。全诗是说本来是求年轻的爱侣却得到一个弓腰驼背的老头子，也就如本来是想打鱼而却打到了蛤蟆的那样。假如是鸿鹄的鸿，那是很美好的鸟，向来不含恶义，而且也不会落在鱼网子里，那实在是讲不通的。然而两千多年来，差不多谁都以这不通为通而忽略过去了。"①

　　这种考据与训诂使闻一多受益匪浅，也是他能发出惊世骇俗之言的有力依据。黄宗羲说过"读书不多无以证斯理之变化"，闻一多是受这种学术思想的启迪的，他在《楚辞校补·引言》中说：远古的文学作品所以难读，大概由于年代久远、文字隔膜、传本讹误，"所以在研究它时，我曾针对着上述诸点，给自己定下了三项课题：（一）说明背景，（二）诠释词义，（三）校正文字"。这的确是发人深省的治学之道。

　　闻一多在考据训诂中保持着清醒的头脑，他没有忘记这一工作只是为了扫除学术上的文字障碍，其目的是"说明背景"，其手段之一是首先须还原作品的本来面貌。他说："读《诗经》要有历史的态度，还以本来的面目。"②这，才是治学的要津。在《匡斋尺牍》中，他还说："今天要看到《诗经》的真面目，是颇不容易的，尤其是那圣人或'圣人们'赐给它的点化，最是我们的障碍。当儒家道统面前的香火正盛时，自然《诗经》的面目正因其不是真的，才更庄严，更神圣。但在今天，我们要的恐怕是真，不是神圣。（真中自有着它的神圣在！）我们不稀罕那一分点化，虽然是圣人的。读诗时，我们要了解的是诗人，不是圣人。"于是，闻一多以战士的姿态向封建卫道士宣战了。

　　人们知道，产生于远古时期的《诗经》还保留着蛮荒时代的许多遗痕。闻一多的工作就是首先揭开罩在《诗经》上的政治说教面纱，把人们带到西周初年到春秋中叶那段长河中去。

　　《诗经》中有首《芣苢》，全诗三段十二句，除重复的字句，变化的只有六个字。闻一多抓住这六个字，在《匡斋尺牍》中专门作了一篇

---

① 郭沫若：《闻一多全集·序》，转引自《闻一多全集》第 12 卷，第 432 页。
② 《卷耳》，天津《大公报》1935 年 9 月 15 日。

《芣苢篇》。他说："一首诗全篇都明白，只剩一个字，仅仅一个字没有看懂，也许那一个字就是篇中最要紧的字，诗的好坏，关键全在它。所以，每读一首诗，必须把那里每个字的意义都追问透彻，不许存下丝毫的疑惑。"①

"芣苢"就是车前子，草本植物，多籽，每逢秋季道边野地处处可见，有顽强的生命力。闻一多从训诂入手，认为"芣苢"原来的本意是"胚胎"，因为具有"宜子的功用"，被原始的女性用来当作"结子的欲望"的表现。对于这种现象，闻一多是从社会学观点进行分析的。他说："宗法社会里是没有'个人'的，一个人的存在是为他的种族而存在的，一个女人是在为种族传递并蕃衍生机的功能上而存在着的。如果她不能证实这功能，就得被她的侪类贱视，被她的男人诅咒以致驱逐，而尤其令人胆颤的是据说还得遭神——祖宗的谴责。"② 但是，"知道了芣苢是种什么植物，知道它有过什么功用，那功用又是怎样来的，还知道由那功用所反映的一种如何真实的、严肃的意义"，"有了这种种知识"，"才算真懂了《芣苢》"，才有"充分的资格读这首诗"。③

课堂上讲这首诗才吸引人呢。

"请你再把诗读一遍，抓紧那节奏，然后合上眼睛。"闻一多说，同学们真的都闭上了眼。

"那是一个夏天，芣苢都结子了，满山谷是采芣苢的妇女，满山谷响着歌声。这边人群中有一个新嫁的少妇，正捻那希望的玑珠出神，羞涩忽然潮上她的靥辅，一个巧笑，急忙地把它揣在怀里了，然后她的手只是机械似的替她摘，替她往怀里装，她的喉咙只随着大家的歌声唪着歌声——一片不知名的欣慰，没遮拦的狂欢。"大家渐渐陶醉在这片憧憬之中，被闻一多画样的描述带入几千年前的境地。

这时，闻一多突然话锋一转："不过，那边山坳里，你瞧，还有一

---

① 闻一多：《匡斋谈诗·匡斋尺牍·芣苢》，孙党伯、袁謇正主编：《闻一多全集》第4卷，第202页。

② 闻一多：《匡斋谈诗·匡斋尺牍·芣苢》，《闻一多全集》第4卷，第205页。

③ 闻一多：《匡斋谈诗·匡斋尺牍·芣苢》，《闻一多全集》第4卷，第206页。

个伛偻的背影。她许是一个中年的硗确的女性。她在寻求一粒真实的新生的种子，一个祯祥，她在给她的命运寻求救星，因为她急于要取得母的资格以稳固她的妻的地位。在那每一掇一捋之间，她用尽了全副的腕力和精诚，她的歌声也便在那'掇''捋'两字上，用力地响着两个顿挫，仿佛这样便可以帮助她摘来一颗真正的灵验的种子。但是疑虑马上又警告她那都是枉然的。她不是又记起了以往连年失望的经验了吗？悲哀和恐怖又回来了——失望的悲哀和失依的恐怖。动作、声音，一齐都凝住了。泪珠在她的眼里。'采采苤苢，薄言采之！采采苤苢，薄言有之！'她听见山前那群少妇的歌声，像那回在梦中听到的天乐一般，美丽而辽远。"①

《苤苢》这首诗很短，简单的诗句中变化的仅仅六个字。但是，闻一多可没小看这六个字，他说："反正文字简单，意义不一定简单。甚至愈是简单的文字，力量愈大，因为字是传达意义的，也是限制意义的，假如所传达的抵不上所限制的，字倒是多一个，不如少一个。所以症结不在简单不简单，只看你懂不懂每个字的意义，那意义是你的新交还是故旧。如果是故旧，联想就多了，只须提一提它的名字，你全身的纤维都会震动，只叫一声，你的眼泪就淌。面生也不妨，只要介绍的得法，你的感情也会移入。'采采苤苢，薄言采之'，是何等惊心动魄的原始女性的呼声，如果你真懂了原始女性。"②

闻一多还原了初民的生活与感情，也还原了《苤苢》的本来面目。这与《毛诗序》说"《苤苢》，后妃之美也"和《韩诗》"伤夫有恶疾"的解释有多么大的区别。闻一多从《诗经》中那么多的诗中，选择了这首看似普通又乏味的《苤苢》，其用意是通过它对《诗经》进行一些透视。对于这一点，他感触地说："在今天要看到《诗经》的真面目，是颇不容易的，尤其那圣人或'圣人们'赐给它的点化，最是我们的障碍。当儒家道统面前的香火正盛时，自然《诗经》的面

---

① 闻一多：《匡斋谈诗·匡斋尺牍·苤苢》，《闻一多全集》第4卷，第208页。
② 闻一多：《匡斋谈诗·匡斋尺牍·苤苢》，《闻一多全集》第4卷，第210页。

目正因其不是真的，才更庄严，更神圣。但在今天，我们要的恐怕是真，不是神圣。"①

由《茉茇》说起，闻一多还对汉、宋、清及近人的治学态度也做了评价。他认为："汉人功利观念太深，把《三百篇》做了政治的课本；宋人稍好点，又拉着道学不放手——一股头巾气；清人较为客观，但训诂学不是诗；近人囊中满是科学方法，真厉害。无奈历史——唯物史观的与非唯物史观的，离诗还是很远。明明一部歌谣集，为什么没人认真的把它当文艺看呢!"②郭沫若曾赞叹闻一多眼光的新颖，的确，不因循保守而敢于自辟新路使闻一多的学术研究增添了许多光彩。

《周易》是部很古老的书，前人在这部书上倾注过相当的气力。闻一多没有沿老路走下去，他用社会学的眼光来对待《周易》，抱着"钩稽古代社会史料之目的"，摘出了为一般人所忽略的材料。他把这些材料分成经济、社会、心灵及余录四大类，再分成器用、服饰、车驾、田猎、牧畜、农业、行旅、婚姻、家庭、宗族、封建、聘问、争讼、刑法、征伐、迁邑、妖祥、占候、祭祀、乐舞、道德、观念共 22 个小目。这种"不主象数，不涉义理"的方法，给《周易》研究注入了新的立意，死的材料在此处变成活的生活镜子。

从个别到一般，从微观到宏观，也是闻一多学术研究的高明之处。他研究唐诗，把安史之乱作为唐诗转变的界限，认为关键在于诗人的成分有了较大的变化。杜甫能写出三吏三别，是因为这时的文人已不同于贵族，他们必须靠自己的文才去争取一官半职，他们身为平民，跟人民生活比较接近，他们能从自己的生活遭遇联想到整个民生疾苦，所以三吏三别诸诗才能表现出一种清新质朴的健康风格。正统的学者们一直信守"诗必盛唐"，闻一多却提出"读词胜于读诗，读晚唐诗又胜于读盛唐诗"，这种对传统观点的背叛，不仅符合唐诗发展的历史事实，也表现出闻一多的真知灼见。

① 闻一多：《匡斋谈诗·匡斋尺牍·茉茇》，《闻一多全集》第4卷，第119页。
② 闻一多：《匡斋谈诗·匡斋尺牍·茉茇》，《闻一多全集》第4卷，第214页。

在中国古代文学研究中，闻一多一直在勾画着一部"史的诗"或"诗的史"。

1939 年 6 月初，他发表了一篇《歌与诗》，这是《上古文学史讲稿》中的一章。文中"大体上是凭着一两个字的训诂，试测了一次三百篇以前诗歌发展的大势"。他从原始人最初因情感激荡而发出"啊""哦""唉"或"呜呼""噫嘻"一类的声音，推断出这些音乐的萌芽是"歌"的起源，它的作用在于抒情。而"诗"，在最初古人观念中是为了训志。因为"志"字从止从心，本意是停止在心上。古人又云"诗之为言志也"（《诗谱序疏》引《春秋说题辞》）、"诗之言志也"（《洪范五行传》郑注）等，所以"可以证明志与诗原来是一个字"。闻一多列举了 14 条古书史料，指出"志有三个意义：一记忆、二记录、三怀抱，这三个意义正代表诗的发展途径上的三个重要阶段"，这样"诗"的本质就成为记事了。随着社会发展，人们产生新的需要，诗与志开始分家，并与歌逐渐合流。闻一多说"诗与歌合流真是一件大事，它的结果乃是三百篇的诞生"，不过《氓》《谷风》等在叙述方法上也多少保存着故事的时间连续性，可说是史传的手法。诗与歌合流之后，诗的内容又变过一次，这就是"诗训志"。在结论中，闻一多认为"三百篇有两个源头，一是歌，一是诗，而当时所谓诗在本质上乃是史"。这真是上古文学史研究上一个极有创建性的收获，有人说它"为中国文学史的开篇指出了从未见过的正确的结论"。① 闻一多在这篇文章中特别强调诗的本质乃是史，这点十分重要。多年来，中国是否有"史诗"的问题一直悬而未决，罗马有史诗，希腊有史诗，难道中国就没有史诗吗？闻一多对此一直耿耿在心，文末说："知道诗当初即是史，那恼人的问题'我们原来是否也有史诗'也许就有解决的希望。"原来，他在这里是试述着中国文学史的源头呢。

谦虚是种美德，它的表现之一是不断修正自己的过去，不断追求新

---

① 季镇淮：《闻一多先生的学术途径及其基本精神》，《闻一多研究丛刊》第 1 集，武汉大学出版社 1989 年版，第 183 页。

的真理。闻一多在学术研究的道路上从来没有故步自封，而是敢于否定以往的结论。

《天问·释天》可算是他的成功之作，尤其是考证"夜光何德，死则又育？厥利维何，而顾菟在腹"之句中的"顾"字，多年来被人称为致密。他取证 11 项，说明"顾"并不作为"顾望"解，"顾菟"原是"蟾蜍"的异名。由于考据严密，郭沫若说"我敢于相信，他的发现实在是确凿不易的"。但闻一多后来在《天问疏证》中，却又修正了自己的结论，说"顾疑当读为踞，月中有踞菟，盖犹日中有踆乌"，"厥利维何，而顾菟在腹"应是"谓月何所贪利而使兔居其腹中也"。他还推测先秦可能已有月中白兔捣药的传说，若真如此，则此问"盖即谓其利在捣药钦"。学术问题总是可以探讨的，但否定自己则要有相当的勇气，这种勇气闻一多并不缺乏。他编《唐诗大系》，隔段时间就要修改一次，增删若干选诗，这也是不断完善、不断发展。

学术研究不是为了自娱，闻一多从来没有陶醉在新的发现之中，在国土沦丧，中华民族面临生死存亡的紧要关头，他的研究工作也带有某种现实的意义。

中国近代史是一部屈辱挨打的历史，也是中国人民奋起反抗封建主义、帝国主义的斗争史。但是，斗争的结果总是以失败告终，这对忧时忧民的知识分子造成了重大的压抑感。失败是可怕的吗？不！闻一多在初唐研究中便否定了这种悲观情绪。他写过一篇《四杰》，一反常谈地认为"王杨卢骆"中的卢、骆两人功绩并不亚于王、杨。他把王、杨比喻成建设者，那么卢、骆则是破坏者。"负破坏使命的，本身就得牺牲，所以失败就是他们的成功"，闻一多赋予失败新的解释，又说"人们都以成败论事，我却愿向失败的英雄们寄予点同情"。

人们在失败时的内心活动十分复杂。就拿贾岛来说，他早年出家为僧，还俗后屡试不中，四处碰壁的境遇给这位中晚唐诗人造就出一种爱静、爱瘦、爱冷的个性。闻一多对这个有独特成就的诗人评价并不高，可因之而提出一个令人回味的问题："为什么几乎每个朝代的末叶都有回向贾岛的趋势？"

　　这一发问，实际上是把一个人物的研究提高到此人对后世诗人影响的某种规律上来认识。诗歌与生活的关系，从来都是文学史上争论不休的问题。闻一多坦率地指出：贾岛的诗，表现出远离生活而又苦闷无所作为的人们希望得到某种虚幻的满足。在《贾岛》一文中，他的笔锋一转，说："老年中年人忙着挽救人心，改良社会，青年人反不闻不问，只顾躲在幽静的角落里作诗，这现象现在看来不免新奇，其实正是旧中国传统社会制度下的正常状态。"这话似乎针对着比白居易、孟郊、韩愈、张籍年轻的贾岛而言，可谁能说它没有针对着 1941 年写《贾岛》时的现实呢。

　　闻一多对"龙"与"图腾"的研究也极有启发性。龙是中华民族的象征，是一种虚拟而并不存在的动物，历史上曾有许多人考证过它的来历，认为它是一种图腾。闻一多的功绩，是认定龙是若干图腾的综合体，以证明中华各民族的同源性。

　　根据前人的成果，龙的主干是以蛇为主体的一种图腾。远古时期，各个部落都有不同的图腾，经过漫长的强胜弱、大胜小的兼并，一个新的部落诞生了，各个图腾也在新的图腾中混合起来。"龙图腾，不拘它局部的像马也好，像狗也好，或像鱼，像鸟，像鹿都好，它的主干部分和基本形态却是蛇。这表明在当初那众图腾单位林立的时代，内中以蛇图腾为最强大，众图腾的合并与融化，便是这蛇图腾兼并与同化了许多弱小单位的结果"。于是，"大蛇这才接受了兽类的四脚，马的头，鬣的尾，鹿的角，狗的爪，鱼的鳞和须"，这"便成为我们现在所知道的龙了"。①

　　人们一般认为龙是夏后氏，即北方民族的图腾。闻一多却提出一个假设，认为夏后氏与南方的伏羲氏是"最初同属于龙图腾的团族"。其根据有二：一是《山海经》中即有夏后氏与苗族关系的记载；二是汉苗两族关于洪水时代的神话不仅故事相似，连人物"共工"与"雷公"也很一样。他的《伏羲考》中论述这些甚详，由此而推论汉苗同图腾同祖

――――――――――

　　①　闻一多：《伏羲考》，孙党伯、袁謇正主编：《闻一多全集》第3卷，第80页。

先。接下来，他又考证出匈奴的图腾原也是龙，黄帝亦是龙。"古代几个主要的华夏和夷狄民族，差不多都是龙图腾的团族，龙在我们历史与文化中的意义，真是太重大了。"这个极有说服力的结论，不仅对探讨中华文化有很大的意义，就是对民族团结抵御外侮，也具有巨大的意义。联想到闻一多的这些工作进行于 20 世纪 40 年代初期，其学术研究与现实的结合不是格外紧密么。

扎实的学术研究，丰富的对比联想，加上戏剧化的诗人语言，使闻一多讲起课来十分生动。后来驰名文坛的汪曾祺当年是中文系学生，他对闻一多讲课时的情形记忆犹新，评价极高。汪曾祺在一篇回忆文章中用浓厚的文学笔调写道："闻先生教古代神话，非常'叫座'。不单是中文系的、文学院的学生来听讲，连理学院、工学院的同学也来听。工学院在拓东路，文学院在大西门，听一堂课得穿过整整一座昆明城。闻先生讲课'图文并茂'，他用整张的毛边纸墨画出伏羲、女娲的各种画像，用按钉钉在黑板上，口讲指画，有声有色，条理严密，文采斐然，高低抑扬，引人入胜。闻先生是一个好演员。伏羲女娲，本来是相当枯燥的课题，但听闻先生讲课让人感到一种美，思想的美，逻辑的美，才华的美。听这样的课，穿一座城，也值得。能够像闻先生那样讲唐诗的，并世无第二人。他也讲初唐四杰、大历十才子、《河岳英灵集》，但是讲得最多，也讲得最好的，是晚唐。他把晚唐诗和后期印象派的画联系起来。讲李贺，同时讲到印象派里的 pointlism（点画派），说点画看起来只是不同颜色的点，这些点似乎不相连属，但凝视之，则可感觉到点与点之间的内在联系。"写到这里，汪曾祺感叹地说："这样讲唐诗，必须本人既是诗人，也是画家，有谁能办到？"[1]

课堂上，闻一多不仅讲研究心得，更强调研究方法，要求学生"先求不懂"。1938 年毕业于清华大学后在西南联大中文系任教的赵仲邑说：

---

[1]　汪曾祺：《闻一多先生上课》，邓九平编：《汪曾祺全集》第 6 卷，北京师范大学出版社 1998 年版，第 300 页。

"在西南联大的课堂里听闻先生讲课，闻先生对学生不只告诫了一次：'书要读懂，先求不懂'。不懂有什么好呢？为什么还要'先求'呢？闻先生的意思显然是：'书要细心阅读，首先要求发现问题，才能去分析和解决问题。'这话是闻先生自己读书的经验总结，也是他身体力行的原则。别看他从西南联大图书馆借到了书，一路走一路看，他读书可够细心。因此他读书发现了不少问题，促使他对问题作深入分析，寻找大量的证据把问题解决。看过闻先生的论文或者听过他讲课的人，无不佩服他富于创见和材料的渊博翔实。难怪北大中文系一位同学说：'像闻先生这样才是真正的教授！'"①

1944 年西南联大中文系教授合影。左起为：朱自清、罗庸、罗常培、闻一多、王力

　　关于闻一多讲课的记述还有很多，这里选择的汪曾祺、赵仲邑回忆，大体表现了闻一多在课堂上传授知识的场景，可以说具有一定代表性。

---

　　①　赵仲邑：《闻一多先生轶闻》，《随笔》第 8 集，第 54 页。

| 第三节 |

文学的运动方向

　　闻一多的学术研究，有许多可以启发后来者的经验，把文学看作一种历史运动，就是其中之一。研究初唐文学时，他不是把初唐看作一个笼统的概念，而是分成唐政权建立至武后交割政权，此后再到开元初年两个阶段。《类书与诗》在描述这两个阶段交接情况时，他这样说：靠近那五十年的尾上，上官仪伏诛，算是强制地把"江左余风"收束了，同时新时代的先驱，四杰及杜审言，刚刚走进创作的年华，沈、宋与陈子昂也先后诞生了，唐代文学这才扯开六朝的罩纱，露出自家的面目。这里，是把文学发展作为一种动态来看待。后面他还说"我们要谈的这五十年，说是唐的头，倒不如说是六朝的尾"。这又是把文学放在自身的历史运动中来进行考察，打破了世传的王朝体系。

　　1943年秋天，闻一多曾在中法大学讲授中国文学史。他有一份《四千年文学大势鸟瞰》，就是课上拿出来的。这个提纲也反映出文学历史运动的观点，朱自清在《闻一多全集·序》中曾引述过。提纲将中国文学分为四段八大期，不过在讲授时闻一多则做过进一步的说明。这里引录邹联彩当时的课堂笔记，或许可作为补充：

　　　A　本土文化（或基调）中心的构成——自黄河流域起

第一大期：黎明（夏商至周成王中叶，约一千年①）

此期可以讨论者有一点，就是史诗问题。西洋文化中史诗是有的，不过史诗的作成是自然成长的，它是在形容原始时候的英雄美人的事，神与人混为一谈，如荷马史诗。中国虽无成文的史诗记载，但是也还有传说及散文遗留下来，我们可由夏朝考到，但我们却不能肯定它（散文）不是史诗。

B　本土文化区域的扩大——由河至江

第二大期：五百年的歌唱（成王中叶到东周定王）

此期中产生了诗的作品很多，灿烂一时，刚好唱了五百年（如《诗经》是）。

第三大期：思想的奇葩（周定王到汉武帝后元二年，五百一十年）

诗的本质及内容至此才阐明，是思想的黄金时代，且为文学发展的高峰。关于确凿的到武帝告一段落，是有其意义存在，故此期谓为奇葩。

第四大期：一个过渡时期（昭帝始元元年到东汉献帝兴平二年，二百八十一年）

此期文学消沉，并无甚可言。

C　第一度外来文化（印度）的渐次吸收

第五大期：诗的黄金时代（建安元年到唐天宝十四载）

此期就是从曹子建到李太白，诗的统一时期。

第六大期：不同型的余尊发展（唐朝肃宗至德元载到南宋恭帝德祐二年，五百二十年）

---

①　笔记原注："普通以朝代来讲文学史虽是方便，不过文学史的演变不是确凿地在某一皇帝至某一皇帝告一段落，故未适宜，此不过因文学史发展到某期，有一显著的结点，所以以那一朝作为此结点的代表而已。"这段话是闻一多特别对同学们所做的解释。

此期是诗的分裂时期，各有各的风格。自杜甫到陆放翁，与黄金时代的诗孰善，孰不善很难测定。至陆放翁时词也出了，散文也各具风格。此期尚有提出什么是诗，诗是艺术吗，或是人生现实等等特点。

第七大期：故事兴趣的醒觉（元世祖至元十四年到民国六年）

就是自关汉卿等将故事做艺术文学中心，其形式又似古代的《孔雀东南飞》之类，是另一种文学表现。以诗歌的形式表现故事，确是一大特点。

D　本土文化区域的扩大——由河至江

第八大期：伟大的期待（自今以后不知的演下去）

此期出自鲁迅等，以小说为著，自此中国文学趋势走向大量接受。我们与西洋文化之不同，即在中国以诗歌为特色，西洋以故事为特色。中国各时代有各代的不同，如唐不同魏，其中就是思想不同所致，即在于印度文化到中国来以后。印、希文化源头都有史诗可言，中国与巴比伦两大文化发源地则为诗歌，所以中国文化的发展是必定要和外国接头。所以我们不宜畏惧西洋文化，亦不要拘泥于国粹，应互相交流才合于世界潮流。印度的文化或文学，如故事诗歌传入，使中国的文学形式走上故事兴趣的觉醒，第二度欧洲再以诗歌小说步其后尘的输入，这样，中国文化的形式及内容一定是从小说戏曲的方向找出路。

上述虽然是《中国四千年文学大势鸟瞰》的"绪论"部分，但其线索与脉络相当清楚，我们从中可以看到，闻一多不仅是以动态的观点来认识中国文学史，而且将它置于世界文化的广阔领域内去进行分析。讲这门课时，闻一多还强调他的目的"是在解释文学史，而非叙述文学史"，这也是一个很重要的思想。

除了中法大学邬联彩保存着较为完整的笔记外，西南联大师范学院彭允中亦存有《诗经》《楚辞》《庄子》等课堂笔记，而西南联大中文系刘晶雯、郑临川保存的课堂笔记，业已以《闻一多论古典文学》《闻一多诗经讲义》相继出版。如果能将当年学生的笔记汇集整理，必会推动人们进一步了解闻一多的学术思想。

文学在人类历史的长河中不断向前运动，那么中国文学的方向应该如何呢？1943年12月1日，闻一多在昆明《当代评论》第四卷第一期上发表了一篇《文学的历史方向》，提出一个重要的观点：接受外来文化。他说世界上对文明影响最大最深的古老民族印度、以色列、希腊、中国，差不多是同时抬头迈步的，而它们文化的猛进之开端都表现在文学上。可是这四个文化有三个都"转了手"，"有的转给近亲，有的转给外人，主人自己却都没落了"。这原因"许是因为他们都只勇于'予'而怯于'受'。中国是勇于'予'而不太怯于'受'的，所以还是自己的文化的主人"。但是，这"仅免于没落的劫运而已"，"仅仅不怯于'受'是不够的，要真正勇于'受'"。他大声道："历史已给我们指示了方向——'受'的方向，如今要的只是勇气，更多的勇气啊！"

从学术观点看，闻一多关于文学运动的认识无疑是在努力探索中不断追求进步的。更可贵的是，他没有把自己的认识停留在纯学术的研究上，而是能够以发展的眼光出发，从学术研究的结论中孕育出了新的思想转变。于是，科学引导闻一多走上了一条崭新的人生道路。

第八章

走上新的道路

从青年时代起，经过了十几年，到现在，我的"文章"才渐渐上题了……近年来我在联大的圈子里声音喊得很大，慢慢我要向圈子外喊去，因为经过十余年故纸堆中的生活，我有了把握，看清了我们这民族，这文化的病症，我敢于开方了。……我是杀蠹的芸香。虽然二者都藏在书里，他们的作用并不一样。……我只觉得自己是座没有爆发的火山，火烧得我痛，却始终没有能力炸开那禁锢我的地壳，放射出光和热来。

——闻一多《致臧克家》

| 第一节 |
贫困的生活

挂牌治印

闻一多的盈案书稿丛中，1943 年又增添了一本自编的印谱。它的封面左侧标签上端端正正写着"匡斋印存"四个字，下署"卅二年九月"。这，差不多就是他为了弥补生活不足，开始挂牌治印的时间。教授治印，在当时还不多见，以致影响很大的重庆《大公报》在 11 月中旬还刊登了一则消息，说："生活费高涨不已，大学教授之生活亦日益清苦，但十之八九仍能本'穷且益坚'之精神，固守岗位，乐育群英。一部分则因难以维持一家温饱，不得不兼营副业。以诗闻名之闻一多教授，最近兼镌金石印章。外语系教授吴雨僧（宓）则应大光明戏院之聘，担任影片翻译。"[①] 吴宓为外国影片做现场翻译一事，已有人纠正，但闻一多挂牌治印却是事实。说起这件事，有一把诉不完的辛酸泪。

从那个时代走过来的人都知道，在物价飞涨的时期，昆明的物价高居全国之首，靠薪金度日的知识分子，生活已跌落到社会的最下层。国民党的专制统治加深了经济危机，官商勾结、营私舞弊更加重了人们的负担。

---

① 《昆明杂缀》，重庆《大公报》1943 年 11 月 16 日，第 3 版。

多年来，清华大学的经费由于有庚款做后盾，经济上很少发生问题。但是，1939 年 2 月，学校得知庚款自 1 月起开始停付，这使学校感到很大压力。为此，校长梅贻琦于 2 月 18 日通知清华大学各研究所及各院系各科部，称："查最近校中已得确息，庚款已自一月起停付。本校各部分事业维持办法，现正与教部当局商洽，但将来定有缩减之必要。各部分用费除各研究所关于聘任、购置等事项请研究所委员会主席与各所长随时斟酌外，希各部负责者特别注意，力求节省，以致校务得以更经济之方法维持进行，则本校前途之大幸也。"①

庚款停付不仅影响到清华的教育事业，也对教职员的生活产生很大影响。抗战爆发后北京大学和南开大学教授都增加了薪金，清华大学则因有庚款，没有增加。但是，庚款停付后，就拉开了三校教授收入的差距。正是这个缘故，清华大学教授提出改善待遇问题。1939 年 4 月 10日，赵凤喈、孙国华、赵以炳、张印堂、张席禔、华罗庚、冯桂连、张泽熙、章名涛、彭光钦、覃修典、霍秉权、王信忠、张大煜、陈省身、曾远荣、李宪之、林同骅 18 位教授联名致函梅贻琦，要求增加薪金十分之二，以缩小与北大、南开的收入差别。信中写道："自抗战军兴，华北首先沦陷，同人等从亡学校，追随左右，患难相共，艰苦备尝。当此民族存亡、生死绝续之交，凡属国民，无不努力奋发，见义勇为。同人职在领导青年，任重道远，更应竭尽智能，以图报效，何敢越位陈言，有所希企！唯长期抗战，为既定之国策，万事纳诸轨物，乃上下一致之要求，故心有欲言，义难缄默。去岁校长致同人之聘书，系由教务会议议决，约期一年，暂不加薪；盖在抗战期间，事出权宜，未可非议。然稽诸三校同事，待遇之参差，近年以来生活水准之高涨，同人未免相顾见绌，致有同工异俸之感，将贻家室冻馁之忧。北大教授薪俸平均较我校高十分之二，南开到长沙时，只增加教员薪金两成，作一般之

---

① 《梅手谕全校各单位关于节约经费事》（1939 年 2 月 18 日），黄延复整理：《梅贻琦 1937—1940 来往函电选》，近代史资料编辑部编：《近代史资料》总 102 号，第 23 页。

救济。我校教员待遇原不优厚，所待以调济者唯在年功加俸、定期休假二端。现休假之制既行停止，加薪之例又复废弛，诚令人惶惑不解也。兹不揣冒昧，烦渎清听，请自下年度起改善同人待遇，按一般标准加薪十分之二，俾同人无绝粮之忧，学术有发煌之路。凡此皆系开诚相商，无丝毫偏见存于期间。敢祈执事念连年从亡之劳，本同舟共济之义，排除万难，慨予允诺也。"①

这是抗战以来清华大学教授第一次提出经济收入问题，闻一多虽然没有列名，但也有着同样感受。1940年夏，闻一多从晋宁休假后，搬到昆明小东门节孝巷13号。不久，因9月30日那次空袭遇险搬到北郊大普吉镇。在大普吉，住的是骡马店，人多屋小，不久又搬到大普吉附近的陈家营。搬家时，家里的东西已经很少了，连车都不用，几个孩子一人一件就连锅端走了。

住在陈家营，是闻一多生活最艰苦的时候。一个月的薪水难以养活八口之家，因此常常提前支薪，再不行，就开始借债了。饭碗里半月不见一个肉星，每天吃的是豆渣和白菜，偶尔买块豆腐，就算改善生活。闻一多很乐观，笑着说豆腐是白肉，有营养。那年冬天奇寒，他把仅有的一件皮大衣送进寄卖行，回家就发起高烧，惹得妻子发脾气。读书人最爱书，然而为了过日子，他忍痛把好不容易从北平带出来的几部古籍卖给学校。把书送到图书馆时，他的眼里含满了辛酸，说：将来回北平我还要赎回来。

这样的苦日子不只是闻一多一家才有，连清华大学校长梅贻琦的夫人韩咏华，也和潘光旦、袁复礼等教授的夫人合制起糕点，起名为"定胜糕"，拿到冠生园去寄售。

在这种艰苦条件下，闻一多并没有什么怨言，他总和前线抗战的将士相比，说人家在拼命，我们只不过生活苦些罢了。当然，他也极力改

① 《赵凤喈等18教授呈函关于改善待遇事》（1939年4月10日），黄延复整理：《梅贻琦1937—1940来往函电选》，近代史资料编辑部编：《近代史资料》总102号，第24—25页。

善生活。陈家营村边有条小河，为了省些炭钱，每天清晨他都带孩子去河边洗脸，一次发现河里有小鱼小虾，于是七手八脚抓了一些，回来全家算打了回牙祭。四周田野里有的是蚂蚱，他听余冠英的夫人说这东西也可以吃，便立刻抓了些在锅里炕熟当菜下饭，果然味道不错。旧历年前，闻一多还捞了些田螺，捉了几只田鸡。为了做顿豆膏（黄豆磨成浆后和上面粉制成的一种面食），他亲自推磨磨豆子。这年过节，他竟做出了一个溜黄菜。

当然，这些不是常有的事。1941 年搬到司家营时，经济上已不堪设想了。

云南地处边境，做买卖的人不在少数。失去教授职位的罗隆基正在做茶叶生意，看到闻一多的困窘，特请他代画广告，付点稿酬，以解他燃眉之急。司家营附近的龙泉镇上，有位姓郭的实业家，是许维遹的朋友，一次来司家营闲谈，动员闻一多一起办实业，不需出资，只挂个名就可以分红。闻一多不肯松口，因为他要自食其力。郭先生又提出担负立鹤的学习和生活费用，听了这话，闻一多流泪了，他感激朋友的好意，却不肯放弃做父亲的责任。不知是谁说：你懂艺术，又会刻图章，为什么不利用这门手艺呢？闻一多听了很动心，入城时买了刻刀。刻石头不成问题，早在十多年前，就为朋友刻过，可云南的特产是象牙，刻起来极坚硬。他想了好多办法，还把象牙浸在醋里，还是不行，只好硬着头皮刻。刻第一颗时，费了整整一天，右手食指磨破了，几次灰心绝望，还是咬着牙干下去，居然刻成了。

今天，在云南师范大学一二·一纪念馆保存着一份闻一多与沈从文、彭仲铎、唐兰、陈雪屏、浦江清、游国恩、冯友兰、杨振声、郑天挺、罗常培、罗庸共 12 位教授共同署名的《诗文书镌联合润例》。这份《诗文书镌联合润例》，很可能是西南联大教授最早的"开源之道"，其文如下：

文直 颂赞题序 五千元 传状祭文 八千元 寿文 一万元
碑铭墓志 一万元（文均限古文，骈体加倍）

诗直　喜寿颂祝　一千元　哀挽　八百元　题咏　三千元
（诗以五律及八韵以内古诗为限，七律及词加倍）

联直　喜寿颂祝　六百元　哀挽　四百元　题咏　一千元
（联以十二言以内为限，长联另议）

书直　楹联　四尺六百元　五尺八百元（加长另议）　条幅
四尺四百元　五尺五百元（加长另议）　堂幅　四尺八百元　五尺
一千元（加长另议）　榜书　每字五百元（以一方尺为限，加大直
亦加倍）　斗方扇面　每件五百元　寿屏　真隶每条一千五百元
篆每条二千元（每条以八十字为限）　碑铭墓志　一万元

篆刻直　石章每字一百元　牙章每字二百元（过大过小加倍，
边款每五字作一字计）

收件处　国立西南联合大学中国文学系王年芳女士代转

根据这份《诗文书镌联合润例》，知道最初的篆刻润例，是石章每
字 100 元，牙章每字 200 元。闻一多卖文的情形不大清楚，但云南省博
物馆收藏有两幅闻一多书写的条幅，没有上款，大概是这时的作品。刻
印也要做宣传，浦江清特撰了一篇《闻一多教授金石润例》，文词甚是
优美，其文云：

秦钵汉印，攻金切玉之流长；殷契周铭，古文奇字之源远。是
非博雅君子，难率尔以操觚；倘有稽古宏才，偶点画而成趣。

浠水闻一多教授，文坛先进，经学名家，辨文字于毫芒，几
人知己；谈风雅之原始，海内推崇。斲轮老手，积习未除，占毕余
闲，游心佳冻。惟是温磨古泽，仅激赏于知交；何当琬琰名章，共
摧扬于艺苑。黄济叔之长髯飘洒，今见其人；程瑶田之铁笔恬愉，
世尊其学。爰缀短言为引，公定薄润于后。

　　　　　　　　梅贻琦　冯友兰　朱自清　潘光旦
　　　　　　　　蒋梦麟　杨振声　罗常培　陈雪屏　同启
　　　　　　　　熊庆来　姜寅清　唐　兰　沈从文

　　闻一多对古文字有深厚研究，又专攻过美术，所以能从艺术的构思注意布局与线条的配合，因之他的图章也迥然不同一般。不过最初的生意并不好，揽到的顾主不多。后来知道的人渐渐多起来，加之社会上都很看重文学名家与教授地位，局面才逐步打开。找他刻印的，多数指定刻钟鼎文，因为这是他最为擅长的。

闻一多治印

　　治印是为了生活，但闻一多依然把它当作艺术创造。吴晗有一篇回忆，名《闻一多的"手工业"》。文中说：闻一多"告诉我，最重要的是构思，人的姓名，每一个字的笔画，有繁简，如何安排繁简不同的字，在一个小方块里，得要好好想。其次是写，用铅笔画底子，刻一个惬意的图章，往往要画多少次才挑一个用墨上石。再后便是动刀了。这段最费力，老象牙尤其费事。刻好粗坯子以后剩下便是润饰的工夫。最后，用印泥试样，不惬意再加雕琢。一切都合式了，在印谱上留下几个底子，剪下一个和原章用纸包好，标上名姓和收件处，这件工作才算结束。"①

治印收件，开始是委托几家城里的笔店，青云街、正义路、华山南路都有镶进玻璃框中的治印启事。朋友们也热心帮忙，沈从文曾介绍过不少顾客，《自由论坛》还免费刊登广告。

润例随着物价浮动，到 1945 年 3 月，石章每字涨至 1000 元，牙章加倍，可顾客仍络绎不绝。一次，立鹤怒气冲冲地责问这是不是发国难财，闻一多听了没有生气，沉思了好半晌，末了只说了一句："立鹤，你这话我将一辈子记着。"② 立鹤当然知道，要不是这治印的额外收入，一家人每月就要饿半个月肚子，更别说还有五个孩子念书，和一个多病的母亲了。

当然，闻一多也并没有把治印完全当作谋生手段，他赠给朋友的图章也不在少数。冯友兰准备售文时，闻一多就送了他两方寸大的石章，一阳一阴。冯友兰把它视作珍宝，一直完好保存着。③ 司家营的同人和学生，如朱自清、何善周、季镇淮、范宁、王瑶都保存着闻一多赠与的名章、藏书章，有的还不止一二枚。1944 年年底，他给华罗庚刻了一方名章，边款还刻了一首幽默中带有情趣的打油诗，文云："顽石一方，一多所凿，奉贻教授，领薪立约，不算寒伧，也不阔绰，陋于牙章，雅于木戳，若在战前，不值两角。"

兼任中学教员

除了治印，闻一多还做起了中学教员。

<hr />

① 吴晗：《闻一多的"手工业"》，清华周刊社编：《闻一多先生死难周年纪念特刊》1947 年 7 月版，第 20 页。

② 闻立雕：《是闻一多的孩子——想起爸爸在昆明几年中的一些小事》，《人物杂志》第 1 年第 8 期，1946 年 9 月 1 日。

③ 笔者 1988 年 6 月 16 日访问冯友兰时，冯特别展示了这两方名章，说他非常珍惜寄托着友人情谊的文物。

1944 年年初，由于美国空军援华，日寇飞机已丧失对云南的制空权。闻一多住在乡下，每次进城上课要走很长时间，十分不便。说来也巧，前几年从北京大学研究院毕业的李埏，当时除了在云南历史系任讲师外，还兼任昆华中学的教导主任，职责之一是为学校延请教员。李埏的研究生阶段有一时期是在西南联大度过的，因此与同时在西南联大攻读研究生的何炳棣熟悉，何炳棣即是李埏聘请到昆华中学兼课的。何炳棣当时的正式工作是西南联大历史系讲师，李埏知道他与闻一多有来往，便问是否能请闻一多来学校开几次讲座。1944 年春间，何炳棣在西南联大新校舍遇到闻一多，两人说起近况，何炳棣说自己为了解决住宿问题，已在昆华中学兼课半年多了，虽然只住一间，但宿舍楼固窗明，条件还可以。闻一多说，自己住在乡下本来是为躲避日机轰炸，来回 20 余里往返很不方便，如果昆华中学能供给两间房子，他可以考虑去兼课。何炳棣立即把闻一多的话转告李埏，李埏马上告诉昆华中学校长徐天祥，他们都喜出望外，决定把原作医务室的小楼楼上全部划给闻一多。何炳棣记得，那个小楼转弯处有个平台，还不算小，可以煮饭、烧菜、囤放松枝。[1] 昆华中学的聘书，是李埏亲自送到闻一多手里的，正式名义是兼职国文教员。虽然是兼课，但徐天祥却慷慨地给予专任教师的待遇，报酬为每月一石（100 斤）平价米，和 20 块云南通行的"半开"（两块"半开"合一个银元）。[2] 另外，昆华中学对闻一多也十分照顾，按照规定，每位教员要担任三个班的课，但学校破例让他只教高中部三年级第二十七、二十八两个班。教授的科目，主要有诗经、楚辞、史记和作文等。[3]

就这样，5 月初的一天，闻一多全家从司家营清华大学文科研究所搬到大西门外昆华中学，这里靠着西郊公路，距西南联大新校舍步行不到 20 分钟。刚到昆华中学时，全家在初中部学生宿舍住了些天，

---

① 何柄棣：《读史阅世六十年》，广西师范大学出版社 2005 年版，第 182 页。

② 访问李埏记录，1987 年 11 月 20 日。

③ 李埏：《记闻一多先生在昆华中学》，《云南日报》1988 年 11 月 30 日；访问李埏记录，1987 年 11 月 20 日。

与何炳棣夫妇相邻。不久，学校大操场西南角的小楼腾了出来，全家就搬到小楼的二层去了。这个住处环境很好，门前有一池荷塘，旁边是植物学家蔡希陶栽下的一片果林，很是幽静。让人高兴的是，楼外还有一些空地，高真就在那里开辟了一个小菜园，使人感到不乏田园风趣。与司家营相比，这里的生活有了不小改善，这在当时是很难得的。

闻一多搬到昆华中学不久，何炳棣便考取第六届庚款留美公费生。1945 年，何炳棣赴美前夕，闻一多为了表示感谢和祝贺他出国深造，特请他吃了一次丰盛的晚餐。何炳棣回忆说："由于这段时日里闻先生全家生活比较愉快，也由于我已考取清华第六届庚款不久即将出国，闻师及师母预先为我饯行，准备了一顿非常丰盛的晚餐。主菜是用全老母鸡和一大块宣威腿炖出的一大锅原汁鸡火汤，其醇美香浓，使我终生难忘。在我由衷地赞赏之下，闻先生告我：'我们湖北人最讲究吃汤。'"交谈中，闻一多还对何炳棣讲了一段潘光旦和罗隆基的趣闻。何炳棣说："我记不清是这晚饭后还是在另一场合，闻先生曾对我讲过当年清华学堂同班潘光旦和罗隆基的趣事。闻先生原来比他们高一班，因坚持原则反抗校章而自动留级一年，所以与潘和罗同于 1922 年出国留学。未出国前有一次潘光旦批评罗隆基某篇文章不通。罗很生气地说：'我的文章怎会不通，我父亲是举人。'潘马上回答：'你父亲是举人算得了什么，我父亲是翰林！'闻师忙加了一句按语：'你看他们多么封建！'他讲完，我听完，同时大笑不止。"

然而，亲身经历过下层苦难生活的闻一多，不由得要深思这样一个问题：这普遍严重的局面是怎么造成的？人们并不畏惧抗战所伴生的生活艰苦，但囤积居奇，大发国难财，置人民大众于水深火热而不顾，都可以从政治腐败中找到原因。1942 年，日本军队打到怒江，使大后方的云南全省震动。中国军队顽强抵抗，遏制了侵略者的嚣张气焰。闻一多曾为胜利感慨、欣慰，但同时也不能不在心里产生疑问。现在，闻一多早已没有象牙塔中的安逸了，他在生活上已成为平民和贫民，因之观察问题的角度与方法也开始发生改变了。

|第二节|
迅猛的转变

"这是一个需要鼓手的时代"

1943 年 8 月的一天，闻一多偶然得到一本诗集，上面刊有解放区诗人田间的几首诗，其中有《自由，向我们来了》《五个在商议》《给饲养员》《多一些》《晋察冀向你笑着》《人民的舞》等。初看这些诗，仿佛是口号，但仔细一读，感到的却是震撼人心的鼓点。

这些诗是朱自清从成都休假归来时带回来的。当时，闻一多应西南联大新聘的英籍教授罗伯特·白英之请，合作编译《中国诗选》。① 为了选诗，才看到这部诗集。

好久没有读诗了，虽然报刊上也常登载些新诗，但似乎并未引起他的注意，唯独田间这充满活力的街头诗，这原本是被讲求艺术的闻一多忽略的诗，突然像有了强烈的生命一样，在眼前跳跃起来，敲动了他的心。

"新诗的历史，打头不是没有一阵朴质而健康的鼓的声律与情绪，

_____

① 　罗伯特·白英（Robert Payne），英国作家，当过造船工，译过俄国小说。日军进攻珍珠港那天夜里，他正作为值班官驻新加坡英国海军基地。后，他曾到重庆复旦大学教书，是年 9 月来联大，除教授外文系四年级课程外，还为工学院教船舶制造学课程。

接着依然是'靡靡之音'的传统，在舶来品的商标的伪装之下，支配了不少的年月。"闻一多默默地想着，"疲困与衰竭的半音，似乎比历史上任何时期都变本加厉了地风行着。那是宿命、是历史发展的必然阶段吗？也许。但谁又叫新生与振奋的时代来得那样突然！箫声，琴声，（甚至是无弦琴）自然配合不上流血与流汗的工作。于是忙乱中，新派，旧派，人人都设法拖出一面鼓来，你可以想象一片潮湿而发霉的声响，在那壮烈的场面中，显得如何的滑稽！它给你的印象仍然是疲困与衰竭。它不是激励，而是揶揄，侮蔑这战争。"但是，田间的诗没有"绕梁三日"的余韵，没有半音和"花头"，"只是一句句朴质、干脆、真诚的话（多么有斤两的话！），简短而坚实的句子，就是一声声的'鼓点'，单调，但是响亮而沉重，打入你耳中，打在你心上"。用什么来比喻田间呢？闻一多苦思着。突然，眼前一亮，对，"时代的鼓手"最为恰当，他兴奋起来。"当这民族历史行程的大拐弯中，我们得一鼓作气来渡过危机，完成大业。这是一个需要鼓手的时代，让我们期待着更多的'时代的鼓手'出现。"闻一多兴犹未尽，他不是放弃了对诗的艺术追求，但认为创作艺术的人好比是琴师，"至于琴师，乃是第二步的需要，而且目前我们有的是绝妙的琴师"。[①] 相比之下，倒是鼓手太少了。

开学后，闻一多在西南联大第一堂"唐诗"课上，打破了以往不讲课外事情的惯例，介绍起田间的诗来了。他带着剖析自己的语气说："抗战六年来，我生活在历史里、古书堆里，实在非常惭愧。但今天是鼓的时代，我现在才发现了田间，听到了鼓的声音，使我非常感动。我想诸位不要有成见，成见是最要不得的东西。诸位想想我以前写的是什么诗，要有成见就应该是我。"他像是在着力说服大家，生怕人们对共产党还缺乏更多的了解。他在现身说法，以自己抛弃了成见来说服别人也同样这样做。

---

① 闻一多：《时代的鼓手——读田间的诗》，原载《生活导报周年纪念文集》，1943 年 11 月 13 日出版，转引自《闻一多全集》第 2 卷，第 197—201 页。

"田间实在是这鼓的时代的鼓手！他的诗是这时代的鼓的声音。"①
闻一多用这句话提醒在座的同学们。

闻一多穿着蓝色的旧长袍，手里轻轻拍着田间的诗的抄本。他精湛
独特的见解，清脆爽朗的国语，触动了听课的学生。过路的人也被这洪
亮的声音吸引住，窗外的旁听者越挤越多，大家感到闻一多的长髯像过
了强电流的铁丝一样弹动着，眼睛也像出现了"放电现象"。

一阵话语又传入人群："仔细研究中国诗歌的历史，我发觉中国古
代只有屈原、嵇康、杜甫、白居易这几位诗人才值得佩服，因为他们的
诗多少喊出了时代人民的声音；其他知名的诗人，都是统治者的工具和
装饰。除了这几人的作品，我同时还发现《诗经》《楚辞》《乐府》才是
人民的歌曲，里面含有很多人民的血液。南朝的宫体诗和中唐以后的贵
族诗都是堕落的、衰退的。要诗歌健康、进步，只有把她从统治者手里
解放出来，还给劳动人民。诗歌是鼓，今天的中国是战斗的年代，需要
鼓。诗人就是鼓手，艾青与田间已成为中国现阶段的鼓手。"②

接着，闻一多仿佛进入了诗的角色，说："我有一个想象，假若这
教室里的光从黑色的、暗淡的，慢慢变到灰色、白色，光辉，一直到红
色；我的头从银幕上远远地、小的，慢慢地移近，大起来，大得充满了
银幕……教室里的温度渐渐升高，使你们都流出汗来，筋暴起来……"
这时，听的人实在是已经在流汗了，已经落入了那种境界，大家倾
听着：

> "呵，
> 歌唱！
> 呵，
> 舞蹈！

---

① 焯：《联大杂写》，《新华日报》1943 年 11 月 16 日。文中记述的是联大"文
艺"壁报第 3 期中《听鼓的诗人和擂鼓的诗人》的段落。

② 陈凝：《闻一多传》，民享出版社 1947 年版，第 7 页。

　　呵，

　　棒子！

　　呵，

　　刀子！

　　呵，

　　锄头！

　　呵，

　　枪！

　　呵，

　　人民！

　　它们，

　　更响地

　　——在舞台上；

　　在祖国的舞台上

　　……"

　　闻一多一边读着，一边又加进一些"咚，咚咚；咚，咚咚咚"的鼓点声。他解释说："鼓的敲击使我们想到战斗。什么是鼓的时代？战争的时代，当两兵相接的时候，敲鼓；当会师的时候，敲鼓；当船和滩相争的时候，也敲鼓！"说着，又读起："咚，咚咚！呵，棒子！呵，人民！……"

　　时间过得真快，课要结束了，闻一多惋惜地望望台下。"这堂课，我介绍这时代的诗，它有着不同于旧时代的韵律，你可以看见它活动的、健全的姿态。文学和时代要跑得一般快……在古代，中国的诗里，是有鼓的韵律的，自从七言五言将纤细的管弦之声输入诗歌的血液以后，鼓的声音便慢慢的消失了。……这时代，又让我们听见鼓的声音了。而且，以后，到战后建国的时候，我们还需要配合得上马达、飞轮、铁丝、齿轮、电器、机械的巨响，我们的诗便要从这方面努力。我们要使我们的耳朵习惯于它，了解于它。……咚，咚咚，咚！这情调比起纤细的管弦之乐，后者在声韵上当然是进一步的，但前者是原始的、根本的。我们在我们的生活中，总有原始的、根本的部分。"①

这堂课在沉寂的校园引起格外强烈的反响，人们纷纷议论："这听鼓的诗人将要变成擂鼓的诗人。"大家建议他把所讲的内容写下来，他也跃跃欲试。恰这时《生活导报》准备出版周年纪念刊，编辑傅欣来约稿，闻一多爽快地答应下来。几天后，一篇题作《时代的鼓手——读田间的诗》的文章便写成了。在国民党统治区，一位著名的教授敢于公开赞扬解放区诗人，还是破天荒头一回。朱自清说："这篇短小的批评激起不小的波动，也发生了不小的影响。"②

公开赞扬解放区的诗人，当然不会是感情上的偶然冲动。时局和生活的本身，就是部忠实的教科书，它使闻一多懂得除了诗和学术以外，还有更重要的事情。

1943 年 3 月间，蒋介石的《中国之命运》在昆明发售，教育部规定把它列为学校必读书目。读了这部被吹嘘得天花乱坠的书，闻一多大吃一惊。蒋介石在书中公然鼓吹被世界人民嗤之以鼻的法西斯主义，鼓吹一个党一个主义一个领袖，这种封建法西斯主义不仅反对共产主义，连自由主义也不能容忍，说什么共产主义与自由主义"是文化侵略最大的危机和民族精神最大的隐患"。这对于一向主张民主自由的人来说，不啻是当头一棒。闻一多后来回忆这段历史时，说："《中国之命运》一书的出版，在我个人是一个很重要的关键。我简直被那里面的义和团精神吓一跳，我们的英明的领袖原来是这样想法的吗？五四给我的影响太深，《中国之命运》公开的向五四挑战，我是无论如何受不了的。"③

《中国之命运》本来是蒋介石鼓吹"统一"的理论依据，未曾料想

---

①　因陳：《鼓的感动》，《新华日报·新华副刊》1943 年 11 月 16 日。
②　朱自清：《闻一多全集·序》，转引自《闻一多全集》第 12 卷，第 450 页。
③　闻一多：《八年的回忆与感想》，《联大八年》，第 6 页。

这位独裁者的自白倒给闻一多上了重要的一课。蒋介石原想在历史的车上踩住刹闸，却踩在加速器上了。

抗战以来，中国共产党的路线与政策，也是一面光彩夺目的镜子。她坚持敌后战场，配合正面战场。皖南事变中，新四军遭受巨大损失，共产党仍以大局为重，坚持统一战线。但是，国民党的反共政策并没有因为共产党的忍辱而改变，他们有意挑起的摩擦从来没有停止过。5 月间，共产国际宣布解散时，蒋介石以为这是可乘之机，调动 60 万大军，企图分九路闪击延安，甚至将守卫黄河防御日寇的部队也调了出来。这一惊人之举使全国舆论哗然，延安召开了反内战大会，连英美也表示极为关注，认为这必然削弱抗日力量。7 月里，利用假期在城内一个机关临时服务的立鹤，最先从外电中获得墨索里尼被抓住的消息。国际反法西斯阵线的胜利，与国内严重的局势形成强烈的反差，它使每个渴望抗战胜利的人都陷入沉思。在这种形势下，闻一多赞扬田间，赞扬解放区，可谓是水到渠成。他开始觉醒了，开始呐喊了，诗人、学者开始转变了。

在发表《时代的鼓手》的 11 月里，他给重庆的昔日学生臧克家写了一封信。这是封很重要的信，信中说：

> 你们做诗的人老是这样窄狭，一口咬定世上除了诗什么也不存在。有比历史更伟大的诗篇吗？我不能想象一个人不能在历史（现代也在内，因为它是历史的延长）里看出诗来，而还能懂诗。在你所常诅咒的那故纸堆内讨生活的人原不止一种，正如故纸堆中可讨的生活也不限于一种。你不知道我在故纸堆中所做的工作是什么，它的目的何在，因为你跟我的时候，我的工作才刚开始。（这可说是你的不幸吧！）你知道我是不肯马虎的人。从青岛时代起，经过了十几年，到现在，我的"文章"才渐渐上题了，于是你听见说我谈田间，于是不久你在重庆还可以看见我的《文学的历史方向》，在《当代评论》四卷一期里，和其他将要陆续发表的文章在同类的刊物里。近年来我在联大的圈子里声音喊得很大，慢慢我要

向圈子外喊去，因为经过十余年故纸堆中的生活，我有了把握，看清了我们这民族，这文化的病症，我敢于开方了。……我只觉得自己是座没有爆发的火山，火烧得我痛，却始终没有能力（就是技巧）炸开那禁锢我的地壳，放射出光和热来。只有少数跟我很久的朋友（如梦家）才知道我有火，并且就在《死水》里感觉出我的火来。①

是的，多年来，他一直在孜孜寻求炸开禁锢自己身躯的方法，他一刻也没有忘掉要"放射出光和热"。他写新诗是为了这个目的，在对现实无能为力，转入学术研究时，也没有放弃这个目的。现在，他看清了"病症"，"敢于开方了"，因此"要向圈子外喊去"了。这才是"时运来了，城墙挡不住"。②

"不仅要做新诗，更要做新的诗人"

教师这职业，最易与青年人交流思想。从故纸堆中走出来的闻一多，立刻受到学生的爱戴。1944 年春天，西南联大一些爱好文艺的青年，打算成立一个诗社，很自然地想到请闻一多担任他们的导师。

4 月 9 日，春风和煦，司家营来了十几位不同年级不同学系的同学。他们利用星期天来这里拜访闻一多，共同商讨成立诗社的事情。

村旁的打谷场上，大家围坐成小圈，各自朗诵带来的习作，热烈讨论新诗的方向与前途。闻一多多年不写诗了，但对诗坛的动向仍很关心，他建议诗社要反映时代的气息，这个气息的特点就是"新"。他语重心长地说：当一个人对生活有了这样那样的感受，他心头在激

① 《致臧克家》（1943 年 11 月 25 日），《闻一多书信选集》，第 315—316 页。
② 《致朱湘、饶孟侃》（1930 年 12 月 10 日），《闻一多书信选集》，第 225 页。

动，他想把这种感受倾吐出来，争取别人的共鸣。他要用最好的语言去激动别人的感情。这样的诗才会真实，才会有内容。但是，这样的诗也十分危险：如果他的感受只是个人的休戚，如果他的感情只是无病呻吟，那他将糟蹋了自己，也浪费了别人的时间，欺骗了别人的同情。你们也就可以明白，过去我说过，诗是不负责任的宣传，简直是胡说！只有饱食终日无所事事的人，才有这样的闲情！事实上，也没有这样的事情！你说了话，你发表了东西，你就会这样那样地影响别人。如果说，他是出于无心和幼稚，咱们也得和他大喝一声！

咱们的"新诗社"，应该负起这个责任。新诗社是写诗的团体，但它应该不同于过去和现在那些自命不凡的人组织的团体。比如说，像从前的"新月派"，它也名曰"新"，其实腐朽透了。我们的新诗社，应该是"新"的诗社，全新的，完全新的诗社。不仅要写形式上是新的诗，更要写内容也是新的诗。不仅要做新诗，更要做新的诗人。你们当然比我懂得多，在这年头，你们会明白究竟应该做一个什么样的诗人！① 围坐在四周的何孝达、沈叔平、施载宣、康倪、赵宝煦、黄福海、周纪荣、赵明洁、段彩楣、施巩秋、王永良、万绳听了，频频点头。大家一致赞成把诗社的名称命名为"新诗社"，并把这一天作为它的生日。接着，根据闻一多所讲的内容，大家归结出新诗社的四条纲领，这便是："一，我们把诗当作生命，不是玩物；当作工作，不是享受；当作献礼，不是商品。二，我们反对一切颓废的、晦涩的、自私的诗；追求健康的、爽朗的、集体的诗。三，我们认为生活的道路，就是创作的道路；民主的前途，就是诗的前途。四，我们之间是坦白的、直率的、团结的、友爱的。"②

一周后，新诗社在西南联大南区学生服务处小会堂召开了成立大

---

① 赵宝煦、闻山：《闻一多导师和新诗社、阳光美术社》，《闻一多纪念文集》，第331—332页。

② 《新诗社》，《联大八年》，第153页。

会。不久，闻一多全家也搬到昆华中学，学生们和他的来往更加密切了。大家常聚在施载宣的小房里，或朗诵诗，或评论诗，有时争论得面红耳赤。房子虽小，但参加的人却不断增多。一次，同学们坐在稻草打成的圆草垫子上，请闻一多坐在床上。可是不一会儿，他又挤到草垫子上来了。同学们不大忍心，他却说："你们以为我到你们中间是干什么来的？也许以为我是来教你们的，来领着你们走吧。那样想就错了。我是到你们中间来取暖的！"大家听了"取暖"两字，都会心地明白它的含义，一起笑了。师道尊严在这儿根本就不存在。

新诗社经常开朗诵会，7月9日，20多人团坐一起，轮流诵诗，每诵一首都开展批评。有一首诗，带着怀恋母亲和家乡的情感，表现出对都市生活的反感，大家辩论得很激烈，有人批评它的情调不够谐协，对母亲的爱和对社会的爱是两回事，不应表现在同一首诗中。有人以为中国太落后，青年人对母亲和家庭的怀念常常很重，这种感情也无可厚非，它和对国家对民族的爱并不冲突。双方你一句我一句，最后把目光投向闻一多。闻一多沉思了一下，缓缓地说：人生本来有两段，一段是爱母亲，一段是自己独立。脱离母亲是一个青年人很痛苦然而是必须的过程。说到这儿，他把话题一转，说：中国社会太多苦难了，这是中年人的责任。成年人应该把这社会弄得很好，不用青年人来操心，然而今天成年人没有尽到责任，却要青年人过早地脱离母亲的怀抱去操心国家的事，这是很残酷的，但是不能责怪青年，这是成年人不好。同学们没有想到老师检讨起自己，却深知闻一多讲的都是心底的话。

有一首诗，写明是为朗诵而作的。于是，提出了诗是否可分成朗诵的和非朗诵的问题。一部分人主张根据语言和文字应是一致的原则，所有的诗都可以朗诵。他们说有些诗很难懂，若是写的时候就想着要去朗诵，那么渐渐便要把难懂的字去掉了。另一部分人认为诗除了音乐的美外，还应有图画的美，诗不必一定都能被朗诵，文字无疑比语言更持久更典型，因为它能使人更深远地欣赏。

这个问题涉及诗的内容与形式的问题，大家希望闻一多来作结论。

闻一多没有简单地肯定或否定，他说朗诵诗的对象是人群，它能使人们互相认识、互相团结，单是这一点就应提倡朗诵诗，尤其应该诵给大众听。但是，今天需要热情呼喊、需要简单有力的诗句的人民，到了他们水准提高的时候，他们的欣赏水平也提高了，今天所唾弃的图画美的诗到那时将会兴盛起来。再说为了争取目前偏执着"诗应该玄妙的"那些知识分子，就应该采用他们的方式去说服、改变他们，所以今天图画美也不可完全丢掉！①

这样很有现实意义的讨论，在新诗社组织过许多次，它促使闻一多思考着诗的功能与作用。9月间，重庆《火之源丛刊》登载了他的一篇《诗与批评》，就阐述对诗的"价值论"与"效率论"的认识，文中特别强调诗应对社会负责，要有利于社会。在该文的手稿提纲中，他更直接地提出"诗需要对社会负责才产生批评"，"批评是作家与读众的中间人"。这些思想不仅对新诗社，就是对当时的文艺界，也是有影响的。

爱好文艺是青年人的共性，新诗社写诗论诗诵诗，团结了许多爱好文艺的青年，成立不久，它便走出了西南联大校园，发展到社会上。很快，它成为昆明全城很有影响的一个群众团体，尽管它的正式成员并不多，但参加它的聚会的不仅有大学生、中学生，还有社会职业青年，连大中学教师也常来出席。闻一多看到这朝气蓬勃的气象很振奋，特为新诗社刻了一枚社章，还刻了长言边款：

> 本社才成立半周年，参加的分子，已由联大发展到昆明全市。古人论诗的功能说，可以兴，可以观，可以群，可以怨，我们正做到了这里最重要的一个群字，这是值得庆幸的。三十三年十月半周年之前夕闻一多印并识。

这个"群"字，是大家共同努力的结果，闻一多就介绍过昆华中学

---

① 王志毕：《一个诗歌朗诵晚会》，昆明《扫荡报》"扫荡副刊"第143号，1944年7月19日。

的一些学生来参加新诗社的活动。秋天，从临沧县到西南联大师范学院进修的彭桂蕊，为着写诗的事向闻一多请教。闻一多回信中还特别提到新诗社，说：你如愿参加，我可以告诉他们开会时通知你。不久，彭桂蕊收到何孝达的信，欢迎他参加新诗社成立半周年的纪念晚会。

10月9日，二百多大中学生、文化界人士，还有十四位教授，济济一堂。因为人太多，互相不曾认识，有人提议各自做自我介绍，于是顺着座位次序自报家门。说了五六人，声音都小，未发生效果。"重来，重来！"闻一多站起来做示范，他伸开大拇指，一字一顿大声道："我叫闻————多。"李何林也放声这样说，大家纷纷照着样子做起来，会场一片热烈。

晚会正式开始，主席何孝达请闻一多宣读《给贫病作家的慰问信》。随后进入主要程序诗歌朗诵。新诗社社员叶传华朗诵《心脏的粮食》，大家合诵楚图南翻译惠特曼的《大路之歌》和尼古拉索夫的长诗《在俄罗斯谁能欢乐而自由》中的一段。闻家驷、冯至分别朗诵法文、德文诗，孙晓桐同学朗诵《阿拉伯人和他的战马》。张光年刚刚接到在战地演剧队的妹妹张帆的来信，信中附了首《我们是老百姓的女儿》，他兴致勃勃地把这首诗在会上朗诵起来。

闻一多最后一个站起来，朗诵了鸥外鸥的《第二次世界大战的讣闻》和《被开垦的处女地》。他的声音那么深厚、刚劲，把会场里热烈的战斗气氛推向高潮。

朗诵结束后开始座谈。楚图南、吕剑、沈有鼎、李何林都论述了新诗的光明前途，特别指出解放区新诗的人民性。电灯因停电早就熄灭了，一排洋烛也矮了许多，闻一多应主席邀请作总结。他很简练地把各位的意见连贯起来，说："楚先生告诉我们新诗是有前途的，不过还在成功的过程中。吕剑先生告诉我们诗的成功的主要条件是要和生活接近，尤其与大众生活接近。沈先生的意思不但要和大众生活接近，而且把这种生活当作一种宗教。至于他说的找形式找不出，也许日常语言里就具有了。这意见很新颖，而且可以推引出来，我们何必特殊地去找写诗的材料，材料就在眼前的生活里。李先生的意见正好补充沈先生提到的把生活当作宗教，这是一种特别的主张和信仰。我们要以思想作根据，用宗教般的虔诚去信奉这思想，然后才有好诗出来，单靠感情是不够的。谈到生活，我们人人都在生活，但哪一种生活才是真正的、健全的？只有多数的、集体的生活才是最健全的、真正的生活。我们少数的读书人生活都是有毛病的，是不够的。生活应该要有思想作根据，对一切问题有深切的了解和认识，然后再确信它，以宗教般的热情去信仰。这样思想和生活打成一片，就有好诗出来了。"[①]山城的秋天格外凉爽。人们走出会场，感到新的生活在召唤，"集体的生活"，"思想作根据"，闻一多的话音还响在人们的耳旁。

这时，诗已被闻一多视为战斗的武器。大概是 1944 年秋天或冬天，昆华中学的马运达、马汝维等同学办了个进步壁报《闪电报》，他们集体构思了一个刊头画，用水彩绘制，内容是一间临风摇摇欲坠的草屋，天空乌云滚滚，一道闪电凌空划过，预示黑暗将尽，光明即将到来。闻一多看后很欣赏，觉得有寓意，欣然挥毫为壁报题下《闪电报》三个字，并郑重地署上自己名字，盖上自己印章。[②]王明、张思信、管有声等同学也办起了《战戈》壁报，还组织了一次"文艺为什么服务"的讨论。闻一多赞扬壁报办得纯朴、真挚、有生活气息，鼓励他们"要跨越学校围墙到广大群众中去学习"，文艺要"反映现实的斗争"。[③]为了支持青年关心现实，闻一多还为《战戈》壁报题了词："诗，别再在梦里撰写了，要在现实里发现它，如果它不在呢，放它进去！"这个题辞，既是对中学生的指导，也体现了闻一多对文艺与现实关系的新认识。

---

① 《诗人们的歌吼》，昆明《自由论坛》第 5 期，1944 年 10 月 22 日。

② 余嘉华：《翰墨传千秋——闻一多在昆明的题词集释》，《云南师范大学学报》1996 年第 4 期。

③ 王明：《难忘的教诲，深切的怀念》，《云南蒙自政协通讯》第 2 期，1986 年 7 月 16 日。

"向圈子外喊去"

　　闻一多一旦认准了方向，便显示出他那特有的饱满热情。他不满足于在西南联大赞扬解放区诗人、在学生中提倡写新诗做新人，他还要向社会上发出压抑不住的吼声。

　　继《时代的鼓手》发表之后，他一口气又写下数篇杂文。这些杂文篇篇针对现实，是闻一多"向圈子外喊去"的体现，也是他思想急剧转变的申述。

　　前边曾提到的《文学的历史方向》，阐明的虽然是文化方面的问题，但已表现出闻一多力求从宏观上考察历史发展的得与失。文中所举的例子，都强调要吸取历史经验，勇于改变陈规，正视时代发展给文学带来的变化。他用这种观点看待社会，明确反对《中国之命运》中的复古思想。"每一时代有一时代的主潮，小的波澜总得跟着主潮的方向推进，跟不上的只好留在港汊里干死完事"，因此敢不敢接受前进中的新思想，"是我们能否继续自己文化的主人的测验"。

　　1944 年 2 月 20 日，他在《云南日报》上又发表了一篇《复古的空气》。这次他直接批判了复古逆流。闻一多相信民族主义是复兴的根本，"但民族主义不该是文化的闭关主义"，"谈谈孔学，做做歪诗，结果只有把今天这点民族主义的萌芽整个毁掉完事"。他认为一个民族的"古"，是在他们的血液里，"难的倒是怎样学习新的"。如果说在 20 世纪 30 年代那场著名的"传统文化"与"全盘西化"论战中，闻一多还是站在旁观的人群中，那么，现在他要挺身而出了。

　　闻一多的性格是不做则已，一做便如火如荼。3 月 1 日，他又在昆明《中央日报》发表了《家族主义与民族主义》。这篇文章以史论今，指出家族主义是以封建为基础的；"与家族主义立于相反地位的一种文化势力，便是民族主义"。民族主义"直至最近五十年，因国际形势的刺激，才有显著的持续的进步。然而时代变得太快，目前这点民族意识的醒觉，显然是不够的"。

　　"目前的抗战，我们确乎踏上了民族主义的路，"闻一多写道，"但这条路似乎是扇形的，开端时路面很窄，因此和家族主义的路两不相妨，现在路面愈来愈宽，有侵占家族主义的路面之势，以至将来必有那么一天，逼得家族主义非大大让步不可"。因为它"妨碍民族主义的发展是事实，而我们现在除了民族主义没有第二条路可走（因为这是到大同主义必经之路），所以我们非请它退让不可"。

　　显而易见，这里所说的"民族主义"带有民族革命的特征。抗日战争本身，就是一场规模空前的民族解放斗争。但是，国民党一面反抗日本帝国主义的侵略，一面则顽固坚持封建式的家族统治。闻一多提倡用民族主义代替家族主义，实际上是反对家长式的独裁统治。

　　紧接着，4月23日，他又发表了《从宗教论中西风格》。标题中所说的"中西风格"，实际上是指中西文化。文中说："要说明中西风俗不同，可以从种种不同的方面着眼，从宗教着眼，无疑是一个比较扼要的看法。"他认为宗教的本质，最初体现了人类求生的原始思想，"生的意志大概是人类一切思想的根苗。人类生活越接近原始时代，求生意志的强烈，与求生能力的薄弱，愈有形成反比之势"。在叙述了中西宗教产生的过程之后，他接着说："往往有人说弱者才需要宗教，其实是强者才能创造宗教来扶助弱者，替他们提高生的情绪，加强生的意志"，可见"宗教本身尽有数不完的缺憾与流弊，产生宗教的动机无疑是健康的"。

　　文中，闻一多紧紧抓住"生的意志"总是"问题的核心"这一关键，认为无论中国人还是西洋人，产生西洋宗教的动力，"不是对付的，将就的，马马虎虎的，在饥饿与死亡的边缘上弥留着的活着，而是完整的，绝对的活着，热烈的活着——不是彼此都让步点的委曲求全，所谓'中庸之道'式的，实在是一种虚伪的活，而是一种不折不扣的，不是你死我活，便是我死你活的彻底的，认真的活——是一种失败在今天，成功在来世的永不认输，永不屈服的精神"。闻一多的这番宗教论说，明显带着批判现实的精神。他同意这样一种观点，即："西洋人的爱国思想，和恋爱哲学，甚至他们的科学精神，都是他们宗教的产物，他们把国家、爱人和科学的真理都'神化'了"。闻一多认为"这话并不过分",至少"可以说产生他们那种宗教的动力,也就是产生那爱国思想,恋爱哲学和科学精神的动力"。

闻一多所说的"宗教",迷信意义上的宗教,它表现为对一种信仰的追求。闻一多对西方宗教虽然有些过誉,但这是为了对比中国儒家的虚伪与没落,而且矛头直指着现实。请看他是怎样批判现实的:

> 人生如果仅是吃饭睡觉,寒暄应酬,或囤积居奇,营私舞弊,那许用不着宗教。但人生也有些严重关头,小的严重关头叫你感着不舒服,大的简直要你的命。这些时候来到,你往往感着没有能力应付它,其实还是有能力应付,因为人人都有一副不可思议的潜能。问题只在用一套什么手法把它动员起来。一挺胸,一咬牙,一转念头,潜能起来了,你便能排山倒海,使一切不可能的变为可能了。那不是技术,而是一种魔术。那便是宗教。中国人的办法,似乎是防范严重关头,使它不要发生,借以省却自己应付的麻烦。这在事实上是否可能,姑且不管,即使可能,在西洋人看来,多么泄气,多么没出息!他们甚至没有严重关头,还要设法制造它,为的是好从那应付的挣扎中得到乐趣。没事自己放火给自己扑灭,为的是救火的紧张太有趣了,如果救火不熄,自己反被烧死,那殉道者的光荣更是人生无上的满足——你说荒谬绝伦,简直是疯子!对了,你就是不会发疯,你生活里就缺少那点疯,所以你平庸,懦弱。人家在天上飞时,你在粪坑里爬!

这些话,明明是种"火气",是对现实的愤懑。说了这些话好像还不解气,闻一多接着写道:

> 中西风格的比较?你拿什么跟人家比?你配?尽管有你那一套美丽名词,还是掩不住那渺小、平庸、怯懦、虚伪,掩不住你

的小算盘，你的偷偷摸摸，自私自利，和一切的丑态。你的孝悌忠信，礼义廉耻，和你古圣先贤的什么哲学只令人作呕，我都看透了！你没有灵魂，没有上帝的国度，你是没有国家观念的一盘散沙，一群不知什么是爱的天阉（因此也不知道什么是恨），你没有同情，也没有真理观念。然而你有一点鬼聪明，你的繁殖力很大，因为聪明所以会鼠窃狗偷——营私舞弊，囤积居奇。因为繁殖力大，所以让你的同类成千成万的裹在清一色的破棉袄里，排成番号，吸完了他们的血，让他们饿死病死……这是你的风格，你的仁义道德！你拿什么和人家比！

末了，闻一多说："没有宗教的形式不要紧，只要有产生宗教的那股永不屈服，永远向上追求的精神，换言之，就是那铁的生命意志，有了这个，任凭你向宗教以外任何方向发展都好。怕的是你这点意志，早被瘗死了，因此除了你那庸俗主义的儒家哲学以外，不但宗教没有，旁的东西也没有。更可怕的是宗教到你手里，也变成了庸俗、虚伪，和鼠窃狗偷的工具。怕的是你的生命的前提是败北主义，和你那典型的口号'没有办法！'于是你只好嘲笑，说俏皮话。"[①]

这些杂文言辞尖锐、犀利，仿佛是匕首，仿佛是要爆发的火山。这就是闻一多的性格——战士的性格！和许多爱国知识分子一样，闻一多也是从对现实的不满和反省中，开始走上新的道路。

"要把文学和政治打成一片"

1944 年的"五四"纪念活动，是西南联大自皖南事变以后第一次大规模的群众活动。这年 3 月，国民政府宣布取消"五四"纪念节，改

---

① 闻一多：《从宗教论中西风格》，昆明《生活导报》第 65 期，1944 年 4 月 23 日。

4 月 27 日黄花岗起义日为青年节。这个决定在西南联大教授和学生中引起一致愤慨，反而使"五四"纪念更加吸引了人们。

5 月 3 日，西南联大历史学会在新校舍南区十号教室举行"五四"25周年纪念座谈会，邀请闻一多、张奚若、周炳琳、雷海宗、沈有鼎、吴晗等人出席。

会上，周炳琳首先报告了他本人参加"五四"运动的经历。闻一多也讲述了一件秘闻，即当年"五四"晚上，他抄写了岳飞的《满江红》，悄悄贴在布告栏上。接着，老同盟会员张奚若把"五四"运动与辛亥革命做了比较。吴晗发言则强调说明今天人们所受的思想与文化上的束缚。雷海宗的言论与会场的气氛不大相合，他认为学生的天职就是读书，学生过问国家的事常会由于幼稚而重于感情。听到老同学发这样的议论，闻一多坐不住了，他再次站起来，提出要"里应外合"打倒孔家店。言一出口，火气也上来了。他说：

> 张先生说现在精神解放已走入歧途，我认为还是太客气的说法，实在是整个都走回去了！是开倒车了！……我为什么教中国文学系？……我们读中国书是要戳破它的疮疤，揭穿它的黑暗，而不是去捧它。我是幼稚的，但要不是幼稚的话，当时也不会有"五四"运动了。青年人是幼稚的，重感情的，但是青年人的幼稚病，有时并不是可耻的，尤其是在一个启蒙的时期。幼稚是感情的先导，感情一冲动，才能发出力量。所以有人怕他们矫枉过正，我却觉得更要矫枉过正，因为矫枉过正才显得有力量。当时要打倒孔家店，现在更要打倒，不过当时大家讲不出理由来，今天你们可以来请教我。我念过几十年的经书，愈念愈知道孔子的要不得，因为那是封建社会底下的，封建社会是病态的社会，儒学就是用来维持封建社会的假秩序的。他们要把整个社会弄得死板不动，所以封建社会的东西全是要不得的。我相信，凭我的读书经验和心得，它是实在要不得的。中文系的任务就是要知道它的要不得，才不至于开

倒车。①

5 月 4 日，西南联大"文艺"壁报社也在同一个教室举行"五四运动与新文艺运动"座谈晚会。白天，海报一贴出，周围就聚起了人。海报上写明邀请八位教授演讲：闻一多讲"新文艺与文学遗产"，杨振声讲"新文艺前途"，朱自清讲"新文艺中散文的收获"，冯至讲"新文艺中诗歌的收获"，罗常培讲"五四前后新旧文艺的辩争"，李广田讲"五四运动的意义与影响"，沈从文讲"从五四以来小说的发展及其与社会的关系"，孙毓棠讲"现代中国戏剧"。这么多教授演讲在学校还是不多见的，以至这个能盛一百余人的大教室被挤得水泄不通。

组织晚会的张源潜、程法伋没有料到会有这么多人到来，一下子不知怎么安排才好。闻一多和朱自清、罗常培到得较早，先进了会场。而冯至、李广田来时，通道已经阻塞了，一时挤不进去。同学们吵吵嚷嚷，建议移到图书馆去开，那边阅览室较大，也有椅子。李广田是"文艺"壁报的导师，便跟冯至商量了一下，接受了这个建议。于是，围在教室外的同学便争先恐后朝北区跑。可是，早在教室占好位置的同学不同意临时改变会场，闻一多也不了解外面的情况，仍然和其他教授端坐在原处。面对这种僵局，张源潜、程法伋打算分作两个会场开会，罗常培表示同意。闻一多性格直率，说：纪念五四应该是团结的会，怎样可以分开进行呢。说着就起身准备往外走。四周的学生一看，也纷纷夺门而出，抢着往图书馆去。当闻一多等走到图书馆时，怎么也挤不进去了。窗外站着不少人，多是原来提前赶到十号教室的学生，他们因临时改变会场没有占到位置，有的叫嚷，有的敲窗格，秩序不好。图书馆里，冯至已经开始演讲，突然电灯熄灭了，会开不下去，李广田只得宣

① 闻一多：《五四历史座谈》（1944 年 5 月 3 日），原载《大路周报》第 5 期，转引自《闻一多全集》第 2 卷，第 536—537 页。这次讲演的记录，是联大经济系学生张友仁做的。

布改期举行。①

　　一切发生得这样突兀，闻一多这才发现罗常培没有到图书馆来，他显然是生气了。闻一多也有些歉疚，主动走到靛花巷罗的家，检讨自己情绪激动。罗常培释然说不必介意，大家当场商定重开这个晚会。② 这件事，朱自清在日记中这样记录的："参加文学晚会，但学生为调整宿舍而闹口角，会议根本无法进行。今甫发火，莘田之女站在其父立场上也十分恼怒。一多被她弄得很尴尬。他们共同劝说学生和解，但一多的口气与莘田大不一样。当一多与我们一同去看望莘田并向他道歉时，他对此并不在意。"③

　　朱自清的记录是日记，不免有些简单，马识途的回忆则稍详细些。他在《光明在望》一文中写道："原来我们就计划好的，在联大 5 月 3 日晚上历史学会召开座谈会后，接着 5 月 4 日就由中文系召开一个纪念五四的文艺座谈会。5 月 4 日的晚上，还是在南区十号这个教室里，中文系按时举行座谈会，讨论五四以来的文艺，请了好几位教授讲话。这个会由中文系主任罗常培教授主持。闻一多教授也参加了。具体组织工作却是由中文系系会主席齐亮和我们一批进步同学在做。我们没有料到，专门讲文艺的座谈会，也来了这么多的同学，比前一天晚上来的人还要多。当然比前一天晚上来的'狗'也多得多。教室里实在容不下，只好请讲话的人站得高一些，以便站在窗外的同学也可以听得到。但是有的教授讲话声音小，外边的人在叫'大声些'。这时，那些也许早已奉命来捣乱的特务分子，便乘机起哄，大喊大叫，乱糟糟的，大家更听不清楚。忽然，他们把电线割断，电灯灭了。怎么办呢？我们研究，决不能听任他们破坏，这个会一定要进行下去。可是主持会议的罗常培却说：'算了，今晚上的会结束了。'这一下激怒了闻一多，他主张在黑暗中也要把会开到底。我们商量，是不是拉到图书馆大阅览室里去开，

_____

　　①　张源潜：《回忆联大文艺社》，《云南现代史研究资料》第 10 辑，第 51—52 页。

　　②　程法伋：《闻一多与西南联大五四文艺晚会的流产和重开》，未刊。

　　③　朱乔森编：《朱自清全集》第 10 卷，江苏教育出版社 1997 年版，第 290 页。

那里地方大，灯又很亮。闻一多表示可以，可是罗常培还是不同意。闻一多这时有点激动，和罗常培吵了两句，罗常培更不高兴，以为有损他这个系主任的尊严，他硬宣布：'散会！'散会后，罗常培气冲冲地走了，闻一多也不高兴地回去了。大家也十分懊恼，开了这么个不成功的座谈会。但是我们认为，这个会一定要开，有这么多同学来参加，这是好事，我们一定要准备好，开一个更大的五四文艺座谈会。不过，这个会还是一定要由系主任罗常培来主持，闻一多也一定要请来参加才好。罗常培和闻一多之间有一点意见，怎么办呢？他们两个只要有一个不参加，就不宜开。于是我们第二天分头去做工作。闻一多的工作比较好做。我和齐亮去找他，跟他说明是'他们'（这两个字不用解释，他就明白是指的什么）有意的破坏，决不能叫他们这么快意，一定要冲破牢笼，一扫西南联大的沉闷空气，把五四的传统发扬起来，把西南联大民主的旗帜举起来。他马上表示同意，但是他说：'罗先生生气了，他还愿意来参加吗？他不来参加，我也就不好来参加了。'是这样，罗常培当时思想本来要差一些，何况第二天就有人在散布谣言。罗常培还受到国民党教授的'好意'劝告。再加那天晚上闻一多说了几句扫罗常培面子的话。如果作为中文系主任的罗常培不出来主持，作为只是一个教授的闻一多，当然不好出来主持。后来我大胆地对闻一多说：'要罗先生出来，除非闻先生你亲自上门去请他，同时解释一下昨天晚上的误会。'我没有想到闻一多一下就答应了，而且很天真地说：'马上就去。'我对他说：'最好让我们系会的负责同学先去找罗先生说，且我们还要商量一下怎么个开法。'于是我告辞出来，和齐亮一道去找罗常培，动以师生之情，说中文系开的这个会不过是讨论文学问题，如果开不成，中文系太没面子。我又说闻先生准备登门请教，商量继续开座谈会的办法。罗常培经过我们疏通，特别是听说闻一多要登门请教，更不好不答应。于是我们和闻一多一起去罗常培家里找他。甚至没有经过什么解释，他们二人就说和了。闻一多说，中文系要开一个更大的座谈会，并且多请几位教授来作报告，我们提出我们的想法，罗常培到底同意了。齐亮说：'一切具体的事由同学去办，老师们按时到会主持就行了。'闻一多要罗常培主持，罗常培却推闻一多主持，后来商定由他们二人主持，由他们二人发请帖请教授，并由他们二人在民主墙上出通知。"①于是，马识途等同学决定重开的晚会改在新教舍的大广场举行，除了安电灯，还借来煤气灯。会前两天，他们把以罗常培、闻一多二人名义出的通告，用大幅红纸贴出，不特轰动了西南联大，而且外校也轰动了。

经过这番挫折，5月8日重开的晚会筹备得十分周密。大会组织者改为西南联大国文学会，由在学生中声望很高的中共地下党员、中文系学生齐亮（新中国成立前夕牺牲于重庆中美合作所）具体主持筹办。演讲的教授除原先约请的六位，又增加了卞之琳（讲"新文艺与西洋文学的关系"）、闻家驷（讲"中国之新诗与法国文学"）两位教授。大会地点也移到图书馆前大草坪。这天到会的有三千多人，不仅西南联大同学倾巢参加，云南大学、中法大学以及一些中学生也纷纷赶来，真是盛况空前。

晚会由闻一多和罗常培共同担任主席，罗常培主持前半场，休息后由闻一多主持后半场。会上，罗常培首先致开会辞，闻一多则用高昂的语调说：

> "遗产"在"五四"前叫"国粹"，提倡文学革命者称它作"死文学""古典文学"等等。今日提倡"文学遗产"的，实在是要排外和复古。"文学遗产"实在是一宗赃案，我们今天就要来清查这赃案。
>
> 我们中国三四千年以来都在君主之下。"君主"就是以君为主，由君治人。但是实际上负治人责任的，是君主手下的管家们。我们几千年来实在都是官治政治。
>
> 这官治政治有过两次改变：第一，管家之罢工，发生于奴隶制度崩溃之时。从楚狂接舆到庄子，就是。第二，帝政之拆台，辛亥革命和"五四"就是。

---

① 马识途：《光明在望》，《马识途文集——风雨人生》，四川文艺出版社2005年版，第397—399页。

楚狂接舆和庄子们是不合作的，由不合作而不作，不立功而立言，成为文学家。不幸地，他们由反现实而至于逃避现实，走入象牙塔去。几千年来都是如此，只有很少数的几个例外的文人。

多年的学术研究，使他看清了封建知识分子的面目。他把这种人分成四种：一，绝对的奴才，助主子行小惠的儒家；二，罢工后复工，助主子整顿家务的法家；三，外庄内儒的隐士名士，先摆臭架子，奇货可居，后做大官，居心叵测；四，彻底拆台，彻底不合作，如庄子等。闻一多说这四种人都要不得，前三种要不得人都理解，而"第四种人越往塔里钻，则前三种人越发活动自由。结果，人们觉得现在的'民之主'还不如旧时的'君之主'好，于是献九鼎"。这很明显，这指的是洁身自好的知识分子放弃了自己对国家的责任，言语之中，表现出对教授中某种倾向的不满。

接着，他把话题转回到文学上：

我们要知，新文学运动之所以为"新"，它是与政治、社会思想之革新分不开的，不是仅仅文言、白话的问题。旧文学的要不得，在于它代表君主这一套旧的意识，并不是它的艺术价值低。

我们要把文学和政治打成一片，要出塔。我们要知道，所谓遗产，就是什么"国粹"、死文学、贵族文学、山林文学，就是桐城谬种、选学妖孽。我们是中国人，中国的文学当然要从旧文学发展而来，不必故意再嚷什么遗产不遗产。要嚷，就是有意要回到"五四"以前的旧路。……

所以，我们不能忽略破坏，最重要的，是打倒孔家店，再则摧毁象牙塔，这两种东西是相因而至的，都是要不得的。①

---

① 据刘晶雯的记录稿。《闻一多全集》也收有这次讲演的记录稿，题作《新文艺和文学遗产》，是记录者西南联大经济系学生张友仁于1947年提供给参与《闻一多全集》编辑的吴晗的。

《云南日报》记者也对这次晚会进行了采访，其对闻一多演讲的报道是这样写的：

> 闻先生首先谦虚的说他与罗常培先生是既不创造也不介绍的人，而是在做着破坏的工作，也就是替在创造及介绍的诸位先生把守大门，清除内奸，之后就说到正题上去。"遗产"一词，在五四前叫"国粹"，五四以后叫"死文学"，而现在则叫"文学遗产"。现在就有很多人拿它做复古及排外的工具。其实文学遗产是一件赃案，我今天就是来破坏这个赃案的。我国过去是君主专治，其中可以分成四种：（一）做奴才的儒家。（二）走终南捷径的法家。（三）外庄内儒的"隐士"。（四）辞而不干躺进象牙塔去的庄子等。前三者维持君主政治，因此后一种人便无能为力。五四以后，第四种人出了仕，但有些出来后又走回去了。有些则搬一些旧砖头去建造新塔（林语堂等即是）。前三种人一得势，于是打击民主精神，打击五四运动。新文学运动是与新文化新思想运动分不开的，因此今日我们更必需将新文学打入社会中去。所以我说"文学遗产"要不得，嚷嚷"文学遗产"的人是别有用心，现在我们必需彻底破坏，打倒孔家店，摧毁象牙塔。[①]

以学者身份站在讲台上的闻一多，一变而成为猛士。同学们尽最大的力量向他致敬，掌声盖过了一切声音。会将结束，他再次站起来："今天唱压轴戏的不是杨先生而是我，我们研究中国文学二十年，目的就在摧毁这座封建的精神堡垒。"他提高嗓子："我号召大家第二次打倒孔家店！'五四'时候做得不彻底。"[②] 末了，他希望今后在西南联大应有更多的这种座谈会、讨论会。

这次晚会开得十分热烈，《云南日报》给予了很高评价，它在报道

---

① 《浪漫的道路——记联大的文艺晚会》续，《云南日报》1944 年 5 月 10 日。
② 尚土：《痛忆闻师》，《人物杂志》第 2 年第 9 期，1947 年 9 月 15 日。

中说："有什么能够代表联大精神吗？记者认为就是今天这个晚会。你不见，在傍晚的时候，昆北街上，公路两头，就像潮涌般的人都向着新校舍奔去。这时可以用一句俗话形容：'山阴道上，络绎不绝。'真的他们有着远道朝山的行僧一般的虔诚与热望，而这会真也可以比喻做一座香火旺盛的圣地。过去有人说联大像一潭止水，而现在则是止水扬波，汹涌壮阔。"①

西南联大的两次五四纪念晚会，像烈火燃烧起干柴，一下子冲破了寂静已久的校园，也震动了整个春城。吴晗后来说，这次"五四"纪念活动建立了西南联大、昆明，乃至云南民主运动的基础。人们在集会上看到了学者的力量，而闻一多也看到了人民的力量。

打破"可怕的冷静"

抗日战争七周年纪念日里，昆明的大学校园里呈现出空前的活跃气氛。皖南事变后一度疏散到外地去的学生已陆续返回，经过"勤学、勤业、勤交友"的"三勤"活动，大批青年集合在民主的旗帜下，进步壁报和社团日益增多，加之美国出面调停国共矛盾，学人论政的风气在昆明迅速传播开来。

7月7日，西南联大壁报协会与云南大学、中法大学、英语专科学校学生自治会，在云大至公堂联合召开"'七七'时事座谈会"。这是继"五四"纪念会后的又一次大学师生的盛大集会，而且由昆明各大学学生联合举办，这说明昆明的民主运动已走出西南联大校园，扩大到昆明各校了。参加这次座谈会的有三千多人，潘光旦说，"会场内外，挤得水泄不通，景况的热闹，真是得未曾有，就昆明一地说，竟不妨说是空前的"。②应邀出席会议的还有15位教授，他们是闻一多、熊庆来、

---

① 《浪漫的道路——记联大的文艺晚会》，《云南日报》1944年5月9日。

② 潘光旦：《说学人论政》，《自由之路》，商务印书馆1946年版，第361页。

潘光旦、杨西孟、邵循正、朱驭欧、潘大逵、蔡维藩、伍启元、沈有鼎、鲁冀参、冯景兰、李树青、曾昭抡、罗隆基。①

时钟敲了八下时大会开始。首先，全场起立，向抗战阵亡的将士默哀三分钟。

按照会序，讨论的第一个题目是"七年的回顾"。教授们畅所欲言，邵循正认为国家对战争的政治教育不够，蔡维藩谈英美苏的合作。潘大逵专谈政治，说了件浙江某县长贪污问题。经济学家杨西孟举出一串数字，说明昆明物价在全国高居首位。伍启元认为中国眼下最大的经济症结是分配不公。潘光旦力图把话题转到学人的责任上来，说："我们这些人都是开小差的，然而我们还不晓得害羞，还要说什么要为将来建国之类的说辞。今后的问题，是怎样才能使我们这些人东山再起。"陈友松则把一切问题归结于教育方面，李树青认为要克服的是目前流行而且普遍的揩油问题。

"政治问题"是会议讨论的第二个程序。罗隆基站起来谈宪政问题，末了说到民主政治："所谓民主宪政，是民主包括宪政，宪政不一定包括民主，所以我们今天最好不要强调宪政，却可以多谈民主。但如果我们要争民主，首先就要争法治，就要像英国那样，任何人不能在法律以上。"

罗隆基谈的是个十分敏感的现实问题。这位敢于向政府唱反调的政治学家，由于抨击国民党，只在西南联大待了一年就被重庆方面取消了教授资格，是闻一多向大会组织者推荐下才得以出席这个会。罗隆基并不因当局的压迫而沉默，尽管他刚才讲完后会场出现了一些沉闷。

会场之所以出现暂时沉闷，是由于罗隆基的发言涉及一个十分重要的问题，即从事学术研究的人是否应该过问政治。这时，云南大学校长熊庆来站了起来，做了三点说明：一、这次座谈会是学术性的，

----

① 《四学府昨联合举行七七时事座谈会，参加教授十余学生三千》，《云南日报》1944 年 7 月 8 日。

是寓纪念于学术的讨论，所以才来参加；二、认为中国的积弱是由于学术不昌明；三、要救中国的积弱，要昌明学术，我辈做师生的人就应当每人守住他的讲求学术的岗位，孜孜矻矻以赴之，而不应当驰心于学术以外的事物，例如政治商业之类。① 熊庆来这番话显然是有所指的，而且事前当局已派人打过招呼，作为一校之长，熊庆来也担心讨论政治会带来某种党派色彩。可是，他的话无疑给关心时局的人们浇了一盆冷水。

闻一多本来是带着听听的想法参加会议，大会主席王康是他的一个亲戚，王康几次递条子请他发言，他都以自己不懂政治婉言谢绝了。此刻，他听了熊庆来的这番话，再也忍不住了，报载说"闻一多教授枯坐良久，脸上的神色似乎有点像暴风雨前夕的天空，果然一站起来就是万马奔腾，情绪澎湃已极"。② 因为是老熟人，所以说话也用不着客气。③

"我修养非常不好，说话也就容易得罪人。今晚讲演的先生，我们都是老同事，老朋友，有什么苦衷，大家不难理解，可是既然意见不同，我还是要提出来讨论讨论。"闻一多尽量想沉住气。

"谈到学术研究，深奥的数学理论，我们许多人虽然不懂，这又哪里值得炫耀？又哪里值得吓唬别人？今天在座的先生，谁不是曾经埋头做过十年二十年的研究的？谁不希望能够继续安心地做自己的研究？我若是能好好地读几年书，那真是莫大的幸福！"

顿了一下，接着反问道："但是，可能吗？我这一二十年的生命，都埋葬在古书古字中，究竟有什么用？究竟是为了什么人？现在，不用说什么研究条件了，连起码的人的生活都没有保障。请问，怎么能够再做那自命清高、脱离实际的研究？"

全场静静的，人们屏住呼吸，被闻一多的这把"火"感染着。

---

① 参见潘光旦：《说学人论政》，《自由之路》，第361页。
② 《记四大学"七七"座谈会》，《云南晚报》1944年7月9日。
③ 熊庆来原任清华大学算学系主任，抗战前夕自北平到昆明担任云南大学校长。熊庆来与闻一多在清华园时就很熟，熊太太和闻一多的妻子高真也常有往来。

"国家糟到这步田地，我们再不出来说话，还要等到什么时候？我们不管，还有谁管？有人怕青年'闹事'，我倒以为闹闹何妨！'五四'是我们学生闹起来的，'一二·九'也是学生闹起来的。请问，有什么害处？"

自从这年"五四"纪念以来，有人就散布说学生还是应该埋头读书，不该闹。一说到这，闻一多就生气。"有人自己不敢闹，还反对别人闹；自己怕说，别人说了，呵，又怕影响了自己的地位和自己的前程。真是可耻的自私！"

闻一多的话让熊庆来很难堪，他连忙申辩到："闻先生，您太误解我了，太误解我了！""没有！"闻一多答道，"云南大学当局是这样的！我们西南联大当局还不是这样的！胆小，怕事，还要逢迎……这就是这些知识分子的态度！"[1]

这个即席发言很有些刺，可在当时的情况下不得不如此，否则这个晚会向什么方向发展呢？正是由于闻一多这一炮，才扭转了气氛，使"学生要管事"压倒了"学生要念书"的声音。

事后，熊庆来有些懊悔，让华罗庚去做解释工作，说是云南大学训导长让他这样做的，还对华罗庚说："我上了特务的当，我不该去，你见到一多，帮我解释一下"。闻一多听了，也释然地说："当时不得不这样啊。自然，我讲话太嫌锋利了一些"。[2]

其实，闻一多的"火"气并不是针对某个人。6 月 25 日，他曾发表过一篇题为《可怕的冷静》的杂文，批评躲在象牙塔中不愿过问国事的学人。文中说："时机太危急了，这不是冷静的时候，希望老年人中年人的步调能与青年齐一，早点促成胜利的来临！"闻一多把学人的麻木看成是争取抗战胜利的一种心理障碍，他说"目前的一切分明是朝着胜利相反的方向发展"，可是"一部分人虽然看出方向的错误，却还要

---

① 王康：《闻一多传》，湖北人民出版社 1979 年版，第 304—305 页，王康是这次大会的主席，闻一多的即席讲话即王康所记录。

② 华罗庚：《知识分子的光辉榜样》，《闻一多纪念文集》，第 141 页。

力持冷静，或从一些烦琐的立场，认为不便声张，不必声张。眼看青年完成抗战，争取胜利的意志必须贯彻，然而没有老年人中年人的智慧予以调节与指导，青年的力量不免浪费。万一还有人固执起来，利用他们的地位与力量，阻止了青年意志的贯彻，那结果便更不堪设想了"。为此，他呼吁"打破可怕的冷静"，说："民族必需生存，抗战必需胜利，在这最高原则之下，任何平时的规范都是暂时可以搁置的枝节。火烧上了眉毛，就得抢救。这是一个非常时期！"①

7月里，闻一多在《生活导报》上还发表过一篇《画展》，对艺人们开不完的画展，说了些很严厉的话，责备他们"躲避现实"。文中批评的对象，已不只是教授，而是扩大到社会上的一些文化人。他说：艺术无论在何地何时都应该提倡，但是它与思想、文学一样，"也有封建的与现代的，或复古的与前进的（其实也就是那人道与非人道）之别"。因此，"你若有良心，有魄力，并且不缺乏那技术，请站出来，学学人家的画家，也去当个随军记者，收拾点电网边和战壕里的'烟云'回来，或就在任何后方，把那'行尸'的行列速写下来，给我们认识认识点现实也好"，起码"多给我们一点现代的感觉"。②

读了上述的话，人们仿佛看到了《死水》作者的再现。不同的是，当年的"火"因为找不到方向被压抑着，现在则看准了方向燃烧了起来。他自己已经从故纸堆中走了出来，也多么希望朋友们都能走出象牙塔呀！

在西南联大教授中，最早公开批评国民党独裁专制的是政治学教授张奚若。还在这年"五四"纪念之前，他便对"五五"宪草、国民大会组织法、代表选举法，作了一个露骨的批评。张奚若的这种激烈态度，曾受到一些人的质问，却受到闻一多的敬佩。7月1日他给张写了封信，说："听说你曾在某处受过一次包围，并曾奋勇地从重围中杀出。可惜我没有资格参加那会议的余兴，否则你知道我是会属于那条阵线的。"

① 闻一多：《可怕的冷静》，《闻一多全集》第2卷，第375—376页。
② 闻一多：《画展》，《闻一多全集》第2卷，第204页。

张奚若受到包围这件事，触发了闻一多的诗笔，他打算写首《八教授颂》，除写张奚若外，还写潘光旦、冯友兰、钱穆、梁宗岱、沈从文、卞之琳及自己。写这诗的用意有两个，一是春秋责备贤者，二是这八人里有贤也真有不肖。闻一多说这些人"是天天要见面的，话过火了，太不好意思"，因此屈张奚若坐首席，这于张并无损于高明，于别人却很有益处。①

这首诗仅写了序诗与《政治学家》，后来因张奚若不同意发表便没写下去。不过闻一多的意图很明白，他把教授的政治态度分为三种：一是追随反动的当权派，做坏事；一是代表进步势力，反对当时的黑暗势力；一是标榜自由民主的个人主义者，就是中国的"高士"和西方的"绅士"的混血儿。《八教授颂》要针对的便是后一种。这些写毕的诗似乎当时在昆明某小报上登出过部分，后来1948年在平津地区学联编辑的《诗联丛刊》第一期上也刊登过部分。至于全诗则刊载在1986年的《北京盟讯》第7期上。诗中的责备与讽刺，流露出一个革命者的激情，说明的道理是：因循守旧是没有出路的，回头路走不得。

闻一多和社会学家费孝通很熟。这年7月，费自美国讲学归来，一见面，闻一多就指出费去年出版的《鸡足朝山记》中有消极的情绪。在那本书中，费孝通描写了生活的沉重压力，流露出一种无力改变现实的沉默。闻一多说："这往往是知识分子对现实无可奈何的一种想法，我自己过去就有过，而且钻进故纸堆，就像你们知道的，听任丑恶去开垦，看它造出个什么世界！结果呢？明哲可以保身，却放纵反动派把国家弄成现在这样腐败、落后、反动。"②闻一多在解剖别人的时候没有忘记现身说法首先解剖自己，这也是种敢于否定过去的博大胸怀。

强调知识分子的责任，是闻一多初期参加民主运动的一个显著特点。这时，他对人民的力量认识得还比较抽象，但对知识分子的智慧和力量却估计得较高。在他看来，高级知识分子尤其不能昏昏然，否则就

---

① 《致张奚若》（1944年7月1日），《闻一多书信选集》，第318页。

② 费孝通：《难得难忘的良师益友》，《闻一多纪念文集》，第146页。

是放手让统治者为所欲为。

1945 年元旦前夕，昆明《正义报》请了 16 位西南联大教授做新岁笔谈，闻一多安排回答的是"过去一年中在国内或国际间，有哪些成功的或失败的教训最值得记取"？这本是关于形势的认识问题，闻一多想到的却是知识分子问题。他说：

> 按"劳心者治人，劳力者治于人"的原则来说，谁能否认局面糟到这样，完全是"治人"的劳心者的罪，而局面还没有闹到一种更糟的程度（假若你能想象那样一个局面的话），那倒是"治于人"的劳力者的功。所谓劳心者，倒未必有在朝与在野之分，就某种观点说，也许在野者负的责任更大。事情是别人弄糟的，诚然，但也得咱们让他们那样做。你晓得吗？咱们不但纵容了他们，你还包庇了他们，然而咱们有种种方法替你自己卸责——从最愚蠢的到最巧妙的方法，这里不必细数。是羞涩，还是胆小，是你麻木不仁，还是别人神经过敏，是你没有高见，还是本来就是天阉——这毕竟是一切问题的根本。一句话，问题还是在咱们自己身上，请仔细想想吧！①

闻一多的这些思想认识，也反映在学术研究之中。这一时期，他比较偏重于对传统的批判，如《什么是儒家——中国士大夫研究之一》就特别指出儒家哲学的核心是中庸之道，儒家实际上是做了维护统治阶级的帮凶。秋后，他在西南联大讲"庄子"，强调《庄子》流露着战国时代知识分子"士"的悲哀。他说："士的出路是做官，做官实际上是做统治者的走狗，内而榨取民众，外则争夺别国的土地、人民，夺取之后来同样榨取。你想要洁身自好也不行，非要你帮凶不可。"闻一多把儒家与道家做了比较，认为"儒家首先要为人君，其次是全身，而道家是首先要全己身，对人君则很淡薄"，"道家可能是儒家的积极精神在现

---

① 《新岁五问笔谈》，昆明《正义报》"新论衡周刊"第 13 期，1945 年 1 月 7 日。

实上碰壁之后消极退隐的结果"。但是，儒家、道家在今天都要不得，"今天的国事不是帝王一家的事，而是全体人民自己的事"。①

并非空穴来风

1944年暑假中，昆明传出一条令人不安的消息，说西南联大当局奉命解聘闻一多、潘光旦等教授。这股风愈演愈烈，以至吹到重庆，9月4日，《新华日报》特刊出一则报道，题作《极力主张民主的闻一多教授因故解聘》。

说起这股风，自然不是没有原因的。闻一多觉醒后，喊声越来越大，影响也超出西南联大围墙。尚在6月下旬美国副总统华莱士访问昆明时，闻一多就协助进步学生做了件让国民党当局尴尬的事情。

6月20日，华莱士作为罗斯福总统的私人代表飞抵重庆。他此行的目的，是为着实现上年11月开罗会议上罗斯福向蒋介石提出组织联合政府的建议，因此受到中国各阶层的极大关注。

太平洋战争爆发后，美国加入了国际反法西斯阵线。随着盟军在军事上取得的一系列胜利，世界政治形势也发生了重大变动。美国从战后独占远东，限制苏联的长远利益着眼，曾制订出一个新的对华政策，概括地说便是要"使中国成为强大的国家"，目的不过是要使中国成为支撑美国在远东主导地位的台柱子。然而，在蒋介石统治下的中国既不"统一"，又不"民主"，更难以谈得上"强大"。在这种形势下，罗斯福接受了戴维斯、谢伟思等"中国通"的分析，建议蒋介石同意组织国共联合政府。这虽然是从维护美蒋战略关系的稳定出发，但也表明罗斯福在一定程度上认识到中国共产党的力量，承认中国民主潮流的发展。华莱士访华，就带来了罗斯福不赞成国民党武力统一政策，和力促国共两党建立民主联合政府的主张。这是美国第一次出面调停国共矛盾的尝试。

---

① 寄思：《忆一多教授》，《文萃》第40期，1946年7月25日。

　　24 日，华莱士与拉铁摩尔、范宣德、哈查尔等随行人员，在宋子文陪同下飞抵昆明。此前，他在重庆与蒋介石会谈了六次，但在实质问题上一无所获。因此，通过这位副总统向美国政府传递中国人民迫切要求民主的愿望，便成为昆明青年和各界人士的当务之急。

　　在华莱士抵达昆明的当天，西南联大的王康、王子光、万禄等人便得知次日华莱士将要访问西南联大。他们抓住这个机会，决定赶制一幅英文壁报。几个年轻人说干就干，首先起草中文文稿，然后动手译成英文。翻译过程中，出现的一些不易解决的问题，便请闻一多帮助。

　　闻一多很赞赏这几个青年人的做法，他放下手中的工作，加入校订和译稿。由于时间紧迫，他又约了何炳棣、李树青等人协助，经过奋战，终于完成了译稿。晚上，在万禄的宿舍里，王子光铺开从图书馆取来的优质大张纸，又是设计，又是抄写，连续工作 20 个小时。西南联大有史以来的第一幅英文壁报，就这样在文林街 19 号的陋室中诞生了。这时，闻一多和大家的心情一样兴奋，一样激动。

　　25 日，一幅二丈高四丈宽的巨幅英文壁报，豁然出现在西南联大校园。壁报上端剪贴着红纸的大字标题，上书"我们决心与世界任何地方的法西斯战斗！"下端书有"我们要民主！"①

　　英文壁报被钉在西南联大校门东侧的一面大土墙上，因为这儿是去图书馆的必经之路。未料到学校引着华莱士从小湖中间的小路去图书馆，大概是不愿让美国朋友看到这带有政治色彩的壁报吧。但是，随行的记者却眼明手快，立刻走了过去把它摄入镜头。这幅英文壁报产生了应有的影响。7 月 11 日，美国驻昆明总领事馆第 49 号快报中提到这件事，说："国立西南联合大学学生，借欢迎华莱士副总统到昆明的机会，张贴广告，向副总统致敬，批评国民党法西斯，鼓励外国对中国的批评，并强调中国需要西方民主。"②

――――――――

　　①　访问王康记录，1990 年 6 月 6 日。

　　②　美国驻昆明总领事馆第 49 号快报（1944 年 7 月 11 日），转引自中共云南师大党委党史资料征集组编：《一二·一运动史料汇编》第 5 辑，1985 年 8 月印行，第 7 页。

　　华莱士在昆明参加了几次座谈会，既有官方的，也有民间的，其中一次闻一多也出席了。闻一多在座谈中说了些什么，没有见到记载，不过 8 月 9 日美国驻华大使高思在致美国务院的第 1366 号快报中报告了此事，并言及他因此被解聘。电文云："据中国方面消息，昆明约有十名教授，在华莱士副总统 6 月 25 日访昆明时，同副总统谈话中表示了对重庆政策的不满，而被教育部开除。据说其中有五人是清华大学的，包括张奚若、闻一多、潘光旦和罗隆基。还有清华大学校长梅贻琦博士，已奉命前来重庆述职，对他在此次非法谈话中有所牵连作出解释。"①

　　梅贻琦是如何向当局解释的，没有留下资料，但闻一多并没有因此而却步，甚至继而在国民党第五军军部中高倡革命，这当然又是一桩触怒国民党当局并引起其警觉的事。

　　被誉为国民党军队五大主力之一的第五军，是国民革命军组建的第一支机械化部队，直接由军事委员会指挥。1939 年年底，第五军在广西昆仑关全歼日军主力第五师团第二十一旅团，击毙旅团长中村正雄。1942 年年初，第五军作为国民革命军的精锐部队，参加了抗日战争期间中国首次出国作战的第一次远征缅甸战役，在这次战役中牺牲的抗日爱国将领戴安澜，就是第五军第二〇〇师师长。1943 年，以第五军为主在昆明成立第五集团军，原第五军军长杜聿明升任集团军总司令，军长一职由邱清泉接任。邱清泉出身黄埔军校第二期工兵科，后留学德国柏林陆军大学，是喝过洋墨水的职业军人，对西南联大的教授也很尊重。此前不久，西南联大与昆华女中部分同学利用暑假休息时间，以云南基督教青年会宣传队名义，到滇军系统的暂编第十八师进行慰问，暂编第十八师驻地与第五军驻地接近，于是他们顺道也去第五军做了慰问演出。邱清泉知道这件事后，便想邀请西南联大教授开个座谈会，于是，何孝达同学便赶回学校邀请了闻一多和冯友兰、陈雪屏、杨西孟、

---

　　① 美国驻华大使高思致美国务院第 1366 号快报（1944 年 8 月 9 日），转引自中共云南师大党史资料征集组编：《一二·一运动史料汇编》第 5 辑，第 11 页。

华罗庚、刘崇铉、邵循正、曾昭抡、马大猷、陆钦墀、吴晗等教授。

1944 年 8 月 18 日，天气阴沉，虽是雨季的末梢了，但好像雨还不愿离开春城。这天下午 5 时，座谈会在距西南联大新校舍不远的北校场第五军军部召开了，参加者有西南联大 11 位教授及基督教青年会宣传队的部分队员，第五军方面参加的有军长邱清泉、代师长罗思扬、昆明防守司令部政治部主任宋文彬、第五军特别党部书记长刘雪松，昆明《扫荡报》社长李诚毅，及军部各处、科长等。

会上，邱清泉首先致词，强调"文武合一"的意义。继之，罗思扬在"目前形势与中国反攻问题"题下，介绍了"军事方面""其他方面与军事的配合"两个问题，包括东亚战场、国际路线的打通、中国反攻应采之战略、反攻所需要的军事力量，及政治经济对军事的影响、建立新军所需要的文化与教育、如何动员民众帮助作战、其他方面的分析与探讨等。当时，旨在打通滇缅公路的滇西反击战已经开始，在美军第十四航空队的地毯式轰炸面前，日军接连遭受重大损失，腾冲县城于 15 日克复，第五军准备继续反攻，应该说这是中国军队自抗战以来形势较为主动的时期。

但是，座谈会的气氛却很严肃，邱清泉几次想活跃下空气，可总也打不开沉闷的局面。这是因为教授们听不到前线的炮声，天天看见的却是一个个疲惫不堪、面带憔色的士兵队伍从环城公路经过，西南联大新校舍的大门前，正是这条通往前线的公路。因此，大家的发言总是围绕着士兵的待遇问题。冯友兰、曾昭抡、杨西孟、陈雪屏的发言就质问到：国家给军队的给养都到哪儿去了？为什么前线士兵饥饿状况得不到改善？

冯友兰等人的话，显然指的是军队中存在的克扣军饷、贪污中饱，邱清泉也知道这些现象在军队中普遍存在，但他有意加以回避，把问题归咎于运输不济和道路不畅。这些答非所问的话让闷了许久的闻一多忍不住站了起来，说了一番令人惊讶的话。这次座谈会是国民党第五军召集的，第五军主办昆明《扫荡报》自然要报道会议消息。不过，《扫荡报》报道闻一多的话只是说"对目前问题，希望大家用文学精神，把情绪提高，只是自己不做坏事，不管别人，这种独善其身的态度还是不够的"。①但是，《云南日报》报道闻一多的话，要比《扫荡报》的报道激烈许多。

"兄弟什么都不懂，只有用文学精神提起大家的情绪。"闻一多说，"今天各位提出各种问题，如果在英美有一于此，一定会举国哗然，而我们百美俱全，仍然只是一些有心人坐着谈谈。"没有资料记载在场者对这番话的反应，但猜想大家一定面面相觑。"现在好比房子失火，大家要来抢救。以前我们看一切都可悲观，还希望也许在战略上有点办法。今天在这里听见各位长官的话，才知道战略上也很有问题。我只差要在街上号啕大哭。"闻一多是个直性子，他的发言如同抛出的刀子。"我们可怜到如此地步，仍然在座谈。在英美，不是没有坏人，只是他们不敢做坏事，一做坏事，大家群起而攻之。"闻一多停顿了一下，"因此，也没有什么讨论的，只有干，非常时期要用非常的手段干！"②《云南日报》的报道比《扫荡报》要客观些，而亲耳聆听闻一多讲述座谈会情况的季镇淮，在《闻一多先生年谱》中记录的最后一句话则更直截了当："现在只有一条路——革命！"③想象得出，满场大概被这犀利的言辞惊得哑然失声，要是闻一多再讲下去，座谈会就不知道该怎么收场了。

刘崇铉、华罗庚、马大猷、邵循正，也在会上纷纷指出军队内的腐败，特别提到街头到处可见的病兵现象。他们的话，不像闻一多那么尖锐，但批评分量同样很重。

天色渐晚了，邱清泉请教授入席吃饭，他解嘲似地推闻一多和冯友兰坐上座，因为只有他二人飘洒着长髯。"两位先生年高德劭啊！"邱

① 《文武合一的桥梁——记军官与教授座谈会》，昆明《扫荡报》1944年8月20日，第3版。

② 《目前局势与中国的反攻问题——第×军高级长官、联大十一教授座谈纪录》上，《云南日报》1944年8月19日。

③ 季镇淮：《闻一多先生年谱》，季镇淮：《闻朱年谱》，清华大学出版社1986年版，第48页。

清泉说。吴晗插话道："错了，德虽劭而年不高。"是啊，闻一多这时距45岁还差几个月呢。

许多年后，当年参加此次座谈会的第五军政治部副主任吴思珩，对这次会议召集的原因及经过，做了如下回忆。他说：早在1944年，西南联大闻一多、潘光旦等教授"平素对青年学生的言论颇为偏激，经常诋毁中央，破坏政府威信"。邱清泉感到省政府、省党部（负责人裴存藩①）、军队特别党部（书记长楼兆元）以及三民主义青年团（书记高云裳）等，虽负责党团工作，但对这些人不敢斗争，只有附和。邱清泉曾问吴思珩："西南联大被共匪渗透，打着民主同盟的招牌，究竟有哪些教授，其思想言论到底激烈到什么程度，可否设法去了解他们？"研究结果，让吴思珩与查良钊接头，由邱清泉出面邀请这几位教授参加座谈会，希望从座谈会中他们所发表的言论去了解他们的态度。

吴思珩把座谈会的时间记错了，说是1944年10月，又说出席座谈会的"军方除邱军长、我，还有罗友伦，宋长治（当时为军法处长）共4人，教授有闻一多、冯友兰、杨西孟、潘光旦"，这也与当时的公开报道不符。吴思珩说："座谈会以邱清泉为主席，讨论题目为反攻问题，当时日军正在攻打衡阳。座谈会中主席简单报告后，杨西孟以经济学专家立场发表很多对当前的财经问题看法。闻一多却不发一言，主席则无论如何要他发言，因为此会主要的目的就要了解他的思想态度。几经敦促后，他终于说道：'今天谈军事反攻问题，政治、经济各方面当然有关，但应以军事为首要，而在座则以主席为军事权威，在我发表意见之前，容我请教主席几个军事问题。'他随即问了四个很厉害的问题：'第一，衡阳是不是能守得住？第二，如果守不住，日军是不是继续前进？第三，如果继续前进则往哪一方向，是广西还是贵州？第四，如果往这个方向，则可能打到哪里？'对于这种问题，邱军长首先声明：'如果以我本身职务的立场，我是一个军长，为了军事的机密性，

---

① 原文作"褒承潘"，实误，径改。

即使知道了，我也无法答复你，但好在今天是一个学术性的座谈会，我姑且以研究问题的性质来谈谈。'他随即坦率地答复：'第一，衡阳守不住！'当时衡阳是二〇七师（方先觉）防守，邱军长以日我双方装备实力等着眼，说明我方守不住的理由。'第二，日人当然继续前进；第三，根据军事地理分析，继续前进以贵州之可能多于广西；第四，可能打到独山。'这是军长以军事眼光所作极为确切的结论。闻一多听完站起来，终于说：'今天我们各方面的专家都有，而军事方面只有主席是唯一的权威，现在听了主席的结论之后，我们谈反攻问题还谈什么呢！老实说，今天政治、经济、社会各方面都已经没有希望，都得重新改革，换句话说，就是要造反！我们唯一还存有一点点希望的只剩下军事，而今连军事都已没有希望，日本人一打，我们就没办法守，那我们还谈什么呢！那么，现在我们只有一条路，就是全面的造反，全面的革命！'"吴思珩还说："在一个革命的营地里"，闻一多"叫着要革命、要造反，其思想言论之偏激已可想而知。在座其他人都以惊奇恐慌的神色看他"，"既然要'全面造反'了，座谈会也开不下去了"。

　　吴思珩回忆中还披露了一件事，说吃饭时，"年轻的罗友伦（时为上校团长）拿着一杯酒敬他：'闻先生，我敬你一杯酒，你刚才说得很对，今天我们青年必须走一条路，你是知名的学者，应该指导我们青年人，究竟我们应该走哪条路，请你告诉我们！'罗逼问他，闻一多一时张口结舌面红耳赤不知如何作答。他的目的当然不是走三民主义的路，最后不欢而散。"吴思珩说他之所以要"补述这一段的目的，乃是要使后人了解西南联大当时师生的思想状况。当时西南联大的民主大同盟受了共党的渗透而成为其外围，从这个座谈会中他所发表的言论里，可以了解其激烈的程度"。因此，"此后我们对西南联大闻一多这批人特别注意"。① 吴思珩的上述回忆是到台湾后写下的，他之所以特别提到罗

---

① 张朋园、张俊宏访问，张俊宏记录：《吴思珩先生访问记录·昆明学潮》，台湾"中央研究院"近代史研究所口述历史编辑委员会编：《口述历史》第8期，台湾"中央研究院"近代史研究所1996年版，第147—148页。

友伦，是因为罗友伦到台湾后在军中担任过"陆军军官学校校长"、"副参谋总长"，"陆军副总司令"，"国防部总政治作战部主任"等一系列要职。

闻一多的这些举动的确不同凡响，很快就传开了，也招来一些闲言讽语，甚至有人说"他穷疯了"。其实，闻一多的生活这时已有改善，何炳棣说闻一多在昆华中学兼课有 20 块"半开"收入时，说"这 20 块'半开'的待遇是我们一般兼课的人所没有的"，因为那时银元非常"顶事"，何况闻一多已开始以篆刻收入补家用，所以他认为这时闻一多"全家的生活并不是像一般回忆文章里所说的那么困难"。① 闻一多自己也说："个人的生活困难，是可以用别的方法解决的，譬如我，学校里薪水不够养家时，我可以在中学校兼课，也可以替人家刻图章赚钱，个人的生活问题便解决了。可是你要想到大多数，当大多数人民在被压迫，无法生活的时候，就必须也只能用斗争来争取了。"② 1945 年 5 月 4 日，闻一多在西南联大学生办的《大路周报》创刊号上发表《人民的世纪——今天只有"人民至上"才是正确的口号》，马识途到闻一多家取这篇稿子时，说到外边有人咒骂他是"疯子"。闻一多听了，回答道："这个社会，我要是没有找到正确的大路，是会发疯的。"③ 可见，闻一多不害怕这些流言，说风凉话的人，根本无法理解他的思想为什么会出现这样大的转变。

伴随着流言而来的，是一股解聘风。这股风也不知是从哪里冒出来的，说教育部要西南联大解聘闻一多、潘光旦等人，让好心人都为他们捏了一把汗。

解聘闻一多的消息，最早来自《新华日报》，其在 7 月 30 日报道昆明近闻时说"联大教授潘光旦、闻一多等人，有部令解聘说"。第五军座谈会后，解聘风声越来越大。9 月 4 日，重庆《新华日报》特别编

---

① 何炳棣：《读史阅世六十年》，广西师范大学出版社 2005 年版，第 183 页。
② 钟：《我所知道的闻先生》，《文汇报》1946 年 7 月 31 日。
③ 马识途：《风雨人生》（下册），《马识途文集》第 9 册，四川文艺出版社 2005 年版，第 425 页。

发了一则消息，题为《极力主张民主的闻一多教授因故解聘》，内中说："联大教授闻一多和其他教授一人，现已因故解聘，联大同学及清华大学校友，现正发起接济闻氏生活费，使他能继续研究写作。"这条消息引起昆明社会的关切，为此《云南晚报》记者做了调查，并于一周后刊登了一则《闻一多教授解聘说不确》的消息，称："目前陪都方面盛传西南联大教授闻一多及另一教授，已因故被解聘，记者特走访该校当局，据云并无其事。同时该校本学期开学在即，课程单内列有闻一多教授所授之课程。"[①]20日，《新华日报》在报道中有所更正，云："不久前昆渝都传说解聘联大教授闻一多先生，联大同学闻讯，很为愤慨，特为此事出了壁报。后来听说教部虽有解聘令，联大当局却没有接受，大家才释然。"[②]上述消息，不论持哪种说法，都反映了社会上对闻一多被解聘之事的关心。

那阵子，不少人为闻一多担着心。历史系学生许寿谔（师谦）是个进步青年，他特意赶到昆华中学的闻一多家中。"我以你的学生资格，要求你爱护自己一点，因为今天讲真理的人太少，我们经不起敬爱的长者的损失。"许师谦诚恳地说。听了这话，闻一多瞪着双眼，半天，泪珠潸潸地掉下来："这是做人的态度，……我觉得许多青年人太冷了，……人总有心有血，……我不懂政治，可是到今天我们还要考虑到自己安全吗？我很感激，……可是我还要做人，还有良心，……"[③]他早已将个人的事置之度外了，任何威胁只能更加坚定他的信念。

在重庆的堂弟闻亦博也来信表示关切。闻一多好久没有与他联系了，一下子不知怎么才能讲清楚，于是回信简单地谈了自己的基本立场。信上说："今日之事，百孔千疮，似若头绪纷繁，而夷考其实，则一言可以尽之，无真正民主政治是也。惟纵观各国之享有民主者，莫不由其人民努力争来，今日我辈之无思想言论自由，正以我辈能思想能言

---

①　《闻一多教授解聘说不确》，《云南晚报》1944年9月10日。

②　《昆明点滴》，《新华日报》1944年9月20日。

③　王一（许师谦）：《哭闻一多先生》，《新华日报》1946年7月25日。

论者，甘心放弃其权利耳。且真正民主之基础，即在似若无足轻重之每一公民。由每一公民点点滴滴获得之自由，方为真正自由。故享自由若为我辈之权利，则争自由即为我辈之义务。明乎权利义务之不可须臾离，则居今之世，我辈其知所以自处矣。"①这便是闻一多问心无愧、泰然处之不变初衷的态度。

其实，解聘一事并非事实，至少西南联大当局没有这个意思，至于内情如何不得而知。而且，在自由气氛比较浓厚的西南联大，除了罗隆基被重庆取消教授资格外，没有再出现过由于政治因素解聘教授的现象。8月，西南联大中文系主任罗常培出国前夕，还到闻一多家里共商课程安排，学校也要请闻一多接任西南联大中文系主任一职，只是闻一多坚辞不受，才改由罗庸担任。罗常培到重庆后，闻知盛传解聘闻一多事，遂于9月5日给《新华日报》投去一信。信中说："顷阅贵报九月四日第二版载有'闻一多教授因故解聘联大学生募款接济'之新闻一则，殊与事实不符。本人于八月二十八日来渝，在临行前之一日，曾在闻教授家畅谈五六小时。关于西南联大中国文学系下半年度课程之编排，以及个人研究之计划，均有详细之讨论。且本人主持联大中国文学系已历五年，从未闻教育部及学校当局有示意解聘教授之举。倘使当局于教授研究及教学成绩外，有类此之命令，本人亦当以去就力争，不能坐视学者尊严之沦丧。闻教授学问品格，海内共仰，西南联大倚界方殷，贵报所载新闻，显系采访失实。素仰贵报记载正确，主张公道，务请将此函披露，以免淆乱听闻至幸。"②

闻一多被解聘的事还受到国民参政会参政员的关注，有人在9月9日的三届三次国民参政会上提出口头询问，出席会议的西南联大教授周炳琳回答时申明："最近报载西南联合大学教授闻一多被部方解聘，绝无其事，盖'教授思想行动越轨，有法律制裁，教部不致干涉'"。③

————————

① 《致闻亦博》（1944年9月25日），《闻一多书信选集》，第321页。

② 罗常培致新华日报社信（1944年9月5日），载《新华日报》1944年9月20日。

③ 立华：《参政会席上》，《云南日报》1944年9月15日。

　　但是，解聘之事也全非空穴来风，况且在风声日紧的时候，谁能预料将会发生什么事。面对这种势态，闻一多十分坦然，他一面静观事态发展，同时也不希望朋友过于渲染。8月24日，在重庆听到这件事的臧克家，写了一首诗，题为《擂鼓的诗人——呈一多先生》，连同慰问信一起寄给闻一多。

　　臧克家是闻一多在青岛大学很得意的学生，前面说到他早期创作的几首新诗是闻一多推荐到《新月》发表的，而他后来自编的第一部诗集《烙印》，如没有闻一多和王统照的资助，出版肯定会推迟。今天，臧克家的名字已与闻一多紧紧连在一起，他在闻一多殉难时写下的新诗《有的人》中的"有的人活着／他已经死了；／有的人死了／他还活着"，已成为中国诗坛无人不晓的名句，他写闻一多的《说和做》一文，还被编入中学语文教科书。臧克家被誉为"泥土诗人"，他的许多诗描写的是旧中国农民忍辱负重的悲苦生活，但《擂鼓的诗人——呈一多先生》在风格上与它们不同。这首诗中，臧克家写道："呵，你擂鼓的诗人。／站在思想的前线上，／站在最紧要的关口上，／你擂鼓。／咚咚的，是鼓的声音，／是心的声音，是战斗的声音，／越过山，越过海，／去扣每一扇心门，／麻痹的，活动了，／累倒的，振奋了，／险恶的，战栗了，／失掉的，开始寻找他自己的心。／／呵，你擂鼓的诗人。／从沉埋了三十年的经典中，／从幽暗的斗室里，／带着苦心培养的文化"血清"／你走出来——／当别人，／为了一个目的／从几千年的枯坟里／拖出了"死人"，／把他们脸上贴满泥金；／当别人，／为了一个目的／把万年的烂谷糠／拿来喂二十世纪四十年代／中国民族的灵魂。／／呵，你擂鼓的诗人。／经过了曲折的路径，／经过了摸索挣扎的苦痛，／你走向了人民。／把大地做块幕布，／（你是那么挚爱它！）／挂起一幅理想的远景，／你倔强地，精神抖擞地／走向它，／一步比一步接近了群众，／你的人，也一步比一步高大。／我看见／你庄严的神情；／我听见／你心血的冲涌；／最后，我看见你的头／在幕布上有斗大，／一尺长的胡须／在眼睛的星光中／飘动。／最后，像从火山口里／听到爆炸的地心，／从你大张的口里我听见了：'呵，祖国；

呵，人民！'"

从上面的诗句，体会得出只有在特别动情的时候才写得出来，闻一多收到信，读到诗，也受了感动。他回信说："暑假快完，未曾休息，最近才摆脱一切，到乡下来小住。城里传来谣言说我又被解聘，你的诗文都送到，你的信也转来了。劳你又一度虚惊，现在可以告慰你的是：并无其事。本系主任要出洋，学校还在拉我出任主任呢，你们那边却在传我解聘，岂不滑稽？"臧克家的诗给予闻一多极高评价，但闻一多说："你在诗文里夸奖我的话，我只当是策励我的，从此我定不辜负朋友们的期望。此身别无长处，既然有一颗心，有一张嘴，讲话定要讲个痛快，但也不希望朋友们替我过事渲染。我并不怕撞祸，但出风头的观念我却痛恨！"[1]

除了打击，国民党也对闻一多采取过收买措施。闻一多的嫡堂兄闻亦有，排行第十，闻一多叫他十哥。闻亦有在国民政府任职，担任会计局局长12年之久，为主计制度的推行、会计体制的改革、会计制度的建立多所贡献，出版过《主计制度》《政府会计》《成本会计》《银行会计原理》等专著，新中国成立后加入民主建国会。不过，当时他属于陈立夫的CC系统，当选过国民党第五、六届中央监察委员会委员，国民党召开一党包办的"国民大会"，他是CC系提名的"国大代表"。闻一多转变后，闻亦有奉命拉他去教育部当官。闻一多的侄子闻立志（后改名黎智）了解这件事，说"蒋介石曾经通过我那个叔父去收买闻一多，让他到教育部去当官，他结果写了封信，把我那个叔父痛骂了一顿。"[2]

解聘之风盛传的时候，中国共产党对这位民主战士表现出了深切的同情和关怀。10月15日，延安《解放日报》发表《慰问闻一多先生》，文中说："闻先生近年来忧时之念很深，一股正义的热情，更使人感动。

① 《致臧克家》（1944年9月11日），《闻一多书信选集》，第320页。
② 黎智：《在中国电视剧制作中心〈闻一多〉电视连续剧创作座谈会上的谈话》，《黎智纪念集》，武汉出版社2004年版，第512—513页。

当今的学者以国家民族前途为虑的人虽很多，但能够像闻先生这样正直敢言的确还少见。闻先生主张民主，主张青年打破沉寂，这都是针对现实的正论，虽是一部分顽固者流所不乐闻，但是居然因此不容于时，却也出人意外。可见月黑天低，现在正是夜气浓重的时候，我们不仅为先生的被黜而惋惜，尤其是为社会的正义抱屈。"文中，还特别引用了闻一多《可怕的冷静》，说："鸡鸣不已，而风雨如晦，青年们真应该起来打破'可怕的冷静'。"①

| 第三节 |
汇入民主运动的洪流

参加西南文化研究会

如果说崇高的爱国主义思想是闻一多转变的内因，那么这只是停留在朴素的最初阶段，一旦觉醒了的闻一多，不会满足于仅仅迈出这第一步。思想上的饥渴促使他积极向进步的力量靠拢。在这方面，西南文化研究会的影响是至关重要的。

西南文化研究会，是在中共中央南方局特派员华岗倡议下成立的一个高级知识分子的学习会。这里简述一下它的成立经过。

---

①　《慰问闻一多先生》，《解放日报》1944 年 10 月 15 日。

　　1943 年，龙云赴重庆开会，秘密要求与中国共产党建立联系。年底，中共中央南方局派华岗来昆明，通过中共地下党员刘浩及罗隆基介绍，与龙云取得了联系。华岗化名林石父，经一年前来昆创办中国民主政团同盟昆明支部的周新民及楚图南的关系，到云南大学社会学系任教，借以作为掩护。

　　华岗是个知识分子，曾任《新华日报》总编辑、中共中央南方局宣传部部长。他受周恩来委托，带有做知识分子统战工作的任务。为了把进步知识分子组织起来，华岗建议成立一个学术讨论会，并考虑请闻一多参加，还将周恩来给他的一封亲笔信给楚图南等同志看过，信的大意是：像闻一多这样的知识分子，对国民党反动派的腐败是反抗的，他们也在探索，在找出路，而且他们在学术界、在青年学生中，还是有广泛的社会联系和影响的，所以应该争取他们，团结他们。[①]

　　大约是 1944 年夏秋之交，楚图南受华岗委托，与云大历史学系教授尚钺一起来到昆华中学访问闻一多。对于这两位不速之客，闻一多不免有些惊讶。这天，大家谈了些对形势的看法，当提到华岗想来拜望时，闻一多愣了一下，立刻表现出急不可待的情绪。

　　不几天，华岗在尚钺陪同下来到闻一多家中。知识分子的气质，和对共产党的信任，缩短了彼此间的距离，两人都有相见恨晚的感觉。这时，华岗提出邀请闻一多参加正在筹备的西南文化研究会，闻一多很高兴地表示一定参加，并当即介绍吴晗、潘光旦、曾昭抡等西南联大教授参加。[②] 后来，楚图南也介绍了云大教授冯素陶，罗隆基本来就是华岗与龙云联系的搭桥人，自然也是它的成员。不久，在周新民的协助下，西南文化研究会诞生了，李文宜、潘大逵、辛志超、闻家驷、费孝通等人亦相继加入。

　　西南文化研究会是个秘密的团体，内部附设过一个"西南文献研究室"做剪报工作，由吴晗负责，西南联大的丁名楠等同学做具体事情。

---

①　楚图南：《记和华岗同志在一起工作的日子》，《文史哲》1980 年第 4 期。

②　访问尚钺记录，1977 年 10 月 26 日。

西南文献研究室有个图章，是闻一多刻的，他的自存印谱中，还收有这枚印模。这两个团体，都设在唐家花园，它的主人唐筱蓂是唐继尧的儿子，也是民盟成员。

最初，西南文化研究会侧重讨论学术问题，隔一两周开一次座谈会。罗隆基讲欧洲民主，华岗讲苏联民主，闻一多讲关于儒家问题。①渐渐地，座谈的内容转移到学习上面，其中学习过中国共产党的政策，有时也分析时事。十几个人有时在唐继尧墓旁的竹林中，有时租一叶小舟泛游于滇池上。吴晗在《拍案而起的闻一多》中回忆说："在这些会上，我们初步知道中国社会两头小中间大、统一战线政策、个人和集体的关系等等道理。以后我们又得到《论联合政府》《新民主主义论》《论解放区战场》等党的文献和《新华日报》《群众》等刊物，如饥似渴地抢着阅读，对政治的认识便日渐提高了。"②

在西南文化研究会的座谈中，解放区的情况很自然地引起闻一多极大兴趣。伟大的抗日战争，把全国一切主张抗战的力量汇入到同一条战壕，闻一多对共产党的认识已有了转变。西南联大外文系副教授卞之琳曾去过解放区，回来写了部诗集《慰劳信集》，1940 年由香港明日社出版。诗集问世后，卞之琳送给闻一多一本，闻一多读后给以慷慨的嘉许。现在，那个神秘的地方又在向他招手，他多么想去看看。

沉不住气的闻一多几次对亲近的朋友提出这个要求，其中一人就是张光年。

张光年 1913 年 11 月生于湖北省光化县老河口镇，12 岁时就参加了抗议五卅惨案的示威游行。1926 年 7 月，他加入了中共光化县委领导的国民党，次年考入商科职业学校，开始接触新文学，并加入共青团。大革命失败后，湖北党团合并，15 岁的张光年转为中共正式党员。1933 年，在武昌中华大学中文系读书的张光年和几个同学创办《鄂北

---

① 访问尚钺记录，1977 年 10 月 26 日。

② 《人民日报》1960 年 12 月 1 日。

青年》杂志，开始使用"未然"之名。第二年，他参加由进步青年组织的秋声剧社，被推为社长。秋声剧社在汉口公演过两次，演出的是田汉、熊佛西、程南秋编写的进步话剧，笔名"光未然"就是这时在演员表和宣传文字中开始使用的。"一二·九"运动时期，张光年一面在武昌私立安徽中学担任高中国文教员，一面组织"拓荒剧团"，从事抗日救亡宣传活动。这时，张光年编写了表现东北人民在日寇铁蹄下苦难生活，和爱国青年参加义勇军抗日反汉奸的《阿银姑娘》，著名抗日救亡歌曲《五月的鲜花》的歌词，便是《阿银姑娘》的序曲。抗战爆发后，张光年投入救亡运动，担任"中国文艺者战地工作团"团长。1937年10月，张光年到武汉，重新加入中国共产党①，在中共湖北省委领导下开展文化界、文艺界抗日宣传活动。1938年，张光年参加新成立的国民政府军事委员会政治部第三厅工作，任艺术处戏音科科员，同时受第三厅中共特支委托，负责联系十个抗敌演剧队。这年8、9月间，他带领抗敌演剧队第三队到晋西一带吕梁游击区从事抗日宣传活动，1939年3月中旬，已到达延安的张光年创作了组诗《黄河大合唱》，经冼星海谱曲，4月中旬由抗敌演剧队第三队在延安陕北公学大礼堂公演。张光年1939年9月到重庆，在周恩来领导下，开展文化界统一战线工作。皖南事变后，他奉命转移到缅甸开辟工作，1941年年底太平洋战争爆发，又与疏散到缅甸的中共党员组织缅甸华侨青年战地服务团，在上缅甸各城镇开展文艺演出宣传。1942年夏，上缅甸沦陷，张光年方带领一批华侨青年翻过中缅边境的高山峻岭回到云南。到昆明后，张光年起初在云南大学附属中学教书，稍后在李公朴主办的北门出版社担任编辑。他创作的反映缅甸人民劳动与战斗的《绿色的伊拉瓦底》《午夜雷声》《野性的呐喊》《安魂曲》等长诗，结集为《雷》，1944年由北门出版社出版。②

---

① 1987年2月中共中央组织部决定恢复张光年1929年至1937年的党籍，承认他1927年至1929年的团籍。

② 这里关于张光年的介绍，主要根据刘可兴：《光未然传略》，载《新文学史料》1987年第2期。

1944 年秋天的一个夜晚，月光透过宽大的窗棂洒进小屋，洒在床上。闻一多半躺着假寐，张光年坐在旁边。他们俩都是湖北人（张光年是光化人），在大后方遇到同乡本来就是快活的事，更不消说张光年用"光未然"笔名写下的《五月的鲜花》早已传遍全国，闻一多深为感佩。不久前，张光年陪同中共云南省工委的刘浩同志来探望，交谈中也曾涉及解放区的情况。因此两人的话题很自然地转到这方面来了。

"今夜月光这么好，我们不开灯了，就在月光下漫谈如何？"诗人的气质到哪也改不了，一口浓重的湖北方言使两人更贴近了。

张光年谈了些形势，闻一多提出想听他谈谈延安的窑洞。过了会儿，闻一多突然抬身坐起来，认真地说："我想去延安看看，你能帮助我吗？"闻一多想，这位同乡是共产党，一定有办法。

"现在不行，路不通了。"张光年说。

"我要去！想学学怎么做好组织工作。青年们信任我们，可是情况很复杂，咱们办法少，得去延安取点经。"闻一多严肃地说。

张光年被他的真诚感动了，笑着回答："从昆明去，好家伙！不等你走到，半路上就给抓去了。或者没抓去，等你回来，帽子更红了，闻一多就不成其为民盟领导人的闻一多，也就不能起闻一多的作用了。还是留以有待吧。"

听到这儿，闻一多不说话了。他知道去延安不是件容易的事。几年前，罗隆基打算去延安，已走到成都了，还是被特务发现送回重庆。不过，他还不肯罢休，便压低声音："我的意思是化名去，咱们不告诉任何人，悄悄去，悄悄地回来。"

张光年忍不住笑出声："正因为你是闻一多，保不了密，去不了延安。"

闻一多有些不悦，躺了下去。"你们这些人，都是这样的，顾虑多端！"从这话里，张光年知道闻一多也央求过其他人。

"就想想办法，让我去看一眼嘛！"[①] 他还是想去，竟用起孩子般的

---

① 张光年：《为革命真理而献身》，《人民文学》1985 年第 12 期。

语气了。

闻一多实在太向往解放区了。几个月后，他得到一本英文版的《西行漫记》，立刻挑灯夜读。从这本书中，他第一次系统了解了中国共产党是怎样发展起来的，了解了毛泽东、朱德、周恩来等中共领袖是什么样的人。他们的理想，他们的理论，他们的经历，他们顽强的斗争精神，使闻一多佩服得五体投地。他兴奋地指着书上的照片让妻子儿女们看，神秘地说："这就是毛泽东啊！"西南联大复员前夕，他对妻子说：回到北平后，第一件事就是把孩子送到张家口去读书。高真牢记着丈夫的这句话，于1948年3月毅然率领全家奔向晋冀鲁豫解放区。

与张光年谈话后不久，闻一多认识了与张光年一同到缅甸开展工作，又一同返回昆明的中共地下党员、音乐家赵沨，并很快将赵沨引为知己。

赵沨是河南项城人，1916年11月生于开封，在昆明时的名字叫赵天民。赵沨从小喜爱音乐，中学时代参加圣公会圣咏队，在教堂加拿大牧师指导下学习钢琴、唱歌。初中毕业后，赵沨在河南建华艺术学校受到中共地下党员、文学老师方志刚很大影响，参加了飞行集会等活动。1930年，方志刚被国民党追捕，赵沨被迫离开开封到北平。在北平，赵沨遇到俄籍作曲家阿甫夏洛穆夫，经其介绍认识在华文学校学中文的俄国女学生索柯罗娃，并随她学习俄文。1931年年底，赵沨返回河南，在中学担任国文、音乐教员。1935年冬，他考入南京中央电影摄影场训练班，毕业后留在中央电影摄影场音乐组工作。抗战爆发后，赵沨随中央电影摄影场迁往重庆，1938年兼任中央电影摄影场新闻组代理组长，曾负责拍摄《战地简报》《保卫大武汉》等，还把苏联电影记者卡尔曼的纪录片编成《抗战到底》，但审查时被否定了。当时，赵沨还先后受聘于内迁重庆的上海两江体育专科学校和精益中学兼任音乐教师，积极参与社会音乐活动，在几个业余合唱团教唱苏联歌曲和抗日歌曲，投身于群众性的抗日歌咏运动。1939年9月，延安鲁迅艺术文学院教务处教育科科长李凌到重庆开展革命音乐活动，在周恩来的秘书、重庆八路军办事处张颖协助下，团结了一批新音乐工作者，并于 1939 年 10 月成立了中国近现代音乐史上十分重要的进步音乐社团——新音乐社。接着，又在重庆读书出版社总经理黄洛峰帮助下，于 1940 年 1 月创办了综合性的《新音乐》月刊。李凌离开延安前，冼星海给他开过一个名单，其中就有在南京见过两次面的赵沨。于是，《新音乐》自第 1 卷第 4 期起，直到 1950 年 12 月终刊，均由李凌、赵沨任主编。《新音乐》发表过大量反映人民决心抗战，盼望中华民族彻底解放的歌曲，如《自由的吼声》《向着抗战建国的道路前进》① 等。作为既发表歌曲创作也刊载理论文章的综合性、普及性的音乐期刊，《新音乐》的显著特点是密切关注并及时反映社会现实，把刊物与祖国的危亡联系在一起，因此受到国统区文化知识界尤其是广大青年、学生的欢迎，最大发行量近 3 万份，成为国统区当时影响非常广泛的进步期刊之一。周恩来在一次会上曾说：这是两个年轻人李凌和赵沨在业余时间里作出的成绩。② 对于《新音乐》，有人评价说：这个刊物"实际上成为指导和推动国统区群众歌咏运动的中心"，"在抗战期间，没有一种音乐能像上述的群众歌曲那样，对中国革命起到那样巨大的作用，也没有一种音乐刊物能像《新音乐》月刊那样，向人民群众提供了如此及时而又丰富的精神食粮"。③ 赵沨在《新音乐》杂志上发表过《释新音乐》《音乐的民族形式》《新音乐史的考察》等文章，还翻译发表了今天人们十分熟悉和热爱的苏联电影歌曲《夜莺曲》《喀秋莎》等。据说《夜莺曲》是赵沨在电影院中经

---

① 《向着抗战建国的道路前进》原是音乐家吕骥为中共党的代表大会所写的一首大合唱歌曲，名为《向着马恩列斯的道路前进》。赵沨说："这样的歌在国统区的刊物上是不能登载的，李凌同志将它巧妙地改名为《向着抗战建国的道路前进》，而它的原名新音乐社的成员们是完全知道的，因而这首歌在国统区进步青年中，相当广泛的流传了，一直到 1942 年，我在昆明的云南大学合唱团和昆明历史最久的昆明合唱团（原名歌岗合唱团），都教唱和指挥过这首歌曲，并且私下向我信赖的学生和合唱团员讲明了这个合唱的来龙去脉。这首歌在公开演出时，收到了很好的效果。"

② 赵沨：《庆贺李凌同志八十寿辰》，《音乐研究》1994 年第 2 期。

③ 刘新芝：《赵沨与新音乐社》，《中央音乐学院学报》1996 年第 3 期。

多次记谱、记词译配出来的。1940年年底，在八路军重庆办事处支持下，由新音乐社出面组织重庆业余合唱团首次公演了冼星海的《黄河大合唱》。词作者张光年亲任朗诵，赵沨担任《黄河颂》独唱。这次公演相当成功，演出结束后，周恩来登台看望大家，并对赵沨说："你唱得好！这不是歌颂黄河，这是歌颂我们伟大的祖国，伟大的人民，下次唱的时候，要更好地发挥这一点……"[①] 这一时期，赵沨还参加了军事委员会政治部第三厅改组的文化工作委员会的诗歌音乐组活动，而该组负责人即张光年。赵沨的这些活动引起中央电影摄影场场长注意，警告他不要过问政治。1941年1月皖南事变发生，赵沨与张光年、李凌等根据周恩来"荫蔽精干，以待时机"的指示精神和重庆八路军办事处的安排，经昆明到缅甸开展统战、文化和青年工作。在缅甸，赵沨化名赵天民，在教书的同时，与李凌等成立了新音乐社仰光分社，出版《新音乐》（海外版）。他们还与张光年等组织了近百人的缅甸华侨青年战地服务团，到街头进行抗日宣传，演出活报剧、独唱、合唱。1941年年底，赵沨经张光年介绍，在仰光加入了中国共产党。1941年12月太平洋战争爆发，次年3月日军进攻缅甸，占领仰光。张光年、李凌、赵沨等率领战地服务团先撤到曼德勒、腊戍，又撤到八莫、密支那，因日军切断中缅公路，他们不得不由密支那步行翻越高黎贡山山脉，通过大雪山和澜沧江，跋涉50多天到达云南保山，再搭乘运送难民的汽车于5月抵达昆明。

赵沨到昆明后，经李公朴介绍，被疏散到路南县的云南大学附属中学聘请为国文、音乐教员，同时兼任路南县立中学教师。1943年，云大附中迁回昆明，赵沨随校迁昆。在新的环境里，赵沨继续利用音乐从事进步活动，他除了在昆明无线电厂、中央机械厂合唱团教授歌曲外，还担任了昆明各校合唱团联合组成的昆明合唱团的指挥。[②] 西南联大学

①　赵沨：《周总理教我为人民歌唱》，天津人民出版社编：《当我年轻的时候》，天津人民出版社1982年版，第150页。

②　关于赵沨的经历，除注明之征引外，主要根据刘新芝：《赵沨与新音乐社》，《中央音乐学院学报》1996年第3期。

生方堃说，他在高中时期，就知道赵沨与李凌合作主编《新音乐》，影响极广。1944 年秋，方堃考入西南联大电机系，作为爱好音乐的青年，当时就"清楚地意识到昆明有一个赵沨和孙慎，在暗中领导着新音乐运动。像舒模的《跌倒算干什么》《你这个坏东西》，宋扬的《古怪歌》，费克的《茶馆小调》《五块钱》等等都是通过《新音乐》或赵沨、孙慎传到青年学生中来的"。①1944 年 9 月 17 日，中华全国文艺界抗敌协会昆明分会召开第四次全体会员大会，赵沨与闻一多同时当选为新一届的理事。

　　赵沨与闻一多的交往，后面还会讲到，这里仅说一件小事。赵沨从缅甸回国时，带了一架照相机。照相机不大，但很特别，可以把 135 尺寸的照片缩小一半。1946 年 6 月，西南联大复员返回北平前，闻一多全家也要离开昆明，赵沨带着这架小照相机来到西仓坡西南联大宿舍，到闻一多家里拍了不少照片。现在仍然保存着的闻一多全家在宿舍前的合影、闻一多阅读《新华日报》、闻一多伏案刻印、闻一多夫妇合影等，都是那次拍摄的，它们已经成为闻一多晚年在昆明仅有的珍贵写照。

加入中国民主同盟

　　尚在 1944 年的夏天，吴晗就曾动员闻一多加入中国民主政团同盟。不过，那时闻一多沉思了片刻后，只是答应考虑考虑。

　　对于中国民主政团同盟，闻一多并不陌生，它的前身是 1939 年 11 月成立的"统一建国同志会"，1941 年才改为民主政团同盟。这是政治上具有民主思想的一些党派的一个初步结合体，由青年党、国家社会党、第三党、中华职业教育社、乡村建设学会、救国会三党三派组成。它的重要成员李璜、张君劢等，闻一多都较熟悉，章伯钧也有过交往，

―――――――――

　　①　方堃：《对赵沨同志的几点回忆》，《中央音乐学院学报》1996 年第 3 期。

而罗隆基、潘光旦、潘大逵都是从清华学校起便建立了友谊的朋友。民主政团同盟的十大纲领建立在争取民族独立与民主政治基础上，对此闻一多也表示赞同。

不过，他似乎对走政治这条路还有些犹豫。中国的学者，普遍有种清高感，他们"问政"而不"参政"，认为政治家都是为着争权夺利，道德上低劣不可仿。教育部曾要求各大学系主任以上的教授集体加入国民党，孙毓棠也受陈雪屏之托劝闻一多入国民党，由于清高思想的影响，闻一多都没有答应。对国民党是如此，对民主政团同盟又何尝没有想法，况且同盟中有些人是他不屑为伍的。

然而，情况毕竟有些不同，严峻的时局逼得人不得不讲话。闻一多有个远房堂弟闻思，参加教导团开赴印缅战场，途经昆明来看望哥哥。交谈中，闻思讲了国民党部队中许多惨不忍睹的黑暗，说军官们克扣军饷，吃空名，在宣威买了大量火腿让士兵扛到昆明卖出，大发横财。又说军官根本不把士兵当人看，动辄拳打脚踢，扇耳光，抽皮鞭，一次连长拿五节长的手电筒猛击一个兵的头，玻璃片都碎了。"为什么不反抗？""为什么不逃走？"闻一多惊怒道。"抓回来是要枪毙的！"闻思哭诉着说。

闻一多震动了，青年学生为了抗日放弃学业拿起枪，而政府却在喝人的血。昆华中学也住有一连军队，开拔时丢下一个病兵，那病兵走投无路，跳井自杀，尸体拉上来许多人围着掉泪。

有一件事也给闻立雕留下十分深刻的印象。他说："一次一个残暴的军官用皮带猛抽、用穿着美军皮靴的脚狠踢一名孱弱的病兵，父亲正好走到跟前，眼看着那名士兵翻了几下白眼就倒下去了，又愤怒又痛心，血液一下子沸腾了起来，冲上去企图扼止那只罪恶的黑手……回到家中怒气仍久久不消。母亲劝他何必生这样大的气，父亲情绪激动地说：'不是你的儿子你就不管！'"[1]这些听到、看到的桩桩现实，让闻一多辗转难眠，几天闭门不出。

---

[1]　闻立雕：《不朽精神育后人》，《人民政协报》1996 年 7 月 25 日。

闻一多要呐喊了，可个人的力量是那么微不足道，唯有加入一个组织才有力量。他曾经想，要参加政治活动就干脆加入共产党，这很符合他耿直刚烈的性格。朋友们对他这种心情很理解，但是劝他为了民主斗争，眼下可以先加入民盟。民盟由青年党把持的时期就要结束了，昆明支部已正式向中央常务委员会提出建议，要求取消"政团"两字，把名称改为"中国民主同盟"，使之成为政治主张相同的个人大联合，而不仅是以政团为单位的联合体。况且，民盟毕竟还是中共的朋友啊！

经过慎重考虑，秋天里，闻一多对吴晗推心置腹地谈了一番话："国家危急，好比一幢房子失了火，只要是来救火，不管什么人都是一样，都可以共事。"①

几天后，在一间小屋内，闻一多秘密地加入了民盟。他宣誓道："本人愿以至诚接受本同盟纲领规程及一切决议案，并履行所规定或决议之义务，为民主前途奋斗。谨誓。"按照规定，介绍人罗隆基、吴晗当着闻一多的面，把加盟志愿书烧掉。这一天，他的心情很不平静，说自己"将来一定要请求加入共产党"。②尽管这时他对共产党的认识还是初步的、直觉的，但共产党代表了中华民族的最高利益，她已赢得了这位饱经风霜的学者的信赖。

云南的民盟支部成立于1943年5月下旬，最初只有罗隆基、潘光旦、潘大逵、周新民、唐筱蓂、李文宜等，吴晗由于妻子袁震与李文宜的关系，是支部成立后最早加入的成员之一。闻一多加入民盟时，西南文化研究会的成员也相继入盟。随之，云南省主席龙云、云南省宪兵司令部副官长刘达夫、龙绳武（龙云的长子）、金龙章、朱健飞等中上层人士也成为民盟的秘密成员。这样，昆明的民主运动便得到了地方实力派的同情与支持。

加入民盟后，闻一多按捺不住兴奋的心情，忍不住把这事告诉亲近

---

① 转引自王康：《闻一多传》，第300页。

② 《循着闻一多的道路前进——记清华闻一多先生殉难三周年纪念晚会》中记录之吴晗的发言，《光明日报》1949年7月18日。

的朋友和学生。一天，程应镠来看望，面对这位抗战初期曾到山西打过半年游击的学生，闻一多悄声说："我从'人间'走入'地狱'了。"停了会儿，他的语气又变得严肃起来。"以前，我在龙头村，每回走进城，上完了课，又走着回来，我的太太总是带了小孩到半路上来接我。回到家，窗子上照着的已是夕阳了，孩子围在身边，我愉快地洗完脚，便开始那简单而可口的晚餐。我的饭量总是很好的，那一天也总过得很快乐。"程应镠听得入了神，眼前仿佛出现了一幅孩子绕膝的欢乐图。闻一多点燃一支烟，站了起来，眼里发着光。"现在，那种生活也要结束了。"①

是的，闻一多向旧的生活告别了，他对新的生活充满了信心。冬天，罗隆基笑着说："一多是善变的，变得快，也变得猛，现在是第三变了。"这位从少年时代起便与闻一多学习生活在一起的老同学、老朋友，对闻一多几十年来走过的路是再清楚不过了。当年他们一起参加"五四"运动，一起赴上海出席全国学联大会；后又一起举行同情"六三"惨案的罢考，同被留级一年；到美国后又一同发起"大江会"，鼓吹国家主义。回国后，闻一多埋首书斋，罗隆基则抨击政府，维护人权，两人一度各走各的路。现在，他们又走到一起来了。

"将来第四变不知道会变成什么样子"，罗隆基发出朗朗笑声。闻一多也大笑起来，说："变定了，我已经上了路，摸索了几十年才成形，定了心，再也不会变了！"②

的确，闻一多追求民主的信念是不会变的，他加入民盟不是一时冲动，而是经过了深思和熟虑。有一次，他的一个学生劝说道，"你站在外面说话更有力量。"闻一多火了："力量？团结才有力量，有组织才有影响！我不仅不接受你的劝告，而且，我倒要劝你也参加同盟！"③还有

---

①　流金（程应镠）：《人之子——怀念闻一多先生》，《文汇报》1947 年 3 月 24 日。

②　吴晗：《闻一多的道路·序》，生活书店 1947 年版。

③　柳映光（杨明）：《闻一多就是我们的旗子》，昆明《民主周刊》第 3 卷第 19 期，1946 年 8 月 2 日。

一次，和几个青年谈话，讲到共产党和民盟，他说："以前我们知识分子都多少带着洁癖，不过问政治；现在却是政治逼着我们不得不过问它了。这也就是说，我们是应该参加政治活动的。在中国当前的政治情势中，要参加有组织有纪律的政治活动，只有参加共产党或民盟。有些人没有勇气参加共产党，因为那种战斗生活是异常艰苦的。又有些人还不了解共产党，因为反动派在各方面封锁得太严格了。在这种情势下，我们参加民盟，在争取民主的斗争实践中锻炼，逐步改造自己，提高自己，也是很好的。"① 在座的人被他的诚恳真挚感动着，有几位后来先后加入了民盟。闻一多身边的助教、研究生何善周、季镇淮、范宁、王瑶等，也都经过他的介绍加入了民盟。罗常培在给胡适的一封信中，也曾提到闻一多与潘光旦劝他入民盟的事。

---

① 凌风：《回忆闻一多同志》，《光明日报》1950 年 7 月 15 日。

第九章
民主斗士（上）

当这民族历史行程的大拐弯中，我们得一鼓作气来渡过危机，完成大业。这是一个需要鼓手的时代，让我们期待着更多的"时代的鼓手"出现。至于琴师，乃是第二步的需要，而且目前我们有的是绝妙的琴师。

——闻一多《时代的鼓手》

| 第一节 |
新的姿态

保卫大西南

闻一多加入中国民主同盟的时候，正是西南大后方面临严重危急的时刻。

1944 年年初，日本侵略军在太平洋战场上连连失利。自 1943 年 11 月中美空军混合联队成立以来，日本本土屡遭轰炸，给骄横的帝国造成精神上的巨大压力。美军在太平洋诸岛屿的争夺战，也把几十万日军及丰富资源与日本本土隔绝开来。海上的失败迫使日本大本营决定打通陆路上的交通，以摆脱日暮途穷的困境。大本营把这个作战计划叫作"一号作战"，目的在于占领并确保湘桂、粤汉及京汉铁路南部要冲，摧毁中国空军主要基地，制止中国空军袭击日本和破坏海上交通。

"一号作战"是抗战以来日军在正面战场发动的第二次大规模军事行动。4 月中旬，河南战役首先拉开，担任黄河河防和正面防御的国民党 18 个军，在汤恩伯指挥下，未经大的抵抗便后撤，致使中牟、尉氏、新郑、郑州相继失守。5 月，许昌、洛阳亦入敌手，重要的交通枢纽均被日军占领。

6 月初，日军又发动湘桂战役。指挥过三次长沙会战的薛岳，仍凭以往经验将主力退入两翼，企图消耗日军，而各派系军队则极力避战以保存实力，导致 18 日长沙陷落。接着，日军进逼粤汉、湘桂交会点衡阳。衡阳，是美国第十四航空队在华的重要基地，是通往东南各省的咽喉，双方曾展开激烈的战斗，共打了 47 天。8 月 8 日，中国军队在伤亡九万余人后丧失了这一战略要冲。

9 月上旬，日军复自湖南、广东及越南向广西发动桂柳会战。如果日军继续得手，那么贵州便成为前线，滇川必受到严重威胁。大后方在这种局势下人心惶惶，不少人收拾细软，准备再次撤退。

就在这严峻的形势下，闻一多加入了中国民主同盟，并大声呐喊"保卫大西南"。这个呼声是在双十节纪念会上发出来的，当时，民盟云南省支部与文化界、教育界联合起来，以法定的节日纪念活动，来动员和推动云南民众参加保卫大西南的斗争。

这次大会是皖南事变以后云南各界组织的第一次大规模群众集会，会前，民盟云南省支部做了周密的安排，并征得云南省主席龙云的同意与支持。在筹备中，闻一多也做了不少工作。

翠湖边的一幢西南联大教职员宿舍里，召开过一次筹备会。闻一多带着商量的口吻说：昆明的情况已有了些变化，一定要把大会的筹备工作尽力做得缜密细致些，这才有把握把会开好。说到争取团结某些人时，他很有感触地说：爱国是靠自愿，做什么事都有先有后，先走的人有责任拉拉走得慢一点的人。我过去不问政治，不参加群众活动，还不是靠走得快走得早的朋友们，有的拉，有的推，才能跟上大伙。搞民主运动，人越多越好，走得慢的朋友对有些事不清楚，难免怀疑犹豫，在眼前这种形势下，是好理解的。你们想想，参加一个会，签上一个名，给特务盯上了，会招来麻烦，甚至生命危险，能不有所顾虑？大家要同意的话，就再接着干。有的人找了一次不行，就再找一次，多争取一个人，就多增加一份力量，扩大一分影响。[①] 这种现身说法，给筹备者们带来鼓励。当时参加民主运动的多数人是学生与青年，而有一定社会地位和影响的中年人，还不免有些徘徊，闻一多的一番话，就是针对这

---

① 王康：《闻一多传》，第 314—315 页。

种现象讲的。

10 月 10 日，双十节纪念大会在昆华女中操场上隆重举行。闻一多作为主席团成员，出现在台上，这是他抗战以来第一次走出校门，来到人民面前。

大会开始了，他第一个演讲。面对 5000 余人，他开门见山地发出洪亮的声音：

"诸位！我们抗战了七年多，到今天所得的是什么？眼看见盟军都在反攻，我们还在溃退，人家在收复失地，我们还在继续失地。"尖锐的话，一下子抓住了听众的心。

"不是有几十万吃得顶饱，斗志顶旺的大军，被另外几十万喂得也顶好，装备得顶精的大军监视着吗？这监视和被监视的力量，为什么让他们冻结在那里，不拿来保卫国土，抵抗敌人？"谁都听得出，这是针对胡宗南率领的大军虎视眈眈监视着延安的八路军。抗战以来，这支军队没有一兵一卒用来抗日，反而作为近卫军围困着共产党领导的抗日军队和陕甘宁边区。人民对此早就不满了，但在大庭广众之下公开谴责似还不多，因此这声音给人们一种从压抑中解脱的力量。

"几个月的工夫，郑州失了，洛阳失了，长沙失了，衡阳失了，现在桂林又危在旦夕，柳州也将不保，整个抗战最后的根据地——大西南受着威胁。如今谁又能保证敌人早晚不进攻贵阳、昆明，甚至重庆？到那时，我们的军队怎样？还是监视的监视，被监视的被监视吗？到那时我们的人民又将怎样？准备乖乖地当顺民吗？还是撒开腿逃？逃又逃到哪里去？逃出去了又怎么办？"一连串的反问，答案不解自明。闻一多把自己的一腔怒火，传递给听众。会场上鸦雀无声。

"诸位啊，想想，这都是你们自己的事啊！国家是人人自己的国家，身家性命是人人自己的身家性命，自己的事为什么要让旁人摆布，自己还装聋作哑！谁敢掐住你们的脖子！谁有资格不许你们讲话！"这话，显然有所指。大家都屏息聆听。

闻一多喘了口气。"用人民的血汗养的军队，为什么不拿出来为人民抵抗敌人？以人民的子弟组成的队伍，为什么不放他们来保卫人民自己的家乡？"又是一连串的反问，它浸透着学者对国民党消极抗日、积极反共的愤怒。"我们要抗议！我们要叫喊！我们要愤怒！我们的第一个呼声是：拿出国家的实力来保卫大西南——这抗战的最后根据地的大西南！"

在热烈的掌声中，他强调了昆明的重要地位，号召人们"用奋发的心情准备迎接敌人的进攻"，并且"走到敌后，展开游击战争"。和许多深明是非的人一样，闻一多看出国民党军事上的溃败，实际上是政治腐败的必然恶果。"七七"事变以后，国民党被迫承认共产党和其他抗日团体的合法地位，却始终不承认它们的平等地位与平等权利。国民党要的不是全民族的抗战，而是坚持其一党领导下的片面抗战。这在大敌面前，怎能抵挡得住日寇的疯狂进攻呢？为了推动全民族的抗战，闻一多特别强调民主与自由的精神，特别强调人民应当认识到自己的力量。他说：

"今天站在人民的立场，我们一方面固然应当向政府及全国呼吁，另一方面，我们也得承认我们人民自身的责任与力量。……保卫国土最后的力量恐怕还在我们人民自己的身上。一切都有靠不住的时候，最可靠的还是我们人民自己。……要记住昆明在国际间'民主堡垒'的美誉，我们从今更要努力发扬民主自由的精神。……今天政府不给人民自由，是他不要人民。……我们今天要争民主，我们便当赶紧组织起来，……有了这个基础，我们便更有资格，更有力量来争取更普遍的、完整的和永久的民主政治。"①

会上，楚图南、吴晗、李公朴、罗隆基也分别作了"言论自由与身体自由""中苏邦交与国共问题""改善士兵生活与当前政治问题""改革政治的方案"演讲。这些都是人们关心的问题，它们不仅是保卫大西南，更是如何争取抗战胜利和民主建国的重大问题。这些演讲的倾向，无疑与中国共产党的主张遥相呼应，因此必然遭到国民党反动派的仇视

———————

① 《组织民众与保卫大西南》，刊于昆明各界双十节纪念大会专册《人民的呼叫声》。

与破坏。

大会正在进行中，突然"砰！砰！"两声巨响从人群中传出来，有人喊道："手榴弹！手榴弹！"会场顿时出现一阵骚动。

主席台上，闻一多、李公朴沉着镇定。人们事前曾料想到会有特务捣乱，但未想到特务的伎俩如此卑鄙，他们不敢公开站出来论战，却躲在人群中燃放爆竹，企图扰乱人心。"不要乱，不要惊慌！"抗战前在上海指挥过示威游行的李公朴把爆竹展示出来。闻一多面容严肃，长髯飘拂，像尊威武不屈的雕像。这时，龙云派出的宪兵也赶到了，特务被扣了起来，会场恢复了平静。

大会结束之前，闻一多宣读了《昆明各界双十节纪念大会宣言》。这个宣言由罗隆基起草，闻一多润色，中间数次修改，其中一份底稿为闻一多与李公朴誊录，虽历经沧桑仍保存完好。鉴于该宣言是闻一多投身民主运动后参与起草的第一份文献，故有必要将其全文作以展示：

> 今年这一个双十节，不但是民国历史上空前的危机，而且是中华民族生命上空前的危机。外则强寇深入，20余省土地沦于敌手，3亿以上人民变为奴隶；内则政专于一党权操于一人，人心涣散，举国沸腾。33年前祖先苦心缔造的民主国家，到今天，国既不成国家，民更不是主人。瞻顾前途，不寒而栗。

> 国家所以造成今日局面，绝非偶然。全国人民固应深自愧悔，而专权在位十余年的国民党尤当引咎自责。就拿八年抗战的历史事实来说，抗战初起的时候，全国国民一再呼吁，认为必抗战民族始有生命，必民主抗战始有胜利；认为为民主，对外必实行抗战，为抗战，对内必实行民主。不幸人民八年来的呼吁，竟不曾丝毫影响政局。到了今天，以言军事，敌人无攻不克，我则每战必溃；以言财政，通货是无限制和膨胀，物价则几何数的跃进；以言经济，竭泽而渔，户鲜盖藏，杀鹅取卵，饿莩载道；以言内政，贿赂公行，贪污成风，道德沦亡，法纪废弛；以言外交，对近邻猜疑轻视，对远友评诋谴责。以这样的环境，当这样的难关，若再因循因守，必

至国亡种灭。我们外观大势，内察人心，一致认为今日只有内部的彻底改革，方足以应抗战之急，救灭亡之祸。

我们以为今日彻底改革的要图，首先应由专权在位的国民党立即宣布结束党治，还政于民。国民党北伐成功以后，训政本限定四年。今时间早已超过，诺言仍未履行。民国二十四年及二十五年的时候，政府曾一再宣布召集国民大会结束党治，今则推诿迁延将近十年。民国三十二年，国民党十一中全会又决议抗战结束一年后召集国民大会，结束训政。最近蒋主席又公开昭示国人，正在考虑提前实施宪政。训政果未完成，十年前何以即可实施宪政，训政既可随时宣布结束，宪政又何必推诿明年，更何必待诸战后？八年抗战，牺牲了数千万人民的生命，数万万人民的财产，本应是保全民族生命建立民主政治的代价，而不是为一党一人把持权利的机会。今日的形势既有结束党治，还政于民的需要，而我们国民亦有要求立即实行宪政，实现民主的权利。

其次，今日政府应立即召集国是会议，组成全国政府。国民党既还政于民，国家必有代表人民行使主权的机关，使政府得以向其负责。此外如制定宪法，改编军队，整理财政，革新外交等等，必须集全国人民的心思才力，以资应付。至于将来的全民政府既向国是会议负责，即应由国是会议产生，新政府的人选应包括全国各党派之代表及全国无党无派才高望重之人。这样的政府，才能得到国内的团结，才能得到军令政令的统一，才能得到全民的拥护，才能得到盟友的信任，才能支持长期的抗战，挽救国家民族的危亡。

对新成立的政府，我们认定应立即实现这些政策：甲，绝对保障人民身体言论集会结社等等自由。乙，立即释放汉奸以外的一切政治犯。丙，立即彻底改善财政经济政策，停止通货膨胀，且必须用毅然决然的手段，使富有阶级依能力担负战费的责任，以便减轻平民的痛苦。丁，必须彻底提高士兵待遇，调整军事编制，并且普遍平均分配全国军队的装备与供应。

再其次，我们认定西南的川、桂、滇、黔几省，是今日全国家仅存的托命寄身的根据地，我们必拼全力保持，虽战到一兵一卒，亦必死不失。第一次欧战的时候，德军已逼迫巴黎，福煦将军"他们永远不许过去"的命令，居然转危为安。这次世界大战，苏联以史大林格勒为不可再退的防地，居然转败为胜。我们应该用这样的精神决心和勇气以保卫大西南。我们今日应发动西南全民力量，组织群众，武装人民，与敌寇决生死，与国土共存亡。在国家民族生命危在旦夕的今日，凡有与奸伪相勾结，与敌寇谋妥协，为卖国投降的勾当，我们誓与国人共弃之。

总上所言，我们本良心之主张，作救国之呼吁。邦人君子，幸垂教焉。谨此宣言！①

这个《宣言》指出的"今日彻底改革的要图，首先应由专权在位的国民党立即宣布结束党治，还政于民""政府应立即召集国是会议，组成全民政府""新政府的人选应包括全国各党派之代表，及全国无党派才高望重之人"，与9月间林伯渠代表中国共产党在国民参政会上提出的建立联合政府建议的精神完全一致。而它提出的新政府应立即实行保障人民自由、释放政治犯、改善经济政策、调整军事编制等，也是政治民主化的基本前提。至于《宣言》中所说的应当"普遍平均分配全国军队的装备与供应"，实际上是认为中共也应得到美国援助，这一点正是蒋介石与史迪威矛盾的一个焦点。此外，《宣言》指出："凡有与奸伪相勾结，与敌寇谋妥协，为卖国投降的勾当者，我们誓与国人共弃之"，也是对投降主义路线的谴责。这些，都与国统区各地掀起的民主运动，遥相呼应。

这次大会，是昆明人民空前盛大的誓师大会，其规模超过了几天前重庆和成都的集会。尽管当局禁止公开报道大会消息，但它仍像在干柴上点燃了一颗火种。人们在大火的照耀下，看到了闻一多的崛起。

① 《昆明各界双十节纪念大会宣言》手稿，中国国家博物馆存。

许多青年学生在通信中，热情赞扬了他的勇猛与无畏，称他"老当益壮""对国事颇多进步主张""为弟十年来所仅见"。①

向鲁迅忏悔

襟怀坦白的人总是敢于正视自己的过去，敢于解剖自己的错误。闻一多加入民盟的本身，就是一种对故我的否定。而他公开向鲁迅表示忏悔，也在昆明引起了不小的震动。

那是 1944 年 10 月 19 日晚 7 时，西南联大"冬青"等五个文艺壁报社与云南大学学生自治会，在云南大学至公堂联合举办纪念鲁迅逝世八周年座谈会，会议筹办者除在四处张贴海报外，报纸也刊登会议的预告，"欢迎各界自由参加"。② 这是近年来昆明知识界举行的又一次盛大集会，报载"下午 5 点钟左右，云大至公堂里就有很多参加的人，到 6 点半钟，连外面走廊上也站满了人，有人甚至爬到至公堂的树枝上，整个至公堂都被赶来参加晚会的人挤得满满的了。这中间最多的是联大、云大、中法三大学和各中学的男女学生及文化界、公务员、银行职员等，一共有四五千人。"③

晚 7 时整，座谈会开始，徐梦麟代表文协昆明分会登台致辞。接着，尚钺、楚图南、姜亮夫、李何林、朱自清、闻一多分别演讲，"对鲁迅生平、作品及精神等，均有极精到的阐述，尤其对认识鲁迅的战斗精神，特别着重"，"一致指出纪念鲁迅必须学习鲁迅"。演讲结束后，西南联大五文艺壁报成员集体朗诵了纪念鲁迅的诗、《华盖集》

---

① 王瑶致赵俪生信，转引自冯夷（赵俪生）：《混着血丝的记忆》，《文艺复兴》第 2 卷第 4 期，1946 年 11 月 1 日。

② 《鲁迅纪念座谈会今晚在云大举行》，《云南日报》1944 年 10 月 19 日，第 3 版。

③ 《鲁迅纪念晚会，四千多人热烈参加，讲演朗诵近五小时》，《云南日报》1944 年 10 月 20 日，第 3 版。

中《忽然想到》的几节，及田汉改编的《阿 Q 正传》剧本第五幕。11时 25 分，晚会进行了四个半小时，方在全场高唱《义勇军进行曲》中散会。①

这天的演讲者中，闻一多是最后一个站起来的。几天前，他就得知这次活动，但晚会组织者最初有些犹豫，因为闻一多是"新月派"的成员，新月派曾与鲁迅发生过激烈的辩论，他肯出来参加这个会吗？不过，闻一多最终还是收到了邀请。他心里很高兴，为大会组织者把自己看成是鲁迅的同路人而高兴。

说实在的，很长时间了，闻一多对"新月派"这顶帽子是不满意的，当年梁实秋与鲁迅争论时，他没有讲过一句话。8 年前在北平的时候，清华文学会开会追悼鲁迅，他在会上把鲁迅比作今日的韩愈，赞扬鲁迅"除了文章以外还要顾及国家民族永久的前途"②，这显然对鲁迅表示了敬仰。当然，那时他是以"文学史家的眼光"来观察这位文化旗手，经过这些年对社会的深思，他对鲁迅有了新的认识，认为刚才李何林、楚图南、尚钺、徐梦麟、朱自清的发言说得都很深刻。不过，闻一多本没打算发言，只是觉得姜亮夫发言中把鲁迅比作孔子，觉得虽也有些道理，却也感到对鲁迅有些不恭，而姜亮夫话语中流露出"鲁迅也不是什么了不得的"意思③，也有必要纠正。

"有人说'鲁迅是中国的孔圣人'"，大家听到洪亮而熟悉的声音，他就是"五四""七七""双十"纪念会上出现在昆明民主运动行列中的闻一多。

"鲁迅大于孔子，是中国的圣人是对的，但他却不是中国的孔圣人。孔子是拉着时代后退的。鲁迅则是推着时代向前进！天灾人祸，有人说是为了'天命'，鲁先生转移了他，说这是人谋之不臧，就是鲁迅之

---

① 《鲁迅纪念晚会，四千多人热烈参加，讲演朗诵近五小时》，《云南日报》1944 年 10 月 20 日，第 3 版。

② 冯夷：《鲁迅追悼会记》，《清华周刊》第 45 卷第 1 期，1936 年 11 月 2 日。

③ 参见田本相：《李何林亲历闻一多遇害始末》，《中华读书报》2003 年 7 月 2 日。

所以不同于旧圣人而是新圣人之点！"①

　　闻一多看到了"新"与"旧"的区别，因为他本人已经从旧的营垒中冲杀了出来，认识到新的方向和新的前途。但是他毫不隐晦自己的过去。"从前我们在北平骂鲁迅，看不起他，说他海派。现在，我要向他忏悔，我们骂错了。"说到这儿，闻一多突然转过身子，向着台正中的鲁迅木炭画像，恭恭敬敬地深鞠一躬。全场大为吃惊，随之一片感动。几位起初对是否邀请闻一多还有些犹豫的人，这时更感到闻一多正直无私的人格。

　　"鲁迅对，我们错了，"闻一多语气沉重，每个字都吐得匀慢清楚，话音中充满了恳挚的热情，"海派为什么就要不得？我们要清高，清高弄到国家这步田地。别人说我和搞政治活动的人来往，是的，我就要和他们来往。"②这番话，是公开的忏悔，也是公开的宣言，它表示了闻一多不畏人言，坚定投身民主运动的决心。

　　说到鲁迅在中国文学方面的贡献，闻一多说，鲁迅特别注意翻译弱小民族的作品，并奠定了今天中国的文艺道路。"再看看从英美回来的贡献些什么成绩呢？我真惭愧。"③

　　闻一多和鲁迅的道路，不期然地有些相似之处。早年，他们一个攻读西洋美术，一个钻研医学，而回国后两人都放弃了自己的专业，改行研究中国文学。面对中国现实，鲁迅首先觉醒，成为新文化的开路人之一。闻一多这时也走出象牙塔，以鲁迅为榜样，这是因为他们都具备了"横眉冷对千夫指，俯首甘为孺子牛"的高贵品质，他们的心是相通的。后来，有人把闻一多比作"昆明的鲁迅"，周恩来同志也指出鲁迅和闻一多都是中国人民的牛，因为他们吃的都是草，而挤出来的，都是滋养躯体的奶汁。

---

　　①　《鲁迅活在青年心里——八周年忌日晚会杂掇》，《云南晚报》1944年10月20日。

　　②　王一：《哭闻一多先生》，《新华日报》1946年7月25日。

　　③　尚土：《痛忆闻师》，《人物杂志》第2年第9期，1947年9月15日。

译训班里讲政治

早在1941年美国退休空军上校陈纳德率领美国航空志愿队援华抗战时,军事委员会战地服务团就在昆明设立译员训练班,专门培训翻译人员。译训班开班之初,蒋介石指令励志社总干事黄仁霖担任班主任,不久,译训班规模扩大,同时身兼新生活运动总干事的黄仁霖要常在重庆协助宋美龄,不可能长期逗留昆明,需要配备一位副班主任常驻昆明,于是向西南联大提出想从潘光旦、吴泽霖、闻一多三人中选择一人担任副班主任,具体负责班务。黄仁霖之所以提出这三人,是因为他们在美国留学时就相熟,而闻一多等人在纽约演出《此恨绵绵》时,黄仁霖还是主角。西南联大考虑再三,觉得潘光旦、闻一多都在担任着教学行政工作,便决定由刚自大夏大学调来的吴泽霖出任副班主任。

太平洋战争爆发后,美国正式对日宣战,援华空军人员也增至14000余人。由于美军援华人员迅速增加,为了培训更多的翻译人员,译训班扩大规模并改属军委会,名为军事委员会外事局译员训练班,习惯上仍称昆明译训班。译训班改隶后,马上着手扩大征调译员。1943年暑假后,西南联大常委会决定1944年应届毕业生男生全部征调为译员,并派出一些教授担任译训班讲师,每次讲课有25美元的报酬。闻一多也在派遣名单中,他没有二话,不仅自己踊跃担任英汉互译课程,还说服了中文系一些不愿征调的同学。

译训班的主办者是国民党军事委员会,根据黄仁霖1941年8月10日给蒋介石的报告,该班宗旨确定为:"以培养翻译人才,增进其航空术语及知识,锻炼其体格,加强其爱国情绪,促进其宣传技能,并使其了解中美文化背景,俾使与外员联谊。"课程设置分为航空术语组、中美文化组、生活指导组三组,西南联大承担的主要是中美文化组,课程有美国史地、中美政治比较、中美民族性比较、日本研究、国际关系、文件译释、美国生活、美国风俗概述等八门。① 闻一多教授的英汉互译，可能就是课程设置中的"文件译释"。

讲授英汉互译，离不开教材。译训班没有指定统一教材，由讲师自行挑选，闻一多就找来一本英文版的《共产党宣言》当讲义。这件事被人告到重庆，重庆传话要调查，被吴泽霖敷衍了过去。闻一多得知后，气愤地说："美国人要问起《共产党宣言》，翻译却不知道，那才让人笑话呢！"

昆明译训班第 8 期是 1945 年 5 月开班，7 月 8 日举行结业典礼。这一期，闻一多只讲了刊登在美国《读者文摘》上的一篇关于南斯拉夫抗击法西斯的报道。这篇文章，赞扬铁托是民族英雄，抨击了一个卖国南奸。快讲完这篇文章时，闻一多说："我们抗战八年了，谁是真正的抗日英雄？是朱总司令，朱德将军！他就是中国的铁托！"②

在译训班第 8 期，闻一多还曾给学员们散发过中共领导人的著作。这一期学员李海（李乐龄）说：1945 年 6 月的一天，"闻先生在快下课时说：'给你们透露个消息，你们马上就要结业了，很快就会分配到各种岗位上协同美军工作，或到前线，或到训练中心，或到后勤部门，总之会接触很多新鲜的事，得到新的信息和情报，希望你们不要忘了我，有机会告诉我一些新事物。为了抛砖引玉起见，我今天给你们先带点情报供你们参阅……'说着，就从他平日上课提来的蓝布口袋里拿出一叠小册子（七八本）发给大家。因为书少人多，我们坐在后排并未当时拿到而只看到书名，就是毛泽东的《论联合政府》、朱德的《论解放区战场》，好像还有《新民主主义论》。这时班长叫'起立'，就下课了。这几本册子我在重庆时已经从《新华日报》上看到过，所以也不太意外，不过班上确有各种反应，最突出的是大个子班长（姓孙？），他拿到一册看都不看就撕掉，也有同学抢着看朱总司令的报

① 《黄仁霖呈蒋介石报告》（1941 年 8 月 10 日），"蒋介石档案"，台湾"国史馆"存，002-080200-00295-071。案：蒋介石档案全称"蒋中正总统文物"，本书简称作"蒋介石档案"，下同。

② 李海的信，2000 年 4 月。

告，想知道最新战况。"①

闻一多在译训班教科书中选择《共产党宣言》，介绍南斯拉夫反法西斯领袖铁托，向学员散发《论联合政府》《论解放区战场》，看起来有些幼稚，其实还远不止这些呢。1945 年 7 月下旬，《新华日报》在昆明成立营业分处，发售《新华日报》《群众》等报刊，闻一多知道了，便让何善周去买报纸，并为清华大学文科研究所订了一份《新华日报》。毛泽东的《文艺问题》(即《在延安文艺座谈会上的讲话》)，也是从营业分处买到的。② 这，就是闻一多，是他认准了一个方向就坚定不移走下去的鲜明性格的写照。

知识要配合人民的力量

1944 年 5 月，远征军教导团第一团在重庆训练期满，编为三个营次第抵昆赴印度。第一营 500 余人，于 23 日抵达昆明，宿营昆华中学。第二、三营亦将陆续到昆。③ 1942 年春，中国按照与英国签署的《中英共同防御滇缅路协定》，组织第一次入缅作战。这次远征失利后，中国远征军一部撤退到印度，改编为中国驻印军，直接接受美式装备，开展丛林作战和生存训练。为此，国民政府在重庆、成都、昆明等地成立赴印远征军教导团，招收兵员。教导团兵员除部分补充一线作战部队外，其余编入教导团，充任技术兵种，因此主要从中学生中征调。

远征军教导团第一团经过昆明时，云南省虽然也组织了欢迎和慰问，但社会上却感受不到应有的热烈气氛。5 月 29 日，军政部出国部队昆明集训营主任左叔平对中央社记者谈话，表示教导团第一团第二、三营抵昆休息期间，将请马崇陆、杜聿明和西南联大教授闻一多、潘光

---

① 李海的信，2000 年 4 月。

② 何善周：《千古英烈　万世师表》，《闻一多纪念文集》，第 262—263 页。

③ 《学生昨日抵昆，即将出国远征，本市各界准备热烈欢送》，《云南日报》1944 年 5 月 25 日，第 3 版。

且讲演，并到各营参观。①闻一多6月4日发表在昆明《正义报》的《伟大的事实不朽的意义——给教导团诸君致敬》，可能就是根据这次应邀演讲整理而成。

《伟大的事实不朽的意义》是篇颇具闻一多风格的杂文，文章开篇就抓住了人心，用形象的素描写道："我们也常常让伟大的历史从我们身边过去，当时漫不经心，却等事后再去追怀，向往，去悬旗，放假，在纪念会中慷慨陈词，溢洋赞叹"，但是，"假如我们能将那分热情，就在当时，亲手献给那些活生生的历史英雄，说不定那对于他们更是一个实惠"，因为"他们带着那分慰藉与同情，在艰辛困苦的搏斗中，说不定会更有勇气，更有力量，能创造出更瑰伟的奇迹来"。写过这些铺垫的话后，闻一多才进入主题。他说：

> 这次由青年知识分子组成的教导团第一团第一、二、三营诸君过昆飞印的壮举，无疑是伟大的历史中最伟大的一页。它应当是这几日报纸上最大的标题，甚至号外的资料，它应该在举国若狂的欢呼与流泪中，接受更多的热，好叫它自己的成就发出更大的光。然而我们这生活在八股传统里的民族，只会在粉墙上写"好男儿，要当兵"一类的官样文章，等真正的"好男儿"露了面，反让他们悄悄的自来自去，连个招呼也没有。试想这是一个什么国度！没有同情，没有热，是麻木不仁？还是忘恩负义？不过也许惟其如此，"好男儿"们才更觉可敬，可佩。伟大的永远是孤寂的。让千百年后流着感激的泪，腾起赞美的歌声，但在他们自己的岁月中，悄悄的自来自去，正是他们的风度。

这篇文章，多少有点像十年前在北平时写的《败》。闻一多认为，新式战争必须使用新式武器，士兵在坦克车上、摩托车上也会打仗，可

---

① 《各界今晨联合欢送教导一团出征远征》，云南《民国日报》1944年5月30日。

是现在不同了，要"了解为何而打，为何而死"，这说明参加作战更需要的是新式思想。不过，"仅仅具有奋勇与耐劳等美德的从农民出身的战士，可以担当前几期抗战的任务，那便是消极的使人们少败一点的任务"，目前的工作，"是与盟邦合作，运用真正近代的战术来积极的争取胜利"，而"能担当这样工作的战士，除了上述诸美德外，还需要知识与机警"，所以"最有资格充当这种战士的，无非是青年知识分子"。闻一多带着呼吁的口吻说："情势不许我们再弥留在少败一点的局面中，我们得赶紧攫取胜利，时机已经来到，我们非拿出'最后一张牌'不可，为了民族的永生，我们不能再吝惜我们最宝贵的血。果然知识青年认清了时代的使命，站起来了，承受了他们的责任，谈胜利，这才是我们最确切的胜利的保证。"

值得重视的是，闻一多能够从国防现代化的角度来认识教导团的成立意义。他说："在建国的工作中，如同在抗战的工作中一样，他们也享有不朽的光辉，因为我们知道战术的拟人化不只在机械，也包括了运用机械的人。而人究竟比器械更重要，所以他们又实在代表了我们国防近代化的开端。"比这更应受到重视的是，闻一多接着从民主的角度提出知识青年从军的政治意义，说"这是民主怒潮中最英勇的急先锋"，只要"先尽义务，不怕权利不来"，因为"人民进步了，政府也必然进步"。[①]

正是基于这一点，闻一多对 1944 年国民政府发动的知识青年从军运动持积极态度。

1944 年 11 月 6 日，西南联大举行全校国民月会，教育部代表刘健群报告时事后，传达了蒋介石于上月 14 日发动"十万知识青年从军运动"的决定。这时，欧洲战场上盟军取得节节胜利，巴黎、布加勒斯特、布鲁塞尔、索非亚等城市相继解放。靠近云南的缅北反攻业已开始。蒋介石从近期及远期目标考虑，号召知识青年从军，其不可

① 闻一多：《伟大的事实不朽的意义——给教导团诸君致敬》，昆明《正义报》"星期论文"，1944 年 6 月 4 日，第 2 版。

告人的目的是胜利后以便与共产党争夺地盘，对外则冠冕堂皇地称豫湘桂战役损失太大，急需补充兵员，提高军队素质，以争取抗战最后胜利。

这个动员发起得很是时候，以至中国共产党也不好公开表示反对。云南地处前线，党政军机关召开联席会议，组织起知识青年从军征集委员会，龙云亲任主席，西南联大常委梅贻琦、云南大学校长熊庆来等为委员。接着，西南联大成立劝征委员会，西南联大常委会还专电蒋介石，表示拥护从军运动。

11 月 29 日下午 3 时，西南联大破例全校停课，由教授做从军动员讲演。善于言辞的教授讲话极有煽动性，梅贻琦在致辞中说"假使现在不从军，则二十年后将会感觉空虚"。钱端升说现代化战争需现代化技术，更需现代化的青年掌握现代化的武器，所以必须知识青年参加。冯友兰也说过去是老百姓以血肉之躯与日寇对拼，现在美国输送新式装备，知识青年难道可以推卸责任吗？周炳琳则说得更直截，"同学们在壁报上谈话常有意见、常有呼吁，事实上便也应有热切的表现"；燕树棠也以美国参加第一次欧战时青年从军的情形激励同学们。

对于政府发动知识青年从军的真实动机，闻一多并不清楚。但是，他对抗战抱有满腔的热情，认为参加抗战是知识青年义不容辞的责任。

这次从军动员，本来没有安排他发言。可他看到同学们不为所动，便耐不住性子，站了起来。他的话不长，说：现在抗战已至最艰苦的阶段，知识青年此时实应自动放弃不当兵的特权，而在抗战最后阶段更应肩负起责任。许多人谈民主，若自己本身去尽责任，尽义务，那才真正有资格谈民主，而知识青年军也就是真正民主的队伍。① 他还有另外一种道理：现在我们在政治上受压迫，说话也没有人听，这是因为我们手里没有枪。现在有人给我们送枪，这是一个最好的机会。不管怎么样，我们要先把枪接过来，拿在手里，谁要反对我们，我们就先向他

---

①　《联大昨举行盛大演讲会，教授勉学生从军》，昆明《扫荡报》1944 年 11 月 30 日。

下手。①

这个即席讲演很有鼓动性，尽管他的出发点与当局完全不同，但客观上仍有利于国民党扩军。许多本来没打算报名的学生，被尊敬的师长一番话打动了，第二天下午5时止，报名投军的学生已达180余人，有几位职员也在登记簿上签了名。

闻一多的这一举动那么突然，使深知内情的同学料想不及。地下党员、中文系学生马千禾（马识途）匆匆赶到昆华中学，对闻一多说："你怎么到他们这样的会上去讲话呢？你知道有的同学是听了你的话才去报名的吗？"

闻一多一愣："鼓励青年为改造国民党军队，为取得抗日最后胜利而参军，有什么不好呢？"

"你以为他们真要把这支青年军用来抗日吗？你以为用这一批知识分子就可以改造好腐败不堪的国民党军队吗？"马识途反问道。

"不用来抗日，用来干什么？"

"打内战，反共。"

"他们才开始组织青年军，你怎么就断定他们用来打内战呢？他们那天当众宣布，这支新军就是为了抗日战争最后反攻而组织的嘛。"闻一多不解地反驳道。

"国民党处心积虑要消灭共产党，这是尽人皆知的。蒋介石说过，不消灭共产党，死不瞑目。他宁可失地千里，生灵涂炭，也不肯把他的老本钱——胡宗南的精锐大军拿出来抗日，却紧紧围住陕甘宁边区。你想他愿意把全新美式装备的青年军用来抗日吗？国民党的漂亮言辞我们是听得够多的了，他们是万变不离其宗的。"

"但是这是美国给装备的，不抗日美国肯答应吗？"

马识途没有想到闻一多对美国还抱有幻想，便轻言细语地解释："美国人何爱于共产党呢？而且装备到了国民党手里，美国也管不

---

① 冯友兰：《三松堂自序》，生活·读书·新知三联书店1984年版，第339—340页。

着了。"

闻一多沉默了，他在思索。不是么？中印缅战区统帅史迪威就是因为主张美国援华物资也应分配给八路军，与蒋介石发生冲突，被迫调回美国。这是上月月底的事，到现在刚刚一个月。马识途看到闻一多被事实说动了，紧接着补充一句："你想国民党、三青团那么积极干的事情会是好事吗？值得你去支持吗？"

"哦，我没有想到。书生，书生气！"闻一多明白了，他责备自己。"那么怎么办？我在民主墙上发表声明吗？""用不着了。我们已经做了补救，进步分子不会上当的，壁报马上就会出来。"①

话是这么讲了，但思想并没有马上转过弯来。12月5日，西南联大召开教授会议，在知识青年从军问题上决议向国民党中央提出四项建议："一，此次知识青年军纯粹为国防军，不参加党派活动；二，请由美国军事技术人员训练，至于训练地点，最好靠近盟军所在地；三，关于提高知识青年军待遇一节，应对所有作战士兵，普遍提高，过去对于军需经理方面弊端百出，请予彻底改善；四，请统帅部延用优秀后进军官。"②这在当时是罕见的，反映了教授们对政府决定有保留的支持。作为刚于9月13日被选举为教授会议代表和书记的闻一多，是完全赞成这些决议的。

也许是政府当局担心西南联大的学生真的会拿起枪来反对他们，后来这些学生从军后只学习汽车驾驶，当汽车运输兵，却没有让他们握枪。

参加青年远征军的西南联大同学是1945年1月28日在昆明入营的，后被编入青年军第二〇七师炮一营补给连，于2月5日飞往印度汀江，随后至"中美蓝姆迦训练中心"汽车训练学校受训。结业后，被编入汽车暂编第一、二团，于6月下旬，在雷多接受了美国援华的

---

① 马识途：《景行集》，四川人民出版社1980年版，第96—97页。

② 《联大全体教授会议决定实行军训，在校教授学生一律参加》，昆明《正义报》1944年12月6日。

一批军用汽车后，随即分批开往国内。汽车暂编第一团第一批车队是18日早晨抵达昆明的，几天后，后续几批及汽车暂编第二团亦相继到达昆明。

7月29日，西南联大举行盛大的欢迎大会，梅贻琦致词后，从军同学即纷纷发表各自感想。有的表示"希望有新式武器的训练，获得新的现代的进步的军事教育，以满足他们初从军时美丽的理想，并获得很多的新知识，多多的贡献国家。"有的说我们是有热血有气节的大学生，为了尊重自己的人格，决不能利用机会甘趋堕落。发言中，也有人忍不住发泄了一些不满，如饮食上，每天只在下午5时吃一顿饭，其他时间只有干糙的饼干。待遇上，每个月的薪水不过1800元，还不够维持个人生活。大家的发言，像久离故乡的孩子，向母亲倾诉一切在外遭遇，千言万语滔滔不尽。①

师长们默默地听着同学们的发言，袁复礼、张奚若、冯友兰等教授的答词，只能说些勉励大家继续服务，不负参加青年军的初衷和学校国家期望的话。《新华日报》报道："联大校方于7月29日开会欢迎回国从军同学，席间被欢迎者无不牢骚满腹，对精神上物质上的痛苦叙述得很详尽，竟有高呼'救救我们'的。理学院院长吴有训对他们做了一个测验，结果愿继续干下去的很少，张奚若教授很感动地说：'目前要改善你们的生活，简直是不可能。'当冯友兰教授闪闪烁烁的说什么'从这面说政府是对的，那一面是不对的'时，张老霍的站起来说：'这种说法，简直是胡说八道！'一时掌声雷鸣。"②

闻一多在欢迎会上，也作了发言，他是接着查良钊、冯友兰关于"治标""治本"问题的讲话发表了一番感想，认为"治标，不是我们从军的目的，从军的目的就是治本。假若不抱治本的目的去从军，则我们还配得上做一个知识分子么？"对于同学们在军队中受到下层军官的虐待，闻一多很是气愤。他说：

---

① 《联大征委会欢迎青年军》，昆明《扫荡报》1945年7月30日，第3版。
② 《联大点滴》，《新华日报》1945年8月9日。

我们去从军，受那些连长、排长，那些老粗的虐待，或是过分的恭维，也还是如刀割般苦痛的。我们可以骂他们："正是你们丢了我们的脸，使我们受外国人的罪！"大家想想，为什么他们这样？想一想吧，这原是我们的责任！抗战以来，感到军队里知识分子太少，都希望赶快让知识青年去从军，借此机会改善军队。但是为什么到今日才晓得要找知识青年？根本我们的打仗就不想要知识青年来打的！本来，战争之发动就是用农民壮丁来干，农民去送死，我们去建国。这说来好听，根本当时的军队就没有组织，没有计划。送死，由他们去，以前卖命由他们去，现在就轮到他们管你们了！当初，苦事让人家干，现在因他们而丢脸，我们是不应该把他们当作敌人来仇恨他们或可怜他们，这是错的！这是整个社会制度表现出来的现象。当初他们入伍的时候，是没有知识就拉过来的，等到入伍后，也从未教一点知识给他们。相反的倒是让他们身体没闲，或者宁愿他们睡死，病死，却千万不要让他们的脑筋清醒，不让他们有知识。

针对同学们中间存在的某些思想，闻一多还提出知识若不配合人民的力量，就决无用处：

还有一点，以为只有知识分子，才有办法，别人一概不成。这种想法是错的。不要以为有了知识分子就有力量，真正的力量在人民。我们应该把自己的知识配合他们的力量。没有知识是不成的，但是知识不配合人民的力量，决无用处！我们知识分子常常夸大，以为很了不起，却没想到人民一觉醒，一发动起来，真正的力量就在他们身上。一班人活不好，吃不好，联大再好，也没有用的。我们是知识分子，应有我们的天职。我们享受好，义务也多，我们要努力。但以为自己努力就成了，就根本错！……因为真正的力量在人民，所以越压迫，越吃苦，报复起来就越厉害！因此我希望诸位无论干哪种工作，不要以为自己是大学生。这不该看成普通的谦虚，一种做人的手段，因为我们确实不如他们。不但口里说，而且心里也硬是要想：我们是不如他们的。我们的知识是一种脏物，是牺牲了大多数人的幸福而得来的。①

从军同学的遭遇，引起西南联大老师和同学们的同情。8月1日下午，校务会议做出两项决议，其中一项为："汇集从军同学意见及实际情形，由本校建议蒋委员长请求改善，推选冯友兰、潘光旦、刘崇铉、张奚若、闻一多、黄钰生、陈雪屏七教授起草，由冯友兰教授召集。"② 可惜的是，闻一多参与起草的教授会建议，迄今未能见到原文，无从了解学校究竟从哪个角度提出了哪些具体要求和措施。尽管如此，怎样才能既坚持抗战又坚持民主，这个问题已在闻一多内心思考着了。

| 第二节 |

援助贫病作家

投身于民主斗争的行列后，闻一多的活动范围大大扩大了。他不仅获得了教育界的信任，也受到文化界的热情欢迎。

停顿已久的中华全国文艺界抗敌协会昆明分会（以下简称"文协昆明

---

①　闻一多讲、黄福海记录：《给西南联大的从军回校同学讲话》，《闻一多全集》第2卷，第120—122页。

②　《国立西南联合大学校务会会议记录·第七届第十一次会议》（1945年8月1日），《国立西南联合大学史料》第2卷，第508页。

分会"），于 9 月 17 日恢复活动。这天，他们召开了第四次全体会员大会，首先进行了改选，调整和充实了领导力量。常任侠、李何林、张光年、吕剑、赵沨、李广田、魏荒弩等抗战期间来到昆明的文化人士，被选入新的理事会和监事会。闻一多过去从未介入过文协活动，所以没有出席大会。但是，朋友们仍然坚持选他为新理事，而且发表时还被排在第一位。20 日理监事联席会上，他又被推举为常务理事。

朋友们的信任使闻一多感到不安，他不愿受到这般推戴，因为此前并没有做过什么工作嘛。他很诚恳地对本届理事杨东明说：我不参加文协，但一定全力支持你们的工作，文协的活动我一定积极参加。

这次文协昆明分会的恢复，与文化界一项重要工作紧密相连。7 月 15 日，中华全国文艺界抗敌协会总会在《新华日报》刊登《为援助贫病作家筹募基金缘起》，指出抗战以来文艺界同人坚守岗位，为抗战建国做了大量的宣传，然而近三年来他们的生活加倍艰苦，稿酬低微，于是因贫而病，或死于异乡，或全家断炊，"苟仍任其自生自灭，则文艺种子渐绝，而民族精神之损失或且大于个人之毁灭"。为此，特发起筹募援助贫病作家基金，"专作会员福利设施之用，一元不薄，百万非奢"，愿爱好文艺者"乐于输将"。① 重庆文协总会的这一行动，包含着抗议国民党轻视和摧残进步文化的意义。当时，为人民制造精神食粮的文艺工作者们，生活状况非常恶劣，著名作家王鲁彦因贫病逝于桂林，张天翼全家饥饿交加，洪深曾自杀抗议，这些消息在昆明文艺界引起不小震动。

抗战时期，昆明集中了一大批从各地疏散来的进步文化人士，它和重庆、桂林共同构成了西南大后方的三大文艺重镇。因此，当援救贫病作家工作沉寂了两个月动静不大时，重庆文协总会便把目光投向了昆明，希望在昆明的文艺界人士，能够积极发动这一运动。为此，1944 年 9 月初，重庆文协总会专函致文协昆明分会，明确提出这一期望。信中云："总会此次遵照六届年会决议案，发起募集援助贫病作家基金运

---

① 中华全国文艺界抗敌协会：《为援助贫病作家筹募基金缘起》，《新华日报》1944 年 7 月 15 日。

动，各方无不热烈响应，良深感奋。查抗战以来，作家固守岗位，从事民族解放事业，七载于兹，任劳任怨，唯民族解放是从。年来生活益形艰苦，贫病交迫，几达绝境。若仍不设法自救，则制造供应人民精神食粮之作家，行将无法生存，其影响民族精神之巨，何可言喻。贵分会与本会唇齿相关，呼吸与共，尚望酌量当地情形，展开此项运动，勉力捐募，俾收更大效果。"①

这封信发出的同时，在北碚主持重庆全国文协总会的老舍，还写了封信给李何林，探问他能不能在昆明发动援救贫病作家活动。老舍说："昆明本来有文协分会，不知今日还有人负责没有；假若你愿意，可否邀约闻一多、沈从文、罗膺中、游泽丞、章泯、凌鹤、光未然、魏猛克、王了一诸先生谈一谈，有没有把分会重新调整一番的必要。假若你太忙，无暇及此，那么就在便中遇到章泯和凌鹤两先生的时候，告诉他们一声，看他们有工夫出来跑跑没有。假若我不打摆子，我必会给他们写信的。"②

李何林看了老舍的信十分震动，这位参加过国民革命军，参加过北伐战争，参加过八一南昌起义，早年投身革命文艺活动，并最早进行鲁迅研究的文艺战士，深知这件事的重要性，立刻把老舍的信全文刊登在他编的《云南晚报·夜莺副刊》上。随之，文协昆明分会方召开全体会员大会，重新建立了理事会和监事会，并将募捐援救贫病作家摆在文协会分会成立后的首要工作。

这次募捐的意义并不仅仅是为了建立援助贫病作家的基金，它还是宣传教育群众、坚持进步文化方向的一次动员。闻一多对这层内涵看得很清楚，因此尽自己最大的力量来完成神圣的使命。他首先从自己做起，表示立刻集资。29 日，《云南日报》一则消息中云："闻一多为响应此项运动，特愿为人刻章 10 只，每只 2000 元，全部收入捐助贫病作家。

---

① 中华全国文艺界抗敌协会总会致文协昆明分会函，载《援助贫病作家，展开募集运动》，《云南日报》1944 年 9 月 8 日。

② 老舍致李何林信，《云南晚报·夜莺副刊》1944 年 9 月 13 日。

石自备，并送刻边款，以志纪念。收件处在青云街自由论坛社。"①

其实闻一多不只捐刻 10 只，只不过不愿张扬罢了。除了捐刻外，他还十分重视发动群众的工作。10 月 9 日，是西南联大新诗社成立半周年纪念日，晚上有百余人参加纪念会，会前首先宣读了闻一多亲笔抄写的《给贫病作家的慰问信》。信是这样写的：

至亲至爱的朋友们：

在几十天的奔忙中，我们为你们捐到了一些钱，我敢说，这些钱的用处是非常正当的。我们相信这些钱不特能买回你们的健康，也买回了我们的觉悟，我们知道你们为什么贫，为什么病，你们的生病，正是人们痛苦的结晶啊！无论你们怎样受欺侮，受迫害，你们的血泪却滋养着我们对强暴的愤恨和对自由的渴望。今天，你们不再是孤立的，你们的语言，将被我们举起，当作进军的旗帜。

人民的呼声是最响亮的，让那些死者也站在我们的行列中一齐叫喊吧！当千万声音合成一个声音，那就会把黑暗震塌的，这——就展开了你们的前途和我们的前途！

向你们致最高的敬礼！

新诗社成立半周年纪念会

宣读毕，闻一多率先在慰问信上签上自己的名字，冯至、楚图南、李广田、尚钺、李何林、张光年、沈有鼎、吕剑等 122 人也在上面签了名。22 日，昆明《自由论坛》第 5 期以《诗人们的歌吼》为题，全文刊出这封信，在全市引起强烈反响。

新诗社的募捐很有成效，同学们在吕剑编辑的《扫荡报》副刊上办起诗页，盖上闻一多刻的"为响应文协援助贫病作家基金义卖"印章，

---

① 《援助贫病作家，联大同学踊跃募捐，一周内已募获四十五万》，《云南日报》1944 年 9 月 29 日。

到社会上义卖。① 诗歌朗诵会也成了募金的场合。全国募捐结束后，共得 300 多万元，而新诗社独自募集的就达 36 万元，是全国的十分之一还要强。

10 月中旬是昆明募捐的高潮时期，西南联大国文学会当仁不让，诸壁报社群起响应，捐册多次加印仍然不够用，曾昭抡、伍启元、楚图南、李公朴、张光年、赵沨、白澄、常任侠、叶以群等，也从版税或稿费下捐出一千元。

闻一多还把募捐运动深入到中学里。他找来昆华中学班联会（即学生自治会）的主席王明，向他介绍了作家贫病饥饿的情况，要王明以班联会主席身份出面，召开各班学委会议，响应募捐运动。

王明是闻一多所教第 28 班的学生，一向要求进步，立即按老师的嘱咐行动起来，并经徐天祥校长同意召开全校性的动员大会。

那是个秋高气爽的下午，1000 多学生坐在昆华中学草坪上，闻一多和楚图南、尚钺三位教授也应邀参加大会。闻一多的讲话很扼要，又富有鼓动性。他说坚持抗战争取最后胜利，不但要靠扛枪的武装战士，也要靠拿笔的文化战士，可是大多数爱国作家的遭遇那么悲惨，同学们要把募捐作为一个爱国运动开展起来，自己也要用刻图章的刀赚钱援助贫病作家。②

昆华中学是所历史悠久的学校，学生中有不少社会关系。在昆明各中等学校中，该校的募捐总数名列榜首，为 38 万元。③ 王云时任昆华中学初中部教导主任，这些捐款是经他的手上缴的。看到生气勃勃的青年，闻一多很是振奋。为了鼓励他们，他刻了几枚图章赠给王明等几位同学。其中一枚赠给沈其名，边款刻有"援助贫病作家纪念闻一多赠刻"，为的是奖励他领导的小组在募捐中位居昆中第一名。这枚玲珑的石章，至今仍被沈其名珍藏着，它是闻一多在这次运动中的珍贵文物。

---

① 访问萧荻记录，1986 年 7 月 10 日。

② 王明：《闻一多先生在昆华中学》，《云南文史丛刊》1986 年第 3 期。

③ 访问王云记录，1987 年 11 月 23 日。

　　昆明的这次援救贫病作家募捐活动，有力地发动了广大人民群众，民主运动在这里也体现出它的雄厚实力与基础。昆明的募捐总数，几乎占全国的十分之九，因此，重庆中华全国文艺界抗敌协会总会特致函闻一多及各团体表示感谢。这里，就用这封信作为本节的结尾：

　　　　文协昆明分会转闻一多诸先生并转西南联大中文系、国文学会、新诗社……诸同学：

　　　　这次我们发起募集援助贫病作家基金运动，得到诸先生和诸同学的热烈响应与实际的援助，我们有大的安慰和深刻的感想。这里我们仅代表坚守岗位服务于民族解放事业的作家群，向诸先生和诸同学致谢！

　　　　作家的普遍贫病甚至过早的死亡是我们中国的特产——一个严重的社会问题，一个文化悲剧。因此援助贫病作家不等于"慈善事业"，它是带有一种崇高的文化运动意义的。因为这就是对于促使作家贫病的恶劣环境的一种抗议；因为这就是用社会的大众的力量去保护人类的精华——人类的灵魂技师，推进抗建文化的一种运动；而且这又正是文化工作者"文人相助"的一种团结运动，和以另一种形式争取学术言论出版自由的民主运动。

　　　　作家的贫病和过早的死亡，政治的原因多于经济的原因。

　　　　关于捐款用途，我们除开援助贫病的作家外，其余当用在文艺事业和作家福利设施方面，如提高会刊《抗战文艺》稿费，文艺奖金，以及举办作家宿舍等等。

　　　　谢谢诸先生和诸同学的热情和实际的援助，我们将在工作上来答谢你们。握手。

　　　　　　　　　　　　　　　中华全国文艺界抗敌协会总会敬启

　　　　　　　　　　　　　　　三十三年十月十三日渝①

---

　　①　《联大募款救济作家，文协总会来信致谢》，昆明《扫荡报》"扫荡副刊"第195号，1944年10月19日。

| 第三节 |
发扬护国精神

1944 年快要结束的时候，云南人民迎来了一个光荣的节日——护国起义纪念日。29 年前的 1915 年，企望皇帝宝座的中华民国大总统袁世凯，为了复辟帝制，推翻了人民用鲜血换得的共和制度。云南人民在蔡锷、唐继尧领导下，率先在全国揭起义帜，吹响埋葬袁世凯帝制的号角。

袁世凯在讨伐声中郁郁而终后，北京政府根据国会议决，公布以云南起义的 12 月 25 日为护国起义纪念日，每到这天全国庆祝。但是，1942 年国民政府却将这天并入肇和兵舰起义一同纪念。肇和兵舰起义是 1915 年 12 月 5 日中华革命党策动的一次武装反袁起义，理应纪念，但因此取消护国起义纪念，云南民众就不能理解，难以接受。

当时，中国人民争取民主的斗争，主要体现在为了获得抗战胜利必须立即结束国民党一党专政方面。自中国共产党提出建立民主联合政府的建议后，10 月 10 日，中国民主同盟也发表了《对抗战最后阶段的政治主张》，响应共产党号召，申明了"立即结束一党专政，建立各党派之联合政府，实行民主政治"的主张。鉴于这一形势的发展，也考虑到云南人民对恢复护国起义纪念的愿望，中国民主同盟云南省支部经过数次讨论，决定要求政府恢复 25 日的纪念日，借以表达建立民主政治的要求。民盟支部中的曾昭抡、罗隆基、潘光旦、潘大逵、周新民等，都是"昆明学术界宪政研究会"的成员，他们与云南上层人士有较多的联系，因此经过他们的奔走，12月19日，云南省第二届临时参议会决定建议省政府向国民党中央说明云南起义与肇和起义各有不朽价值，恳请依原案分别举行庆祝。22日，国民党中央党部和国民政府行政院复电照准。

其实，无论国民党和行政院是否照准，护国起义纪念大会已在加紧筹备。这次大会对外以学术界宪政研究会名义，实际负责组织的是云南民盟。就在提议恢复护国纪念的那次会上，闻一多便与民盟几位负责人商量了开会地点、发起团体、会议程序等事项。当时，大家还同意将西南联大新诗社作为发起团体之一，由闻一多联系。其他发起团体拟有云大、西南联大、中法大学、男女青年会、昆明学术界宪政研究会、民主周刊社、自由论坛社、评论报社、真报社、文协昆明分会、中苏友协昆明分会等。这些力量基本上由民主派所掌握，具体由潘大逵、吴晗、曾昭抡、罗隆基、潘光旦、周新民、楚图南等人联系。①

为了成功举办这次大会，筹备会于12月5日、19日、22日在西南文献研究室相继召开了三次会议。其中22日下午7时召开的第三次筹备会，出席者有西南联大的程法伋、王念平、齐亮，云南大学的杨维俊、莫翰文、蒋阜南、张纪域、邹宏楷，中法大学的杨明、赵谦、王光阆、金兆瑞、邹联彩，英语专科学校的刘希武、万若愚，民主周刊社的吴晗、罗隆基，学术界宪政研究会的杨怡士、曾昭抡、潘大逵，中苏文协的苏均持，真报社的陆逸君，评论报社的楼兆揭，昆华工校的郭纯、李春寿、王荪，中法大学附中的杨虎、杨嘉禄、王嘉培，龙渊中学的李永寿、刘景善，及唐筱蓂和求实中学代表等。施载宣（萧荻）代表新诗社出席了这次筹备会。

会议在潘大逵的主持下召开，大家汇报了护国起义纪念大会的各项准备，决定演讲者为白小松、马伯菴、李子猷、唐筱蓂、吴晗、闻一多；推选吴晗起草大会宣言，闻一多负责润色，宣言中心为发扬云南首先反对袁世凯称帝的反帝反封建的精神；纪念大会结束后，组织示威游

---

① 据《云南护国起义纪念大会筹备会记录》，中国国家博物馆存。

行。会上，大家还对中法大学学生自治会起草的 9 条口号做了讨论和修改，通过了示威游行时的 13 条口号。它们是：纪念护国，发扬再造共和精神；立即实行宪政；保障人民身体自由；取消审查制度，开放言论自由；武装民众，保卫大西南；拥护龙主席，保卫大西南；打倒日本帝国主义，彻底消灭法西斯；惩办贪官污吏；发扬护国精神，彻底实行民主政治；民主政治万岁；中华民国万岁；拥护共和，消灭独裁政治；加强抗战力量，争取最后胜利。① 讨论大会宣言及标语口号时，会上曾出现两种不同意见，参加这次筹备会的王光间回忆说：当时曾昭抡认为这次集会和游行在昆明是首次，口号标语无妨提得和缓些，以免引起当局的反对，也利于今后的继续宣传。另一种意见是：这些标语口号都是针对时弊而发的，要求实现民主政治，就不怕反动派压制。最后，一致通过了后一种意见。②

这次筹备会议上，还决定闻一多与吴晗发表演讲。消息灵通的记者在大会预告中报道说："本月 25 日为云南护国起义第 29 周年纪念日。护国一役，推翻专制，再造共和，奠定民主政治之基础，意义重大。此间文化界有鉴于此，特订于是日下午 1 时假云南大学扩大纪念大会，除请白小松、李子猷、马伯菴、唐筱蒉、张奚若、闻一多、吴晗、潘光旦、潘大逵、曾昭抡、徐梦麟诸先生莅□指导外，并有多人发表演讲。题目已定者有吴晗先生之《护国纪念之历史意义》，闻一多先生之《护国起义与民主政治》。欢迎各界人士自由参加，内容精彩，届时定有一盛况云。"③

12 月 25 日，昆明全城喜气洋洋，机关学校放假一天。上午 9 时，

---

① 据《云南各界护国起义纪念大会筹备会第三次会议记录》，中国国家博物馆存。

② 王光间：《参加抗日民主救亡运动的回忆》，中国人民政治协商会议云南省委员会文史资料研究委员会编：《云南文史资料选辑》第 30 辑，云南人民出版社 1987 年版，第 188—189 页。

③ 《护国纪念游行办法决定，文化界在云大举行扩大庆祝》，云南《民国日报》1944 年 12 月 24 日。

省政府举行扩大纪念会，算是官方主办的活动。

各界群众纪念大会于下午 1 时在云南大学会泽院右侧广场举行，它不像省政府的纪念会那么四平八稳，而是显示出民主的气氛与活力。参加大会的有护国元老、各界代表、知名人士和大中学师生、工人、职员、中下级军官，两千余人济济一堂，龙云的夫人顾映秋也出席了。闻一多与李公朴、罗隆基、由云龙、吴晗、潘光旦、潘大逵等人组成主席团。像这样地方上层人士与群众坐在一起开大会，在昆明已许多年没有过了，是共同的民主愿望把他们汇入这里。

大会开始，担任主席的潘光旦致开会辞。他毫不掩饰大会的目的，指出这次纪念护国起义 29 周年意义重大，一是因为中央已准许恢复纪念，一是时局异常严峻。

是的，自日军发动豫湘桂战役以来，形势已十分严峻。双十节的第二天，柳州陷入敌手，广西重镇桂林也于 11 月 10 日失陷。随后，日军快速纵队沿桂黔公路追击，于 12 月 2 日占领贵州省的独山。作为贵州、四川门户的独山陷落，使西南大后方直接置于日寇的俯视之下。偏安一隅的国民党政府为之震动，云贵川人心浮动，市面混乱，直至 8 日中国军队收复独山，局势才稍稍缓和了些。这种危急的局势与当年袁世凯称帝有着同样严重的性质。坐在主席台上的护国元老黄斐章、白小松、由云龙与唐继尧的儿子唐筱蓂对此都深有感触。因此，他们的发言中虽然只讲历史，却都流露出一种极度的不安。

潘光旦致词后，大会进入会序。第一个演讲的是护国将领黄斐章将军，他的演讲特别指出三重意义："一、中国历以仁义为基础，护国精神便是仁义的表现。二、共和与专制的分界。三、守法的精神，此值得遗赠后人，后人应学习而发扬光大者也。"接着，唐继尧的儿子唐筱蓂发表了三点感想："一、希望对护国有正确性的历史。二、了解护国精神，护国是维护民主政治的运动。三、发扬这一宝贵光荣的传统。"护国元老白小松也作了演讲，他说："护国首义是求国家民主自由真正之实现，护国精神便是民主精神"，"希望我们正确了解护国的史实和意义，能这样，国家民族才有前途。"另一位护国起义元老由云龙述说了当年的情形，说那时也和今天的天气一样暖和，大家的情绪也和今天一样兴奋，"然而首义虽已发动，元勋们仍战战兢兢，到各界的游行队伍上街时，满街欢声雷动，得到了人民的热烈拥护后，元勋们的心才安定下来，而能壮胆的去干了。人民不仅安慰了他们，支撑着他们去做，并保证了这一运动的成功。人民的力量是这样伟大不可侮呵！"①

　　吴晗是大会安排的两位演讲教授之一，他以历史学家的眼光分析了护国运动的意义，强调护国运动的不朽精神在于维护了中国的民主制度。

闻一多在护国起义纪念大会上演讲

　　最后一个走上讲台的，是精神矍铄的闻一多。如果说他于"五四"纪念会时出现在西南联大学生面前，"七七"纪念会又出现于各大学师

―――――――――――

　　① 《护国精神复活了——记文化界纪念会及大游行》，昆明《正义报》1944年12月26日。

生面前，"双十节"纪念会则出现在昆明各界民众面前的话，那么，这时的闻一多，便出现在云南省各个阶层人士的面前了。

像往常一样，闻一多的演讲没有表面文章的开场白，开门见山地一下子进入主题。

"我们是应该惭愧的，应该对护国的先烈们惭愧，应该对在座的护国英雄们惭愧！三十年了，居然国家还像三十年前一样，难道袁世凯没有死吗？"

台下群众用洪亮的声音回答："是的，没有死！"

闻一多回过头，对台上的护国起义参加者说："你们比我们清醒，你们知道应该怎样对付袁世凯！"

他提高嗓门："护国起义的经验告诉我们：要民主就必须打倒独裁。因为全国人民都要求民主，就可以得到全国的响应；因为有广大人民的支持，就能够打倒袁世凯！"

全场都听得出话中之话。"三十年后，我们所要的依然是民主，要打倒独裁！"闻一多一语破的，喊出了击中要害的声音。

"现在毕竟和三十年前不同了。我们相信人民的力量是更强大了。让我们就从昆明开始。"他为在场的人做出展望和方向："继承护国精神，扩大民主运动，争取更大的胜利！"①

台下响起阵阵口号："发扬护国精神！""争取最后胜利！"……

这又是一次非常成功的大会，在场人们的情绪都那样激昂，仿佛在大后方危急时刻，饮了一杯兴奋剂。

大会结束前，全体通过了《云南各界护国起义纪念大会宣言》。这个《宣言》由吴晗起草，闻一多润色并誊录，是中国民主运动史上一份非常珍贵的历史文献，其全文如下：

今天是护国起义的第29周年。护国起义这个伟大的历史事实之所以值得我们纪念，是因为它曾在全民族反对独夫政治，反对封

————————

① 转引自王康：《闻一多传》，第330页。

建余毒的胜利中，为我们奠定了民主政治的基础。谁能否认这是一个全中国人民所珍惜、所心爱的日子呢！对于政府这次经过一番慎重考虑之后，居然把它规定为全国人民的纪念日，无疑的我们是竭诚拥戴的。因此，为仰答政府的盛意，特别是今年这个护国纪念日，我们更应该热烈的庆祝一番了。

然而，我们纪念29年前的护国起义，不能不更关心于当前的救国抗战，庆祝昔日护国起义的成功，不能不更焦心于今天救国抗战的胜利。

讲到八年抗战的成效，我们实在不忍心，然而又不能不承认以下的这些事实：纲纪废弛，贪污成风，这是我们的政治；富人的黄金让它冻结在国外，国内不值钱的通货却以几何级数的速度让它膨胀，这是我们的财政；朋友得罪完了一个，再得罪一个，这是我们的外交；借党化之名，行奴化之实，这是我们的教育；兴建既没有计划，管理也没有方法，这是我们的交通运输；至于军政，讲起来更令人痛心，平时则征兵全是弊端，训练同于虐待，战时又统率毫无方针，赏罚只凭好恶，怎么能怪他士气消沉，还没有见敌人就溃退呢！这成什么抗战啊？政治和军事脱了节，财政和军事分了家，外交跟军事为难，教育给军事抽腿，交通运输更没有替军事卖力。这成什么抗战啊！军队不能与人民合作，军队与军队又不能合作，后方不能与前方合作，政府尤其不能与人民合作。

看啊！短短数月的期间内，由洛阳而郑州，而长沙而衡阳，而柳州而桂林——这一连串的军事溃败，和陪伴着军事溃败的物资损失，和人民流离失所与死亡，乃至同样严重的，国际声誉一落千丈，盟邦友人不但失望，而且痛心。看啊！这便是八年来内部腐烂的后果，中华民族有史以来空前的危机！

闯了这样大的乱子，造成这样严重的局面，又岂是调动几个行政官吏，分出或裁并几个行政机关所能补救的？要晓得抗战是要动员全体人民的，整个中华民族的命运还得要整个中华民族来拯救。保证抗战胜利唯一的方法还是民主政治，而所谓民主政治当然不仅是一些空洞的诺言和漂亮的宣传，或审查条例、特务组织和集中营等等花样的加紧运用所能了事的。要实施民主政治，就得有具体的方案和明确的步骤。根据上面的原则，我们今天郑重的提出下列三项要求：

一、结束一党训政。化一党的国家为全民的国家，以期实现真正的全民动员。

二、召集人民代表会议。集全国各党各派及无党无派的优秀人才于一堂，群策群力，共赴国难。

三、组织联合政府。由人民代表会议选举各党各派代表人物及全国众望所归的领导人才，负国家民族安危的重任。

我们认为，只有这样，才能使人民与政府一体，军队与人民一体，后方与前方一体，而政治、财政、外交、教育、交通运输自然也与军队一体了，——只有这样，人民才是为民族的解放而战，为国家的光荣而战，那就是，人民为人民自己的生存与自由而战，——只有这样的全民战争，才能驱除敌寇，收复失地，才能保证最后胜利，必属于我！

民族解放的工作是艰难的，它必需全体人民的群策群力才能完成。一个人大权独揽的君主专制政体，或少数人大权独揽的一党专制政体，都不足以担当这样艰巨的责任，何况权力的独占，其势必流于权力的滥用的恶果呢？29年前护国起义的先烈们知道国体改变了，国家民族的生存便受了威胁，所以他们不辞艰险，就在这个城市里振臂一呼，举起了打倒独夫政治的根绝封建余毒的大纛。29年后的今天，国家民族的生存实际已经危在旦夕了，我们纪念护国起义，更憬然于当前危机的症结，就在少数人大权独揽的一党政治。护国起义的意义，加强了我们对当前局势的认识；护国起义的精神，警醒了我们对当前局势的责任；护国起义的成功，也鼓励了我们对改正当前局势的工作的信心。只要中国人民有了护国先烈的大智与大勇，中华民族的前途便永远是光明的。

让我高呼吧：

民主政治万岁！

中华民族解放万岁！①

《云南各界护国起义纪念大会宣言》历数了抗战以来政治上的纲纪废弛，财政上的通货膨胀，外交上的得罪友邦，教育上的党化奴化，军事上的一溃再溃，强调在这样的时刻纪念护国起义，意义就在于"它曾在全民族反对独夫政治，反对封建余毒的胜利中，为我们奠定了民主政治的基础"。因此，纪念护国起义就"不能不更关怀于当前的救国抗战"，"不能不更焦心于今天救国抗战的胜利"。《宣言》中郑重提出的结束一党训政、召集人民代表会议、组织联合政府三项要求，表明这次大会完全接受了中国共产党的主张，并把它作为当前云南民主运动的主要任务。

会后，激动的人们举行了盛大游行。大家自动排成四人一行，从闹市走过。闻一多和教授们走在队伍之中，打头的是护国的元老们。这是皖南事变以来昆明乃至整个大后方的第一次大规模群众游行，人们高呼着："发扬护国精神，消灭法西斯！""打倒专制独裁，实行民主政治！""动员民众，武装民众，保卫大西南！"

队伍将散前，闻一多被人们拥到一个高处。他带着少有的激动，面对围在四周的群众即兴说：

我们胜利地纪念了护国纪念二十九周年。

你们看，我们的队伍这么长！

这是人民的力量。

因为是人民的力量，所以它是伟大的，谁也不敢抵挡！

这是时代的洪流，它要冲垮一切拦在路上的障碍。

一九四四年就要过去了，我们要更好地迎接一九四五年！

---

① 《云南各界护国起义纪念大会宣言》手稿，中国国家博物馆存。

让那些嫉妒我们，害怕我们的人发抖吧！①

1944 年是中国政治出现重大转折的一年。在昆明，自五四运动纪念以后，紧接着七七抗战纪念、双十节纪念、护国起义纪念，一连串的大型活动，把云南的民主运动推向高潮。在这一浪高于一浪的斗争中，闻一多和他的战友们一起推波助澜，共同为西南联大赢得了"民主堡垒"的称号，也为他自己留下了昆明民主运动中的"狮子"之美名。

| 第四节 |

民主首先从自己做起

1945 年 1 月，西南联大在西仓坡盖了一所教员宿舍，大家抽签分配住房，闻一多抽中了。

西仓坡宿舍在府甬道尽头，出门往东百余米就是风景宜人的翠湖。这儿离西南联大很近，和联大附中仅隔一墙，所以孩子们都愿意搬去。可是，高真不大乐意。她舍不得昆华中学宿舍门前的那片空地，在物价飞涨的日子里，一家人吃的蔬菜就是从那里自种自收。宜人的气候和多雨的季节，使园子里的菜常常吃不完还可以送人。况且西仓坡每月房租七千元，而昆中则分文不取呢。

---

① 转引自王康：《闻一多传》，第 331 页。

怎么办？全家开了个民主会，最后用表决的方式决定搬家。孩子叫来一辆大车，七手八脚的东西就装完了，一家人浩浩荡荡直奔西仓坡。进大门时恰碰到吴晗，他也迁到这里。吴晗惊喜地问："决定了吗？怎么这么快就搬来了？"闻一多拂髯大笑："我们用民主方式表决的啊。愿意搬家的人多，当然很快就来了。"吴晗也笑道："这不叫民主，是孩主，他们都未成年，算不得公民咧。"闻一多随即又得意又惋惜地说："人多做事的多，一动手，那一点东西就光了。可惜人多手杂，把家中唯一的一只热水瓶砸掉了！"①

这次搬家，可谓是家庭民主的体现，类似这样的例子还有不少。闻一多作为一家之主，有时也有家长作风，但可贵的是他能逐渐改掉它。一次，立鹤一篇作文没有写好，气得闻一多狠狠训了他一顿。为这事儿，立鹤三天不出屋，不肯吃饭，一家人都不快活。立雕为大哥抱不平，和父亲争辩。最后闻一多向孩子认错，说："这是我父亲从前所受的教育，而我也施之于你们身上，到今天我才发现这样教育法错了，我很了解你们，而且希望你们将来待你们的孩子们不要再用我这法子。"全家人听后都笑了，小屋里又充满了欢乐。正在吃饭的立雕禁不住把泪落进饭碗里，他放下筷子走到翠湖边，心想："爸爸这么苦，我们不能因此原谅他吗？他这么大年纪，还在向我们学习。"②

还在北平时，闻一多家里就雇了保姆赵妈，几个孩子都是她带大的。七七事变爆发时，小妹闻翾还在襁褓中，赵妈把她抱在怀里，与闻一多一起南下到汉口。从汉口去昆明的路上，因为人多买票困难，常要分成两批，小妹就交给赵妈。过贵州境时，遇了一回匪情，旅店外枪声四起，赵妈搂着小妹伏在地上，用身子遮住孩子。十多年来，赵妈已成闻家不可分离的一部分。闻一多总说自己是八口之家，把赵妈也包括在内。正是因为这个原因，闻一多、高真和孩子们都很尊重她。每天早

① 王敬：《闻一多先生和他的家属》，《人世间》第1卷第5期，1947年7月20日。
② 闻立雕：《是闻一多的孩子——想起爸爸在昆明几年中的一些小事》，《人物杂志》第8期，1946年9月1日。

上，赵妈要扫地，闻一多看到就不让她干，夺来自己扫。为了这些事，赵妈还发过脾气。主人不肯让保姆劳累，保姆为着不能干活发脾气，这也是闻一多家庭民主的表现吧。

闻一多很忙，只有吃饭的时候和家人在一起，所以不少问题都在饭桌上讨论。闻铭说："我们的家庭变成民主的家庭，这可以说是爸的一个成功。我们吃饭时往往和爸辩论得面红耳赤，为了一个问题或一件事，以至于饭都吃不下去了。"[①] 这在当时他人家庭生活中，怕是不多见的。

走入新的生活后，闻一多常常说民主首先要从自己做起。安娥在一次宴会上就听闻一多这么讲过。那是 1945 年春天的一个晚上，昆明文艺界一些朋友招待从重庆来的剧友，田汉与安娥也都出席了。吃饭时，大家请"老先生"坐上席，"老先生"说要民主，大家随便坐，无分上下。

"我们先问问闻先生，在家里同师母民主不？"安娥是闻一多早年教过的学生，所以略带顽皮地问。

"那我是绝对的民主，并尊重女权，"闻一多认真地声明，"不过，我内人同我的看法倒不同，比如她给我倒杯茶我接受了，她觉得很平常。可是我要给她倒一杯，她就神情不安地觉得不对劲。我怎样想法子改正她，直到今天还没改过来。"

席间，闻一多热情地招呼座中的女客。"闻先生，不敢当。自己来。"女客说。闻一多笑了："在美国有一个规矩，就是说你必须招呼坐在你两边的女客。""你们听呀！谁说'闻胡子'老呀？"田汉喊着。"这和老不老没有关系呢。"闻一多不动声色地说。

就是这次宴席上，"闻师说了一句要言，那便是：民主运动必须从自己身上先做起，时时刻刻先要检讨自己。"[②] 安娥回忆道。

这里，顺便叙述一下闻一多的家庭生活，这也有助于进一步了解闻一多。

---

① 闻铭：《我的爸爸》，《文汇报》1946 年 10 月 4 日。
② 安娥：《哭忆闻一多师》，《月刊》第 2 卷第 2 号，1946 年 9 月。

　　闻一多与高真的婚姻是旧式的，起初难说得上美满。在北平时，闻一多整天钻进书斋，很少与人来往，家里也极少请客。偶尔有朋友请他们夫妇吃饭，到时间只是闻一多一人戴上帽子不声不响走了。主人问太太为什么不来，他就推说孩子小，太太离不开。间或有同事的太太拉高真去玩一会儿，闻一多就不高兴，弄得清华园里流行起对高真的评语：架子大！高真感到真冤枉，自己有什么架子？只是不愿让丈夫不高兴罢了。

　　抗日战争促进了中华民族的团结，也使闻一多的夫妻关系更加甜蜜。在那艰苦的日子里，这位大家闺秀忍受着难以想象的贫困，全力支持闻一多的事业。

　　在昆明，闻一多总劝高真多休息，鼓励她出去玩，甚至到朋友家一住几天，闻一多也不在意。遇有好的电影，全家出动，安步当车，来回好几个小时。西南联大和联大附中有游艺会，以及话剧公演、诗歌朗诵，闻一多都陪着高真同去。有时夫人精神不大好，他就劝驾，让孩子拉拉扯扯地请了去。逢到交际宴会，只要允许携眷，总少不了高真。闻一多离不开妻子了，回到家就问："你妈呢？"要是见不到妻子，就让孩子去找，直到找着才放心。

　　立鹤在家里是大哥，这孩子让人放心，里外都争气。1945 年暑假，他为了早些为父母分忧，决心从高二跳班考大学。家里人为他捏了一把汗，因为若考不取就意味着失学。可是，立鹤一个月把高三的课程攻了下来。8 月 3 日，西南联大公布初试成绩，立鹤的国文、英文、算学三门成绩总分超过 155 分，在取得复试资格的 156 人中排名第 66 位。这年是昆明地区西南联大、云南大学联合统考，投考者有 2400 多人，录取名额仅 350 名，其中西南联大招收 132 人，这个数字与比例说明立鹤的坚韧精神。16 日，立鹤缴纳国币 300 元换取复试证，20 日参加复试，最终在西南联大昆明地区录取的 164 名新生中排名第 63 位，被外国语文学系录取。① 一个月来，家里一直放心不下，这时才欢喜起来，闻一

────────────

　　①　据《西南联大教务会议记录》，清华大学档案馆存。

多特地把一支美国朋友送的派克钢笔赠给立鹤，以示奖励。

　　和立鹤平和的性情相反，老二立雕的性格比较倔强，有什么要求，总是用最简单最直接的方式说出来，并自信要求是合理的，必须达到。他的胃不好，一次又疼了起来，母亲给他准备了碗牛奶，他不喝。闻一多把药送到联大附中，他也是不肯吃，气得闻一多当着众多的同学把他痛骂一顿。立雕胃寒怕冷，高真特意从饭菜中省下些钱为他织了件毛线衣，让他穿在薄棉袍里。谁知他看见一位家在南洋沦陷区的朋友庄任秋没有衣服，便送给他了。母亲免不了埋怨几句，他自辩道：我为什么要穿那么多，人家一件也没有，怎么过？夜晚没有被盖，怎么成？

　　一次，一个同学交不起伙食费，大家替他凑，立雕也自报了五千元。闻一多听了，迟疑了一下，说：太多了点吧！家里没有了，等明天到学校支薪再说。立雕不肯，固执地说：今天必须交出，我特意回来拿的。闻一多有点不高兴，说帮助人固然是好事，也得量自己力量，你对朋友那么慷慨，为什么一点不体谅自己的父亲？立雕不说话，哭了，却仍不肯走，一定要拿到这笔钱，他心里明白父亲是热心的。闻一多没办法，出去到隔壁家看了下时间（家里没有表），回来说："现在三点钟，还来得及，你拿着我的图章和妈到学校去支一万元，拿去五千，剩下的给妈作家用。"闻一多有时和朋友谈起立雕，说："这孩子心软口硬，心里什么都明白，口里不肯说，有时一僵几个钟点，真气人。"同时又笑道："五个孩子，只有他脾气最像我！"

　　立雕的功课平平，可体育很出色，昆明市中学开运动会，他的跳远、跳高都拿过名次。学习成绩虽比不上大哥，可动脑筋却是全家第一，什么事都喜欢钻研两下，有时不免出点意外。

　　1945年圣诞节，一位美国朋友送来一些礼物，其中一只动物形状的气球在当时还很稀罕。立雕想起化学课上学到的知识，想用钠与水产生化学反应释放出氢气，把气球充起来。春节前夕，他不知从哪儿找来一块钠，放入盛有清水的茶壶里，把气球套在壶嘴上，还用手紧紧按住盖子。不料迅速膨胀的氢气竟引起茶壶爆炸，"砰！"壶中液体喷了出来。闻铭正在旁边看哥哥做实验，新奇地把脸凑近壶嘴，结果满脸被灼伤。

闻一多听见爆炸声，赶紧从里屋出来，吃惊不小。恰巧这时他的清华同窗、西南联大化学系教授黄子卿来拜年，立刻让用醋冲洗面部。闻一多并没有责备立雕，只是说了句英语的成语："A little knowledge is a dangerous thing"，意思是"一知半解是最危险的"。

家里的生活很艰苦，但欢笑声却常常充满小屋。立鹏和闻铭年龄相差不多，与两个哥哥不同，他俩总是围在父母膝前。闻一多对他们的要求也比较严格，有时间总要检查作业，批改作文，把日记中的错别字也一一指出来。唐诗是少儿教育的一部分，几个孩子都能张口背出不少古诗。闻一多疲劳时，就靠在床上闭目听立鹏、闻铭轮流背诵，不时说哪该怎么读。对他们的英语也是这样，闻一多要求语调和发音都要准确，有些词硬是一遍又一遍地纠正过来。

诗人喜爱大自然，每当闻一多工作告一段落，便泡一壶苦茶，拿一条线毯，全家一齐来到野外。孩子们在碧绿的草地上翻跟头、采野花、扑蝴蝶，阳光晒在身上那样暖和，闻一多说这可以增进健康。孩子们玩累了，闻一多招呼大家坐在他和妻子的身旁，这时，他开始讲盘古开天地、女娲补天的神话，讲屈原的故事，讲陆游……一种民族自豪感在孩子们的心田慢慢滋长起来。

闻䴙在家里最小，却是个天才的小诗人。她生在北平，还没起名字就碰上了卢沟桥事变。来到昆明正逢大轰炸的时候，全家住在乡下，附近没有适合的学校可进，只好在家。哥哥姐姐都在联大附中读书，闻䴙感到孤独寂寞，也很愤慨。一天，她忽然拉着妈妈，要妈妈记录下她的诗。妈妈笑了，六七岁的孩子懂得什么叫诗？但闻䴙缠住妈妈，"你别管，替我写下来。"妈妈只好拿了笔，一句句地听，一句句地写，居然有点意思。这样竟积成二三十首。后来她会写字了，照着妈妈写的抄了一遍，订成个小本子，空白处还画了些与诗有关的图画如太阳、月亮、云、水和树木等。闻一多高兴极了，遇有至亲好友就给人看，请人题跋。朱自清、浦江清等教授都在这本题为《金色的太阳》的自编诗集上题写过勉励的话。

闻䴙有牙病，痛了好几天，吃不下饭。闻一多安慰道：明天叫妈带你去瞧医生。家里没钱，事情又忙，忘了。过一天看见她痛，又许了明天。结果一天天耽搁着。一天晚上下起大雨，孩子又痛得哭了，"爸爸尽骗人，天天说明天。"闻一多蓦然惊起，赶忙冒雨到同院熟人家借钱，当着孩子面交给高真："爸爸事忙忘记了，不骗你，明天一定去！"

抗日战争时期的昆明，因聚集了大批文化界人士，各种文娱活动非常多。几家电影院经常放映国外影片，几乎场场爆满。闻一多工作很忙，平时难得观看电影，但是有一次是例外的。那是 1946 年 4 月，他接连三遍看了一部电影，电影的名字叫《一曲难忘》，是一年前美国哥伦比亚影片公司摄制的表现波兰爱国音乐家肖邦生平的故事片。4 月底的一天，王瑶在晓东街碰到刚从南屏电影院出来的闻一多，一见面，闻一多就说："这部片子非常好，你可以看看，我已经看过三次了。"王瑶听了有点奇怪，当他看了之后，才知道影片描写的是 19 世纪三四十年代寓居法国的肖邦，在颠沛流离中历尽艰难困苦，仍对工作充满热忱和努力，绝未少懈，后来曲成演奏，受到人们的热烈欢迎，但肖邦自己却因奏曲时精力过于集中命亡琴前。王瑶看了也深受感动，说肖邦"鞠躬尽瘁地为了工作努力的精神，正是闻先生生平的精神"。① 闻一多还向同学们推荐这部影片，西南联大历史系蔡海南（蔡显福）同学说："有一次闻先生介绍我们去看美国影片《一曲难忘》，他说自己深为这部影片所感动，一连看了三遍。"蔡海南认为，被誉为"波兰起义的风奏琴"的肖邦，其"作品集中表现了崇高的爱国主义的主题以及波兰人民酷爱自由的精神"，影片中充满了肖邦对祖国的热爱和大无畏精神，"都引起闻先生的强烈共鸣。"②

《一曲难忘》拍摄得十分堂皇，还运用了大量色彩，被誉为"五彩缤纷的狂想曲"。不过，闻一多喜欢这部影片并不仅仅被它的艺术所打动，更多的是被肖邦崇高的爱国主义精神和波兰人民对自由的酷爱所感

---

① 王瑶：《忆闻一多师》，北平《民主周刊》第 10 期，1946 年 9 月 12 日。

② 蔡海南：《从象牙之塔至十字街头——纪念闻一多先生八十诞辰》，西南联大北京校友会编：《西南联大北京校友会简讯》第 48 期，2010 年 10 月，第 60—61 页。

动，因此他不仅自己看了三遍，还带着妻子和孩子们前去观看。他要用精美、高尚的艺术，滋润家里的每一个人。

家庭生活最能折射一个人的情操，从这些事中，可以看出闻一多的丰富情趣。

| 第五节 |

拥护共产党

称赞小"五四"

1945年2月15日，西南联大"悠悠体育会"利用寒假组织路南旅行团，曾昭抡、查良钊等教授也参加了，闻一多带着立鹤、立雕两个孩子兴致勃勃地和同学们登上火车同去。

在路南，旅行团借宿在县立中学。校长杨一波是位地方知名人士，对旅行团招待十分热情。交谈中，杨一波谈起1943年年底路南中学师生发动群众驱逐反动县长许良安的斗争经过，闻一多听了很激动。

那是21日的晚上，路中师生与旅行团举行同乐会。座谈中，杨一波介绍了驱许经过，说反动县长许良安对民主运动极为仇视，扣押了主张进步的教导主任、联大历史系毕业生刘桂五和训导主任张孝昌。路中师生动员了有关人士，还发动了近千名群众，夺回老师。接着，又搜集了许贪污敲诈的人证物证，掀起驱许运动。这件事闹到省里，省政府派来视察员调查。在大量证据面前，许无言抵赖，只好深夜逃走。为了纪念斗争胜利，县里立了块《贪官许良安遗臭碑》。

这件发生在昆明附近的事，闻一多还是初次听到，他敏锐地发现这场斗争具有重大的意义。他按捺不住兴奋的心情，即席站起来，说：这是路南的一次小"五四"运动，但就其斗争的性质与范围和所取得的成就说，却是超级的。因为斗争很尖锐，参加的群众不仅有路中师生，还有地方各阶层人士和广大群众。斗争持续几个月的结果，终于赶走了反动贪官，这就大长群众志气，大灭反动贪官威风。这是值得赞扬的一件不朽业绩，为路南这一名胜之区增光。①

路南中学师生斗争的成功，使闻一多很受鼓舞。在翻越一座大山时，黄福海同学问："闻先生，共产党和国民党斗争，你看谁会取得胜利？"闻一多睁大眼睛，毫不犹豫地反问："共产党会取得胜利，这难道还有疑问吗！"②

对共产党会最终取得胜利，闻一多充满坚定的信心。这决不是感情上的冲动，而是因为有了坚实的理论与思想做基础。

旅行团游长湖那天，闻一多没有去，他的助教何善周因为感冒也没去，两人便做了番长谈。谈话间，说到毛泽东同志的《新民主主义论》。这部光辉的著作，阐述了中国半封建半殖民地的社会性质，指出中国革命分两步走，中国革命是世界革命的一部分。它划清了资产阶级革命与无产阶级革命的区别，论证了资产阶级革命在中国社会状况下走不通，并且在反帝反封建任务未完成之前，也谈不到社会主义。毛泽东的科学论断完全是从中国革命的实际出发，新民主主义的政治、经济与文化，对多年来孜孜探索爱国救国之路的闻一多，产生了巨大的影响。闻一多对何善周说："我们一向说爱国，爱国，爱的国家究竟是个什么样子，自己也不明白，只是一个'乌托邦'的影子，读了这些书，对中国的前

---

① 杨一波：《路南中学驱许运动回忆录——路南的小"五四"运动》，未刊稿。
② 黄福海（黄海）：《宁死不屈的教授诗人闻一多》，《闻一多纪念文集》，第342页。

1945 年 2 月，闻一多游路南石林

途渐渐有信心了。就明白了有'最低纲领'，还有'最高纲领'，眼下要争取实现最低纲领，将来还要逐步达到最高纲领，那时，便是'世界大同'啊！"①

----

①　何善周:《千古英烈　万世师表》,《闻一多纪念文集》,第 264—265 页。

这次游石林,闻一多留下一张极富个性特征的照片,它几乎成了闻一多的代表形象,人们一看到这张照片,就知道是闻一多。照片上,闻一多安详地坐在草地上,身子朝前,头部转向镜头,嘴里含着烟斗,周围是躺着、卧着、坐着休憩的旅行团师生,背后是平地兀起的典型石林地貌小山。闻一多看到这张照片非常高兴,家里人也称赞拍得好。吴晗说:"旅行路南游石林,含着破烟斗,穿一件大棉袍,布鞋,扎脚裤,坐在大石头上歇脚的时候,学生给他拍了一张照,神情极好,欢喜得很,放大了一张,装到玻璃框里,到他家的人,都欣赏照片里的胡子。"① 吴晗说得很传神,只是他没有参加这次旅游,以为是学生拍的,其实是一同参加这次游览的云南大学职员董公晅先生拍摄的,拍摄时间是 2 月 19 日。

质问蒋介石

1945 年 3 月 12 日,昆明文化界发表了一份《关于挽救当前危局的主张》。这是闻一多参与酝酿、起草、修改的一份重要文件,它在国统区民主斗争中曾产生过积极的影响,其核心是要求召开党派会议、组织联合政府。

这里,需要先回顾一下时代背景。

1944 年 9 月,继美国副总统华莱士之后,赫尔利作为罗斯福的私人代表抵达重庆,他的目的也是为了推动美国对华政策的实现,其要旨是:维护蒋介石的领导地位,通过民主方式促进国共联合,在中国实现蒋介石领导的政治统一。它的目的是首先联合中国抗日力量,打败日本;同时在战后实现一个支持美国的中国政府。11 月,赫尔利飞抵延安,说服中国共产党接受这一政策。

在延安,赫尔利与毛泽东达成了"五点协议",包括:"为共同打

---

① 吴晗:《哭一多》,《新华日报》1946 年 7 月 28 日。

败日本强盗建设新中国，要在联合政府之下统一起来；要成立各党各派
无党无派的联合政府，要成立代表所有抗战力量的联合统帅部；要给人
民自由，要实行民主改革；要承认所有抗日的力量，装备所有抗日的力
量，统一所有抗日的力量（用联合政府来统一）；承认所有党派的合法
地位。"① 赫尔利同意这个协议，是基于西方式的思维方法，同时雅尔塔
会议将要召开，美国政府急需获得与苏联讨价还价的砝码。

但是，蒋介石看了这份协议后立刻意识到它对国民党专制的巨大威
胁，大发雷霆。赫尔利也翻手云覆手雨，向中共谈判代表周恩来转交
了国民党的"三点反建议"。这个反建议仅仅允许共产党向国民政府插
进一个脚趾，条件却是要交出军队。毛泽东一针见血地指出它的实质是
"党治不动，请几个客，限制我军"。② 12 月初，周恩来通知赫尔利，认
为组织联合政府和联合统帅部仍是解决时局问题的根本出路，随即返回
延安。

赫尔利未能完成罗斯福交给的使命，不免着急，便与蒋介石另订
出一新方案，特点是组织包括各党派代表的"战时内阁"，由美军参与
整编和指挥中共军队。与此同时，赫尔利反复劝请周恩来回到谈判桌上
来，甚至还请毛泽东来重庆。1945 年 1 月 24 日，周恩来抵渝，声明此
行宗旨是促进召开党派代表会议，公开讨论联合政府问题，改变过去国
共秘密谈判的方式。2 月 2 日，周恩来提出《关于召开党派会议的协定
草案》。

对于共产党提出的这一建议，蒋介石仍然一口拒绝，他叫嚷道：
"要联合政府就是要推翻政府，开党派会议就是分赃会议"。这个一笔
抹杀民主要求的蛮横态度，又一次暴露了蒋介石的专制立场。为此，郭
沫若于 2 月 8 日起草了一个文化界的意见书。12 日，郭给吴晗的信中说：
"此间学术文化界同人将发表一共同意见书，签署者已有百余人。"③

---

① 《周恩来选集》上卷，人民出版社 1980 年版，第 205 页。

② 毛泽东在周恩来 1944 年 11 月 21 日电报上的批语，转引自牛军：《从赫尔
利到马歇尔》，福建人民出版社 1989 年版，第 41 页。

③ 《郭沫若致吴晗》（1945 年 2 月 12 日，手稿），中国国家博物馆存。

闻一多、吴晗认为郭沫若传递的这个信息极为重要，觉得昆明文化界应当"以为前趋者之应，以为首倡者之和"。于是，吴晗执笔起草《昆明文化界对时局的紧急呼吁》，闻一多修改润色，罗隆基也补充了若干内容。稿成时，正是 11 日"克里米亚声明"公布后不几天，因此闻一多特别加上这样一段："本年四月二十五日，美苏英中法五国将在旧金山召集会议，依照敦巴顿橡树会议中建议的方针，筹备联合国组织的宪章。这一举，无疑又是决定同盟国家'和平胜利'的关键。以上盟军的军事胜利，无疑便是决定我们中华民族八年对日抗战最后胜利的关键，而盟国的'和平胜利'也便是决定我们未来建国成功的关键。眼看着两种胜利逼上前来，回顾我们自己，是在一种什么样的状态中呢？我们与其说是迎接胜利，毋宁说在拒绝它。"

这一稿中，他们郑重地提出了四项主张，其中"召集人民代表会议，集全国各党各派及无党无派的优秀代表人才于一堂，群策群力，共赴国难"和"组织联合政府，由人民代表会议选举各党派代表人物及全国众望所归的领导人才，负国家民族安危的重任"两条，显然是赞成周恩来《关于召开党派会议的协定草案》的主要意见。

根据修改稿，吴晗重新誊录了第二稿，其中对四项主张在顺序和措辞上又作了调整和润色。然后，闻一多于 3 月 1 日钢板刻印出来，准备散发。此时，在上面签名的人，已由最初的 59 人增至 342 人。这份《昆明文化界对时局的紧急呼吁》，对 2 月 22 日郭沫若、沈钧儒、柳亚子、马叙伦等 312 人在重庆发表的《文化界对时局进言》，显然起着响应、配合与支援的作用。

可是，也正是在 3 月 1 日这一天，蒋介石在重庆宪政实施促进会上公开发表讲话，反对召开人民代表会议，诡称"吾人只能还政于全国民众代表的国民大会，不能还政于各党各派的党派会议"。他还声言将于11 月 12 日召集国民党一手包办的国民大会，通过宪法，实行宪政，结束训政。

鉴于这种形势的突然出现，闻一多刚刚刻印的呼吁书便必须进行重新修订。于是，第四稿加紧进行，尤其是批驳蒋介石抹杀民意、拒绝民主的 3 月 1 日讲话，成为这一稿的重要部分。文中指出："这实际只是蒙蔽国际视听，拖延国内民主的技术。谁都知道，宪法是十年前一党包办的草案，国民代表是十年前一党包办的选举。试问以这样的代表，通过这样的宪法，再来选举大总统，产生新政府，这样的民主有真实的意义吗？试问这样迂回迁延的方式，能够挽救当前千钧一发的危局吗？"针对蒋介石无理指斥党派会议是"分赃"的谬论，文中还说："国人呼吁的各党派会议及联合政府，只是目前团结合作的方案，谓如是而后共商政策政纲，如是而后共负抗建责任，如是而后实施宪政、实行民主。目前的团结合作，并无移交政权于各党派，还政于民之说。而蒋主席必斤斤以此辩白于天下，这倘不是搪塞粉饰之词，那就是固执一党独裁的成见了。"

这是义正词严的民主呼声，凡是主张民主争取抗战胜利的各阶层人士，都认为它切中要害。在上面签名的人，不仅有文化界人士，西南联大的王赣愚、卞之琳、沈从文、余冠英、李广田、吴达元、闻家驷、马大猷、许维遹、游国恩、费孝通、胡毅、洪谦等教授也纷纷签了名。这在昆明又是第一次。

为了促成这次广泛的签名，闻一多手持油印的第四稿——它已改题为《昆明文化界关于挽救当前危局的主张》，走家串户。他曾乘火车到呈贡，找到住在那里的沈从文。这位多年不问政治的老朋友，为闻一多的爱国精神感动了，有生以来头一回对政府表示了自己的批评态度。

3 月 12 日，这份随着形势不断修改的《主张》终于发表了，它像一把匕首，投向反对民主的逆流。许多报刊或转载或登载消息，《新华日报》也做了介绍。它和许许多多呼声一起，共同聚集成巨大的民主浪潮。

慰问郭沫若

汹涌而至的民主浪潮，让国民党阵营乱了手脚。当时，中国在雅尔塔会议上刚刚确立了四强之一的国际地位，而这股反对国民党专制的潮流，就像一盆冷水，浇在执政者头上，蒋介石的难堪和恼怒可想而知，他大骂主持宣传工作的张道藩无能，接着将矛头指向这次浪潮的首倡者。3月30日，国民政府军事委员会政治部借口机构重复，强令解散郭沫若领导的政治部文化工作委员会。

这件事让闻一多非常愤慨，因为这不只是对郭沫若的迫害，更是对民主的反动。他和吴晗认为不能在黑暗势力压迫下默然无声，便商量发动了一次声援和慰问活动。

现存昆明文化界写给郭沫若、顾颉刚的慰问信，共有两份底稿。一份不知何人起草，但有闻一多清晰工整的修改笔迹。另一份是根据闻一多修改稿重新誊录的稿子，信末首先是闻一多的亲笔签名，其后是吴晗、萧涤非、陆钦墀三人的亲笔签名。然后，是过录到该稿上的其他人名，为白澄、闻家骊、洪谦、俞铭传、吴征镒、李广田、沈从文、尚钺、林石父、光未然、李公朴、林涧青、楚图南、常任侠、姜震中、罗隆基、谢加因、金若年、吕剑、麦浪、杨须知、苏均持、周新民、费孝通、周钢鸣、何家槐、郑伯华、欧阳德荫、袁度、庄永烈、黎敏、羊醉秋、林士诒、蓝骏明、麦建初、余湘、杨祺、吴传启、李昌庆、穆芷、郑康、彭桂萼、彭桂蕊、卜兴杜规、杨亚宁、杨秋帆，还有一个姓吉者的名字有些模糊，一共是51人。

这封联名慰问信，表现了昆明民主力量不惧高压、顽强不屈的精神，是份十分宝贵的历史文献。其全文为：

> 颉刚、沫若两先生：
>
> 　　报载你们二位所分别领导的辞典年表编纂处，文史杂志社和文化工作委员会等机关，都先后被无故取消了。对这不幸的消息，我们虽然愤慨，却毫不惊异，因为我们知道这事件的发生，是中国反民主势力又一罪恶的政治表演，它使这荒淫无耻的大后方仅有的几个庄严工作据点，又受到严重打击而停步。这确乎是我们大家的不幸，但绝不是我们的致命打击。反之，从这一次打击上，我们全国

民众倒更可以解除一些错觉的蒙蔽和幻想的羁绊，因而更能坚定今后努力的决心。

抗战八年以来，和你们一样，我们也是在文化教育机关担任工作的，八年如一日，我们的信心和忍耐，并没有动摇，然而还是挽回不了国家的颓势。在抗战过程中，国内的破绽愈来愈大，使胜利和民主政治的前途，也愈来愈远。但我们仍然在隐忍和宽恕的心情中期待又期待。直到今天，我们的隐忍和宽恕几乎变成了一种罪恶，期待变成了无底的失望。眼前政治的腐败，经济的破产，军事的挫折，以及社会上贪污无耻的公然横行，与夫你们这次所受到的可耻的打击，都是这一事实无可掩饰的说明。

所幸现在我们完全明白了，明白了我们险恶的环境，艰苦的前途，也明白了我们责任的重大！新的挫折，只是提高了我们新的警惕，增加了我们新的勇气。

"雾重庆"的时代已经过去，光明与黑暗的阵营渐渐分明了，请两位坚守着我们文化界庄严工作的堡垒，紧握着我们文化界庄严的大纛，来争取我们国家民族的生命线——民主政权。请相信，我们是你们的声援，如同你们相信广大的民众是你们的后盾一样，你们不是孤立的。

最后，为了你们这次所受到的光荣的迫害，请你们和协助你们工作的诸位朋友，接受我们这点同情与敬意。

我们永远是你们的忠实同伴！①

4月14日，《新华日报》以《昆明文化教育界慰问郭沫若先生的信》为题，刊登了该信的大部分内容，只是没有慰问顾颉刚先生的文字，详情未晓。这封慰问信，表达了昆明文化界人士对建立民主政治的愿望和信心，这也正是闻一多与郭沫若等心心相印之处，因此郭沫若接到该信后备受鼓舞。4月30日，郭沫若写信给吴晗，说："承昆明文化界诸友

---

①　《昆明文化界致郭沫若、顾颉刚慰问信》（手稿），中国国家博物馆存。

殷殷慰问，同人等异常感奋。……同人颇远识之士，正多牺牲生命以争取德先生之胜利，仅仅打破饭碗，殊不足道，受诸君子之鼓励，自当勉力，愿不致成为时代落伍者。"①

闻一多与郭沫若的友谊，已经有 20 多年了，如果说以前的关系还是文学姻缘的话，那么现在则有了新的基础。抗战以来，闻一多与不少旧日朋友来往都渐渐浅淡了，却与郭沫若的思想感情融合。《屈原问题》就是在郭沫若主编的《中原》杂志上发表的，而这年 6 月 10 日，郭沫若赴苏途中路经昆明，也是闻一多、吴晗、张光年等设宴饯行。

支持民盟不同声音

1945 年 3 月，昆明出现了一种新的刊物——《民主周刊增刊》。据该刊编辑王健回忆，它的主编是李公朴，闻一多是编辑之一。但该刊另一编辑张光年则记得申请登记时，主编用的是曾昭抡的名字，原因是曾昭抡上层关系多，容易通过。不过，《民主周刊增刊》的实际主编还是李公朴，并且编辑部就设在北门书屋的李公朴家中。

北门书屋是昆明商会会长李琢庵的房产，深明大义的李琢庵在北门街有十个铺面，建成时正赶上抗战爆发，西南联大和一些教育文化人士迁来昆明，李琢庵就把一些房子租给雷海宗、潘大逵、张景钺、崔芝兰等教授。这时，他听说李公朴要办书店，就不收一文租金，还风趣地说："要不是因为抗战，我们是请也请不来你们这些大教授的。"李公朴一生从事文化教育出版事业。20 世纪 30 年代就在上海和邹韬奋等创办了《生活日报》，还与艾思奇一起编辑《读书生活》半月刊，后来又成立了读书生活出版社（后改名读书出版社）。抗战爆发后，李公朴在武汉和沈钧儒创办《全民周刊》，不久与邹韬奋主编的《抗战》合刊，即人所皆知的《全民抗战》。1941 年 1 月皖南事变爆发，中共建

---

① 《郭沫若致吴晗信》（1945 年 4 月 30 日）（手稿），中国国家博物馆存。

议李公朴疏散到缅甸，但他到昆明后拿不到签证，便滞留了下来。在昆明初期，李公朴帮助青年组织读书会、举办各种专题座谈会、青年问题演讲会，还油印了自编自印的《职业青年》小刊物。当时，昆明青年特别是职业青年迫切要求学习，希望阅读进步书刊，于是李公朴决定先办个书店，再办个出版社。李琢庵知道了，便慷慨地把房子借给李公朴。李公朴搬进去后，把楼上和后面的房子作为住家，在房前临街的楼下开了书店，因位于北门街，故命名北门书屋。这里，很快就成了各种集会的场所，常常高朋满座，时常举行宪政座谈会、时事讨论会、民盟小组会、妇女联谊会、音乐欣赏会等，《民主周刊增刊》当然也在这里编辑。

关于《民主周刊增刊》的出版原因，编辑在创刊号上是这样介绍的："《民主周刊》出版以来，谬蒙读者推许，但也接到许多读者来函，说《周刊》不够通俗，不够活泼。现在把最近收到的几篇短小精悍的文章，《周刊》限于篇幅无法全部刊载的，汇集起来，略加编排被辍，试出这一期《增刊》。虽然还不敢说内容怎样通俗，但是算较为生动活泼些了。以后倘得到读者的支持和作家的赞助，继续收到同性质的文章较多时，还打算继续出下去。这一期匆匆出版，内容和编排方面定有不完善处，还望热心的读者提供意见。编者。三、五。"①

的确，《民主周刊增刊》出版后，人们觉得它通俗活泼、新鲜锋利。但是，这只是它的表面，实际上，《民主周刊增刊》是云南民盟内部政见不同的产物，这一点很少有人了解。

当时，苏联红军已直驱柏林，美军也在菲律宾登陆，国际反法西斯战线取得最后胜利不过是时间早晚问题。那么，胜利之后的中国究竟走一条什么样的建国道路，便成为众所关心的现实而且紧迫的大事。

在云南民盟内部，罗隆基极力主张走"第三条道路"。他认为苏联有经济民主而没有政治民主，英美则有政治民主没有经济民主，所以中国不能照苏联或英美的模式建国。他在《政治的民主与经济的民主》一

---

① 《编后小言》，《民主周刊增刊》第 1 期，1945 年 3 月版，第 23 页。

文中说：与资本主义国家相比，中国大体是个财富均等、普遍穷乏的国家，如果真的"开放政治"，"让人民先有政治的自由平等"，那么多数人民必能利用它"驾驭国家"，"再用这样一个政治民主的国家以进行工业化，大多数人民既能掌握政权，他们自身必力求防止资本主义的产生"，于是"必能由政治的民主进到经济的民主"。他认为中国没有资本主义，所以"根本用不着阶级专政"，倒是可以"不走英美苏的旧路，却在英美与苏联的道路中寻找一条新路"。①

闻一多总是说自己对政治学经济学没有深入研究过，一向不大写纯理论文章。不过，他并不认为苏联没有政治民主，相反，从对解放区的了解中，"三三制"恰是政治民主的形式。

为了讨论未来的建国方向，一天，在北门书屋的李公朴家里，云南民盟的十多个负责人开了一次学术性的座谈会。罗隆基重申自己的观点，谈笑中不免埋下几根暗刺。张光年这时住在李公朴家，也应约以"民盟之友"的身份作了发言。这位《五月的鲜花》的词作者，在抗战初期是总政治部第三厅内公开的中共党员，自然说起话来与诸学者不一样。他旁征博引了列宁、斯大林、毛泽东的论述，又根据邹韬奋《萍踪寄语》《萍踪忆语》中的苏联纪行，证明苏联的社会主义并非没有政治民主。邹的书很快在圆桌上传阅开，闻一多急切地想仔细读它。

李公朴去过延安，他心平气和地讲了自己在延安和华北敌后根据地的见闻，说只有人民当家做主的地方，才会有真正的民主。闻一多读过《新民主主义论》，当然赞成这种观点，他虽然觉得罗隆基关于中国应当首先争得政治民主，进而再争取经济民主的说法不无道理，但是对其"第三条道路"却不能表示同意。

也就是从这时起，李公朴邀约闻一多与其他一些盟员，酝酿在罗隆基所掌握的《民主周刊》之外，另外办一个《增刊》。可见，《民主

---

① 罗隆基：《政治的民主与经济的民主》，昆明《民主周刊》第 1 卷第 2 期，1944 年 12 月 16 日。

周刊增刊》的编辑发行，是为了发出云南民盟内部的另外一种声音。因此，人们在这个刊物上可以看到《民主运动史话》《青年之路》《中国式的民主》《燕教授笔下的宪法与宪政》《历史的教训》等文章，感觉到它用"通俗""活泼"的形式宣传新民主主义革命。闻一多没有在这个刊物上发表文章，但对刊物的立场和做法是赞成的。

| 第六节 |
与云南民主青年同盟

协助筹备建立民青

云南民主青年同盟（以下简称"民青"）是抗战胜利前后昆明民主学生运动中的一支坚强力量。它的核心成员多为中国共产党党员，云南地下党对学生运动的领导，就是通过民青去实现。值得注意的是，民青的成立与活动，与闻一多和吴晗有密切的关系，这些过去不大为人所知的事情，正是闻一多民主活动的重要成绩之一。民青的酝酿约在1944年秋季。随着民主运动在西南联大及昆明的展开，一些失去组织关系的地下党员曾互相串联，秘密组织起"社会主义青年同志会"。这个名称的颜色太红，因此11月中旬受到成都"民主青年协会"名称的启发，他们在组织名称上冠以"民主青年"四个字。洪季凯（洪德铭）、谭正儒（严振）、萧松、朱谷怀等人便是这个组织的发起人，他们都是西南联大的学生。

洪季凯原是新四军的战士，皖南事变中被俘，后在押解途中逃脱，一条腿被打断。他流落到昆明后考入西南联大，便很留心寻找党的组织。在与闻一多、吴晗的接触观察中，他凭着感觉估计他们可能与中共地下党有联系，认为不能错过机会。经过慎重考虑，洪季凯将建立秘密组织的计划向闻一多、吴晗作了和盘托出的介绍。

闻一多这时已懂得组织工作的重要性，他非常赞成这个计划，并建议把组织名称定名为"云南民主青年同盟"。洪季凯等人接受了这个建议。

12月中旬，闻一多、吴晗邀约洪季凯等人及不久前参加组织筹备工作的陈定侯、王念平（亦均为西南联大学生）座谈。这次座谈先是由闻、吴讲了将举行护国起义纪念大会以及准备游行的计划，接着仔细商量了民青筹建的具体问题。当时，闻、吴都表示愿意介绍他们加入民盟，不过洪季凯等人都婉转地说不便加入，但愿以师生关系接受两位老师对民青的指导，同时又表示民青支持民盟的政治纲领。

以上情况，闻、吴都向华岗作过汇报，他们身边没有党的组织，华岗在他们心目中就代表着中国共产党。华岗自然表示赞成，这对闻一多也是个鼓励。接着，闻一多又将情况向民盟云南省支部作了汇报，民盟支部也很有兴趣，有的人还主张把民青建成民盟的外围组织，吴晗甚至还亲自起草过一份民青的入盟誓词。民青筹建人看过誓词后，明白表示民青是独立的组织，不能隶属任何团体。听了他们的解释，闻一多风趣地说：人各有志，不能勉强，你们讨论后就按你们的意见办，讲民主就得尊重多数人的意见。话虽这么说，他还是希望这些青年能加入民盟。

转眼到了1945年2月4日。这天是星期天，民青在滇池的一条船上举行了第一次代表大会。会议修正通过了《民主青年同盟章程》，确定了当前的工作计划，选举洪季凯、陈定侯、严振、萧松、何东昌五人为第一届执行委员会委员。这些有关材料，以及民青给民盟云南省支部的第一次通报书，都交给了闻一多和吴晗，它们现在还完好地保存着。

　　不久，民盟云南省支部正式书面通知民青，以闻一多、吴晗（后增加了周新民）为民盟与民青的联系代表。除夕晚上，闻、吴两人请洪等民青执委吃饭，除陈定侯因事未到外，其余人都来了。从这天起，双方各自代表自己的组织建立了正式的联系。

　　民青成立后立即开展活动，闻一多等积极给予配合，双方的默契有力地推动了民主斗争的进行。

　　皖南事变后，西南联大学生自治会掌握在三青团员手中，进步青年只能以报联等名义开展活动。因此利用改选之机取得学校学生的领导权，成为正在筹建中的民青的重要任务之一。改选中，闻一多以参加学生社团集会、答壁报记者问等方式，帮助和支持进步学生参加竞选。这次改选结果，三青团候选人全部落选，17个理事中民青被选入5人，齐亮（中共党员）当选为学生自治会三常委之一。西南联大不设校长，由北大、清华、南开三校校长组成常委会。学生自治会亦仿此例，不设主席，而设三位常委。

　　民青宣传股曾编印过一个《民主通讯》，这个内部刊物除转载新华社及其他进步报刊的文章外，还刊登思想评论、各地民主动态，对加强青年时事政策教育起到一定作用。闻一多、尚钺被邀请担任了这个通讯的指导，稿件汇齐后他们认真审阅定稿。这个刊物后来改名为《渝风》，公开发行。

　　经过秘密联系，到3月间，民青已发展到170多人。稍后，他们分成几个支部，其中西南联大有两个支部，一由袁永熙负责，一由马千禾负责。袁永熙的姐夫叶公超是闻一多的老朋友，还在北平时，闻一多就认识了这个孩子，那时袁永熙曾帮助闻一多抄过稿子，没想到这时他已成为西南联大地下党的负责人了。马千禾即马识途，是天天见面的中文系学生。闻一多也没想到，这位学生在六七年前和自己的侄子闻立志（后改名黎智）同在鄂西搞地下工作。由于这些关系，闻一多与民青的联系更加密切、更加融洽。

支持民青建立秘密印刷所

4 月间，民青建立起一间小型秘密印刷所，许多重要文件从这里源源不断印刷出来。说起它的创办，民盟曾给予极大的支持，而这些支持主要是通过闻一多和吴晗两人进行的。

还在编印内部刊物的时候，民青就感到需要一个地下印刷所，西南联大学生的一场大争论，又加速了它的筹建。

大约 3 月底，西南联大学生自治会收到浙江大学、复旦大学学生自治会的两份国是宣言书，前者拥护共产党关于建立联合政府的主张，后者则赞成国民党召开国民大会。这两种截然不同的观点，在西南联大学生中引起了热烈的讨论。4 月上旬，西南联大学生自治会召开代表大会，通过了多数人同意的对国是的意见书，其态度完全站在反对国民党的一边。闻一多对这份意见书做过精心修改，这是民青委托他进行的。与此同时，为了争取以西南联大全体学生名义公开发表，校内也展开了广泛的讨论，闻一多、吴晗等人多次与民青及西南联大学生自治会负责人研究，力促其成。这些在民青向民盟云南省支部的第二次通报书中，均有详细记录。

此外，闻一多还向一些学生做工作，希望大家团结起来去促进民主与团结。3 月 28 日，西南联大学生自治会举办"国是与团结"座谈会，有五千多人参加。曾昭抡讲"军队统一问题"，吴晗讲"团结问题"，王赣愚讲"国民大会与政党"，张奚若的"国民大会的特质"由曾昭抡代述。这天，闻一多拖着病后未愈的身子出席了大会。作总结时，他说话还有些吃力，但他的话却令人发省：抗战初期，有些人把抗战建国截开两段，认为学生的任务是埋头读书，准备做"建国人才"，抗战大可不管。事实证明他们的看法是错误的，前一些时候政府不是鼓励学生从军吗？所以，目前的学生，不只应该埋头苦干，更应该抬起头来，挺起胸膛，注视现实，关心民主团结，用大家的力量去促进民主团结的实现。① 这些话说的时候声音不大，可语重心长，一些同学低下头，紧紧握着手，陷入沉思。

经过十多天的讨论，大多数系会级会均表示赞成。4 月中旬，《西南联合大学全体学生对国是的意见》终于以表决形式通过了。这是西南联大学生首次以全体名义对政府的公开呼吁，从而在昆明民主运动史上写下重要的一页。文中写道："历史在跃进，民主在昂扬，祖国在危难中，同胞在水火里。抗战八年来，国土连年丧失，人民惨遭涂炭。贪污已成泛滥的狂流，特务作为统治的工具；财富集中，通货膨胀，大多数人民不能不陷于饥饿死亡；统制思想，排除异己，正义的声音被迫归于喑哑；士兵辗转饥寒，接连溃败；外交固执成见，开罪友邦；社会正义全被凌夷，食血者流度其骄奢淫侈的生活；学术文化日趋贫困，顽固分子大肆宣扬其复古谬论。而今天，胜利和民主的欢呼已响遍全球，举世进步的人士都把焦急的眼光投向中国，期待着我们团结一致，迎接盟军在华登陆，期待着我们以民主的姿态参加旧金山会议，建设世界和平。但是政府故态依然，没有丝毫改革的迹象。这是为什么？因为中国没有民主。"

2500 余名西南联大学生对国是提出六大主张，第一条即为："立即停止一党专政，承认各党派的合作平等地位，集合各党派代表及资望与能力为国人所尊敬的无党无派进步人士，举行国是会议，组织联合政府，实施紧急的战时措置，然后筹备召开能真正代表全国民意而不是一党包办的国民代表大会，制定宪法，实施宪政。"其余还有取消特务活动、释放政治犯、成立联合统帅部、根绝党化教育、加强与盟国合作等。

这份态度鲜明的意见书，浸含着闻一多的心血，当时有人就说："大家是在对'联合政府'一致的认识与要求之下团结起来的，而且每一行动都得到先生们的支持帮助。"② 这些人中，闻一多也是重要的一

---

① 吴晓：《联大的民主集会——时事晚会速写》，昆明《民主周刊增刊》第 2 号。
② 《八年来的民主运动》，《联大八年》，第 43 页。

位，《民主周刊》还为它发表了时评《学生们赤诚的呼吁》。

意见书通过后，印刷上碰到了困难，于是，加速建立地下印刷所的问题就刻不容缓了。民青执委会曾专门研究了这件事：人力不成问题，关键是缺少购买印刷机的资金。为此，洪季凯找闻一多、吴晗商量。闻、吴立即表示不成问题，因为《民主周刊》有广告费，还可以从龙云资助的款项中拨出部分，另外闻一多的治印收入与吴晗的稿酬也可以补足一些。4 月 23 日，洪季凯以"洪田禾"的化名给吴晗写信，汇报了印刷所的进展，说活动费还差三万元。① 不几天，这些款子便送到洪的手里。

印刷所有了资金，很快在青年工人徐庆华家里办了起来，西南联大学生对国是意见书就是在这儿排印的。后来，《新民主主义论》《论联合政府》《中国革命与中国共产党》《论解放区战场》等，以及《渝风》和若干宣传品，还有王康编的《时代评论》，都是在这个秘密印刷所印成的。

为着严守秘密，闻一多和吴晗始终不知道地下印刷所的具体地点，所有稿件均交给萧松转去。萧松成了西仓坡西南联大教员宿舍的常客，有几次吴晗忍不住想去印刷所看看，而闻一多则老练得多，一次也不打听它的事。

也许是因为对这个印刷所的偏爱，也由于闻一多对职业活动家尚存有某些成见，这年初夏他与李公朴闹了一次误会。当时，毛泽东的《论联合政府》在解放区发行，北门书屋从一个渠道搞来这本书翻印发售。民青地下印刷所正好也在印这本书，于是外间传言北门书屋印别人的东西是窃取版权。闻一多信以为真，责备李公朴不该有这种书商行为，言辞很尖锐。

事后，冯素陶觉得两位朋友伤了感情，对今后工作不利，便约楚图南一起去做闻一多的思想工作。他们说明情况，说北门书屋是做革命宣传，不是如别人讲的书商赚钱。再说多印些革命书籍有什么不好？闻

---

① 据洪田禾致吴晗信原件，中国国家博物馆存。

一多想了一下，说："哦！那是我的不对了！"说完拉着两人去向李公朴道歉。这种坦荡襟怀使冯、楚都很感动，李公朴也一释前嫌，和闻一多互相拥抱，这情景给在场者留下深刻的印象。①

"五四"大检阅

1945年的"五四"纪念周，是昆明民主运动的一次大检阅。在国际反法西斯战线取得最终胜利已指日可待之时，在中国人民为争取实现民主政治不懈努力之时，昆明的这次纪念"五四"活动，无疑具有明显的现实意义。整整一个星期，师生们，不，是全城人民都沉浸在战斗的鼓舞气氛中。闻一多，这时又一次擂起了时代的战鼓。

"让文艺回到群众中去"

"五四"纪念于4月30日拉开帷幕。这天，西南联大学生自治会举办了"科学晚会"，华罗庚教授在讲演中疾呼政治必须改革，民主必须实行。这声音成为纪念活动的中心。

5月1日，四大学在云大至公堂举办"音乐晚会"，人们用歌曲发

---

① 冯素陶：《怀李闻》，《云南盟讯》1981年第7、8期合刊。

出回顾过去、努力未来的心声。《五月的鲜花》《民主胜利进行曲》《怒吼吧！黄河》等冲破了夜幕，给初夏的昆明带来了活力。

这声音使反动派胆寒。2日，国民党云南省执行委员会通过昆明市政府，向各校下达了教字124号密令，称"五四"纪念周中有"奸党"活动，召开"所谓民主座谈会""火炬竞走"是"作变相示威游行"，"其余各日皆有不轨言行发生可能"，要各校"于5月3日起务须严密防止学生参加非法活动和游行等，勿使发生意外"。

狂吠阻挡不住历史的脚步，纪念活动仍按预定计划进行。2日晚上，西南联大东会堂的"诗歌朗诵晚会"由新诗社举办，两千多人踊跃参加。新诗社的导师闻一多首先登台讲演，他高度赞扬文艺的民主方向，说：

> 用诗歌朗诵来纪念"五四"，是极有意义的。我们为什么要朗诵诗？文学必然有功利性，诗必然是政治的工具，人类无法脱离团体的社会生活，也就离不开政治，而政治乃是诗的灵魂。

> 我们不妨看一看新诗发展到现在的经过，更不妨先翻翻我们的革命历史。辛亥革命，是对一姓一家的革命，革命的对象异常简单，要推翻它，取得政权，少数知识分子即可完成这工作，因此当时鼓吹革命的工具，用那时知识分子所熟悉的文言文即行。

> 北伐时代，革命的对象是北洋军阀一个集团，工作比以前艰巨，担任革命的工作者，除了知识分子，还须广大的市民和工人群众。对他们鼓吹革命，知识分子的文言文已不适用，而我们的文学家也早就知道这新工具的需要，"五四"以后就展开了新文艺运动，早就准备了这一阶段的战斗的武器。

> 如今，不必讳言，我们的革命尚未成功，而且去成功还很远，这一次的革命对象是整个阶级。因为它早已根深蒂固，有更大的势力。担任这一次革命的工作者，应当有广大的农民，非做到农民也参加了革命的地步，革命无法完成。我们要唤醒农民，农民是不识

字的，语体文已不适用，因此我们需要通俗的秧歌剧、街头剧、接近土地的音乐、为任何人所了解的朗诵诗。现在，我们正在作这种准备。①

这个发言，有可能就是这月发表的《五四与中国新文艺》的雏形。在《五四与中国新文艺》中，闻一多写道：

> 中国民族资产阶级的兴起，新兴阶级对外要求反帝，对内要求反军阀，以求本阶级的解放与民主政治的发展。不管它的阶级性如何，总需要广大群众的支持，因此必须运用一种新的宣传方式以表达他们的思想，其方式就是白话文以及用白话文表现的中国的旧的写实主义的文学。辛亥革命是士大夫领导的，表现文艺的形式还是士大夫所用滥了的古文；五四运动在文艺表现的方式上则多少有一些群众性，不过由于那时工人没有居于领导地位，所以，"五四"时代所谓中国的新文艺，还是旧的写实主义。

接着，闻一多对中国的新文艺运动提出了任务和要求，他说：

> 中国新文艺运动应该随着中国社会发展而发展，或者说中国新文艺应该彻底尽到它反映现实的任务。目前我们需要崭新的文艺形式和内容，我们要让文艺回到群众那里去，去为他们服务。目前我们要求"民主"下乡，进工厂，我们的文艺也要这样。因此，在我看来，目前最恰当的文艺形式是朗诵诗和歌剧，此外，我们还需要与其他部门配合才能收到更大的效果。我所说的其他部门大抵指电影、漫画等。
> 中国新文艺发展的事业与民主事业同样艰巨，我们需要加倍努力，我们相信，只有广大的群众是主人，群众的利益定会战胜少数

① 《记诗歌朗诵晚会》，《联大通讯》第2期，1945年5月21日。

人的特权的。①

这篇文章表现出闻一多突飞猛进的思想发展，尤其是他把时代看成是群众的时代，提出"让文艺回到群众中去"的口号，反映了对于进行革命必须与工农大众相结合的认识。对于一个多年生活在象牙塔中的高级知识分子，这个认识折射出他多么大的自我改造呀！

社会上对这篇文章的重视也是超乎寻常的。13 日的重庆《新华日报》在《昆明十一教授对五四和时局的意见》报道中，摘录了本文的最后两大段（即前所征引者）。5 月 13 日，该报又登载了署名"禹"的文章《闻一多先生说："现在是群众的时代，让文艺回到群众里去！"》，文中除引了部分段落外，还评论道："在这里面，不但解决了文艺与当前民主运动的关系，而且深刻地指出了中国新文艺一条开阔的方向，那便是与群众结合，到乡下去。同时，闻一多先生在文章中还分析到'五四'虽是一个群众性的运动，而当时也还是有它不够彻底的地方。今天我们民主运动的任务就更鲜明地规定了，我们必须到群众中间去，文艺也只有从那里得到自己丰富的泉源，才能够产生群众真正需要的作品。"

闻一多讲毕，开始诗歌朗诵。何孝达、刘振邦、何兆斌、李实中、朱自清、胡庆燕、张光年、吕剑、郭良夫、许健冰、金德濂、常任侠等相继登台献艺。闻一多也朗诵了解放区诗人艾青的《大堰河》，那浓郁的感情，给人们留下难以磨灭的印象。朱自清后来回忆道："艾青先生的《大堰河》，自己多年前看过这首诗，并没有注意它，可是在三十四年昆明西南联大的五四周朗诵晚会上听到闻一多先生朗诵这首诗，从他的抑扬顿挫里体会了那深刻的情调，一种对于母性的不幸的人的爱。会场里上千的听众也都体会到这种情调，从当场热烈的掌声以及笔者后来跟在场的人的讨论可以证实，这似乎是那晚上最精彩的节目之一。……笔者那时特别注意《大堰河》那一首，想来想去，觉得是闻先生有效地

―――――――――

① 联大、云大、中法、英专四校学生自治会编：《五四特刊》，1945 年 5 月。

戏剧化了这首诗，他的演剧的才能给这首诗增加了些新东西，它是在他的朗诵里才完整起来的。"①

以历史的眼光看待时代

5 月 3 日晚，西南联大历史学会举办"五四以来青年运动总检讨会"。与前三天活跃的晚会相比，这个会显得严肃些，但会场上 3500 余人仍情绪饱满，热烈。雷海宗、吴晗、曾昭抡、沈有鼎等教授与 60 余学生都作了发言。

像这样的集会，闻一多的发言不是安排在第一个就是最后一个。这次，他第一个站了起来：

> 今天这会是历史学会主办的，我愿以读史的立场来说几句话。当初五四运动是一个零碎的青年运动，没有组织，慢慢才出现群众的运动。那时由于国民党的加强，这运动转成了一个具体的政治运动。由于一个党派，有组织的集团的接受和领导，于是这运动有了结果。当时我们感激国民党，感激孙中山先生的领导。但是先生们却渐渐地冷落起来了，于是用各种方法来阻止我们，当然那时还没有今天这样高明用请看电影的方法。② 他们认为有了党派，问题就严重了，于是企图高压制止。有些同学也因此观望不前。当我们读史的时候，我们庆幸有这个党派捡起这个运动，而当时的人却讨厌

---

① 朱自清：《论朗诵诗》，《朱自清全集》第 3 卷，江苏教育出版社 1988 年版，第 254—255 页。

② 5 月 2 日下午，联大训导处贴出布告称南屏、大光明、昆明三电影院为纪念"五四"招待师生，共赠电影票 2800 张，分于 3 日、4 日放映，全体同学可在规定时间内去训导处领票。3 日上午，同学们抵制布告，有些人虽已领了票也把它撕掉。学生自治会在校门口设立办公处，收集同学们不要的票，送给市民和士兵。

什么党派，这个教训是应该特别深深体会的。老辈如果退后几十
年，以史家的眼光来认识它，他一定高兴于当时国民党的起来，而
绝不会厌恶或害怕。读书的人看事应特别加上智力，今天的情形一
定还有人徘徊犹豫，怕受党派利用，因为某某党也在喊民主，这特
别是因为中国人向有所谓清高的风气，请诸位特别留意这点，今后
二十六年，当你读到今天的历史时，你一定会感到庆幸；今天有某
某党派，就像庆幸当时有国民党一样。我们读书的人不是人云亦云
的，也不被人利用离间的，我们应以读史的眼光来看我们所处的
时代。①

　　这是一次很重要的发言，它所体现的辩证唯物主义与历史唯物主义
的观点，是闻一多能够不断认清方向的思想武器。如果结合他 4 月 27
日写下的《五四运动的历史法则》，那么就更能认识到它的可贵之处。
　　在那篇刊登在《民主周刊》的文章中，闻一多用发展的眼光和生动
的语言，扼要而准确地阐述了对历史演进规律的认识。他说中国是个半
封建半殖民地社会，"封建的主人地主官僚与殖民国的主人帝国主义"
存在一种"奇异的关系"，"在剥削人民的共同目的上，它们利害相同，
所以能够互相结合，互相维护，同时分赃不匀又使它们利害冲突而不能
不互相龃龉，然而它们却不能决裂。"被压迫者是"人"，"而人是有反
抗性的，反抗而团结起来，便是力量，不是民族的力量，便是民主的力
量。这些对于帝国主义或封建势力，都是很讨厌的东西。于是他们想好
分工合作，让地主官僚出面执行榨取的任务，以缓和民族仇恨。（这是
帝国主义借刀杀人！）让帝国主义一手把着枪炮，一手提着钱袋，站在
背后保镖，以软化民主势力。（这是地主官僚狗仗人势！）"闻一多用形
象的语言，道出了一个深刻的道理，即帝国主义、封建主义都是中国人
民的敌人。

————————

　　①　《历史是我们的指标——五四青年运动座谈会》，《联大通讯》第 2 期，
1945 年 5 月 21 日。

精彩的是下面的分析：他说北伐成功使北洋军阀统治崩溃，帝国主义吃了不少眼前亏。但是，封建势力马上抬头，"这历史公式，特别在今天，是值得我们深深玩味的。"

历史是会重演的，闻一多说今天的"五四"与 26 年前的"五四"在主要成分上几乎完全一样。"第二次世界大战爆发，欧洲帝国主义退出，于是中国半殖民地的色彩取消了，半封建便一变而为全封建。"很明显，这是针对国民党统治而言。

历史又不完全重演，五四运动到今天，"恰是螺旋式地进展了一周，一切都进步了"。不平等条约的取消，在名义上使中国第一次坐上列强的交椅，这倒"促使或放纵封建势力进一步地伸张"。"战争本应使一个国家更加坚强，中国却愈战愈腐化。"

但是不必担心，人民的力量也在增长。闻一多举出四种力量："西南大后方市民阶层的民主运动""敌后的民主中国""封建势力内部的醒觉分子""大后方水深火热中的农民"。有人说统治阶级的腐化是由于抗战造成的，闻一多断然否认："半个民主的中国不也在抗战吗？而且抗得更多，人民却不饿饭。（还不要忘记那本是中国最贫瘠的区域之一）"这里指的是中国共产党领导的抗日根据地，闻一多说它是"民主的大本营，论成绩和实力，远非五四时代以来所能比拟"。

用历史的法则来看 26 年来的中国，闻一多坚信"帝国主义的进步、封建势力的进步，结果都只为人民的进步造了机会，为人民的胜利造了机会。不管道路如何曲折，最后胜利永远是属于人民的，26 年前如此，今天也如此"①。

对于一个走出书斋不久的学者来说，这是个了不起的进步。一年前，闻一多阐述过文学的运动方向，现在，他又用同样的方法来分析历史的发展方向。一个人的理想和信念，不正是建立在顺应历史方向的基础上吗？

① 闻一多：《五四运动的历史法则》，昆明《民主周刊》第 1 卷第 20 期，1945 年 5 月 10 日。

共同播发民主火种

5月4日，纪念活动进入了高潮。四大学联合举办的球赛把人们带入一个与时代竞赛的环境中；阳光美术社的美术作品展览，又为人们展示出一个"美"的未来。

下午1时，六千多青年像过节一样云集到云大操场，四大学联合召开的五四纪念大会在这里隆重开幕，闻一多和潘光旦、潘大逵、曾昭抡、吴晗、李树青等教授也出现在会场上。中学生、职业青年、新闻记者，还有盟国人士也纷纷加入洪流，使会场几乎没有插足之地。

会上，吴晗、潘大逵作演讲，天公不作美，突然下起雨，有人躲到树下去，秩序有些混乱。闻一多登台大呼："是青年的都过来！是继承五四血统的青年都过来！""这雨算得什么雨，雨，为我们洗兵！"许多人记得，当时闻一多给大家讲了一个周武王伐纣的故事：他们出兵那天，天也下起雨，仿佛是为将士们做出征前的洗尘，结果武王灭了殷商。这个故事以史喻今，博得人们的掌声。最后，闻一多呼吁："这是行动的时候了，让民主回到民间去！"①

会后，激动的人们举行了大游行。在全国政治局势令人窒息的情况下，这次游行不能不说是一个奇迹、一次成功。上万人的队伍从青云街、武成路、福照街、光华街，经过正义路、金碧路、护国路、华山南路，浩浩荡荡行进着，人们把这支从"民主堡垒"冲出来的队伍称作"民主坦克""民主轰炸机""民主航空母舰"。"立即停止一党专政！""组织联合政府！""取消特务组织！""取消审查制度！""爱国青年走进来吧！""民众走进来吧！"阵阵口号此起彼伏，市民、公务员、工人……不断加入行列，队伍越来越长。有人情不自禁唱起《国际歌》，盟友们也欢呼道："Liberty！ Liberty！"有些黑人盟友还与队伍中的人一一握手。

---

　①　《让民主回到民间去，五四万人大游行》，《联大通讯》第2期，1945年5月21日。

四个小时后，队伍回到云大操场。受到鼓舞的青年们一致通过组织"昆明学联"的决议，并号召由昆明学联扩大组织全国学联。①

这时，闻一多再次出现在高台上，他放开喉咙，说：

"五四"过去二十六年了，我们大半个国家还在受苦受难。我们今天第一要民主，第二要民主，第三还是要民主！没有民主不能救中国！没有民主不能救人民！

但是，现在和"五四"时代不一样了。现在，我们国家的情况，也和当时大不相同了，我们要求民主，也不是过去那样的民主了。……

"五四"还要科学，不过，没有民主，也就不可能发展科学。所以，我再三说要民主，这决不是说不要科学。我们的国家太落后，封建迷信太严重，这两年闹的什么"献九鼎"那一套把戏，不就是宣传封建迷信吗？这也是同孔家店的思想有关的，所以"五四"要打倒孔家店。如果我们有了民主，又有了科学，国家就可以兴旺发达，可以消除反动复古的把戏了。

今天，大会的胜利，证明我们的要求是正确的，是受到人民拥护的，我们也一定会得到更大的胜利！不过也要记住，反对人民的人并没有睡觉，我们不能麻痹，不能自满。我们要更好地团结起来，保卫我们的胜利，争取更大的胜利！②

晚上，西南联大举行了盛况空前的三千人大聚餐。闻一多、雷海宗、曾昭抡、潘光旦、吴晗等教授和同学们一样坐在地上，和围成小圈的青年欢快地交谈着，品尝着并非丰富但凝结了师生情谊的食物。学生膳委会为了这次大聚餐，已经忙了许多天。

最后一个节目是"悠悠体育会"组织的火炬竞走。36把火炬在夜空中闪着，照亮了人们的心，增加了这队伍的斗争勇气。图书馆前司令

① 《三十四年五四在联大》，《联大八年》，第30—31页。
② 转引自王康：《闻一多传》，第347—348页。

台终点处，男女队第一名兴奋地擎起优胜的锦旗，上面绣着"民主火种"四字，是闻一多题写的。第二名的锦旗上绣的"巍巍青年"四字是体育教授马约翰手书的。

几天前，"悠悠体育会"派人来找闻一多，说准备办火炬竞走，请他题字并写点东西。闻一多想了想，认为"民主火种"最能体现这次五四纪念的精神，并受"悠悠"两字启发写下《五四断想》一文。这篇发表在"悠悠体育会"所编《五四周纪念特刊》上的杂文，用"挤"来形容演化、形容革命，他用形象的语言写道：

> 旧的悠悠死去，新的悠悠生出，不慌不忙，一个跟一个——这是演化。
>
> 新的已经来到，旧的还不肯去，新的急了，把旧的挤掉——这是革命。
>
> 挤是发展受到阻碍时必然的现象，而新的必然是发展的，能发展的必然是新的，所以青年永远是革命的，革命永远是青年的。
>
> 新的日日壮健着（量的增长），旧的日日衰老着（量的减耗），壮健的挤着衰老的，没有挤不掉的。所以革命永远是成功的。
>
> ……
>
> 于是又想到变与乱的问题。变是悠悠的演化，乱是挤来挤去的革命。若要不乱挤，就只得悠悠的变。若是该变而不变，那只有挤得你变了。

从这些话中，我们看出一个学者是怎样用历史唯物主义和辩证法来认识历史、认识革命。

"不但做今天的诗人，也要做明天的诗人"

联大国文学会、外国语文学会、文艺社、冬青社与文协昆明分会、云大文史学会、中法文史学会共同主办的"文艺晚会",是五四纪念周的最后一个活动。5日晚上6时半,西南联大图书馆前大草坪上人山人海。

晚会开始后,《扫荡报》副刊编辑吕剑首先讲演"改五四为文艺节的经过和意义"。不久前,文协总会发布《为纪念文艺节公启》,定5月4日为文艺节,目的是"着重在和人民的解放要求的结合这一点上,使新文艺能够真正争取到广泛的发展和伟大的前途"。① 这个决定受到文艺界民主人士的欢迎,重庆的纪念活动就是在这一号召下展开的。作为民主堡垒,昆明的文艺战士自然奋勇当先。闻家驷在讲演中说:"文艺的中立,就是使文艺离开大众。文艺必须动员,文艺动员的先决条件是文艺工作者必须是革命的人。"

会上,常任侠讲"五四以来的诗歌问题",楚图南讲"抗战以来二三文艺问题",尚钺讲"鲁迅",周钢鸣讲"报告文学",李何林讲"新文艺中的文艺批评",李广田讲"文学的普及与提高"。

闻一多最后讲演,题目是《艾青与田间》,之前,两位西南联大同学朗诵完艾青的《向太阳》和田间的《自由向我们来了》《给战斗者》,听众都很激动。

"一切的价值都在比较上看出来。"闻一多念了首赵令仪的诗,接着说,"这正是常任侠先生所说的鸳鸯蝴蝶派……我当年选新诗选上了这一首,我也是鸳鸯蝴蝶派。"闻一多在大庭广众之下又批判起自己的过去。"艾青当然比这好,他表现人民及战争,用我们知识分子最心爱的、最崇拜的东西去装饰,去理想化。"他认为艾青在《向太阳》中"用浪漫的幻想给现实镀上金,但对赤裸裸的现实,他还爱得不够","这一些,田间就少了,因此我们也就不大能欣赏","因为我们跑不了那么快"。他说:"胡风评田间是第一个抛弃了知识分子灵魂的战争诗人、民众诗人,他没有那一套泪和死。但我们,这一套还留得很多。"闻一多在比较艾青与田间的时候,特别强调他们诗的不同是源于生活,称艾青

① 文天行、王大明、廖全京编:《中华全国文艺界抗敌协会史料选编》,四川省社会科学院出版社1983年版,第449页。

是今天的诗人，田间是明天的诗人，认为有人不能欣赏田间，是因为生活在旧社会中，"有人谩骂田间，只是他们无知"。①

这个讲演，体现了闻一多文艺观的发展。以前，他批判旧的文艺观；现在，则对革命阵营中的文艺倾向也做了分析和评论。在揭露旧社会方面，人们做过许多努力，但存在着眼泪、死等感伤色彩，闻一多认为这"用心是好的，要把现实装扮出来，引诱我们认识它、爱它，却也因此把自己的狐狸尾巴露出来了"。因此，艾青在《北方》中可以写乞丐，可以在《向太阳》中说"太阳滚向我们"。但是"为什么我们不滚向太阳呢？"闻一多问。他很赞成田间在一首诗中写新型的女人，说这是"因为田间已是新世界中的一个诗人"，"我们只看到乞丐，新型的女人我们没有看到过"。这关键在哪里？是生活，只有生活在不断前进的环境中，才能对光明抒发得出发自内心的情怀和感受。这里，闻一多提倡文艺工作者要深入生活，深入到新的生活中去。这是对别人的激励，同时也是对自己的要求。

| 第八节 |

反对一党专政

孙中山在 1924 年发表的《国民政府建国大纲》中，把中国的建国程序划分为军政、训政、宪政三个时期。军政时期的任务是"一面用兵

---

① 闻一多：《艾青与田间》，《联合晚报》1946 年 6 月 22 日。

力扫除国内之障碍，一面宣传三民主义以开化全国之人心，而促进国家之统一"。训政时期的主要工作是政府协助人民筹备自治，训练国民掌握选举官员、罢免官员、创制法律、复决法律四种权力，并选举议员、制定一县之法律，完成县、省自治。当全国有过半数省份达到宪政开始时期时，便应召开国民大会决定宪法并颁布实行。"宪法颁布之后，中央统治权则归于国民大会行使之，即国民大会对于中央政府官员有选举权，有罢免权；对于中央法律有创制权，有复决权"；"宪法颁布之日，即为宪政告成之时，而全国国民则依宪法行全国大选举。国民政府则于选举完毕之后三个月解职，而授政于民选之政府，是为建国之大功告成。"孙中山设计这个吸收了西方民有、民治、民享民主思想的建国程序，是其三民主义的建国理想，既是国民党的革命步骤，也受到中共和各个党派的认可。

抗战爆发前，军政时期已经结束，训政业已开始，社会各界强烈要求立即实行宪政，但因日本侵略，打断了这一步骤。不过，随着抗日民族统一战线的建立，国民党成立了作为非常时期国民大会的国民参政会。可是，由于国民党坚持一党专政，致使国民参政会逐渐成为粉饰民主的工具，因此当中共提出联合政府建议后，抵制国民参政会便成为反对一党专政、要求实行宪政的组成部分。

国民参政会不应再开

1945 年四五月，中国历史上召开了两个为中外人士所瞩目的大会。一是 4 月下旬在延安开幕的中国共产党第七次全国代表大会，一是 5 月初在重庆召开的国民党第六次全国代表大会。

这两个大会的根本路线是针锋相对的。中国共产党七大的任务是"在中国反攻的前夜团结全国人民，挽救由于国民党政府错误政策所造成的时局危机，彻底打败和消灭日本侵略者，建立独立、自由、民主、统一与富强的新中国"。会上毛泽东做了《论联合政府》的政治报告，指出"惟有成立联合政府（而绝对不是为全国人民所绝对反对的国民党当局一手伪造的所谓国民大会）才是目前中国时局的出路"。①

而国民党的六大则拒绝建立联合政府的建议，说这是共产党搞"武装割据""破坏抗战"，还说解放区召开的人民代表会议是"颠覆政府、危害国家"。大会按照蒋介石的旨意，通过了将于 11 月 12 日召开由其一手包办的"国民大会"的决定。这是一条坚持独裁、准备内战的路线。

国民党六大结束后，准备于 7 月 7 日召集国民参政会。鉴于国民党一意孤行，四届一次国民参政会又将讨论国民党包办"国民大会"事项，中共中央负责人于 6 月 16 日声明将不出席此次国民参政会。

中国共产党抵制四届一次国民参政会，揭露了一党专政的虚伪民主。但是，民盟中央的某些人，却强调任何分歧都可以坐下商量。黄炎培、左舜生、章伯钧、冷遹联络了褚辅成、傅斯年、王云五等，打算亲赴延安劝驾，说服中共代表返回重庆参加国民参政会。

黄炎培等人此举在民盟内部看法不一，云南省支部率先表示异议。罗隆基致函民盟中央，极力反对黄等赴延安，认为民盟不应替国民党做说客，这也代表了闻一多的意见。

云南支部的意见不能说没有起到作用，这便是黄炎培虽去了延安，却未敦劝共产党来重庆。即使这样，在黄等飞赴延安的 7 月 1 日，民盟云南省支部联络其他民主人士，发表了《昆明文化界致国民参政会电》，公开表示反对召开国民参政会。这个态度在当时各阶层中，可谓一花独放。

目前保存的《昆明文化界致国民参政会电》电文，前后至少有三稿，均与闻一多有关。初稿为罗隆基起草，闻一多修改；二稿为闻钢板刻印，落款为 6 月 28 日；三稿为闻在油印稿上再做修订，并附有 146 人签名。此三件底稿，均存于中国国家博物馆。吴晗在《哭一多父子》中说："宣言、通电的润色人一定是你，在深宵，在清晨，你在执笔沉

① 《中国共产党举行第七次全国代表大会》，《解放日报》1945 年 5 月 1 日。

吟，推敲一个字，每一句、每一段。朋友们安慰你的过度辛劳，你还在微笑着说：'谁叫我是国文教员呢？'"① 当然，他还是民盟云南省支部的宣传部部长，这些工作也是他义不容辞的职责。

《昆明文化界致国民参政会电》很有哲理性，它首先分析了参政会的人员构成，指出执政党的代表占全体人员十分之八以上，而且无党派代表与社会贤达代表亦由政府圈定，致使在野党派代表已不足法定的提案人数。因此，参政会并未团结各党派。其次，参政会自第二届改组后，规定大部分参政员由省参议会选举，而诸省参议会均为一党包办下成立之，即便省参议会选出的代表，实际上也是事先早由政府指定者。至于参政会的职权仅限于咨询顾问，一切决议概无法律效力，必经最高国防委员会核准。此外，参政员的提案，亦事前必由秘书处审核，且主席团还有禁止某议案提至大会讨论的权力。这样的规定，又何以表现出民主呢？由是观之，"今日，中国之国民参政会，不过独裁者用以蒙蔽世人视听，粉饰国家门面之一套手法，此种机构，不特已阻碍中国人民民主生活之发育，抑且将繁殖法西斯细菌子无穷。"

电文的主旨是下面的话：

> 最近，政府宣布在本年11月12日召集国民大会，实行宪政。姑无论国民对此国民大会赞成与否，总之，国家在短期内当实行宪政，乃必然之势。而在宪政国家，当依宪法产生真正民意机关，又为必然之事。明乎此，则今日由一党操纵，政府圈定之国民参政会，其无长期存在之余地，而有立即废止之必要，更无疑义。同人等固知我数百参政员中，不乏德高望重之民众领袖，亦知国家一旦举行真正民选，诸公未必不为人民所一致推崇。然则为诸公计，与其先政府固定之工具，蒙羞忍诟于今日，何如为人民推戴之代表，扬眉吐气于将来？孰得孰失，何去何从，明达者当知所抉择矣。尚望我参政员诸公顾名思义，毅然决然，对此妨碍民主之国民参政

---

① 吴晗：《哭一多父子》，《周报》第46期，1946年7月18日。

会，拒绝出席，并迅即回返民间，一面扩大人民民主运动，一面促成正式民意机关之建立。与夫民主联合政府实观，则庶几诸公因历年受人利用，而致贻误国家民主前途之宿怨，犹不失其最后自赎之机会也。亡羊补牢，转祸为福，惟诸公实利图之！①

这个电文，无疑是欲釜底抽薪。在上面签名的教授与知名人士有李公朴、吴晗、尚钺、姜震中、胡毅、冯素陶、常任侠、许维通、费孝通、张小楼、曾昭抢、叶露茜、楚图南、闻家驷、赵沨、张光年、潘光旦、潘大逵、萧涤非、游国恩等。这个阵势足以产生不凡的影响。

国民大会必须由联合政府召集

国民大会问题是个十分敏感的问题。按照通行的民主原则，这个大会应当由人民选举的代表组成，并通过一部反映人民意志的宪法。蒋介石始终对还政于民抱敌视态度，由于全国人民的一致要求，以及美国为实现其远东战略目标而施加的压力，这个大会的召开势在必行。但是，蒋介石采取了一个偷梁换柱的做法，即打算召集 1937 年在国民党一手包办下选出的代表开国民大会，并答应增加若干在野党派名额，不过大多数代表仍然是俯首帖耳的国民党分子。

7 月 7 日，抗战八周年纪念日这一天，国民参政会第四届大会在重庆召开，日程中将讨论国民大会问题，实际上是国民党企图利用它控制的多数参政员，强行在大会上通过召开国民大会的决定。

为了表示抗议，民盟云南省支部这天草定了《抗战八周年纪念日宣言》，提出反对内战、反对召开国民参政会、反对召开国民党包办的国民大会三项主张。

这又是个十分及时的表态，在民盟参加这届国民参政会的情况下，

---

① 《昆明文化界致国民参政会电》第三稿（手稿），中国国家博物馆存。

它就显得格外激进。宣言的起草者是对政治深有研究的罗隆基，而闻一多再一次成为修订润色者。这份手稿现在还保存完好，是不可多得的革命文物。宣言认为所提的三项主张不过是为了应付时局的消极办法，而积极的则是"用和平的民主政治方案谋取团结与统一"，其步骤应当如下：一、召集中国国民党、中国共产党及中国民主同盟三大政团代表的圆桌会议。二、在这圆桌会议上，三大政团代表共同推定国内无党派的代表人士，请其前来共同参加。三、由这种圆桌会议产生举国一致包括各党各派及无党派代表人士的联合政府。四、由联合政府再推定人民代表，组织宪法起草委员会，重新起草宪法。五、由联合政府重新起草国民大会组织法与选举法，依据这种新的法律重新选举真正代表民意的国民代表。六、由联合政府召集新选的国民大会，制定宪法，实施宪政，并实行还政于民。① 这一严密的渐进程序，是一年来在野各党的共同主张，也是广大人民的共同要求。它为取消国民党一党专政勾勒出了一个基本的轨迹，直到次年 11 月"伪国大"召开之前，共产党与民盟一直把它作为争取实现民主政治的步骤。

与宣言相配合，民盟云南省支部还不失时机地展开了舆论攻势。《民主周刊》相继发表了《中国的政治前途》《参政会中的一个难题——国民大会问题》《我们对三个问题的意见》《中国民主运动中的两条路线》等文章。

当天晚上，联大、云大、中法三校还联合举办了"七七纪念晚会"，一千多人挤满了会场。闻一多首先发言，他针对蒋介石"七七演说"的批评和注释，获得了不少的笑声。② 潘光旦、伍启元、潘大逵、曾昭抡分别讲了八年来的教育、文化、经济、政治、军事、外交，吴晗的"国民参政会与国民大会"、罗隆基的"联合政府"，更是紧紧围绕着现实。

这些呼声当然不会被当局理睬，但民盟内部却不能不予重视。14

---

①　《努生起草闻一多润辞中国民主同盟云南省支部为抗战八周年纪念日宣言》（手稿），中国国家博物馆存。

②　冯克：《昆明一盛会》，《民主周刊》第 2 卷第 2 期，1945 年 7 月 16 日。

日，黄炎培、冷遹、江恒源三参政员发表《关于不参加国民大会问题讨论的书面声明》，章伯钧发表谈话主张停开国大，立即召开政治会议，左舜生等也提出《请先实现民工措施从缓召集国民大会以保团结统一而利抗战建国案》。西南联大教授钱端升、周炳琳两参政员，则提出《对于国民大会问题审查意见的声明》，认为目前最重要的是"代表人选必依立宪国家通例，由普选产生"。结果，19 日国民参政会通过的《关于国民大会问题的决议》中，实际上没有提出具体建议，关于代表资格问题也只是请政府"衡量法律与事实，妥定办法，务使国民大会具有极完满之代表性"。由于参政会上意见严重分歧，国民党只得宣布原定 11 月召开的国民大会延期举行。

围绕成立联合政府还是召开国民大会展开的交锋，是民主与反民主两股势力在中国政治究竟向何方发展的一次重要较量。在这一回合中，闻一多旗帜鲜明地站在历史的前进方向，为宣传民主政治、制造民主舆论做了许多具体努力。在这些工作中，他不仅受到了锻炼，思想觉悟也得到进一步提高。

第十章
民主斗士（下）

　　八年抗战，中国国家的收获不能算少，然而于人民何所有？老百姓的负担加重了，农民的生活尤其惨，国家所损失的已经取偿于人民，万一一块块的土地和人民赖以生存的物资连同人民一块儿丢给敌人，于国家似乎也无关痛痒，今天我才明白，所谓中国愈战愈强，大概强的是国家而不包括人民。……进一步的认识便是进一步的力量，所以今天我们期待着的"五四"是一个比二十六年前更坚强更结实的"五四"，我们要争取民主的国家，因为这是一个人民的世纪呀！

——闻一多《人民的世纪》

| 第一节 |
为了和平民主团结

欢庆抗战胜利

日本投降的消息是 8 月 10 日深夜传出来的。这个消息，最早是昆明美国新闻处和中央通讯社昆明分社从旧金山广播中得到的，虽然还没经过官方证实，但电影院立即通过幻灯向观众转达了这一喜讯。尽管胜利的曙光早已显现，但它毕竟来得有些突然，三个月前德国无条件投降时，西南联大历史系教授邵循正还根据种种因素，估计美苏对日进攻大概还要准备半年，打一年。周新民也认为盟军东调需要时日，战胜日本最快也拖至明年。[①] 然而，日本居然这么快就投降了，这不能不让人觉得有些意外。日本投降的消息传开时，昆明正落着小雨，可谁也不在乎，全城各个角落响起清脆的爆竹，人们涌上街头，屋顶上挂起各色旗子。正义路、华山南路几家报馆门口的人特别多，读者、报童都在等待"号外"。盟军的吉普车在狭窄的街道穿行，士兵举起"V"形手指，一个劲地喊"OK！ OK！""顶好！顶好！"

---

① 吴地：《欧战结束以后，展望世界大局——记六教授的几点意见》，昆明《正义报》1945 年 5 月 9 日，第 3 版。

可惜闻一多未能看到这盛况，他正利用暑假在司家营处理清华文研所的工作，直到第二天快中午时，看到兴冲冲赶了一上午路来报信的王瑶和闻立鹤，方欢喜地跳了起来。他二话没说，马上到附近龙泉镇理发馆去，把留了八年的长须剃去——这本是他的抗战不胜利不剃须的誓言。

艰苦卓绝的抗日战争终于胜利了，闻一多春光满面，像换了一个人。去年秋天，陈梦家应美国芝加哥大学之约前去讲学，他不大情愿地为陈代转了请假函，从心里说，他觉得国内的民主运动刚刚进入高潮，这个时候出国太不是时候。可是现在他却推荐孙毓棠去英国牛津大学讲学。孙毓棠夫人王务灼说，孙毓棠告诉她，向清华推荐自己出国的是闻一多。次月 11 日，闻一多特为孙毓棠刻了一方名章，边款上刻道：

> 忝与毓棠为忘年交者十有余年，抗战以还，居恒相约，非抗战结束不出国门一步。顷者强虏屈膝，胜利来晚矣，而毓棠亦适以牛津之邀而果得挟胜利以远游异域。信乎必国家有光荣而

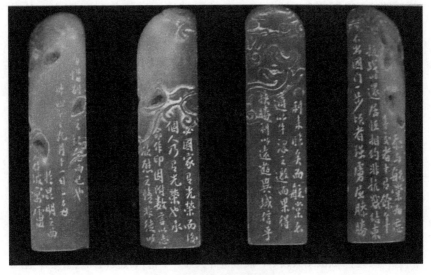

为孙毓棠治印所刻的边款

后个人乃有光荣也，承命作印，因附数言以志，欣慰之情，非徒以为惜别之纪念而已也。

卅四年九月十一日一多于昆明之西仓坡寓庐。①

抗战是胜利了，可这场仗是谁打赢的呢？闻一多认为是国际反法西斯战线的力量，使人惭愧的是中国政府和统治阶级并没有为它作出应有的贡献。9 月 17 日那天，他卧病在床，罗伯特·白英来看望他，两人谈了许多。闻一多说：令人痛心的是这一仗并不是我们打赢的，而是美国人帮我们打赢的——或者，说得更确切些，是以美国的全部财富为后盾的那么几个德国、法国、斯堪的纳维亚、英国和美国的科学家们帮我们打赢的……是美国人依靠曼哈顿计划的部署取胜的。虽然，中国人会猛地朝日本人的胫骨踢上几脚，高傲地挺起胸膛，但是，日本人明白，我们心里也清楚，我们对于赢得战争没有什么功劳，根本不配享受胜利的成果。……现在我们真有点不敢和日本人面对面站在一起，因为我们为这种名不符实的胜利而感到羞愧。② 这是白英日记中的话，它记录的只是美国对中国抗战胜利的作用，似乎还强调了原子弹的威力，没提到苏联红军打败日本关东军的事。但无论如何，有一点很清楚，即中国政府有愧于这种胜利。

话虽这么说，胜利的到来还是令人欣慰。8 月 18 日，顾毓琇作为陆军总司令的高参去南京参加签降仪式，途经昆明特来探望闻一多和潘光旦。见到身着中将军服的老友，闻一多先是一惊，随后喜形于色，连声道：这是清华的光荣，这是清华的光荣！那晚，他们谈至夜深，闻一多毫不隐瞒地对顾讲自己加入了民盟，还看了共产党的书。③ 为了庆贺顾毓琇参加签降仪式，闻一多特为他赶刻了一枚名章。名章用的是云南特产的象牙，质地很硬，加上时间仓促，以致刻痕很浅，无法盖章。但

---

① 录自该印边款，孙毓棠夫人王务灼存。
② 白英：《中国日记》，《云南文史资料选辑》第 30 辑，第 279 页。
③ 访问顾毓琇记录，1988 年 5 月 11 日。

是，它却是一件极有纪念意义的文物。①

对汉奸绝不宽容，是闻一多这时的态度。抗战胜利了，大批伪军被改编，往日汉奸摇身一变成为曲线救国的功臣。这种现象使坚持抗战的中国人民大为愤怒，许多人要求惩办汉奸。闻一多也写了篇《谨防汉奸合法化》，说："对外民族抗战阶段中的敌伪，就是对内民主革命阶段中的帝（国主义）封（建势力）"，"惩治汉奸是我们自己的事，然而直到今天，我们还没有听见任何关于处理汉奸的办法"，"硬把汉奸合法化了，只是掩耳盗铃的笨拙的把戏"，"使汉奸合法化的，自己就是汉奸，而对于一切的汉奸，人民的决心是要一网打尽的"。②

这篇文章有个提纲，用短文写成，但未发表。其中对汉奸的揭露也入木三分：

> 一部分负有特殊使命的中国人，暗中引狼入室的勾当干得愈起劲，面上愈是慷慨激昂，乃至痛哭流涕，看去像真是老成持重，忍辱负重，真是为了国家民族，不惜牺牲自己的名节去跳火坑的。(这样作风后来便叫作"曲线救国"！)

闻一多还愤怒地写道：

> 那时我们的情绪，对于他们那豺狼的贪残，如果是愤怒，对于那狐狸的狡狯，简直是超过了愤怒。于是我们要"明朗化"，要强

① 1988年笔者利用顾毓琇访问北京之机，与父亲闻立雕一起到北京饭店拜访了顾毓琇先生。当时，顾毓琇特别珍视这枚牙章，说他离开大陆时特别把它托付给在上海的妹妹。那次拜访，顾毓琇留在大陆的长子顾慰连、长女顾慰文、次子顾慰庆均在座。不久，顾慰连说这枚牙章辗转到他的手里，并表示愿意把它交给闻一多家属。不幸的是，顾慰连于1990年病逝，闻一多后人也失去了观赏这枚牙章的机会。又，顾毓琇说他还存有闻一多的一幅画，但几次翻箱倒柜都没找到。笔者推测，此画可能是闻一多为顾的《我的父亲》一书绘制的封面，该书于20世纪40年代发行，因抗战年代制版不易，故未使用。

② 闻一多：《谨防汉奸合法化》，《闻一多全集》第2卷，第423—424页。

盗，尤其是那另一种中国人，撕掉他们的假面具，来和我们明白地干一场。为使敌我的壁垒分明，便于应战，我们但愿凡是假中国人，和抱着委曲勉强做中国人的中国人，索性摇着狐狸尾巴滚过去，滚到你们的膏药旗下去，好让我们认清你的面目，给你一泡唾沫。①

如此仇恨，怎能轻易让汉奸继续为虎作伥。闻一多对汉奸的抨击，就是对怂恿汉奸者的抗议。

内战绝不能再起

抗战虽然胜利了，但国共的根本矛盾并没有解决，许多人都担心内战会重演。在司家营同庆胜利的时候，北平研究院院长徐炳昶就表示过这种忧虑。闻一多对国事的前途寄予了诚挚的希望，他很肯定地说："不会的，绝不会的，大家都知道打不得了，还说打呢！"②可是，这个时候，胡宗南已调动了九个师分四路向陕甘宁边区发动进攻，有些部队已深入边区三四十里。绥西、绥南、浙东、湘北、湘南等地也出现了大规模的军事冲突，国民党政府甚至限令攻克延安。

闻一多对形势的变化不能说没有思想警惕，他返城时的心情并不轻松。李公朴见面说："你的胡子是不是剃得早了些！""那就把它再留起来！"闻一多回答。这些话反映了两位朋友的忧心。

胡子没有重新蓄起来，但闻一多又一次迎接了新的斗争。

14日，日本天皇宣布无条件投降的这一天，闻一多和昆明各界共207人联名发表了《告国际友人书》。文中指出："摆在中国面前的现实问题是：团结呢还是内战？民主呢还是独裁？彻底的胜利还是廉价的和平？""中国人民坚决地选择了第一条路——团结胜利的道路，民主的联合政府的

① 闻一多未刊手稿。
② 昭深（王瑶）：《忆闻一多师》，《文汇报》1946年8月25日。

抗战胜利后剃去长髯的闻一多

路。""我们对于目前党派问题的看法，是从现实主义出发的。凡是民主的党派，其主张与表现有利于人民的，我们便同情他，支持他；凡是反民主的党派，其主张与行为违反人民利益的，我们便厌弃他，反对他。而且我们坚信：任何一个单独的党派，现在或今后都不能包办中国的政治。只有主张抗日与民主的各党各派和无党无派的人民力量，共同组织一个民主的联合政府，才能领导人民走向抗日的胜利和战后的建设。"①文中呼吁国际友人共同支持中国人民建立一个民主团结的新中国。

这份《告国际友人书》起草于日寇投降之前，但它的观点与立场，在抗战结束后的形势中，仍然未失其积极的意义。

在庆祝抗战胜利的一系列活动中，和平已成为主要的旋律。15日，联大、云大、中法大学三校学生自治会举办"从胜利到和平时事晚会"，气氛格外严肃。周新民首先讲"苏联参战后的远东局势"，接着刘思慕讲"日本投降后的远东局势趋向"，王赣愚讲"新时局的中国外交"。吴晗在"怎样克服内战危机"中，对比了蒋介石与朱德关于接受日伪投降问题两个截然不同的命令。罗隆基在"怎样走向民主团结的道路"中

────────

① 《告国际友人书》（传单），云南师范大学存。

提出军队国家化、财富大众化、政治民主化三项主张。尚钺也介绍了东北义勇军的活动。

针对王赣愚发言中提到外交政策应该"不分英美集团和苏联集团"的看法。闻一多也作了发言。他说：

> 到底我们是主张"分"呢还是"不分"呢？最高的原则当然是不分，但是，罗先生告诉过我们说，假如是统一与民主打内战，我们赞成民主，这当然是有分了。刚才，刘先生提到某陆军上校和某军火商人订立契约，建立军火库，说是准备在五年或十年以后打另一个国家。显然地，又有分。
>
> 对于绥靖分子、法西斯主义者以及反动派，当然是要分，凡是人民都应该站在一起。中国人民应该站在一起，中国人民是不分的，中国人民和美国人民是不分的，即使和日本人民也是站在一起，也是不分的，人民和人民是不分的，但是，人民和压迫人民的人是要分的。
>
> 我曾经警告大家，我们要密切注意着，美国反动派在制造我们的内战，如果不设法避免这种危机，不但有内战还会有外战！
>
> 谁在帮助我们内战，在帮助中国反动分子打内战，我们就要反对谁！不管他们有什么原子弹，我们还是要反对！你美国人敢用原子弹杀中国人民，我们不怕！
>
> 现在还有不少美国人在这儿，我们就要向他们表示：
>
> 不要得罪中国人民！
>
> 得罪中国人民就是得罪世界人民！
>
> 得罪了世界人民，并不是好惹的！
>
> 刚才，尚先生说，东三省有一句骂人最凶的话："日本人是你爸爸！"我们现在要有一句骂人最凶的话："美国人是你爸爸！"①

---

① 《从胜利到和平时事晚会记录》油印本，第49—52页。该记录为王健所做，刻印时未具记录者姓名。

这番发言，证明闻一多和大多数人对美国的扶蒋政策已有所警惕。八年的抗战历史告诉他，真正有力量制止内战的是发动起来的中国人民。这个观点，他在不久西南联大学生的一次集会上，又进一步做了阐述。

那是西南联大"社会科学研究会"组织的一次座谈会，闻一多出席并作指导。他在发言中把决定战争胜负的因素比作一座三层的宝塔，说最基层的是战士和人民，中间一层是将领，最上层是武器。"决定战争胜负的不是武器，而是广大的战士和人民。谁能获得人民的支持，谁就能赢得战争的胜利，谁不要人民，人民就不要谁。"[1] 有些特务散布说闻一多是疯子，跟着人乱喊。他听了不屑一顾，说："他们是顽石，我是兰草，永远压不死，总有一天兰草长起来，将石块顶碎。"[2]

那段时期，民主周刊社与一些团体联合发出几份公开声明，如8月13日的《迎接胜利反对内战通电》、17日的《为反对内战致美国政府代电》。其中后者指出："中国国民党中的反动集团却还在利用援华物资进行消灭异己的内战，企图在远东建立一个掩盖在民主外衣下的军事独裁制度"，要求美国政府"重新考虑对华政策，撤回赫尔利大使"。这些舆论都有力地配合了当时全国正在兴起的反内战运动。

美国领事馆的信息十分灵通，兰登敦总领事在给美国驻华大使的第85号快报中提到上述活动，并言"闻一多和吴晗批评了美国支持重庆，控诉了美国强化压迫人民的军队"。[3]

国共关系，历来与美苏关系联系在一起。很多人都认为，在意识形态上中共与苏联是一个整体，美苏关系对国共关系起着决定性的作用。因此，展望中国前途，很自然就与美苏关系结合起来。尚在1945年5月初法西斯德国无条件投降后，昆明《正义报》记者曾走访了闻一多与刘崇鋐、杨西孟、邵循正、吴晗、周新民六位教授，请他们就欧战结束

---

[1]　伍大希：《追随闻一多先生左右》，《新文学史料》1983年第3期。

[2]　王一：《哭闻一多先生》，《新华日报》1946年7月25日。

[3]　中共云南师大党史资料征集组编：《一二·一运动史料汇编》第5辑，第16页。

后的世界大局做一次展望。记者提出了七个最现实的问题，它们是：欧战结束后，对欧洲和平的展望；盟国怎样处置德国；波兰问题是否会影响盟国的团结；美苏代表合作的前途；盟国对远东攻势可能加强到什么程度；苏联何时在东方参战；对日战事哪天能结束。在回答这些问题时，刘崇铉认为欧洲最要紧的问题是美英苏合作的前途。杨西孟用经济学家的眼光，认为苏联战后需要恢复和建设，因此需要美国的物资和支柱，同时美国对苏联也有需要。吴晗针对战后和平问题说："看我们是否接受了历史的教训，是否走的正确的道路，关于欧洲一般的问题，大致上也只是看战后欧洲还仍然是由少数财阀来统治，还是由人民自己选择政府，如果是前者，则和平悲观，否则和平绝是乐观的。"闻一多也认为战后美苏必须合作，说："从最近的波兰问题，阿根廷问题等等，我们可以看到目前是和平合作的低潮阶段，这对于罗斯福之死，不无一些关系，但战后美国要解决七千万人失业的危机，他战后扩充的生产力和生产工具，必须向外边找市场，因此他必须与苏联合作，我们不管目前怎样，不管美国的政府怎样，我们相信美国政府在人民的督促之下，一定会走上与苏联和平合作的路上的。"①

闻一多对《正义报》记者提问的回答，虽然没有从正面涉及中国，但谁都知道美苏之间存在着不可克服的对立，由此也就联系到中国抗战胜利后，美国政府会不会支持国民党集团发动内战。那么令人遗憾的是，这种担心后来真的成为事实。

怎样建设新中国

抗战胜利了，这是百年来中国人民反抗外族侵略所取得的第一次伟大胜利。战后中国应向何处去呢？这个问题成为国内和国际都十分瞩

---

① 吴地：《欧战结束以后，展望世界大局——记六教授的几点意见》，昆明《正义报》1945 年 5 月 9 日第 3 版。

目的现实问题。

8 月 13 日，毛泽东在《抗日战争胜利后的时局和我们的方针》报告中，指出"内战危险是十分严重的，因为蒋介石的方针已经定了"。25 日，中国共产党中央委员会发出"和平民主团结"的号召，为战后的中国指出努力的方向。中国民主同盟也于 15 日发出《在抗战胜利声中的紧急呼吁》，提出"民主统一、和平建国"八字方针和十项具体主张。这些，代表了人民在八年战乱之后渴望和平安定的要求，也反映了战后新时期的国内主要矛盾。

鉴于中国人民普遍要求和平建国的强烈呼声，蒋介石于 8 月 14 日至 23 日，接连三次电邀毛泽东到重庆商讨国家大计。毛泽东不顾个人安危，毅然于 28 日与周恩来、王若飞在张治中、赫尔利陪同下飞赴重庆，与蒋介石进行抗战胜利后的第一次国共和谈。毛泽东的这一姿态，使社会各阶层民众又一次看到了中国共产党的真心诚意。和许多善良的人一样，闻一多在钦佩之际，也为中共领袖的安全担心。

和平谈判期间，昆明人民组织了一系列的民主活动，用以表达人民的愿望，促进和谈取得成功。闻一多在这些活动中，一刻也没有休息，战士的风采给人们留下了深刻印象。

9 月 2 日是西南联大开学的日子。由于社会各界都忙于复员，交通工具受到影响，西南联大遵令在昆明再驻一年。开学当天，新诗社在新校舍东食堂举办"为胜利民主团结诗歌朗诵会"，一千多人参加了这个盛大的集会。会场布置别出心裁，座位排列成"V"字形，周围贴着红绿黄纸标语，上面写着各人的心愿。闻一多也写了一条："虎毒不食儿，哀哉人食人。"① 话很贴切，有人把它抄下来，心里默默地诵着。

4 日，日本正式在投降书上签字的第二天，联大、云大、中法三校学生自治会，与民主周刊社、文协昆明分会、中苏文协昆明分会自由论坛社、大路周刊社、人民周报社等团体，在西南联大新校舍东食堂举办

---

① 彭桂蕊给笔者的信，1988 年 5 月 24 日。

"从胜利到和平晚会"。这是战后昆明教育界的第一次大规模集会，会场被挤得水泄不通。因为停电，只好点起蜡烛，微弱的光没有减少人们的热情，反倒给会场造成一种突破黑暗的气氛。

大会围绕中国共产党"和平民主团结"这个主题。李文宜女士第一个发言讲"和平"，她提出目前的问题是如何保持和平，与保持什么样的和平。曾昭抡教授讲"民主"，认为民主就是代表人民的意志，他反对笼统地说宪法、法制就是民主，说袁世凯时也有"法"，可人民得到什么利益呢？吴晗讲"团结"，说人民为抗战献出了儿子、票子、谷子，光荣归功于人民，所以人民有权过问团结问题。他希望国共谈判能公开，能让人民来评判和监督。

云大教授冯素陶讲"胜利"时，声音有些小，混入会场的特务乘机怪叫、起哄、捣乱。担任主席的闻一多顿然发怒，他站在台上大声道："是对的站出来，谁不主张这个会的站出来，谁不主张和平民主的站出来！"一阵掌声雷鸣般响起。"偷偷摸摸的不算得中国人，不配做中国人。是对的站出来！"台下又一阵鼓掌，怒吼着重复着闻一多的责问："站出来！是对的站出来！……"[1]他一手拿着扩音器，像一个武器，狠狠地摇着。"谁不要人民，人民就不要谁！"这两句话使整个会场激动了，狂热的掌声持续了好几分钟。[2]

大会结束前，闻一多宣读了《昆明教育文化界庆祝胜利大会宣言》。这个宣言前后共有三稿，原题作《昆明教育文化界对于胜利后国是的意见》，由吴晗起草，闻一多修正。第二稿是闻一多誊录，又亲自再作润色修订。第三稿是吴晗抄录的。宣言"以一部分中国人民的资格，为了保证我们自己的胜利的果实不致落空"，郑重提出三类具体意见：

一、为迅速根绝内战危机，我们主张：

---

① 武雪：《是对的站出来——痛悼闻一多先生》，《新华日报》1946年7月19日。

② 雨萌：《悼闻一多先生》，《人民英烈》，第230页。

甲　目前正在进行中的国共两党的谈判，必须随时对全国人民公开，尊重人民的意见，在人民的监督与支持之下，实现团结。

乙　立即实施一切民主改革，迅速召开包括国共两党、民主同盟及无党无派的公正人士的政治会议，组织联合政府。

二、为酬答人民抗战的功绩，我们主张：

甲　立即完全停止征粮征购征借征兵征工等战时措置，以减轻人民负担。

乙　切实保证抗战军人或其遗族的生活。

丙　迅速扶助民营工业，广泛救济沦陷区人民，并调整公务人员的薪俸待遇。

丁　迅速恢复交通，并资助人民还乡，扶植华侨生计。

三、为惩办战争罪犯及破坏抗战的各种不肖分子，我们主张：

甲　彻底消灭日本法西斯，从政治上经济上军事上解除敌人武装，惩办战争罪犯，建立民主的日本，以保障远东及世界和平。

乙　通令全国人民依法检举明暗的汉奸、贪官污吏，及奸商囤户等，立即逮捕归案。

丙　组织人民法庭，公审上述人犯，分别处刑。

丁　没收上述人犯的财产，作为建国之用。

最后，宣言写道："一切胜利属于人民，一切光荣属于人民。让我们高呼：我们已经有了胜利，我们更要和平！要民主！要团结！"①

这是一个重要文件，其主要观点与不久前《中共中央对目前时局宣言》提出的六条措施有许多共同之处。当然，它的侧重点在于要求解决具体问题，因为人民对民主的要求是从这些具体措施表现出来的。

15日，昆明各界人士1232人联名发表了《为庆祝胜利及和平建设新中国通电》，闻一多是发起签名者之一。该通电提出的六项主张比4

①　《吴晗、闻一多起草的〈昆明教育文化界庆祝胜利大会宣言〉三稿》，中国国家博物馆存。

日的宣言前进了一步，特别是要求"立即组织联合统帅部，解决军队统率问题，使各地真正抗日部队，就目前驻防地区，从速分区接受日本投降，收复失地"一项，直接触及国共矛盾的敏感点。

当时国共和谈存在严重分歧。国民党虽然不情愿地承认共产党的地位，并允许保留一定数目的军队，但在解放区问题上丝毫不肯让步。中共最重要的目的，就是首先争取国民党承认民主政权，只有这样才能将其渐次推广到更多地方使之民主化。蒋介石自然感受得出这种要求对其统治的威胁，因此在和谈中，围绕受降、遣俘、改编伪军等问题，发生了激烈争辩。

国共谈判相持不下时，西南联大教授更多的是从政治、从现实方面考虑问题。10月1日，西南联大十教授联名向蒋介石、毛泽东发出一电，《民主周刊》刊登这个电文时，标题为《国立西南联合大学张奚若等十教授为国共商谈致蒋介石毛泽东两先生电文》，在上面签名的为张奚若、周炳琳、朱自清、李继侗、吴之椿、陈序经、陈岱孙、汤用彤、闻一多、钱端升。这份电报，无论对闻一多还是对西南联大来说，都是一份十分重要的历史文献，其全文为：

重庆国民政府文官处分转蒋介石先生、毛泽东先生大鉴：

日本投降，先生等聚首重庆，国人方庆外患既除，内争可泯，莫不引领企望协商早得结果，统一早成事实，新中国之建设早获开始。顾谈商逾月，外间第传关于地区之分辖有异议，军额之分配有争执，而国人所最关切之民主政治之实施，及代表此政治之议会之召集，转未闻有何协议。诚所传非虚，则谈商纵有结果，亦只是国共两党一时均势之获得而已，既不能满足全国人民殷殷望治之心，亦不足以克服国家目前所遭遇之困难。奚若等内审舆情，外察大势，以为一党专政固须终止，两党分割亦难为训，敢请先生等立即同意召集包括各党各派及无党无派人士之政治会议，共商如何成立容纳全国各方开明意见之联合政府，再由此联合政府于最短期内举行国民大会代表之选举，定期召开国民大会以制定根本大法，以产生立宪政府。必如此，一切政治纠纷乃可获致圆满之解决，而还政于民之口号乃不至徒托空言。在立宪政府成立以前，国共两党既为今日中国力量最雄厚之两大政党，先生等又为其领袖，故刷新政治，改正方向，先生等实责无旁贷。

今当除旧布新之际，有数事应请特别注意，并立即施行者。

十余年来，我国政权实际上操于介石先生一人之手，介石先生领导抗战矢志不渝，自为国人所钦敬，惟十余年来政治上之种种弱点，如用人之失当，人民利益之被漠视，以及贤者能者之莫能为助，其造因为何？诚宜及时反省！今后我国无论采用何种政制，此一人独揽之风，务须迅予纠正。此其一。

十余年来，由于用人之专重服从，而不问其贤能与否，遂致政治道德日趋败坏，行政效率日趋低落。即自日本投降以来，收复区人事之布置，亦在在使人惊讶失望。今后用人应重德能，昏庸者、贪婪者、开倒车者，均应摒弃，庶我国可不致自绝于近代国家之林，而建国工作乃能收效。此其二。

军人干政，在任何国家任何时代皆为祸乱之阶，今后无论在中央或在地方，为旧军人或为新军人，隶国民党之军人或隶共产党之军人，皆不应再令主政。此其三。

奸逆叛国，其罪莫逭，政府纵恻隐为怀，不将大小伪官一一加以惩处，而元凶巨愍及直接通敌之辈，绝不可使逃法外。须知过于姑息，便损纪纲，忠奸不分，何以为国。此其四。

以上四者，皆属今日当务之急，亦为国家根本之图，先生等领导国内两大政党，倘刷新政治，改变作风之决心一经表明，目前政治上之纷乱局面，可立归于澄清，而来日宪政之实施，亦可大减其阻力。抑更有进者，民主制度之所以能风靡全世，而战胜反动集团消灭法西斯主义者，乃因其能以全国人民之意志为国家之意志，以全国人民之力量为国家之力量。故真正民主国家，其政府对于个人之价值，与夫个人之人格与自由，莫不特别重视，对于全体人民之智慧，亦莫不衷心信赖。先生等领导大党，责逾寻常，务望正心诚意，循宪政之常轨，以运用其党力，诚能以实际之措施，求人民拥护，藉人心之归向，作施政之指针，则一切纠纷自然消弭矣。夫导国家于富强康乐之域，其道自尊重人民始，而树立宪政轨范心理上之因素，尤为首要。奚若等向以教学为业，目击政治纷乱所加于人民之损害，亦既有年，值此治乱间不容发之际，观感所及不容缄默，率直陈词，尚乞察纳。①

仔细阅读该电，可知其主张与一年来的民主呼声完全一致，基本要求是召开政治会议、成立联合政府、举行国民大会代表选举、召开国大制定根本大法以产生立宪政府等。值得重视的是，它提出迫切有待解决的四项任务：首先，认为中国的政权实操于蒋介石一人之手，十余年来政治上之种种弱点皆为"一人独裁"所致，因此必须改变。其次，国民党在组织路线上"用人专重服从，而不问其贤能与否，遂致政治道德日趋败坏"。第三，军人干政"在任何国家任何时代皆为祸乱之阶"，今后无论新旧或国共两党军人，"皆不应再令主政"。第四，认为对奸逆通敌之辈绝不可姑息。

这些批评很是尖锐，表面上好像不偏不倚，但和缓的言辞并未掩盖对国民党专制统治的指责。类似这种以教授名义独自的表态，当时还不多见，因此一经公布反映颇为强烈。十教授中张奚若是国民参政会前参政员，周炳琳、钱端升为现国民参政会参政员，吴之椿为国民党党员，闻一多为民盟盟员，其余则无党无派。人们称他们"以教学为业，精研笃实，卓著声誉"，"内中没有一个是共产党员或曾是共产党员，年龄也都在40以上，绝没有年青气盛容易被人利用的分子在内。他们的意见应该可以说纯粹自发的。纯粹基于国家民族立场的，超出党派利害立场的意见，也就是代表了整个人民的意见"。②

① 《国立西南联合大学张奚若等十教授为国共商谈致蒋介石毛泽东两先生电文》，《民主周刊》第2卷第12期，1945年10月17日。
② 《十教授致蒋毛电文》（短评），昆明《民主周刊》第2卷第12期，1945年10月17日。

　　说到这份致蒋介石、毛泽东的电报，这里说几句题外话。有人说，这个电报最初是张奚若提议的，为了显示电报的分量，张奚若只邀约著名教授签名，因此被收入《张奚若文集》。不过，也有人认为电文出自朱自清之手，但朱自清在日记中则写道：9 月 29 日，"上午钱来访，请我等在对当前政局申述意见之电报上签名，内容谈及蒋（介石）之独裁统治，我同意签名。"[①] 这证明朱自清不是提议者，只是同意并签了名。类似的说法还有一些，如说是周炳琳的主意等等。这个问题，现在随着电报原件的发现可以说已经解决。目前，该电发报原件完好地保存在台湾档案中，电文是从交通部电信局发出的，发报纸共有 24 页，在"发报人姓名及住址"栏里盖有"钱端升印"的图章，旁有批示，文字为："一面抄送毛泽东先生，一面签报主席"。[②] 笔者看到这份电报原件时，首先是一阵意外的兴奋，因为在旁人看来可能是无所谓的问题，在笔者心里却缠绕了多年。当时，笔者也有些不解，既然电报发出去了，为什么还要把电报原纸寄给重庆呢。可是再想想，这个电报事关太重大了，交通部电信局不愿意承担责任，便在发出电报的同时，才将电报原纸一并寄给有关当局。这份电报原件还解决了究竟谁是起草者的问题。按照传统礼仪，倡议者一般署名在末尾，电报是钱端升发出的，且慎重地盖上私人印章，这证明提议者和执笔者都是钱端升。当然，也不排除签名者中有人对电文措辞提出过修改意见，但不管这个电文提议者和执笔者是哪个人，电报发出后，国内外媒体竞相转载介绍，无不视为高级知识分子对战后和平道路的独立政治见解。

　　国共最高领导人这次会谈的纪要（即双十协定），在原则上双方都表示了和平建国的意愿，但是，解放区的民主政权问题并没有得到解决，受降等问题虽形式上被承认实际上也未执行。毛泽东离渝后，周恩

　　① 《朱自清日记》（1945 年 9 月 29 日），朱乔森编：《朱自清全集》第 10 卷，第 368 页。

　　② "国民政府档案"，台湾"国史馆"存，典藏号 001-014510-0003。

来、王若飞仍与国民党继续谈判，上述问题继续受到全国各界的关注。10 月底，在西南联大举行的校庆纪念周中，大家热烈讨论的问题也是紧紧围绕这些方面。《现实》壁报曾刊登了他们访问教授的记录，闻一多鲜明地表示"共产党应该接受被他们包围的敌伪投降"，又说："我们有理由相信共产党解放区的军队是人民的军队，解放区的政权是人民的政权"。有人问：你没去过解放区，怎么能下这样的判断呢？他反问道："你没有到过美国，难道说美国没有民主吗？"他接着说："西南联大是国内最自由的学府，应该来试办一次民意测验，反映我们心里的话。我们不屑与反动集团争什么法律正统，孰是孰非，只有取决于人民，反动派却最怕真正自由的民意测验。"①

国民党不会组织这样的民意测验，但民盟云南省支部则于 11 月 17 日发出了民意测验的八个题目。七天中，共收到 114 份答案，其中百分之五十的人认为内战不可能制止，百分之五十七的人认为内战应由国民党负责（认为共产党应负责的仅有百分之六）。对于国民党答应要召开的政治协商会议，有百分之八十一的人认为不能得到具体结果。这些都反映了昆明人民对国民党的失望与不满。测验中还有"民国二十四年所产生的国民大会代表今天应否仍然继续有效"，百分之九十八的人答"无效"。此外，有 76 人认为应该立即举行全国普选，95 人认为美国军队留驻中国是干涉中国内政，113 人认为中苏两国应该参加管制日本，107 人认为美国管制日本过于宽大。②

这是一次人数不多的民意测验，但参加的面较广，有公教人员、自由职业者、大学生、工人、商人、军人等。他们反映了一般百姓的认识。这正是闻一多与民盟云南省支部在国民党统治区举办这次民意测验的用意所在。

---

① 《西南联大教授反对内战，揭破武力统一的迷梦》，《新华日报》1945 年 11 月 25 日。

② 《民意反映了什么》，昆明《民主周刊》第 2 卷第 19 期，1945 年 12 月 9 日。

营救被迫害者

就在全国民众发出反对内战、要求和平呼声的时候，国民党的魔爪也悄悄伸了出来。

9月里，由中共地下党员和进步人士担任主要编辑的昆明《扫荡报》，首先遭到国民党的阴谋破坏。《扫荡报》是第五军出资创办的报纸，中共地下党员高紫瑜（高天）乘该报创建之初延揽编辑的机会，利用关系出任总编辑。他先后聘请了高明旭、吕剑、姚黎民、江广恕、杨人鸿、洪道、韩北屏等人担任编辑，运用各种隐蔽形式和合法手段，开展进步的宣传。特别是吕剑主编的副刊，在昆明文艺界做了许多积极有效的工作。国民党军事委员会把该报视作《新华日报》的昆明版，决定从排斥它的主要成员入手，夺回领导权。

8月7日，吕剑被迫辞职；9月3日，总编辑高紫瑜也因受到政治陷害秘密离昆。12日，杨人鸿被拘捕，张兆麟（刘乐扬）、吕剑被跟踪。一场暗中的迫害开始了。

闻一多过去与《扫荡报》来往并不很多，只与吕剑的副刊有所接触。但他听到消息，立刻意识到这是一次反动派向民主力量进攻的信号，随即与周新民、萨空了、张光年等人组织营救。

一天晚上，在《评论报》社的楼上，闻一多与周新民听完张兆麟详细介绍了半年来《扫荡报》发生的重大事件，了解到四位受害者的处境。当时，高紫瑜已秘密进入越北，吕剑也由周新民、辛志超安排到了建水，只有杨人鸿还在狱中。大家分析，抓人的特务很可能是军统，不会是龙云的地方特务机关。龙云身为昆明行营主任，向来不允许国民党中央特务在昆明城内公开活动，也不准中央宪兵进驻城内。根据这个分析，张兆麟建议通过龙云的力量进行营救，并把四位受迫害者的问题放在一篇文章里来做。"对！对！"闻一多不等张说完，便连声说。他还主张用四记者失踪的提法来营救杨人鸿，并且暂时不理军统，只向龙云要人，争取把龙云也请进来一起行动。① 周新民完全赞成闻一多的意见，并指出应强调军统特务不仅蹂躏人权，同时也是对龙云的藐视，要让龙云知晓这是藏着嫁祸云南地方政府的恶意。先做上层工作的方案，就这样制订了出来。

经过仔细研究，闻一多和周新民、萨空了、张光年决定以昆明文化界知名人士的名义写信给龙云，陈诉利害关系。由于潘光旦是西南联大教务长，又是云南宪政研究会的成员，与上层人士有较多来往，于是便以潘的名字领衔。这封信很快由张光年起草好了，闻一多认真修订后，请萨空了誊录呈上。

这封信首先指出："最近中央特务人员又在昆市从事非法活动，文化界人士之被捕与失踪者时有所闻，影响社会治安至巨且深"。接着叙述毛泽东与蒋介石在渝谈判之际，昆明四记者却遭迫害。信中强调四记者均为爱国正直之士：被绑架之杨人鸿是"诚笃好学"者，"对政治问题向无成见"；吕剑为"昆明文协理事，其为人为一纯粹文艺家，对政治素不热心"，只因与高紫瑜同事相熟，"亦竟被特务注意"，屡次追索。信末云：窃以保障身体自由，政府早有明令，我公平时训诫部属及公开发表谈话，对特务之非法行动亦屡次表示深恶痛绝，悬为厉禁。乃最近尚有此项"中央"特务人员假冒地方军警机关名义非法逮捕与拘讯文化界人士，违犯法纪，扰乱治安，莫此为甚，倘不严行查究，听令彼辈横行无忌，凡我市民必至人人自危。用敢专函具报，并代表我文化界同人恳祈迅饬所属，严密查究并设法驱逐此类特务人员出境，以绝乱源而维人权。② 这封信的确起到了一些作用。据说呈递此信时，闻一多也在场，他强调昆明是在龙云统治下，军统特务如此横行不法，此风绝不可长。龙云听了果然勃然大怒，命令部下搜索，并严令军统放人。③

----

① 刘乐扬：《昆明四记者失踪的前前后后》，《新闻研究资料》总 16 辑，第174 页。

② 《昆明文化界潘光旦等为〈扫荡报〉高紫瑜等人被侮陷绑架事致龙云函稿》，中国国家博物馆存。

③ 刘乐扬：《昆明四记者失踪的前前后后》，《新闻研究资料》总 16 辑，第175 页。

为了进一步揭露反动派的阴谋，闻一多与周新民等人准备请辛亥革命老人、时任昆明经济委员会主任的褚辅成转递一信，直接向蒋介石发出抗议，要求维护人权。褚辅成对高、杨被迫害事亦表示愤愤，曾约闻一多在绥靖路经委会办公处面谈①，被释放出来的杨人鸿似乎也参加了这次会谈。这些说明他们争取上层的工作是有一定成效的。

联合出版界

9 月中旬，掌握在民主力量手中的人民周报社、自由论坛社、大路周刊社，为了协调行动，商定联合起来。其动机是："基于过去人事上之谐和及对现实见解相同，而希望能以更有力的姿态出现，以对当前时局国事有所贡献"。② 闻一多、费孝通、吴晗、王康、侯达虔、李承勋等人代表各期刊参加了筹备工作，并定于 29 日下午再次开会研究，联合后的刊物也起名为《人民大路》。

然而，就在大家分头积极筹备出版《人民大路》时，《自由论坛》却出了件意料不到的事。

《自由论坛》是在云南大学学生杜迈之建议下，由其同学郭相卿出资创办的。初为月刊，后改为周刊。该刊倾向进步，闻一多也是其中的一员，虽然没有过问过多少事。当时，郭相卿以发行人的资格被赋予社长名义，而经费筹措、刊物编辑、民主运动的倡导与响应等，均由社务委员潘光旦、费孝通、王赣愚等负完全责任。但是，这时郭相卿突受人威胁，发生动摇，在报上刊登启事，对潘光旦进行人身侮辱，并否认全体社员的决议。

这一变化显然来自反动分子的阴谋破坏。社员们召开紧急会议，

---

① 《萨空了致闻一多函》（手稿），中国国家博物馆存。

② 《吴晗闻一多等出席的人民周报社、自由论坛社、大路周刊社为联合复刊讨论会记录》，中国国家博物馆存。

罢免郭的社长名义，申明过去一切行为合于全体社员公意。但是，大家考虑到郭还是个青年，决定给予宽容，以图其自新。9 月 17 日，这个启事刊登于昆明《中央日报》，郭相卿也表示了悔过。讵料此人反复无常，不顾信义，叛师卖友，在 20 日《中央日报》又发表反唇相讥的启事。

闻一多本来并不具体过问这个刊物，但是事情发生后感到非常义愤，认为绝不能任宵小嚣张。他立即同吴晗等邀集有关人士商议，表示要维护民主声誉，揭露敌人玩弄的分裂民主力量的阴谋。① 社员会上，议决开除郭的社籍，并依法追究其最近以社务委员之名所募集的 102 万元款项。同时，宣布即日起解散自由论坛社，此后如有同样名称之刊物出现，概不负责。②

自由论坛事件不过是民主运动中的一段小插曲，它非但不能动摇闻一多的信念，反而激发他和朋友们产生了组织昆明出版界大联合的设想。经过紧张的奔走，25 日，昆明出版界联谊会在文艺沙龙召开了第一次筹备会，参加的单位有诗与散文社、天野社、北门出版社、孩子们社、进修月刊社、进修出版社、《评论报》、《人民周报》、《真报》、民主周刊社等十余团体。闻一多代表民主周刊社参加了筹备工作。

联谊会还通过了《缘起》，中云："我们正迈入一政治上文化上的新时期，在此时期，为了争取文化自由，争取减轻成本，争取在编辑、出版、发行、邮递条件上的本身福利，以及经常交换意见，紧密配合，为今后建立民主新中国和发扬民主文化的任务而努力，都必须团结本身的力量，共同谋事。"③ 这是一个斗争方式，说明他们在新形势下特别重视进一步的团结。

除此之外，闻一多还打算办一个专门为高级知识分子提供舆论园地的刊物，这就是《时代评论》杂志诞生的原因。

---

① 费孝通：《难得难忘的良师益友》，《闻一多纪念文集》，第 147 页。

② 《吴晗闻一多等签名的自由论坛社为开除郭相卿社籍及解散自由论坛社的社员大会启事底稿》，中国国家博物馆存。

③ 《本市报刊出版社成立出版界联谊会》，《云南日报》1945 年 9 月 26 日。

10 月 2 日晚上，在云南大学社会学系办公室里，闻一多邀请了张奚若、楚图南、闻家驷、尚钺、费青、向达、吴富恒、吴晗、费孝通等教授和王康等青年教师，组成了《时代评论》编委会。[1] 经过商量，由费孝通任主编，王康任发行人，实际编辑工作都是由王康具体负责。王康这时已从西南联大毕业，在云南大学任教，闻一多并不因他是自己的亲戚而避嫌，而是大胆地把重任压在他的肩上。

闻一多对王康仔细交代了刊物的方向，特别说明这个刊物要与学生办的有所区别，尽量争取中间教授写文章。他说：这些教授也是爱国的，是难得的人才，要尊重他们，只要不拥蒋，不反动，能讲公道话，就可以登。

关于经费，王康有些担心。闻一多说：这你不用管，先给你 50 万元，作为前几期的开销。这些款子，是民盟云南省支部搞来的，其中有《民主周刊》的广告收费，也有龙云通过缪云台资助的部分。王康很会精打细算，只用了 30 万元就把刊物办起来了。"一二·一"运动爆发时，《时代评论》第六期刊登了不少抗议与揭露文章，开始印两千册，后又加印八千册，一下子收回了 70 万元。[2] 有了基础，出单行本、出专刊就都不成问题了。

鉴于以往有的刊物编辑意见分歧，影响内部团结，王康提出独自负责，闻一多完全赞成，以后也不去过问编辑的具体情况，让王康放手去做。他后来担任民主周刊社社长，也采取这态度。"用人不疑，疑人不用"，它确实调动了人的积极性。

至于印刷，最初由民青的秘密印刷厂承担，每期稿子编好后，萧松亲自来取，双方都不打听底细。办刊物是要登记的，闻一多说不能等批下来再出版，咱们一边办手续一边编稿子，给他造成既成事实，他们找上门，我们已出了好几期了。[3] 后来刊物始终没批下来，可照样按时出

---

[1] 访问王康记录，1990 年 6 月 16 日。

[2] 访问王康记录，1990 年 6 月 16 日。

[3] 访问王康记录，1990 年 8 月 21 日。

版，成为昆明很有影响的一种周刊，这就叫又合法又不合法，在那个特殊时期，它不失为巧妙的斗争方式。

当时，向新闻当局登记刊物要有公章。两星期前，吴晗在逼死坡文具店用一千元购得一块旧石头，长方形，一边刻有双鱼。闻一多看了很喜欢，夸吴晗眼力不错，问他愿意刻什么字，是一句诗，还是连名带字刻在一起。吴晗说：随便，你喜欢怎么刻就怎么刻吧！他没想到，这颗桃源石竟成了时代评论社的公章，闻一多替吴晗把它捐给了民主运动。

2 日晚上开完会，闻一多就刻了起来。深夜，枪声炮声在城内大作，昆明防守司令杜聿明奉蒋介石密令，发动昆明政变，正在围攻省政府所在地五华山，可闻一多不去理会。第二天清晨，他兴冲冲地走到对门吴晗家："今天我做成一件事，很得意，你来瞧瞧。"吴晗看了也连声说好极了，还问："你没有听见枪声吗？这样密，这样响，亏你静得下心！"闻一多说："昨夜晚就有一些声音了，管它呢！我今天高兴做我自己的事情！"① 这枚图章刻有边款："评论社成立之夕吴晗捐石闻一多制印卅四年十月二日昆明。"现在，它也是珍贵的历史文物了。

这里还有必要提及一件过去鲜为人知的事，即闻一多与重庆等地出版界的联系。这年 6 月 8 日，"中外文艺联络社"在重庆成立，茅盾任社长，实际工作是由总编辑叶以群和经理冯亦代两人负责，闻一多与郭沫若、老舍、叶圣陶、曹禺、夏衍、曹靖华、焦菊隐等共 17 人担任编辑委员。

中外文艺联络社是个新事物，类似文艺通讯社，它本身不出版书刊，却向各报刊发播文艺稿件。茅盾说它的目的"是为了向国内外中文报刊推荐解放区的文艺作品，以扩大影响"。② 它的具体工作是约请各地作家选择稿件并介绍给各地的刊物发表、请人精选佳评译成外文供国

① 吴晗：《闻一多的"手工业"》，《吴晗文集》第 3 卷，北京出版社 1988 年版，第 377 页。

② 茅盾：《我走过的道路》下册，人民文学出版社 1988 年版，第 348 页。

外刊用、代各地刊物约稿等。[①] 这项工作是中间介绍性的，重庆、成都、贵州、陕西、湘西都有人参加编委会，而云南则只有闻一多一人。由于介绍人是不署名的，因而无法了解闻一多究竟做了哪些工作。但是，茅盾说这是共产党交来的一项任务，可见闻一多的工作也是革命文艺工作的一部分。

| 第二节 |
"一二·一"运动中

为反内战讲演会出谋划策

10 月 10 日，国共会谈纪要签署，它给渴望和平的中国人民带来了一线光明的希望。然而，《双十协定》墨迹未干，蒋介石就颁布内战密令，80 万国民党军队向上党、绥远、邯郸等地解放区发动大规模军事进攻，其目的是先控制华北，切断交通线，阻止共产党军队与东北的联系，以便独占胜利果实。

昆明的脉搏始终随着中国的形势跳动。11 月 5 日，中共中央发出"全国人民动员起来，用一切方法制止内战"号召，国统区各地积极响

---

① 《中外文艺联络社缘起与简则》，《华声》（半月刊）第 1 卷第 5、6 期合刊，1945 年 1 月。

应,纷纷开展反内战活动,具有光荣传统的昆明青年又一次站在了斗争的前列。

11 月 23 日傍晚,五个学生敲响了闻一多的家门。他们是昆明学联的负责人,为了筹备一次"反内战时事讲演会",特来与闻一多和吴晗商量。几个人本来就很熟,便你一言我一语讨论起来。

闻一多对讲演会非常支持。19 日,重庆成立了陪都反对内战联合会,成都 20 多个团体也联合发表《制止内战宣言》。21 日,延安《解放日报》号召国统区的同胞团结起来,响应反对内战联合会发起的爱国运动。这些都激动着闻一多的心扉。10 月 31 日,西南联大学生自治会学生部举办过一回"八年来的联大"检讨会,闻一多在会上讲了教授的精神生活,说教授们在极穷困的条件下仍然坚守西南联大岗位,是因为为西南联大有学术自由与教学自由而感到欣慰。他认为联大教授也是一个民主堡垒,不过,这个"堡垒"是保守的,"还要冲锋"。[①] 现在,冲锋的时刻到了。

想到这些,他很感慨地说:"内战是每个老百姓都坚决反对的,我们谁也不要它!你们过去领导过我,今天我更要追随你们。"几个同学听了很不安,忙说:"哪里,是我们在追随闻先生。""不!"闻一多坦诚地说道,"我经常从你们得到热情,得到活力,得到支持,甚至于得到我从前所隔绝的智识。"[②] 他指着书架上的鲁迅著作、《海上述林》等说:"我同你们来往后,才开始读这些书呀!"

话题转到晚会问题上,闻一多沉思了一下。两年来,他的思想在实践中成熟多了,他不仅懂得了统一战线的重要意义,还学会了不少斗争的方法。自从龙云下台后,昆明的形势已失去了过去的屏障,华岗离昆前曾特别嘱咐说要注意斗争策略。联想到这儿,闻一多建议说:这样的会一定要开好,不过演讲的人不一定是自己,是否可以请几位平时态度较为温和的教授参加。说着提了几个名字,认为可以请杨西孟做指导,

① 舒君:《民主的堡垒——联大校庆记》,《新华日报》1945 年 11 月 21 日。

② 转引自陈凝:《闻一多传》,民享出版社 1947 年版,第 75 页。

伍启元做主讲。吴晗在一边立刻表示同意。[①] 这样做的目的很明显，是为了更多地团结一些中间力量，而且这个时候他们的发言不带党派色彩，最能反映民心。

这些建议受到学联的重视，在海报上，他们邀请了钱端升、伍启元、杨西孟、闻一多、费孝通等人参加，并推杨西孟为指导，伍启元为主讲。[②]

这种集会本来是抗战期间经常召开的一种民主晚会，但新上任的云南省党部主任、代理省政府主席李宗黄，却企图阻止它的进行。这个一心想当云南太上皇的家伙并非蒋介石的嫡系，只因他是云南人，又参加过护国起义，且素与龙云不合，才被选中返滇。快两个月了，他一直想搞出些名堂，以便邀功，以为现在机会来了。24 日，李宗黄与警备总司令关麟征、第五军军长邱清泉等召集紧急联席会议，当即作出禁止集会的决定。随后，派人威胁云大当局，逼迫学校贴出礼堂修缮暂不出借的告示。

这显然是明目张胆破坏民主集会，感情冲动的青年表示绝不屈服，执意要在原地按时开会。大会的组织者毕竟慎重得多，民青派人来与闻一多、吴晗商量。近一年了，民青与民盟云南省支部的联系始终十分紧密，同学们碰到困难，很容易首先想到向民盟的负责人，也是敬爱的师长求教。

形势是严峻的，国民党军队外战外行，内战却内行，驻守昆明的部队又是参加过收复缅甸战役的主力，第五军是国民党唯一的机械化部队，实力很强，若与他们硬拼，很可能有所不测。华岗离昆前的叮嘱在闻一多耳边响起，他感到有责任保护好民主斗争的火种，因而建议把会场改在西南联大校内。他表示，向学校借会场不会有问题，即便有问题

---

① 洪德铭给笔者的信，1989 年 3 月 5 日。

② 据姚从吾给陈雪屏、郑天挺的信，1945 年 12 月 11 日。中共云南省委党史资料征集委员会、中共云南师范大学委员会编：《"一二·一"运动》，中共党史资料出版社 1988 年版，第 411 页。后杨西孟未出席。

也可设法解决。①

这是个重要而且及时的建议：它避开了国民党地方当局的锋芒，同时也缓和了同学们的某些怨气。经过几年的实践，闻一多老练多了。为了使讲演会的颜色不至于太强烈，他还提出自己最好不出席，吴晗可以出席但不发言。事情初步这样定了下来。

抗议摧残自由，支持学生罢课

25日晚6时许，六千多大中学生与各界民众齐聚在西南联大图书馆前的大草坪上——这个草坪被人们称为"民主草坪"。由联大、云大、中法、英专四校学生自治会联合举办的"反内战时事讲演会"终于按时召开了。受邀的教授除个别人外大都毅然出席，这对地方党政军机关的禁令，真是莫大的嘲弄。

闻一多大概是几年来第一次没有去参加民主集会。可是，他坐不住，既无心写文章，也无心刻图章，那心总牵在大会上。他想起伤寒刚愈的罗伯特·白英，正好乘此机去探望一下，便从宿舍门前妻子开垦的菜园子里采了一束花，向白英的宅所走去。

白英住在一位俄国伏特加酒酿造商家里，小院里栽着几株长成树的一品红，略带苦味的伏特加酒香充满了这座小院。屋里先来了两位青年和一位语言学家，因为停电，只好点起蜡烛，这光给人的脸上涂上了一层古铜色。大家攀谈起来，说到国民党的腐败和贪污，都连连摇头。"毫无疑问，人民应该有权调查政府官员的私人财产，"闻一多愤愤地说，"我们了解共产党领导人的私人财产，可能是每人五美元吧。"闻一多总是拿共产党来对比国民党，这已成为他的习惯，因为一切在对比中都毋庸多言了。

话题转到抗战胜利的果实时，曾经目睹过希特勒德国对奥地利的入

———————

① 洪德铭给笔者的信，1989年3月5日。

侵，又对西班牙内战做过报道的白英，认为中国人完全有权享受胜利的果实。"不错！"闻一多说，"但是，没有任何政党，没有任何百万富翁，没有任何当官的有权享受这种胜利成果。农民，是的，农民是受之无愧的，但绝不是那些当官做老爷的。""农民"在这里指的是"人民"，它占中国人的绝大多数。潘光旦曾考证过，认为古代的"民"实际上就是专指农民。闻一多显然很欣赏老朋友的这一考证，他的话中常常说到农民。

突然，学校方向传来一阵枪声。白英听了很惊讶，"可能有人放鞭炮吧？"他忧心地道。"你来中国多久了？四年了，你难道分辨不出枪声吗？"[①]闻一多纠正他说，话音间又噼噼啪啪响起枪声，谁也不再怀疑它是什么了。大家没有想到，这是国民党第五军在云大扑空后，又调往西南联大，为了干扰反内战时事讲演会，便拼命放起枪来。

西南联大图书馆前大草坪上，空气也格外紧张。当钱端升教授第一个登台演讲"中国政治之认识"时，第五军已包围了校门。这位身为国民党党员的政治学家，早年还相信中国只能有一个政党，但严重的现实已使他认识到唯有组成联合政府才能制止内战。在国民参政会上，他几次强调联合政府的重要意义，实际上代表了渴望和平统一的民众呼声。然而，这枪声就是政府对他的回答。对经济颇有研究的伍启元教授，从学理分析，认为内战若继续扩大，中国势必将失去建立现代工业化国家的机会，财政经济也必趋于崩溃。

枪声又一次打断了学者的演讲，子弹呼啸着从人群头顶掠过。电线也被人割断，会场不得不燃起汽灯。省党部调查科主任、特务分子查宗藩自称是"王老百姓"，跳上台乱嚷什么"内乱非内战"，被人轰下去。在枪声中，费孝通大呼："为什么我们要黑暗中坐在此地开会呢？为的是呼吁和平！不但在黑夜中我们要呼吁和平，在枪声中我们还是要呼吁和平！"潘大逵继之演讲"如何制止内战"，他主张速开政治会议，成立联合政府，并认为苏美军队各从中国撤退是制止内战的先决条件。

---

① 白英：《中国日记》，《云南文史资料选辑》第30辑，云南人民出版社1987年版，第298—299页。

这个大会完全是校内寻常的民主集会,在学术自由的高等学府,教授们发表各自的观点,向来受到学校的保护,所以会前大家并没料到大批军队会如此嚣张。为了防止意外,晚会提前结束,可人们走出校门,发现荷枪实弹的军队断绝了交通,城门也紧闭起来。多数人只好在寒冷的夜里受冻挨饿。激愤的情绪蔓延着,人们被迫寻找反抗的方式,终于促成四大学学生自治会作出罢课抗议的决定。

对于罢课,闻一多起先没有思想准备。26日清晨,西南联大经济学系的黄福海同学匆匆赶到西仓坡。"闻先生,我们罢课了!""你们考虑到这后果没有?"闻一多急忙起床,边穿衣边沉着地问。但是,当他看到昆明《中央日报》登出《西郊匪警,黑夜枪声》的消息时,被这"匪"字惊呆了。西南联大校园也沸腾了,因为这"匪"字把教授也囊括了进去,它无疑给愤怒的人心上又浇了一层油。

罢课之初,教授们表现出空前的一致,无论是国民党党员或是平时本不大过问政治的人,都认为对集会自由的破坏毫无道理。29日的教授会议上,几乎在没有异议的情形中,通过了这样一项至为重要的决议:"站在教育立场,对本月25日晚军政当局行为,认为重大污辱,应依校务会议决议原则加强抗议。"① 会上推举闻一多与冯友兰、张奚若、钱端升、周炳琳、朱自清、赵凤喈、燕树棠八人组成起草抗议书委员会。抗议书当天便油印散发,它指出:"集会言论之自由载在约法,全国人民同应享受,大学师生自无例外,且断非地方军政当局所得擅加限制","本大学举行晚会之时,竟有当地驻军在本大学四周施放枪炮,断绝交通","不特妨害人民正当之自由,侵犯学府之尊严,抑且引起社会莫大之不安。兹经同人等寸:本日集会,全体一致决议,对此不法之举,表示最严重之抗议。"②

---

① 西南联大1945年度教授会第二次会议记录,清华大学档案室存。该年度一至九次教授会会议记录,均是闻一多所做。

② 《国立西南联合大学全体教授为11月25日地方军政当局侵害集会自由事件抗议书》,中共云南省委党史资料征集委员会、中共云南师范大学委员会编:《"一二·一"运动》,第86页。

闻一多很重视这份抗议书，尽管它的措辞极为谨慎，强调自由权利，回避讲演会"反对内战"的性质，似乎要给人一种超脱政治的感觉。但是，它毕竟是西南联大有史以来以全体教授名义对政府的第一次公开批评，同时也是他们对青年学生的公开声援。

不过，教授会还作出了一条规劝复课的决议。鉴于数日来军人暴徒在街头殴袭宣传的学生，李宗黄亦毫不掩饰地宣扬"以组织对组织，以宣传对宣传，以行动对行动"，教授认为坚持罢课无济于事，况且教授会已经与学生站在一条战线上，这就是胜利。闻一多当时也不主张长期罢课，他认为罢课只是斗争的手段，不是目的，所以赞成教授会的决议。

29 日下午，按照教授会的决议，叶企孙（联大代理常委）、潘光旦（教务长）与张奚若、钱端升、周炳琳等人召集全校学生训话，全体教授均出席。会上，教授们对国民党的专制进行了有力谴责，对同学表示了深切的同情。接着，劝导学生复课，并由周炳琳宣布明日上午 9 时正式复课，因故未能复课听便，但不得干涉他人上课。

教授们的心情是可以理解的。作为自由主义的崇拜者，他们相信进化论，承认历史的发展是缓慢前进的。因之，他们多主张温和的斗争方式，不主张激烈的手段。在他们看来，教授会能作出抗议已是相当的努力了，学生们应该就此复课。这里，他们忽视了昆明市中等以上学校罢课联合委员会（简称"罢委会"）所提出的复课条件。在《昆明市大中学生为反对内战及抗议武装干涉集会告全国同胞书》中，学生们提出立即制止内战、美国撤退驻华军队、组织联合政府、保障人民各种自由四项主张，以及追究射击联大事件责任、取消禁止集会非法禁令、保障同学身体自由、中央社改正诬蔑报道四项要求。前四项主张可说是全局性的，只是努力的方向；而后四项要求则针对昆明事件，完全是实际的。作为一场运动，其目的在于揭露敌人、教育人民。在反动派气焰依然猖狂之时，复课无异于屈服，因此，血气方刚的学生理所当然地抵制了教授会关于劝导复课的决议。

这两种对立的情绪给会场罩上了一层过于严肃的气氛。罢委会代表对周炳琳答复道:自由未能获取,无法复课。周炳琳说以后保证开会绝无同样事情发生。同学代表马上问:那么我们明天游行,如不出事就立即复课,你能否保证。周说:我所保证者是指校内集会自由,不是指校外而言。学生代表听了这话,遂以"九一八"为例声明不能等候解决,必须以行动贯彻主张,不当奴隶。

这种气氛下很难取得一致意见,闻一多也觉得学生的言辞过于激烈。会上本没有预定他发言,但他耐不住性子站到一张桌子上讲起来了,说"复课是一策略问题,而复课并非是不干,同时罢课已获重大成果",并指责罢委会代表"感情用事,想用感情煽动人,最幼稚亦最可羞愧"。[①] 语毕,全体教授即离开会场。

面对这种师生间出现的分歧,地下党的同志很是着急,经中共云南省工委慎重研究,决定派中共西南联大第一支部书记袁永熙做吴晗和闻一多的工作。袁永熙先找了吴晗,吴晗与袁很少接触,不了解对方底细,说了几句话便冲撞起来。两人声音渐大,被住在对门的闻一多听见,闻一见是袁永熙,忙把吴晗拉到一边小声道:他们一家我都认识,都是共产党,你别跟他争了。

前面说过,袁永熙是叶公超的妻弟,闻一多早在北平清华园就认识他。并且,叶公超还曾悄悄告诉闻一多,说袁的一家人都是共产党。因此,这时看到是袁在说话,很容易心领神会这不仅仅是袁个人的态度。袁永熙听到闻对吴的耳语,暗想自己的身份不言自明,便在请示过省工委书记郑伯克之后,直接与闻一多联系。对袁的来访,闻一多十分高兴,立刻积极支持罢课,吴晗当然也不再坚持己见。[②] 这时洪季凯也来做解释工作,几个人一碰头,闻、吴马上表示全力合作。闻一多曾在教授会上说自己可以指挥学生,原因正在此处。

次日,由吴晗执笔起草了民盟云南省支部发言人《对昆市大中学生

---

① 《民青汇报稿》,昆明师范学院、云南省历史研究所编:《"一二·一"运动史料汇编》第2辑,1979年印行,第33页。

② 据访问袁永熙记录,1988年4月29日。

罢课抗议非法的武装干涉集会自由的声明》，文中明确指出："我们认为罢课是正当的唯一的抗议手段"，"我们正式声明，我们完全同情这一运动，声援这一运动！"①这是个很重要的声明，它的意义不仅在于民盟云南省支部完全支持学生的爱国行动，而且体现了闻一多、吴晗等人能够及时调整自己的策略，自觉与中共地方党组织保持一致。

控诉"一二·一"惨案

12月1日，震惊中外的"一二·一"惨案在昆明发生了。数百名武装军人和暴徒，有计划有组织地袭击了联大、云大、中法大学等校。他们捣毁桌椅，见人就打，肆无忌惮。上午10时，佩有"军官总队"符号的400余军人口称要看壁报，其中10余人强行闯入西南联大新校舍，随即以木棍、石块殴打学生及校警。担任巡逻的同学马上把闯入的人推出去，把校门紧闭。门外的士兵在队长指挥下捣毁校门，同学们群起反攻，守住大门。这时，一士兵拿出手榴弹准备往墙内扔去，被南菁中学教员于再阻止。结果于再被手榴弹炸伤头部，不治而死。

12时左右，有40多人在三青团云南支团部秘书长周绅率领下，强行闯入位于龙翔街的西南联大师范学院。猝不及防的同学们退入隔壁昆华工校。这时从门隙中投进两枚手榴弹，当场中弹多人，李鲁连同学当即身亡。暴徒闯入校门后，用刺刀猛刺已被炸伤的潘琰同学。昆华工校17岁的小同学张华昌头部被炸伤，逝世于医院。与此同时，还有50多人捣毁了钱局街的联大附中，60多人攻击拓东路的西南联大工学院。

这是血雨腥风的一天，四位青年倒在血泊之中，50多名青年受伤。西南联大教授马大猷、袁复礼、钱钟韩及教员牟光世等也被殴受辱。除了联大外，云大学生自治会也遭捣毁，中法大学罢委会办公室门窗

---

① 《对昆市大中学生罢课抗议非法的武装干涉集会自由的声明》，昆明《民主周刊》第2卷第18期，1945年12月1日。

皆碎。

闻立鹤这天也有一条腿被打伤,一拐一拐回到家。高真劝他在家休息别出门,他回答说:"妈妈,我是闻一多的儿子,闻一多的儿子是不能休息的!"[1]

面对惨绝人寰的屠杀,闻一多愤怒到极点,他不知道还有什么语言可以描述反动派的暴虐。他说:

> 在帝国主义国家里,镇压人民革命的行为,一般人称之为白色恐怖。这次昆明一二·一惨案的暴行,连白色恐怖的资格也不够,简直是黑色恐怖,因为白色在字面的意义上讲还是纯洁的。一二·一的暴行是太凶残丑恶,卑鄙无耻了!事前有周密的布置,当时是集体的行为,打上大学门来,向徒手学生掷弹,向毫无抵抗的女生连戳数刀,终必置之死地。事后并造谣诬蔑学生,弄出一个莫须有的什么姜凯田凯来。鲁迅先生说发生三一八惨案的民国十五年三月十八日是中华民国最黑暗的一天,他不知道还有更黑暗更凶残的日子是民国三十四年十二月一日!段祺瑞的卫兵是在执政府前向徒手学生开枪,十二月一日的昆明是大队官兵用手榴弹和刺刀来进攻学校!凶残的程度更进了一步,这是白色恐怖吗?这是黑色恐怖![2]

惨案发生的当天晚上,在第一线指导罢联工作的洪季凯来到西仓坡。闻一多和吴晗一见到他,三人都禁不住地泪流满面,哽咽起来。好一阵,才稍稍平静了些,开始交换情况,商量下一步的工作。闻一多、吴晗表示:教授会、民盟、文化界方面,他们可以负责,民青和罢联有什么意见要求,也可以委托他们办理。洪季凯则把地下党关于如何坚

---

[1] 吴晗:《哭一多父子》,《人民英烈》,第 251 页。
[2] 《闻一多先生在"一二·一"惨案座谈会上的讲演词》,转引自李何林:《黑色恐怖的昆明》,上海《民主》第 45 期,1946 年 8 月 24 日。

持、扩大斗争的部署做了介绍。双方约定每天互通一次情况，闻一多说："大事不先和民青商量，绝不随便向外表态。"末了，他还对烈士入殓仪式、灵堂布置、成立治丧委员会与法律委员会等问题，提出了具体意见。第二天罢联关于上述工作的安排，都是按照这些意见办理的。①

西南联大师生对惨案的悲愤达到了无以复加的地步。2日，校务会议首先决定电告教育部转呈蒋介石、宋子文，请速派军政大员来昆调查处理。接着，教授会开会，训导长查良钊报告学生死伤情况，袁复礼、马大猷报告本人被殴经过，高崇熙、张清常报告学校各处受袭击被毁情形。面对这血淋淋的残酷现实，教授们都感到这是中华民国历史上最黑暗的一天。"三一八"惨案发生在执政府门前，而现在则是几百军人闯进学校，在最高学府内肆意屠杀手无寸铁的青年。骇人听闻的惨剧擦亮了许多人的眼睛，教授会决议成立法律委员会，推举五教授（后又增加三位教授）与教师代表，草拟告诉状，决心依据法律解决惨案。

2日下午，1500多名各界人士在西南联大图书馆前举行四烈士入殓仪式。为反内战而被屠杀的烈士，用死不瞑目的无畏精神告诉人们：是谁不要和平，是谁制造内战！

惨案的发生，把民主与反民主的斗争推到了一个新的阶段。为了对国民党反动派施加更大的压力，12月3日，西南联大学生自治会发表《致教师书》，"希望先生们罢教"，因为"这样行动上的抗议，才能使这一问题得到迅速的合理解决"。同学们的呼吁，为民主教授提出了新的任务，闻一多积极站起来，在教授会上提出罢教案。

为政治诉求举行罢教，在国民政府统治时期还不曾出现过，因此多数教授不免极为谨慎。还在2日的教授会上，闻一多等人就提出罢教案，但决议结果仅是"延缓讨论"。可是，同学们太渴望得到老师们的支持了，而且只有得到老师们的支持与配合，斗争才可能顺利发展。

为了使教授们赞成罢教，闻一多做了不少说服工作。4日教授会上，围绕罢教问题展开了激烈的辩论，会从上午9时开到下午3时，进行了

---

① 洪德铭（洪季凯）给笔者的信，1989年3月5日。

六个多小时,朱自清在这天日记中写道:"空气紧张,且几濒分裂,但少数人未逞所欲,结果甚佳。"[①] 所说的"甚佳",是指最终通过了"停课七天"的决议。停课与罢教在名词上毕竟有所区别,它带有某种折中的成分。不过,此决议还指出停课的目的为"对死难学生表示哀悼,对受伤师生表示慰问,并对地方当局不法之横暴措施表示抗议"。[②] 这样,在斗争的目的上,停课便形同于罢教,两者是殊途同归。对于一个一向以自由主义为核心理念的教授群体来讲,能统一在这一点上,已是最大的限度了。因此,《新华日报》给予极高的评价,说"云大教授 71 人联名声明,对学生表示同情,西南联大全体教授罢教一星期以响应,更是过去任何一次学生运动中所未曾有过的",师生们"反对内战要求和平民主的呼声,反映了全国人民的心意,他们不畏强暴,坚持斗争的精神,表现了全国人民的力量"。[③]

闻一多并不以西南联大教授会通过停课七天决议为满足。6 日,罢委会针对惨案发生,提出惩凶、抚恤、赔偿公私损失等补充要求。同日,西南联大讲师、助教及附校教员联合会宣布罢教,不再顾及与教授会的统一行动,这无疑给犹豫不定的教授们将了一军。对罢教的沉默就表示对学生呼声的冷淡,闻一多不再拘泥于教授会的决议,挺身投入罢教的行列,他与向达、费孝通、费青、潘光旦、刘晋年等,都在《昆明市各大中学教师罢教宣言》上签了名。

罢教斗争是昆明民主运动中的一大杰作,它创造性地运用了这一武器,有力地支持了学生爱国运动,在"一二·一"的历史画卷上写下了有声有色的光辉一页。在西南联大教授中,闻一多是罢教的有力倡导者,从而受到广大青年的热烈爱戴。6 日,一位同学请他题字,他写下:"不自由,毋宁死!"这句话与两天前他为四烈士敬献的"民不畏死,奈何以死惧之"的挽联,都表现了不屈的斗争精神。

---

① 转引自季镇淮:《朱自清先生年谱》,《闻朱年谱》,清华大学出版社 1986 年版,第 163 页。

② 西南联大 1945 年度教授会第四次会议记录,清华大学档案馆存。

③ 《中国青年的光荣》(社论),《新华日报》1945 年 12 月 9 日。

在斗争中，闻一多对教授中存在的左顾右盼相当不满。他写了篇题为《人·兽·鬼》的杂文，仿佛是对这种人的画像。文中用"打虎"作比喻，说"村子附近发现了虎，孩子们凭着一股锐气和虎搏斗了一场，结果牺牲了，于是成人之间便发生了这样一连串充满分歧的议论。有人主张发动全村人去打虎，有人劝孩子勿离村，以免受害。有人说'已经劝阻过了，他们不听，死了活该'。有人又说：'虎在深山中，你不惹它，它怎么会惹你？'甚至还有人说：'虎本无罪，祸是喊打虎的人闯的。……虎是越打越凶，谁愿意打谁打好了，反正我是不去的。'"闻一多沉重地写道："我真担心，人既是这样的善良，万一有鬼，是多么容易受愚弄啊！"又说："我们要记得，人兽是不两立的，而我们也深信，最后胜利必属于人！"①

对于闻一多的态度，有些对政治抱着超然和中立态度的教授不以为然。与闻一多关系很深的游国恩说："闻一多是我的老朋友，彼此的交情很不错，搞旧学问也甚为投契。由于思想的转变，他经常在各种集会上发表激烈言论，攻击反动政府，并坦白承认他是走苏联路线，冷酷地讥讽我们的中立态度。而我总是不开口，心中却大不以为然。因此，我们的友谊暗中有了很大的损伤，在形迹上我们逐渐疏远了，甚至连学问也不愿谈了。"一二·一"惨案发生，学生坚持罢课，事态日益扩大，表面上我和其他教授一样，同情学生，捐款慰问，参加追悼会，但实际上却不同学生合作，更不赞成学生无限期罢课。傅斯年奉当时重庆伪教育部命令，到昆明来压制学潮，出席西南联合大学教授会。闻一多发言之后，傅斯年公然指摘他为'布尔什维克'，有意扩大风潮，破坏高等教育，当时许多教授竟都鼓掌。当时我虽没有发言，但也鼓掌赞成。"②闻一多的另一位朋友唐兰也说："'一二·一'惨案，我差不多是当场的，看见了满地的热血，我所忿恨的却只是特务的乱搞，并且对主持学

---

① 《时代评论》第6期，1945年12月9日。收入《闻一多全集》时改名为《人·兽·鬼》。

② 游国恩：《我在解放前走的是怎样一条道路》，《人民日报》1951年12月11日，第3版。

运的人表示不满,以为'我虽不杀伯仁,伯仁由我而死'。闻一多先生对我说:'这是为的斗争呀!'"①

"一二·一"惨案在全国发生了强烈的反响,各地反对内战的民主运动,都将声援昆明学生斗争作为这一时期的中心工作。在国内外舆论面前,国民党反动派成为众矢之的,不得不有所收敛。关麟征假惺惺地两次到西南联大表示"道歉",想"解释误会",还煞有介事地说凶手已拿获,请学校师生派人出席"公审"。

4日,一场预先导演的公审在警备司令部开庭了。审判长是惨案当天才上任的省政府主席卢汉,惨案的主使人李宗黄、关麟征则成为"陪审官"。他们抓了几个替罪羊,把蓄谋的惨案变成三个互相孤立的案件。这种掩耳盗铃、自欺欺人的把戏,自然骗不了人们,西南联大教授会和罢委会都拒绝出席。罢委会直截了当发表启事,指出这是"以图卸责",一切罪名应由李、关二人完全负责。教授会不甘落后,在开庭当天也作出决议:"委托校务会议招待中外新闻记者,并以书面说明此次事件真相。"

同一天,新任北大代理校长傅斯年匆匆自渝抵昆。由于清华校长梅贻琦正在北平视察接收清华园,南开校长张伯苓长期在重庆担任国民参政会职务,因此傅斯年成了西南联大此时的最高负责人。傅刚来昆时,也做了些表面文章,但蒋介石7日发表《告昆明教育界书》后,他便暴露出本来面目。蒋介石电令枪毙替罪羊之后,傅斯年满以为大功告成,急不可待地催促同学复课。

其实谁都明白,真正的凶手是惨案发生时掌握云南党政军大权的李、关、邱三人。教授会对中外记者的书面说明,也义正词严地指出了这一点,可是心怀叵测的傅斯年利用职权,迟迟不肯召开记者招待会,拒不执行教授会决议。为了揭露反动派的狰狞面目,必须设法将教授会的书面说明公布出来,对此,闻一多尽了最大的努力。

多年来,西南联大一直实行着西方式的"教授治校"原则。这种体

---

① 唐兰:《我的参加党训班》,《人民日报》1949年8月29日,第6版。

制决定了凡是教授会作出的一切决议，谁都不能随意推翻。深谙其中奥妙的闻一多，利用了"教授治校"的权威，与张奚若、钱端升等人坚持履行4日教授会决议。10日，教授会在傅斯年主持下召开，尽管傅百般阻挠，会上仍作出了有利于学生的决议："用本会名义函朱农次长，请教育部转达政府，本会认为对于此次惨案应严惩凶犯及主使人，其中有负行政责任者尤应先行撤离。所谓凶犯及主使人，特别指李宗黄、关麟征、邱清泉等三人。"为了避免傅斯年从中作梗，会议还决议："招待新闻记者之书面说明改用书面分送各报馆。"①

这项决议的通过，包含了闻一多的斗争策略。1945年9月8日，闻一多在西南联大本年度第一次教授会上，再次被选举为校务会议教授代表和教授会书记，教授会书记的职责之一是担任会议记录，闻一多利用这一有利条件，在会议记录的措辞和行文上，把握了既符合教授意见又有利于学生运动的原则。在凛然正气面前，傅斯年也不敢公开反对，虽然在审阅记录时他把李、关、邱三人的名字删去，旁注这只是部分人的意见，没有表决。但这种伎俩并没有得逞，教授会的书面声明仍然直点三人之名。

这是西南联大教授会该年度的第二次公开声明，与11月29日的抗议相比，其言辞激烈得多，矛头亦更加鲜明。它首先追述了11月25日晚会前，学校负责人两次对地方当局陈诉"此种开会过去常有之事"，"本校认为学生在校内集会，过去情形良好"，"似无劝阻之必要"。但是，"不意党政当局蓄意与教育界为难"，以"军队将本校包围，枪声四起，流弹横飞"，"翌日本市报纸载有昨晚联大附近匪警之消息"，遂激成罢课。罢课后"本校当局再三晓谕学生，劝令复课，预计本月三日可以上课"，然而便衣暴徒"痛殴及枪击"上街宣传的学生。30日"学校当局又复告诫学生，以后勿再出校，免生意外"，不料"本月一日暴徒愈益逞凶"，"佩有第二军官总队符号"的百余军人，"先向学生寻衅，继即以木棍石子向校门进攻"，以手榴弹炸死炸伤多人。继之，声明严

——————————

① 西南联大1945年度教授会第五次会议记录，清华大学档案馆存。

正指出："查前云南省政府代主席兼党务主任委员李宗黄、云南警备总司令关麟征、第五军军长邱清泉，于惨案形成期内，实综揽当地军政大权，对于学生集会恣意高压，应负激成罢课风潮之责任。"此次惨案，亦李、关、邱"明目张胆所共同指使"，故"本校教授会因设法律委员会，根据法律，向政府有关部门提出法律上之控诉，以维法纪，亦所以平师生之公愤"。①

这份有理有据的声明，代表了西南联大教授的基本立场，其主要文字后来成为梅贻琦报告惨案真相的基本用语。由于它并非来自感情易于冲动的青年学生，而是来自一向态度公允的西南联大教授会，所以其力量和影响是不凡的。国民党新闻界深知它的分量，竟无一报纸敢于披露。在这种情况下，闻一多把它交给《民主周刊》，这才使其公布于世。在惩凶问题上，闻一多又立了一功。由于这个声明的发表，国民党本来准备大肆宣扬枪毙替罪羊一事，也不便再大肆声张。然而，被捉住了手的小偷，暗下却更加咬牙切齿。

这里顺便说件小事。李宗黄担任云南省政府代主席后，曾想附庸风雅，派人请闻一多治印，拿来一方牙章，说要两个小时取件。两小时刻成一印固不成问题，但闻一多对李不择手段卖身投靠印象颇坏，当即以违十日取件定例加以拒绝。② 这实出乎李宗黄意料，朋友们则皆拍手称快。

争取斗争胜利

昆明的"一二·一"运动，与全国各地的抗议悼念活动遥相呼应，在国统区形成了抗战胜利后的第一次民主运动高潮。当时的国内外形势对蒋介石统治集团来说都很不利。国民党军队对解放区的进攻

---

① 《民主周刊》第 2 卷第 20 期，1945 年 12 月 17 日。
② 杜澄之致郑振铎信，上海《民主》第 10 期，1945 年 12 月 15 日。

遭到有力的反击，抢占东北的部署也难于一下子完成。国际方面，美国出于远东战略总政策的考虑，决定再次出马调停国共矛盾，杜鲁门总统已任命马歇尔为特使。蒋介石很清楚，昆明事件如不能在马歇尔使华前解决，那就意味着在未来谈判的天平上加重共产党一边的砝码。

惯于权术的蒋介石为了抢时间，于12月7日发表了《告昆明教育界书》，声称"一切问题必以恢复课业为前提，以正常手续为解决"，并且威胁说政府"不能抛弃其维护教育安定秩序之职责"。这就是暗示说政府将不惜采取解散西南联大的极端措施。梅贻琦奉令匆匆从北平返昆，途经重庆时已从教育部获悉解散西南联大之举正在加紧布置。13日，他返昆的第二天，亦得知卢汉已接到重庆密电，内称15日以后如不复课，政府就要断然解散西南联大。

这确实是十分阴狠的一手，对西南联大负有全责的梅贻琦，不容置疑地把首先复课作为既定方针。此时，教授们因得知解散学校并非传闻，内部也出现了分化。于是，复课主张在教授中占了上风，他们并不是放弃惩凶等要求，而是认为复课后还可以争取实现它。

闻一多当然站在学生一边。梅贻琦14日下午曾约他谈了一个多小时，尽管闻一多讲了不少实情，但梅贻琦不以为然。他认为"一多实一理想革命家，其见解、言论可以煽动，未必切实际，难免为阴谋者利用"。[①] 在这种思想支配下，梅贻琦仍然按预定计划，于15日召集学生代表训话，于劝告复课中特别指出此举关系学校前途甚大。可是，对于学生的合理复课要求，则提不出切实的解决办法。

17日是星期一，西南联大常委会决定此日复课，却不见有几人走入教室。梅贻琦有些灰心，遂在教授会上提出辞职。这种辞职带有泄愤和无奈的成分，一向以梅贻琦为马首是瞻的教授当然纷纷表示挽留，才使他打消辞意。然而，梅贻琦的辞职却影响了在座者的情绪，有二十多

---

① 《梅贻琦日记选》，《近代史资料》总70号，中国社会科学出版社1988年版，第174页。

人提出辞职，多亏老练的张奚若请梅贻琦挽留大家，才算暂时平息了片刻。但是，接着又有人提出以 20 日为复课期限，到时还不能复课则全体教授一起辞职。这个动议表现出急躁和不满，却受到四十多人的赞成，这几乎是西南联大在昆明教授的一半。不能否认，这些教授中的多数对于长期罢课有所不解，他们面对着一堵强有力的大墙，政府不让步，学生不屈服，失望怎能不乘虚而入呢。

闻一多不赞成这种威胁性的辞职，他和张奚若、钱端升等极力劝阻。这时梅贻琦已离开会场，傅斯年却一肚子怨气坐在那里发火，主张给学生施加压力。这种蛮横态度使闻一多难以忍受，按理说，他与傅斯年也是朋友，上个月傅斯年初次来昆上任，闻一多和曾昭抢、潘光旦还约请他便宴，从晚六时吃到十二时才散，可见感情还算融洽。不过看到傅斯年的这种以权势压学生的态度，就不能不起来反驳了。闻一多的火性很大，争论中道："这样，何不到老蒋面前去三呼万岁？"这是傅斯年的一块旧疤，只有很少人知道。傅斯年面子上下不来，气得大骂"有特殊党派的给我滚出去"！①

闻一多还说了一些很有分量的话，10 天后钱端升对梅贻琦说："一多 17 日在会中之言辞已有使校中当局不能忽视者。"②关于教授辞职，闻一多等认为要辞也不能针对被屠杀的学生，而应针对手持屠刀的刽子手。时至今日，邱、关或"辞职"或"议处"，而最重要的屠夫李宗黄却逍遥法外，仍高居其位。这事实是任何人也无法辩驳的。结果，教授会决议"只要星期四（20 日）整天中有一个学生上课，就不辞职"。③这实际上是个敷衍，因为学生中的三青团员根本就没有参加罢课，这使决议如同虚设。相反，又做出这样一项决议："请求政府将李宗黄先予以撤职处分，如不能办到撤职，则教授全体

---

① 张祖道：《张奚若教授和教授辞职》（未刊），西南联大北京校友会存。这里记述的是张奚若于是月 19 日的回忆。

② 《梅贻琦日记选》，《近代史资料》总 70 号，第 178 页。

③ 此决议未载入正式文本，仅见于张祖道：《张奚若教授和教授辞职》一文中张奚若的陈述。

辞职。"① 这些决议的倾向性很明显，闻一多为它的通过尽到了最大努力。

教授辞职虽未成事实，但教授队伍的分化是显而易见的。在"一二·一"运动的同盟军中，教师是学生最直接最重要的同盟军。失去教授的支持便很容易失去一般人士的理解和同情。

这期间，国内形势也出现了一些新的变化。15 日，杜鲁门总统发表对华政策声明，表示尽力推进中国的和平民主事业。16 日，中国共产党派出周恩来、叶剑英等五人赴重庆，参加即将召开的政协会议。同日，苏美英三国外长在莫斯科开会，同意苏美军队尽早撤离中国。在这种压力下，蒋介石不得不做出某些许诺。对于以反对内战为主旨的一场政治运动来说，可以说它已基本达到了预期的目的。同时，长期的罢课也带来一些同学的涣散。因此，适当修改复课条件，已成为是否能争取教授支持、获得社会广大人士同情的关键。中共南方局也指示不能无限期罢课，只要取得国民党的某些让步，就是胜利，就应当复课。根据这些情况，罢委会决定把惩凶、中央社改正诬蔑报道、取消非法禁令、抚恤和赔偿公私损失等作为复课的最低条件，而尤以前两项为要。中共云南省工委还采纳了云大教授周新民关于"停灵复课"的建议，认为复课后仍要坚持斗争，至胜利后再出殡。

闻一多这时也感到复课之事不能再拖延了。这前后，他曾对程应谬说："政治越腐败，学生就越进步。你总说'一二·九'运动的时候，你们怎么热情，怎么勇敢，你觉得他们没有劲儿，不敢打阵地战。你不知道那时你们是在不懂摧残学生的老实的军阀的统治下，现在的情形和那时是大不相同了。摧残学生的办法是新奇而彻底的，现在的学生已经给他们训练得知道如何斗争，如何争取广大的同情了。他们也有的是热情，但他们懂得怎样把它变成力量。他们也不比你们不勇敢，暴虎冯

---

① 此决议未载入 17 日教授会记录，但载入 12 月 22 日教授会记录，其文前有"在 12 月 17 日会议中，同人等曾有了解"等语，由此可知 17 日会议记录并不完整。闻一多曾说当时因为要做记录无法发言，很着急，多亏有张奚若直言。那么闻一多发言时，记录则暂时中断，由于当时争论激烈，会后未能补作记录。

河、死而无悔的人，固然值得佩服，但勇敢而讲求效果是可贵的！"①再者，教授会上支持罢课的人也越来越少，有些人中途退席就不再回来。因此当他听到罢委会决定修改复课条件，很是赞成。②

当时，地下党希望能够把梅贻琦争取过来，这不仅因为梅并非统治阶级中的一员，而且由于他向来主张学术自由，有同情学生的一面。况且梅在西南联大教授中威信极高，有一言九鼎的作用。但是争取梅的工作由谁出面呢？大家把目光投在了闻一多身上。闻一多与民青的关系是不用说的，而且他是梅亲手教过的学生，这两层关系使他成为最佳人选。

闻一多毫不犹豫地接受了这个任务，他以弟子身份来到清华办事处梅贻琦家，与梅恳谈了四个小时。针对外间流传学生中有党派插手的偏见，他详细分析了当时惨案的经过，说明罢课是不得已采取的手段，不论什么人，在那种场合下都会起来反抗。这些话是客观的，就连在昆明的国际友人也这样认为，所以梅贻琦听之动容。接着，闻一多说：学生有核心领导，他们顾全大局，热爱民主，也珍视西南联大前途，只要在适合的条件下，学生是会复课的。③我们不知道闻一多是否谈到他与学生的关系，不过梅贻琦似乎了解他们之间的联系，若这样，此番谈话就带有通气的性质。与梅贻琦的弟弟梅贻宝同窗多年的潘光旦，也做了许多工作，以至傅斯年说梅"专听潘光旦等人之语，尤不可解"。④闻、潘两人的工作很有成效，使站在维护学校立场上的梅贻琦感到学生的要求确有合理的一面。

19日，在梅贻琦主持下召开了教授会，会议决议起草《告同学书》，内容为"说明教授会决吁请政府对此次事变之行政首脑人员从速

---

① 流金：《追念闻一多先生》，《人世间》第5期，1947年7月20日。

② 访问袁永熙记录，1988年4月29日。

③ 郑伯克：《回顾"一二·一"运动》，中共云南省委党史资料征集委员会、中共云南师范大学委员会编：《"一二·一"运动》，第353页。

④ 傅斯年致俞大彩函，转引自中共云南省委党史资料征集委员会、中共云南师范大学委员会编：《"一二·一"运动》，第410页。

予以撤职处分，务期达到目的。关于非法禁止集会之禁令，由本会推代表三人与卢主席、霍总司令接任关麟征任警备总司令的霍揆彰。洽商，由现地方军政当局发表声明，对合法之自由决予尊重"。梅贻琦并没有放弃劝导复课，但他已认识到敦促政府惩凶与复课的互依关系了。20日教授会又通过了法律委员会起草的两份《告诉状》，分别向重庆实验地方法院、国民政府军事委员会控告李、关、邱，称此三人"利用职务上之权力及方法，阻扰集会，妨害自由，聚众强暴，扰乱秩序，滥用权力，违法杀人，施毒打轰炸于学生，加侮辱伤害于教授，败法乱纪，罪大恶极"。这些态度鲜明的诉状以西南联大全体教授的名义投诉，使那些"共产党煽动"的搪塞不攻自破。24日，李宗黄灰溜溜地在一片唾骂声中，悄然离开昆明。

李宗黄被赶走后，改正中央社诬蔑报道便提上了日程。25日，西南联大常委会已拟定了文稿，26日《中央日报》刊登《梅贻琦常委熊庆来校长举行记者招待会报告"一二·一"惨案真相》。一个月前造谣诬蔑的国民党党报，被迫强咽下一杯自酿的苦酒。同日，昆明学生停灵复课，"一二·一"运动暂告一段落。

"一二·一"惨案的初步解决，无疑是全国人民一致反对内战的结果，但是不容否认，西南联大教授会也起了极为重要的作用。在教授中，闻一多最坚定地站在学生一边。梅贻琦的转变也是至关重要的，而他的转变除了自身诸种因素外，闻一多的工作也是一种润滑剂。

| 第三节 |
迎接新风雨

民盟支部的核心成员

1945 年 10 月 1 日，在重庆上清寺特园召开的中国民主同盟临时全国代表大会，是民盟历史上极为重要的一次会议。面对抗战胜利后的新局面，民盟刻不容缓地要统一对形势的认识，确定今后的斗争方向。同时，广大盟员对长期以来青年党把持民盟日常工作，也越来越不满。会上增选了 33 名中央执行委员会委员，使进步力量在人数比例上占了上风。闻一多就是在这次大会上被选举为新的民盟中央执行委员的。

民盟临时全国代表大会通过了新的《纲领》和《大会宣言》《组织规程》等，强调"要把中国造成一个十足道地自由独立的民主国家"，为此它主张实行议会制、责任内阁制、司法独立、地方自治以及经济上平均财富，军事上军权属于国家，外交上保障领土主权完整、教育上普及化大众化等等。这些主张反映了上层小资产阶级和民族资产阶级建立资产阶级民主共和国的愿望，实际上难以行通。但是，大会又把结束国民党一党专政和消除内战危机、改变陷于崩溃的社会经济作为必须扫清的障碍，这就体现了对国民党大地主大资产阶级的一党专政和个人独裁的否定，表现出与中国共产党的密切合作。应当承认，《纲领》同中国共产党正在争取建立联合政府的斗争目标是一致的。

民盟临时全国代表大会闭幕后，民盟为实现其纲领进行了巨大的努力。民盟云南省支部为了贯彻大会精神，于 12 月 23 日召开了盟员大会。会上改选成立了新的执委会，楚图南任主任委员，冯素陶任组织部部长，闻一多任宣传部部长，这三人共同负责实际行政工作。同时，按照中央委员会体制，还成立了若干委员会，闻一多为青年委员会主任委员，费孝通为研究委员会主任委员，潘光旦为财务委员会主任委员，王振华为妇女委员会主任委员，李何林为文化工作委员会主任委员①，杜迈之为秘书处主任（后由赵沨继任）。上述诸人（除李何林外）与杨维骏、赵沨、杨一波、刘宝煊，共 11 人组成执委会。潘大逵、姜震中、陆钦墀三人当选为候补执行委员。② 吴晗没有入选新班子，但仍分工担任民主周刊社社长，此后的《民主周刊》，就是由闻一多和吴晗共同主持的。

这次支部大会，还制订了新的《暂行组织简章》《组织部工作计划》，决定在大学生和中小学教员、中下层职员中发展盟员，打破了以往只吸收高级知识分子和上层人士的关门做法。闻一多高兴地说："我们的民盟再也不是一个漂在教授群上的浮萍了。"③

新支部成立后，立刻接受了一项任务——筹建缅甸支部。当时，民盟中央为了加强各地领导，于 1945 年 12 月 24 日在香港成立了民盟南方总支部。民盟南方总支部领导西南各省支部和缅甸的盟务工作，其中缅甸支部的任务，除了在华侨中开展民主运动外，还负有一旦内战打响后接应疏散盟员的任务。闻一多与楚图南、冯素陶等详细研究过上述诸事，并动员自己在昆华中学教过的学生董康去缅甸工作。董康是闻一多介绍入盟的青年，他无条件地信任老师，当即就毫不犹豫地答应下来。一天晚上，董康随闻一多到冯素陶家，办理了有关手续。欢送会上，闻一多向筹备仰光支部的萧刚介绍了董康的情况，董康到缅北后，做了许多基层工作。

---

① 此职务原由闻一多担任，因李何林入盟，闻推荐由李何林继任。
② 据民盟云南省支部该次会议记录（手稿），中国民主同盟中央委员会存。
③ 赵沨：《回忆闻一多先生殉难前夕的二三事》，《闻一多纪念文集》，第 186 页。

促进政协通过民主决议

1946 年 1 月 10 日，政治协商会议在重庆开幕。这是中国共产党、中国民主同盟和中国人民共同努力的结果，它迫使国民党不得不坐下来讨论政治问题。

民盟参加政协的代表共九人，其余是国民党八人，共产党七人，社会贤达九人。青年党也以单独身份派出五人。说到青年党，闻一多有一肚子气。最初国共商定名额时，是没有青年党的，但国民党为了分化瓦解民盟，硬要民盟从九名代表名额中让出五名给青年党。青年党竟毫不推辞，欲分一杯羹。闻一多听说后，在支部大会上痛责："无耻！无耻！"后来经过协商，总名额增加了两名，共产党让出两名，国民党让出一名，民盟名额不变。共产党顾全大局的做法，帮助民盟解决了名额纠纷，粉碎了国民党妄图削弱民盟地位的阴谋，也使闻一多又一次感受到共产党的博大胸怀。

政协开会前，民盟除了代表外，还邀请了 34 名国内声望颇高的学者名流组成政协代表顾问团。闻一多与潘光旦、陶行知、侯外庐、董谓川、杨卫玉六人担任教育文化组顾问。不过，闻一多没有赴渝，而是留在昆明做顾问。

闻一多的顾问工作做得很出色。他做的第一件事是表明这样一个态度：必须建立以民主政治为中心的民意立法机关。这个问题是多年来民主与反民主两种势力斗争的焦点，政协开会期间，民主派必须重申自己的立场。

13 日，昆明《民主周刊》刊登了潘光旦、闻一多、费孝通、吴晗四人联名的《致马歇尔特使书》。马歇尔是代表杜鲁门总统来华"调停中国内部纠纷"的，由于国民党统治集团对美国的依赖性，当时民主同盟对马歇尔调停寄有一线希望。这封公开信由费孝通执笔，几经讨论才定稿。文中表示了对杜鲁门总统对华政策声明的欢迎，认为这是美国人民"给我们为和平为民主而工作的中国人民的一个有决定性的援助"。

西方的思维方式与东方有明显不同。有些美国人很奇怪：为什么中国人不能有效地制止这次没有意义的内战？为什么中国人不能迅速建立起民主的中国？有的人甚至对中国人对民主的热忱和能力也发生怀疑。为了解答这些疑问，《致马歇尔特使书》不得不做回顾般地说明，因为中国民主运动所遭遇的困难，是美国人没有机会体验的。公开信从秦始皇建立专制制度说起，一直讲到近代中国人民争取自由和民主的斗争。但是从袁世凯统治到现在，中国政治的本质并没有重大的变化。抗战中，"人民为了成全抗战的努力，容忍政府种种限制人民自由的措置。但是一党专政的政府却利用这容忍，一步步地加强它的极权性，思想、言论、行动以及生存的自由无一不被夺取"，"最近昆明的屠杀学生一事也足够暴露过去几年来的政治本质"。

闻一多等人并不敢希望有任何奇迹出现，也不相信短期内可以诞生一个民主的中国。但是他们没有低估政协会议的价值，"认为这是中国命运的转机"。那么民主的基础是什么？"最基本的是保障人权的具体办法"，是"使中国人民能享受无虞威胁的自由"。但是，中国没有它。为什么没有？"因为军队私有和特务组织活动"。于是，公开信抓住一个关键，即"要取消党治和独裁势非把军队彻底改组不可"。这正是政协会议关于"军队国家化"的核心问题。文中十分肯定地说："军队私有问题不彻底解决，中国政治不会有转机。"与此相关的，是秘密的武力——特务组织，也不应允许存在。唯"在消灭了私人或政党的武力之后才能谈得到身体、言论、结社、集会的自由"。

公开信还谈到中国的经济状况，指出"政治上的腐化和权力上的滥用"都来源于混乱的经济。中国的经济命脉控制在少数集权者手中，造成私人企业崩溃，通货膨胀，人民的财富被"少数特殊阶级"所"独占"。

阐述上面的问题，是为了寻找解决它的钥匙。公开信认为这钥匙就是"政府的改组"。这便是政协会议的另一个主题——"改组政府"问题。紧接着，国民大会问题——政协会议的又一个主题——被提出，认为目前最主要的是"怎样建立民主政治中心的民意立法机关"。闻一多等重申"民主政治的民意机关是绝不能在一党专政下产生的","国民大会的代表必须改选,而且要在各政党能公开活动,言论、结社、集会得到自由之后,才能选举出这种代议制的民意立法机关"。①

这是封备忘录性质的长信,因此没有提出更加完整的具体措施。但它的目的很清楚,就是希望国际友人"为了世界和平,不但要劝阻国共交锋,而且能有效地在政治上和经济上给予建设民主的助力"。信中所提出的要求,与民盟和中国共产党在政协会议上的主张完全一致。

闻一多不仅以民盟盟员身份与潘光旦、费孝通、吴晗致函马歇尔,他还与张奚若、钱端升、朱自清、金岳霖、王赣愚、袁家骅、李继侗、吴之椿、汤佩松、费青、胡毅、闻家驷、潘大逵、尚钺、夏康农、姜震中、周新民、楚图南、向达、陈定民、杨业治、徐嘉瑞、卞之琳、李广田等共194人,在20日发表了《昆明教育界致政治协商会议代电》。与《致马歇尔特使书》不同,这个代电径直提出两个阶段的应做之事,这似乎是提醒政协代表。这两个阶段是政协会议结束之前,与联合政府成立之后。前者包括四项:

一、立即停止军事冲突。此项工作由马歇尔将军会同国共双方以外之公正人士监督实行。

二、开放言论、出版、通讯、集会、结社及其他基本自由。一切报馆及通讯社听任私人或党派自由经营,其曾经政府控制支持者,一律停止其控制及支持。

三、取消一切特务组织。立即释放一切政治犯。

四、组织联合政府。在宪法实施以前,以联合政府为中华民国之最高统治机关,政府人员应由全国贤能领袖公平分担,任何党派所占员额不得超过全数三分之一。军政财政两部并不得操于一党之手。

---

① 潘光旦、闻一多、费孝通、吴晗:《致马歇尔特使书》,昆明《民主周刊》第2卷第23期,1946年1月13日。

对于后项，即联合政府应办之事为：

一、缩编全国军队，并提高其品质，以期达到高度现代化之目的。全国军队之数量，平时以五十师为最高限度。

二、改编并刷新各地方政府之行政机构。其主要人员不得由任何一党包办，并不得由现役军人充任。

三、制定制宪会议之组织及选举法，于联合政府成立后六个月内，办理选举，并召开会议。①

这是一个由三十多位教授领衔的很不平常的集体表态，所要解决的都是极为迫切的现实问题。对于政协会议尚在讨论的诸事，除施政纲领外，其余改组政府、整编军队、国民大会、修正宪法原则等问题，均有毫不含糊的意见。这些意见无一例外地都针对国民党。政协会议上，国民党代表王世杰提出一个"扩大政府组织方案"，企图以"扩大"代替"改组"，保持一党独裁的实质。民盟代表罗隆基立即反驳，申述改组政府的必要。后来讨论国府委员名额，中共与民盟联合提出要在40名委员中占14名，以便超过三分之一，获得否决权。这个意见因国民党百般阻挠未得成功，而"代电"则主张任何党派在国民政府中不得超过三分之一，这比政协中的中共与民盟代表更进了一步。当然，"代电"是原则性的，还不是详尽的方案，不可能像政协会议所讨论的那样实际。

"代电"发表的第二天，闻一多参与拟定的另一份文献郑重发表，它就是《政治协商会议昆明各界协进会宣言》。

不久前，重庆各界人士成立起一个"政协会议陪都协进会"。他们与政协会议平行开会，天天举行大会请政协代表报告会议进展情况，同时听取民众意见，共同督促政协向民主方向发展。这种形式对昆明人民

---

① 《昆明教育界致政治协商会议代电》，《民主周刊》第2卷第24期，1946年1月20日。又1月24日《新华日报》亦以《昆明文化界人士百余人要求开放自由组织联合政府》为题全文刊出。

启发颇大，"政协会议昆明各界协进会"就是在这种时刻成立的。成立那天，闻一多因事未到，但仍与楚图南、张奚若、尚钺、杨绍廷四人及民主周刊社、中苏文协昆明分会、文协昆明分会、昆明学联等十团体当选为执行委员。[①]

成立宣言表示"政治协商会的努力只许成功而不许失败"，"并愿向全国人民指出，和平民主不可悻致，乐观的结果必须用我们人民自己的力量去争取"。[②] 宣言对政协会议提出了四项十一条意见，与教育界的"代电"相比，它不是笼统地讲缩编军队为 50 个师，而是明白地要求"现有一切武装部队无论属于何党，应公平合理整编"。再如国民大会问题，宣言亦认为 1936 年所选的旧代表"完全无效"，这正是中共与民盟代表在政协会议上所坚持的。

政协会议召开之前，全国对于释放政治犯的呼声就十分强烈。政协开会时，这更成为检验国民党对施行民主政治有没有诚意的试金石。蒋介石在政协开幕式上，曾信誓旦旦地宣布释放政治犯。然而，他的话刚讲过三天，被捕已七个月的名记者羊枣竟突然在集中营死去。

羊枣原名杨潮，早年在清华学校就读，抗战后在香港《星岛日报》任军事记者时受到迫害，后来参加《光明报》编辑工作。太平洋战争爆发后到衡阳《大刚报》任编务，因举办民意测验再度被迫离职。湘桂战事起，他在福建永安创办建瓯社会科学研究院，并兼美国新闻处东南分处高级职员。去年 7 月，他被第三战区以莫须有的罪名逮捕，死时才四十多岁。

羊枣的死使释放政治犯再次成为全国舆论的中心之一。闻一多认为他死于政协开会期间，便"告诉了全中国以至全世界人民，谁是中国法西斯的祸首，他的死，又一次有力地暴露了国民党一党独裁和特务制度的罪恶"。他与吴晗、李源、胡钊三位清华校友联名写下《释放政治犯再不能拖延了——兼为羊枣先生的暴死集中营控诉》。文中高度赞扬了

---

① 《政协会昆明协进会成立》，《学生报》第 2 期，1946 年 1 月 26 日。

② 《政治协商会议昆明各界协进会宣言》，《学生报》第 2 期。

羊枣"对于民主自由的渴望和斗争的韧性"，以及"扶植后进的苦心和爱护青年人的真诚"。又说："作为他的同学、朋友和学生的我们，没有悲哀，没有眼泪，我们会在悲愤莫名的痛苦下抬起头来，更坚定地擎起你所遗下的民主自由旗帜，继续走完你的旅程。"

闻一多等人大声喊道"释放政治犯再不能拖延了"，羊枣的死不只是他个人的问题，"而是关系目前30余万备受迫害的政治犯的生命安全问题"。他们提出调查公布羊枣被捕及死难经过、全部释放政治要犯、保障人民自由等七项要求，义正词严道："全中国爱民主自由的人民，也会不惜以鲜血洗涤这大地的腥膻！"①

所有上述诸事，都表明了闻一多有一个真诚的心愿，那就是期望政协会议能够奠定国家的永久和平，能为实现真正的民主政治打下个初步的良好基础。这何尝是他一个人的愿望，不正是全中国人民的愿望吗？

政协会议期间，闻一多格外繁忙。19日，昆明学联决定把《罢委会通讯》改为《学生报》，作为学联会刊。学联请闻一多题写刊头，这是件很光荣的事，但闻一多觉得请张奚若做更有意义。②

张奚若本由民盟和共产党提议列入政协会议的社会贤达（无党无派）名单。罗隆基在酝酿时曾征求过他的意见。张奚若起初坚决拒绝，是经闻一多再三劝说才勉强答应。③可是国民党很怕这个天不怕地不怕的辛亥革命老人，硬说他是国民党员，不算社会贤达。张奚若是老同盟会员，但没加入国民党，他气愤地质问重庆：谁能证明我入过国民党？重庆哑然无语，却执意反对他出席政协会议。在这种时刻，请张奚若为《学生报》写刊头，不更密切了他与青年之间的关系了吗？张奚若对同学这样推重自己也很高兴，便欣然命笔。

闻一多对张奚若是十分尊敬的，但为了帮助他克服身上的某些个

---

① 闻一多、吴晗、李源、胡钊：《释放政治犯再不能拖延了——兼为羊枣先生的暴死集中营控诉》，昆明《民主周刊》第2卷第24期，1946年1月20日。

② 访问萧荻记录，1986年11月18日。

③ 《张奚若》，《燕京新闻》第13卷第6期，1946年12月23日。

性，也确实动了些脑子。张奚若一度自视清高，没有党派成见，因此不肯看共产党的书刊。闻一多让人每天往他家门缝里塞进一张《新华日报》，隔了段时间，便发现张的话中也引用这报上的观点了。闻一多很有点得意，认为自己这招很灵验。这件事是闻一多对家人说的，高真生前曾不止一次对作者讲过。

为《学生报》题字的事转荐给张奚若了，可闻一多也为《中国周报》写了刊头。这张报纸是杨明、唐登岷、高国泰、杨维骏等人办的，创刊于1月上旬。杨明是闻一多很赏识的学生，深知这报要做些什么。《中国周报》出版后，战斗性很强，发表了不少抨击国民党破坏和平的檄文，因此很快遭到迫害。

这次迫害不是针对《中国周报》一家，《民主周刊》《时代评论》《学生报》也同时受到破坏。

1月21日，《时代评论》社将第13期稿件交与鼎新印刷厂后，厂方突然受到严重警告。原来，当日晚云南省党政军联席会议上，决定采取釜底抽薪的毒计，扼杀各进步刊物，并定出不露痕迹及不负责任的原则。于是，已经排好版的《时代评论》在23日全部被毁。也在这一天，在鼎新印刷厂承印的《民主周刊》送稿时，厂方亦婉辞谢绝，希望原谅。《中国周报》也在该厂印刷，自然也受到同样"礼遇"。《学生报》在崇文印刷厂听到的也是抱歉而又无可奈何的解释。

这是欲盖弥彰的卑劣阴谋，民主周刊社、时代评论社、学生报社、中国周报社四期刊遂于26日联合发表《敬告各界人士书》，对横遭破坏奋起反抗，严正指出此举违反蒋介石在政协开幕式上"宣布之四项诺言，显亦蔑视政治协商会议及国民政府力求和平团结民主合作之至意"。同时，提出六项要求，并号召"全国各报馆、各杂志、各通讯社一致起来，未登记者，拒绝登记，已登记者撤回登记，务必达到言论出版之绝对自由"①。作为配合，吴晗也写下《对玩火者警告，向人民申诉》的时

----

① 　民主周刊社、时代评论社、学生报社、中国周报社：《敬告各界人士书》，昆明《民主周刊》第2卷第25期，1946年1月30日。

评，刊于《民主周刊》。

作为民盟云南省支部宣传部长的闻一多，对民主周刊社被迫害极端气愤。一天，他在翠湖公园遇见罗伯特·白英。白英知道朋友主办的刊物已形同被迫停刊，为了争取早日出版，闻一多终日奔波于几家印厂之间，而身后则一直有人跟踪。闻一多对白英说："世界上最尴尬的事情莫过于知道自己被别人盯梢，因为它会使你产生一种极为有害的错觉，误认为自己是个举足轻重的大人物。"说到这里，他笑了起来："我们对此是受之有愧的，就连学生也受之有愧"。① 这种对于压力的藐视，也表现出一种特有的幽默。

捍卫政协会议成果

政协会议于 1 月 31 日闭幕，经过共产党人与民主同盟的共同努力，会议终于通过了著名的五项决议。在改组政府上，确定了"扩大国民政府委员会"的原则，引用了英美政治制度，认为国民政府委员会必须是实际政治权力的最高国务机关，用委员制的集体政府代替总统制。关于"军事问题的协议"，通过了"军队属于国家""军党分治""军民分治""以政治军"等规定。在宪法问题上，虽然保留《五五宪草》形式，但对国家机构的职能与权力做了很大变动，以议会制和责任内阁制代替了总统独裁制。对于国大代表问题，共产党与民盟代表得到四分之一强的名额，因为表决法规定提案须经出席代表四分之三同意才能形成决议，所以中共和民盟便获得了否决权。关于施政纲领，基本上是根据中共起草的方案，通过了《和平建国纲领》。

政协五项决议是有利于和平民主、有利于人民的。周恩来说："这些问题的原则解决，是为中国政治开辟了一条民主建设的康庄大道，而

---

① 罗伯特·白英：《中国日记》，《云南文史资料选辑》，第 331 页。原书将此次谈话系于 1946 年 1 月 2 日，疑有误，似在 1 月 23 日之后。

这种解决的方式，也是替民主政治树立了楷模。"①他还预见到："照政协决议做下去，则是向新民主主义的方向发展"。②

政协会议的成功，给中国人民带来了光明的希望。闻一多显然也受到极大鼓舞。作为学者，他本是忍无可忍才挺身而出的，现在民主政治实现有望，也该再回到心爱的学术研究中去了。那期间，他和吴晗都有这样的念头。一天傍晚，两人拿着小凳子，泡上两杯清香的酽茶，点两支飘然的香烟，在院子里谈起来。闻一多说自己感到有些空虚，成天吐出去却没有新的东西补充。他深情地说：只要民主果真实现，政治走上轨道，就立即回到书房好好读十年二十年书，这才对得起自己，对得起所受的教育。③

1月26日，闻一多郑重地给梅贻琦写了封信，请求准许辞去清华中文系主任一职。他说："一多迂阔成性，才识疏浅，昔年偶以承乏，接充本校中国文学系主任一职，当时即已声明，只系暂时性质，期学校离滇北返之前为度。今者抗战胜利，复校在即，举凡系中有关结束现在、擘画将来之诸项事务，关系前途至为重大，用是旦夕忧惶，自维为除罪戾计，理应实践前言，早避贤路，爰特嵩函呈请辞去现职。"④

他这么说是真诚的，其中有一个原因，即不愿因自己政治上的关系给学校造成不必要的连累。他与隔壁的冯友兰做过几次长谈，说自己并没打算完全做政治活动。"不过同你们比起来，我是一脚门里一脚门外而已，等到政治上告一段落，我的门外的一只脚还是收回，不过留个窗户时常向外看看。"⑤

闻一多辞去清华中文系主任还有一个原因，就是想回北平后认真用

---

① 《中国共产党代表周恩来在政协会议闭幕式上的致词》，《新华日报》1946年2月1日。

② 《一年来的谈判及前途》，《周恩来选集》上卷，人民出版社1980年版，第256页。

③ 吴晗：《哭一多父子》，《周报》第46期，1946年7月18日。

④ 《文学院各学系教师异动的来往文书》，清华大学档案馆存。

⑤ 冯友兰：《回念朱佩弦先生和闻一多先生》，《文学杂志》第3卷第5期，1948年10月。

唯物史观研究中国文学史。他自认为自己对中国文学史的材料已知道不少，但对唯物史观的研究还不够。他需要精力，需要时间，去写"史的诗"或"诗的史"。

可是，闻一多始终没能回到书斋。严峻的形势不许他回去。2 月 10 日，重庆 20 余团体发起各界庆祝政协成功大会。大会还未开始，较场口会场便有暴徒强占主席台，抢夺扩音器，并殴伤郭沫若、李公朴、施复亮等人。这就是重庆"二一〇"惨案。

消息传到昆明，闻一多压抑不住怒火，立即与楚图南、李何林、洪深等致函慰问郭、李诸人，表示"誓作诸先生后盾，共同为民主中国之实现而努力"。① 与此同时，民主周刊社、时代评论社、妇女旬刊社、学生报社、文艺新报社、昆明新报社、中国周报社还联合发表了《我们对于较场口血案的意见》。

较场口惨案后一个星期，2 月 17 日，政治协商会议昆明促进会、文协昆明分会、中苏文协昆明分会、昆明学生联合会、学生报社、中国周报社、民主周刊社等团体发起庆祝政协会议成功、抗议重庆"二一〇"惨案大会。这时，"一二·一"惨案的主使人李宗黄被任命为党政工作考核委员会秘书长，引起昆明各界一致愤慨，因此严惩"一二·一"惨案祸首也成为大会的内容之一。当时，"二一〇"惨案刚刚过去一周，有些人感到开这个会有危险，而闻一多却毅然地担任了大会的主席。②

下午两点钟，闻一多宣布开会，首先报告开会意义。他说："中国近百年来的民主解放运动，到现在可说告了一个段落"，可是，反动派"只看到个人的少数人的利益，他们没有远见，所以他们就要破坏政治协商会议的成果，具体的表现，是重庆'二一〇'血案"。对于屠杀四烈士的凶手李宗黄的升官，他很激愤地说："这件事，和重庆'二一〇'血案是一样的意义，象征反动派势力垂死的挣扎。"最后，他号召道：

① 《昆明西安文化教育界慰问较场口受伤人士》，《新华日报》1946 年 3 月 4 日。
② 访问李何林记录，1986 年 5 月 28 日。

"我们要击破这反动势力，我们有击破这反动势力的信心。反动势力的期限决不会长久！"①

接着，白发苍苍的国民党老党员褚辅成上台演讲，他痛心地说"国民党在将来就要成为革命的对象"，"兄弟却不愿做革命的对象"。钱端升、费孝通的演讲强调需要无缺的自由，和谨防反动派的新阴谋。吴晗历数了"一二·一"以来全国各地的反民主事实，认为"唯一的方法是取消特务制度，不然一切保证不发生作用，人民的基本权利毫无保障"，"要取消特务就要改组政府，使之成为能代表人民的政府"。

演讲完毕，一位代表大声宣读了王康起草、闻一多修改过的大会宣言，文中特别指出"我们深深地体验到中国民主道路的遥远，我们虽然庆祝政治协商会议的成功，但这只是民主的开始，而不是民主的获得"。②

昆明学联的一位代表也宣读了学联对政府任用李宗黄的《抗议书》，随后，在"一二·一"惨案中被炸伤锯去一条腿的西南联大学生缪祥烈被在场人群拥上讲台，作了即兴发言。会中，云大附中学生自治会的同学递上条子，要求游行，西南联大除夕社、现实社、新阵地社、学习社、人民壁报社也签了名。条子上写道："主席：我们为了庆祝政协会的成功，抗议关麟征的逍遥法外、李宗黄的另有任用，我们提议用行动表现，用行动督促，我们提议游行。"另一个条子是西南联大除夕社、现实社、文艺社、剧艺社、剪贴社、团结社、民主与科学社、社会科学研究会、现代社、人民社、学习社、国风社、人民世纪社、高声唱、史潮社、春雷社、新生代、新阵地、新河文艺社、冬青社联合提议组织昆明人民权利保障委员会，提议书写道："为了长期督促政府实践保障人民权利的诺言，实施政治协商会议五项协议，我们谨向大会建议，组织昆明人民权利保障委员会，与全国各大城市的人

① 《昆明各界举行大会，一万余人示威游行》，《学生报》第 5 期，1946 年 2 月 23 日。

② 《昆明万余人大游行》，《新华日报》1946 年 2 月 21 日。

权保障委员会取得密切联系，以齐一的步骤来争取人权的确切保障与政协协议的彻底实现。"

下午 4 时 30 分，游行队伍自动排成四人一行，从西南联大新校舍出发。"立即释放政治犯！""立即改组政府！""立即实施四项诺言！""反对任用杀人犯李宗黄！"……一阵阵口号随着人流，在昆北城墙缺口、武成路、三牌坊、近日楼、南屏街、绥靖路等主要街道上空响起。夹道群众也挥动臂膀，报以热烈掌声。这是"一二·一"惨案后的第一次大规模游行，它表示人民绝不在淫威下屈服。

闻一多和李何林等三十多位主席团成员走在游行队伍的前列，上月 26 日刚刚来昆的洪深也加入了洪流，路边的军警目睹这突如其来的阵势，也不敢像两个月前那样猖狂。闻一多精神抖擞，兴奋地问："特务哪里去了？他们是学乖了？还是泄气了？"[①]

7 时，灯火辉煌中，队伍返归云大操场，一万五千多人集合在广场上。一个大家熟悉的声音又响了起来：

"大家知道今天的游行有多少人吗？"

"不知道。"大家齐声回答。

"我数过行，有一万多人！"

狂热的掌声打断了闻一多的话。

"重庆的人在较场口开会，特务都捣乱；我们游行，特务倒不敢来了，特务哪里去了？"

"他们跑了，怕了，不敢动了！"大家在怒吼。

"为什么他们不敢动——因为我们团结，有组织。"

"对！""对！""对！"无数声音在回应。

"我们要更团结，更有组织。大家跟我喊几句口号"……

——————

① 《民主列车》，《学生报》第 5 期，1946 年 2 月 23 日。

闻一多的声音越来越大,像雷一样。千万个声音像雷的回音一样,在古老的昆明城墙边吼了起来。[1]

四烈士大出殡

3月17日,四烈士大出殡。"一二·一"运动以这一天为标志正式结束。

随着政协五项决议的成立,人们渴望的"和平民主新阶段"似乎有可能到来。在这种形势下,虽然国民党出尔反尔,没有惩办"一二·一"惨案的主使人,昆明学联仍根据需要做出了为四烈士出殡的决定。

这次出殡极其隆重,极其庄严。一周前就开始了周密的筹备:西南联大新诗社负责挽诗,"高声唱"编写挽歌,全市女同学几乎都参加了扎制白花素纱,而治丧委员会下设殡仪、墓葬、路祭、医救、指挥等十个部,还有九所学校组成九个纠察队。因为马车不让入城,决定杠抬烈士棺木,许多人志愿参加。地方当局不允许呼口号,大家便以标语、挽联、路祭作为悼念和反抗的武器。

上午11时,三万多出殡的各界民众从西南联大新校舍出发。走在最前面的,是"'一二·一'惨案死难烈士殡仪"大字横幅。"自由钟"紧随其后。由学联和联大、云大等校当局,以及省市商会、机关、团体组成的殡仪主席团在钟声下前进,闻一多、吴晗走在主席团中。其后,是写着"民主使徒"和"你们死了还有我们"12字的12块大木牌。乐队则吹奏起催人泪下的悲壮乐曲。四烈士的棺木放在四辆马车上,由人拉着。

队伍从大西门进城,经过市区各主要街道,青云街、马市口、大南门、正义路,前卫快到金碧路了,队尾还在华山西路。

---

[1] 王一:《哭闻一多先生》,《新华日报》1946年7月25日。

1946 年 3 月 17 日，闻一多（二排右二）参加"一二·一"惨案四烈士大出殡

　　人们高举着标语、挽联、漫画，钟声震荡着全城，昆明万人空巷，纷纷涌向街头送殡。所有的通衢要道都设有路祭，每篇祭文都是一篇控诉。西南联大和联大工学院的路祭设于护国路，柏枝和纸花装饰的护国门前写着"党国所赐"四个大字，使人一看便知其寓意。四烈士的遗像挂在护国门的顶上，它代替了语言，也以沉默作为抗议，人们永远不会忘记他们。

　　天，是晴朗的，但东南风刮起黄沙，像是为死者哀悼，为死者唱起挽歌。而挽歌一刻也未停："天在哭，地在号，风唱着摧心的悲歌。英勇的烈士啊！你们被谁陷害了？你们被谁惨杀了？那是中国的法西斯！那是中国的反动者！是中国人民的仇敌！……"

　　闻一多和十几位教授参加了出殡，长达六个小时的行进中，他和吴晗一刻也没离开过队伍。光华街、小西门……下午 5 时，出殡的人们才回到西南联大新校舍。

　　四烈士的墓地选在校园的东北角上，墓门是两根火炬石柱，墓道尽头，石砌的高台上并排着四个墓穴。墓后是大理石墓壁，上刻闻一多用小篆写下的"四烈士之墓"。墓壁上还刻着他撰写的《"一二·一"运动始末记》，文中叙述了"一二·一"运动的经过，后几段是这样写的："一二·一"是中华民国建国以来最黑暗的一天，但也就在这一天，死难四烈士的血给中华民族打开了一条生路。从这天起，在整整一个月中，作为四烈士灵堂的西南联大图书馆，几乎每日都挤满了成千成万扶老携幼的致敬的市民，有的甚至从近郊数十里外赶来朝拜烈士们的遗骸。从这天起，全国各地乃至海外，通过物质的或精神的种种不同的形式，不断地寄来了人间最深厚的同情和最崇高的敬礼。在这些日子里，昆明成了全国民主运动的心脏，从这里吸收着也输送着愤怒的热血的狂潮。从此全国的反内战争民主的运动，更加热烈地展开，终于在南北各地一连串的血案当中，促成了停止内战，协商团结的新局面。

愿四烈士的血是给新中国的历史写下了最初的一页，愿它已经给民主的中国奠定了永久的基石！

如果这愿望不能立即实现的话，那么，就让未死的战士们踏着四烈士的血迹，再继续前进，并且不惜汇成更巨大的血流，直至在它面前，每一个糊涂的人都清醒起来，每一个怯懦的人都勇敢起来，每一个疲乏的人都振作起来，而每一个反动者都战栗地倒下去！

四烈士的血不会是白流的。公葬典礼上，百余团体和学校的代表站满了墓地。西南联大训导长查良钊主祭，一声爆竹一句挽歌，一句祭文一声哀乐。闻一多和钱端升、尚钺、吴晗、王赣愚等教授作为陪祭，沉痛地为四烈士致哀。闻一多走到墓前，半天说不出话来。他站了好久才说：

今天这四位青年朋友就在这里安息了，但是我们的路还遥远得很。我往下看看，今天我们参加陪祭的人，为什么这样少，是害怕吗？还是关着门装不晓得？难道连师生朋友之情，连一点恻隐之心都没有，这些人上哪儿去了？是害怕吗？今天我参加了，不见谁把我怎么样。今天我们在死者面前许下诺言，我们今后的方向是民主，我们要惩凶，关麟征、李宗黄，他们跑到天涯，我们追到天涯，这一代追不了，下一代继续追，血的债是要血来偿还的。①

吴晗在致词中说：墓上有"民主种子"四个字，我觉得这地方应改为"民主圣地"。在历史上中国有圣地，而今天的圣地是民主的圣地。不久有许多朋友要离开这里，将来民主的幸福的新中国来临的时候，我们永远不忘记在西南的角落上，有一块"民主圣地"。

出殡的这一天，中法大学十多位学生合办的《大众报》也问世了，创刊号即"'一二·一'殉难烈士出殡纪念专号"。这个报纸成为昆明民主运动的又一个喉舌，它的名字还是闻一多起的呢。

几天前，徐幸生（知免）和詹开龙来到闻一多家，谈起想请他题写刊头。闻一多问了报纸的情况，还问了在何处印，怎么卖，又说：我们出版《学生报》的对象是同学，但广大的市民群众更需要去发动，这个报纸的对象是市民、职员、工人、士兵，就取名"大众报"吧。②说完便挥笔写下"大众报"三个字，还署上自己的名字。第一期出版后，有人觉得报头小了点，詹开龙又请闻一多再写一遍，闻一多立即满足了他们的要求，从第三期起便用了改写后的大字刊头。这些刊头的锌版，现在还保存在詹开龙身边。

痛骂蒋介石，悼念四八烈士

四烈士大出殡的这一天，正是国民党六届二中全会在重庆闭幕的时

---

① 右江：《你们死了还有我们》，于再先生纪念委员会编：《"一二·一"民主运动纪念集》，镇华出版社1946年版，第183页。

② 詹开龙给笔者的信，1988年3月8日。

候。前一日即 3 月 16 日，该会通过了《对于政治协商会议之决议案》，它公开撕毁政协决议，并通过修改宪法草案的五项决定，推翻了政协会议确立的民主原则，继续坚持独裁统治。

这种倒行逆施受到全国各阶层的谴责。周恩来 3 月 18 日在招待中外记者会上，号召中国人民为实现政协全部决议而坚决斗争。民盟中央主席张澜亦在 20 日对《新华日报》记者指出国民党二中全会决议的虚伪性。

昆明的反应同样强烈，闻一多和吴晗负责的宣传部门积极配合。民主周刊社联合学生报社、大众报社、诗与散文社、时代评论社、中国周报社等共 11 个期刊，于 25 日联名发表《对当前时局的态度》。文中严正指出："国民党二中全会不但没有自动地表示收敛这种反动阴谋，反而建立了一个反动的领导。国民党二中全会决议：政协会所成立的《五五宪草》修正原则必须设法修改，各在野党派参加政府人员提经国民党中常会选任，国防最高委员会于撤销以后须恢复中央政治会议作为国民党指导国家政治的最高机构。我们要郑重指出这三项决议是完全违背了政治协商的基本精神，是动摇政协决议，破坏和平、民主、团结的反动阴谋。中国人民在这反动决议下，必将回复到被秕政奴役、被内战牺牲的悲境，世界和平也将因此而遭到严重的威胁。"[①]26 日，11 个期刊又发表了《为国民党政府破坏政协决议和停战协定的抗议书》。

这些声明还不足使闻一多的愤怒稍事平息，国民参政会四届二次会议又如火上浇油。共产党拒绝出席这次参政会，因为国民党利用人数的优势，将在会上强行通过拥护国民党二中全会决议的原则。更为可恶的是，国民党以参政会是全国一种民意机关为幌子，来否定各党派平等做出的政协决议。4 月 2 日，参政会闭幕，蒋介石如愿地制造出"民意"。对此，具有强烈个性的闻一多，气得大骂起蒋介石。

那是 4 月 14 日，在大东门外的震庄，西南联大校友会组织了一次

---

① 民主周刊社等：《对当前时局的态度》，昆明《民主周刊》第 3 卷第 5 期，1946 年 4 月 6 日。

校友话别会。龙云的大儿媳是西南联大毕业生，担任校友会的主席。为了能开成这个会，闻一多曾亲自找她交涉，争得了同意借到会场。[1] 出席这天会议的有 60 多名教授和 200 多名同学，许多人在发言中赞扬了西南联大学术自由的精神。

就在这个会上，闻一多骂起了蒋介石："前两天一个报纸骂了一个人，于是他的党徒就吵起来，说侮辱了什么。为什么他不能骂？他这些年造了多少孽，害了多少人民。我有名有姓，我叫闻一多，我就要骂。"[2]

这话与话别的气氛不大相宜，却是内心愤怒的奔泻。几年来，尤其是现在眼下的一切，蒋介石不该挨骂吗？其实，这记录还多少有些笔下留情，冯友兰记得闻一多是这样讲的："我向青年学习，学会了一件事，那就是心里想说什么就说什么。比如我现在想说蒋介石是个混账王八蛋，我就说蒋介石是个混账王八蛋，他就是个混账王八蛋！"[3]

有人认为他骂得过火，也有人说他是耸人听闻。其实，这才是闻一多的性格。"听他演讲的人，见过他说那骂人的话的表情时，不由得感到炮的语气的严肃，真是一种从心底里发出的声音"。[4]——一位青年这样写道。

爱和憎是一对双胞胎。对反动者越憎恨，对光明的代表者就越爱戴。

不久前，大约是 1946 年 2、3 月间，闻一多应约到长城中学讲演，内容是关于民主教育方面。演讲中，他特别提到解放区的情况，说根据赵超构《延安一月记》中的记述，延安只有四个警察。"只有在那样的新社会秩序下，青年人才可以毫无阻碍地接受民主的教育"。闻一多感慨地说。

演讲后，大家提问，有几个头脑顽固的学生质问到：你怎么知道延

① 访问王康记录，1990 年 6 月 16 日。

② 王一：《哭闻一多先生》，《新华日报》1946 年 7 月 25 日。

③ 冯友兰：《三松堂自序》，第 356 页。

④ 流金：《追念闻一多先生》，《人世间》第 1 卷第 5 期，1947 年 7 月 20 日。

安只有四个警察？既然不是亲眼见到，如何可以随便相信？这种质问与当时的气氛很不谐调，口气也带有恶意。但是，闻一多仍然心平气和地耐心解答，可这些人仍持固执态度。末了，他沉重地对大家说："我们当中有些人是够可怜的，长时期在黑暗中过活，眼睛看到的是漆黑一团，便认为世界就是这个样子。当别人告诉我们说，世界上是有着充满光明的地方的，我们还不肯相信，这不是太可怜吗？"[①] 这次演讲后，他参观了长城中学开办的织造部，学校送给他两三双袜子，他高兴地说："拿回去，孩子有新袜子穿，可高兴啦！"

闻一多与共产党的脉搏是一起跳动的。春天，华罗庚受苏联邀请考察访问，闻一多鼓励他不要畏旅途艰难，说："你能去苏联学习，对于将来搞好我们中国的科学事业是大有好处的，千万不能错过这个机会"。华返国后作报告，闻一多夸奖道："你对苏联情况介绍得很详细，很好，这对当前民主运动的发展也很有好处。"[②]

4月8日，王若飞、秦邦宪、叶挺、邓发等人乘飞机自重庆返延安，于山西兴县黑茶山触山失事。消息传到昆明，闻一多很悲痛。王、秦是中共代表团的成员，他们在谈判中的唇枪利舌，人们早有耳闻。叶挺是新四军军长，抗日名将，刚刚被释放出狱。他们的遇难是共产党的重大损失。

四八烈士殉难后，政协昆明协进会准备开会追悼，会场却难以借到。闻一多认为这是自己义不容辞的责任，便写信托人找昆明学联副主席、西南联大历史系学生王树勋（王刚）想办法。信上说此事"倘由学联主办当较易于克服此项困难，盼与学联负责人一商，是否可行，兹特介绍金若年中苏文协昆明分会干事。兄前来面洽，希盼予协助"。[③] 王树勋即介绍金若年与学联主席吴显钺联系。不过，由于昆明形势的变化，这个会未能开成。

---

① 凌风：《回忆闻一多同志》，《光明日报》1950年7月15日。
② 华罗庚：《知识分子的光辉榜样》，《闻一多纪念文集》，第143页。
③ 闻一多致王树勋信（1946年4月24日），该信现由王树勋家人保存。

追悼会没能开成，唁电却发了出去。电文云：

周恩来先生并转中共代表团及延安中共中央全体诸先生鉴：

若飞、希夷、博古、邓发、黄济生诸民主斗士的死，不止是中国共产党的无可估计的损失，而是全中国人民的最重大的损失。他们的死，是为了保卫政协协议，为了和平，为了团结，为了民主，一句话是为了中国人民。我们，昆明的学术文化工作者，含着眼泪，谨以最哀痛的心情，向你们致唁，劝你们节哀，并请转向死难诸斗士的家属致最诚恳的慰问。我们认为唯一可使死者瞑目的方法，是全中国人民在保卫政协协议的大纛之下，继承死者的努力，排除万难，必其实现。①

在这唁电上署名的有闻一多、李何林、王振华、潘大逵、楚图南、姜震中、尚钺、丁月秋、吴晗、袁震、赵沨、陆钦墀，共 12 人，他们都是民盟云南省支部的重要骨干。

揭露反苏反共阴谋

东北问题，是抗战胜利后国共矛盾的焦点之一。中国共产党有权力解放被日本欺凌了 14 年之久的东北人民，因而首先开入东北。但是，由于苏联得遵守这年 8 月 22 日签订的中苏条约，中共军队不能直接影响苏联在条约中承担的义务，只能在苏军不去的县镇和农村开展工作。

按照中苏条约，苏联军队必须于战争结束后三个月内全部撤出东北。国民党因运输困难，三个月内无法在东北集结大量部队，故而请求苏联暂缓撤军。10 月中旬，国民政府代表熊式辉、蒋经国、张嘉璈开始与苏军谈判，苏联担心国民党控制东北后成为美国反苏的傀儡与桥头

---

① 《昆明学术文化工笔者痛悼四八殉难烈士》，《新华日报》1946 年 5 月 2 日。

堡，便采取了拖延办法，在国民党军队登陆地点上，未能完全满足其要求。这引起了蒋介石集团的不满。

1946 年 2 月上旬，外蒙古代表以正式使节身份访问重庆。国民党政府允许他作为独立国家的使节访华，为的是做出一种缓和中苏紧张空气的姿态。但是，这对知识分子的感情却带来了不小的刺激。加之苏联在东北拆走大量工业机器，以及工程技术人员张莘夫的非正常死亡等等，民族情绪开始蔓延起来。

反对苏联的游行首先出现在重庆，一些城市也相继发生类似事件。这股风也刮到昆明，24 日，昆明《中央日报》刊登了一个有西南联大110 名教授签名的《对东北问题宣言》。文中称："这次大战既导源于东北之横遭侵略，而永久和平亦必以中国完全收复东北为始基。"宣言对政府提出两项要求：一是要"政府披露中苏签订条约以来一切有关东北问题的谈判经过，并拒绝再作妨害主权的任何协商"；二是要"政府与苏联均应忠实履行中苏协定，苏联应尽速撤退在我东北驻军，归还一切工厂设备与资源，不得有超出中苏条约范围以外之任何行动或措施"。

坦诚地说，苏联在对待东北物资归属权方面，的确有伤害中国人民感情的地方。但是，这件事的背后，实质上与中国共产党在东北的生存权问题紧密相连。反对苏联，目的是要取消苏联对中国共产党的支持。复杂的局面不是一般爱国人士能及时理解的。

西南联大教授宣言发表之前，也有人来找闻一多签名。闻一多不大了解内幕，先去潘光旦家询问。当他知道主持此事的是几个顽固的国民党分子，当即与吴晗拒绝了签名。[1]"凡是反动分子要办的事一定不是好事"，这个极其简单的原则使闻一多保持着清醒。

宣言登报后，国民党大肆渲染，昆明《中央日报》还写了《可用的民气》评论，甚至说它的动机"最为纯洁，非党派之争意气之争可比，地无分南北东西，人无分老幼少壮，均人同此心，心同此理"等等。

反动派的险恶用心，从反面教育了人民。闻一多不能坐视，一股迫

---

[1] 吴晗：《拍案而起的闻一多》，《人民日报》1960 年 12 月 1 日。

切的战斗情绪调动了他的每根神经。已经成熟的闻一多，知道正面的反击不利于争取团结多数教授，那么怎样办才好呢？

一个巧妙的方法酝酿出来了，主持宣言的顽固分子自露马脚，给民主人士的反击提供了良机。

原来，宣言起草后有人曾提出修改意见，冯文潜、汤用彤、向达等人要求在附注中同时说明美国也应撤军，这样就使矛头不仅指向苏联，也对着美国。然而，宣言发表时却无视他们的意见，闻一多知悉后马上去找向达。十分简明的道理使向达茅塞顿开，他立即要求撤销自己的名字，并公开发表了《一个声明》，说："当时以为宣言系草稿，我口头上对冯（文潜）先生说，宣言原文非重改不可，冯先生也以为然"，"我附注了的意见，就是对于原来的宣言不满意"，要"注明英美对于东北问题的责任"，"为什么宣言发表时只要我的名字，而不要我的意见呢？"①

向达的声明揭露了反动分子强加于人、偷梁换柱的卑劣伎俩。西南联大三青团组织的反苏游行，雇佣的是一些社会流氓，这也教育了许多正直的人。朱自清在日记中写道："此显然为党团领导，甚悔前者对东北问题之签名。"

这次西南联大教授的宣言，对闻一多的最大启发，是进一步认清了民主革命与民族革命之间的关系。这年五四纪念座谈会上，他发言中说民族解放与民主革命"二者实不可分离"，"'一二·九'的成果是七七抗战，抗战使反帝的任务至少在形式上完成了。剩下的一个任务反封建，已经由'一二·一'运动担负起来。'一二·一'的成果是政治协商会议，虽不太令人满意，但不失为达成反封建的任务的一个开端"。他接着说：

> 民主革命的意义比民族解放还要深刻。如果没有同时把握住民主革命的意义，民族解放的意义是会被歪曲的，这次用所谓东北问题来掀起反苏风潮，便是实例。一二·一运动的任务比一二·九

---

① 《吾爱吾师吾尤爱真理》，学生出版社 1946 年版，第 10 页。

更为艰难,因为民族解放的意义容易了解,而民主革命则不然。一二·一时代的青年担负了更高一级的工作。这是由于今天的青年比过去进步的缘故。①

从争取民族解放进而到进行民主革命,正是一个革命者的必然轨迹。在有些人不免落伍的时候,闻一多的这一思想更显得格外宝贵。

从 3 月 11 日开始,苏联军队自沈阳沿长春一路逐步北撤,国民党进攻东北解放区的战争也随之开始。东北问题更加成为中外瞩目并关系到中国和世界和平的问题。在民盟的调解敦促下,27 日,国共达成向东北派遣执行小组的协议,但 31 日国民党便分四路进犯营口、海城、鞍山、开原等地,悍然撕毁停战协议。4 月 1 日,蒋介石在四届二次国民参政会上发表演说,声称"东北几省在主权的接收没有完成以前,没有什么内政可言",这便赤裸裸地暴露了他的野心。

代表美国调停国共冲突的马歇尔,在这关键时刻向蒋介石全面让步。美国的对华政策包含着冷战的内容,也基于对苏联战略而形成的偏见,当然,根本的还是美国与国民党政府本就是同一辆马车上的双辕。

中国共产党领导的军队为了摆脱被动,争取主动,4 月 18 日,向国民党收编的伪军姜鹏飞部发起攻击,当日解放长春,随后又解放哈尔滨、齐齐哈尔。马歇尔恰于这天返回中国,23 日便同意美国海军为国民党向东北运足九个军。这个行动直接违背了 2 月 25 日国共达成的整军协议,周恩来向马歇尔严正指出:美国继续为国民党向东北运兵是导致东北内战的重要因素。事实正是这样,解决东北问题的前提是美国停止为国民党运兵和立即停战。

身在数千里之外的昆明人民,密切注视着东北的形势。5 月 2 日,闻一多与潘光旦、楚图南、费孝通、吴晗、潘大逵、费青、朱驭欧、向达、闻家驷、冯素陶、尚钺、吴富恒、陈定民、许维遹、陆钦墀、许杰、余冠英、姜震中、赵崇汉共 20 名教授,发表《致马歇尔将军书》。

---

① 《青年运动检讨会》,《学生报》第 15 期,1946 年 5 月 12 日。

　　自政协会议以来，闻一多参与了一系列的公开声明或抗议、宣言，而这封信又一次表明了他的立场。信的开头便斥责国民党"顽固到全盘否认了屡次给予的诺言，并企图在宪法中建立法西斯式的总统独裁制"，说"他们在二中全会中制造了'党意'，在参政会中制造了'民意'之后，随即便展开了大规模的内战"。值得特别注意的是，这封信反对国民党企图把东北问题特殊化以排除在政协决议之外的做法，而完全赞成共产党关于东北问题应政治解决的方案，并要求"承认东北民主联军和人民自治政府"。信中对实现政治解决还提出三个先行步骤，即"美军立刻停止为国民党运输军队"；"美国停止供给国民党军队武器装备"；"在执行小组监视之下，东北立刻停战"。末尾，它坚决主张在各党派的联合政府成立之前，"美国政府不以任何形式的借贷予国民党政府"，同时强调"国民党军用以进攻和屠杀中国人民的一切武器装备和运输工具，都是贵国以援华的名义所供给它的"。①

　　闻一多曾两次联名致函马歇尔，如果说这年 1 月 13 日的那封信还对美国有所幻想的话，那么这封信就进行了直截了当的批评。马歇尔并没有听进中国人民正义合理的声音，三天前，他对民盟实现和平的建议已取敷衍态度，实际上默许了蒋介石武力解决长春的计划。

　　为了争取避免内战，闻一多向美国的和平人士也发动宣传。4 月 1日，美国国会民主党议员萨柏司等 14 人组成一个"国会争取和平委员会"，他们建议美国政府在外交政策上必须采取六项原则，其中有这样两条："赞成给所有盟国以大量贷款，但反对以武器与装备转让给他们用来进行内战或对付殖民地人民"；"殖民地人民成立自治政府的要求必须实现，用武力和暴行来对付殖民地解放运动的行为是威胁世界和平"。这些主张是有利于和平的，闻一多与尚钺、姜震中、楚图南、夏康农、费孝通、赵沨、王振华、金若年、王健、唐登岷、杨明、孟超、

---

　　① 闻一多等：《致马歇尔将军书》，昆明《民主周刊》第 3 卷第 8 期，1946年 5 月 2 日。

梁伦等98人及13团体，于5月19日致函美国"国会争取和平委员会"，对其六项原则表示赞成。文中说："你们六原则中'反对以武器与军备给予盟邦使其进行内战'，这一原则是代表贵国人民最高的理想与远大的见识了。现在中美两国正在洽商一件贷款案，这是中国历史上空前巨大的一笔借款，它可能帮助中国进入建设与繁荣，但是，最可虑地，它也可能造成中国的灾祸。这不只关系着中美两国人民的祸福与友谊，也影响着全世界的和平。这关键的转移是在于贷款的承受者是否为足以有效地代表中国人民的民主政府，抑或只是积习难改的一党专政的政府。"①

人民的告诫没有阻止住美国政府的既定政策，东北战火燃烧起来。这局势牵动着闻一多的心。他完全与共产党同呼吸，还亲手绘制出一幅东北战区形势图，挂在住屋墙上。每天，对照报纸消息在图上插出各种小旗，有阵子红旗插得多，立鹤、立雕都和父亲一样兴奋。

甘做共产党的尾巴

"你是共产党的尾巴！"气急败坏的国民党顽固分子常用这句很难听的话骂民主人士，骂青年学生。闻一多听了只是淡淡一笑，不理睬它。但是，有一回他憋不住了。

一次清华教授开会审查研究生的成绩，会前大家闲聊。冯友兰不知为什么突然问："有人说，你们民盟是共产党的尾巴，为什么要当尾巴？"话语有些揶揄，引得周围的人发笑，又很想听听别人的回答。

闻一多在朋友和同事面前犯不着生气，他坦率地答："我们就是共产党的尾巴。"真干脆，刚才想笑的人不笑了，原以为的辩解反倒成了斩钉截铁的结论。"共产党做得对，"闻一多继续道，"有头就有尾，当

---

① 闻一多等：《致美国争取和平委员会的信》，昆明《民主周刊》第3卷第10期，1946年5月19日。

尾巴有什么不好？"① 他心想：当共产党的尾巴不知比当国民党的尾巴强多少倍呢。

闻一多不怕别人说他是共产党的尾巴，实际上他对有的共产党员来说，不仅不是尾，甚至还是头。5 月上旬，吴晗与袁震离开昆明，闻一多接任民主周刊社社长。当时，民主周刊的主编杜迈之也离开昆明，社里急需物色新的角色，楚图南、冯素陶推荐了张子斋任主编。张子斋曾在重庆《新华日报》工作过，是中共地下党员，他以"蒋烈""史刚"等笔名写过不少思想性较强的文章，《民主周刊》也刊登过他的《关于联合政府》《法西斯的中国社会观》等。闻一多认为张子斋是合适的人选，并向他做了某些工作交代，后来民盟内部有人认为张的身份太明显，此事遂罢。

随之，冯素陶、楚图南又向闻一多推荐了唐登岷。唐登岷也是中共党员，抗战前即任云南省工委委员，负责宣传工作。不过，人们对这个秘密党员不大了解，闻一多也仅知道他是《中国周报》编辑，同时也似乎从哪个渠道了解他是中共党员。这就够了，闻一多对中共党员很信任，于是放心地把主编担子交给唐。

唐登岷上任后，就碰到罗隆基在上海对外国记者发表的谈话。罗在谈话中指出美国若不改变援助国民党运兵到东北的政策，中国就不会有和平。国民党中央党部秘书长吴铁城诬蔑罗的谈话与共产党一个调门，也说民盟是共产党的尾巴。消息传开后，唐登岷认为有责任加以批判，便赶写了《斥挑拨者——并质吴铁城及〈中央日报〉》。这篇文章分量较重，要在《民主周刊》发表需请闻一多审定。闻一多看了，"好！一个字也不改！"② 一锤定音，该文以"本社"名义刊登在《民主周刊》第3 卷第 14 期上。

---

① 吴晗：《拍案而起的闻一多》，《人民日报》1960 年 12 月 1 日。

② 访问杨明记录，1986 年 8 月 8 日。杨明与唐登岷为连襟，当时一起办《中国周报》，他也在《民主周刊》社帮忙。

学习做统战工作

1946 年春天，国民党中央调查局收到一份密报，上写："昆明西南联大教授共产分子楚图南、尚健庵、李何林、闻一多，民主同盟分子潘大逵、吴晗及昆明妇女联谊会干事、共产分子李某（名不详）等人已于 2 月 4 日由昆明搭滇越车经开远、碧色寨、蒙自，到达个旧，表面以修个旧县志为名，在各地以讲演、出壁报、演话剧等方式作各种反宣传，而以个旧为其工作基地。并邀请西南联大教授张印堂、严蒙华、冯景兰，律师邓太年，个旧旅昆同乡会代表、共党分子杨绍廷（联大学生）等人，准备赴石屏、建水等县视察联大等迁校路线，藉作其他活动云。"

这个署名"欧昌同"的小特务鼻子真灵，可惜他只是道听途说，把有些事实弄错了。不过闻一多参与此事倒是属实的。

这件事发生在年初。当时，王明等个旧籍青年准备返乡，向闻一多道别。交谈中谈到个旧矿山破产情况，闻一多很关心生活在下层的矿工，同时也希望他们能参加民主运动，于是说了些希望在劳动人民中开展民主运动的话。带着这种启示，王明、樊开祥、彭尔莹等返回个旧后，办起失学青年"文化补习学校"，并向地方文化协进会建议请教授帮助修县志。不久，昆明的个旧旅省同乡会收到来信，请他们组织这项工作。同乡会讨论决定，由杨绍廷找闻一多联系。

闻一多很热心，不仅提出了个名单，还亲自出面动员了几位教授。最初商量，是闻一多写文学部分，李继侗写生物部分，张印堂写地理部分，冯景兰写地质部分，李何林写文学评论部分，另外楚图南、尚钺、袁家骅、邓太年也负责写文史、语言等。① 能到下面去看看，是闻一多求之不得的，但民盟中央已决定所有中央执行委员都被推定为国民大会代表，闻一多要做出席国民大会的准备，实在抽不出时间，所以未能成行，去个旧的只是其他一些人。

① 访问杨绍廷记录，1986 年 3 月 2 日。

　　在闻一多看来，到个旧去也是一次统战工作的需要。"统战"，是中共的提法，闻一多对这一个名词的了解，是从华岗那里得到的，他本人就是中共统战的对象，因而深知统战的重要性，于是在日常生活里摸索学习做统战工作。闻一多挂牌治印后，为了保留印模，自编了一个印谱。今存印谱共有五册，宣纸装订，内收印模排列顺序基本按治印时间，在后期的印模里，出现了几位云南地方上层人士的名章，这就让人猜想闻一多有可能把给他们治印也当作是统战工作的一种方式。这里，仅举华秀升、金龙章、马瑛、陇耀四人为例。

　　活跃在云南教育界、财政界的华秀升，是云南为数不多的几位清华学校校友之一。这位出生于玉溪通海县的蒙古族人，1919 年从清华学校毕业后，进入美国密苏里大学、哥伦比亚大学商学院，攻读政治经济学。1924 年回国后，华秀升被聘为刚刚成立一年的云南大学的前身私立东陆大学教授兼文科主任，1928 年出任代理校长。1930 年，私立东陆大学改为省立东陆大学，任命华秀升为校长。1933 年，华秀升弃文从政，出任云南省审计处处长、会计处处长，抗战胜利后任云南省政府财政厅厅长。由于出身清华，华秀升与西南联大关系密切，和闻一多、潘光旦、曾昭抡等前后期清华校友也有多次往来，并利用他在省政府的地位，支持民盟的活动。生于楚雄永仁县的金龙章，也毕业于清华学校，在美国麻省理工学院电机工学科获得硕士学位。他原在上海担任电机工程师，抗战爆发后，被龙云延揽回到云南。金龙章是龙云重用的另一位清华校友、掌握云南经济企业大权的缪云台的主要助手，担任过云南人企公司副经理、跃龙电力公司经理、云南纺纱厂厂长等职，一直从事实体经济建设。1945 年 10 月云南省政府改组后，卢汉继龙云之后执掌云南省，金龙章出任云南省政府委员。此外，他还是云南省参议会的参议员。

　　如果说为华秀升、金龙章治印，还有着清华校友这层关系的话，那么闻一多自编印谱中出现滇军名将陇耀的印模，就不能不让人有些惊讶。陇耀是四川金阳人，彝族，长期在卢汉部下任职。抗日战争初期，陇耀在第六〇军任警卫营营长，滇军扩编为第一集团军后，其历任第一集团军特务团团长、第六〇军暂编二十一师副师长。抗战胜利后，陇耀随卢汉赴越南接受日军投降，卢汉出掌云南省大权后，其升任暂编第二十一师少将师长，1948 年 10 月 17 日，他率部参加了六〇军的长春起义。长春起义后，六〇军改编为第五〇军，暂编第二十一师改编为第一四九师，陇耀仍任师长。1950 年，其率第一四九师跨过鸭绿江，参加了抗美援朝。陇耀的人生道路转变，是多种因素合力的结果，闻一多为陇耀治印时，他是第六〇军暂编二十一师师长。尽管目前还不清楚为他治印的来龙去脉，但至少证明闻一多已意识到这也是统战工作的需要。

在云南，龙云无疑是统战的主要对象，这位"云南王"虽被蒋介石搞下台，但闻一多一直怀着同情之心。众所周知，蒋介石搞掉龙云的原因之一，是憎恨他暗地支持中共的同盟军中国民主同盟。龙云本人是秘密盟员，并且还让他的次子、滇军第二十四师师长龙绳祖也加入民盟，而闻一多与楚图南、冯素陶则是龙绳祖入盟的监督人。楚图南回忆说："我们商议，对龙绳祖这样的旧军队和云南地方实力派涉足很深的人加入民盟，一定要以他做点工作，对他明白加入民盟不是一件随意的事，一定要给他留下一个深刻的印象。经商量，龙绳祖加入民盟要履行宣誓手续。我记得宣誓的地点是在城郊的龙云住宅的大厅里，我和闻一多、冯素陶是监督人。"①

还有一件事也很有意义，这就是为龙云的长子龙绳武办的《观察报》题写刊头。《观察报》原是龙云三子龙绳曾办的一张报纸，因不善经营而停办。龙云被赶下台到重庆后，仍想维持在云南的影响，让他的智囊缪云台想办法办张报。缪把这件事告诉龙绳武，龙绳武为着避免重新登记的麻烦，从弟弟手中把《观察报》买了下来。报纸复刊，要重写报头，副刊编辑范启新提议请闻一多题写。龙绳武也想与民主人士建立联系，就点头同意了。②《观察报》复刊，那三个庄重的报头就是闻一

① 楚图南：《民盟工作的片断回忆》，《中央盟讯》1991 年第 1 期。
② 访问范启新记录，1987 年 11 月 8 日。

多写下的。这件事，也是闻一多开展统一战线的一项工作。

闻一多还曾给磨黑的实力人物写过信。那是 6 月底或 7 月初，在磨黑开展工作的中共地下党员陈盛年回昆汇报工作，带来大盐商张孟希的一封信，请闻一多去讲学。这许是闻一多与刘文典的事传到磨黑，引起张孟希的注意和好奇吧。陈盛年是 1938 年加入共产党的老党员，1943 年曾在西南联大学习，后到思茅，任中共普洱地区特支书记，1947 年任中共昆明市委书记，云南起义后任昆明市委副书记。因他是西南联大学生，所以张孟希请他代转这封信。

张孟希是有着武装和马帮的滇南五霸之一，政治立场反复无常，后来参加叛乱被镇压。不过，他那时伪装进步，曾向在磨黑中学的西南联大学生表示赞成共产党主张，还向他们借阅延安、新华社出版物和哲学图书，甚至到课堂向学生讲哲学课，所以 1948 年 5 月中共思普特支建立统战组织时，请他出任思普临时军政委员会主任委员。对于这样一个统战对象，闻一多当然很重视，可他收到这封信时，形势已不允许他成行。但是，闻一多仍写了两页纸的信，由陈盛年带给张孟希。信的大意，是劝张孟希认清形势，不要和蒋介石站在一起。①

---

① 访问陈盛年记录，1986 年 7 月 26 日。

| 第四节 |

新的世界观

人的转变，最重要的表现在世界观方面。闻一多 1943 年下半年走出书斋，短短的两三年中，无论在行动上还是思想上，都发生了巨大而深刻的变化。人们看到，一个与往日完全不同的闻一多，在民主革命中迅速成长起来了，他的思想也随之有了突飞猛进。

高唱"人民至上"

人民，是历史的主体，这是历史唯物主义的基本观点。在民主斗争中，闻一多对这一基本原则有了越来越切实的认识。

早在 1945 年五四纪念中，闻一多曾写下一篇《人民的世纪——今天只有"人民至上"才是正确的口号》。这篇刊登在 5 月初的《大路周刊》创刊号上的文章，称得上是闻一多的"人民观"已经树立起来的一个重要标志。

"人民的世纪"是华莱士在反法西斯战争中提出的一句著名口号，它反映了世界人民对民主的向往，也反映了二十世纪以人民为主体的时代特征。这个口号，在中国抗战即将胜利，国内两条路线尖锐冲突的时刻，受到各阶层人民的广泛引用，正是由于它具有鲜明的现实意义。

闻一多对"人民的世纪"这个提法极表赞成，他首先针对"国家至上"提出"人民至上"。国家是什么？他问道，"假如国家不能替人民谋一点利益，便失去了它的意义"。这里，闻一多反对抽象地讲"国家"，过去他也爱国，可是腐朽的国家怎样爱呢？北洋军阀崩溃后，他似乎从收回租界中感受到一点国家的权威，但经济上一度的发展并未能改变中国的社会性质。经过抗战，他明白了一个道理：要用阶级和阶级分析来看待国家。"老实说，国家有时候是特权阶级用以巩固并扩大他们的特权的机构。假如根本没有人民，就用不着土地，也就用不着主权。只有土地和主权都属于人民时，才讲得上国家"。这是多么深刻的见解。他说："知道国家并不等于人民"，只有"知道国家与人民的对立"，才好将今天与过去进行比较。

说这些话的时候，中国刚刚坐上四强之一的交椅，"国家的收获不能算少，然而于人民何所有？"闻一多说，"我才明白，所谓中国愈战愈强，大概强的是国家而不包括人民"。

很清楚，闻一多认识到国民党统治的中国是特权阶级意义上的"国家"，而人民要的是人民的"国家"。这里，他实际上对早年信仰的"大江的国家主义"进行了反省。20年前，他主张反对帝国主义侵略，主张民族独立与解放。现在，他则看到如果没有人民当家作主，即便民族独立了，人民仍会受阶级压迫。

1943年下半年，闻一多开始觉醒的时候，他还带有某种士大夫对社会的责任感。是斗争的生活使他认识到人民的地位，并认识到国家只有与人民利益相一致时，它才有价值。

闻一多对人民爱得很深切。一次，他到近郊参加庙会，回来对同事说："我看到农民，多可爱，多纯朴，那决不是诗与画可描绘的，倘若有一个扩音器，我对他们说：中国，你需要新生命！"[①]新诗社成立一周年那天，开过一次纪念会，主题即"诗歌与人民性"。闻一多与六十多位师生热烈讨论了五个问题：什么是人民性、诗人与人民性、用人民性回顾实验中诗歌、如何使中国诗歌具有人民性、从人民性上展望中国诗

---

① 沈子：《怀诗人》，《文汇报》1946年8月30日。

歌前途。人们的见解也许不尽一致，但对人民的认识的确加深了。

有人曾经问闻一多："什么叫做人民呢？"

"和人民在一起——就是说自己本身是人民一分子，在他们之内而不在他们之上，要爱人民。"闻一多回答。"怎么爱呢？"

"从心里就爱起，"闻一多说，"和受苦难的人在一起，他身上的虱子爬到你身上来，都不觉得他脏。这是很痛苦的事，因为我们出身大都是剥削别人的人，但一定要改造自己的思想"。

人民的力量有时是一种精神的力量。相信人民，也必然相信他们的精神力量。1945 年 4 月 12 日，美国总统罗斯福突然病逝，许多人担心美国支持中国抗战的政策会有所削弱。闻一多是 13 日听到消息的，他拿着号外想得很多，早饭也吃不下去，认为这对民主国家的损失太大了。然而，当《正义报》记者征询他罗斯福之死对中国有什么影响时，他除了承认这对中国难免有影响外，还说了一番强调人民力量的话：虽然如此，我还是不折不扣的乐观者。我觉得一般人都太看重了物质的力量，因而过分强调了英美的援助，把国内的力量却忽略了。要紧的还是我们自己。我们有的是人，精神的力量是不可忽视的。罗斯福死了，虽然民主力量受到不小的打击，但也不过使我们奋斗的路曲折一点而已，或者也是更直截了当一点。要紧的是我们自己，一切决定于我们，只要我们自己不懈地努力奋斗，前途仍是光明的，胜利仍是属于我们的。我仍然很乐观。[①]上面的话，不是都体现了人民是历史的主人思想么。

"人民至上"的观点，也在学术研究中表现了出来。1945 年 6 月 14 日是诗人节，闻一多在《诗与散文》"诗人节特刊"上发表了一篇《人民的诗人——屈原》。他说"古今没有第二个诗人像屈原那样曾经被人民热爱的"，为什么？因为"首先在身份上，屈原便是属于广大人民群众的"，他虽与楚王同姓，却从封建贵族阶级中被打落下来，变成宫廷

---

① 龙江、传启：《举世痛悼殒彗星——记八教授悲痛之余的几句话》，《正义报》1945 年 4 月 14 日。

弄臣的卑贱伶官。其次，"《离骚》的形式，是人民的艺术形式"。再次，屈原的作品"无情地暴露了统治阶层的罪行"，"用人民的形式，喊出了人民的愤怒"。最后，《离骚》唤醒了人民的反抗情绪，他的死"更把那反抗情绪提高到爆炸的边沿"。闻一多的结论是："历史决定了暴风雨的时代必然要来到，屈原一再地给这时代执行了'催生'的任务，屈原的言、行，无一不是与人民相配合的"，所以他"是中国历史上唯一有充分条件被称为人民诗人的人"。

闻一多十多年前对屈原的研究还处在纯粹的学术研究范围内，现在则从屈原的时代来认识屈原的价值。这，对现实来说，可就太紧密了。他钦佩屈原为新时代的"催生"呐喊，他自己也在谱写一部新的《离骚》。

屈原是不是人民中的一员，他的身份是贵族还是奴隶，学术界有不同的看法。闻一多强调屈原是奴隶，更多地反映出他对人民至上的认识。他不能想象，像屈原这样一个发出反抗呼声的诗人怎能脱离人民的队伍。为此，他写下《屈原问题》一文，认为屈原是奴隶一类的"弄臣"，是"文化奴隶"。学术界多不赞成这种分析，但对闻一多同情被压迫者的精神，则是肯定的。

闻一多对人民至上的认识还可以追溯到更早。1944 年 12 月 8 日，他应邀到青年会同工读书会讲演《士大夫与中国社会》，他的手稿中存有这次讲演的提纲，标题为篆书，可见十分珍惜。讲演提纲共 13 小题，最后一个是《新时代与士大夫》，其中有这样几段：

> 只在不断发展的历史过程中的西洋人，才有一个彻头彻尾的自由人的观念。
>
> 孙中山先生首先接受这观念，便要实现一个没有奴隶的中国。
>
> 他似乎以为没有奴隶主，便没有奴隶。
>
> 并以为那大清皇帝便是奴隶主。
>
> 辛亥革命赶走了皇帝，换来了一个中华民国。

下面接着写道：

中山先生是第一个想到一个"没有奴隶的中国"的中国人。

他是古代首先想起不杀俘虏而用他做工，因此创造了中国的奴隶社会的那位圣人以后的唯一圣人。因为中国历史在开始役使奴隶时，转变了一次，直到中山先生不要奴隶，才开始转变第二次。历史总共只变了两次（大时代），前有远古的那位无名圣人，后有孙中山。孔子算得了什么，他只是拉着历史不许变的人，是中山先生的罪人。

但是，没有皇帝的中国，还没等到中山先生死，便急着三番两次要皇帝。

原来，奴隶不因奴隶主的不存在而不存在。

做了二三千年奴隶的人，失了主子，是不舒服的。

那对假冒缓冲阶级的士大夫，尤其不方便。后面的话是对"士"说的：法西斯，士亦受压，分化，下沉，殷秦——士农合作。

别的且不说，自己压着人，同时自己又被另一种人压着。

要推翻自己身上的重量，最好是让自己身下的人，和自己同时用力来。

一人的力量，不如两人，不很明白吗？

并且受一层的压，如果苦，受两层的压，岂不更苦。

你的同情心呢？

起来，还是大家一齐用力吧。[①]

这里摘引的只是头尾，不过它勾勒出闻一多对从"士"到"人"的发展过程的看法，这与屈原的经历可能有某些相似之处。闻一多分析说近代知识分子要做自由人，可在皇帝垮台之初却不大习惯，还要寻找新皇帝；今天的新皇帝则连"士"也压迫，知识分子必然由此而分化、反

<hr>

① 闻一多：《士大夫与中国社会》（手稿），1944 年 12 月 8 日。

抗；要反抗，只有与受两层压迫的劳苦大众一起斗争，使自己成为人民的一个分子。屈原走的是这条路，知识分子今天也应当走这条路，因为这才是光明的路。

1946 年春，西南联大几个主要文艺社团打算联合起来，成立一个"艺联"。筹备初期，请闻一多题词，闻一多欣然写下"向人民学习"五个字。和别的题词不同，这次他没用篆书，而用的是普通人都认得的楷书。

从"人民至上"到"向人民学习"是很自然的过程，它也反映了闻一多与一般知识分子在前进道路上的区别。"人民"就是百姓，在高级知识分子看来，上智下愚并非没有道理，有些别有用心者还称劳动者为"小人"。闻一多与这种论调彻底分手，在 1946 年 5 月 3 日的一次"人民的文艺道路"晚会上，他对大家说：不要怕别人骂我们为小人，"小人"便是人民，我们要和他们——小人更接近。[1] 他还特别说："光明就在人民身上，我们要向人民学习。"[2]

学习阶级分析法

学习和运用阶级分析方法，如前所述，它确是闻一多思想上的一个显著特点。闻一多读过《联共（布）党史》，那里除了告诉人们苏联共产党是怎样取得斗争胜利之外，也告诉了人们一种如何用阶级观点认识事物的方法。闻一多还读过《新民主主义论》《论联合政府》等，从中体会到中国共产党人关于阶级分析的基本观点。这对于如饥似渴地寻找理论武器的闻一多，真如久旱得雨。

懂得了阶级分析法的闻一多，在他的言行中处处注意运用它。从

---

[1]　《五四纪念周在昆明》，《学生报》第 15 期，1946 年 5 月 12 日。

[2]　文骥：《五月的昆明——记昆明文化界的盛会》，《妇女旬刊》第 2 卷第 2 期，1946 年 4 月 25 日。

前面介绍过的许多事中，都可以看出这一点。这里有必要突出的，是
1946 年 5 月 4 日他在"青年运动检讨会"上的一段阐述。

那次会上，有人提问"知识青年是不是一个阶级"，又有人问"知
识青年在今天民主运动中是领导还是先锋"。青年人是无所畏惧的，尤
其是近几年民主斗争中，他们冲锋陷阵，立下汗马功劳，因此过高地估
计自身的力量并不奇怪。闻一多比较冷静，他不仅看到了青年人的热
情，同时也发现他们还不够成熟，于是讲了下面一番话：

> 刚才有人提出了知识青年是不是一个阶级的问题，我的回答是
> 这样的：
> 他们既有知识，这就证明他们起码是中产阶级，因为有钱，才
> 能读书。但他们又是青年，那便是说，他们尚未成年，经济权操在
> 他们父母手里，而不是在他们自己手里，所以他们虽属于中产阶
> 级，而在财产所有权上，又像是无产者。这种特殊的情形，使得他
> 们的意识平常易接近无产阶级，或广大的工农大众。所以知识青年
> 们成了民主运动的先锋，是因为他们特殊的经济基础的因素，而不
> 是敏感不敏感的问题。明白了这个问题，那么第二个问题，"知识
> 青年在今天民主运动中是领导还是先锋"，便可以迎刃而解了。他
> 接着做了进一步分析：知识青年在意识上既是接近于工农大众，而
> 他们的地位又是夹在大地主官僚买办（压迫者）与工农大众（被压
> 迫者）二者之间，所以当在下的被压迫者起来对在上的压迫者反抗
> 时，他们这些夹在中间的知识青年便被推挤上去，作了被压迫者的
> 先锋。其实，如果在下的不往上挤，他们也可以不动。但今天在下
> 的忍受不住压迫，非往上挤不可，而在上的又死不放松。在这冲突
> 中，夹在两个压力之间的知识青年自然是不免要有些牺牲的，因为
> 压力来了，他们首当其冲。这样看来，今天的知识青年是民主运动
> 的先锋，但是，是一个被动的先锋。换言之，民主运动的真正的
> 原动力是在人民大众中间，知识青年是接受了人民的意志而奋勇地
> 冲上去与敌人搏斗。在接受人民的意志这一行为上，他们虽是主

动的，但如果人民无此意志，他们便根本谈不到接受，所以在实质上，他们仍是被动的。①

这段议论相当精彩，闻一多不仅用阶级分析法来认识帝国主义、封建主义与中国人民的矛盾，而且开始试图用它来分析革命队伍中自身存在的问题。

除了表层的说明，闻一多还在深层方面做过论述。未刊手稿中有篇《封建的精神从宗法制度认识封建父权中心的家庭组织的放大》，它也仅有个提纲，提纲旁写着"儒家要不要青年？"文中分析了家庭发展的形态，从家庭是社会的细胞这个角度，对封建家庭中子女对父亲的依附关系做了解剖，指出封建精神必然扼杀青年，青年应摆脱"孝"的观念争得自治。

熟悉闻一多的张光年，曾猜测闻一多曾读过《资本论》。张光年说："我知道他在啃《资本论》，是在一次闲谈中猜出来的，他谈及马克思所说的'亚细亚生产方式'不大好懂，他想弄清楚，问我能否找到这方面的文章。"张光年当时住李公朴家里，回去午餐时，从李公朴的书柜中发现一本《论亚细亚生产方式》的小册子，当晚送给他了。②《资本论》很难读，闻一多是否如张光年所说"啃"过这部书，未见别的记载，但他努力学习革命理论的精神，则是不容置疑的。

当然，闻一多是觉悟了，但理论水平还有待提高，有一件事就说明这个提高是需要一个过程的。日本投降后，国民党政府请求苏联暂缓撤军一个月，旋又延长一个月，为的是以待国民党运兵接收。随后，雅尔塔密约宣布，内中有国民党政府承认苏军驻扎大连旅顺事，引起人们的民族情绪。其时，苏军从东北搬走机器，工程技术人员张莘夫非正常死亡，于是，国统区各大城市出现了一次大规模的反苏游行。

---

① 《青年运动检讨会》，《学生报》第15期，1946年5月12日。
② 张光年：《为革命真理而献身》，《人民文学》1985年第12期。

这件事在西南联大校园里引起强烈反响，1946年2月22日，110位教授联名发表《对东北问题宣言》。《宣言》指出："东北是中国的领土，东北问题是世界和平关键，这次大战既导源于东北之横遭侵略，而永久之和平，亦必以中国完全收复东北为始基，设使中国不能完全收复东北，不但我们抗战未获结果，既盟邦与我并肩作战亦失其意义，国际正义既受严重之打击，世界和平亦失确切之保障，去年我们政府签订中苏友好同盟条约，其中若干部分，使我们至感失望，然而求远东之安全，更为维持世界之和平，我们始作最大之容忍，未加反对，只希望此为我国最后之牺牲，万一对方对于我们这种忍痛之条约尚不能遵守，甚或更有进一步的要求，我们誓不予承认。至于雅尔达秘密协定，中国既未参加，应认为对我根本不生效力，中国领土必须完整，主权必须独立，关于收复东北，政府必须遵守这一最高原则，尽速完成建国工作，奠定远东安全基础，以确保世界之和平。"《宣言》向政府提出了两点要求：第一，"政府披露中苏签订条约以来，一切有关东北问题的谈判经过，并拒绝再作妨害主权的任何协商"。第二，"政府与苏联均应忠实履行中苏协定，苏联应尽速撤退在我东北驻军，归还一切工厂设备与资源，不得有超出中苏条约范围以外之任何行动或措施，我们要保持世界和平，我们必须要保持中国领土完整与主权独立"。《宣言》末尾强调："我们希望与世界合作，我们反对任何国家侵略中国主权，威胁世界和平。甚望全国人士，不分党派，一致在维持领土完整与主权独立原则之下努力，收复东北，增进中苏邦交，共为世界和平而奋斗。"①

当时，西南联大在校教授一百三十余人，《宣言》上签字的有：王力、王烈、王竹溪、王宏基、王师义、王裕光、王维斌、王德荣、王龙甫、毛准、申又振、向达、朱自清、江泽涵、伍启元、李士彤、李辑祥、李继侗、李庆海、沈履、沈从文、吴之椿、吴大猷、吴柳生、吴素

① 《国立西南联合大学教授对东北问题宣言》（1946年2月22日），转引自颜武编：《伟大的二·二二青年爱国运动目录》，光芒出版社1946年版，第104页。

萱、吴达元、吴泽霖、余冠英、余瑞璜、周先庚、周荫阿、孟广喆、邱崇彦、林文铮、邵循恪、胡毅、侯洛荀、姚从吾、查良钊、范崇武、施嘉炀、昝宝澄、唐兰、秦瓒、马大猷、马约翰、徐毓枏、徐继祖、倪中方、殷宏章、高崇熙、袁复礼、陈康、陈桢、陈嘉、陈友松、陈序经、陈美觉、章剑、张印堂、张席禔、张清常、张泽熙、陶绍渊、陶葆楷、崔书琴、娄成嘉、许贞阳、庄前鼎、黄子卿、陆近仁、张明伦、贺麟、冯文潜、冯友兰、冯承植、汤用彤、汤佩松、游国恩、屠守锷、傅恩龄、敦福堂、宁榥、叶楷、叶企孙、杨西孟、杨武之、杨津基、杨业治、雷海宗、董树屏、赵访熊、赵凤喈、褚士荃、刘恢先、刘晋年、刘崇乐、刘德慕、蔡维藩、蔡枢衡、潘光旦、蒋硕民、钱学熙、钱钟韩、霍秉权、燕树棠、萧涤非、鲍觉民、戴世光。[①] 也就是说，西南联大的绝大多数都支持《宣言》的主张。

2 月 25 日下午 2 时，西南联大法学会举行东北问题扩大座谈会，社会各界参加者四千余人。座谈会由西南联大毕业生杨相时、周礼全担任主席，邀请查良钊、雷海宗、燕树棠等人出席。会上，雷海宗表示："我国建国的大部分资源，都在东北，丧失了东北，就谈不到建国，东北人口现在正过少，即使再增加三分也不会感到生活困难，国内各地人民，因遭战时损害，大都感到生活困难，现欲解决此问题，亟应向东北发展。"查良钊情绪激动地从过去的国耻谈到中国留学生在国外的状况，从东北问题谈到西南联大复员，报载"声嘶泪迸，听众极为感愤"。查良钊在演讲结束时称："雅尔达（塔）密约是中国的耻辱，是苏联的耻辱，也是全世界的耻辱，我们必须以最在（大）决心和努力，雪此大耻，争取领土完整，主权独立。"查良钊的情绪感染了会场的听众，大家纷纷要求举行大游行，当经全场鼓掌通过。于是，下午近 4 时，游行队伍从西南联大新校舍出发，经青云街、华山南路、正义路、南屏街等地，直到 5 时半始散。游行时，大家还高呼着"保

---

① 《国立西南联合大学教授对东北问题宣言》（1946 年 2 月 22 日），转引自颜武编：《伟大的二·二二青年爱国运动目录》，光芒出版社 1946 年版，第 105 页。

卫东北！""东北是中国的生命线！""中国保有东北，世界才有和平！""苏
联必须遵守中苏条约！""苏联应当立即撤兵！""彻查张莘夫惨案！""主
权独立、领土完整！""抗议雅尔达（塔）秘密协定！""反对东北特殊
化！""遵守联合国宪章，维护世界和平！""政治协商会议决议案，必
须彻底实行！""各党各派团结起来！""全国同胞团结起来！""中华民
国万岁！"等口号。①

闻一多与吴晗、曾昭抡、闻家驷等是少数没有在《宣言》上签名
的教授。吴晗回忆说："研究生考试的前些日子，国民党反动派阴谋
搞了个大规模的反苏运动，发表了宣言，西南联合大学有一百多个
人签了名。有人也来找一多签名，一多打听了一下，住在他家斜对
面的一位签了名的教授，也是当时民主同盟的负责人②，从此人的口
中，知道主持签名的是几个臭名昭著的国民党员。一多就来和我商
量，我们就认为这一定是坏事，不但不签名，还想了个法子，通过当
时被愚弄的签了名的中间分子，发表公开声明，揭穿国民党反动派的
阴谋。"③

吴晗所说的"中间分子"，是指历史系的向达教授。当闻一多了解
到讨论宣言修改意见时，冯文潜、汤用彤、向达等教授曾要求在附注中
同时说明美国也应撤军，但发表时并未采纳他们的意见，于是对向达
说明了情势的要害。向达立即在报上公开发表了《一个声明》，说："当
时以为宣言系草稿，我口头上对冯（文潜）先生说，宣言原文非重改不
可，冯先生也以为然"，"我附注了的意见，就是对于原来的宣言不满
意"，要"注明英美对于东北问题的责任"，"为什么宣言发表时只要我
的名字，而不要我的意见呢？"④

但是，闻一多的长子闻立鹤参加了 25 日的反苏大游行，闻一多知

---

① 参见《昆明抗议东北问题大游行》，颜武编：《伟大的二·二二青年爱国
运动目录》，光芒出版社 1946 年版，第 68—69 页。

② 指潘光旦。

③ 吴晗：《拍案而起的闻一多》，《人民日报》1960 年 12 月 1 日。

④ 《吾爱吾师吾尤爱真理》，西南联大学生出版社 1946 年版，第 10 页。

道了非常生气，狠狠批评了一顿。可是，闻立鹤不服气，争辩说苏联在东北拆走了那么多机器，凭什么不能反对。闻一多和他争论了半天。看着谁也说服不了谁，闻一多只能说了句最简单的判断：反正他们（指国民党政府）支持的就不会有好事。

建立新的文艺观

1946 年 2 月，昆明迎来了多年一直活跃在抗日戏剧舞台上的抗战敌演剧第五队。抗战爆发后，为了慰问和支持抗日作战的第十九路军，上海文艺界在上海戏剧界上海戏剧救亡协会领导下成立了十三个抗日救亡演剧队，后来除少数留在上海坚持活动，大多数分赴各地开展抗日宣传。1938 年 8 月初，国民政府军事委员会政治部第三厅在上海各抗日救亡演剧队基础上，整编组成十个抗敌演剧队，抗敌演剧第五队就是其中之一。这时，他们刚从缅甸前线劳军归来。

这支队伍中，有位画家冯法祀，他 1933 年考入中央大学教育学院艺术科，而闻一多此前就在中央大学的前身第四中山大学任教，两人说起来还有校友关系。冯法祀进入中央大学，在徐悲鸿指导下专攻油画，徐悲鸿在法国受到的写实主义绘画的熏陶，这对冯法祀产生了很大影响，他 1936 年创作的油画《雁荡山》，参加了 1943 年在苏联举办的中国艺术展览，受到苏联评论家的赞扬。抗战爆发后，冯法祀到了延安，进入鲁迅文学艺术学院学习，后在八路军总政治部宣传部从事宣传，不久又参加了周恩来、郭沫若领导的军委会政治部第三厅，创作了大型水粉画《平型关大捷》。这时，冯法祀随抗敌演剧五队来到昆明，见到了一年前从柳州疏散来的田汉。田汉曾任军委会政治部第三厅宣传处处长，抗敌演剧队就是由他直接负责成立的，因此特为冯法祀在新中国剧社举办了一次"抗战写生画展"。

冯法祀"抗战写生画展"是 2 月 20 日在文津街民教馆揭幕的，18日下午首先举行了预展，闻一多和洪深、楚图南、夏康农、李何林、孟超、白澄、赵沨等，应邀出席了预展，观看了冯法祀在黔桂工程及越、桂、湘、黔、滇、缅等战区的风物写生。[①] 参观结束后接着就举行了座谈，大家共推闻一多担任主持人。座谈会开的十分踊跃，大家对冯法祀的创作给予了充分肯定，认为用画笔反映生活是美术的方向，报载说"对冯氏作品之现实意义及绘画之动向问题，多有发挥"[②]。闻一多对西洋美术素有研究，人们都希望他来做最后的小结。

闻一多同意大家的看法，不过他想的更深些，要求也更高些。"本会给我的首先的印象是自然的景色多，而人物的刻画少。就现在展览的作品看，大都是以大自然为背景的，而人却站在次要的地位。"闻一多坦率地说。他认为这是中国画的作风，而西洋画则多以人为主。不过，他并不觉得这只是个画风上的区别，"从人与人之间去表现社会关系与作者的思想，这才是我们应做的事。如果尽在描写自然，在我看来，是一种浪费，因为这恐怕耽搁了时间去注意人的表现"。这番话很直率，也很中肯。风物写生当然也可以表现人的思想，但那是曲折的、含蓄的，而画人就不同了。徐悲鸿画《田横五百士》、画《傒我后》、画《愚公移山》，都给人深刻的启发。闻一多认为这个时代，更需要画家画人，说"画人物，不仅要画个人，而且要画群众，要画人与人之间的关系，要表现出人在社会上的关系"，因此"要多多表现人间的现实生活"。

参观画展时，闻一多在一幅《捉虱》的油画前停留良久。画面上，几个工人有站有坐，都在捉身上的虱子。"这是人间生活的写照，在画面上是以人为主体的"，闻一多这样评论。的确，闻一多很有眼光，这幅普通的油画，后来成为冯法祀的一个代表作，而第一个看出它的价值的是闻一多。末了，闻一多语重心长地说："表现人与人的关系"，是"画家对于社会与人生的思想与态度问题，而不单是个人的技术

---

① 据《冯法祀将举行画展，预展昨在新中国剧社举行》，《云南日报》1946 年 2 月 20 日，第 2 版。

② 《冯法祀将举行画展，预展昨在新中国剧社举行》，《云南日报》1946 年 2 月 20 日，第 2 版。

问题"。①

这里，谈到的虽然是画，其实是文艺观问题。现实主义的文艺观，已成为闻一多思想发展的重要组成部分。

文艺工作者的光明道路，首先是参加革命实践，闻一多两年前就认识到这一点了。1944年9月下旬，一些文化人士曾在李公朴家里开过一次"文艺的民主问题座谈会"，当时他因病未到，会后张光年来征求意见，他讲了些个人的看法。其中主要的一条便是认为作家在当时还缺乏民主运动的实践。他说"没有民主运动的实践，一定创造不出民主主义的作品"。他打了个生动的比喻："如无冲锋经验而描写前面冲锋故事，因体验的不真切，写出的也一定没有力量。"他认为"写作的问题便是一个做人的问题"，这就把写作上升到生活的高度，真是精辟之论。

"我们理想的本身，就是一首诗"，闻一多感慨地说，在他看来，文艺工作者应该投入民主运动、描写民主运动。当时，有些有成就的文艺家还站在这个圈子之外，甚至有的人的生活与写作还带有反民主的倾向。同仁们主张要加强劝导和进行理论上的批评，闻一多觉得这不够，主张"无情地打击"，不能"委曲求全"。他说"社会上没有那么多容易的事，在大变革的时期，一定需要大牺牲，不能顾忌太多"②。在一篇关于文艺批评的提纲中，他列出了几个人的名字，其中有昔日的朋友梁实秋，可见他要从自己最熟悉的人身上开刀了。他的《八教授颂》中，有几位也是准备进行批评的。

对冯法祀画展中自然景色多于人物刻画的批评，实际上是新时代应当写什么的问题，这使人想到昆明集会上张光年曾朗诵过的一些政治讽刺诗，这些诗有的是在闻一多的怂恿下写成的。往往开会前一二天，闻

---

① 闻一多讲、白澄记：《新美术的路向——画展观后感》，《益世报》"艺术周刊"第2期，1947年1月9日。这次发言的部分内容，曾刊于1946年2月25日昆明《正义报·副刊》，题为《我们的观感——冯法祀先生战地写生画展》。

② 《论文艺的民主问题》，《文汇报》1947年3月24日。这篇文章是这次谈话后由张光年整理的，并请闻一多过目，后收入《闻一多全集》。

一多对他说：怎么样？来一首吧！于是，《市侩颂》等便诞生了。[①] 这些诗在当时产生了很好的效果，文艺成为直接战斗的武器。

昆明文艺界讨论过诗歌的效率论与价值论的关系，闻一多的《诗与批评》就是一种解答。他认为诗歌的技巧还是不应被忽视，因为"智（知）识分子和学生，问题最多，挑剔相当厉害"，"旧形式恐怕打不到他们的面前，恐怕还是要用西洋最高的东西才能打动他们"。这是事物的一个方面，另一方面，诗歌也迫切需要实用性。"一二·一"四烈士出殡，人们举着"你们死了还有我们"标语，闻一多称这是口号，也是诗。1938 年 8 月与徐嘉瑞等共同创办大型诗刊《战歌》的中华文艺界抗敌协会云南分会理事罗铁鹰，当时担任《真理周报》编辑。一次，他向闻一多约稿，交谈中自谦地说自己有些诗也有标语口号的倾向，谈不上是诗。闻一多不同意这么说："管他诗不诗，只要口号喊得响，喊得有力量！"[②]

闻一多的《战后文艺的道路》已为人熟知，他还有份《战后的文化——官僚垄断与知识分子·垄断》的提纲草稿，也表现了闻一多不断发展的文艺观。提纲开头写道：

> 不是回复到战前——复员非复原
>
> 亦非实现战前所理想的将来
>
> 战争改变了历史——加速了历史的演进——今天的理想超过战前的理想
>
> 古无前例的战争——对世界亦对中国
>
> 通过无前例的战争得到无前例的认识，战争促进了文化——加速摧毁旧的，使新的涌现出来新文化是怎么产生的呢？

提纲还写道：

---

① 访问张光年记录，1988 年 2 月 4 日。

② 罗铁鹰：《忆闻一多先生二三事》，《云南日报》1979 年 7 月 23 日。

> 发现了人民农民战争民主革命战争
>
> 人民不但赢得了胜利，扭转了历史，并且历史一向是人民创造的
>
> 由今天的功绩认识了过去的功绩
>
> 对今天的功绩应酬答
>
> 抗战所依赖过的建国还得依赖
>
> "知识分子只有和工农大众相结合才会成为不可战胜的力量"

提纲还回答了新文化的主人问题：

> 过去的错误——"劳力者治于人劳心者治人"文化属于劳心者，为了劳心者，出自劳心者
>
> 新认识——文化归荣于人民文化非知识分子的专制品，打破垄断局面
>
> 物质基础的创造者
>
> 上层文化的直接创造者——知识分子只负润色之责，注入毒素，腐化作用
>
> 解除人民痛苦增加生产加强物质基础使知识分子便于发展
>
> 解放人民使之直接参加创造"在普及的基础上提高"先求普及以便提〔高〕参加者多自易发现天才①

文化的自由发展，是许多知识分子的心愿。在反对国民党专制斗争中，它是有力的武器。但战后的文艺应否皈依这不偏不倚的自由呢？他认为纯粹的自由主义文艺要不得。《战后文艺的道路》是史劲（刘克光）的记录稿，未刊手稿中则存有它的提纲，其中对自由主义文艺一节写道：

> 自由主义的文艺白日梦文艺是自由人的安眠药
>
> 梦虽美究非真

---

① 闻一多：《战后的文化——官僚垄断与知识分子垄断》提纲（手稿）。

何况两面夹攻的被打断（右面要你做奴隶，左面要你做主人）

认清自己的出身始能〔认清〕目前身份的本质

爬到中间，随时可被打退，踩在别人身上，自己立足不稳

眼睛向上看，目的地似近，实乃幻觉

不是挤入混进顶层，而是消灭它

如何消灭向下看，退到人民行列，一同进攻

不是更多的自由——那是逃得更远，藏得更深的意思

愈远愈深，势便愈孤，虽逃不动和无处藏身者更远结尾处，闻一多说了句很发人深省的话——"一个民主主义者是一个勇敢的向前看的人，而不是一个偷偷摸摸向后看的人。"①

闻一多是自觉进步的，他清楚地认识到抗战胜利后，中国应继续前进，绝不可回到老路上去。这对一个人乃至一个国家、一个民族的前途极其重要。他说："人类思想的发展，有时似螺旋，有时似曲线，有时却像弧线围成的圆形。在这急遽的变化中，新的局面渐渐完成，旧的思想渐渐淘汰。当个人的重要已被发现，社会制度起了极大变革的时代，新和旧，理想和事实起了冲突。在这旋（漩）涡里面有些原子浮起来了，有些沉下去，甚至流走了。"②他不愿做沉下或流逝的原子，也告诫别人要时时警惕。

正因为闻一多的文艺观有了明显的进步，才使他与民主文艺结为一体。有人称他为昆明的鲁迅、昆明的文化旗手，这话并不过分。

闻一多对新文艺给予热情的支持，"一二·一"运动中，王松声同学写了《凯旋》《告地状》，郭良夫同学也写了《审判前夕》《潘琰传》（又名《民主使徒》）。这四个剧上演时，闻一多都认真观看，并为后两剧题写了剧名。闻立鹤参加了联大剧艺社，他演出时看到父亲在台下向

---

① 闻一多：《战后文艺的道路》提纲（手稿）。

② 闻一多：《屈原论》中《良心的支持（心理建设的手法）》一节（手稿）。

他微笑。

除了鼓励人们创作歌颂时代斗争的文艺作品，闻一多自己也写下讴歌人民的剧本《九歌古歌舞剧》。这剧本虽早已开始酝酿，但动手写它则和一次彝族歌舞演出有密切联系。

5 月间，圭山彝族音乐舞蹈在昆明演出，成为全城的一件大事。

圭山地区位于路南、陆良、泸西、弥勒等县交界处，居住着 27 个少数民族。西南联大的一些同学曾在那儿开展过工作，建议当地的群众把民间歌舞带到省城来。这次，他们带来了《跳叉》《霸王鞭》《阿细跳月》《架子锣》等 20 多个节目，有的象征战争，有的表现爱情，有的哀悼勇士，有的反映娱乐，充满着热情的生活气息。这次演出筹备期间，闻一多给予了积极的支持，他和费孝通、查良钊等还担任了编导顾问。

彝族歌舞从未登过大雅之堂，而它却是真正的人民艺术。它的演出不仅在昆明，就是在中国也是第一次。19 日举行的招待演出上，闻一多带着全家人兴致勃勃前去观看。演出后，他还参加了顾问会议。接着，《时代评论》组织了一次讨论会，他题词道：从这些艺术形象中，我们认识了这个民族的无限丰富的生命力。为什么要用生活的折磨来消耗它？为什么不让它给我们的文化增加更多样的光辉？这个题词既是对彝族歌舞的赞扬，也包含着对国民党破坏演出的抗议。

24 日，彝族歌舞在华山南路的省党部礼堂正式公演，盛况空前。可是两天后当局却下令禁止演出，理由是"受共产党利用"。闻一多十分气愤，建议请云南耆旧张冲先生出面交涉。张冲在滇军中颇有威望，又是彝族人，他听了这事马上去找省党部书记长。张冲很会说话，质问道："你说他们是共产党，我说他们是彝族的好青年，共产党支持彝人演出，而国民党不准彝人演出，谁对少数民族好不是更叫人看清楚了吗？"[①] 结果，当局只得撤销禁令。

---

① 余嘉华：《闻一多在昆明的故事》，云南人民出版社 1980 年版，第 160 页。

圭山歌舞的演出启发了闻一多，他早就有把《九歌》改编成歌舞剧的愿望，于是突击写成《九歌古歌舞剧悬解》，运用自己诗歌、戏剧、美术等方面的修养，力争早日把《九歌》搬上舞台。

这个剧本的前三章曾以《九歌——古剧翻新》为题，发表在《诗与散文》的"诗人节特刊"（1946 年 6 月 4 日）上。全剧写完后，他让长女闻铭抄成几份，分给赵沨、梁伦、萧荻、王松声、郭良夫五人（《九歌古歌舞剧》原稿当时交给王松声，现已捐赠中国现代文学馆），请他们编舞、谱曲。大家还一起讨论过舞台设计等细节。闻一多说希望回北平后能请郭沫若把《九歌》译成适合演唱的语体歌词，由剧艺社搬上舞台。直到 7 月上旬，他还约萧荻等人到民主周刊社商讨。① 如果闻一多能回到北平，相信中国的舞台上会第一次出现《九歌》的动人歌舞。

《九歌古歌舞剧》手稿能保存下来，也是件幸事。当时，这手稿交给王松声，王松声复员途中听到闻一多牺牲的消息，悲痛中猛然想起它。同行的傅作义的女儿傅冬菊，听说后马上擦去泪水，催促王松声寻找。他们从车上取下行李，打开箱子一看，正是这份手稿。王松声心中默誓：有朝一日，全国解放，一定把这部歌舞剧搬上舞台，实现恩师的遗愿。②

---

① 萧荻：《我们应当写闻一多颂》，《闻一多纪念文集》，第 324—325 页。
② 王松声：《欣慰与遗憾》（王松声向现代文学馆捐赠闻一多这份手稿时的书面说明，未刊）；柳秀文：《历尽劫波遗墨在》，《人物》1991 年第 6 期。

第十一章

最后的日子

历史上没有一个反人民的势力不被人民毁灭的！希特勒、墨索里尼不都在人民之前倒下去了吗？翻开历史看看，你还站得住几天！你完了，快完了！我们的光明就要出现了。我们看，光明就在我们的眼前，而现在正是黎明之前那个最黑暗的时候。我们有力量打破这个黑暗，争到光明！我们的光明，就是反动派的末日！

——闻一多《最后一次的讲演》

| 第一节 |
寄语青年

青年运动必须转变为有组织的政治斗争

1946 年 5 月 4 日，既是"五四"运动 27 周年纪念日，又是西南联合大学光荣结束的一天。

这天上午九时，西南联大结业典礼在图书馆内隆重举行。人们追述过它在抗战中的业绩之后，来到新校舍后面的一座小土丘前。一块高大的碑石矗立着，帷幕缓缓拉开，露出"国立西南联合大学纪念碑"十一个字的篆书碑额，一望可知那是闻一多的手笔。长长的碑文记录了西南联大的简史，是冯友兰撰写的，由罗庸书丹。碑的背面，镌有 800 多名为抗战而从军的同学名字，这也是西南联大的自豪。濛濛细雨从天上落下来，给人一种说不清是兴奋还是悲怆的滋味。

闻一多可能没有参加结业式。同一时间，昆明学联在云大至公堂举办"青年运动检讨会"，被青年视作导师的闻一多非出席不可。

检讨会以座谈形式进行，青年们很珍视西南联大离昆前的最后一次大聚会，到的人很多。会议的三个主题——从"五四"到"一二·一"、总结过去、展望将来，表明学生运动已达到相当的深度。这三个问题，闻一多都有发言。不同的是，他的话过去总是使人有种跃马扬鞭之感，而今天则更多的是让人深思。

　　讨论"今后中国青年应该做些什么"时，一个同学发问：我们青年学生的任务，是为了人民大众，争取人民大众的幸福和利益，这是否也就牵涉到政治上去了？这个好像很幼稚却有代表性的问题，引起了大家的讨论。闻一多也陷入沉思。多年前，他也曾有过这种想法，不过早已成为历史了，在许多场合下，他都现身说法，认为是时局逼得自己过问政治。现在，还有必要再重申这一点。

　　闻一多站起来，他不是用简单的道理回答青年该不该过问政治，而是用回顾历史的方法把人们带到"五四"时期。他说："'五四'运动的初期，教师与同学是一致的。后来，教授的态度渐渐转变，不同情学生，甚至压迫学生。他们的理由是'运动渐渐被政党操纵了'。"这是他亲身的感受，话语中已在回答这个疑问。"当时的政党不用说就是国民党。我们知道自从'五四'运动受国民党的领导，才转化成一股政治力量，这政治力量终于打倒了北洋军阀，完成了国民革命。"停顿了一下，闻一多提高了声音："试问我们今天读历史，对于当时国民党那一招，是否感到无上的欣慰，认为它来得正是时候呢。相反的，假如国民党不那样做，'五四'运动在中国政治上能有今天这样大的意义吗？"

　　说到抗战的发生，闻一多肯定了中国共产党的贡献，他说"'一二·九'运动也因有共产党领导，才收到造成'七七'抗战局面的结果"。那时，"'一二·九'运动之被人指摘为受党派利用，也正与五四之受人指摘一样"。

　　"今天"，闻一多有些激动，"历史已经证明，两度的指摘同样的是愚蠢无知，然而今天的历史偏偏又在重演，愚蠢无知也依然在叫嚣。我说青年运动必须转变为有组织的政治斗争，那运动才不算白费。"闻一多得出一个结论："青年运动之转化为有组织的政治斗争，也正是青年运动必然的发展。"

　　自四烈士出殡后，昆明的学生运动暂告一段落，于是给人一种"疲惫状态"的印象。对于这种现象，闻一多认为"并不是运动的失败，而正是它的成功，因为它已转入一个新阶段了"。那么，在新的阶段青年们该做些什么呢？闻一多说"必需也必然逐渐接受甚至寻求有组织的政治团体的领导"是当务之急。经过斗争实践,"必然大部分会退下来,另一部分则正式参加到一个有组织的政治团体中,形成为更坚强的政治力量"。这就是辩证法原则的体现。

闻一多不仅赞成青年们过问政治,还要求他们参加政治性的组织,他说:有组织的政治团体今天是存在的,也许不只是一个。问题只在今天的青年是否将响应时代的号召,以比"五四"与"一二·九"的青年更坚决的意志、更高度的热诚,投身到他所应投向的政治团体,完成时代所赋予他的使命。我们应认清历史的规律,接受历史的教训,大胆投向政治。凡是拿"政治"来诬蔑或恫吓青年的,不是无知便是无耻。这些家伙必将成为未来的历史上的笑柄,正如"五四"与"一二·九"时代他们的同类在过去的历史上一样。[①] 这的确是思想发展的重要一环。完成中国的民主革命任务,需要许多条件,而最重要的条件就是要有一个能正确把握前进航向的坚强有力的革命政党,这个政党是革命的引路人,是团结广大群众万众一心进行不懈斗争的核心。假若没有这个核心,即便客观上存在着比较成熟的革命形势,革命队伍也难免涣散、无力,无法实现既定目标,闻一多能够深刻认识到这一点,是很了不起的。

闻一多对共产党很有感情,去年王汉斌去重庆汇报"一二·一"运动情况,在中共南方局工作的侄子黎智托他带来一封信。闻一多马上回信,说:"我身在南方,心在北方。"从心里说,他希望青年人参加革命的政党,但他说话总带有商量的口吻。他说:"不要害怕政治,统治者施行恐怖手段,目的就是叫你怕政治,不管政治,他好为所欲为,大行方便。你若是真的怕了,不管了,便上了他的大当。其实人就是政治的动物,用不着怕。中学同学年龄太小,我不赞成你们参加什么政党。但大学同学尤其是三四年级的同学,快离开学校到社会上去,应该赶快决定你究竟参加哪个政党,或是参加国民党,或是参加共产党,中国就这两个大堡垒。"他特别说:"我是民盟的,我不卖膏药,不劝你们参加

---

① 《青年运动检讨会》,《学生报》第 15 期。

民盟。"①

　　闻一多已完成了思想的根本转变，这番话虽讲给青年，又何尝不是自己的体验。两天后，一位西南联大同学来辞行，闻一多为他写了离别赠言："君子不可以不弘毅，任重而道远。"这个"毅"就是坚强、果决，闻一多希望青年能为民主事业英勇战斗。末尾，他盖下一枚自刻的印章，上面是"叛徒"两字。他解释说："为什么叫'叛徒'呢？因为我要做一个旧世界的叛徒！"②在给另一人刻的石印上，边款还刻了一句尼采的话："每个诚实的人的足音是响的。"③

临别赠言

　　复员的师生陆续离开昆明，起程前总有些人来辞行，并想得到件纪念物。闻一多那些天更忙了，刻枚图章，写幅题字，平时还不显得吃力，可此时已被排得满满的。

　　小女儿闻翾也来缠着父亲写几个字。望着可爱活泼的幼女，闻一多充满幸福感。不过他想得更多，写下"对功课太认真了是不好的，因为知识不全在课本里"一句话。

　　是的，课本里没有火热的生活，青年人应该把目光投向课本以外的社会。

　　5月，林华昌、张家兴、王明等几个青年准备办个文艺刊物，他们是闻一多在昆华中学兼课时教过的学生，因此马上想到老师，请老师为《今日文艺》题刊名并写点东西。闻一多爽快地答应下来，没几天就写成《昆明的文艺青年与民主运动》。他对王明说："这是为你们刊物写的序言，也是给昆明文艺青年的临别赠言，因为联大很快迁移，我们要回

------

　　①　尚土：《痛忆闻师》，《人物杂志》第 2 年第 9 期，1947 年 9 月 15 日。

　　②　黄海：《宁死不屈的教授，诗人闻一多》，《闻一多纪念文集》，第 345 页。

　　③　海燕：《悼念人民的诗人——闻一多先生》，《闻一多先生死难周年纪念特刊》，清华周刊社 1947 年版，第 44 页。

北方去，对云南昆明总是很留恋的。"①

《昆明的文艺青年与民主运动》是闻一多为青年人写下的最后一篇文章。文章说，抗战八年来，昆明人精神上的伤痕最深，"这里的灾难与其说是敌人造成的，毋宁说是自家人的赐予"，"为抵抗敌人的侵略而流血流汗，我们心甘情愿，但是眼看见自己人分明在给自家人造灾难，那就不能不使我们惶惑了"。闻一多是叙述自己从前的苦闷，但是他想通了，"我们明白了，于是从一个民族的自卫战争中，孕育出一个民主自救的运动来了"。他说："民主运动是民族战争的更高一级的发展，更高的发展是由于更深的体念和更深的觉悟。"

"抗战初期，武汉是民族战争的前卫"，那么，"抗战末期，昆明是民主运动的先锋"。闻一多对昆明的文艺运动评价很高，认为"这不是说这里产生了多少伟大的作家和作品，而是说这里的文艺工作者是真正为人民服务了的一群（人）。他们一面曾将文艺的种子散（撒）播在民间，一面又曾将人民的艺术介绍给都市的知识分子"。闻一多深刻体会到"通过文艺的桥梁"，"诗歌、音乐和戏剧工作者已经开始把农村和都市联系起来"，这正是把民主运动扩大到更广阔的范围。他断言道："今天昆明的文艺工作者的工作成效，也许得见于五年、十年乃至二十年以后，但这成效必然是伟大的。"

闻一多对留在昆明的文艺青年也提出希望，"希望他们认定此地的文艺工作者已经开辟了的道路，继续为人民服务和向人民学习。"他深情地说："不要忘记西南的人民，尤其是那些少数民族，是今天受苦难最深的中国农民，也是代表最优良的农民品质的中国农民。"闻一多期望青年勤劳地垦殖这块广沃的土地，"把它变成更坚强的民主力量"，以便"将来广大的劳动人民的民主运动，也从昆明发轫"，而那时"充当这运动的先锋的"，也"应该是今天昆明的文艺青年"。②

---

① 王明（王子伯）：《难忘的教诲，深切的怀念》，《云南蒙自政协通讯》第 2 期，1986 年 7 月 16 日。

② 闻一多：《昆明的文艺青年与民主运动》，《人民日报》1979 年 12 月 19 日。此文最早刊登在 1946 年昆明《今日文艺》创刊号。

勉励青年的同时，闻一多也时刻督促着自己。他渴望新的生活，不止一次地设想回到北平后如何开展民主工作。

春天里，他接到张光年从北平寄来的一封信。信中说他想办个刊物叫《文艺工作》，计划请闻一多、郭沫若、冯乃超、周扬和他本人做具名主编，特征求意见并约稿。闻一多很赞成朋友的设想，来不及写新稿，就把《"一二·一"运动始末记》附上。这个刊物由于形势变化未能出版，但闻一多对北平的工作则由此打起了腹稿。

给张光年的回信里，他还关切地问了件事，说昆明盛传张在葫芦岛被中共军队俘虏，是"光未然"的名字救了他。原来，张光年冒了个名字随国民党军队从海防乘船去葫芦岛，在那儿登陆时曾与中共部队冲突。实际上他并没有被俘，但这传言却让闻一多担了好长一段时间的心。[①]

为了在北平开辟新的工作，闻一多还放弃了去美国的机会。抗战结束后，梅贻琦接到美国加利福尼亚大学一封信，说他们想请一位能讲中国文学的人去开课，请梅贻琦推荐一个人。梅贻琦推荐了闻一多。约是 5 月间，闻一多收到美国加利福尼亚大学的邀请函，请他去做客座教授，孩子们格外高兴，因为对方允许携带家眷同行，这对孩子来说很有吸引力。加利福尼亚大学是美国加利福尼亚州的一所公立大学，是美国最具影响力的公立大学之一。闻一多起初也有出国的想法，离开美国二十多年了，这期间它发生了些什么变化呢？再说，向美国人民介绍中国的民主运动，也需要有人去做。不过，北平的民主工作基础还较薄弱，那儿更需要人手。经过反复衡量，闻一多决定放弃这次机会。当时，冯友兰也接到去美国的邀请，来约闻一多同行，闻一多表示要留在"'是非之地'，继续斗争下去"。[②]

---

① 访问张光年记录，1988 年 2 月 4 日。
② 冯友兰：《三松堂自序》，第 353 页。

| 第二节 |
冲破白色恐怖

"愿与你们紧紧地握手"

6 月的昆明，天气已渐渐热起来。然而东北的紧张局势，又给人们罩上一层乌云。5 月 31 日，云南子·弟兵国民党第一八四师在东北内战前线海城宣布起义。这是内战时期第一支起义的师建制部队，它使国民党大为震动，使昆明人民大为兴奋。但是，白色恐怖也随之更加严重了。

如果说五四前后，昆明街头已出现反动派的猖狂叫嚣，那不过是种宣传，人们都嗤之以鼻，还没感到威胁。然而现在情形却不同了，连一八四师所属的第六十军军长私宅，也遭到搜查。

反击反动派的进攻，是云南民主战线最紧迫的任务。闻一多为此做了几项重要的工作。

首先，闻一多率领民主周刊社，联合妇女旬刊社、人民艺术社、今日文艺社、学生报社、青年新报社、真理周报社、农村青年社、中国周报社、新音乐社、诗与散文社、大众报社十二家报刊，共同于 6 月 7 日发表《对目前国内情势的五项意见》，紧接着又致函一八四师官兵，赞扬他们"又一次继承并发扬了滇军拥护中国民主共和的传统"，是"第二次护国起义"。①

一八四师的起义原有深刻的原因。4月下旬，蒋介石曾向马歇尔提出一个所谓东北停战条件，声称其前提是中共军队让出长春。中国共产党当即指出原则上应首先停战，然后再讨论东北军队布防、复员、调整军队比例等问题。周恩来还申明中共并不谋求控制东北，只要求在新组成的东北地方政府中占有地位，通过和平协商在民主基础上决定东北前途。

这是一个合理的要求，但蒋介石则言只有中共让出长春后才能商量其他。民盟轻信了蒋介石的许诺，力劝中共撤出长春。为了争取实现和平，中共军队于5月23日从长春撤出，再次忍辱负重。然而，蒋介石背信弃义，企图借机扩大战果，并将从越南参加受降后调到东北的第六十军当作炮灰。内战的爆发，使这支云南子弟兵面临生死存亡的险境，也促使一八四师决然起义投入反对内战的行列。

云南民众衷心欢迎一八四师起义，十二期刊就是这种呼声中的一个强音。在慰问信中，他们还号召起义的官兵应动员其他充当炮灰的滇军兄弟早日脱离内战苦海。

闻一多做的第二件事是与民盟云南支部负责人召开招待会，说明民盟的基本立场。这件事也有它的环境背景。

一八四师起义没几天，留在昆明的龙云仅剩的一支滇军第二十四师奉命出滇。由于担心被蒋介石吃掉，二十四师师长龙绳祖宣布自行解散其师。国民党将此事硬与民盟拽在一起，胡说这是民盟策动的结果，说民盟要搞武装游击，破坏大局。恰在这时，一八四师师长潘朔端等也发表了一个公开声明，自称是民主同盟第一军，愿作民盟后盾，拥护民盟纲领。

另一件小事也无形中起了推波助澜的作用。6月24日，主办《时代评论》的王康与曾任云南警备司令的滇军宿将禄国藩之女禄厚坤举行

① 《昆明十二期刊联合致函慰问一八四师》，《学生报》第20期，1946年6月16日。

订婚仪式，闻一多夫妇与潘光旦、费孝通、张奚若以及禄国藩都到清华大学办事处，出席了这仪式。[①] 国民党抓住这事，造谣说民盟与地方要人搞政治串联，好像煞有介事。实际上，禄国藩因汽车故障晚到，并未与闻一多等人见面，而闻一多等人本是作为师长来祝贺的，何况他还是王康在昆明的长辈和亲戚。国民党还不知道禄国藩的另一个女儿禄厚音也嫁给了中共党员刘浩，而刘浩正是后来策动长春六十军起义的中共联络员。否则，谣言会造得更逼真。

鉴于以上情况，为了适应新的斗争需要，民盟云南省支部决定公开阐明自己的观点，为此召开了三次招待会。

第一次招待会由闻一多、潘光旦、李公朴、楚图南四人出面，26日在巡津街的商务酒店举行。出席者为地方党政军警负责人五十多位。

其时，马歇尔也气恼蒋介石出尔反尔，表示不愿再安排美国运输力量为国民党运送军队与给养。迫于压力，蒋介石于6月6日发布东北休战令，持续了约半年之久的东北内战在形式上停止了。这次休战期为15天，到期后又延长8天，全国都屏息注视着政局的演变，这种气氛在招待会上十分明显。

会上，潘光旦先报告开会意义，表示借此作为民盟支部负责人第一次与各界正式见面，同时因为复员在即，顺作道别。另外，外间传言民盟甚多，亦做以说明。接下来，楚图南以支部主委身份报告民盟的一贯主张和对目前政局的态度，强调"民主团结、和平建国"八字。李公朴自较场口受伤后还未复原，脸色苍白，他带笑报告了民盟的历史，指出今日中国政党应有的作风是相互公开的批评，而不是谩骂诽谤，应提倡政党间的友谊竞赛，而不是武力消灭异己。

闻一多的发言颇有学者和诗人气质。他说从事学术与教育的自己，之所以参与政治，是因为认识到政治是一种事业，是教学，是一种生活的态度或人生的境界。政治原是人类群体生活集中的表现，并以群体爱作为基础。只有以群体为对象的爱，才是政治，尤其是民主政治的基本

---

① 访问王康记录，1990年9月14日。

精神。说到这儿，他有些激动：今天乘此机会，愿意伸出我们的手来与各位合作。我们的手，虽无缚鸡之力，不可能也不愿意来威胁利诱别人，但也决不接受别人的威胁利诱。我们并愿意以这只满是粉笔灰、毫无血腥气的手去扭转中国的历史，去促进中国民主政治的实现。① 他发言的时候离开坐席站了起来，两手握着靠背椅子，先引了老子"一生二，二生三，三生万物"的哲理，说：如果国民党是第一大党，共产党是第二大党，那么民主同盟就是第三大党。有了第一大党，从科学的历史发展眼光看，必然会产生出第二大党。既然如是，那么第三大党的产生也是必然的。会不会产生"第四"呢？不会，一定不会，即使有，例如青年党等等，那也只能归并为第三类。会不会互相排斥或不相容呢？那也不会的。因为民主同盟是第三方面的"中间的中坚"。②

他这么说的目的，是为了用辩证法证明民盟的出现和存在是合乎逻辑的，不是人为制造的。他大声道："最近在近日楼的墙壁上贴了许多莫须有的标语传单，有意造谣中伤，甚至于诋毁侮蔑民盟，花样翻新，不一而足。现在我们公开与各位见面了，让大家明了民主同盟的要求，只有八个大字'和平建国民主团结'，这又有什么可怕呢？"他的话，给人们的印象特别深刻，以至许多年后还有人记得他那时讲话的声调和姿势。

闻一多讲完，杨杰、钱沧硕、方国定等都发表了感想。六时许，黄昏将至时，会才结束。

第二次招待会于 28 日下午三时仍在商务酒店举行，主持者除了原来四人外，又增加了潘大逵、冯素陶、费孝通。来宾 80 多人，有文化、教育、金融、实业界贤达，还有禄国藩、李琢菴、徐佩璜、龙云夫人顾映秋、梅贻琦夫人韩咏华、云大教授朱驭欧等。

主持者发言的内容是 26 日会上内容的重申，但反应更加强烈。朱驭欧的话很有代表性，他相信主持会的人都是文人学者，因此动机是纯

---

① 潮：《中国民主同盟云南省支部招待各界茶会记》，《民主周刊》第 3 卷第 16 期，1946 年 7 月 1 日。

② 胡笛：《痛悼吾师闻一多先生》，《文萃》第 40 期，1946 年 7 月 25 日。

洁的，他们的文化水准相当高，所以对一切政治问题的判断相当正确。他说："有人说民主同盟是共产党的尾巴，其实凡是讲民主的人谁又免得了被别人戴上帽子？"工业协会主席徐佩璜是清华史前期学生，他批评国民党掌权后变得比别人还坏，说："我认为方才闻先生所说的要以教育的态度从事政治，这是非常好的方法，这才能保持政党的纯洁。"

男女青年会总干事倪瑾女士、王齐兴先生、省参议员孙天霖以及一位邮务工会的青年，也都表示同情和支持民盟的纲领。一位商界贤达很感慨地说：看到一些壁报时，还以为民盟领袖都是些青面獠牙的怪物，今天见面才知道都是文质彬彬手无寸铁的书生。听了报告才真正认识了民盟，他们并不可怕，都非常和平。末了，又说："方才闻先生曾经说过，他们愿意伸出他们沾着粉笔灰的手跟社会各界人士紧紧地握起来。我是商人，我愿意第一个伸出我这污秽的手同他们握，……我希望我们士农工商各界都伸出自己的手来紧紧地同他们握着。"[①] 这番话，使会场的气氛更为和谐、热烈。

这种招待会是公开的，说明民主的光明正大。可反动分子却十分畏惧，云南省警备总司令部稽查处处长王子民，派特务王开基、李步云在场外游转，还伺机偷窃座谈会签名簿。赵沨、王健见状冲了上去，王、李急不择路，跳入酒店前面的盘龙江，泅水逃跑。其实，他们哪里晓得，出席者名单本是要公开登载出来的。

第三次招待会原定 29 日举行，可是上午商务酒店捎话说有点不方便。明眼人明白，这里面有人施加了压力。于是会场临时改在冠生园，结果耽误了些时间。

这次招待的是新闻及各刊物负责人，三四十人挤满了楼上的正厅，以谈话方式进行。大家围绕用何方式制止内战、民盟与救国会的关系、民盟对国共谈判中军队驻区问题看法、民盟有什么报刊、美国军事援华法案、马歇尔及仲裁权等问题，展开问答。

---

① 王青：《愿与你们紧紧的握手——民盟支部第二次招待会记》，《民主周刊》第 3 卷第 17 期，1946 年 7 月 9 日。

一位记者问：八天期满，内战仍打下去怎么办？这反映着人们的普遍担忧，所以很希望听听主持者的看法。闻一多回答这问题时，不去强调外部因素，而是强调人民的意愿。他说：

> 只要我要他不打内战，就打不起内战，这个"我"，代表每个不是丧心病狂或别有所图的真正善良的中国人民。每个人坚持这意志，一定会实现胜利的。即使还打，也不能长久。民盟如果说有力量，就正因为他反映而且集中了每个人的内心的意志。

在回答民盟有什么报刊的提问中，他以宣传工作负责人的身份回答说：

> 民盟因缺乏经费，直接办的报刊不多。但各地报刊不乏虽非民盟却同情民盟，因此在意见及看法上与民盟一致的。仍希望更广大的言论界对民盟的主张予以支持。

谈到美国军事援华法案时，会场活跃起来。这个月 14 日，美国国务卿贝纳斯向参议院提出《美国军事援华法案》。26 日，即第一次招待会的那天，美国众议院外交委员会执行会议以 15 票对 2 票通过该法案，其中规定把剩余军备移交国民党军队，并派遣美国军事代表团训练国民党军队。美国政府又与国民党政府签订了《中美处置租借法案物资协定》，根据这一协定，美国将提供价值 5170 万美元的军用品。这些，无疑助长了国民党武力统一的气焰。22 日，毛泽东发表声明抗议。23 日，上海五万群众游行集会，抗议美国干涉中国内政。请愿代表至南京下关时，遭特务殴打，马叙伦、阎宝航等人受伤。闻一多曾与冯素陶、李公朴、楚图南、潘光旦共 17 人联名电慰下关惨案受伤者。[①] 这时，闻一

---

① 该电刊于《民主周刊》第 3 卷第 16 期，文中云"誓为诸先生后盾，力争中国和平及民主政治之实现"。

多再次表态：

> 当前美国在华的措施，是违反杜鲁门总统对华声明及莫斯科四国外长会议对华声明的，也是违反美国人民的意愿的。我们可以发动向美国人民控诉美国政府的运动。从美国内部来看，两个政党间的进步分子及下层平民正将有自由工人联合的组织，这组织的发展将大有影响于美国未来的政治。所以我们对于外力的作用，不必过高估计。只有坚信自己的意志，把希望寄托在人民身上。

记者还问到民盟对马歇尔仲裁权的看法。赋予马歇尔仲裁权，是军事三人小组国民党代表徐永昌于 6 月 17 日交给周恩来的提议，周恩来复函予以反驳。闻一多和潘光旦都认为民盟比马歇尔更适合作为第三者来调解国共争执。潘光旦坚决地说："民盟与其说是老三，倒毋宁说是孱弱的老大，才没有足够的力量去排解老二老三，叫他们听话。"闻一多接着潘的话说道：

> 我不承认武力为真正的力量，人民的意志才是真正的力量。宇宙间只有真理和正义在，有了坚决的信念，便不必为问题之不能马上解决所苦。还是要长期坚持下去。和平的条件不能具备，则以各种方式和努力去促成它。对于马歇尔，则同样尽力，他与我们能有一致的看法。①

闻一多的这些发言，后来整理成《民盟的性质与作风》，发表在《民主周刊》第 3 卷第 17 期，时间是 7 月 9 日。这是他生前写下的最后一篇文章。他特别强调"所谓中间人并不是等于无原则的和事佬"。他说："我们要明是非，辨真伪，要以民主为准绳来做两极之间的公断人。

---

① 以上所引的几段闻一多的话，均录自《一切力量的源泉——人民》（民盟招待会第三日记），《民主周刊》第 3 卷第 17 期，1946 年 7 月 9 日。

我们除了牢不可破的对民主的信念以外，没有任何成见，也不可能有任何成见。"又说："我们一向是不问政治的无党派，所以今天问起政治来，只有政治主张，而无党派成见。惟其无党派无成见，所以我们愿意不惮其难地在两极之间做中间人，而不打算排斥任何一个。惟其有政治主张，所以我们不能做无原则的和事佬，而要在两极之间，做个明是非、辨真伪的公断人。"

这次招待会前，随着复员的人渐渐离去，力量的对比难免有变化。为了适应环境，民盟云南省支部决定建立秘密联系，因此急需各机构代用章。闻一多熬了一通宵刻出四方："田省三印"（滇支部）、"王祖平印"（组织部）、"杨念萱"（宣传部）、"刘宓"（秘书处）。赵沨说：这件事"我记得是在夜间谈定的，但第二天清早闻一多先生便把四颗图章刻好送来了。这时，我注意到闻一多先生的双眼都熬红了"。①

发动呼吁和平大签名

在举行各界招待会的同时，闻一多还从事了一项很重要的工作，即发动呼吁和平的万人签名运动。

6月7日，国共同时发布东北停战令，蒋介石却公然声称国民党军队停止进攻"绝不影响其根据中苏条约恢复东北主权之权利"。东北问题是全国战和与否的中心问题，蒋介石一边宣布停战，一边却毫不掩饰腾腾杀气。中国人民强烈意识到内战危机迫在眉睫。南京下关惨案刚刚发生两天，26日国民党军队便向中原解放区大举进攻。为了反对内战，一场广泛的和平运动再次席卷全国。

为了配合这一形势，云南民盟决定发动一次万人签名的呼吁和平运动。发起这个运动，需要一个向国共两党领袖再次表明人民态度的呼吁性宣传文件，致蒋介石、毛泽东电，就是张天放受冯素陶委托起草的。

---

① 赵沨：《回忆闻一多先生殉难前二三事》，《闻一多纪念文集》，第186页。

张天放比闻一多年长几岁，早年毕业于日本早稻田大学法律科，辛亥年间参加过腾越起义，还是五四新文化运动的积极分子，云南第一家白话文刊物《救国日刊》就是他在 1918 年创办的。抗战时期，他投入民主运动，活跃在昆明社会。张天放笔头很快，6 月 25 日就拟就好文稿，遂请闻一多加工润色定稿。闻一多马上放下手边工作，精心推敲了电文，立即交给崇文印书馆的崇文印刷厂排版。① 开印前，崇文印书馆经理的儿子祁仲安，看到闻一多亲自下厂看了校样。② 电文印出来后便是征集签名，闻一多除了自己多方奔走外，还组织了一些青年帮助工作。在民主周刊社帮忙的卜兴纯说他认识一些农民朋友，可以代他们签名。闻一多严肃地说：重要的是发动群众，揭穿反动派的阴谋，让大家知道内战于国于民的危害，共同起来反对内战。单纯签名没多大意思，代人签名更无意义，最好把签名运动深入到广大劳动人民群众中去。③

经过紧张的工作，截止到 27 日晚 9 时，在电文上签名的人已达 4 千余人。云南耆旧和知名人士由云龙、赵鹤清、吴琨、王灿、马伯安、张止真、李子猷、李云谷等都签了名。签名中还有历任一八三师师长、第三十军团副军团长、第一集团军副总司令等职，当时拒绝调任国民政府军事委员会高级参议而赋闲的滇军名将高荫槐，可见其广泛性。

为了整理各种字体的签名，闻一多伏案用放大镜逐字辨识，干了整整一天。6 月 30 日，电文及签名正式发表，向全国民众传出了昆明各界的共同声音：

南京蒋主席钧鉴　延安毛润之先生钧鉴：

抗战告平，咸庆更生，乃人民之喘息未定，而阋墙之祸乱继起。白山黑水，战焰弥天；长江大河，血流满地。农村既饿殍载道，拯救无术；都市复罢工罢教，层出不穷。加之外货充斥，生产

---

① 张天放：《追求真理为民主献身——回忆闻一多二三事》，《思想战线》1979 年第 5 期。

② 祁仲安：《往事琐忆》，《昆明盟讯》1986 年第 3 期。

③ 庄霞（卜兴纯）：《忆闻一多先生二三事》，《昆明师院学报》1981 年第 2 期。

停顿，经济危机，尤濒险境。虽停战一再展期，而和平犹未实现，是不仅全国民众所深忧，亦为国际友邦所共虑。是以吁请国共两方，一本爱国爱民之心，开诚相与，一面立即宣布长期停战，一面火速救济灾区。其他如交通之如何恢复，军队之如何整编，生灵之如何救济，与夫政治上民主团结之如何实现，均应以诚意协商解决，万不可使兵戎再见，骨肉相残，坐令民族生机斫丧尽净。悬崖勒马，此其时也。迫切陈词，幸垂察焉！①

　　这个电文，是闻一多参与的最后一份历史性文献，7月5日，《新华日报》在一则报道中刊登了这一电文，并命名为《和平宣言》。与电文同时印发的，还有一个《为呼吁和平救灾号召万人签名运动》的传单，附在电文的后面。它写道："电报已经发出，但是我们深信今天昆明市内同情我们的呼吁，并愿意将他的姓名公开出来以表示赞助的人，绝不止此数，所以电报虽然已经发出，我们仍愿作为一种民意测验，请求大家凡未曾签名的，继续签名，并尽量征求你的亲戚朋友，不分男女老幼，不拘职业地位，参加签名，多多益善。"传单还说："和平救灾是关系我们每一个人自己的事，为自己的事而呼吁，是我们每一个人自己的职责，也是我们每一个人的权利。请协助我们胜利地完成这一光荣的运动吧！一个名字代表一声怒吼，多一个名字，多一份力量。起来！全昆明市的人们！如果能把大家的力量汇成海潮一般的怒吼，它是会淹没好战分子的阴谋，和挽回中华民族的浩劫的！"②

　　闻一多以饱满的政治热情积极开展反内战争民主的斗争，他还渴望着把民主运动带回北平去。6月下旬，袁永熙离昆的前一天晚上，来西仓坡辞行。闻一多兴奋地对他说：中国民主运动的头一炮是我们昆明放的，现在上海为抗议下关惨案放了第二炮，咱们回北平后一起放第三

---

　　① 该电文及签名印刷件，中国民主同盟云南省委员会存。
　　② 《为呼吁和平救灾号召万人签名运动》（传单），中国民主同盟云南省委员会存。

炮。他还表示回北平后暂时不住清华，因为那里离城较远。他要住在城里，好和大家一起开展工作。①

| 第三节 |

血写的诗篇

抗议杀害李公朴

古朴的北平，幽静的清华园，常常引起闻一多无限的怀念。水木清华的新南院 72 号，有他种下的小草、松墙，特别是那挺拔的翠竹，表现着一种刚强不屈的性格，使人总在挂念。去年初冬，陈岱孙要回北平接收清华园，问闻一多有什么事要代办。"你看看我那屋前的竹子，还在不在？"后来，陈岱孙回信：不但在，还很茂盛！闻一多笑了。

闻一多还眷恋长江边上的故乡，两年前胞弟闻家驷要讨个条幅，闻一多写下陶渊明《读山海经诗一首》中的"众鸟欣有托，吾亦爱吾庐"。这几字用的是钟鼎文，旁边用楷书恭写："驷弟出纸属书陶句时同客滇南弥念湖上老宅也。"他回家就讲浠水话，说：不爱自己家乡的人怎么会爱自己的国家呢。闻一多原准备复员时回老家看看，可是国大要在南京开，才不得不打消这念头。祖国在危难中，他只能遥望家乡寄托情

---

①　访问袁永熙记录，1988 年 4 月 29 日。

思。当初，父亲去世的消息传来，他悲痛得吃不下饭。端午节那天，丁月秋女士请他在扇面上写几个字，闻一多稍稍想了一下，录了屈原的一句诗："长太息以掩涕兮，哀民生之多艰。"

妻子患有甲状腺炎，引起严重的心脏病。为了免去路上颠簸，闻一多决定乘飞机返北平。当时，大批战时疏散到后方的机关、企业、学校都要复员，机票价格很贵。7月1日恢复航班的昆明到上海机票，每张13万7千元，昆明到武汉机票，也达8万7千元，还要经主管机关公函证明。[1] 为了凑钱买机票，家里能卖的都卖了，可还是很难买到，全家只能分批北上。6月20日，学校分配给两张票，闻一多让立雕、立鹏两儿先随许维遹飞重庆，在那里等全家到齐同回北平。孩子出门前，他用省吃俭用的钱买了两瓶维他命，叮嘱路上要注意身体。两个孩子走了，他们怎能想到这竟成永别。

1946年6月闻一多全家在昆明西仓坡合影

[1] 《昆沪间航空七月一日起恢复》，昆明《中央日报》1946年6月29日，第2版。

还在这年五四节的时候，云大围墙上便贴出"中国民主大同盟"的标语，上面肆意咒骂民主人士，把闻一多叫"闻一多夫"，把罗隆基叫"罗隆斯基"。近日楼附近的标语，还扬言要用四十万元买闻一多的头。闻一多冷笑，"我的头那么值钱吗？"有张小报，低级下流，劝闻一多跳河自杀。外间还风传李公朴回昆明，是要和闻一多等组织暗杀公司。朋友和同事都为闻一多担心，说还是早些离开好。7月6日，余冠英来辞行，临走再三说："你还是早些走罢，越早越好！"闻一多不语，只是含笑点点头。①

7月11日早上，西南联大最后一批复员的同学乘汽车离开昆明。当晚，民主战士、民盟中央执行委员李公朴，便遭特务暗杀。青云街学院坡，李公朴的血淌在热土上，几个特务扬长而去。

深夜一点钟，两个青年匆匆敲响西仓坡宿舍大门，报告了李公朴遇刺的消息，说人已抬到云大医院抢救。正在生病的闻一多一骨碌从床上翻身起来，不顾高烧，拿了手杖就要出去。高真和报信的青年急忙拉住，"太晚了，街上没什么人，你又病着，出去也许有什么意外，等天亮再去"。死死拽了半天，好容易按住。闻一多再也睡不着，整整一夜，不断有人来报告。恐怖笼罩着这座欲将倾倒的大厦，昆明在黑暗中颤动。

清晨，五时左右，闻一多赶到云大医院。楚图南、尚钺也赶到了。但是晚了，李公朴四点多闭上了双眼，他的最后一句话是："天快亮了吧？"

李夫人张曼筠抚尸痛哭。这个与丈夫共患难多年的坚强女性，经不起这沉重的打击，悲痛欲绝。七君子事件、较场口血案，李公朴都大难不死，现在却……闻一多的泪也不住地淌，他凝视着，不相信战友会死，他一个字一个字地说："公朴没有死！公朴没有死！"

得到消息赶来的人渐渐多了，闻一多哽咽着吩咐女同学安慰李

---

① 余冠英：《我和闻一多先生最后的一次见面》，北平《民主周刊》第10期，1946年9月12日。

夫人，自己和楚图南等赶往民主周刊社。紧急会议上，当即决定三事：对外发电公布事件、拟定抗议书送达警备司令部、筹组治丧委员会。

街上的消息又传来了，说要暗杀的第二号人物就是闻一多。朋友劝闻一多少外出，政府决心蛮干，什么意外都可能出现。闻一多理解大家的心情，却止不住自己的行动。"李先生为民主可以殉身，我们不出来何以慰死者。"

经过加班加点，《中国民主同盟云南省支部发言人为李公朴同志被暴徒暗杀事件之严重抗议》《李公朴先生被刺经过》相继草成。讨论它们时，有人主张措辞写得笼统温和些较妥，免得过分刺激，再说凶手没有抓到，还不知究竟谁是主谋。闻一多不能同意，他主张毫不含糊地在声明中指出这是国民党所为。这种在极端恐怖下的原则坚定性，给在场者的印象极深。①

12 日这天，闻一多派卜兴纯以民主周刊社记者的名义走访社会知名人士，请他们对李公朴被刺发表评论。卜兴纯走访了张奚若、张天放、马伯安等人，顺利地完成了任务。回到民主周刊社，他看见闻一多也写好了一个稿子，上面写着："斗士的血是不会白流的。反动派！你看见一个倒了，可也看得见千百个继起的！"这题字连同张奚若等人的评论，都交给《学生报》。②15 日，《学生报特刊》第三期印出，首页右侧直书"学生报纪念李公朴先生遇难特刊"几个遒劲大字，下署"闻一多"。

《李公朴先生被刺的经过》定稿后，需要立刻发表，恰在欧小牧来看闻一多，说可以把他编辑好的小报抽下一部分。闻一多很高兴，立刻把稿子交到欧小牧手里。《高原》第二期率先刊出这篇公告，时间是13 日。

这天下午，中苏文协昆明分会被查封，当时住在那里的有赵沨和金

---

① 张子斋：《闻一多颂》，《思想战线》1979 年第 5 期。
② 访问卜兴纯记录，1987 年 11 月 26 日。

若年，金若年因外出未被拘捕，赵沨正在李公朴家里帮助筹办丧事。突然，一个中苏友协的工友跑来找赵沨，说要到他的房间查电表，赵沨信以为真，结果一回去就被两个宪兵扣住。抄家时，宪兵要赵沨和抄家的人一起往外搬运东西，赵沨趁着一个机会，逃离了出来。赵沨、金若年已经无处投宿了，闻一多热情地把这两个青年人接到自己家里，让金若年和立鹤挤在一起，让赵沨和自己同住。①

那天晚上，闻一多向赵沨说了很多心里话，其中又一次说到想去解放区看看的愿望。这件事赵沨印象很深，他回忆说："我住在闻一多先生家里的那个晚上，他曾经对我说'我想晚点儿回北方去，一方面是为了我和你们安排好昆明的工作，另一方面，因为我有一年的休假，我想借此机会，从北平秘密地到解放区去，哪怕是去看一看再回来。'"其实，赵沨也有同样的经历，那是他从缅甸回到国内时，在重庆，周恩来向他布置到昆明开展工作的任务时，他就表示想去延安。但是，周恩来对他说了一番语重心长的话。周恩来说："大家都想到解放区的心情我是理解的，因为那是我们大家的老家嘛！但是，现在国统区革命形势虽然处于低潮，但总有一天国统区的革命高潮也会到来，到那时候，谁来做国统区的工作呢？"现在，赵沨就用当年周恩来的话开导闻一多。听了这话，闻一多沉默了许久，赵沨见状，便坦率地对闻一多说："据我知道，在你的学生们中间，就有地下党的组织，这一点，我深信你早已经觉察到了，青年人都需要你，何况你到了北方，你一定会有机会见到胡公，你有什么话都可以向他说啊。""胡公"是当时大家对周恩来的称呼，闻一多听了赵沨这番话，才露出笑意，说："你这一说我可以放心了。"②

夜深了，一个盟员跑来报信，说三青团某人传出消息，称南京已给昆明警备司令部和宪兵第十三团等机关发来密令，中有"中共蓄谋叛乱，民盟甘心从乱，际此紧急时期，对于该等奸党分子于必要时得便宜

————————

① 赵沨：《回忆闻一多先生殉难前二三事》，《闻一多纪念文集》，第187页。

② 赵沨：《回忆闻一多先生殉难前二三事》，《闻一多纪念文集》，第187页。

处置"等语，霍揆彰已奉令布置，决定首批暗杀四人，逮捕十余人，均为民盟负责人。

送走朋友，潘光旦夫人突然匆匆跑来，说她家后墙有人。立鹤与金若年连忙出去查看，虽没见到人影，但黑夜中仍有一种使人透不过气的感觉。①

几天来，恐怖已经时常降临在西仓坡西南联大宿舍。门前总有人鬼鬼祟祟，门房一会儿来通话："有个老太婆要见闻先生"，一会又来说："一个戴呢帽的青年要见闻先生"。几个特务模样的人竟公然问院子里的人：闻一多穿什么衣服，长得什么样，有没有胡子？整个宿舍风声鹤唳。

高真总也忘不了有个疯女人常来威胁恐吓。这个女人40岁上下，自称叫张柴静一，瘦长身材，一进门就拿出本《圣经》，指着里面的"易多"两字对立鹤说："多是两个夕字，夕是太阳快落山了。"一次，她还留下封给闻一多和潘光旦的信，上面歪歪扭扭写着："你若知悔，速将你们的志士约齐，听你老娘教导你们听，……我不是早告诉你们，有很严重的惨杀在不多的一日要发现。"②

一连串的刺激和无限的担忧，使高真的心脏病更加厉害。她忍不住恳求闻一多道："你不要再往外面跑了，万一出了什么事，这么一大家人，我的身体又是这个样子，可怎么办好啊！"闻一多沉默了一会儿，慢慢地说："现在好比是一只船，在大海里遇到了狂风恶浪，越在这种时候，越要把住舵，才能转危为安。"这话的声音不大，但却那么有力量。③

---

① 访问金若年记录，1986年7月5日。
② 这封信是高真交给李漫看的，李漫在《闻太太及闻小姐谈闻一多同志被刺前后》中引有500余字，见《民主周刊》第3卷第19期，1946年3月2日。
③ 本节除注明出处外，均引自高真口述、闻铭整理的《一多牺牲前后纪实》（《闻一多纪念文集》）及闻立鹤《爸爸遇刺纪详》（《闻一多先生死难周年纪念特刊》）。

最后一次讲演

7月15日，一个永远不能忘记的日子。

上午，昆明学联在云南大学至公堂召开李公朴殉难经过报告会。几天来恐怖的气氛令人窒息，朋友们为了安全起见，不让闻一多出席。可是，他怎么能放弃伸张正义的责任？争来争去，最后达成协议：只出席，不发言，派人接送。

清晨，又有人来说黑名单的事绝对可靠，让闻一多千万小心。他镇定如常："假如因为反动派的一枪，就畏缩不前，放下民主工作，以后谁还愿意参加民主运动，谁还信赖为民主工作的人。"明知山有虎，偏向虎山行。闻一多一旦认准了方向，就会奋不顾身地一往无前，这正是他可贵的精神。

护送的人来了，他叫杨希孟，是杨明的弟弟。小杨走进屋，只见闻一多已穿好洗得灰白的长衫，在屋里等候多时了。

小杨先走出宿舍的院门，刚才还空无一人的对面墙角下，出现了一个穿西装、戴礼帽的大汉。西仓坡东口，也有一个瘦猴脸、穿美式夹克的家伙。闻一多鄙夷地扫了他们一眼，把拐杖使劲往地下一戳："走！"说完昂首跨出大门。

杨希孟紧紧贴在闻一多的身边，前面十几步是瘦猴脸，跟在后面的是西装大汉。这阵势不免让人担心，小杨有保护老师的责任，显得有点紧张。闻一多却不相信特务敢怎么样，他神情自如地和小杨攀谈，说下午有个记者招待会，明天李公朴的火葬仪式在云大操场进行，自己也要参加。

西仓坡是条狭窄僻静的小巷，特务要下手，这儿是最合适的地方。为了防止意外，闻一多轻声对杨道："你离我远一点，不要和我并排。"他不愿让一个无辜的青年跟着自己同遭毒手。小杨想：前面的家伙已快出巷了，就是下手也得转过身，容易被人注意，危险的倒是后边的大汉。想到这儿，小杨放慢脚步，让闻一多走前几步，自己则用身子挡住大汉的视线。闻一多扭过头看了小杨一眼，慈祥的目光中带着一丝责备。

大汉被小杨压在身后，闻一多很快出了西仓坡，走上人来人往的翠湖北路。特务们怕目标显眼，没敢动手，只得悻悻地跟踪进了云大。①

走进至公堂，闻一多在台下前面的一条凳子上坐下来。开会了，李公朴夫人声泪俱下地报告李公朴被刺的经过，话语常因悲恸中断。"他在死前，就知道随时可能死。他出街时和我说：'我今天跨出了这道门，不知道能否跨进来。'"李夫人说："他虽死，但他的精神没有死，他虽没有了生命，但刽子手却没有了人性！"②

李夫人悲痛欲绝，讲不下去，混进会场的特务乘机起哄、怪叫。反动派的猖狂激怒了闻一多，他再也按捺不住，走上前去扶着李夫人坐下，随后即席作了著名的最后一次讲演：

> 这几天，大家晓得，在昆明出现了历史上最卑劣、最无耻的事情！李先生究竟犯了什么罪？竟遭此毒手，他只不过用笔写写文章，用嘴说说话，而他所写的，所说的，都无非是一个没有失掉良心的中国人的话！大家都有一支笔有一张嘴，有什么理由拿出来讲啊！有事实拿出来说啊！为什么要打要杀，而且又不敢光明正大地来打来杀，而偷偷摸摸地来暗杀！（鼓掌）这成什么话？（鼓掌）

会场的情绪从悲痛转向愤怒，人们擦去了刚才流出的眼泪。只有特务们还嬉皮笑脸，故意做出怪样子。闻一多大吼道：

> 今天，这里有没有特务？你站出来，是好汉的站出来！你出

---

① 杨希孟：《真的猛士》，《云南盟讯》1981 年第 7、8 期合刊；访问杨希孟记录，1987 年 11 月 17 日。

② 《张曼筠女士讲李公朴同志对死的观感》，《民主周刊》第 3 卷第 19 期，1946 年 8 月 2 日。

来讲！凭什么要杀死李先生？（厉声，热烈地鼓掌）杀死了人，又不敢承认，还要诬蔑人，说什么"桃色案件"，说什么共产党杀共产党，无耻啊！无耻啊！（热烈地鼓掌）这是某集团的无耻，恰是李先生的光荣！李先生在昆明被暗杀，是李先生留给昆明的光荣！也是昆明人的光荣！

去年"一二·一"昆明青年学生为了反对内战，遭受屠杀，那算是年轻的一代，献出了他们的血，献出了他们最宝贵的生命！现在李先生为了争取民主和平，而遭受了反动派的暗杀，我们骄傲一点说，这算是像我这样大年纪的一代，我们的老战友，献出了最宝贵的生命。这两桩事发生在昆明，这算是昆明无限的光荣！（热烈地鼓掌）

特务被这声音震慑了，正义者被这声音鼓舞了。会场的气氛激昂起来。闻一多看着安静下来的会场，语调稍微顿了一下：

反动派暗杀李先生的消息传出后，大家听了都摇头。我心里想，这些无耻的东西，不知他们是怎么想法？他们的心理是什么状态？他们的心是怎么长的？其实很简单，他们这样疯狂地来制造恐怖，正是他们自己在慌啊！在害怕啊！所以他们制造恐怖，其实是他们自己在恐怖啊！特务们，你们想想，你们还有几天，你们完了，快完了！你们以为打伤几个，杀死几个，就可以了事，就可以把人民吓倒了吗？其实广大的人民是打不尽的，杀不完的，要是这样可以的话，世界上早没有人了。你们杀死了一个李公朴，会有千百万个李公朴站起来！你们将失去千百万的人民！你们看着我们人少，没有力量。告诉你们，我们的力量大得很！多得很！看今天来的这些人，都是我们的人，都是我们的力量！此外还有广大的市民！我们有这个信心：人民的力量是要胜利的，真理是永远存在的。历史上没有一个反人民的势力不被人民毁灭的！希特勒、墨索里尼不都在人民之前倒下去了吗？翻开历史看看，你还站得住几天！你完了，快完了！我们的光明就要出现了。我们看，光明就在我们的眼前，而现在正是黎明之前那个最黑暗的时候。我们有力量打破这个黑暗，争到光明！我们的光明，就是反动派的末日！（热烈地鼓掌）

闻一多不只表示了民主事业必定胜利的信心，他还对和平能够到来的可能性做了分析：

反动派故意挑拨美苏的矛盾，想利用这矛盾来打内战。任你们怎么样挑拨，怎么样离间，美苏不一定打呀！现在四国外长会议已经圆满闭幕了。这不是说美苏间已没有矛盾，但是可以让步，可以妥协，事情是曲折的，不是直线的。我们的新闻被封锁着，不知道美苏的开明舆论如何抬头，我们也看不见广大的美国人民的那种新的力量在日渐增长。但是，事实的反映，我们可以看出。

第一，现在司徒雷登出任美驻华大使，司徒雷登是中国人民的朋友，是教育家，他生长在中国，受的美国教育。他住在中国的时间比住在美国的时间长，他就如一个中国的留美生一样。从前在北平时，也常见面，他是一位和蔼可亲的学者，是真正知道中国人民的要求的。这不是说司徒雷登有三头六臂，能替中国人民解决一切，而是说美国人民的舆论抬头，美国才有这转变。

其次，反动派干得太不像样了，在四国外长会议上，才不要中国做二十一国和平会议的召集人。这就是做点脸色给你看看，这也说明美国的支持是有限度的，人民的忍耐，和国际的忍耐也是有限度的。

最后，闻一多又把话题转回来。他坚定地说：

李先生的血，不会白流的。李先生赔上了这条性命，我们要换来一个代价。"一二·一"四烈士倒下了，年轻的战士们的血，换

来了政治协商会议的召开。现在李先生倒下了，他的血要换取政协会议的重开！（热烈地鼓掌）我们有这个信心！（鼓掌）

"一二·一"是昆明的光荣，是云南人民的光荣。云南有光荣的历史，远的如护国——这不用说了；近的如"一二·一"，都是属于云南人民的，我们要发扬云南光荣的历史！

反动派挑拨离间，卑鄙无耻，你们看见联大走了，学生放暑假了，便以为我们没有力量了吗？特务们，你们错了！你们看看今天到会的一千多青年，又握起手来了，我们昆明的青年绝不会让你们这样蛮干下去的！

历史赋予昆明的任务是争取民主和平，我们昆明的青年必须完成这任务！

我们不怕死，我们有牺牲的精神，我们随时像李先生一样，前脚跨出大门，后脚就不准备再跨进大门！（长时间热烈地鼓掌）①

这是闻一多的最后一次即席演说。面对反动派苟延残喘的猖狂反扑，闻一多横眉怒对，表现了不畏强暴的民族英雄气概。他的怒斥既是人民的吼声，也融进了他人格和生命的结晶。演说时而深沉，时又锋利，有议论也有抒情，处处扣人心弦。若说它是向敌人的投枪，那它也是激励人民的战鼓。"前脚跨出大门，后脚就不准备再跨进大门"，这句李公朴说过的话经过闻一多的重申，已成为对民主事业视死如归的千古名言，它深深镌刻在了中国革命史册上。

---

① 《闻一多同志不朽的遗言》，《民主周刊》第3卷第19期，1946年8月2日。这篇记录即后来改名之"最后一次的讲演"。这个记录有几种文本，内容基本相同，但亦有所异。这里摘录者为最早公开发表的油印传单，后编入《民主周刊》最末一期，与《闻一多全集》所收有所删节。

倒在祖国的大地上

中午，闻一多在同学们簇拥下离开至公堂。主楼到校门有几十级高高的台阶，他站在台阶最高处，向着远方深深吐出一口气，阳光照在身上，那样令人陶醉，但闻一多无心去感受这大自然的恩赐，心里盘算着下午的记者招待会怎么个开法。

12 时左右，回到家里，妻子见了总算放下了悬着的心，她只知道丈夫去民主周刊社，压根不晓得闻一多又去演讲了。

立鹤在家，闻一多轻声耳语："我去云大演讲了！"立鹤一怔，马上问："怎么不告诉我？"时局这么不安，他几天来一直跟着父亲，起些保护和照应作用，可今天早上被父亲派去给楚图南、冯素陶送信，回来便未看到人。闻一多见儿子愣在那儿，笑着道："怕你嘴不稳，告诉妈。"立鹤听了，心里一热："爸真好！"

"会上情形怎样？"立鹤问，他也很惋惜没去听这个会。

"很好，人到的很多，特务被我痛骂了一顿。"闻一多得意洋洋。

"没发生什么事吗？"

"没有。但是特务真多，是同学把我送回来的。"闻一多很明白自己的处境，但他并未胆怯。很了解他的李广田说闻一多与鲁迅一样，都是完人，他们都"有爱有恨，敢笑敢骂，坐而能言，起而能行，既有深情，又有至理"，表现了"有声有色的崇高伟大人格"。[①] 闻一多确是这样一个人。

"下午要招待记者，我稍睡一下，到一点半叫我。"闻一多太累了，说完便躺上床。

还不到一点半，闻一多就醒了。一会，楚图南进屋，两人喝了点茶一起出门。立鹤不放心，一直护送到民主周刊社门口。分手时，闻一多让他四五点来接一下。

---

① 李广田：《鲁迅和闻一多》，《中学生》第 201 期，1948 年 10 月 1 日。

　　时间一分一分地过去，太阳总也不下去。立鹤待不住，才三点多就向府甬道走去。招待会没散，立鹤便在外面踱来踱去，街上三三两两的行人中，总有些歪戴帽子贼眉鼠眼的家伙，一看就知道是特务。立鹤似乎有种预感，不祥的预感，可转念又想："爸的名气这么大，他们一时不敢下手。杀死李先生已使他们下不得台了，哪还敢再惹祸呢？"但是再想起女疯子的恐吓信，心头顿然又像被猛击了一下。

　　五点左右，楚图南先走出民主周刊社。他们在屋里已商量过，要分头走，即使碰上特务也不会让他们一网打尽。看着楚先生高大的身影远去，立鹤心里放松了一半。"这一天可以平安度过了。"他正默默地想着，就看见父亲从民主周刊社走出来。闻一多离开民主周刊社时，赵沨因为要收拾会场，便请闻一多先走一步，离别时，闻一多知道这位河南人喜爱吃面食，对他说："你晚点回来也不要紧，给你煮挂面。"①

　　闻一多和闻立鹤一起慢慢向着西仓坡的家走去，路上，还买了份《复兴晚报》，想看看报上是怎么报道李公朴被刺的。民主周刊社在府甬道上，府甬道是条南北向的马路，南端与西仓坡成丁字形。从民主周刊社到西仓坡宿舍不过 200 米左右，拐个弯向西不远就可到家。闻一多也松了口气，再有二三分钟便能回到妻子身边。连月来，妻子无时无刻不为自己担心，外面有点稍大的声响，心就怦怦跳个不停，今天可以让她吃顿安宁饭了。

　　闻一多与立鹤不慌不忙地走着，西仓坡行人本来不多，此刻则像死一样寂静。看看宿舍院子的大门近了，近了，只有十多步了。突然，枪声从阴暗中响起，埋伏已久的几个特务一起扣动扳机，子弹像雨点一样朝着闻一多射来。

　　事实证明，这是一次有预谋的疯狂暗杀。尚在 1946 年 4 月，霍揆彰接任云南省警备总司令一职后，便把陆军预备二师调到昆明，成立城

---

　　① 赵沨：《回忆闻一多先生殉难前夕的二三事》，《闻一多纪念文集》，第 188 页。

防司令部。① 为了加强特务机关，还从联勤总部调去一批特务。云南警备总司令部原有稽查处，处长即少将军衔的王子民。稽查处下设三科十组，第十组为驻在翠湖海心亭，配自动武器和车辆行动组。行动组组长崔镇三，原是杜聿明第五军第二〇〇师的搜索营长，抗战结束后到联勤司令部特务机关视察室当视察员，1946 年 4 月随处长王子民、科长单学修到云南警备总司令部稽查处。行动组成员共 13 人，为：少校参谋秦永和，上尉组员李明山、周家文，中尉组员刘锡麟、赵树林、何毅、杨德庆、陈定远，少尉组员崔保山、仲刚，准尉司书吴约翰。李公朴、闻一多只是主管情报收集处理的稽查处二科中校科长单学修，调动四个情报组开列的暗杀名单中的两人，这个黑名单一说有 20 余人，一说有 50 余人，以王子民名义报参谋长刘淑琬呈霍揆彰。

6 月中旬，霍揆彰带着王子民飞南京，向国防部长陈诚汇报，准备等蒋介石圈定后便动手。当时，蒋介石正与马歇尔商量东北问题，没来得及召见霍、王。霍揆彰遂将黑名单和行动方案留在国防部，返昆待命。

6 月 22 日，回到昆明的霍揆彰召开乙种汇报会，会议由霍揆彰、刘淑琬主持，参加人员有云南省警务处长李毓祯、云南省警备总司令部稽查处处长王子民、宪兵十三团团长彭景仁、城防司令和陆军预备第二师师长杨宝谷，及国民党云南省党部、三青团代表。汇报会决议"以军事力量强制弹压，阻止学生游行，逮捕学运为首分子"，由王子民负责"随时收集李、闻等之言论，并暗中予以监视"，"对稽查处执行人员要严厉奖惩"。王子民接受任务后，立即和主管审讯、行动指挥的稽查处三科上校科长徐绍阶，召集行动组崔镇三、秦永和、李明山、刘锡麟、赵树林、何毅、崔保山、仲刚，及一组组员王开基，二组组员李步云，六组组长赵凤祥、组员汤世良、吴传云，和城防司令部谍报队组长蔡云

① 预备二旅由预备二师改编而成。1938 年，贵州地方保安部队改编为预二师，1942 年 5 月调到云南腾冲，在日军占领区打游击。1944 年 5 月参与滇西反攻。1945 年末整编为预二旅，配属中国远征军第二军整编第九师，担任昆明城区警备。

祈、组员尚福海、黄其祥开会布置。决定从 6 月 25 日起，对李公朴、闻一多等首批暗杀对象实施监视盯梢，霍揆彰还气焰嚣张地宣布每杀一人奖法币 50 万元，并加官晋级。

7 月 11 日，赵凤祥率汤世良、吴传云、刘锡麟、赵树林首先对李公朴下手。在学院坡向李公朴腰部开枪的，便是汤世良。李公朴被刺后，崔镇三见赵凤祥等未按原定绑架到郊外秘密活埋的计划进行，觉得让人抢了头功，立刻召集组员训话，限三天内杀死闻一多。几天来，西仓坡周围早已伏下特务，闻一多的一切行动都在被监视之中。15 日，闻一多参加李公朴殉难经过报告会时，崔镇三布置蔡云祈率尚福海、黄其祥潜入云南大学监视，秦永和率崔宝山、仲刚在云南大学附近望风，李明山、刘锡麟则在闻一多住所附近潜伏。当闻一多父子已经快走到西仓坡宿舍时，是李明山、崔宝山、刘锡麟、何毅等朝着闻一多、闻立鹤开的枪。①

闻一多头中三枪，胸部、左腕也连被击中。他右手下意识地抱着头，身子一软倒下去。鲜血从身上喷泉般地涌出，染红了土地。

立鹤一听到枪响，便立刻知道担心的事终于发生了。他看到父亲痛苦地倒下去，想也不想，毫不犹豫地扑上去。他想用自己的身子挡住罪恶的子弹，掩护好父亲。特务丧心病狂，子弹又连珠炮似的射来。立鹤拼尽全力大喊："凶手杀人了，救命！"突然，他感到浑身无力，从父亲身上滚了下来。直到此刻，他才看见闻一多满身枪眼，血流不止，手杖、鞋子、眼镜都被打落。闻一多面色苍白，嘴唇微微动了几下。立鹤想爬过去，可怎么也动不了，这才知道右腿已经断了，他还没感觉到自己身中五枪，肺部被打穿，一颗子弹离心脏仅有半寸。

十米外，几个彪形大汉继续射击，有几个还走上前踢了几脚。一个特务恶狠狠地对立鹤说：我不打死你，留着你报仇。

---

① 关于刺杀李公朴、闻一多的内幕，主要参考萧舟：《李、闻惨案真假凶手之谜》，《湖南文史》2002 年第 1 期；喻芳：《李公朴、闻一多蒙难真相》，《云南文史丛刊》1988 年第 2 期。

枪声响起时，高真顿然惊起。她拼命向大门口跑去，赵妈、大妹闻铭、小妹闻翾，还有住在家里准备和闻一多一家一起北上的立雕的同学庄任秋①，都冲向大门。

大门外，父子俩横一个竖一个倒在血泊中。高真抢上去抱住闻一多，血立即染红了她的衣服，白色的脑浆也流了出来。高真又挣扎着往立鹤那边看，见他瞪着两只充满仇恨的眼睛。

翠湖那边，一群刽子手登上吉普车，由刘锡麟、曾海涛、欧阳天化、崔镇三驾驶，呼啸而去。策应暗杀的蔡云祈、尚福海、秦永和、仲刚、王开基也乘车而去。

西仓坡宿舍门口，高真还在抢救闻一多父子。不知是谁从门里扔出一张行军床，又好歹拉住一个挑夫，才把闻一多送往云大医院。庄任秋也拖住个洋车夫，和赶来的联大附中洪川诚老师一起，竭尽全力把立鹤抬上车。两天后，闻铭和闻翾从医院回到家，看到渗进地里的血迹，一阵心碎，两人一起从地上捧起浸满父亲热血的血土。② 这血土，一直保存到今天。

高真踉踉跄跄往医院赶去，一路上看见滴滴的血迹。两个警察过来说要调查，高真大声说："你们不要问，是国民党杀的，还调查什么！"她已没有泪了，也没有恐惧，仇恨使一个弱女子坚强起来。③

当时，立雕的同学庄任秋因准备随闻一多全家一同北上，就住在闻一多家里，因而亲历了这一过程。他在日记里，做了如下记载：

记得我是一点钟午睡的，醒来已经四点，立鹤告诉我民盟的

---

① 庄任秋，闻立雕的好友，因父母在泰国失去联系，闻一多准备把他带到北平念书。闻一多牺牲后，庄不愿再拖累高真，留在昆明，并加入中国共产党。新中国成立后参加滇中文工团，在玉溪被土匪杀害，成为革命烈士。

② 访问闻翾记录，1995 年 11 月 1 日。

③ 本节闻一多被刺经过，根据高真口述、闻铭整理：《一多牺牲前后纪实》（《闻一多纪念文集》）、闻立鹤：《爸爸遇刺纪详》（《闻一多先生死难周年纪念特刊》）。

记者招待会已经开了，也许快开完了，他方才保送伯父开会去了（那时我正睡着），现在因为会正在进行，他的责任暂时没有，回头我想跟他一齐接伯父回来（这是我们约好的），因此我们就很快活地歌唱着，有时谈天。

大概五点半（因为我方才看是五点十分），我正在注神地抄着歌谱，没发现立鹤不在了。他告诉我，记者招待会结束后，接着是他们的执委会，我想大概会议不会立刻停止，老大也不会就接伯父去。……突然"砰！"的一声清脆手枪声，"砰！啪！"于是有如连珠炮和爆竹一般响了十几下，我不觉心里一沉，西仓坡的枪响可能是对付他们的，立刻门房跑来说："这里的人打倒了两个大人！"完了！教职员宿舍可能被打的只有两家，一是潘家一是闻家，潘家没两个大人，只有闻家了。天！我丢下笔往外一冲，有一个女的比我先到门口，她往外一望，立刻缩回来。我一看到伯父和老大躺在地下，我不假思索地第一个冲出大门外十几步接他们去。那时的情景有些可怜，一老一少孤独地饮弹躺于安静的街心，我第一眼看见伯父脑袋已经穿了一个大洞，脑髓逬散一地，眼镜摔碎在一边，面色死黄，唯有嘴唇还在颤动啊！伯父恐怕没希望了，我只好看老大。唉！老大在地上挣扎着起来，我看了心酸极了。他忙喊："庄任秋！快来啊，我受伤了，爸恐怕没希望了！"我抢到他身边，见胸口一大注血，左腿上也有。我急问："老大，你伤在什么地方？伤重吧？"老大呻吟，可是气壮地说："我胸口中了枪，腿上也有。"旁边已经在响着伯母和大妹、小妹的哭声，我心想这是上帝赋予我的神圣责任了，不禁定下心望培文中学门口的同学求救："同学！请帮个忙，同学！"他们都不敢动，我无法，只好扶着老大。那时老大的眼睛已经露出痛苦的神色，眼皮有些重似的，天！这是怎么回事啊！

职员观众群中冲出洪川诚先生，来帮我扶老大，我建议说："洪老师，你守住老大，我喊车去！"可是车夫不肯拉，尤其是西仓坡的观众突然乱窜逃避，如似特务又来了。西仓坡顿然一空，车夫硬不肯拉，我死死求他，答应他最大的代价，他不拉，我没法，又跑回老大那里。我想死也要把老大抬到云大医院，或者请挑夫帮忙，或者等过往的同学相助，可是老听小妹"妈呀！妈呀！"哭得直叫人心惊胆战，我于是不愿再等，要求洪老师去叫车去，把方才我雇不来的车子死拖来了。我和洪老师把老大抬上车，抬不上，正在无法，有二位先生帮忙着抬上了，大概是联大生。

老大事情弄完了，我回顾伯父，大妹正急得扶伯父不是，走开也不是，只在恸哭。伯母则张皇失措，我看见邻居陈旭都在旁边，我急叫："陈旭都！你帮着老妹照料一下伯父！"可是陈旭都惺然缩后了，我再看老大身上血流得很多，无法，只好舍此而护送老大上云大医院。洪老师陪我扶着车走，车夫死不肯卖力，路上只是我和洪老师费力，上下坡很讨厌。

去云大医院路上，老大很清醒，虽然脸色有些微微发白，可是没有痛苦的样子，他的神情好像是在回忆方才的事情，安静沉着，这使我放心不少。街上的人看了多半惊讶地问出了什么事，除了婉言回答以外，我时时注意老大的气色。

他开始讲："这是逼着我，……"

"我也够勇敢的，救我父亲被打的。……"

"我也可以说是为民主死的罢。……"

我赶紧阻止他说，一则怕伤势严重，二则怕给人听了不好。

他又继续讲："我可以做我爸的儿子的！……"

"老黑①，你要帮我母亲的忙。……"

到云大医院，伯父已经先由挑夫挑到，因为已经不可救，放在外科诊疗室外。我们把老大抬进外科诊疗室，上药、打不知道是麻醉针还是强心针。老大有时叫疼，有时忍耐得发汗，当他发现手上的手表时，他要我为他脱下，说："老黑，送你做永久纪念，为我报仇！"我心里一阵感动，但更理智，虽然心酸，绝不落泪。

我要求把老大放到头等病房，大概没有房子，故抬到二等病房

---

① 庄任秋的绰号。

38 号，伯父则被安放在停尸房。①

立鹤做好了牺牲的准备，但是好心的医生把他从死亡线上救了回来。但闻一多的伤是致命的，医生翻了翻他的眼皮，无可奈何地摇摇头，表示没有回天之力。

躺在行军床上的闻一多，被抬到一间小平房门前。血，积在行军床里，又渗下去落到地上，再流进旁边的花圃。这儿很安静，人们还不知道噩耗，所以没人打扰他，只有几只蜜蜂在像熟睡一般的闻一多四周扇动着翅膀。47 年前，他也是如此平静地来到这个世界，现在，他又心底无私地走了。

① 庄任秋：《一个星期的日记——闻一多教授被暗杀后的记叙》，中国社会科学院近代史研究所近代史资料编辑组编：《近代史资料》总 60 号，中国社会科学出版社 1986 年版，第 137—140 页。庄任秋曾任中共云南省新平县新区区委干部。1950 年 4 月 27 日，土匪陈希凯暴动，他为保护征集到的公粮不肯撤退。28 日，土匪包围区委，庄任秋惨遭杀害。庄任秋的日记一直保存在陈听枢处，《一个星期的日记》为陈听枢抄录的有关部分。

第十二章
抗议与惩凶

你是一团火，

照彻了深渊；

指示着青年，

失望中抓住自我。

你是一团火，

照明了古代；

歌舞和竞赛，

有力猛如虎。

你是一团火，

照见了魔鬼；

烧毁了自己！

遗烬里爆出个新中国！

——朱自清:《挽闻一多先生》

史称"李闻惨案"的李公朴、闻一多被刺事件，是战后中国影响异常广泛的一个政治事件。这一惨案出现在全面内战一触即发的前夕，遭到暗杀的李公朴、闻一多均为推动国共和谈的中国第三大政党中国民主同盟的中央委员，加之他们惨死于同城，相隔仅仅四天，因而立即引起国内外的强烈反应。当时，虽然国共在关外展开激烈争夺，国民党军队在关内进攻中原解放区，但各方并未放弃和谈，美国亦加紧调停步骤。就在这一特定时刻，李闻惨案发生了，它立刻与战后中国是通过政治协商实现国内团结还是通过武力实现统一这一重大问题联系在一起，随之围绕事件的性质、责任、惩凶等问题，展开了长达一个半月的激烈较量。

| 第一节 |

愤怒的抗议

带着对中国民主事业未能克尽的无限遗恨，闻一多离开了这个世界。消息传出，人们震惊了，一个全国范围的大规模抗议怒涛席卷而起，成为中国近代史上反对独裁统治，要求和平民主的又一个强音。

中国共产党人对李、闻惨案极为愤怒，毛泽东、朱德 13 日刚刚电唁李公朴牺牲，17 日又给高真发来唁电：

> 惊悉一多先生遇害，至深哀悼。先生为民主而奋斗，不屈不挠，可敬可佩。今遭奸人毒手，全国志士，必将继先生遗志，再接

再厉，务使民主事业克底于成。①

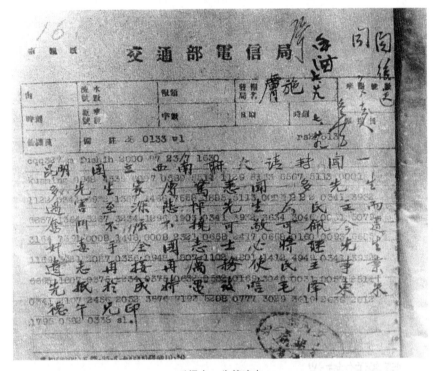

毛泽东、朱德唁电

同日，在南京参加和谈的中共代表团周恩来、董必武、邓颖超、李维汉、廖承志也联名电唁闻一多。电文云：

惊闻闻一多先生紧随李公朴先生之后，惨遭特务暴徒暗杀，令郎立鹤君亦受重伤，暗无天日，中外震惊，令人捶心泣血，悲愤莫名，真不知人间何世！此种空前残酷、惨痛、丑恶、卑鄙之暗杀行为，实打破了中外政治黑暗历史之纪录，中国法西斯统治的狰狞面目，至此已暴露无余。一切政治欺骗，已为昆明有计划的大规模的政治暗杀枪声所洞穿，中华民国已被法西斯暴徒写下

① 《解放日报》1946年7月19日。

了一个永远不能洗刷之污点。中国法西斯暴徒如此横行无忌，猖獗疯狂，实法西斯统治的最后挣扎，自掘坟墓。中国人民将踏着李公朴、闻一多诸烈士的血迹前进，为李、闻诸烈士复仇，消灭中国法西斯统治，实现中国之独立、和平与民主，以慰李、闻诸烈士在天之灵。①

这些电文，不仅指出了闻一多的品德和精神，也指出他与李公朴被刺的严重性质与后果。7月17日，延安《解放日报》、重庆《新华日报》，同时发表社论《杀人犯的统治》与《抗议闻一多教授被刺杀》，进一步阐明这"是反动派全国规模的屠杀计划的信号"，"实足以表现他们日暮途穷的窘态"。

17日这天，中共代表团向国民党提出严正抗议，抗议"政府既一面大举进攻鄂豫边、山东、山西及苏皖、苏北各解放区，准备造成全面内战；另一面，纵容、指使特务机关，在大后方暗杀和平民主领袖"。中共代表团质问道："中国号称反法西斯胜利国家，四项诺言，言犹在耳，而特务暴行，接踵而至，遍及全国，殴打未已，暗杀继之，一城之内，五日之间，竟至续演杀人惨案两起，不知政府当局，何以自解耳！"18日，周恩来在上海举行中外记者招待会，发表对李、闻事件的谈话，认为"这些问题的严重性不亚于内战"，并谴责说："在国民党政府管辖的后方，有的是宪兵、警察、军队、法庭、监狱等的镇压，还要用暗杀的手段来镇压政府党所不满意的人士，这真是无耻卑鄙之至。"②

中国民主同盟的愤怒是前所未有的。18日，民盟中央主席张澜从成都飞电南京蒋介石，痛心地说"民主同盟自抗战胜利之后，提出民主统一、和平建国之主张，始终只为此而努力"，"不料较场口事件之后，情势日非"，"西安李敷仁、王任之被诬杀不及百日，昆明李闻两君又

① 《新华日报》1946年7月18日。

② 《周恩来将军谈昆明暗杀事件》，《新华日报》1946年7月26日。

被暗害，倡导民主，主张和平，有何罪戾？乃必欲置之死地而后快于心！"① 中国民主同盟亦于 18 日发表书面谈话，含悲表示"民盟对争取中国的和平民主，绝不因这类暴行事件有所恐怖与退缩，我们只有更积极更勇敢地向前猛进，争取中国的和平民主，亦只有如此始足以慰李闻两先生地下之灵"。②

人民大众的抗议更是此起彼伏，一浪高过一浪。中华文协总会、中国妇女联谊会、民主建国会、人民救国会、中国民主文化教育事业协进会、中国民主宪政促进会上海分会、重庆文化出版界……数不清的团体挺身而出，站在反抗国民党统治的斗争前列。郭沫若、茅盾、洪深、叶圣陶、周建人、许广平、田汉、胡愈之、曹靖华、巴金、郑振铎 19 日联名致电联合国人权委员会，揭露和控诉国民党法西斯暴行，请求"立即派遣一个调查团来"，否则"中国的思想自由与言论自由将面临暴力灭绝的威胁"。③

在昆明，闻一多教过的学生——昆华中学高 28 班全体同学，献上了一首挽诗《有眼泪的都应该哭呵——呈献给闻一多先生在天之灵》。这首学生含泪写下的诗，表达了青年人对闻一多的热爱和对国民党暴徒的憎恶。

> 我们说
>
> 有眼泪的
>
> 都应该哭呵
>
> 为着这天大的
>
> 不可补偿的中国人民的大损失
>
> 和不可比喻的
>
> 统制者所给予

① 《中国民主同盟主席张澜电责蒋介石》，《中国民主同盟历史文献》，文史资料出版社 1983 年版，第 198 页。

② 《民盟书面谈话》，《新华日报》1946 年 7 月 19 日。

③ 《上海文化界联名电联合国人权保障会》，《解放日报》1946 年 8 月 7 日。

中国人民灵魂的凌辱……有眼泪的

都应该哭呵

再没有别的可以

发泄我们心灵的沉痛呵

因为只有眼泪

才会使我们变得更警觉

更勇敢更坚决

更虔诚地

把这中国人民的仇恨

深深地铭刻在心坎上①

一位年幼的小学生，不知该怎么发泄内心的怒火，便用孩童般的语气咒骂特务，说"你乘着吉普车就跌死"，"路上走着就让汽车把你碾死"，"睡着鬼就把你弄死"，"你在飞机上就着火烧死"，特务无论走到天涯海角，都不得好死，而"你打死的人，还没有死，他的精神还保存着，他活在永恒的历史上"。②

闻一多的同事与战友更是悲愤莫名。朱自清17日早上看到报上的消息，惊呆了。他拿起沉重的笔给高真去信："今日见报，一多兄竟遭暴徒暗杀，立鹤也受重伤！深为悲愤！这种卑鄙凶狠的手段，这世界还成什么世界！"③20多年没写新诗的朱自清，也饱含激情写下《挽一多先生》：

你是一团火，

照彻了深渊；

指示着青年，

———————

① 《学生报》第26期，1946年7月28日。

② 昆华中学高28班全体同学：《有眼泪的都应该哭呵——呈献给闻一多先生在天之灵》，《学生报》第26期，1946年7月28日。

③ 《朱自清致高真信》（1946年7月17日），家存。

失望中抓住自我。

你是一团火，

照明了古代；

歌舞和竞赛，

有力如猛虎。

你是一团火，

照见了魔鬼；

烧毁了自己，

遗烬里爆出个新中国！

　　罗隆基的心境也如遭雷击。这个与闻一多相识交往 30 余年的老友，深知朋友的性格与为人。特别是在这变幻莫测的形势下，多么需要闻一多这样坐而能言、起而能行的刚烈之士啊！当时，他"即拟亲自来昆，吊奠多兄之丧，且为多兄料理家事"，只是民盟同人"均认昆明环境恶劣"，政府亦不愿担保他"在昆之安全"，使他无法前往。①

　　吴晗在上海得知噩耗，顿时泪如泉涌。挥汗如雨的炎夏，他含泪伏案，不能自已，一口气写下《哭一多》《哭亡友闻一多》《闻一多先生之死》等九篇悼念文章。

　　朝夕相处的西南联大同人对闻一多是了解的，他们认为闻一多不过用嘴用笔，道出了大家心里要说的话。而且作为一个著名的学者，无论道德还是文章，均受人尊敬，这样一个人怎能被刺杀于光天化日之下？西南联大常委、清华大学校长梅贻琦在当天日记中写道："夕五点余潘太太忽跑入告一多被枪杀、其子重伤消息，惊愕不知所谓。盖日来情形极不佳，此类事可能继李后再出现，而一多近来之行动又最有招致之可能，但一旦果竟实现，而察其当时之情形，以多大围

―――――――

　　① 《罗隆基致高真信》(1946 年 8 月 1 日)，家存。

击，必欲置之于死，此何等仇恨，何等阴谋，殊使人痛惜而更为来日惧尔。"①

闻一多是个教授，是个受西方科学文化教育成长起来的新式知识分子。他的死，对有相同经历和身份的人，震动尤大。7月17日，曾任教育部次长、国民参政会副秘书长的西南联大法学院院长周炳琳，得知闻一多被刺后马上写信给梅贻琦，主张"此案应追个明白，谁实指使，必令负杀人之责任，决不可开个追悼会，拿死人做文章，做了文章便了结"。他请梅贻琦告诉霍揆彰，让其明白"责任所归，不许马虎"。②周炳琳的话代表了知识分子的普遍态度，他们认为"在暴政横行下，一多兄为真理为民主而牺牲，其精神将永生"。③

在重庆候机北上的金岳霖、汤用彤、黄子卿、冯友兰、叶企孙、马大猷、姚从吾、蔡枢衡等34位西南联大教授，也于7月18日以快邮代电致教育部转国民政府，内称"闻一多先生一代通才，对中国学术贡献极大，深为国内外所景仰"，现竟"遭此不幸，同人等悲痛之深，曷可言喻"。他们大呼"国家法纪何在，学术尊严何在"，要求"主管当局务缉凶归案，严究主使"，并严正指出"政府在道德上法律上之责任决不能有所规避，对于其所属人员亦自不能有所曲护"，必须"从速处理，以平公愤"。④同日，闻一多的故友胡适、萨本栋、李济、梁思成、傅斯年，在给闻夫人的唁电中也说："斯年已向政府当局请求缉凶查明案情，尽法惩治。"⑤一些民意机关，也认为事态严重，要求调查真相。

---

① 《梅贻琦日记选》，《近代史资料》总70号，中国社会科学出版社1988年版，第201页。

② 《周炳琳致梅贻琦信》（1946年7月17日），清华大学档案馆存。

③ 《吴泽霖致高真信》（1946年7月20日），家存。

④ 《西南联大过渝教授致教育部朱家骅部长快邮代电》（1946年7月18日），清华大学档案馆存；《西南联大留渝教授三十余人为闻一多教授遇害呼吁》，《新华日报》1946年7月19日。

⑤ 《傅斯年致闻一多夫人电文稿》（1946年7月18日），傅斯年档案，台湾"中央研究院"历史语言研究所傅斯年档案馆存，Ⅳ—620。该电为傅斯年修订，故将其姓名移至最末，电中"查明案情"四字，为傅斯年修订时加入。

海外对闻一多之死的反应也极为强烈。太平洋彼岸，美国爱好和平的人民站了起来，代表美国、加拿大六千多新教牧师的《新教杂志》，代表全美圣公会僧俗大众的《基督教人》杂志，都谴责美国政府助长中国法西斯势力。哈佛大学、哥伦比亚大学、纽约大学的一些教授，也站在维护世界民主的立场上，致书杜鲁门总统和代理国务卿艾奇逊及国会，称李、闻之死"刺痛了中美两国思想自由的公民良心"，"刻画出中国局势在迅速地恶化，美国也深深地被卷入了"。他们一致要求，"在中国尚未成立民主之联合政府之前，美国必须停止其对华之一切军事及财政援助"。

如果说李公朴之死，是特务在天黑之时偷偷摸摸干的；那么闻一多则死于光天化日之下，他牺牲的地方紧挨着翠湖——云南警备司令部所在地。一城五日内两人相继殒命，使法西斯的暴行大白于天下。彻查惨案真相、惩办凶手的浪潮，在这种情形下便成为抗议国民党专制统治的重要组成部分。

闻一多的死为什么会产生如此强烈的震动呢？美国驻昆明总领事斯普劳斯在一份报告中道出了原委。在这份关于李闻事件责任问题的报告书中写道："李被暗杀后，在大学的开明人士中引起强烈的谴责。然而，他们不相信自己受到了威胁，因为大家感到，李是一个实干的政治活动家而不是一个知识分子。……可是，闻一多被暗杀使局势完全改观。因为闻是开明人士中的佼佼者，受到知识界的高度敬仰。"[1]从这段话中，我们不难看出闻一多的死，的确给中国知识分子特别是持自由主义立场的高级知识分子，带来了强烈震撼。

---

[1] 中共云南师大党史资料征集组编：《"一二·一"运动史料汇编》第5辑，1985年8月印行，第101页。

| 第二节 |

惨案责任的追究

惨案性质问题

李闻惨案发生后，国内不同政治势力首先围绕事件的性质展开了论争。

李公朴遇刺后，有地利之便且以报道快捷活跃于国内新闻界的中央社昆明分社与昆明《中央日报》，却不见任何动作。① 昆明地方报纸也按兵不动，似在观察中央社反应。直到 13 日，南京《中央日报》才以"中央社昆明十二日电"形式发布了一条经过精心处理的消息："李公朴偕夫人张曼筠女士暨公子，十一日晚十时许乘公共汽车回北门街寓所，至学院下车后，步行回至学院坡时，突闻枪声，李受伤倒地。警局闻警驰往侦查，凶手已于黑夜中逃逸，当场捕获嫌疑犯一名。李氏由其夫人车送云南大学附属医院检治，以弹穿腹部，立即施用手术，灌输血浆，因失血过多，延至今晨五时三十分，不治身死。"② 这则消息包括标点符号只有 148 个字，并被置于在国内版最下端的边沿位置，这好像只是告

---

① 中央社昆明分社是抗战时期中央社在地方设立的三个分社之一。抗战中期，云南成为对外联络的唯一交通枢纽，该社更以最讲求时效而闻名国内新闻界。

② 《李公朴被刺》，南京《中央日报》1946 年 7 月 13 日。

诉读者：李公朴死了。

中央社总社的这一姿态，为李案报道确定了基调。此口一开，昆明各报方开始报道李案。由于李公朴长期生活在昆明，与上层社会接触广泛，地方人士急于了解事件详情的缘故，昆明《中央日报》对被刺现场、抢救过程、负伤位置、中弹数量、手术经过等，比南京《中央日报》有所增加。① 云南省政府机关报《云南日报》则披露了更多细节，说李公朴送至医院后，"李氏神志尚清，医师于十一时半开刀，肠已被穿三孔，虽打麻醉剂仍大声呼痛，且血液逆流入胃，口吐鲜血不止，一时手术完毕，经打盘尼西林及输血三百 CC，虽稍安静，但终因流血太多，伤势过重，四时复吐血块，于今晨五时二十分不救逝于云大医院"。② 新闻界和财政界人士主办的《正义报》也刊登了记者在医院的现场采访，还刊登了主治医师程一雄的谈话。③ 这些消息，反映了李公朴被刺在昆明引起的震动以及民众对这一事件的关注。

李公朴被刺后的第一个悬念是遇害原因。这一与惨案性质紧密相关的问题，需要凶手落网才可能解开。可是，这是一次名副其实的暗杀，行刺地点大兴街岔街是条少有行人的偏僻小巷，加上暗杀使用的手枪紧贴在李公朴后腰，仅有"甚小之爆炸声"，连同行的夫人张曼筠也是在李公朴倒地并发出"我已中弹"呼声后才发现。④ 随后而至的警察，见一身着草黄军服的人惊慌奔跑，遂将其作为嫌疑人解送云南省警备总司令部（以下简称"云南警备总部"）。经讯问，此人名李成业，当晚"由马市口乘公共汽车往大梅园巷访一陈姓友人，甫下车，骤闻枪声，为避免危险，

① 参见《青云街大兴街口枪杀案，李公朴被刺殒命，警备总部限期缉凶归案》，昆明《中央日报》1946 年 7 月 13 日。

② 《李公朴被狙殒命，将举行火葬骨灰运原籍，警备总部限期缉凶》，《云南日报》1946 年 7 月 13 日。

③ 参见《李公朴前夜遭狙击，伤势过重昨晨身死，治安当局饬严缉凶犯》，昆明《正义报》1946 年 7 月 13 日。

④ 《李公朴被狙殒命，将举行火葬骨灰运原籍，警备总部限期缉凶》，《云南日报》1946 年 7 月 13 日。

惊忙奔驰"。① 李成业是航空委员会第十修理工厂机械军士，与李公朴毫无关系，从其身上搜出的一把小刀，也难成有力证据，故旋被释放。②

唯一线索的中断使李公朴被刺真相不免扑朔迷离，也使民盟云南省支部在事件性质的认定上不得不小心翼翼。7月12日，云南民盟为李公朴被刺事件召开紧急会议，在讨论抗议书时，围绕要不要点名国民党特务问题上出现了两种意见，一部分主张"应当毫不含糊地在声明中明确指出是国民党特务杀害的"，也有人虽然"承认是国民党特务杀害的，这一点没有疑问，但主张在措词上写得比较笼统些、温和些，以免过分刺激"。③ 最终，该支部公布事件经过时，只是指出这是"反动派可耻的暴行"，李公朴"被反动派暗算了"。④"反动派"一词在这里固有所指，但毕竟没有与国民党统治集团画上等号。15日，闻一多在李公朴殉难经过报告会上发表《最后一次的讲演》，可能受此决议约束，使用的也是"反动派"三字。

在信息闭塞的情况下，民盟中央对这个问题也和云南民盟一样谨慎。梁漱溟曾说："当李公朴暗杀案发生时，社会上或者还有些人不完全相信他是会牺牲在当前政治斗争上的、他是被国民党特务杀了的"，因此"我个人曾经说过只是向社会申诉，不向政府提出抗议的话"。⑤14日，民盟中央常务委员会召开的临时紧急会议上，决议的前两项，即为要求政府"彻底查究本案政治背景"和要求云南省政府"就近严查本案政治背景"。⑥ 这里所说的"政治背景"，是根据国民党一贯镇压民主运

---

① 《警备总部限期缉凶》，《云南日报》1946年7月13日。

② 《刺李凶犯正侦缉，警备总部发言人谈话》，《云南日报》1946年7月13日。李成业释放后，又被拘押，但未见复押报道。

③ 张子斋：《闻一多颂》，《思想战线》1979年第5期，第78页。张子斋是这次会议的参加者。

④ 《李公朴先生被刺的经过》，《民主周刊》第3卷第18期，1946年7月14日。

⑤ 《民盟秘书长梁漱溟为闻一多教授被害发表书面谈话》，《新华日报》1946年7月19日。

⑥ 《民盟昨开会决定追悼李公朴，推定张澜等三十人为治丧委员》，《文汇报》1946年7月15日。

动所作出的基本推断，说明民盟中央意识到这一事件必有政治因素，但为了证实这一点，还需要"彻底查究"。

民盟的这种态度，在当时环境下实是迫不得已的措施。李公朴遇难后，昆明学联主办的《学生报》立即发行了号外，西南联大学生自治会也在近日楼一带张贴标语，矛头直指维持全省治安的云南警备总部。一手制造刺杀案的云南警备总部总司令霍揆彰，气势汹汹地指责这是云南民盟背后指使，甚至刊登了一封致云南民盟的公函。函中声称："本（十三）日据报，街头张贴之标语壁报，有以学联会署名，有以学生自治会署名，其中关于李公朴先生被害之事之记载，竟有诬蔑本部者。事关诽谤公署名誉，法有惩处明文，该类壁报标语是否与贵同盟有关，或为贵同盟所主使，应请注意，并希查明见复为荷。"霍揆彰的指责，是想把脏水泼向云南民盟，云南民盟当即复函："敝同盟自有政治立场，与尊重法治之主张，贵部所见标语壁报，既有署名团体，是否为该团体所张贴虽不可知，但其与本同盟无关，至极明显"，要求其"负责更正，以正视听"。① 云南警备总部与云南民盟的往来公函，是复杂形势下双方较量的第一个回合，云南民盟虽然遭到直接打击，但驳斥污蔑时，仍保持着克制态度。

与此相比，中共的态度则旗帜鲜明。7 月 13 日，《新华日报》在正中位置用黑边粗框形式刊登云南民盟为李公朴殉难发布的讣告，在同时发表的《李公朴先生小史》中，《新华日报》特别指出当年 2 月李公朴在重庆较场口惨案中遭到毒打，而今天更是"竟遭毒手"。② 较场口惨案是国民党中统特务一手制造，把两次惨案联系起来，使人自然对"公朴先生所遭到的枪弹来自何方"作出自己的判断，从而认识到"公朴先生的被枪杀，并不是偶然的事，这里面藏着暗杀的阴谋"。③ 远在延安的中共中央，也进一步表明了态度。7 月 13 日《解放日报》在头版

① 《李公朴被刺殒命案，警备总部严令缉办，民盟函复警备总部说明态度》，昆明《正义报》1946 年 7 月 15 日。

② 《李公朴先生小史》，《新华日报》1946 年 7 月 13 日。

③ 《悼李公朴先生》，《新华日报》"社论"，1946 年 7 月 14 日。

位置刊登新华社消息的第一句话，就点名李公朴遭到"国民党特务暗杀"。①15 日，该报在为李公朴殉难发表的专题社论中，再次直书李公朴之死是"蒋记特务的无耻罪行"。② 中共领导的解放区报纸也表现了鲜明立场，晋冀鲁豫边区的《人民日报》更是使用了《蒋介石加紧法西斯恐怖，国特杀死李公朴》的标题。

但是，国民党控制的舆论工具对"政治"二字讳莫如深，报道文字只局限于时间、地点、简单经过等新闻要素。昆明地方报纸虽然加入了不少细节，却也未能越出中央社的口径底线。与此闪烁其词形成对比的是，《新华日报》以敏锐的政治嗅觉，用谁都能够理解的话语，提醒人们国民党摆脱不了干系，而《解放日报》更是毫不含糊地指出制造这一事件的就是国民党特务。

上述反映不同政治立场的推断，源于各自全局性的观察与把握。不过，正如梁漱溟最初怀疑的那样，也有人根据国共双方和谈继续进行、美国积极斡旋调停的形势，认为国民党果真在这种时刻杀害不同政见的党派领袖，岂不公然对抗民意，授人以柄，这未免过于愚蠢了。这时，上海《文汇报》披露的李案发生之背景的两篇文章，为人们认识事件性质产生了引导作用。这两篇文章都是西南联大毕业生、时任昆明《朝报》记者刘时平撰写的。刘时平在李公朴被刺当晚便得到消息，次日清晨随第一批同学赶至云南大学附属医院，目睹了李公朴逝世的过程。出于对国民党颠倒黑白、造谣中伤的义愤，他在昆明学联帮助下，13 日下午飞到上海，当晚便写下这两篇文章。③ 这两篇同时刊登于 7 月 14 日的文章，一为介绍李公朴被刺在昆明引起的震动，说："李氏逝世后，当地《学生报》发行号外，立即抢购一空，各方闻讯

---

① 《反动派恐怖行动变本加厉，李公朴先生在昆遇害》，《解放日报》1946年 7 月 13 日。

② 《人民的运动是阻不住的——论李公朴先生殉难》，《解放日报》1946 年 7 月 15 日。

③ 《〈李公朴事件〉采写始末》，刘时平：《我就是记者》，内蒙古人民出版社 1990 年版，第 13—14 页。

后，赴医院凭吊者为数极多，学生痛哭失声，各大学教授愤恨万状。"①
另一篇文章，揭露了早在 6 月间昆明就笼罩在白色恐怖之下，连云贵
监察使张维翰的办公处，六十军军长安恩溥、前昆明警备司令禄国藩
的公馆和原省教育厅厅长龚自知主持的省立昆华图书馆，也遭到搜查。
一时间，"昆明谣言纷纷，一说要打了，一说要杀了，于是街头巷尾，
谈虎色变"。②如果说张维翰、安恩溥、禄国藩处所被搜查，与滇军
一八四师师长潘朔端为反对内战在辽宁海城率部起义有关的话，那么
搜查省立昆华图书馆，则直接与李公朴被刺之前的形势相关。6 月 17
日，云南省教育厅以"包匿联大学生印刷荒谬标语"为由搜查省立昆
华图书馆，结果一无所获。图书馆馆长龚自知是龙云集团的核心人物，
时任国民党中央委员、三青团云南省支团监察委员，对这样一位上层
人士下手绝非寻常。龚自知不堪忍受，在《云南日报》发表公开声明，
一时全城沸沸扬扬。③在云南消息一时难以传到内地的时候，《文汇报》
两篇文章中列举的事实，使人们很自然将李公朴之死置于这种环境下
进行联想。

　　关于李公朴被刺性质的论争只持续了三天，就因紧接其后的闻一多
被刺而不解自答。7 月 14 日，民盟中央成立李公朴治丧委员会，30 位
委员中包括云南省支部的闻一多、潘光旦、楚图南、费孝通。可是，谁
都没有想到，会议第二天，身为治丧委员会委员的闻一多竟也在昆明遭
到暗杀。与李公朴被刺不同，闻一多遇刺的时间是下午 5 时许，这是光
天化日，可谓明杀而非暗杀。闻一多的遇害地点，离西南联大西仓坡教
职员宿舍大门仅五六步远，如果不是蓄意杀害，何来堵在家门前动手。
西仓坡虽是小巷，但贯通东西，来往行人不断，小巷东口的"西仓"是
座粮库，有士兵多人把守；西行下坡，对面的翠湖即云南警备总部。而
且，小巷西口的钱局街及与其相交的文林街，均有警察派出所，距西南

_____

①　《李公朴被刺殒命后，昆明学生痛哭失声》，《文汇报》1946 年 7 月 14 日。

②　《从李公朴被刺看昆明的空气》，《文汇报》1946 年 7 月 14 日。

③　《龚自知对昆明图书馆被教育厅王政特务检查之声明》，《云南日报》1946
年 7 月 3 日。

联大宿舍不过一二百米。还有，刺杀时枪声很大，连隔着几条街的云南大学也听到了枪声。[①] 更有甚之的是，行凶者有恃无恐，连弹壳也没有捡回。这些有目共睹的事实，让执政当局无论怎样避重就轻都难以掩盖，使中共严正指出的"杀人犯正是蒋记法西斯统治集团"判断[②]，成为难以动摇的共识。

社会舆论对李闻惨案的谴责，已人所共知。[③] 需要强调的是，闻一多被刺后，不管国民党是否情愿，也不能不承认"一般论者，鲜有不以为此两案难脱政治关系"。[④] 可是，他们对"政治"的解释与人们的认识背道而驰。南京《中央日报》说这是"共产党决意扩大战乱"，"鬼鬼祟祟地兴风作浪，以期便其私图，而后借以嫁祸于人"。[⑤] 上海《中央日报》也声称：这些事件"是否为那些唯恐天下不乱的奸徒，故施毒计，制造恐怖事件，一方面借口以破坏治安，扰乱人心；一方面冀图嫁祸于当局，以为扩大反宣传的借口，实在不无可疑。"[⑥] 隔了一天，该报又倒打一耙，说："现在虽说凶犯为谁？何人主使？自不能遽尔臆断，但有一点可以预料，即此次事件的动机，必非纯出偶然，而是有计划的排演"，其目的"无非是想扰乱社会，增加政府的困难"。接着又说："像这样不顾人道，不择手段，而只企图达到某种目的的行为，不仅令我们忿恨，并且是中国历史上最大的污点。"[⑦] 昆明《中央日报》也遥相呼应，说："李闻两氏之被狙致死，若非由于私怨私

---

①　当时很多人都听到枪声，正在云南大学的费孝通，说他就是听到枪声方"冲出办公室到校长家中暂避"。（见费孝通：《从实求知录》，北京大学出版社1998年版，第457页）

②　《杀人犯的统治》，《解放日报》"社论"，1946年7月17日。

③　关于社会舆论对李闻惨案的谴责，及闻一多被刺对中间阶层的影响，可参阅拙文《闻一多被刺事件的历史考察》（中国社会科学院近代史研究所科研处编《划时代的历史转折》，四川人民出版社2002年版）。

④　《依限缉获李闻两案正凶！一切治安机关努力雪耻！》，昆明《中央日报》"社论"，1946年7月20日。

⑤　《昆明的不幸事件》，南京《中央日报》"社论"，1946年7月18日。

⑥　《彻查昆明暴行真相》，上海《中央日报》"社论"，1946年7月18日。

⑦　《再论昆明凶案》，上海《中央日报》"社论"，1946年7月20日。

仇，自与政治有关”，但“天下之善，尽归于中共，天下之乱，尽归于国民党。这样的凶杀案，在中共的一贯宣传伎俩，自然要昧着天良，硬生生归罪于国民党”，这“说明中共的表面文章从来就无信用，不自因李闻两案所做的表面文章始”。①

这种反咬一口的伎俩，其实在李公朴遇难时就已经使用过。当时，昆明街头出现了污蔑李公朴的传单标语，有的说李公朴“有八位太太”，说李公朴的被杀“系出于桃色纠纷”；有的说李公朴“是被共产党杀死，因李不服从毛泽东命令，特派哲学家艾思奇将李处死”；有的标语还大书“打倒共产党”，劝民主同盟为李复仇；等等。此类传单、标语的署名，或为“反共大同盟”，或为“共产党驻滇支部”。② 对于这些十分笨拙的诬蔑，任何有头脑的人都不会相信，艾思奇更是义愤填膺地在新华广播电台严正驳斥：“这只能证明国民党当局自己‘做贼喊贼’，谁也不会相信住在延安的艾思奇会有这种奇术，能把远在万里之外的李公朴杀死。”③

国民党舆论工具的污水倒泼并不奇怪，因为这是歪曲事实的唯一办法。正如中共严正指出的：国民党在拥有军队、宪兵、警察、监狱、法庭的条件下，却还使用暗杀手段对付不同政见者，充分说明其所坚持的是法西斯统治。尤其是在内战日益紧迫的时候，李公朴被刺“证明了蒋介石正在更进一步地加紧法西斯恐怖，以配合其扩大内战的阴谋”，“是反动派对全国和平民主运动更疯狂的进攻的信号”。④ 闻一多的被刺，更表明国民党“公然展开了他们对民主人士大屠杀的阴谋计划”，“又一次更清楚地证明了反动派决心要破坏全国和平，决心要扩大全国内

---

① 《依限缉获李闻两案正凶！一切治安机关努力雪耻！》，昆明《中央日报》“社论”，1946 年 7 月 20 日。

② 《李何林昨在文协会上报告昆明近况》，《文汇报》1946 年 7 月 25 日。

③ 《揭露国特暗杀李闻阴谋，艾思奇广播辟谣》，河北平山《人民日报》1946 年 9 月 17 日。

④ 《人民的运动是阻不住的——论李公朴先生殉难》，《解放日报》“社论”，1946 年 7 月 13 日。

战的阴谋"。① 这些一针见血指出李闻被刺事件性质的评论，使国民党
无法继续回避这一事件的政治因素，因此他们除了偷换概念、转移目标
外，实无其他选择。

围绕李闻惨案的报道，是民主与反民主两大政治阵营的一次舆论交
锋，它说明这一事件对执政集团造成了沉重的压力，以致不择手段应付
社会谴责。出于自身利益考虑的国民党集团，不可能正视事实，自然也
不可能弥合李闻惨案给其统治留下的内伤。

坚决要求惩凶

闻一多继李公朴之后的被刺，使惨案主谋问题愈加突出，由此围绕
责任追究展开了善后阶段的又一次较量。

7 月 17 日，中共代表团在抗议书中提出七项最低要求，即一、立
即撤换昆明警备司令，限拿凶手，交法院问罪，并由政协派员陪审。
二、先葬死者，通令全国追悼，并给死者家属以抚恤。三、严格责成各
地政府及军警机关，负责保护各党派及一切民主人士之安全。四、重申
四项诺言，彻底予以实施。五、彻查政协会议以后各地所发生之惨案，
并应惩办祸首。六、取消一切特务机关。七、释放一切政治犯。7 月 22
日，民盟政协代表团紧随其后提出的六项基本要求中，也把惩凶摆在显
著位置。中国民主同盟与中国共产党携起手来，为追究凶手作出了极大
努力。

事后证明，这次谋杀事件的主使者正是身负云南全省治安之责的云
南警备总司令霍揆彰。霍揆彰是 1945 年 12 月接替因"一二·一"惨
案去职的关麟征才出任警备总司令的，半年来，他处处揣摩蒋介石之
意，决心对民主人士下手，李公朴与闻一多，只是其中的两个人。早在
抗战爆发前，李公朴就因呼吁停止内战、一致抗日而身陷囹圄。抗战爆

---

① 《抗议闻一多教授的被刺杀》，《新华日报》"社论"，1946 年 7 月 17 日。

发后，他到过延安，受到中共领袖的接见，毛泽东还为其夫人的画写了题词。因此，国民党一直视其为中共的外围，欲对其下手不是一天两天了。正如郭沫若所说："李先生在某一部分人看起来，早应该死了"，他"死在昆明黑夜的穷巷中，或许这有点意外，可是，这却本来是意料中的事。"① 闻一多也是一样，自从他投身民主运动以来，昆明防守司令杜聿明、第五军军长邱清泉在给蒋介石的密报中多次列出他的名字。② 教育部部长朱家骅奉蒋介石之令收集"一二·一"运动各校首要分子名单时，闻一多亦是其中之一。③ 西南联大常委、清华大学校长梅贻琦的日记里，记到 1946 年 2 月 17 日赴教育部述职期间蒋介石召见他时的谈话，说蒋介石当时曾表示"张（奚若）、闻（一多）、潘（光旦）等之举动"，"殊于清华不利"。④ 5 月 24 日，梅贻琦因公至南京，27 至教育部拜见部长朱家骅，朱"开口便提清华教授问题"，并"嘱想办法"。⑤ 6 月 25 日，视察北平清华园后回南京的梅贻琦，在朱家骅陪同下接受蒋

---

① 《郭沫若谈话》，《文汇报》1946 年 7 月 15 日。

② 1944 年 10 月 10 日，昆明各界召开双十节纪念大会，昆明防守司令杜聿明 14 日向蒋介石密报：异党分子闻一多、楚图南、吴晗、李公朴、罗隆基等"公开演讲反对国民党一党专政，请改组政府"，已"饬注意侦察其尔后活动情形"。1945 年 5 月 4 日，西南联大、云南大学、中法大学、英语专科学校四校学生自治会联合召开"五四纪念大会"，当天杜聿明即速报蒋介石，说："闻一多、吴晗、曾昭抡、潘光旦等讲演，大义〔意〕为反对独裁，争取民主政府。"同年 9 月 11 日，邱清泉也在给蒋介石的密电中称：民主同盟在昆负责人罗隆基、李公朴、潘光旦、闻一多、曾昭抡、吴晗、潘大逵、费孝通等"诋毁元首及本党，并极力拉拢学生及教授"。（分见"蒋介石档案"，台湾"国史馆"存，002-090300-202-231、002-090300-202-241、002-090300-00017-115。"一二·一"运动期间，关麟征、霍揆彰亦分别在密报中报告了闻一多的活动。）

③ 《朱家骅致蒋介石密电》（1945 年 12 月 15 日），"朱家骅档案"，台湾"中央研究院"近代史研究所档案馆存。该电内称："至学潮主谋及领导分子，闻各校教授中态度激烈者为联大教授闻一多、潘光旦、吴晗及云大教授潘大逵、尚健庵、楚图南等，整个首要分子名单，已电令各校当局密查具报，除俟查明立即呈报外，谨先电陈。"

④ 《梅贻琦日记》（手稿），1946 年 2 月 17 日，清华大学校史研究室存。

⑤ 《梅贻琦日记》（手稿），1946 年 5 月 27 日，清华大学校史研究室存。

介石召见。谈话中，蒋介石再次言及"清华教授中近有少数言论行动实有不当"者，梅贻琦听了深恐当局可能会对这些教授有不利之举，便表示主张"由同人自相规劝纠正"，说"此数人以往在学术上颇有成绩，最近之举动当系一时之冲动，故极希望能于规劝之中使其自行觉悟，则其后来结果必更好"。当时，梅贻琦感到蒋介石"似颇颔首"。① 因此，梅贻琦万万没有料到闻一多会遭到暗算，成为清华历史上第一个因政治原因而被杀害的教授。

当然，梅贻琦并不知道这年 3 月下旬，蒋介石在向西南联大三青团员训话中，就已给闻一多、张奚若戴上"不法教师，污辱党国，甘为共匪奴属"的帽子，要他们"加以还击"。② 这些情况，不论霍揆彰是否耳闻，国民党的反共政策都决定了他与民主力量水火不容。

根据确知材料，1946 年 5 月间霍揆彰便召集云南警备总部稽查处长王子民、宪兵十三团团长彭景仁、昆明市警察局局长王巍等，拟定了一个包括李公朴、闻一多、张奚若、潘光旦、罗隆基、楚图南、费孝通等十多人的暗杀名单，并分配云南警备总部稽查处负责 4 人，警察局刑警大队负责 4 人，宪兵司令部驻昆明特高组负责 2 人。③ 按原拟计划，暗杀方式是不露痕迹的绑架、活埋，但云南警备总部行动科的特务对李公朴采取的是枪杀，结果弄得满城风雨，迫使云南警备总部匆忙在 13 日的昆明各报刊登缉凶消息。然而，霍揆彰一面假惺惺地发出缉凶启事，一面用"限即到京"密电蒋介石，声称人们的抗议是"意在制

---

① 《梅贻琦日记选》，《近代史资料》总 70 号，第 199 页。

② 《蒋介石日记》（手稿），1946 年 3 月 23 日，美国斯坦福大学胡佛研究所档案馆存。本书所引之《蒋介石日记》（手稿），为中国社会科学院近代史研究所黄道炫研究员应笔者专托抄录，特在此表示感谢。

③ 王栩：《反动派谋杀李公朴、闻一多真相》，《云南文史丛刊》1986 年第 2 期，云南省人民政府参事室、云南省文史研究馆编印，第 30—31 页。又，云南省公安厅喻芳根据 1949 年后逮捕李闻惨案凶手的供词，说当时汇集的黑名单有 50 多人，除上述人外，还有龙云的儿子龙绳曾、龙云的警卫团团长朱家璧等。(参见喻芳：《李公朴、闻一多蒙难真相》，云南省人民政府参事室、云南省文史研究馆编：《云南文史丛刊》1988 年第 2 期，第 52 页)

造事件扩大事态，蓄意作乱"，如果"继续不休"，他就要"依法戒严，大举肃清奸党"，采取"一网打尽，斩草除根，以绝后患"的"断然处置"。末了，他还说人们的抗议"似有重演去冬学潮（即'一二·一'昆明内战学生运动）之故技，以损失中央威信，清除中央在滇力量，以达其赤化西南之目的"，表示他将"本钧座意旨，有利国家者，任何牺牲在所不计"。① 一份电报里同时出现如此之多的极端用词，说明对民主人士下手早就在霍揆彰的预谋之中。

常言说的"贼喊捉贼"，这时用在霍揆彰身上再恰当不过。闻氏父子被刺当天，霍揆彰故技重演，以云南警备总部名义向昆明各报送去悬赏缉凶启事，并开出"凡能捕获凶犯解部法办者，各奖法币一百万元，凡能闻风报讯因而缉获者，各奖法币五十万元"的赏额。② 这个启事，迅速被南京《中央日报》大张旗鼓刊登出来，似乎想向社会传递政府重视这一事件的印象。

国民党采取的这种对策，自然是为了应付激烈的舆论谴责。但李闻惨案引起的巨大反响，则大大超乎霍揆彰的预料。实际上，闻一多继李公朴之后被刺，已引起国民党内部的不安。李闻惨案发生在昆明，为了澄清责任，云南地方要求进行彻查。7月16日，尚在东北视察滇军的云南省政府主席卢汉，接到昆明市长发来的电报后，当天便致电蒋介石，表示已"督属加紧缉获凶犯法办"。③ 17日，云南省参议会驻会委员会通过的议案之一，便是"议决电请军警宪当局上紧缉凶法办，并设法防止此类不幸事件之发生，以维持社会而安定人民心绪"。④ 国民参

---

① 《霍揆彰电蒋中正街头闹市有由学联会与云大学生自治会所贴标语壁报多为攻击云南警备总部诋毁中央窥其居心意在制造事件扩大事态蓄意作乱如该等继续不休致扩大破坏治安妨害公共秩序决依法戒严大举肃清奸党等》（1946年7月14日），"蒋介石档案"，台湾"国史馆"存，002-090300-016-112）

② 《警备总部悬赏缉凶》，《云南日报》1946年7月16日。

③ 《卢汉电蒋中正据报联大教授闻一多与其子闻立鹤在西仓坡府甬道地方被暴徒阻击闻教授伤重立即身故其子亦受重伤现在云大医院治疗中凶犯在逃》（1946年7月16日），"蒋介石档案"，002-090300-016-113。该电译出时间为17日12时。

④ 《市参议会电请当局严缉刺杀李闻之凶犯》，《云南日报》1946年7月18日。

政会在这个问题上的态度也是明确的，19 日，华西女子大学校长吴贻芳在参政会驻会委员会第六次会议上领衔提出《请政府令饬滇省府严办昆明暗杀之凶犯案》，会议只是通过了"送请政府迅速办理"八个字决议，却已表示了明确的态度。①

在国民党统治集团内部，一些有头脑的人也不赞成使用暗杀方式对待不同政见者。17 日这天，数份李闻被刺密电摆在蒋介石的案头，除了卢汉的密电外，还有行政院副院长翁文灏的电报。这位从政书生对李闻被暗杀很是吃惊，他在电报中说："昆明李公朴被刺，闻一多又当街为人击毙，人心备极警〔惊〕恐"，"查当此时局困难之时，一〔部〕分人士发表政治言论，见解虽各有不同，事实自在所难免，但如对李闻二人暗杀行为，不问动机出自何方，皆须彻底严惩。"电中，翁文灏主张"必须迅即公告，对非理暗杀行为严加斥责，并电令昆明军警治安长官限期查获凶手，违则彻惩，所获凶手不问出自何方，必须经公布供词，迅速从严惩办"。结尾处，翁文灏郑重写下"敬贡愚见，务乞采纳"八字，要求蒋介石接受这个建议。② 国民党中央党部秘书长吴铁城则因"昆明李公朴被害尚未破案，继以闻一多教授父子被刺，父死子重伤，各方均极注意"，担心中共"可能利用此题材大为煽动"，为了替蒋介石分忧，"连日召集各方关系机关人员会报，查究凶害真相"。③ 长期主持国民党中央宣传、外交和国民参政会工作的王世杰，也认为用暗杀手段对付党外人士无济于事，他虽不满民盟和中共认定两案"为政府特务人员所为"，但同样"力主彻查"，并对内政部长张厉生"颇迟疑"的态度不以为然。④

---

① 《参政会驻委会决议，请严办昆明暗杀凶手》，天津《大公报》1946 年 7 月 20 日。

② 《翁文灏致蒋介石电》(1946 年 7 月 17 日)，"国民政府档案"，台湾"国史馆"存（下同），001-090341-0005。

③ 《吴铁城致蒋介石电》(1946 年 7 月 17 日)，"国民政府档案"，001-090341-0005。

④ 台湾"中央研究院"近代史研究所编:《王世杰日记》(手稿影印本)第 5 册，台湾"中央研究院"近代史研究所 1990 年版，第 352 页。

揭露贼喊捉贼

面对国内外的一片谴责和国民党内部的不同态度，李闻惨案制造者霍揆彰为了自保，挖空心思地设计了一个一箭双雕的阴谋。

7 月 20 日，霍揆彰下令逮捕龙云任云南省政府主席时的重要幕僚、原昆明行营及绥靖总署副官长杨立德中将，为逼其"承认组织暗杀团"，还施以酷刑，使杨立德"面部已非人貌，四肢折断，受电刑后，神经错乱"。[①] 逮捕杨立德的用意极其卑鄙，龙云主政云南多年，是让蒋介石头痛的地方实力派，故抗战刚刚结束，就被政变搞下台，调任军事参议院院长闲职。龙云虽离开云南，但势力和影响还在，霍揆彰逮捕杨立德的阴险之处，就在于既可推卸自己的责任，又可打击与蒋介石貌合神离的龙云势力。

闻一多被刺后，舆论哗然，纷纷将矛盾指向国民党。蒋介石急于弄清内情，于 7 月 22 日手令霍揆彰"密来庐山面报"，并"务希敬日到浔为要"[②]。23 日，蒋介石又为此给霍揆彰发去专函。[③] 照理说，对于一言九鼎的蒋介石指示，霍揆彰不应怠慢，但他却并未按照蒋介石指定的 24 日抵达牯岭，以至蒋介石 24 日"决召霍揆章［彰］来见。[④] 霍揆彰之所以迟迟未动，是为了拿到杨立德的口供。25 日，杨立德屈打成招后，霍揆彰一面有意加以散布，一面方启程离昆。于是，中央社昆明分社在霍揆彰行前特发出一条消息，云："经军警当局连日之努力，对李闻二氏暗杀案，已经有确实之线索，日内全案当可大白。"可能还是心虚，该消息未能在昆明《中央日报》发表，倒是南京《中央日报》捷足

---

① 《对国民党嫁祸阴谋，滇明伦学会提出控诉，望国人主持正义伸雪奇冤》，《新华日报》1946 年 8 月 4 日。

② 《蒋中正电嘱霍揆彰唐纵来庐山面报李公朴闻一多案》（1946 年 7 月 22 日），"蒋介石档案"，002-010400-00003-015。

③ 《蒋介石日记》（手稿），1946 年 7 月 23 日。

④ 《蒋介石日记》（手稿），1946 年 7 月 24 日。

先登，声称据可靠方面消息，已逮捕若干嫌疑犯，"尚有一二主犯亦已获有线索"。① 几天后，南京中央社再次发表消息，称"据确悉，昆明李公朴闻一多被刺案，刻已完全破案，详情日内即可发表"。② 手握杨立德供词的霍揆彰，这时也自以为得计，途经南京时即宣称："李公朴、闻一多被狙案已获得重要线索，有关重要人犯前某部队军官杨立德中将已被捕，并供认不讳"。进而，他还煞有其事地向记者说，李闻被刺"系当前有力集团乘卢汉主席晋京，省政主持无人之时，发动有计划之谋杀，冀嫁祸政府"。末了，加了一句"谋杀案之主使人已逃往昭通原籍躲避"③，暗示此人即在昭通原籍的龙云三子龙绳曾。这件事见诸报端后，一时沸沸扬扬，似乎确有其事。

然而，霍揆彰的栽赃陷害很容易被揭穿。原云南省临时参议会副议长李一平特发表谈话，说龙绳曾去年夏天就回原籍，那里离昭通还有300余里，言外之意是李闻被刺时龙绳曾根本不在昆明。至于杨立德，李一平说他是"众所共知之忠厚长者，平日讲书自娱，即任昆明行营副官处长时，亦安分守己，不问外事。省府改组以后，尤深居简出"。④李一平是随云南省主席卢汉赴东北安抚滇军的要人，李闻被刺后，蒋介石电召卢汉速来牯岭，李一平随行到南京时，正逢霍揆彰栽赃之言甚嚣尘上，于是公开发表了这个驳斥霍揆彰谎言的谈话。实际上，霍揆彰对龙云集团的诬陷，连蒋介石也半信半疑。杨立德被捕次日，霍揆彰即向蒋介石做了报告，并称龙云之子龙绳武、龙绳曾建有非法组织。蒋介石可能不知道龙云已秘密加入民盟，更不知道闻一多还是龙云长子龙绳祖加入民盟宣誓的监誓人，但他很清楚龙云对民盟的同情与暗中支持，所以手令霍揆彰："龙绳武、龙绳曾应暂予监视，其非法组织可勒令解

---

① 《李闻被刺案，获确实线索》，南京《中央日报》1946 年 7 月 23 日。

② 《李闻刺案已破获，详情不日即发表，霍揆彰抵牯谒主席报告》，南京《中央日报》1946 年 7 月 26 日。

③ 《李闻案即可大白，当局已获重要线索》，天津《大公报》1946 年 7 月 26 日。

④ 《李闻案传说离奇，李一平发表谈话，谓龙绳曾久居昭通原籍，杨立德亦安分不问外事》，《文汇报》1946 年 7 月 28 日。

散再候处理。"同时，又强调"惟李闻案凶犯应限期缉获，不得以此违误"。① 这次，霍揆彰真的弄巧成拙了，当他从庐山返回南京，中央社记者询问龙绳曾近况时，他只能尴尬地承认龙绳曾"现住于昭通故乡"，至于其他情况则"一律拒绝作答"。②《文汇报》记者问"此间盛传此案与龙三公子有关"是否属实，他则答"尚不一定"。对"一切问题"，亦"均守口如瓶，不予置答"。③

霍揆彰无中生有的诬蔑激怒了一直保持低调的龙云。龙云虽于1945 年 10 月初因政变下台，但仍是堂堂上将，岂肯容忍小人诬陷。7 月 29 日，龙云在南京发表公开谈话，指出："近日京沪少数报纸，对该案多作不负责任之报道，涉及私人，言之凿凿，不知其消息来源有何根据。但无论为外人所投或自行采访，而一涉私人即应负法律责任，甚望各报在政府未正式公布调查结果以前，对于此案勿再轻率发表不负责任之报道。"④龙云发表谈话后，未再理睬外界传言，倒是有些人紧绷神经。31 日，龙云拜访马歇尔后，外间马上传说这次长达一个多小时的晤谈，内容"以云南情形及李闻事件为中心"。⑤龙云以军事参议院院长身份拜见马歇尔，无论谈什么都毋庸惊讶，奇怪的是中央社立刻发表了一条专电，称龙云"往访马歇尔特使，纯系拜会之性质，外传龙氏曾与马帅谈及李闻案问题，实绝无其事"。⑥中央社是国民党的新闻喉舌，竟为此事出面辟谣，这也从另一个侧面说明李闻惨案牵动的范围已超出了事件本身。

---

① 《蒋中正电霍揆彰即与唐署长飞浔详报一切至龙绳武龙绳曾应暂予监视》(1946 年 7 月 23 日)，"蒋介石档案"，002-020400-008-108。

② 《霍揆彰张镇昨晋谒主席，卢汉奉召昨再赴牯，李闻案公布尚有待》，南京《中央日报》1946 年 7 月 27 日。

③ 《李闻案即可公布，又传与龙三公子有关》，《文汇报》1946 年 7 月 27 日。

④ 《李闻被刺案，各报应慎重报导，龙院长昨发表谈话》，南京《中央日报》1946 年 7 月 30 日。

⑤ 《和平折冲陷于停顿，马周昨未举行会谈，龙云曾往访马帅谈李闻事件》，《文汇报》1946 年 8 月 1 日。

⑥ 《李闻案凶犯缉获》，昆明《中央日报》1946 年 8 月 2 日。

　　不露声色的龙云没有忘记霍揆彰的陷害。次年 3 月，国民党召开六届三中全会，已因李闻惨案被革职的霍揆彰竟以中央监察委员身份赴会。为此，龙云专函蒋介石，称："前云南全省总司令霍揆彰，在任内主使部下先后谋杀李闻两教授，系属白昼杀人，发生于警备部所在之昆明市，事出之后，凶手安全逸去，多误为政府所为，中外震惊，谣言纷乘。该霍揆彰既失错于前，复不明呈钧座一味捏词蒙蔽，并一面嫁祸地方，将中将杨立德等无辜逮捕，非刑迫供，几造成空前冤狱。"其后，"霍揆彰革职看管，听候核办"，"殊该霍揆彰仍逍遥法外，此次竟公然来京赴会，众目睽睽，咸表惊异。该霍揆彰如此糊涂性成，藐视国家法令，影响政府尊严"，故请加以处置"以维法纪，而正视听"。① 这封署名"中央监察委员龙云"的信，让有心保霍的蒋介石左右为难，不得不下令顾祝同对霍揆彰"严加管束"。②

　　① 《龙云电函蒋中正罪犯霍揆彰经革职看管却公然来京出席三中全会藐视法令请速予处置》（1947 年 3 月 20 日），"蒋介石档案"，002-080200-315-061。
　　② 《顾祝同电蒋中正处理霍揆彰擅离指定处所出席三中全会除饬其嗣后不得擅离指定疗养处外并每月汇报病况及治疗情形》（1947 年 4 月 18 日），"蒋介石档案"，002-080200-315-060。

| 第三节 |

美国的态度

昆明美领馆的介入

闻一多继李公朴之后被刺，使人们推测类似暗杀将会继续出现。梅贻琦在闻一多被刺当天给教育部的急电中，就用"同人极度恐惶"的措辞诉说人人自危的心境。[1] 教育部部长朱家骅向蒋介石报告闻一多被刺时，也用了"教育界人士殊感焦灼"的语句。[2] 美国驻昆明领事馆也有同样的明显感觉，因此当他们接到潘光旦打来的请求保护的电话后，当晚就由副领事劳斯（Roser）与两位美国人，驾驶吉普车把有可能遭到迫害的民主人士接至馆内加以保护。一些受到威胁的人，也到领事馆避难。

这件事的经过，楚图南曾对家人讲过。楚图南的儿子楚泽涵说："父亲告诉我，在闻一多遇刺后，潘光旦先生立即和他原来就比较熟悉的美国驻昆明领事劳斯（Roser）先生联系，告诉劳斯，他和一些教授朋友（而且其中几位还是美国和英国著名大学的博士和硕士）现在的安全受到威胁，希望美国领事馆方面提供保护。于是劳斯亲自开车（或派

---

[1] 《梅贻琦致教育部电文》（1946 年 7 月 15 日），清华大学档案馆存。

[2] 《朱家骅致蒋介石密电》（1946 年 7 月 18 日），"朱家骅档案"，台湾"中央研究院"近代史研究所档案馆存。

人）将潘光旦夫妇、张奚若、费孝通（及夫人和幼女）三位西南联大的教授率先接到领事馆保护，随即又接来了赵沨和金若年。因为这两位较年轻，而且熟悉有关情况（其他人的住所、活动规律及家人等），潘光旦等人到美国领事馆后，大家商量，认为楚图南、潘大逵、冯素陶的安全可虞，特别提出楚图南是民盟云南省支部的主要负责人，应该优先接来保护，楚图南被接来后，又提出尚钺（当时名叫尚健庵）有危险，因此又接来了尚钺。这时已经是7月15日深夜。"楚泽涵的文章中还写道："避难期间最危险的经历是7月15日深夜，美国领事馆门口突然汽车声隆隆，来了两卡车全副武装的国民党宪兵，将领事馆包围，并由宪兵队的头目到领事馆门前，要求将全体人员交由宪兵带走，这遭到美国领事劳斯严词拒绝，随后也拒绝了宪兵头目要求领事馆交出避难人员名单的无理要求。这时美国领事馆又用电话向在巫家坝的美国空军求援，要求美国空军派人来保护领事馆和避难人员的安全。此后，宪兵队撤走，领事馆门口和二楼阳台外面则由全副武装的美国兵守卫。我当时已经入睡，半夜起来时确实看见玻璃窗外的环形阳台上，有数名美国兵手持卡宾枪在巡逻守卫，次日早晨，阳台上的卫兵撤走，但是门口依然有美国兵守卫。"①

　　进入美国领事馆避难的人数，说法不一。李何林在上海报告时，说共有19人，其中有西南联大教授张奚若、潘光旦、费孝通，云南大学教授楚图南、冯素陶、尚钺、潘大逵和讲师王康，《民主周刊》编辑赵沨②，中苏友好协会昆明分会驻会工作人员金若年及民主周刊社的另一位工作人员。此外，还有8人是几位教授的家眷。③ 楚图南记忆中，还有姜震中、王志诚、林彦群等云南大学教师。④ 这些人，除张奚若外，

---

　　①　楚泽涵：《楚图南在美国领事馆避难记》，《炎黄春秋》2011年第9期。

　　②　赵沨也被国民党列入黑名单，闻一多被刺当天晚上，他躲到费孝通家里才幸免于难，并于当晚随费孝通一起住进美国领事馆。

　　③　以上引《李何林昨在文协会上报告昆明近况》，《文汇报》1946年7月25日；《梁漱溟今日飞昆明，避居美领馆二教授抵渝》，上海《大公报》1946年8月2日。

　　④　楚泽涵：《楚图南在美国领事馆避难记》，《炎黄春秋》2011年第9期。

都是云南民盟的负责人或骨干。①

　　上述数人不是同一天进入美国领事馆的，7 月 15 日晚上，金若年去接冯素陶，没找到人，第二天冯素陶才进了美国领事馆。潘大逵则是闻一多被刺后第三天才去的，据他的回忆，7 月 17 日晚上昆明美国使馆负责商务的领事马克基利（Mcgeany）亲自驾着吉普车到北门书屋楼上的潘大逵家，对他说："事情很急，费孝通、张奚若、楚图南、潘光旦、尚钺、冯素陶等人都搬进了美领事馆。在家里住，随时都可能发生危险，你得立刻就走。"潘大逵即跟随马克基利去领事馆，在那里见到了费孝通、潘光旦，他们都住在一个大会议室，睡在地铺上。当时，潘大逵刚刚添了一个儿子，还未满月，只能让妻子陈瑞璜留在家里料理一切。陈瑞璜不顾产后身体虚弱，经常到领事馆来给他送衣食等物，还和冯素陶的爱人代表避难各位，到领事馆致谢。那些天，大家都很紧张。潘大逵说他到领事馆的第一夜，见劳斯通宵未睡，一直在与美大使馆和华盛顿美国务院不断联系，门口的美国警卫日夜站岗，国民党军警则在馆外不断窥伺，费孝通说"恨不得一下飞到延安"。在美国领事馆，劳斯曾与楚图南会谈，希望进一步了解民盟的组织和主张。为楚图南担任翻译的是潘大逵，他们又一次阐述了民盟反对内战、主张和平建国、反对一党专政、赞成建立联合政府、实行民主宪政等主张。②

　　按照国际公法，美国领事馆的行为有超越外交职权、干涉别国内政之嫌，所以领事馆一面电告美国大使馆，一面派人向霍揆彰说明此"十一人确有危险，彼愿站在人道立场予以保护，绝非保护若辈之政治组织"。霍揆彰没有料到竟会惊动美国，气急败坏之下，于次日致函美国领事馆，声称："中国人应由中国军政机关保护，美领馆竟接受

---

　　①　关于张奚若、潘光旦等在美国领事馆的情况，可参见金若年：《记楚老在昆明的几件事》，载云南省文史馆编：《楚图南纪念文集》，云南出版集团公司、云南美术出版社 2008 年版，第 21—27 页。

　　②　潘大逵：《我参加民盟云南省支部的回忆》，中国人民政治协商会议云南省委员会文史资料研究委员会编：《云南文史资料选辑》第 30 辑，云南人民出版社 1987 年版，第 96—97 页。

十一人之要求而保护之有侵中国主权，希即开列名单，交中国政府。"劳斯将此函出示张奚若等人，征得他们意见后，复函云南警备总部，大意是："此十一人多属本人朋友，彼等确有性命之虞，且彼等并非犯人，似不能行用引渡办法。"[①] 霍揆彰非常不满这个答复，可也无可奈何。

美国领事馆可以不在乎霍揆彰的质问，却担心这一未经请示的行为可能受到大使馆责问，不过这个担心很快就打消了，这从 7 月 20 日美联社发布的一条消息中即可得知。该消息说："美国国务院顷证实李公朴、闻一多暗杀案发生后，昆明美领事馆确对十一位民主同盟分子加以保护。国务院声称，昆明美领事此种措置因该十一人显然有亦被暗杀之可能，南京美大使馆已与中国外交部商谈此问题。据称中国当局已派员往昆调查此案，并命该地警备司令部维持法律。一俟安全确有充分保障，该十一位民盟人士即行脱离美领事馆之保护。"[②]

美联社的消息，传递了一个非常重要的信息，即美国政府认为中国政府无力负责民主人士的人身安全，这对以反法西斯战争中四大强国之一自居的国民政府，无论是形象还是信誉，都是一种嘲笑和打击。国民党新闻管制机关虽然一再限制传播美国领事馆保护民主人士的消息，但无疑这一事态成为与李闻惨案密切相连的又一关注焦点。7 月 22 日，民盟政协代表向国民党政协代表提出李闻惨案善后要求中，特别增加了"政府对于目前因惨案威胁而避入昆明美领事馆之本盟领导人潘光旦等十一教授以及一般民主人士均应切实负责保护其身体安全及自由"一项。[③] 尚未从李闻案中摆脱的蒋介石，又一次面临雪上加霜的处境。

进入美国领事馆的张奚若等人，在 7 月 18 日行政院发出保障人民

① 《李何林昨在文协会上报告昆明近况》，《文汇报》1946 年 7 月 25 日，第 4 版。

② 《昆民盟十一人，美领馆保护中，美国务院证实此事，谓安全有充分保障时即脱离》，天津《大公报》1946 年 7 月 21 日。

③ 《为李闻被暗杀事件，民盟政协代表张君劢等向政府提出严重抗议书》，《新华日报》1946 年 7 月 23 日。

安全的通令，和霍揆彰送去保障其安全的书面保证后，于 19 日相继离去。脱离美国领事馆保护，本是事态和缓的征兆，令人费解的是昆明《中央日报》偏偏在 20 日社论中对他们大加嘲讽，说他们本可向治安机关要求保护，"何至遽生非外人不能自保之心"，"既以身许，艰险自在度外"，却又寄人篱下，"民主斗士，从何斗起"。① 昆明《中央日报》说此番话时，以为事过境迁，借机发泄不满，孰料事情一波三折，仅隔了一天，潘光旦、费孝通就因人身仍然受到威胁重返领事馆。这样一来，眼看就要过去的事情反而再次被激化。

前面说到，潘光旦也列入了云南警备总部的黑名单。李公朴被刺后，几个特务曾数次到西仓坡西南联大宿舍的闻一多和潘光旦的家里骚扰，一个女特务甚至扬言下一个就轮到他们两人了。闻一多遇难后，潘光旦处境极其险恶，不得不求助美国领事馆。潘光旦离开领事馆后，仍心有余悸，不敢回西仓坡，住到清华大学办事处的内弟家。清华大学办事处是所院落，梅贻琦也住在这里，四个特务为了打探情况，竟然殴打梅贻琦的车夫罗文安。② 这件事让潘光旦感到人身威胁远未解除，思来想去，只好与费孝通再入美国领事馆。复入美国领事馆避难者，连同家眷，共 11 人。③ 此事原因和经过，在教育参事刘英士给教育部部长朱家骅的报告中是这样记述的："潘光旦等上星期五出美领事馆，但于昨日（星期日）下午经与梅月涵等再四研究之后，重进美领事馆。原因如下：昨为留学生考试第一日，梅校长坐自备包车赴试场。十时左右，梅因将有汽车送其回寓（西仓坡五号清华办事处），故命包车夫先回。包车夫于归途中遇暴徒数人，持枪逼询清华办事处共住几人，有枪多少等语。潘光旦夫妇均与梅校长同住，故包车夫未敢率直回答。结果包车夫被殴！此事发生后，潘等认为治安当局控制力量不够，故又逃至美领

① 《依限缉获李闻两案正凶！一切治安机关努力雪耻！》，昆明《中央日报》"社论"，1946 年 7 月 20 日。

② 《梅贻琦日记》（手稿），1946 年 7 月 21 日。

③ 《梁漱溟今日飞昆明，避居美领馆二教授抵渝》，上海《大公报》1946 年 8 月 2 日。

事馆。"①

刘英士是 1927 年与闻一多、潘光旦及胡适、徐志摩、梁实秋、叶公超等共同创办新月书店的朋友，故朱家骅请其代表教育部赴昆慰问闻一多家属。刘英士飞抵昆明的 7 月 21 日，正是潘光旦、费孝通再入美国领事馆之日，因而马上接到朱家骅密电，嘱其"对潘光旦先生等安全之保护，便衣或武装均无不可，希与有关当局妥洽"，并强调"潘等再度要求美领馆保护，自无必要，务盼婉劝阻止为要"。② 于是，原本衔命慰问闻一多家属的刘英士，使命一变而为劝说潘光旦等离开美国领事馆了。

潘大逵和张奚若离开领事馆后，到唐家花园旁的马克基利家住了一夜，接着又到他的亲戚饶幼怀家住了一个星期。由于形势再度紧张，他们也第二次搬进美国领事馆，前后在领事馆住了 20 天左右。③ 后来，美国大使馆派一等秘书斯普劳斯（Sprouse）到昆明，和美国领事劳斯一起同云南省主席卢汉、云南民盟几位负责人共同会谈。云南民盟参加谈判的是潘光旦、费孝通、楚图南，潘大逵没有参加，只得知美方和卢汉保证他们的安全，要为他们买好飞机票，送他离开昆明。此事谈妥后，他们相继离开领事馆，楚图南、尚钺、赵沨住在北门街潘大逵的家，等候赵康节、朱驭欧为他们购买飞机票。同在美国领事馆避难的人相继飞离昆明后，潘大逵、冯素陶仍然留在昆明，等待民盟总部派出的梁漱溟、周新民来昆调查。梁、周抵昆后，潘大逵向他们详谈了惨案的前后经过，并介绍他们与劳斯见面，冯素陶还协助梁、周处理李闻案件的善后工作。④ 此后，潘光旦、费孝通 7 月 30 日乘飞机离开昆明去上海，

① 《刘英士致朱家骅函》（1946 年 7 月 22 日），"朱家骅档案"，台湾"中央研究院"近代史研究所档案馆存。

② 《朱家骅致梅贻琦转刘英士加急密电》（1946 年 7 月 22 日），"朱家骅档案"，台湾"中央研究院"近代史研究所档案馆存。

③ 潘大逵：《我参加民盟云南省支部的回忆》，《云南文史资料选辑》第 30 辑，第 96—97 页。

④ 潘大逵：《我参加民盟云南省支部的回忆》，《云南文史资料选辑》第 30 辑，第 97 页。

张奚若、楚图南、尚钺、赵沨是 8 月 8 日同机飞上海，历时半个多月的避难生活至此才结束。

因闻一多被刺而引起的美国介入，令蒋介石十分恼火，他除了对美国发泄不满外，还把怒气发向避难昆明美国领事馆的诸教授。在日记中，蒋介石挖苦张奚若等人，说："此等知识分子而且皆为大学有名之教授，其求生辱国，寡廉鲜耻，平时其自夸所谓不怕死者，而其怕死至此书生学者，毫无骨格。"①至于潘光旦等复入领事馆，虽未见蒋日记，但不难想象，他 20 日还信誓旦旦地向司徒雷登表示"对昆明李闻案，政府必切实查究，并重申负责保护人民之生命与自由"②，第二天潘光旦等就重返领事馆了，这怎能不让他陷入自食其言的尴尬。

杜鲁门总统的警告

身负调停国共矛盾的美国总统特使马歇尔，这时也感到事态的严重。7 月 16 日，他与国共和谈的国民党谈判代表俞大维会谈时，不仅提到李闻被刺事件，还认为"许多中国人，深恐生命威胁，纷至当地美国领事馆，要求保护，在此种环境之下，谈判如何可以进行"。③马歇尔担忧的是，李闻被刺事件可能会对谈判产生不利的影响。果然，18日他首上庐山，到机场送行的民盟中央常委张君劢就请他为昆明暗杀案向蒋介石提出警告，并说民盟人士"生命已无保障，政府谈判自难继续"。④19 日，周恩来也对马歇尔表示，"因为战事蔓延、政治暗杀，他

---

① 《蒋介石日记》（手稿），1946 年 7 月 17 日。

② 《事略稿本》1946 年 7 月 20 日条，"蒋介石档案"，台湾"国史馆"存，02-060100-214-020。

③ 梁敬錞译注：《马歇尔使华报告书笺注》，台湾"中央研究院"近代史研究所 1994 年版，第 305 页。

④ 《蒋介石日记》（手稿），1946 年 7 月 18 日。

觉得很难说服他的同志接受政府对于苏北之要求"。[①] 张君劢、周恩来的话让马歇尔深感李闻惨案不只是镇压不同政见者的孤立事件，它牵动着国共和谈，牵动着从中斡旋的民主同盟，还妨碍着他的来华使命。事情很明显，如果调停失败，内战必然爆发，苏联势力就会乘虚而入。但国共休战罢兵需要和平环境，李闻惨案此时发生，说明国民党没有和平诚意。这样，内战不能避免，精心制定的制止中国内战、扶植蒋介石成立容纳各党派的稳定政府以便与苏联抗衡的远东战略计划，势必付诸东流。

　　来自美国的消息也印证了马歇尔的忧虑。7 月 30 日，驻美大使顾维钧走访美国众议院外交委员会主席询问一个月前草拟的"对华军援"办理情况，得到的答复是："前经外交委员会审查，原拟将该案报告众议院，可望通过。惟参议院方面，因我国目前情形，难望通过。彼意与其提而不获通过，不如作罢。"[②] 顾维钧的电报没有说明"对华军援"指的是哪项法案[③]，但不论何种援助，都是蒋介石最急需的；电报也没有明言中国"目前情形"包括哪些，但不论什么情形，肯定包括李闻被刺在美国引起的恶感。这一点，马歇尔已意识到了，所以与蒋介石会谈时，才会指出"昆明暗杀案比内战之消息使美国影响更恶"。[④] 马歇尔的这句话，第二天得到进一步的印证。7 月 31 日，美国哈佛大学哲学教授巴顿、政治学教授伊立沃、法学教授西孚等三十余人联名致电代理国务卿艾奇逊，认为"民主和非共产党领袖最近的被杀害，是得到国民党的赞同的"，为此主张"美国停止援助中国，以便等待国民党容纳民主分子参加政府"。[⑤] 这个消息让蒋介石百思不解，竟认为哈

---

　　① 梁敬錞译注：《马歇尔使华报告书笺注》，第 305—306 页。

　　② 《事略稿本》1946 年 7 月 30 日条，"蒋介石档案"，002-060100-214-030。

　　③ 根据时间推测，应当是 1949 年美国国务院发表的《美国与中国的关系》中所说之"拟予中华民国以军事顾问与援助的法案"。参见世界知识出版社编：《中美关系资料汇编》第 1 辑，世界知识出版社 1957 年版，第 380 页。

　　④ 《蒋介石日记》(手稿)，1946 年 7 月 30 日。

　　⑤ 《哈佛大学教授三十人，联名致电艾奇逊，主张美国停止援助国民党》，《新华日报》1946 年 8 月 4 日。

佛大学教授的主张是"第三国际对美宣传之阴谋"。① 其实，不止哈佛大学，纽约大学、哥伦比亚大学、皇后学院也有 36 位教授致电杜鲁门与国会，要求撤退驻华美军。电中称：李、闻被刺使美国"学术界人士不胜惊震"，"吾人身为纽约城之大学教授，鉴于此种严重事态与建立联合民主中国之初衷，要求美军应立即退出中国，并停止一切对华金融与军事上之援助，直至民主之联合政府成立时再行恢复。"② 而哥伦比亚大学师范学院都学华教授，还将学院全体教授致杜鲁门总统的电报寄给《大公报》，希望该报"将原电译出发表"。该电说他们"听到昆明著名教授闻一多和李公朴两先生被暗杀的消息后"，"十分震动"，认为"这种出于若干反动分子的残酷行为，刺激了中美两国思想自由的公民良心"，也"刻画出中国局势在迅速地恶化，美国也深深地被卷入了"。电中说：美国政府对于这种"毁灭人类自由基础的行动，不应保持缄默"，因而"要求中美两国政府采取紧急步骤，实行他们已经宣布了的支持代表民主政府和恢复中国自由与秩序的政策"，"要求美国政府积极地支持中国建立民主的政府，实现统一的代议制的政府，并维持言论自由的适当保证"。在这封 8 月 12 日寄出的信函上，签有教育哲学、教育历史、教育教授法、教育社会学、童年教育、英国文学教授法、比较教育、教育管理学教授裴纳、勃兹、恰尔慈、克拉克、康兹、甘斯、格雷、吉尔派屈里克、林登、诺登、劳普、都学华 12 位教育家的名字。③

李公朴、闻一多的被刺，潘光旦、费孝通两人美国领事馆，国民党坚持武力统一使国共和谈有花无果，加上美国国内的强烈舆论，如一团乱麻让马歇尔感到棘手。这促使他在 8 月 8 日与蒋介石的会谈中，直率表示："中国最近的局势已引起了美国的许多议论"，"知识分子特别是

---

① 《事略稿本》1946 年 8 月 8 日条，"蒋介石档案"，002-060100-215-008。

② 《为李闻被刺惨案，美卅六教授电杜鲁门：立即撤退驻华美军，停止一切对蒋援助》，《解放日报》1946 年 8 月 25 日。

③ 《哥伦比亚教授对案抗议，把给美总统的电报寄本报发表》，上海《大公报》1946 年 8 月 30 日。

在国外大学受过教育的那些知识分子受到蓄意的迫害”，这使“美国知识界有一种感觉，即中国对自由主义见解的压制与德国所实行的做法相同，它已使全世界震惊和愤怒”。① 与此同时，有些精疲力竭的马歇尔，还请求美国总统杜鲁门出面向蒋介石提出警告。

杜鲁门接受了马歇尔的建议。8 月 10 日，他根据马歇尔与司徒雷登商量后拟定的草稿，以私人通信方式致函蒋介石。其全信云：

> 本人自派马歇尔特使驻阁下左右后，对中国局面始终深切关注，现本人不能不作一结论，即马歇尔特使之努力，似未奏效，实深遗憾。本人深信马歇尔特使与阁下商谈中，曾对美国政府之整个态度与政策及有见解之美国舆论，正确奉告。近数月来之中国政情，迅趋恶化，实使美国人民深感忧虑，美国故继续希望中国在阁下领导之下，仍能成为民主强盛之国家，然最近局势之发展，使人不能不认为国共两党中均有极端分子，各顾私利，阻碍中国人民之愿望。本人不敢不竭诚奉告者，一月三十一日政治会议所拟订协定，曾为美国方面所欢迎，而认为远见之举，可使达成统一与民主之中国，但美国对该协定之未采取切实步骤，使其实行，殊感失望。现此点渐为美国对中国前途展望之重要因素，兹以中国内争日炽，尤以新闻刊布自由及智识界发表开明言论等举，日见加强压迫之趋势，故美国舆论之认为美国对华政策，应予重加检讨者渐见增多。最近昆明发现有声望之教育阶层人士惨被暗杀案件，美国人民未尝无闻，此案责任属谁，姑且勿论，其结果适使美国人民对中国局势益加注视，且信中国对社会问题，不采民主方法，仍欲凭借武力，利用军队或特务警察，以求解决。吾人对于中国国民期望和平民主之信心，虽已屡近来发生事端所动摇，然尚未泯灭，美国政府仍坚持协助中国，俾能于真正民主政府之下，建立和平与稳定经

---

① 中国社会科学院近代史研究所翻译室译：《马歇尔使华：美国特使马歇尔出使中国报告书》，中华书局 1981 年版，第 210 页。

济。然照此间观感，中国国民之期望，为黩武军人及少数政治反动
分子所遏阻，此辈不明现时代之开明趋向，对国家福利之推进，不
惜予以阻挠。此种情势，实为国民所深厌恶，倘若中国内部之和平
解决，不能于短期内表现真实进步，则美国舆论对中国之宽宏慷
慨态度，势难继续，且本人必须将美国立场重行审定，本人深望阁
下能于最近期内惠予好音，使贵我两国间所相互宣布之目的，易致
完成。①

　　这是一封被中美关系史学者多次提到的著名信函，只是信中关于李
闻被刺事件部分多被忽略，而杜鲁门在信中对中国政府的批评，很大程
度上正是以这一事件为例证的。可见，杜鲁门除对中国未能采取切实步
骤实行政协协议表示失望外，用相当篇幅写到美国民众对国民党压制舆
论、制造暗杀的不满。正因如此，杜鲁门坦率告诉蒋介石，如果这些不
能改变，就难以平息美国舆论，他也就不得不对美国的援华立场进行重
新审定。这无疑是提醒蒋介石：美国政府的对华政策是与国民党如何对
待国内批评分不开的。

　　按照国际惯例，一个国家对另一个国家的批评，通常先是通过高级
外交人员传递信息，只有非常时刻才由国家最高领导人直接出面。杜鲁
门的信当属后者，且批评之严厉，全然没有外交辞令，仿佛颐指气使地
教训一个未成年的孩子。由此可见，李闻惨案及其社会影响，是妨碍美
国远东政策的一个因素。

　　杜鲁门的信，于 8 月 12 日由顾维钧电告蒋介石。电中，顾维钧说
他已向美方征询了此信之意，印象是“重在我方此时有所表示，采一切
实步骤”，故建议“此在我策略上亦属不可少”。顾维钧还认为，“昆明

———————

　　①　《事略稿本》1946 年 8 月 15 日条，“蒋介石档案”，002-060100-215-015。
该件标题为《蒋中正接顾维钧电转陈杜鲁门密函谓如中国内部问题之和平解决办
法不即于短期内表现进步则其本人必须将美国立场重行审定另据王世杰电陈分析
美总统密函盖因近来美舆论已渐露厌恶中共之意惟马歇尔既经发表声明倘我不采
若干步骤将致使其陷于完全失败以马氏在全美之信望或当使舆论再度逆转等》。

惨案等，应预为防禁，以免授此间'左'倾分子以口实，而刺激美国舆论，更使美政府感觉应付困难"。[①] 蒋介石收到这封信后，即向正在巴黎的外交部部长王世杰询问意见。王世杰 14 日回电云："目前马歇尔既经发表声明，倘我不采取若干步骤，致使马歇尔陷于完全失败状况，美国政府必采取若干不利于我之措施与声明，此则可使美国舆论再度逆转，因马歇尔为全美的信任之人望也"。否则，"苏联尤必利用此形势，采取不利于我之措施"。[②] 王世杰此电主要针对中共问题，但杜鲁门信中强调了"最近昆明发现有声望之教育阶层人士惨被暗杀案件"，自然只有解决这一事件，才能满足杜鲁门的要求。

美国对待李闻惨案的态度，已多次令蒋介石不满。当他阅过杜鲁门来信后，即为"美国外交政策谬误至此，甚感痛心"。[③] 在 8 月的反省录中，他再次写到这件事，深感这是"加我以耻辱"，认为此举是"美国在国际道义上重添其不可磨灭之污点"。对于 8 月 18 日杜鲁门以行政命令扩大对华禁运，制止国民党政府购买美国剩余军火，蒋介石更是火冒三丈，说"美国断绝接济我国之武器，并不允我国备价购买其军火，此为马歇尔对我更进一步之压迫，欲使我对其屈服"。[④] 但是，离不开美国援助的蒋介石，尽管极不情愿，也只能耐下性子处理李闻被刺这个棘手的案件。

① 《事略稿本》1946 年 8 月 15 日条，"蒋介石档案"，002-060100-215-015。
② 《事略稿本》1946 年 8 月 15 日条，"蒋介石档案"，002-060100-215-015。
③ 《事略稿本》1946 年 8 月 15 日条，"蒋介石档案"，002-060100-215-015。
④ 《事略稿本》1946 年 8 月 31 日条，"蒋介石档案"，002-060100-215-031。

| 第四节 |

闻案的善后

国民党的应付措施

蒋介石 7 月 17 日看到卢汉与翁文灏发来闻一多被刺的电报时，似乎就有一种不祥预感。当天，他亲自修改手令，急电霍揆彰："李公朴与闻一多案关系重大，希于三日内负责缉获正凶，勿稍贻误。"[1] 但是，李闻惨案居然在国内外激起如此之大的风潮，也让他始料不及。如果蒋介石起初还只是觉得"昆明李闻被刺案殊所不料"的话[2]，那么在"一星期反省录"中，便承认"本周几全为此事而感受烦闷与忧郁"[3]，在"一月反省录"中，也写下"昆明李闻被刺案在政治上增加政府甚大之困难"之句。[4]

让蒋介石烦闷和忧郁的头绪太多，他首先想到的是这一事件会被中共利用，正如他得知闻一多被刺的第二天在日记中所云："昆明连

---

[1]　《蒋中正电霍揆彰请负责查缉李公朴闻一多案正凶并严防此案件继续发生》（1946 年 7 月 17 日），"蒋介石档案"，002-060100-214-017。

[2]　《蒋介石日记》（手稿），1946 年 7 月 20 日。

[3]　《事略稿本》1946 年 7 月 27 日条，"蒋介石档案"，002-060100-214-027。此句在《蒋介石日记》（手稿）中为"几乎全为此事增加烦恼之苦痛"。

[4]　《事略稿本》1946 年 7 月 31 日条，"蒋介石档案"，002-060100-214-031。

出暗杀案二起，先李公朴次及闻一多，皆为共党外围之民主同盟中党酋，应特别注意，彻究其凶手，以免共匪作污陷之宣传。"① 在避免被中共利用的心态下，蒋介石指示行政院向各省市政府主席市长发出要求各地方保障人民安全的通令。通令先是说："查云南省昆明市，近数日内接连发生狙击致死案件二起，显系奸人意图以刺杀掀起社会秩序之不安，该管各级机关人员防范不周，遂致有此惨案，实为我政府莫大之耻辱。"继之命令"各级省（市）政府为维护地方治安之机关，对于一切人民之生命与自由，负有保护之责，务须饬属严密防范，尤应在此时期，对于政治党派人士特加保护"。② 行政院的通令是国民党政府在李闻被刺事件后采取的第一个对策，与李闻惨案报道上的遮遮掩掩不同，这个通令迅速刊登在国民党控制的所有报纸上。

国民党政府的第二个应付措施，是尽快摆脱干系。7月17日下午，中央宣传部举行外国记者招待会，会上有记者问："昆明李公朴、闻一多二人被刺案，共党颇指摘政府，究竟真相如何？"对此，国民党中宣部部长彭学沛除了声称"政府对此案甚为重视"外，还强调"此事究竟为何人所为，余不愿凭空推测，在未查实以前，对任何方面之任意悬揣，皆不公平"。③ 7月18日南京《中央日报》的社论，也要人们"不能不稍稍遏制我们的感情冲动"，因为"直觉的观察，不一定真实"。④ 这些既不愿承认李闻被刺为国民党所为，又不敢否认与国民党有所联系的模棱两可之言，不仅显得底气不足，也难以平息民心舆情。

闻一多被刺后，民盟中央曾提出与政府一同进行调查的要求。7

---

① 《蒋介石日记》（手稿），1946年7月17日。

② 《李闻在昆被刺案，主席严令缉凶，政院派唐纵赴昆督办，并通令保障人民安全》，南京《中央日报》1946年7月18日。

③ 《政府必切实彻查，希望勿任意悬揣，彭部长对李闻案谈话》，南京《中央日报》1946年7月18日。

④ 《昆明的不幸事件》，南京《中央日报》"社论"，1946年7月18日。

月 21 日，民盟中央在南京举行记者招待会，会上，梁漱溟、罗隆基表示将向政府提出书面要求，其第一项便是"立即选派公正人员与民盟推派之人员同赴昆明，进行调查该案真相，并负责保障调查人之安全"。①22 日，政协民盟代表团致函政协国民党代表团，在向蒋介石提出的严重抗议中，亦要求"政府立即选派公正人员与本同盟所派之人员同赴昆明，进行调查惨案真相"。② 梁漱溟说，"最初和政府诸位代表谈到此意，他们几位都没有不同意的表示，但认真交涉时，则又不肯同意"。③ 此后，梁漱溟、罗隆基向政协秘书长雷震提出由政府、民盟、美方各派一人，组成三人调查委员会赴昆调查的建议。25 日，梁漱溟、罗隆基、张申府走访政协国民党代表邵力子讨论李闻被刺案调查事，"再度要求派遣美国代表、政府代表、民盟代表组成之调查委员会"。④26 日，梁漱溟、罗隆基在与吴铁城、雷震会商调查李闻被刺案事时，又一次申述了这个建议，但均未得到当局同意。为了敦促国民党，民盟郑重向司徒雷登表示了这一愿望，司徒雷登答应向蒋介石转达。但是，蒋介石只同意"民盟自行派员前往昆调查，交通工具由政府供给，并保障其安全"。⑤ 这就是说，蒋介石拒绝组织三人调查团，仅允许民盟派人自行调查。

请美国出面，是民盟中央经过反复斟酌后提出的建议，其意表示三方联合调查，可以保证调查结果的公正。习惯用西方思维方式思考问题的马歇尔，认为这个建议没有理由不接受，于是在 30 日当

---

① 《李闻被刺案，民盟请求彻查，向政府提要求并招待记者，李闻追悼会将在各地举行》，天津《大公报》1946 年 7 月 23 日。

② 《为李闻被暗杀事件，民盟政协代表张君劢等向政府提出严重抗议书》，《新华日报》1946 年 7 月 23 日。

③ 梁漱溟、周新民：《李闻案调查报告书》，中国文化书院学术委员会编：《梁漱溟全集》第 6 卷，山东人民出版社 1993 年版，第 640 页。

④ 《调查李闻案，民盟请组三人会，并拒绝政府邀请》，南京《中央日报》1946 年 7 月 25 日。

⑤ 《顾祝同张镇等飞昆，限周内破获李闻案》，南京《中央日报》1946 年 7 月 28 日。

面向蒋介石提出，请其"允许民主同盟之要求，组织三人调查委员会，由政府、民盟及美方各派一人，前往昆明共同调查"。蒋介石则推诿说："此事之处置，为政府应尽之责，自应由政府负责调查，如调查结果公布后，彼等认为尚有怀疑之点，自可允许有关团体参加研究。"① 蒋介石拒绝民盟要求不难理解。首先，蒋介石已获知李闻被刺出自云南警备总部之手，如果三人小组一起调查，那么政府方面无论采取什么办法也难以掩盖真相。其次，美国领事馆的介入，已将李闻惨案衍生为国际问题，为了避免节外生枝，当然不愿意美国插手。

由于国民党的种种阻挠，民盟派往昆明调查的只有梁漱溟、周新民两人。8月2日，即梁、周由南京启程的前一天，南京《中央日报》似乎为了配合民盟赴昆调查，发表了篇题为《昆明事件之调查与处理》的社论。社论宣称："昆明事件是异常重大的事件，国民政府的信誉，国民党的信誉，中国国家的信誉，乃至中国人民的信誉，都以此案为试金石。"② 然而，此行不断遭到国民党的"花招"。行前，民盟本计划派梁漱溟和罗隆基，但外间传言罗不能去，去了将死在昆明，这样民盟才改派副秘书长周新民。在重庆转机时，又说飞机没有舱位，使他们迟至8月6日才到达昆明。这次调查，国民党中央党部特派秘书张寿贤"陪同"，但到昆明后，报上只登张的名字，故意不提梁、周二人。③ 这让人明显感到，同意民盟赴昆调查不过是敷衍舆论。

梁漱溟、周新民在李闻惨案发生两个多星期后才出发，不能说不是国民党有意拖延时间，以便完成对应部署。根据已公布的材料，蒋介石得到闻一多被刺消息后，估计可能是自己人干的，于是打电话问军统局局长毛人凤，但毛人凤也回答不出是什么人干的，只说他没叫人干这件

---

① 《事略稿本》1946年7月30日条，"蒋介石档案"，002-060100-214-030。
② 《昆明事件之调查与处理》，南京《中央日报》1946年8月2日。
③ 梁漱溟、周新民：《李闻案调查报告书》，《梁漱溟全集》第6卷，第641页。

事。① 这种情况下，蒋介石于 7 月 17 日下令警察总署署长唐纵飞昆督饬调查。唐纵抵昆后，从先期到昆的军统局第三处（主管暗杀）处长郑修元和军统云南站站长王巍处，得知李、闻两案均为云南警备总部特务营与稽查处所为，且将凶手职务、姓名、事先布置及行凶情况，都弄清楚了。② 可是，唐纵面见霍揆彰时，霍死不认账。蒋介石闻知，方令霍揆彰速来庐山。

蒋介石的无奈处置

蒋介石 7 月 17 日得知闻一多被刺情报后，便考虑如何处理李闻被刺事件。他之所以这样做，出发点无疑是前面提到的"以免共匪作污陷之宣传"。经过一个多星期的反复权衡，蒋介石为了避免被指责为"政府暗杀反对党人之罪恶"和"更将诬为'法西斯'党"，于 25 日确定了"政府应主动彻究此案"处置方针，目的是在一片责难中争取主动。

根据这一方针，蒋介石当晚在牯岭召见霍揆彰，希望其"自动彻究"。霍揆彰开始还想继续抵赖，拿出"假造人证与口供"，希望得到蒋介石的认可。可是城府极深的蒋介石，深知这种办法不仅无济于事，而且一旦穿帮，定会让自己无地自容。于是，蒋介石训斥霍揆彰"幼稚荒谬极矣"，明白告诉他两案都是"其所部之所为，且出其行刺之人名"。当然，蒋介石对霍揆彰还是有些舍不得，故嘱"自想此案之办法"，并要他与宪兵司令张镇共同研究处置李闻被刺案的手续与要点。③

毋庸置疑，霍揆彰制造李闻惨案，从根本上说秉承的是国民党的反

---

① 沈醉：《军统内幕》，文史资料出版社 1985 年版，第 367 页。
② 沈醉：《军统内幕》，文史资料出版社 1985 年版，第 369 页。
③ 《蒋介石日记》（手稿），1946 年 7 月 25 日。

共政策，但内中也有自己的小算盘，用沈醉的话说，就是他想借此邀功，讨好蒋介石，"希望改派他当云南省政府主席"。① 沈醉这话，是从霍揆彰的参谋长刘一戈、参谋处外长郭业儒，及 1946 年 8 月出任云南警备总部副总司令一职的王凌云等人处了解到的，可见并非空穴来风。其实，这也不是什么秘密，连云南警备总部下层人员也人所皆知②，否则就不会在蒋介石召见霍揆彰之令下达后，外间便传出霍揆彰将出任云南省政府主席的风声，甚至还有记者当面问其"外传彼将聘任滇省主席"的问题。而那时的霍揆彰遭到蒋介石的训斥，知道这次搬起石头砸了自己的脚，故只能"完全否认"。③

霍揆彰企图嫁祸龙云集团的打算落空后，便函令云南警备总司令部"将行动有关人员拘捕"，要求他们中有人出来"挺胸做烈士"。④ 这个办法，说明霍揆彰与张镇商量的结果是丢卒保车，唯有这样，才能把暗杀说成是个人行为，才能掩盖霍揆彰的责任，敷衍舆论对政府的指责。对于这个方案，蒋介石是满意的，26 日，他决定派陆军总司令顾祝同全权处理李闻被刺案。

7 月 27 日，蒋介石召见顾祝同，交代处置要点，即："甲，反动派必以此加强其对政府暗杀反对党人之罪恶，更将诬陷为'法息〔西〕斯'党矣。乙，对霍处置之方针。丙，公布与审判之准备。丁，宣传技术之注意。戊，政府应主动彻究此案。己，凶手之口供及其行刺之动机。庚，被刺者咎由自取乎。辛，使投机与附共者有所警惕。壬，问霍能否自动彻究此案。"⑤ 这九项要点，第一项是处置动机，也是要

---

① 沈醉：《军统内幕》，文史资料出版社 1985 年版，第 370—371 页。
② 20 世纪 80 年代中叶，云南省公安厅喻芳先生告诉笔者，据他采访的曾经参与暗杀李公朴、闻一多的特务们交代，他们都知道霍揆彰自以为 1944 年率第二十集团军收复腾冲有功，一心想有朝一日能和同为黄埔一期的胡宗南、宋希濂一样，出掌一方军政大权。
③ 《李闻案即可公布，又传与龙三公子有关》，《文汇报》1946 年 7 月 27 日。
④ 唐纵日记（1946 年 7 月 27 日），公安部档案馆编注：《在蒋介石身边八年——侍从室高级幕僚唐纵日记》，群众出版社 1991 年版，第 634 页。
⑤ 《蒋介石日记》（手稿），1946 年 7 月 25 日。

求顾祝同处理案件时必须把握的核心，一切要服从这一需要。第七项针对的是李公朴、闻一多个人，要求顾祝同在此案办理过程中，一定要突出他们被刺完全是"咎由自取"。第九项，说明蒋介石仍欲庇护霍揆彰，希望他不受或少受牵连。这一方针与办法的确定，说明蒋介石的处置是不得已而为之，也决定了李闻被刺事件不可能真正得到解决。

顾祝同被蒋介石召见的当天，便带着陆军总部副参谋长冷欣、宪兵司令张镇，与云南省主席卢汉及霍揆彰同机飞昆。同日，中央社总社发布"今日下午五时半，国府政务局长陈方，秘书曹圣芬，在胡金芳饭店发表主席到庐山后之第一次重要消息"，内容为"由顾总司令全权办理，昆明军政宪警在其指挥之下，加紧侦察工作，务期在最近一周内将该案完全破获"。[①] 次日，国民党控制的各报纷纷大肆渲染，做足了这篇文章。

如何处理李闻惨案，让蒋介石耗尽脑汁。7 月 28 日，唐纵向蒋介石献策"李闻二案宜分开，以示非有计划之行动"，建议"李案以云南人出面承担为报复李公朴构煽部队之义侠行为"。蒋介石认为不妥，主张"李案如不破，则暂时作悬案"。[②] 8 月初，蒋介石看了口供记录，一度打算处理李案[③]，可听了冷欣的汇报，再"审阅口供"后，觉得"破绽甚多"，遂改变主意，决定只处理闻一多案，把李公朴案悬挂起来。[④] 蒋介石之所以改变前定办法，一是由于所谓的口供破绽太多，二是考虑到闻一多在光天化日下被刺，现场遗留明显痕迹，三是闻一多不仅是美国用退还庚款建立的清华学校培养出来的学生和在美国受过教育的留学生，

---

①　《顾祝同张镇等飞昆，限周内破获李闻案，主席严令保护人民安全》，南京《中央日报》1946 年 7 月 28 日。

②　唐纵日记（1946 年 7 月 28 日），公安部档案馆编注：《在蒋介石身边八年——侍从室高级幕僚唐纵日记》，第 634 页。

③　《蒋介石日记》（手稿），1946 年 8 月 3 日。该日日记"本星期预定工作课目"下，有"六、李公朴案之公布"之语。

④　《蒋介石日记》（手稿），1946 年 8 月 6 日。该日日记云："下午考虑昆明案件处理方针甚切，幸得上帝指示，改变前定办法。"

而且还是中国学术界的知名学者，他的被刺尤其引起美国舆论的愤慨。[①]

决定处理闻案后，蒋介石为如何才能做得天衣无缝考虑再三，因为清清楚楚的事实连蒋介石也觉得"必须彻究严惩霍揆彰，方得其平也"[②]。8月7日，蒋介石派空军司令周至柔飞昆明，向顾祝同转达了这一指示。[③] 蒋介石没有留下这一方针的文字，但唐纵在日记中则写道："周（至柔）含主座命来，传达闻案意旨，现在此案外间知者甚多，尤其美方业有详尽调查，必须认真办理。"[④] 正是由于顾虑到美国已掌握的情况，蒋介石才再次"研究昆明暗杀案之口供与经过实情"，复派刚刚返回牯岭的周至柔再赴昆明"传达意旨"。[⑤]

既然方针已定，表面文章当然做得越大越好。8月10日，马歇尔、司徒雷登发表联合声明，承认调处失败，同时宣布对华武器禁运。为了改变这种形势，国民党加快闻案的审理。8月15日，陆军司令部军法庭、云南省保安总司令部、驻昆明宪兵十三团组成的军事合议审判法庭，举行第一次公审。[⑥] 出庭的两个凶犯分别是云南警备总部特务营连长汤世

---

①　在美国外交档案中，保存着美国驻昆明领事斯普劳斯给大使馆的一份报告。内中说："李被暗杀后，在大学的开明人士中引起了强烈的谴责。然而，他们不相信自己受到了威胁，因为大家感到，李是一个实干的政治活动家而不是一个知识分子，尽管他们自己也接到了可能有危险的警告，但这种感觉还是存在的，可是，闻一多被暗杀使局势完全改观，因为闻是开明人士中的佼佼者，受到知识界的高度敬仰。闻过去完全不关心政治，直到两年前他才突然极为关心中国的政治局势。随后，他参加了民主同盟，成了最能代表民盟说话的人士之一。同时，在昆明的大学生中，他的影响比任何人都要大些。"（[美] 菲利普·D.斯普劳斯：《关于李公朴闻一多暗杀事件的责任问题》，中共云南师大党委党史资料征集组编：《一二·一运动史料汇编》第5辑，1985年8月印行，第101页）

②　《蒋介石日记》（手稿），1946年8月7日。

③　《蒋介石日记》（手稿），1946年8月7日。

④　唐纵日记（1946年8月7日），公安部档案馆编注：《在蒋介石身边八年——侍从室高级幕僚唐纵日记》，第637页。

⑤　《蒋介石日记》（手稿），1946年8月9日、10日。

⑥　《闻一多案昨日公审，凶手汤时亮李文山供认不讳，一庭审讯终结即将定期判决》，南京《中央日报》1946年8月16日。

良、排长李明山，但出庭时两人都换了名字，改为汤时亮和李文山。这次审判只有 27 人观审，除清华大学校长梅贻琦，省县参议员、市商会理事长、省党部、省政府、市政府、监察使署的代表和指定的中央社两名记者旁听外，连《大公报》记者也拒之门外。此举用意，就是尽量缩小范围，担心出现纰漏。

让汤世良、李明山出面承担责任，是霍揆彰不得已的办法。7 月 23 日，为了摆脱被动，刘淑琬就和军法处朱应瑞及王子民召集参与被杀李公朴、闻一多的有关人员开会，烧香发誓后，王子民痛哭流涕地说："谁愿意出面应付公审，就是忠于国家、忠于领袖。"崔镇三首先站起来，自告奋勇愿意应付公审，但刘淑琬认为他是行动组组长，认识他的人较多，担心执行枪决时不好偷换。这时，汤世良、李明山才相继起立，表示愿意出面。会后，即将汤、李羁押往陆军预备二师、宪兵十三团，但均遭到拒绝，最后方羁押在警备总司令部特务营。①

第一次公审时，以观审身份参加公审的梁漱溟、周新民，认为汤世良、李明山不过是假凶手，为此致函顾祝同，指出"该案疑窦甚多"，要求"请勿定案"。② 梁漱溟、周新民之所以敢于提出质疑，是已有不少人向他们秘密提供了材料，有的还是"警备部的工作人员及特种分子"。还有，美国大使馆为了获得李闻被刺的情报，特从北平调来曾驻昆明较久的一位领事，协助在昆明的两位领事，共同调查此案。③ 因此，梁漱溟说他们掌握了一批人证物证，"可以指出政府承办此案的若干破绽"。④ 民盟中央也认为凶手交代情况"不无可疑之处"，

① 萧舟：《李、闻惨案真假凶手之谜》，《湖南文史》2002 年第 1 期。

② 《梁漱溟等离昆返京，观审闻案后疑窦甚多，即将公布调查所获内容》，天津《大公报》1946 年 8 月 18 日。

③ 梁漱溟、周新民：《李闻案调查报告书》，《梁漱溟全集》第 6 卷，第 642 页。该文说从北平来的是"斯领事"，在昆明的为"罗领事"与"麦领事"，均未记全名。

④ 《李闻暗杀案调查经过，梁漱溟说：吞吞吐吐四字是以说明此案的现况》，《文汇报》1946 年 8 月 26 日。

罗隆基、章伯钧 8 月 16 日代表民盟向蒋介石提出"将暗杀李闻案之嫌疑犯，押至南京公开审问"，"俾使此案确乎水落石出"的要求。①被列入暗杀名单的张奚若，8 月 21 日接受《联合晚报》记者采访时，也指出闻案处理手段很是卑劣。他说："这案子的调查破获经过极令人不解"，"凶手说是因为闻一多在李公朴追悼会上攻击政府，侮辱军人，激于义愤而杀了他，这完全是瞎说"，"楚图南先生当天并未说话，为什么也被人追得越墙逃脱呢"，可见"其为有计划布置的大规模暗杀，是无疑义的"。张奚若还认为军事机关审判此案，目的是"要秘密处理这案子"，但"昆明人士一致主张这次暗杀案不能由政府片面的调查破获便算了事，大家拥护民主同盟的主张，要组织特别法庭来审理这案件"。②

"请勿定案"是梁漱溟、周新民的一厢情愿，即使是授予全权处理的顾祝同，也需事事请示蒋介石。8 月 18 日，顾祝同派冷欣将闻一多被刺案的审判供词与报告送至牯岭，蒋介石"批阅至深夜，研究至再，未能决定办法"。③可以想象，看到杜鲁门 8 月 10 日信的蒋介石，预感到隐瞒和抵赖很难搪塞，况且"昆明暗杀案件万目睽睽，中外注视"，中共、民盟"皆以此为集中攻讦诬蔑之目标"。想到这里，蒋介石倍感"受意外之打击"，自认"近年以来无论外交内政如何困苦，未有如本案处置之拮据也"。到了这时，蒋介石忍痛拿定主意，"决将二凶犯枪决，而将霍革职交顾总司令看管"。④蒋介石的这个决定，也是丢卒保车，不过这个"卒"不是霍揆彰属下的特务，而是霍揆彰本人。22 日，蒋介石受美国《论坛报》尖刻批评的刺激，"重审阅闻一多被刺案之全卷"，遂"加以指示要点"。⑤23 日，他看到《申报》刊载的闻案公审情形，认为"多与我所要指正者有碍

---

①　《暗杀李闻嫌疑凶犯，民盟要求解京公审》，《文汇报》1946 年 8 月 17 日。

②　《张奚若教授称，蒋方处理闻案手段卑劣》，《解放日报》1946 年 9 月 8 日。

③　《蒋介石日记》（手稿），1946 年 8 月 18 日。

④　《蒋介石日记》（手稿），1946 年 8 月 19 日。

⑤　《蒋介石日记》（手稿），1946 年 8 月 22 日。

也"①，于是次日"面示冷欣补充数点后令即赴滇"，向顾祝同转告最后决定。②

8月25日，手持蒋介石批示的顾祝同，在昆明举行闻案第二次公审，判决结果是："凶犯汤时亮、李文山处死刑，杨立德与本案无关交保开释，李成业仍拘押续讯，李公朴案来犯严饬速缉务期破案，警备总司令霍揆彰革职，交陆军总部看管。"③顾祝同的判决，完全遵照7月27日蒋介石对他布置的九项要点，立足于防止中共继续以李闻被刺事件抨击国民党专制统治。为了达到这一目的，国民党大力传布审判文件。26日，南京《中央日报》发表社论《闻案的审理与公布》，接着连续三天，用相当篇幅刊登公审经过与记录。④27日，该报又刊登《昆各报著论评闻一多案》，借用《正义报》《云南日报》的评论表示闻案处理的公正。昆明的地方报纸也不惜腾出大幅版面，刊登闻案处理经过。⑤国内各主要报纸，似接奉令，均照此办理。国民党如此兴师动众，无非是向国人特别是美国表明对闻一多被刺事件的"公正"处理。

处决汤、李二犯后，喘了一口气的蒋介石在日记中写道："昆明闻一多被刺案，凶手已判决，处死，昨日正式宣布。同时将霍揆章〔彰〕革职看管，以平公愤，对其特务营以及所有关系人员一律监禁与解散。"蒋介石认为"如此处置或可告一段落"，但也同时感到"困难痛苦与受

---

① 《蒋介石日记》（手稿），1946年8月23日。

② 《蒋介石日记》（手稿），1946年8月24日。

③ 《闻案昨日宣判，顾总司令发表查办本案经过》，《云南日报》1946年8月26日。

④ 南京《中央日报》刊登的闻案公审报道有：《顾总司令宣布闻案处理经过，凶犯汤时亮李文山处死，霍揆彰总司令革职看管》《顾总司令呈主席，报告办理李闻案经过》《闻案被告判决书》《闻一多案公审笔录》（以上1946年8月26日）；《枪杀闻一多两凶犯，汤时亮李文山伏法》《闻案讯问笔录》（以上8月27日）；《闻案凶犯首次侦讯笔录》《下次侦讯笔录》（以上8月28日）。

⑤ 《编辑室启》，《云南日报》1946年8月26日。其文云："今日稿挤，《经济动态》《驼峰》副刊，及一部分广告暂停一日，即希读者鉴谅为荷！"

辱，未有如此案之甚者也"。① 话虽这么说，可"梁漱溟等公开宣言，汤李执行死刑时，将以他人代替，故汤李有恃而不恐"，也让蒋介石担心被蒙蔽，于是责令顾祝同将汤、李被处决的照片报来。② 这真是自欺欺人，因为蒋介石在 7 月 25 日日记里就写到"昆明刺案内容既明"，8 月 9 日又"研究昆明暗杀案之口供与经过实情"，这说明他完全掌握真相。可是，惨案主使者霍揆彰最后还是被包庇起来，处决的不过只是执行霍揆彰命令的两个小特务。而且，为了把李案悬挂起来，还把杀害李公朴的凶手汤世良加到了闻案里。

　　闻一多被刺案处理期间，蒋介石在是否处理李案上仍举棋不定，于是决定"先将闻案解决，告一段落，再观舆论之变化"。③ 其时，美国陆军助理一行来华，与宋子文开始商谈出售战时剩余物资，这让蒋介石大大松了一口气，顿感压力减轻，于是李公朴被刺案终被束之高阁。

　　闻案宣判后，8 月 28 日蒋介石在收到杜鲁门信两个星期后，终于给杜鲁门发了回电。电中说到李闻事件，认为"虽然有些国民政府的属员犯了错误，但和共产党的为非作歹的程度来对比，还算是较小的，且国民政府对这些犯法者已经严加处理"。④ 有学者认为蒋介石的回信之所以拖了这么久，是为了敷衍搪塞⑤，其实也不尽然，因杜鲁门信中特别说到李闻被刺引起美国舆论反感，那么只能案件处理之后，才有底气

---

　　①　《蒋介石日记》（手稿），1946 年 8 月 26 日。
　　②　1946 年 9 月 2 日，顾祝同呈报蒋介石汤世良、李明山判决布告照片一张，二犯生前照片两张，处决后照片两张。（见《顾祝同呈蒋中正以汤时亮李文山等杀害闻一多案前经依法判决奉准枪决》，"蒋介石档案"，台湾"国史馆"存，002-080200-310-036）
　　③　《蒋介石日记》（手稿），1946 年 8 月 19 日。
　　④　《蒋委员长复电》（1946 年 8 月 28 日），《中美关系资料汇编》第 1 辑，世界知识出版社 1957 年版，第 230 页。
　　⑤　陶文钊：《中美关系史（1911—1950）》，重庆出版社 1993 年版，第 426 页。

回信。①

　　闻一多被刺案审判及判决公布后，民盟中央立即表示"坚决主张将凶手移京组织特别法庭审判"，否则"民盟决不承认此案已了"。对于李公朴被刺案，民盟中央也要求"坚决彻查及严惩李案凶手"。②民盟中央提出组织"特别法庭"，说明这件事还没有完，暗杀李闻的罪行早晚还要清算。在李公朴生活过的上海，人们就质问李案为什么不彻查，尽管"结果如何，虽难逆料"，但人民最低限度的要求仍是"保障人民的身体、言论、集会、结社的自由"。否则，"纵使把审判结案如何详细周到地公布出来，在人民看来，李闻两先生不过做了'示众'的牺牲，而所谓凶犯也不过是一出戏里的角色而已"。③

　　发生在重庆参议会的一件事，也很能说明社会的不平。7月25日，李公朴被刺后两周时，重庆市参议会召开一届二次大会，会上以41票对11票的绝对多数罢免了曾在较场口惨案中指挥特务对李公朴、郭沫若、施复亮等大打出手的刘野樵"国大代表"资格，被认为是此次会议的一颗"原子弹"和"大快人心的事"。④罢免的表面理由与李公朴无关，可谁能说这不是为李公朴出口气呢，况且主持表决的胡子昂，还是李公朴关系密友。

---

　　①　关于蒋介石与李闻被刺的关系，笔者在1999年纪念闻一多诞辰100周年学术研讨会提交《闻一多被刺事件的历史考察》一文中有介绍，基本资料来自云南省公安厅喻芳提供之新中国成立后逮捕的刺杀李闻特务王子民、单学修、崔宝山等人供词，及唐纵日记、沈醉回忆等。文中认为李闻惨案为霍揆彰策划，蒋介石事前并不确知。由于该文在会上引起两种截然不同的反应，遂与不同意见者达成五年内暂不发表之约定。（2004年，该文收入武汉出版社出版之李少云、袁千正主编的《闻一多研究集刊》第9辑，事前并未通知笔者）多年来，笔者一直留意查阅和积累该专题史料，本文使用的台湾"国史馆""中央研究院"近代史研究所与历史语言研究所等档案，均佐证了笔者当年的分析。

　　②　《民盟认为闻案未了，坚主凶手移审判》，《文汇报》1946年8月27日，第1版。

　　③　《闻案感言》，《文汇报》"社论"，1946年8月29日。

　　④　张白沙：《较场口"英雄"刘野樵，"国大"代表资格被罢免》，《文汇报》1946年7月30日。

闻一多的案件草草了结了，而李公朴被刺则终成悬案。9 月 30 日，梁漱溟、周新民公开发表《李闻案调查报告书》，用铁的事实揭露了国民党的罪行，并严正指出"我们今天所要做的，绝不在枪毙几个大小特务，为李闻二先生抵命，乃在证实国民党特务机关在政治上的罪恶，而取消特务机关"。后来，夏康农、黄秋帆等为追寻凶手，也做了很多努力。①

行凶特务的下场

杀人者终难逃脱历史的审判。汤世良、李明山被枪毙后，其他参加行凶的特务，也没有得到好下场。

闻一多被刺案判决后，蒋介石深恐人们继续追究，作出云南警备总部"特务营以及所有关系人员一律监禁与解散"的决定。② 即使这样，蒋介石还是担心纸里难包得住火，一直关押着云南警备总部的王子民等 15 个特务。1947 年 11 月下旬，继任云南省警备总司令何绍周认为政府已明令民盟为非法组织，便电请开释被押的王子民等。顾祝同觉得这是理所应当的，就准其所请，说："王子民等十五名，对于闻案处置失当，固属咎有应得，惟守法已届十四阅月，既能悉心思过，深知悛悔，可否原情准予一并责保暂释，以观后效。"但是，蒋介石余怒未消，仅批了

---

① 关于闻一多被刺事件的内幕、美国政府的反应、蒋介石的态度与对策，及这一事件对当年时局的影响等，笔者曾在《闻一多被刺事件的历史考察》一文中做有考察，其后相继补充了新发现的材料，先后发表《闻一多被刺事件与 1946 年的中国时局》（日本岛根县立大学东北亚研究中心编：《东北亚研究》，2004 年 1 月号）、《美国对李公朴、闻一多被刺事件的反应与对策——李闻惨案再研究之一》（《江汉论坛》2006 年第 11 期）、《李闻惨案之善后》（《近代史研究》2011 年第 4 期）等，均可供参考。

② 《蒋介石日记》（手稿），1946 年 8 月 26 日。

一个"缓"字。① 何绍周呈报的在押名册详细记录了云南省警备总部稽查处与预二旅参与暗杀李公朴、闻一多的成员名单，他们是少将处长王子民，少校组长崔镇三，上尉组员蔡云祈、秦永和，中尉组员包玉田、刘锡麟、何毅、张文尧、尚福海，少尉组员王开基、赵树林、崔宝山、张德明、欧阳元化、仲刚。②

云南和平解放前，这些特务乘着混乱四处逃散，但有些人终究没能逃脱法网。1951 年 3 月，杀害闻一多的特务头子王子民在成都伏法。19 日，新华社发布消息："五年前在昆明暗杀李公朴和闻一多的主犯、国民党特务分子王子民已在成都市伏法。1946 年，国民党匪帮以刽子手霍揆彰任匪'云南省警备司令部总司令'，王匪子民任该匪部'昆明稽查处少将处长'，企图进一步镇压昆明的民主运动。是年四五月间，王匪提出了包括昆明各大学教授、学生及各界民主人士在内的 40 余人的黑名单，经由霍匪揆彰交蒋匪介石圈定暗杀或逮捕。同年 7 月，王匪即亲自部署其下属组成行动小组，于 11、15 两日连续以美制无声手枪暗杀了李公朴和闻一多。1947 年后，王匪调任匪'湖北省第四区保安副司令'，继续进行反革命活动。湖北省解放后，王匪逃至四川新都，化名潜伏，但终被我川西区人民政府公安机关捕获归案。成都市人民法庭于本年 1 月 10 日召开了三万八千余人参加的群众公审大会。会上，中国民主同盟成都市临时工作委员会代表张松涛控诉了王匪的万恶罪行。在与会群众的一致要求下，人民法庭当即判处王匪死刑，经上级人民政府批准，已执行枪决。"③1951 年 4 月 15 日，参与暗杀李、闻的袁炳南、崔宝山、兰亚民、吴传云四名特务，受到人民的公审。昆明市

---

① 《顾祝同呈蒋中正云南省警备总部稽查处王子民等因处置闻一多被杀案失当遭拘禁已十四个月既深知忏悔可否责保暂释以观后效等文电日报表》（1947 年 11 月 22 日），"蒋介石档案"，台湾"国史馆"存，002-080200-537-107。

② 《云南省警备总部稽查处暨预二旅奉命调京人员简历册》（1947 年 11 月），"蒋介石档案"，台湾"国史馆"存，002-080200-537-107。

③ 《暗杀李公朴闻一多的主犯王匪子民在成都伏法》，《人民日报》1951 年 3 月 21 日，第 1 版。"王子民"在原文中作"王孑民"，径改。

军管会主任陈赓、副主任周保中签署布告，判处其死刑，立即枪决。

有些特务，虽然暂时躲藏了起来，但也逃避不了人民的追究，蔡云祈就是数年后被在押的反革命犯张维射检举出来的。[①]1958年4月28日，蔡云祈在江苏盐城伏法，新华社报道到："据新华社盐城26日电，杀害李公朴、闻一多两烈士的反革命分子蔡云祈案，已经江苏省盐城地区中级人民法院重行审判，今天下午在盐城县将蔡犯执行枪决。"消息还云："蔡云祈曾任国民党军队的排、连、营长，少校团附、联络参谋等伪职，是一个万恶的特务分子。1946年他在云南昆明任蒋帮预备第二师谍报组长时，坚决破坏民主运动，和蒋帮谍报队长特务头子陈国华等积极共谋杀害爱国民主人士李公朴、闻一多。同年7月，蔡云祈担任国民党特务机关所组织的以杀害李公朴、闻一多等为目的的行动小组组长。7月11日下午，蔡云祈指挥特务开枪打死李公朴烈士。同月15日，蔡云祈又率领特务侦察主持追悼李公朴烈士大会的闻一多的行动，随即布置特务在会场外埋伏。会后，闻一多行至昆明西仓坡时，被蔡云祈指挥埋伏的特务乱枪打死。"[②]

杀害李公朴的特务，得到的也是同样结局。1950年3月，执行暗杀李公朴的国民党云南警备总司令部特务营营长熊福广，被重庆市公安局逮捕归案，他供认暗杀行动"系直接奉昆明警备司令霍揆彰之命令执行"，"行凶后曾受到蒋介石匪首奖励"。熊福广1947年被提升为重庆警备司令部机动部队指挥官，后调"徐州绥靖公署"任团长，淮海战役中被人民解放军击伤逃脱，1949年到四川国民党七十二军任团长，七十二军起义后，其潜至重庆，企图进行反革命活动时被捕。[③] 另一个杀害李公朴的特务赵凤祥，也在1959年3月24日被枪决。《人民

---

①　《强迫劳动耐心教育，一批罪犯改恶从善，改造罪犯政策创千古未有奇迹》，《人民日报》1959年9月20日，第2版。

②　《杀害李公朴闻一多的凶手蔡云旗在盐城伏法》，《人民日报》1958年4月28日，第4版。"蔡云祈"在原文中作"蔡云旗"，径改。

③　《暗杀李公朴闻一多的凶首，匪帮特务熊福广就擒，供认暗杀系奉霍揆彰命令执行》，《人民日报》1950年3月15日，第1版。

日报》报道了这一消息，文中说："1946 年 6、7 月间，特务头子、国民党云南省警备司令霍揆彰积极执行蒋介石对李公朴、闻一多等进行所谓'秘密制裁'的阴谋，指使稽查处处长王子民召集特务骨干分子赵凤祥（特务组长）、崔镇三（组长）、蔡云祈（国民党昆明市城防司令部谍报组组长）等开会，秘密布置刺杀李公朴、闻一多。以后，赵凤祥即派特务分子专门监视李公朴和闻一多的行踪。同年 7 月 11 日下午，赵凤祥带领特务分子汤世良、吴传云等，趁李公朴先生外出返家的时候，开枪袭击，第二天李公朴先生因伤重在医院逝世。事后，特务机关发给了这些凶犯大批'奖金'，赵凤祥并由上尉被提升为少校。赵犯凤祥是湖南省湘潭县人。1943 年至 1949 年间曾先后担任国民党陆军总部'调查室'和云南警备司令部稽查处的谍报组组员、组长，国民党湖北省第四区专员公署情报室副主任等职务。1949 年 5 月赵犯由湖北沙市潜回湘潭后，伪造历史，长期隐瞒自己的罪恶。1958 年上半年，在群众检举和公安机关侦察下终被清查出来。赵犯经湘潭县公安局逮捕后，在确凿的证据面前，不得不供认了自己的罪行。湖南省高级人民法院依法判处赵犯死刑，并经最高人民法院批准，24 日在长沙市执行枪决。"①

---

① 《杀害李公朴的主凶赵凤祥伏法》，《人民日报》1959 年 3 月 26 日，第 6 版。

| 第五节 |

隆重的悼念

一年前的五四纪念大会上，闻一多站在云南大学操场讲台上，面对数千人大呼："我们今天第一要民主，第二要民主，第三还是要民主！没有民主不能救中国！没有民主不能救人民！"在他为民主英勇捐躯之后，人们更加从他的身上看到了一条救国救民的光明大道，更加认清了国民党假和谈真内战、假民主真独裁的反动本质。闻一多用自己的生命，吹响了埋葬旧世界冲锋号的一个音符。闻一多，虽死犹生！

各地的追悼

闻一多遇难的次日，西南联大组成了丧葬抚恤委员会，黄钰生、贺麟、雷海宗、沈履、查良钊五人负责闻一多火化、追悼、入葬等事项。他们的工作是低调的，声明不与社会团体联合，只限表彰闻一多的学术成就。值得称道的是，学校终于同意了高真的要求，把闻一多的衣冠冢建在"一二·一"四烈士墓前，高真比任何时候都更理解丈夫的意愿，她让丈夫永远和青年在一起。

西南联大复员的师生在途中闻知噩耗，追悼活动如火种一样，洒在西南到北平的路上。21 日，成都西南联大校友会开追悼会，朱自清报告学术贡献。23 日，联大、中法大学师生开会追悼，人们宣誓："为闻先生的事业，为闻先生的爱和恨而奋斗！" 27 日，上海花旗银行挂起了闻一多遗像，大家默哀时，江海关也奏起沉重的钟声。李继侗教授主祭，他强调"闻先生的死是学术界的一大损失，也是民主运动的损失"，同学们献上的挽幛，大书着"野火烧不尽，春风吹又生"。

云南大学至公堂，闻一多最后一次讲演的地方

人民的悼念是那么深沉而热烈。7 月 21 日，中华文协总会召开临时大会，郭沫若动议向李闻静默三分钟。在叶圣陶主持下，郭沫若、洪深、欧阳予倩、田汉、茅盾、马彦祥、郑振铎、熊佛西、许广平等纷纷发言，高度评价了烈士的鼓手精神。冯雪峰、白薇还建议请在美国的老舍、曹禺、杨刚等人做更广泛的宣传。

7 月 26 日，延安和苏皖解放区同时举行反内战反特务、追悼李闻等烈士大会。在延安，万余人聚集在大众剧场，场外山坳子也布满人群。朱德首先讲话，号召全国人民、全国民主人士一致团结起来，清洗法西斯好战分子。陕甘宁边区政府主席林伯渠表示，边区人民誓为全国人民反内战反特务运动的后盾。曾遭特务行刺未死的李敷仁、人民救国会的柳湜、驾机起义的刘本善等均在会上发了言。大会历时三小时，最后通过宣言。苏皖解放区的大会在清江市叶挺公园举行，万余人参加了这个声讨特务、悼念先烈的大会。这里正面临着国民党50万大军的进攻，人们决心踏着李闻的血迹，为中国的独立、和平、民主奋斗到底。

重庆的追悼会是国统区第一个大规模的追悼会。7月28日，六千多人向青年馆拥去，沿街的挽联、花圈摆出几里，有1200多件，祭台上横写着四个极大的字："民主之魂"，两旁柏枝素坊上挂着"以身性命争取民主，用力和血奠定和平"挽幛。在闻一多、李公朴遗像前，国民党元老张群担任追悼会主席，联大教授周炳琳主祭，吴玉章、张笃伦、胡子昂、鲜特生、许德珩、邓初民、史良、黄次咸、沈起予任主席团及陪祭。"人民世纪，安容虎狼，誓承遗志，群起反抗，力争民主，戡彼猖狂，前仆后继，何畏死伤。"这祭文，回响在每个人的心里。闻立雕、闻立鹏也出席了这个大会。连日的悲痛使17岁的立雕嗓子发哑，14岁的立鹏勇敢地走上祭台。"记得在昆明一二·一惨案时，也有如这样多的挽联，这样多的花圈，这样多的人。爸爸那天对我说：他们死得好惨呵！现在，想不到爸爸也死得好惨呵！"台下无数人大声哭起来。说到社会上造谣说闻一多是共产党杀害的，立鹏质问："我奇怪他们为什么不痛快地说，是我哥哥把我爸爸杀死的！"这几句话把人们的愤怒激到极点。听听吧，这就是一个失去了父亲的孩子正义的声音。

成都各界8月18日的追悼会，也是一次民主与反民主的较量。发起这个会的有四川省政府主席张群、川康绥靖主任邓锡侯及省市参议会议长、川籍参政员、大学教授及文化学术界职业人士、团体。追悼会借用的蓉光电影院，会前便被特务警告，说要打烂影院。为了能开成这个会，民盟负责人与地方最高军政当局已订有协约，双方都不刺激。但是会后民盟主席张澜在会场门口遭到袭击，当时打中头部，血流如注，面部胡须与上半身被血尽染。周围宪警则熟视无睹，任凶犯从容走脱。张澜被袭击之事是李闻惨案后的又一严重事件，它与人民悼念李闻的活动结为一体，更加暴露了国民党的虚伪。

海外的追悼会也是空前的。陈嘉庚等新加坡华侨千余人，于9月

15 日召开大会，会场门前悬有大匾，上书"民族永生"，献上的挽联为"烈士之血，民主之花"。大会发出通电，要求严惩凶手。随后，全马来亚的 7 个分部及 25 个区分部都举行了追悼会。民盟南方总支部、港九支部、暹罗支部也举行了大规模的追悼。全国人民和海外侨胞隆重追悼李公朴、闻一多，形成了一个控诉反动派内战独裁的庞大群众运动。人们认识到：不流血而实现民主，在中国是一种幻想。

影响最著的追悼会是 10 月 4 日的上海五千人大悼念。这个会最早是民盟筹备的，8 月 28 日，沈钧儒、罗隆基、章伯钧等专为此事走访了吴国桢市长，征得同意，遂组成四个小组具体筹备，负责人为田汉、洪深、熊佛西、黎澍、卢声广、王绍鳌、徐伯昕、潘梓年、韩明、罗叔章等。9 月 12 日，国民党唯恐追悼会对其形成威胁，吴国桢约见沈、罗，要求参加发起。24 日，筹备会开第四次会议，定于 10 月 4 日召开大会，6 日在静安寺公祭。28 日，追悼会主席团 45 人产生，周恩来、华岗、郭沫若、叶圣陶、田汉及吴国桢、宣铁吾、吴光开、潘公展等均为其成员。10 月初，以宋庆龄领衔的 167 人作为发起人发布"李公朴闻一多两先生追悼大会筹备委员会启事"。

10 月 4 日，天蟾大舞台前人山人海，李济深、蔡廷锴、黄炎培、史良、张君劢、章伯钧、楚图南、李维汉、马叙伦等陆续走入会场。周恩来由邓颖超代为出席。

会场庄严肃穆，朱德、毛泽东送的挽词写在大张纸上："为保卫政协争取和平民主而牺牲的斗士精神不死！"宋庆龄在悲愤中写下："血溅金河，冗有大名光宇宙。魂招歇浦，愧无巨笔志厉勋。"周恩来、邓颖超的挽联写出了烈士的精神与人民的意志："为民主为和平为大众成仁取义；反独裁反内战反特务虽死犹生。"郭沫若的挽联带有无限的警戒："求仁得仁何怨，先天而天弗迷。"董必武、李维汉、张澜、沈钧儒、胡厥文、史良、黄炎培、章伯钧、张东荪、梁漱溟、杨卫玉、俞寰澄、章乃器、施复亮、柳亚子、褚辅成、李济深、侯外庐、司徒美堂、孙起孟、夏康农、郑振铎、华岗、乔冠华、沈粹缜等以及众多的社团都敬献上发自内心的挽词。上海市市长吴国桢是闻一多的清华同窗，他也写了挽联："宿望重儒林，何期殒命滇中，颍川李御成虚话。高雯垂艺苑，今日招魂海上，山海闻笛有余哀。"上海市参议会议长潘公展，曾与闻一多共同出席过五四那年的全国学联大会，他的挽联为："求民主竟尔捐躯，可同声一哭。为国事终日相忍，尝默告二公。"

追悼会由德高望重的沈钧儒任主席，洪深担任司仪。开会时，吴国桢起来致词，他不得不承认李闻被刺是违反法律的严重事件。随后史良、楚图南分别介绍李、闻生平。演说开始，第一个登台的潘公展，在义愤填膺的民众面前，也只得说李、闻之死是国家的损失。

郭沫若的情绪给会场带来高潮，他举孔子和耶稣为例，说他们生前都为真理和教义遭受了种种迫害，但死后终于受到后世千百万人的崇敬。"因此，李、闻两先生虽然死了，但他们的生命必将永生！因为真金不怕火，他们才是真金子呀！"

邓颖超代表周恩来宣读了哀悼词，这是周恩来亲笔写下的：

> 今天在此追悼李公朴、闻一多两先生，时局极端险恶，人心异常悲愤。但此时此地，有何话可说？我谨以最虔诚的信念向殉道者默誓：心不死，志不绝，和平可期，民主有望，杀人者终必覆灭！

她念到"但此时此地，有何话可说"时，台下报以热烈的掌声，经久不息，嗣后每念誓言一句，就有一次热烈的鼓掌。

罗隆基的双眼都哭红肿了，他的声调凄怆而有力。"民主是由坐牢、流血牺牲而得来的，这也就是民主的代价"，"李、闻两先生虽被杀死，但战士的血绝不会白流的！一个人倒下了，但千万个人会起来的！"

烈士家属中只有张曼筠到了上海，她泣不成声，表示要化悲痛为力量，和人民一起争取民主的胜利。

高真没能参加这个大会。9月下旬，她已接到上海的电报，决定赶去参加。但是，国民党百般刁难，不卖给她飞机票，先是说不收零票

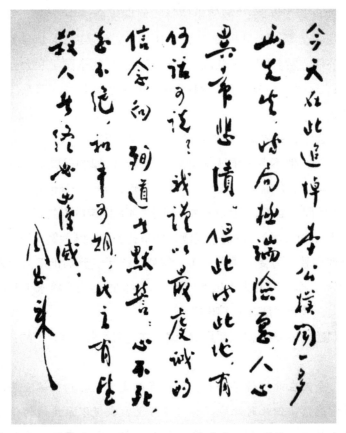

周恩来在上海李公朴、闻一多追悼大会上的亲笔悼词

子，后又说什么飞机不能给保姆赵妈坐。负责伴送高真的周景淮急得鼻血直淌，高真的肺也快气炸了。当拿到飞机票时，上海追悼会的日期已经错过了。

10月里，高真带着受伤的立鹤和闻铭、闻翩、赵妈，来到上海。邓颖超立即代表周恩来前去慰问，还送来一笔救急的款子。闻一多的侄儿黎智与侄媳魏克，那时都在周恩来身边工作，周恩来多次叮嘱他们去探望高真，并带去衷心问候。

清华大学负有对闻一多家属抚恤的责任，教授们也很关心这个问题。文学院院长冯友兰在7月18日致梅贻琦的函中，就建议可先续发下学年闻一多的薪津，因为聘书尚未到期，理应如此。他到北平后，还对闻家驷说"以弟度之可继发薪津数年，至少一年是不成问题的"。当时，高真滞留昆明，清华原定新南院 72 号仍拨归闻一多独居，现已分给他人。闻家驷很焦急，请清华能为高真留出一室，使其及子女不至于离开清华团体无人照料。冯友兰对此表示理解，在赴美前写信给梅贻琦和文学院代理院长雷海宗，说："以一多在学术上之贡献，及其死之情形，此点似亦应为抚恤条款之一，望酌定，如以为可行，并乞告一多太太，俾其放心北上。"清华到底没有留出屋子，后来冯友兰把自己在地安门白米斜街的一幢私宅，分出一半借给高真，高真去解放区前，曾住在这儿。

在外交部任参事兼欧洲司司长的叶公超，从报上得知清华有为闻一多子女募集教育费事，亦写信给梅贻琦，说"弟与一多交笃，愿在此乃及沪上帮忙"，向上海银行界募捐。不过他主张以无党无派之人主持这件事。

梅贻琦为抚恤金的事做了不少努力。按规定，为国家服务 20 年以上者方可受到抚恤，清华不厌其烦地与教育部交涉，又与闻一多任教过的艺专、中央大学、武汉大学、青岛大学函信联系，索取证明。闻一多在吴淞政治大学任过教，但此校早已不存在了。为了找到足够的证据，清华还给政治大学的原校长张君劢去了函。教育部吹毛求疵，常常抓住细枝末节把清华请求的报告驳回，清华不得不一而再、再而三地反复与各校联系。抚恤金直至 1948 年 10 月才批准下来，可仅仅是金圆券伍拾捌元陆角叁分，这在物价飞涨的时期，不过是一张纸罢了。①

《闻一多全集》的出版

金钱的救济是暂时的，闻一多道德文章的流传才是永久的。朱自清第一个提出整理闻一多的遗著。他在 7 月 17 日获悉噩耗当天，给高真

---

①　有关抚恤事项的各类函件，均存于清华大学档案馆。

的慰问信中便说："一多兄的稿子书籍，已经装箱。将来由我负责，设法整理。家中若还存有遗稿，请交何善周先生。如何先生已走，请交给叶竟耕先生。我已有信给叶先生了。"

朱自清这么说，也这么做了。11月间，清华大学聘请朱自清、雷海宗、潘光旦、吴晗、浦江清、许维遹、余冠英七人组成"整理闻一多先生遗著委员会"，指定朱自清为召集人。高真主张编全集，朱自清立即接受。在中国现代文学史上，第一个出全集的是鲁迅，第二个就是闻一多。朱自清为这项工作付出了全部精力，清华中文系的同事全部投入进来。分工中，请许维遹负责《周易》《诗经》，浦江清负责《庄子》《楚辞》，陈梦家负责文字学和古史，余冠英负责乐府与唐诗，朱自清负起了全责。何善周、季镇淮、范宁、王瑶以及中文系的助教，也都参加了抄写、校对等大量工作。吴晗、郭良夫、孙作云、东方未明、过伟、蓟弢、刘兆吉、卜慧新、梁实秋、李一痕、麦君鹏、周衡生、魏荒弩以及一些失名的人，也纷纷把保存或收集到的稿子寄来。联大学生张友仁也送来闻一多在1944年五四纪念中两次演讲词的记录。这些很快集中起来，并由朱自清编出目录在各报刊登出来。

有志为闻一多编遗集的还有郭沫若。在上海文协开会时，他自告奋勇，愿意承担。当朱自清把编好的第一部分送给他后，他在酷热的暑天花了三个星期校读了两遍，不仅改正了抄件的所有错字，而且也改正了闻一多原来的笔误，同时还将标点符号统一起来。饮誉中外的学者，为《闻一多全集》的编辑，倾注了令人感动的热情。

朱自清是用最后的生命拼出了《闻一多全集》，他那时胃病相当严重，有时痛得冒汗。但他心里总浮现着闻一多的音容笑貌，这给他勇气、给他毅力。没有朱自清的努力，在那环境下就不可能有《闻一多全集》。

同样，《闻一多全集》的出版也有动魄一幕。首先愿意承印这部书的是翦伯赞，他当时在陶行知主办的一个印刷所做负责工作。但是，这个印刷所后来发生变故。这时，叶圣陶伸出援助的双手，把全集接了过来。在形势险恶的环境下，这需要多大多果敢的勇气呀！

1947年5月25日下午，朱自清邀请中文系同人12位，集体校对遗稿，重新编排次序。《闻一多全集》已近竣工了，此时距闻一多牺牲仅十个月稍多一点，距全集整理委员会成立也只有半年光景。

稿子交给叶圣陶后，叶圣陶将全部金文甲骨文亲自誊写了一遍。这个编过《十三经索引》的学者，还把遗稿中的引文，也组织人力校核一次。《红烛》《死水》印本中既有错字，也有错简，抄稿子的人没有留心，是叶圣陶校对时才发觉，请排字工友重新检出改正。一部全集，不仅倾注了闻一多的心力，也凝结着多少人的心血。

1947年10月，《闻一多全集》开始发排。次年7月15日，闻一多遇难两周年，全集整理委员会工作结束。晚上，清华召开闻一多纪念大会，朱自清一面擦着汗，一面报告了全集的编辑工作。他向人们宣布《闻一多全集》即将出版，这是对死者最好的纪念。1948年8月间，精装的四大册全集由开明书店印成了，叶圣陶却惋惜地说晚了一个月，没赶上闻先生被害两周年纪念。可是，更让人遗憾的，是8月12日朱自清因胃部出血，并发肺炎，溘然长逝。他对全集所花心血最多，竟未来得及看上它一眼。

尾 声

　　高真没能等到《闻一多全集》出版，作为英勇不屈的战士的妻子，她深深懂得肩上的责任。为了实现丈夫生前夙愿，她擦干泪水，挺起胸膛，继续丈夫的未竟事业，并率领子女奔赴闻一多向往的人民解放区。《闻一多全集》问世时，高真正在石家庄出席华北临时人民代表大会。

　　离开昆明后，高真先到了上海，她回到北平时，已是 1946 年的冬天。在北平，她先住在复员清华师生暂住的国会街，受到师生们的亲切关照。过了段时间，清华园修缮完毕，大家陆续迁回学校，但清华大学以闻一多已不是学校教授为由，没有让高真搬回新南院 72 号。在中共地下党和民盟的安排下，高真搬到西城前京畿道。前京畿道，好熟悉啊，20 年前，闻一多正是在这附近涂抹了小黑屋，和朱湘、饶孟侃、徐志摩等办起《晨报·诗镌》。现在人去屋在，二龙坑的"死水"还在吐着白沫，给人一片凄凉之感。但是，高真已不是往年的家庭主妇了，她住的房子是共产党的财产。这房子，是中共代表团工作人员申伯纯的私宅，申原是张学良的部下，在东北军做地下工作，后随叶剑英到军调处。国共和谈破裂，军调处撤走，房子空出，让出部分安置了烈士家属。

　　高真在前京畿道住了大约半年。门口的宪兵队部，还有三天两头来查户口的盘问，让人难以忍受。于是，她又搬到地安门外后门桥西侧的白米斜街 3 号。

　　这是冯友兰的小院，一进两重各家住一半，前后各有一门，一通街上，一个开门面临杂草丛生的什刹海。这里环境较隐蔽，很快成了中共的一个秘密联络点。

　　解放战争时期，中共设立了平津地区青年工作委员会，统一领导学生运动，闻一多的侄子黎智担任了这个委员会的书记，他的妻子魏克也做高级人士家眷的统战工作，两人都住在高真家，每天晚出早归。高真知道侄子干的是共产党的事，却从不打听，只是暗中配合。[①]白米斜街还成为蒋管区青年前往解放区的中转站，那时从华东一带去解放区的人，都要在北平接头，掌握这关系的有吴晗，吴晗常介绍青年住在高真家，一直住到护送的人将其接走。从上海到解放区去的陈霞飞，就和高真一家生活过十多天。[②]像这样的事有好几桩，高真对他们就像亲人，热茶热饭，问寒问暖。

青年们满怀喜悦地奔向光明了，高真也禁不住想起丈夫多次讲到的愿望，她决心去解放区，永远脱离这吃人的世界。地下党同志劝说道：北平快要解放了，还是留下来好。再说路上要过关卡，你有心脏病受不了。可高真下定决心，美好的憧憬给了她无穷的勇气，昆明那样的恐怖都过来了，几道关卡有什么了不起。这精神，很像闻一多。

去解放区的事是吴晗联系的，他派沈一帆负责具体行动方案，一个周密的计划落实下来。1948年春，高真把家具统统卖光，她再也不想回来。闻一多的骨灰委托给闻家骢保存（闻家骢后来又把骨灰转托给温特）。立鹏早在一年前便随黄福海去了解放区，立鹤清华的课程还没结束，要晚几个月走，高真于是带着立雕、闻铭、闻翻、赵妈，与魏克踏上了充满险阻却又无限光明的旅程。

一家人先到天津，住进李公朴女婿王健的一个亲戚家。在这里，地下党帮助他们改换了身份，说是济南一家布店老板的家眷，几个人的姓名都改了，高孝贞改为高真，立雕改为韦英（后来立鹤也改为高克）。一个星期后，由一位自行车修理工人护送，向封锁线走去。

过封锁线有惊无险，几个国民党兵把行李翻个底朝天，看见一把手电筒生了疑心，问：去济南拿这个干什么？高真忙说用不着，送给老总吧。护送的工人将早就准备好的一把钞票塞了过去，事情也便结束了。

过了这道封锁线，不远就是解放军控制的沧县境内。这里的天那么

---

① 访问黎智记录，1988年11月24日。
② 访问陈霞飞记录，1990年9月17日。

晴朗，空气格外清爽，高真长长出了口气，孩子们也大声唱起歌。

在泊头镇，见到了荣高棠同志，就像回到了家一样。荣高棠负责平津的地下工作，让魏克立刻返北平，派人送高真去邢台。北方大学艺术学院在邢台，院长就是张光年，立鹏也在那儿学习。到邢台受到张光年的热情接待，兴奋的眼泪在眼眶里打转。高真在邢台住下，立雕则去晋冀鲁豫边区政府报到，听取组织上的安排，一辆小火车把他送到太行山区的小镇冶陶，边区政府决定立雕、闻铭到北方大学艺术学院学习，高真也随学校行动。这样，一家人高高兴兴穿起了解放区的制服，佩戴起胸章，真是面貌一新，后来还特意合了张影。立鹏、闻铭进了文学系，立鹏原在美术系，闻翺也送到育才学校——一个成立于延安的干部子弟保育小学。革命的大家庭中，又增添了一个革命之家。

1948 年，中国革命大发展。高真到解放区后不久，晋冀鲁豫边区与晋察冀边区合并，成立华北解放区。北方大学也与华北联大合并，成为华北大学。华北大学设在正定，吴玉章校长盛情地把高真接到正定小城同住。组织上为了照顾她，特地配了一位警卫员，还在小灶安顿了桌椅，让高真和吴玉章、范文澜等老人一起吃饭。后来傅作义部队从保定南下侵犯解放区，高真一直和华北大学南迁，当然没有几天又回来了。

华北大学不设艺术学院，孩子们要另行分配，闻铭转入外文系，立雕准备参军作战。恰在此时，闻立鹤兴冲冲地来看母亲，他已从北平来解放区，进入刚刚成立的中央团校第一期学习。面临革命的大好形势，蒋介石统治集团的彻底崩溃近在眼前，中央团校负责培养接收城市的工作干部。在哥哥的动员下，组织上批准立雕去平山中央团校，也成为第一期的学员。

这年 4 月底，中国共产党发布了著名的"五一"号召，号召"各民主党派、各人民团体及社会贤达，迅速召开政治协商会议，讨论并实现召集人民代表大会，成立民主联合政府"。各民主党派齐声响应，民盟也发表《致全国同胞书》，认为政治协商和联合政府的政治主张"是一切民主党派和民主团体乃至全国人民的共同要求"，"是今日救国建国的唯一正确途径"。

中国共产党率先在华北实行这一政策，8月上旬，华北临时人民代表大会在石家庄隆重召开，高真成为541位代表中的一个。这是中国革命史上一次极其重要的人民代表大会，出席者有工人、农民、军人、妇女、工商业家、自由职业者、社会人士及民盟盟员、国统区人民团体代表。高真是作为民盟盟员代表出席的。这次大会决议改华北联合行政委员会为华北人民政府，董必武当选为人民政府主席。这是中国共产党与民主人士合作的政府，它是即将诞生的新中国中央人民政府的雏形。高真为能参加这样的大会而自豪。

欢声雷动中，闻一多为之奋斗胜利的一天到来了，人民的新中国就要敲响全世界的大门。高真心潮起伏：一多，你可以安息了！

初版后记

闻一多生前说："我们理想的本身，就是一首诗。"是的，闻一多本人在文化、学术领域中孜孜探索的一生，他为中华民族独立解放、为中国革命事业英勇奋斗的一生，不也正是一首动人心弦的壮丽诗篇么！

带着对前辈的崇敬与缅怀，三年前，我完成过一部《闻一多年谱长编》，那是一部以编年为体例，记录了闻一多家世、求学、文化思考、学术研究、社会活动、思想演进、个人情操及友朋交谊等方面的史料汇编，其中有大量鲜为人知的史实或线索。审阅这部书稿的几位先生都不约而同地鼓励我利用这些新材料，来写一部新的传记。正是基于这种动力，我开始了本书的写作。

可以说，在七百多个不眠之夜中，我的心一直随着闻一多的喜和悲而跳动着，从他的笑声和泪水中，我深刻地体会到什么是爱国主义激情。同时，我没有忘记一个史学工作者的责任。闻一多的一生之所以可歌可泣，正是因为它包含着许多成功，也包含着挫折，对于这些，我都本着尊重客观事实的严肃态度。只有这样，才能体现一个有血有肉的爱国知识分子，是如何在探索中反思，如何在比较中选择了光明的前途。也只有这样，闻一多的道路才能对今天、对后世，有所启迪。

重建历史和解释历史，是历史学的两大任务，我深知自己才疏学浅，所以只从事了前者的工作。在这部书里，我尽力比较完整地叙述闻一多在不同历史时期和不同环境条件下，是怎么想怎么说怎么做的，而且比较侧重于他在政治方面的思考与活动。对于文学、学术、教育诸方面的成就，我也多从这个角度去观察。这种尝试难免存在着不少缺憾，有待于读者批评指正。

精神上和物质上给我帮助的人实在太多了。张光年、何善周、季镇淮、范宁、王瑶、萧荻、王康诸先生，是我任何时候都感激不尽的。吴泽霖、顾毓琇、陈衡粹（余上沅夫人）、冰心、李何林、王振华、沈从文、臧克家、冯至、卞之琳、王健、金若年、吴征镒、杨明、洪德铭、刘克光、彭允中、王子光、杨绍廷、王明、方辛、卜兴纯、黄秋帆、范启新、**Mary G.Mazur**（美中学术交流委员会会员）、**John Israel**（美国弗吉尼亚大学教授，中文名易社强）等先生，我的父亲闻立雕（后改名韦英），还有长辈闻家骊、闻钧天、黎智（闻立志）、闻立鹏、闻铭、闻翾等，都不厌其烦地给我解答问题、提供资料，总使我有种负债的内疚。清华大学、北京大学、云南师范大学、云南省图书馆、中国革命博物馆（现更名为中国国家博物馆）等部门，都为我敞开方便大门。我所在的中国社会科学院近代史研究所，不仅在时间上给予我保证，而且在物力上也给予尽力的支持。赵朴初先生曾数次为我的几本书题写书名，他的厚爱让我感到惭愧。

这里，我特别虔诚地向人民出版社表示真挚的感谢。乔还田同志在审阅初稿时便给我许多勉励，萧远强同志为本书定稿付出了极大的心血，使这本还不成熟的书从交稿到付梓仅仅才两个月。

我深知，上述个人和单位对本书的无私帮助，完全是基于对闻一多的敬仰，但是，又何尝不是对我本人的鞭策呢！

闻黎明

1991 年 11 月 21 日

北京通惠渠畔爱菊斋

再版后记

这部出版于 20 年前的《闻一多传》，终于再版了。

说起这部书，虽然一度耗费了我的许多心力，但仍不免有一些遗憾。1989 年，我在历经三年的闻一多资料收集工作基础上，完成了 80 余万字的《闻一多年谱长编》（以下简称《长编》）。由于《长编》属于学术资料性质，而且比较庞大，不是一般出版社愿意接受的，于是我想起胡乔木在一次全院工作会议上说的一段话，意思是社科院已经成立了自己的出版社，以后只要是学术著作，别的出版社不愿接受的，我们的出版社都可以接受。可是，当我把《长编》送到中国社会科学出版社时，他们却说，稿子很好，只是出版界已开始讲求经济效益，要求我提供 4 万元的赞助费。1989 年的 4 万元，对任何人来说都是一个天文数字，但是《长编》中的史料，至少五分之三都是我辛辛苦苦查找的最新资料，无奈之下，出于早日让闻一多研究者能够使用这些材料，我方撰写了《闻一多传》。因此，可以说这部书实际上是《闻一多年谱长编》的一个副产品。

稿子完成后，在人民出版社社长兼总编辑薛德震的鼓励下，我把书稿交给人民出版社，接着就到外地出差去了。按一般惯例，书稿送到出版社，应该听过编辑的意见后再做修改，但两个月后回到北京时，责任编辑萧远强先生交给我的竟然是这部书的铅字版清样。我没有想到编辑速度这样快，而当时的铅印排版技术也不允许我做较大的修改。不过，我一直想今后还有再版机会，那时再做修改也不算晚。可是，这一拖就是整整 20 年。

这部书问世后，反响还不错，曾经获得我所在的中国社会科学院近代史研究所优秀科研成果一等奖，和全国闻一多研究会首届优秀科研成果二等奖。日本早稻田大学铃木义昭教授，还把它译成日文，使其成为北京大学出版社出版的第一部面向国外的学术译著。尽管如此，我很清楚，这部书毕竟是我的第一部专著，不可避免存在着一些缺憾，因此一直想对本书做较大的修改和增订。并且，这些年来，陆陆续续发现的值得记载的事情也确实不少。

不过，我的这一初衷目前还停留在计划中。囿于群言出版社的民盟人物丛书编辑体例，总字数限制在 32 万字以内，这就使我不得不把增订的愿望暂时搁置起来，仅对本书中的个别失误处加以订正。

这里，我特别要感谢逝去的小姑闻翾，她不仅给过我许多鼓励，还逐字逐句阅读了本书，把书中的错字、误字一个个挑了出来，整整两页的手抄勘误表，我一直保存在身边。已故的云南省社会科学院历史研究所副所长刘克光先生，生前也非常仔细地阅读了这部书，指出了若干可以更加精练和准确之处。

感谢群言出版社，是他们的民盟历史人物丛书出版计划，让这部书有了再版的机会。感谢责任编辑陈丹丹女士的热忱、认真，使这部书能够在短期内得以呈现给读者。

2011 年 8 月 9 日
北京学院路石油大院寓所

增订本后记

《闻一多传》出版于 1992 年。当年书稿送到人民出版社时，本是想根据编辑意见再做修改，没想到我再次去出版社时，看到的竟然是清样。那时清样还是铅印排版，不允许做跨行跨段修改，所以遗憾难以挽回。不过，那时起，我就开始做着修订再版的打算。

白驹过隙，瞬间过去了快 20 年。2009 年秋冬我在台北访问时，收到上海交通大学出版社冯勤先生来信，问 1994 年出版的《闻一多年谱长编》有无增订再版计划，说他们正在策划一套现代人物年谱长编系列图书，想把这部书收进去。这真是个突然来临却等候了许久的好消息，于是，借着这个机会，我决定把《闻一多年谱长编》的姊妹著作《闻一多传》也一起加以修订，为此设计了"闻一多研究"课题，并于 2010 年获得中国社会科学院近代史研究所委员会通过。

"闻一多研究"课题由两项工作组成，一是修订 1994 年出版的《闻一多年谱长编》，二是修订 1992 年出版的《闻一多传》。2011 年，为纪念中国民主同盟成立 70 周年，群言出版社筹划推出《民盟历史人物丛书》，编辑与我联系，说想把《闻一多传》放进这部丛书。我说，这部书已经开始修订了，如其再版 20 年前的旧书不如出版至少补充了三分之一内容的增订本。但是，由于丛书体例对字数有所限制，这个建议未被采纳。

"闻一多研究"课题于 2013 年如期结项。结项时，《闻一多年谱长编》的清样已经排出，《闻一多传》增订本还没婆家，但我并不着急，仍然像对待我的其他著述一样，认为冷处理一段时间是必要的。今年 1 月底，人民出版社编辑来信，约我参加策划一套以"纪念抗日战争胜利 70 周年"为主题的通俗可读的系列性小型图书，同时问我手边是否有待出版的书稿。当时，我刚连住了三次医院，做了五次微创手术，身体尚未恢复，加上时间紧迫，不敢承担这么大的工程。复信时，我试探地说，20 年前你们出版过我的《闻一多传》，此书现已做了不少增补修订，如果可能，希望仍由你们出版。编辑接信后，立即向社里做了汇报，社领导很重视，并征求了刚刚退休的乔还田副社长的意见（他是这部书初版时的编辑室主任）。这样，这部书就很快促成了。

《闻一多传》增订本，大体保持了原书结构，同时对某些章节做了较大补充和调整，特别增加了李闻惨案的善后部分。相信凡是初版《闻一多传》的阅读者，对本书增补的内容，会有更多的理解与兴趣。

这里，有一点需要说明。本书初版不久，现代文学界一位前辈提出书中对闻一多的新诗探索、学术研究，还显得有些薄弱，既然闻一多是融诗人、学者、民主斗士三重人格为一身的历史人物，诗人和学者就应该突出强调。对于这个问题，我也有过考虑，但这两部分内容是分属不同领域的独立研究，且不说个人能力难以企及，就是把握起来，也难免挂一漏万。编辑也赞成这个意见，认为这两个部分完全可以成为另外类型的单独著作，本书的文字已经不少了，没有必要再做增加。

一部著作成功与否，真正的评论家是读者。我虽然又一次竭尽了全力，但毕竟由于知识结构所限，只能再次留下一些不得已的遗憾。

2015 年 10 月 24 日

东京·小山田樱台寓所

责任编辑：郭　娜

封面设计：石笑梦

图书在版编目（CIP）数据

闻一多传 / 闻黎明 著 . - 2 版（增订本）—北京：人民出版社，2016.5
（2025.8 重印）

ISBN 978 - 7 - 01 - 015854 - 9

I.①闻…　II.①闻…　III.①闻一多（1899~1946）- 传记　IV.① K825.6

中国版本图书馆 CIP 数据核字（2016）第 031735 号

闻一多传

WEN YIDUO ZHUAN

增 订 本

闻黎明 著

人民出版社 出版发行

（100706　北京市东城区隆福寺街 99 号）

北京建宏印刷有限公司印刷　新华书店经销

1992 年 10 月第 1 版

2016 年 5 月第 2 版　2025 年 8 月北京第 2 次印刷

开本：710 毫米 ×1000 毫米 1/16　印张：43.25

字数：622 千字

ISBN 978 - 7 - 01 - 015854 - 9　定价：98.00 元

邮购地址 100706　北京市东城区隆福寺街 99 号

人民东方图书销售中心　电话（010）65250042　65289539